PAUL BETTS

RUIN UND ERNEUERUNG

Propyläen wurde 1919 durch die Verlegerfamilie Ullstein als Verlag für hochwertige Editionen gegründet. Der Verlagsname geht zurück auf den monumentalen Torbau zum heiligen Bezirk der Athener Akropolis aus dem 5. Jh. v. Chr. Heute steht der Propyläen-Verlag für anspruchsvolle und fundierte Bücher aus Geschichte, Zeitgeschichte, Politik und Kultur.

PAUL BETTS

Ruin und Erneuerung

Die Wiedergeburt der europäischen Zivilisation 1945

Aus dem Englischen von
Jan Martin Ogiermann und Bernd Rullkötter

PROPYLÄEN

Wir verpflichten uns zu Nachhaltigkeit

- Klimaneutrales Produkt
- Papiere aus nachhaltiger Waldwirtschaft und anderen kontrollierten Quellen
- ullstein.de/nachhaltigkeit

Die Originalausgabe erschien 2020 unter dem Titel
Ruin and Renewal bei Profile Books Ltd, London.
Die Einleitung und die Kapitel eins bis vier wurden von Jan Martin Ogiermann, die Kapitel fünf bis neun und der Schluss von Bernd Rullkötter übersetzt.

Propyläen ist ein Verlag der Ullstein Buchverlage GmbH
www.propylaeen-verlag.de

ISBN 978-3-549-10038-7

© 2020 by Paul Betts
© der deutschsprachigen Ausgabe
2022 Ullstein Buchverlage GmbH, Berlin
Alle Rechte vorbehalten
Gesetzt aus der Corporate
Satz und Repro: LVD GmbH, Berlin
Druck und Bindearbeiten: GGP Media GmbH, Pößneck
Printed in Germany

Inhalt

Einleitung
Die Erneuerung der Alten Welt............................ 7

Erstes Kapitel
Spenden statt Waffen..................................... 39

Zweites Kapitel
Bestrafung und Erbarmen................................. 89

Drittes Kapitel
Glaube und Grenzen..................................... 147

Viertes Kapitel
Wissenschaft, Zuflucht und Höflichkeit.................... 203

Fünftes Kapitel
Die Restauration der Imperien............................ 259

Sechstes Kapitel
Entkolonialisierung und afrikanische Zivilisation........... 313

Siebtes Kapitel
Weltzivilisation... 365

Achtes Kapitel
Die Zivilisierungsmission des Sozialismus in Afrika......... 407

Neuntes Kapitel
Religion, »Rasse« und Multikulturalismus 455

Schluss
Neue Eiserne Vorhänge 511

Nachwort und Danksagung 545

Anmerkungen 551

Bildnachweis 615

Personenregister 617

Einleitung

Die Erneuerung der alten Welt

Ruin und Erneuerung erkundet, wie und warum viele Europäer, die 1945 nur zu bewusst in eine neue Epoche gingen, sich ausgerechnet vom beschädigten Konzept der Zivilisation inspirieren ließen. Europa lag in Trümmern. Ungefähr 50 Millionen Menschen waren tot, die Städte in Schutthaufen verwandelt, und große Teile des Kontinents siechten in physischem und moralischem Bankrott. Anders als der Erste Weltkrieg, der überwiegend in ländlichen Gegenden zwischen Soldaten ausgetragen worden war, verwischte der Zweite Weltkrieg gnadenlos die Grenze zwischen Zivilisten und Kombattanten, was ihn zum ersten Krieg der jüngeren Geschichte machte, in welchem die zivilen die militärischen Verluste bei Weitem überstiegen. Recht und Ordnung waren zusammengebrochen, überall waren Flüchtlinge unterwegs oder gestrandet, und fremde Mächte übernahmen die Kontrolle. Die Befreiung der Konzentrationslager enthüllte einem großen internationalen Publikum die Schrecken des nationalsozialistischen »Rassenkriegs« und die unfassbaren Gräuel gegen Juden und andere Minderheiten.

Der Kontinent, nach eigener Auffassung seit Langem der weltweite Maßstab der Zivilisation, hatte seine Ansprüche in ihr barbarisches Gegenteil verkehrt. Die internationale Gemeinschaft sah sich verpflichtet, neue rechtliche Begriffe wie »Völkermord« und »Verbrechen gegen die Menschlichkeit« zu formulieren, um den deutschen Untaten gerecht zu werden (und sie zu bestrafen), was dem Bewusstsein, in radikal neuen Zeiten zu leben, starken Auftrieb gab. Hannah

Arendts berühmter Kommentar von 1945, dass »das Problem des Bösen [...] das grundlegende Problem des geistigen Lebens im Nachkriegseuropa« sein würde, »wie der Tod die grundlegende Frage des letzten Krieges« gewesen sei, fand großen Widerhall bei den Zeitgenossen. Die Entdeckung der Lager und die Frage, wie mit Deutschland und seinen gefangen genommenen Anführern umzugehen sei, löste eine breite Diskussion darüber aus, inwiefern das Schicksal der Zivilisation selbst in der Schwebe hing.[1]

Während manche den Untergang der Zivilisation betrauerten, strebte die Mehrheit der Zeitgenossen ihre Erneuerung in veränderter Form an. Es waren die Verdorbenheit und Fragilität der europäischen Zivilisation selbst, die eine große Bandbreite von Denkern, Politikern, Aktivisten und Reformern auf den Plan riefen, um sie aus den Trümmern von Krieg, Zerstörung und moralischem Kollaps zu bergen. Mit der bedingungslosen Kapitulation Deutschlands erstarb die politische Rede von der Zivilisation keineswegs. Sie kehrte im Gegenteil wieder als mächtige Metapher mit der Aufgabe, dem materiellen und moralischen Wiederaufbau Sinn zu verleihen. Und mehr noch: In der Nachkriegssituation diente die Zivilisation als Bezugspunkt, um jenseits des Nationalstaats und der Teilung im Kalten Krieg die neue Lage Europas zu erfassen und das Verhältnis des Kontinents zu Vergangenheit, Zukunft und dem Rest der Welt neu zu denken.

Für diese vielfältigen Aufgaben erschien sie geeignet, weil es nie eine einheitliche oder allgemein akzeptierte Vorstellung davon gab, was Zivilisation sei, doch gerade diese Eigenschaft gab dem Begriff seine Beständigkeit. Er war formbar, widersprüchlich und umstritten, zuweilen restriktiv und dann wieder expansiv – doch immer vermochte er, ein breites öffentliches Interesse und große politische Aufmerksamkeit zu erregen.

Auf der Bühne Nachkriegseuropas stritt man entsprechend energisch um das Sorgerecht für die Zivilisation und um ihre Bedeutung nach dem Ende von Nationalsozialismus, Krieg und Kolonialismus. Zwar ist Zivilisation die europäischste aller Ideologien und die am höchsten geschätzte unter den reichen Traditionen des Kontinents. Doch abseits der allgemeinen Definition einer ererbten Summe von Überzeugungen zu Herkunft, Leistungen, Bräuchen und Werten einer bestimmten politischen Gemeinschaft, deren Zerbrechlichkeit in Augenblicken des Zwielichts und der Gefahr aufscheint, gibt es gewichtige Unterschiede. Zivilisatorische Ideen beinhalten divergierende Geschichtsbilder, die gemeinschaftliche Erlebnisse radikaler Umwälzung in Erzählungen einbinden, welche Vergangenheit und Gegenwart verklammern.

Während wir die Substanz der Zivilisation sonst als etwas Dauerhaftes, Kontinuierliches, ständig Präsentes oder sogar Zeitloses empfinden, werden historische Ansprüche auf die Vormundschaft über sie typischerweise dann laut, wenn moralisches Durcheinander, politische Verwerfungen und existenzielle Bedrohung die Szene beherrschen. Dies geschah in Europa nach der Französischen Revolution und den Napoleonischen Kriegen und ein weiteres Mal nach den beiden Weltkriegen. Dass man sich in das Geschick der Zivilisation vertieft, ist deshalb weniger ein Ergebnis von Frieden und Wohlstand als von Brüchen, Verwundbarkeit und dem Verlangen nach Reformen. Sie war deshalb ein Schlüsselbegriff für den Neuentwurf Europas nach 1945, geboren aus einer Haltung des Was-wäre-wenn und zu Hause im Reich von Wunsch, Begehren und Bestreben. Im Augenblick einer extremen kulturellen Diskontinuität und des Urteilsspruchs der Geschichte wurde bereits um Europas neuen Platz in der Welt gerungen.

Die wichtigste Zusammenkunft seit dem Letzten Abendmahl

Im Nachhall des weltumspannenden Kriegs ging es verständlicherweise nicht nur um Europa. Ein gutes Beispiel bietet die Gründung der Vereinten Nationen 1945. Sie kündigte eine neue Weltordnung an, die die »friedliebenden Staaten« nach dem Sieg über Hitler schmiedeten, und war das ehrgeizigste internationalistische Experiment des 20. Jahrhunderts. In jenem Frühling trafen sich Menschen aus zahlreichen Ländern in San Francisco, um auf der United Nations Conference on International Organization einen neuen Anlauf zum globalen Frieden zu nehmen. Delegierte aus 55 Ländern kamen vom 25. April bis zum 26. Juni 1945 im riesigen War Memorial Opera House zusammen, an ihrer Seite die Vertreter von 250 internationalen Organisationen. Außer Hunderten Offiziellen und ihren Mitarbeitern waren Zeitungs- und Radiojournalisten mit von der Partie und berichteten durchgehend über die Sitzungen, die Tag für Tag eine halbe Million Blatt Papier produzierten. So groß war der diplomatische Karneval, dass dafür 2600 Mann des amerikanischen Heeres und der Marine, 400 Rot-Kreuz-Mitarbeiter, 800 Pfadfinder und 200 zusätzliche Telefonisten abgestellt wurden. Die US-Delegierte Virginia C. Gildersleeve: »Noch nie zuvor hatte eine große internationale Konferenz, die Angelegenheiten von größter Bedeutung verhandelte, in einem derart grellen Licht der Öffentlichkeit stattgefunden.« Die *New York Post* nannte sie sogar »die wichtigste Zusammenkunft von Menschen seit dem Letzten Abendmahl«. Als die Vereinten Nationen in ihrer Doppelrolle als Militärbündnis und Träger der Zivilisation für eine erschütterte Nachkriegswelt die ersten Gehversuche machten, richteten sich die Gedanken der Delegierten auf nichts weniger als Vergangenheit, Gegenwart und Zukunft der Zivilisation.[2]

Feldmarschall Jan Christiaan Smuts, Premierminister Südafrikas und einer der wenigen Delegierten, die schon 26 Jahre zuvor an der

Gründung des Völkerbundes teilgenommen hatten, fand in seiner Eröffnungsrede die passenden Worte für den feierlichen Anlass: »Für die menschliche Rasse hat die Stunde geschlagen. Die Menschheit ist an dem Punkt angelangt, an dem sich ihr Schicksal entscheiden muss, ihre Zukunft als zivilisierte Welt«, deren Gründungsurkunde auf das »Vertrauen in die Gerechtigkeit und auf die Entschlossenheit, die fundamentalen Menschenrechte zu verteidigen«, zu gründen sei. Smuts drängte auf eine machtvolle Präambel zur UN-Charta, um der Welt klarzumachen, worum es sich bei den Vereinten Nationen handelte. Ihre Mission sollte vor allem darin bestehen, »eine Wiederkehr des mörderischen Bruderstreits zu verhindern, der zweimal in unserer Generation unnennbare Trauer und Verlust über die Menschheit gebracht hat«. Die UN solle das Vertrauen in »die Heiligkeit und den äußersten Wert der menschlichen Person und in die gleichen Rechte aller Männer und Frauen sowie der großen und kleinen Nationen« wiederaufrichten. Diese »Smuts-Prinzipien« dienten als Basis der Präambel, der Gildersleeve eine amerikanische Nuance hinzufügte, als sie die globale Willenserklärung an die berühmten ersten Wörter der amerikanischen Verfassung anglich: »Wir, die Völker der Vereinten Nationen ...« Das vollkommen Neue in diesem geschäftigen Sommer brachte ein kanadischer Bericht auf den Punkt: »Seit die Vereinten Nationen ihre Arbeit aufgenommen haben, ist Deutschland gefallen, Churchill gefallen, die Atombombe gefallen, Japan gefallen. Die Dinge sind schnell vorangeschritten, und in diesen Tagen werden neue Fundamente gelegt.«[3]

Der Übergang vom Völkerbund zu den Vereinten Nationen markierte den Wechsel von der alten Sprache der Zivilisation hin zur konkreteren Sprache individueller Rechte und kollektiver Sicherheit. Die berüchtigte Unterscheidung des Völkerbunds zwischen der »Familie der zivilisierten Nationen« und dem Rest der Welt tauchte in keinem UN-Dokument mehr auf, und Zivilisation als grundlegende moralische Norm wurde aus den Konferenzbeschlüssen verbannt.

12 Einleitung: Die Erneuerung der alten Welt

Während die Menschenrechte sich 1945 also ins Zentrum der Debatte schoben, verschwand die Rede von der Zivilisation jedoch keineswegs und wurde vielmehr, weit abseits von Smuts' wortmächtiger Eröffnungsansprache, einer Generalüberholung unterzogen. Schließlich war ihre Bedeutung äußerst dehnbar und eignete sich für Forderungen aller Art. Ihr moralisches Gewicht zog diverse Interessenten und Fürsprecher an, die sie als Forum für ihre jeweils eigenen Anliegen nutzen wollten. Der afroamerikanische Intellektuelle W. E. B. Du Bois beispielsweise, der wie Smuts bei der Pariser Friedenskonferenz 1919 vor Ort gewesen war, sagte, dass die UN-Charta »klar und unzweideutig« das »aufrichtige Eintreten der zivilisierten Welt für die Gleichheit der Rassen« festschreiben solle, »um die menschliche Zivilisation vor dem Selbstmord zu bewahren«. Denn was »auf die Vereinigten Staaten in der Vergangenheit zutraf, trifft [ebenso] auf die Weltzivilisation heute zu – wir können nicht zur Hälfte Sklaven und zur Hälfte frei sein«. Von seiner Seite war die Berufung auf die Zivilisation ein politischer Hebel, um Kolonialimperien zur Rechenschaft zu ziehen. Andere Gruppen bezogen sich in beharrender Absicht auf die Zivilisation. Der britische Delegierte und konservative Politiker Robert Arthur James Gascoyne-Cecil, auch bekannt als der Viscount Cranborne, bestand auf einer Regelung, die auf den Unterschieden zwischen »Völkern verschiedener Rasse, Völkern verschiedener Religion und Völkern verschiedener Zivilisationsstufen« basierte. Es zirkulierten also in San Francisco unterschiedliche Konzepte von Zivilisation, die von europäisch bis universell, von radikalem Wandel bis zu konservativer Restauration, von Kolonialismus bis zum Antikolonialismus alles bedeuten konnten.[4]

Bekanntlich hatten die ehrgeizigsten Träume von Erneuerung und Wiederherstellung jedoch bald mit Ernüchterung und Enttäuschung zu kämpfen. Lobbygruppen von Frauen wie die Commission on the Status of Women mit ihrer Vorsitzenden Bodil Begtrup verließen die

Konferenz von San Francisco aus Frustration darüber, dass im Namen von Sicherheit und Wohlstand für alle der »Umsetzung des Friedens« strenge Beschränkungen gesetzt wurden. Dasselbe galt für die Protagonisten der Selbstbestimmung und Gleichheit der »Rassen«. Kritiker empfanden – wie andere vor ihnen die falschen Versprechungen des Völkerbundes 1919 – die Charta aufgrund von imperialistischen, nationalistischen und rassistischen Einflüssen als wenig schlagkräftig. Dass ausgerechnet Smuts, der südafrikanische Premierminister und langjährige Vorkämpfer für die »Rassentrennung« und die Herrschaft weißer Siedler, die Person mit dem größten Anteil an der Präambel der Charta war, stuften Gegner als Ironie und Heuchelei ein. Du Bois kommentierte verbittert, »wir haben Deutschland überwunden«, aber »nicht seine Ideen. Wir glauben immer noch an die weiße Vormachtstellung, halten die Neger nieder und lügen über die Demokratie, wenn wir an die imperiale Kontrolle über 750 Millionen menschliche Wesen in den Kolonien denken.« In den Augen der Auguren des Neubeginns war die UNO zumindest in ihren ersten Jahren vor allem darauf ausgerichtet, eine erschütterte imperiale Ordnung zu festigen.[5]

Kämpfe und Illusionen

Zivilisation war nie nur eine einzige Sache, sondern sie erfüllt auf verschiedenste Art die Zwecke eines Streitpunkts, eines umkämpften Werts, eines Objekts der Begierde und eines Machtanspruchs. In den letzten Jahrzehnten jedoch wurde eine selektive Lesart von Zivilisation verbreitet, welche die umfassende Entschlüsselung von Krieg und Gewalt im 21. Jahrhundert erlauben sollte. Diese Sichtweise machte unter anderem der amerikanische Politikwissenschaftler Samuel Huntington in seinem Bestseller *Der Kampf der Kulturen (The Clash of Civilisations)* von 1996 prominent. Huntingtons Hauptargument besagt, dass zukünftige globale Konflikte sich weniger um Politik und Wirtschaft als um Kultur drehen würden. »Weltpolitik [ist] die Politik von Kulturkreisen. Die Rivalität der Supermächte wird abgelöst vom Konflikt der Kulturen.« Seiner Auffassung nach bilden einzelne Zivilisationen weitgehend unveränderliche regionale Blöcke kultureller Identitäten, die von einer jeweils gemeinsamen Religions- und Kulturgeschichte geprägt sind. Der Zusammenstoß ihrer jeweiligen Werte würde den politischen Konflikten ihre Gestalt geben und sie antreiben. Ungeachtet all der Fallstricke, die Huntingtons Theorie aufweist und die hier zu wiederholen nicht notwendig ist, belegt sein Buch doch gut, wie die Bedeutung des Zivilisationsbegriffs nach dem Ende des Kalten Krieges verändert wurde.[6]

Eine nützlichere Deutung von Rolle und Geschichte der Zivilisation als weltpolitischer Kraft ist das lange vergessene Werk des britischen Historikers Arnold J. Toynbee. Sein zwölfbändiges universalhistorisches Werk *Der Gang der Weltgeschichte (A Study of History)*, veröffentlicht zwischen 1936 und 1961, diente der Globalgeschichte jahrzehntelang als wichtigste Referenz. Normalerweise wird Toynbee als ein weiterer düsterer Prophet vom Niedergang Europas in einem Atemzug mit Oswald Spengler genannt, doch übersieht dieses Urteil einige Erkenntnisse Toynbees, die für das vorliegende Buch von Bedeutung sind. Er plante die Überschreitung der üblichen Grenzen der modernen Geschichtswissenschaft, die sich hauptsächlich mit dem Nationalstaat als Messgröße der historischen Analyse befasste. Für ihn war die am besten »verständliche Einheit für die historische Forschung weder ein Nationalstaat noch (am anderen Ende der Skala) die Menschheit als Ganzes, sondern eine gewisse Gruppierung von Menschen, die wir einen Gesellschaftskörper nennen«. Gesellschaftskörper dieser Art hießen für gewöhnlich Zivilisationen. Nach seiner Sicht sind Zivilisationen deshalb im Wesentlichen große Gesellschaften, welche dieselben Glaubenssätze und Werte teilen und die letzte

Bastion für Diversität und Pluralität bilden. Toynbee war ein gläubiger Christ und wetterte in den Dreißigerjahren gegen das Neuheidentum und die Götzenverehrung, die um die Staatsmacht – ob nun kommunistisch, nationalistisch oder faschistisch – getrieben würde. Er kritisierte sogar den Mythos der westlichen Überlegenheit und die Illusion des geradlinigen Fortschritts, was zum Teil erklärt, warum er von so vielen nicht europäischen Antikolonialisten ebenso bewundert wurde wie von osteuropäischen Kommunisten. Dabei ging es ihm jedoch nicht um eine Verteidigung des Kulturrelativismus. Während einzelne Zivilisationen zugrunde gingen, bleibe die gemeinsame globale Geschichte der Zivilisation doch über die Epochen hinweg eine verlässliche Konstante. In seinem Bändchen *Kultur am Scheidewege (Civilization on trial)* schrieb er: »Kulturen kamen und gingen, aber die Kultur als solche konnte jedesmal in neuen Exemplaren ihrer Gattung wieder aufleben.« Obwohl manches abstrakt erscheinen mag, so traf Toynbee doch bei zahllosen Lesern rund um die Welt von den Dreißigerjahren bis in die Fünfzigerjahre einen Nerv und wurde so zum meistverkauften Historiker des 20. Jahrhunderts. Seine Popularität entsprang weniger seinen komplexen Interpretationen vom Aufstieg und Fall der Weltzivilisationen als seiner Fähigkeit, den Lesern während der turbulenten Jahrhundertmitte ein Bewusstsein von gemeinschaftlicher Identität und von einer größeren historischen Zielrichtung jenseits des Nationalstaats zu vermitteln.[7]

Zivilisation entzieht sich jeder einfachen Definition. Der bedeutende britische Kunsthistoriker Kenneth Clark begann seine 1969 äußerst erfolgreiche BBC-Fernsehserie *Civilisation*, deren Begleitbuch in mehr als 60 Ländern verkauft wurde, mit einem Eingeständnis: »Was ist Zivilisation? Ich weiß es nicht. Ich kann es nicht in abstrakten Begriffen erklären – noch nicht. Aber ich glaube Zivilisation zu erkennen, wenn ich sie sehe.« Was immer man von seinem unbekümmerten patrizischen Selbstvertrauen halten mag – Clark wies darauf hin, wie schwierig es ist, Zivilisation festzulegen. Für ihn und viele andere war sie gleichbedeutend mit einem Kanon ehrwürdiger kultureller Artefakte aus Kunst und Wissenschaft, das einzigartige materielle Erbe einer Kultur, in seinem Falle das westliche kulturelle Vermächtnis, das bis ins alte Griechenland zurückreicht.

Andere begriffen Zivilisation eher als die kulturelle Frucht urbanen Lebens, im Sinne von Straßen und Zentralstaaten, Agrarproduktion und Krankenhäusern, Frachtschiffen und Kathedralen. Der deutsch-amerikanische Theologe Reinhold Niebuhr übernahm in den frühen Fünfzigerjahren diese Sicht, als er den Unterschied zwischen Kultur und Zivilisation mit den Kriterien Umfang, Integrationskraft und Dauerhaftigkeit erklärte. Kultur »steht für die Gesamtheit der Kunst, Philosophie, Literatur und Religion einer Zivilisation, und Zivilisation steht für die sozialen, ökonomischen, politischen und rechtlichen Regelungen, nach denen das menschliche Zusammenleben geordnet ist«. Niebuhr spielte hier auf die aus dem 19. Jahrhundert stammende – und, wie wir sehen werden, besonders in Deutschland beachtete – Unterscheidung zwischen Kultur und Zivilisation an.

In den Fünfzigerjahren hatte diese einst wütend verteidigte Dichotomie viel von ihrer kulturellen Kraft verloren, von episodischen Verlautbarungen in der Bundesrepublik Deutschland einmal abgesehen. Der französische Anthropologe Claude Lévi-Strauss dehnte in seiner klassischen Grübelei über die Grenzen der Ethnologie, *Traurige Tropen*, die Reichweite des Begriffs noch weiter aus, als er die Zivilisation zum letzten und grundlegendsten Element der Artzugehörigkeit in einer vernetzten Welt erklärte: »Denn Menschsein heißt für jeden von uns, einer Klasse, einer Gesellschaft, einem Land, einem Kontinent, einer Kultur *(civilization)* anzugehören.«[8]

Doch während manche die Zivilisation als ein erbauliches Integrationsnarrativ lebhaft begrüßten, waren andere weniger begeistert.

Kritiker verurteilen bis heute die Idee der Zivilisation als einen der widerwärtigsten Aspekte der europäischen Politik und Kultur seit dem 18. Jahrhundert, deren Vermächtnis seit dem späten 19. Jahrhundert mit schändlichen imperialistischen »Zivilisierungsmissionen«, Kriegen und diversen heimischen Social-Engineering-Projekten eng verbunden ist. Ideologisch war Zivilisation für das Selbstverständnis Europas im 19. Jahrhundert ebenso wesentlich wie für die Machtentfaltung in Übersee vor dem Ersten Weltkrieg, während sie heute im Allgemeinen als peinliches Relikt, das glücklicherweise die Mitte des 20. Jahrhunderts nicht überlebte, verworfen wird. Nach dieser Lesart trug Europa seine Zivilisierungsmission in den zwei Weltkriegen, dem Holocaust und der Entkolonisierung ein für alle Mal zu Grabe; ihre letzten Weihen erhielt sie an Tiefpunkten wie Verdun, Auschwitz und Algier. Der britische Historiker Tony Judt war sicher nicht allein mit seiner Meinung, dass der Nationalsozialismus und sein Vernichtungskrieg die europäische Zivilisation als »die allergrößte Illusion« bloßgestellt hätten.[9]

Mehr als ein Jahrhundert lang lehnte die westeuropäische Linke die Ideologie der Zivilisation ab, weil diese nichts anderes sei als die hübsche Fassade des westlichen Imperialismus, die alle möglichen Eroberungen und Barbareien kaschierte. Der deutsch-jüdische Literat und Philosoph Walter Benjamin spitzte die Polemik in seinen Thesen zur Philosophie der Geschichte noch einmal zu: »Es ist niemals ein Dokument der Kultur, ohne zugleich ein solches der Barbarei zu sein.« Für jene, die die europäische Expansion und koloniale Eroberung zu erleiden hatten, war die Linie zwischen Zivilisation und Barbarei bis zur Unkenntlichkeit schmal. Mahatma Gandhis angebliche Witzelei auf die Frage, was er über die westliche Zivilisation denke – »Ich glaube, es wäre eine gute Idee« –, fing die weitverbreitete Wahrnehmung von Gewalt und Heuchelei ein, die dem europäischen Projekt zu eigen seien.[10]

Und doch verfehlen diese wohlbekannten Vorwürfe zwei wesentliche Punkte. Der erste lautet, dass die westliche Zivilisation nie einheitlich oder konsistent war – ihre Geschichte war von ständigem Zweifel und von Selbstkritik geprägt, die seit dem 18. Jahrhundert von verschiedenen Seiten kommt und nach dem Zweiten Weltkrieg lauter denn je war. Der zweite Punkt: Die Ansprüche der Zivilisation wurden von den antikolonialistischen Intellektuellen nie vollständig abgelehnt. Wie wir sehen werden, wurde die Sprache der Zivilisation durch asiatische und afrikanische Eliten neu formuliert, um die glanzvollen Errungenschaften der eigenen vorkolonialen Geschichte als Symbole einer postkolonialen Souveränität hervorzukehren. Relevant ist an dieser Stelle außerdem, dass frühe postkoloniale Kritiker das Konzept der Zivilisation nicht rundheraus ablehnten, sondern eher darauf bestanden, dass Zivilisationen vielfältig und gleichrangig seien, weshalb kein Kontinent – schon gar nicht Europa – ein Monopol oder eine Vorrangstellung besitze.

Kathedralen und McDonald's

Das Wesen der Zivilisation hat der bekannte französische Philosoph und ehemalige Regierungsberater Régis Debray in seiner jüngsten Studie zur globalen Wirkung des amerikanischen Imperiums präzise erfasst. Er beschreibt Zivilisation als ein »dampfähnliches, ätherisches, formwandlerisches Wort«, das »auf allen möglichen Bühnen singt und gesungen wird«, »eine wandelnde Fee, die sich in eine schillernde Wolke auflöst«. Indem Debray mit Recht die sich permanent wandelnde Natur des Begriffs beschwört, übersieht er, wie sehr die Zivilisation ihre Kraft daraus zieht, dass sie sowohl sichtbar als auch unsichtbar ist. Zivilisation geht über das hinaus, was das Auge sieht, und bietet einen Mythos von Ursprung und Entwicklung, der sich aus dem Hier und Jetzt ableitet. Damit steht sie in scharfem Kontrast zu ihrem weniger feierlich daherkommenden Vetter, dem kulturellen und historischen Erbe, das in der Regel einen fassbaren Ausdruck findet, sei es als publikumswirksames Reenactment, patriotisches Gepränge, eine behagliche Sehenswürdigkeit oder massengefertigter Souvenirplunder. Anders als dieses Erbe kennt die Zivilisation keine allgemein verständlichen Embleme – Kreuzritterfahnen, Kathedralen oder McDonald's-Filialen mögen für viele die westliche Zivilisation symbolisieren, doch entstanden sie nicht zu diesem Zweck. Zivilisation ist, und darum geht es, flüchtig und kaum festzulegen, nicht zuletzt, weil sie über den Nationalstaat, die religiöse Identität einer Gruppe und jede Einzelperson hinausreicht. Sie ist zugleich materiell und transzendent; real wird sie durch Glaube, Vision und Debatten um das, was aus der Geschichte auf uns gekommen ist. Zivilisation ist eine Art der Wahrnehmung und des Handelns, was die Historikerin Mary Beard 2018 in der von ihr komoderierten BBC-Fernsehserie *Civilisations* sowohl »das Auge des Glaubens« als auch einen »Akt des Glaubens« nannte.[11]

Überall auf der Welt füllen gelehrte Geschichtswerke über Zivilisationen ganze Bibliotheken, sie zählen die Errungenschaften diverser Reiche, Nationen, Regionen und Völker auf und verorten sie in glorreichen Stammbäumen kultureller Zugehörigkeit. Diese Bücher sprechen von einzelnen Zivilisationen als konkreten Manifestationen. Doch die Beschwörung von Zivilisation als Konzept nimmt typischerweise gerade nicht die goldenen Zeiten solcher Entitäten in den Blick, sondern zeigt Umbrüche an und ruft zum Handeln auf. Der Zusammenbruch der Ordnung in Europa 1945 bietet dafür ein lehrreiches Beispiel: Auf dem Kontinent entfalteten sich gewaltige Aktivitäten, die sich der – freilich unterschiedlich verstandenen und umgesetzten – Wiedererschaffung Europas und der Europäer widmeten. Dort diente Zivilisation als ein rhetorisches Mittel, das moralisch aufrütteln sollte und einen kulturellen Kollaps mitsamt der Notwendigkeit verkündete, einbindende und ausschließende Grenzen zu errichten. Viele Stimmen sprachen von ihr und nahmen sie für ganz verschiedene Pläne und Reformen in Anspruch. Wie die Demokratie nach dem Zweiten Weltkrieg ein politischer Streitpunkt war, was schon die zahlreich wuchernden Attribute wie sozial, christlich, liberal und sozialistisch anzeigen, so zerfiel auch die Zivilisation in vielfältige, einander teils überschneidende und teils widersprechende Erzählungen von den westlichen, christlichen, atlantischen, afrikanischen, weißen, universellen und sozialistischen Zivilisationen. Und gerade weil die Debatte um die Demokratie nach 1945 ausgesprochen gegenwartsverhaftet war und ihre flachen historischen Wurzeln verleugnete, sollte die Zivilisation dem postfaschistischen Europa ein tieferes historisches Bewusstsein für seine Lage und seine Bestimmung verleihen.

Bald nach 1945 begann die Idee der Zivilisation allerdings für etwas anderes zu stehen und ihr traditionelles Verständnis hinter sich zu lassen. Anders als im 19. Jahrhundert war dieses neue Verständnis vorwiegend durch Verunsicherung, Besorgnis, Niederlage und die einschüchternde Aufgabe, noch einmal von vorn anzufangen, geprägt. Um zu begreifen, wie tief dieser Bedeutungswandel war, müssen wir die Geschichte des Begriffs zurückverfolgen.

Die Ursprünge eines Begriffs

Etymologisch wurzelt »Zivilisation« im Frankreich des 18. Jahrhunderts und wurde lange mit Condorcet, Mirabeau, Voltaire und François Guizot genauso assoziiert wie mit den Vertretern der schottischen Aufklärung, darunter Adam Smith und David Hume. Seine Verwendung fiel im frühen 18. Jahrhundert in die Jurisprudenz und bezeichnete die Umwandlung eines Strafprozesses in eine Zivilverhandlung. Im letzten Viertel des Jahrhunderts wurde »Zivilisation« synonym mit Verbesserung, Verfeinerung und Humanität beziehungsweise als das Gegenteil von Barbarei gebraucht. Viel verdankt die Weiterentwicklung des Konzepts dem einflussreichen deutschen Soziologen Norbert Elias, dessen zweibändiges Werk *Über den Prozess der Zivilisation* 1939 erschien. Für die Analyse dieses Prozesses schlug er zwei Wege ein: Zum einen betrachtet er Zivilisation als gleichbedeutend mit Höflichkeit, Freundlichkeit, feinen Manieren sowie dem Auftreten des rechtlich verfassten Staates und der bürgerlichen Gesellschaft. Zum anderen deutet er den Begriff als Teil eines größeren staatlichen Projekts der Befriedung und Konsolidierung. So neutralisierte der absolutistische Staat eine mit ihm rivalisierende adelige Kriegerkaste und andere Gegner. Ob der »Zivilisationsprozess« von der Zivilgesellschaft oder dem Staat ausging, hängt von der Perspektive ab. Beide Dimensionen haben den Gedanken gemeinsam, dass Zivilisation ein Aufruf zum Handeln und ein Ringen um Macht ist. Tatsächlich existierte der Begriff als Verb – »zivilisieren« oder »zivilisiert werden« –, lange bevor er im späten 18. Jahrhundert zum Nomen wurde. Der Begriff der Zivilisierung setzte die Idee der einen Zivilisation voraus, die eng mit dem Fortschritt und der Aussicht auf universelle Geltung verbunden war.[12]

Das 19. Jahrhundert brachte eine neue Vielfalt von Definitionen hervor. Die aufklärerische Idee einer einzigen Zivilisation zerfiel in verschiedene, auf Differenzen zielende Philosophien, welche in der zweiten Jahrhunderthälfte zunehmend von Nationalismus und Rassismus durchdrungen wurden. In diese Richtung besonders effektiv wirkte der erstarkende Imperialismus, als dessen Hauptrechtfertigung sich Zivilisierungsmissionen hervortaten, die wiederum auf einer eigennützigen evolutionären Hierarchie von »Rassen« und Kulturen fußten. Die Französische Revolution münzte die weltliche Mission der Zivilisation zu einem auf republikanischen Fortschritt gegründeten, französisch geführten Universalismus um; dann erlegte Napoleon den eroberten Gebieten Reformen auf und implizierte damit die volle Gleichsetzung von Zivilisation und französischer Nation.

Eine ausführliche Geschichtsschreibung vollzieht detailliert nach, welche unterschiedlichen Bedeutungen »Zivilisation« im Deutschen, Französischen, Italienischen und Englischen annahm und wie sie mit geheiligten nationalen Werten und Tugenden angereichert wurden. In Deutschland wurde viel Mühe darauf verwendet, zu zeigen, wie sehr die innerliche, verfeinerte und autochthone deutsche *Kultur* in stolzem Gegensatz zum wurzellosen und oberflächlichen Materialismus der englisch-französischen *Zivilisation* stand. Doch gerade weil Kultur zunehmend als Sphäre des Wettbewerbs zwischen den Nationen aufgefasst wurde, konnte die Zivilisation ihrerseits breitere Zugehörigkeiten, die über den Nationalstaat hinausgingen, umreißen, wie die weithin anzutreffende Terminologie von europäischer, westlicher oder christlicher Zivilisation bezeugt. Die semantischen Unterschiede zwischen »Kultur« und »Zivilisation« verhärteten sich entlang der nationalen Grenzen, als während des Ersten Weltkriegs sämtliche grenzüberschreitenden Philosophien über das menschliche Zusammenleben in den Dienst der jeweiligen Kriegsführung gestellt wurden.[13]

Instrumentalisierte Zivilisation

Der Große Krieg beflügelte in allen beteiligten Ländern die Militarisierung der Zivilisation. H. G. Wells beschrieb ihn als einen »Krieg des Geistes« und einen »Konflikt der Kulturen *(cultures)* und sonst nichts auf der Welt ... Wir kämpfen nicht, um eine Nation zu zerstören, sondern eine Brutstätte böser Ideen.« Im Oktober 1914 gaben 93 führende deutsche Intellektuelle den »Aufruf an die Kulturwelt« heraus und wiesen darin Vorwürfe zurück, deutsche Truppen hätten in Belgien Gräueltaten verübt; sie bestanden darauf, dass die deutsche Armee die große Hüterin der deutschen *Kultur* sei. Thomas Manns 1918 veröffentlichte *Betrachtungen eines Unpolitischen* deuteten den

Krieg als einen existenziellen Kampf zwischen den romantischen Idealen der deutschen *Kultur* und den Übeln der »Weltdemokratie«, des »Imperium[s] der Zivilisation«, der »›Gesellschaft der Menschheit‹«. Der Angriff des Kaisers auf Osteuropa wurde als teutonische Zivilisierungsmission und als Export deutscher Werte in abgelegene Landstriche des Kontinents legitimiert. Die Franzosen reagierten mit Attacken auf die heimelige Eintracht von deutscher Philosophie und militärischer Aggression und stellten ihre Kriegsanstrengung als Verteidigung französischer republikanischer Prinzipien dar. Amerikanische Plakate verkündeten, dass der Krieg ein »Aufruf zur Zivilisation« sei, während der italienische revolutionäre Journalist Benito Mussolini den Krieg in dramatischen Farben als epische Schlacht zwischen »lateinischer Zivilisation« und »germanischer Zivilisation« zeichnete.[14]

Das industrialisierte Töten und die moralische Auszehrung durch den Krieg, die Pervertierung von Wissenschaft, Technologie, Religion und Nationalismus zu derartig destruktiven Zwecken stießen eine gründliche Gewissenserforschung über den eigentlichen Sinn der Zivilisation an. Ein apokalyptisches Unbehagen, das dem Verlust der Menschlichkeit entsprang und sich mit der Furcht vor einem direkt bevorstehenden Niedergang des Westens verband, erfasste den Kontinent. Karl Kraus' *Die letzten Tage der Menschheit* gab das allseits herrschende Gefühl wieder, dass die sakrosankten Normen des 19. Jahrhunderts ein für alle Mal aufgegeben worden waren. Nirgendwo findet sich der Ruin der Zivilisation kraftvoller beschrieben als im Brief des französischen Dichters Paul Valéry an die Literaturzeitschrift *La Nouvelle Revue Française* von 1919, wonach die Zivilisation – wie die Körper der Soldaten in den Schützengräben – nun das Schicksal der eigenen Sterblichkeit erleide. »[W]ir sehen jetzt, daß der Abgrund der Geschichte Raum hat für alle. Wir fühlen, daß eine Kultur genau so hinfällig ist wie ein einzelnes Leben.« Seine Generation habe lernen müssen, »wie das Schönste und das Ehrwürdigste, das Gewaltigste und das Bestgeordnete durch bloßen Zufall dem Untergang verfallen kann«.[15]

Die Desillusionierung über die vorgebliche Überlegenheit westlicher Werte beflügelte die Neugier auf andere Zivilisationen. In der Zwischenkriegszeit erstarkte das Interesse Europas an der islamischen, buddhistischen und hinduistischen Zivilisation und verzahnte sich in Paris und anderen europäischen Hauptstädten gelegentlich mit den jungen antikolonialistischen Bewegungen. Der Krieg hatte von der Idee eines einzigen evolutionären Modells der Zivilisation kaum etwas übrig gelassen; eine aus vielfältigen Zivilisationen zusammengesetzte Welt rückte in den Fokus des internationalen Geisteslebens. Schon im 19. Jahrhundert war, vor allem in der Archäologie und der Religionswissenschaft, die Wertschätzung für außereuropäische Zivilisationen gewachsen, ehe sie nach dem Ersten Weltkrieg dramatisch zunahm, wie das Echo auf die Werke von Okakura Tenshin, Rabindranath Tagore, Liang Qichao und Mahatma Gandhi demonstrierte – ganz zu schweigen von den Positionen Spenglers und Toynbees. Das Auseinanderbrechen der Reiche der Habsburger, Hohenzollern, Romanows und der osmanischen Sultane, die Aussicht auf kommunistische Revolutionen, die Ausbrüche des Nationalismus und der Aufstieg des Faschismus führten zu einem ernstlichen Nachdenken über die Schicksalswege Europas in einer sich wandelnden Welt. Die Wirkungen der Russischen Revolution von 1917 verschärften diese Ängste, und europäische Denker, Politiker und religiöse Autoritäten wandten sich zunehmend der »roten Gefahr« und ihrer Herausforderungen für – religiöse wie weltliche – Identitäten zu. Überall in Westeuropa erklangen Aufrufe zur Verteidigung der bedrohten europäischen Zivilisation. Liberale, Nationalisten, christliche Konservative und selbst Sozialisten warnten vor der unheilvollen Drift, die den Kontinent erfasst habe.

Die radikale Rechte nutzte den Alarmismus für ihre eigenen Zwecke. Italienische Faschisten sangen das Lied von der gefährdeten

Zivilisation, um Mussolinis Machtstellung und seine imperialen Träume zu legitimieren, besonders im Zusammenhang mit der Invasion Abessiniens 1935. Beschwörungen der Zivilisation erlebten im Zweiten Weltkrieg eine Hochphase, als der Kampf der Alliierten gegen den Nationalsozialismus routiniert zum »Krieg für die Zivilisation« erklärt wurde. Ebenso unumwunden erklärte sich NS-Deutschland zum großen Verteidiger von europäischer *Kultur* und Zivilisation gegen angloamerikanischen Materialismus, sowjetische »Barbarei« und eine vermeintlich von den Juden beherrschte Welt.[16]

Krise und Selbstbeherrschung

Was das Verständnis von Zivilisation im 20. Jahrhundert von früheren Zeiten unterschied, war die ausdrückliche Bezugnahme auf eine kulturelle Krise. Nicht zufällig schrieben die für die Idee der Zivilisation wichtigsten Autoren – Lucien Febvre, Joachim Moras, Norbert Elias, Toynbee und natürlich der späte Freud – in den Dreißigerjahren. Im Großbritannien der Zwischenkriegsjahre stand »Zivilisation« im gesamten politischen Spektrum für eine vergangene Epoche, den Begriff färbte oft die nostalgische Sehnsucht nach der Belle Époque. Man verwies auf den prekären Zustand der Zivilisation, der sich aus dem Chaos nach dem Großen Krieg, einer gefährlichen Instabilität des Kapitalismus, den Ängsten vor »rassischer« Degeneration und der Erwartung eines weiteren Krieges ergebe. Ein Briefwechsel zwischen Sigmund Freud und Albert Einstein über die Frage *Warum Krieg?* erschien 1933 und enthielt Einsteins Bemerkung, dass die Kriegsgefahr eine »Existenzfrage für die zivilisierte Menschheit« sei. Nach dem Sieg des Nationalsozialismus in Deutschland 1933 diagnostizierte eine Reihe von Büchern »die Wiederkehr der Barbarei«. 1939 erschien eine Auswahl von Schriften Freuds unter dem Titel *Civilisation, War and Death* (Zivilisation, Krieg und Tod).[17]

Nach dem Zweiten Weltkrieg avancierte die in Bedrängnis geratene Zivilisation wie schon nach dem Ersten Weltkrieg zu einem Hauptthema der politischen Debatte, wobei das auf 1945 folgende Kapitel später vergleichsweise wenig Aufmerksamkeit erhielt. Beide Nachkriegskonstellationen zeichneten sich durch ein offeneres Verhältnis zu Emotionen aus – und standen damit in vollem Gegensatz zu traditionellen Konzepten von Zivilisation, welche die Kontrolle und Selbstkontrolle von Gefühlen, besonders von heftigen und leidenschaftlichen, unterstrichen hatten. Ungehemmte Gefühle waren mit Barbarei gleichgesetzt worden, mit Gewalten, die es zu zähmen und zu beherrschen galt. Für die schottischen Aufklärer wie auch für Thomas Hobbes war dies ein zentraler Punkt gewesen, der, etwa in Benimmratgebern, noch bis in die 1950er-Jahre einen Nachhall fand. Auch im 19. Jahrhundert hatten Konzepte von Persönlichkeit, Gesellschaft und Staat vorgeherrscht, die auf einem strengen Emotionsmanagement beruhten. Im 20. Jahrhundert – und gerade nach 1945 – hingegen trat dieser Anspruch zurück. Die zweimalige Neuformulierung von Zivilisation verband sich eng mit dem nunmehr gestatteten Ausdruck von Emotionen wie Mitleid und Verachtung, Hoffnung und Angst, Stolz und Scham, Wut und Trauer. Höflichkeit und Zivilisation waren, wie schon in früheren Jahrhunderten, noch immer Appelle zur Transformation, doch verlieh nun die Erfahrung extremer Zerstörung und äußersten Verlusts den Träumen vom Wiederaufbau emotionale Kraft und moralisches Gewicht. Zwar nahmen diese Reforminitiativen verschiedenste Formen an, doch teilten sie alle die selbstverständliche Überzeugung, dass es sowohl möglich als auch notwendig sei, Europa und die Europäer nach Hitlers Niederlage umzugestalten.[18]

Reflektierende Studien zur Zivilisation hingegen waren für Jahrzehnte interessierten Vertretern der Ideengeschichte vorbehalten, die den Begriff in erster Linie dazu heranzogen, die Expansion und die Rechtfertigung europäischer Herrschaft in Übersee zu beschreiben. Und Rechtstheoretiker behandelten den Aufstieg und Fall des Völkerrechts als »sanften Zivilisierungsfaktor« in den internationalen Beziehungen.

Die unterschätzte Rolle einer geschmähten Idee

Das vorliegende Buch belässt die Geschichte der Zivilisation nicht innerhalb der Grenzen des Völkerrechts und zeigt, welche bedeutende Rolle sie in den öffentlichen Debatten Nachkriegseuropas spielte. Im Unterschied zu den beeindruckenden Überblickswerken zur politischen Geschichte Europas nach 1945, die Tony Judt, Mark Mazower, Konrad Jarausch und Ian Kershaw vorgelegt haben, geht es nicht nur um West- und Osteuropa, sondern auch um die Kolonialreiche, internationale Organisationen, die Entkolonisierung und den Multikulturalismus. Erzählungen zu Europa nach 1945, die sich auf die wirtschaftliche Erholung, die politische Stabilität und die Spaltung im Kalten Krieg beschränken, vernachlässigen diese zentralen kulturellen Entwicklungen, während sich die meisten kulturhistorischen Darstellungen allein auf die Amerikanisierung und Sowjetisierung der europäischen Kultur konzentrieren. Aus dieser breiten Perspektive ergibt sich eine Mischung aus Politik-, Geistes- und Kulturgeschichte, die Religion, Wissenschaft, Fotografie, Architektur und Archäologie einbezieht. Neue Vorstellungen von Zivilisation brachten neue kulturelle Landkarten Europas hervor, welche die in der Entkolonialisierung umdefinierten Beziehungen zwischen West- und Osteuropa einerseits und zu den europäischen Gebieten in Übersee andererseits verzeichneten. *Ruin und Erneuerung* nähert sich der europäischen Nachkriegsgeschichte nicht als einer Erzählung über die Herrschaft der Supermächte oder als Sammlung einzelner Nationalgeschichten, sondern vollzieht nach, wie die Rede von der Zivilisation Eliten und einfache Bürger in die Lage versetzte, Sinn und

Bedeutung Europas unter politischen Verhältnissen, die sie sich oftmals nicht ausgesucht hatten, umzugestalten.[19]

Dieses Buch erzählt keine selbstzufriedene Geschichte darüber, wie die Europäer lernten, friedlich zusammenzuleben, und ein glanzvolles, friedliebendes Reich auf den rußgeschwärzten Trümmern der Vergangenheit errichteten. Die Befriedung Westeuropas ist für sich genommen zweifellos eine bemerkenswerte Geschichte, und die Verleihung des Friedensnobelpreises 2012 an die Europäische Union als der Hüterin dieses Friedens ist sicher nicht das letzte Kapitel in dieser ermutigenden Erzählung vom rezivilisierten Europa. Bis heute berichten viele Studien zu Europa im 20. Jahrhundert von einer Zweiteilung: Die erste Hälfte des Jahrhunderts sei von Krieg, Zerstörung, Krise und Revolution gekennzeichnet gewesen, während die zweite als Narrativ von erzwungenem Frieden, politischer Stabilität und wachsendem Wohlstand in beiden Blöcken daherkommt. Diese Charakterisierung ist jedoch zu einfach, da der sich wandelnde Gebrauch von »Zivilisation« auf größere politische Transformationen verweist.

Der Ausgangspunkt ist, wie verschiedene gesellschaftliche Gruppen Zivilisation verstanden und wie sie handelten, um sie in einer gefährlichen Welt zu beschützen, oft zusammen mit verwandten Begriffen wie Erbe, Tradition, Humanität und sogar Demokratie. Der geografische Fokus der Analyse geht über die typischerweise ausschließlich westliche Begriffsgeschichte hinaus und betrachtet den gesamten Kontinent sowie Europas ehemalige afrikanische Kolonien, wo das Konzept von den unabhängigen afrikanischen Staaten angepasst wurde. In den späten Sechzigerjahren schlug die Ideologie der Zivilisation in neuen und gefährlichen Erscheinungsformen auf Kontinentaleuropa zurück.

Die einzelnen Kapitel des Buchs thematisieren verschiedene Aspekte der Frage, warum die neue Mission der Zivilisation für so viele so lange so viel bedeutete. Sie beleuchten, wie und warum die kulturellen Kämpfe einer gar nicht so fernen Vergangenheit noch immer das heutige Europa und sein Verhältnis zur übrigen Welt beeinflussen. Sie betrachten, wie Deutschland in den Vierziger- und Fünfzigerjahren neu geschaffen wurde, und handeln von Ruinen, Flüchtlingen und Nothilfe, von Völkerrecht und militärischer Besatzung. Naheliegenderweise lieferte der Umgang mit dem unterlegenen Deutschland – mit seinen Anführern, seinen Opfern, seinem zerschlagenen Imperium – den Rahmen für die Diskussion der Alliierten über die Rezivilisierung des Kontinents, dessen Befriedung dazu beitrug, den Kalten Krieg kalt zu halten.

Am dramatischsten stach das Schicksal Europas während jener wegweisenden Jahre in Deutschland ins Auge. Hatte seine imperiale Macht 1942 ihren Zenit erreicht, so lag es nur drei Jahre später in totaler Niederlage, materieller Zerstörung und militärischer Besatzung darnieder. Sein Status als aufgeteiltes Land blieb zwar auf wenige europäische Länder beschränkt, doch galt der neue »koloniegleiche« Status Deutschlands als emblematisch für die Geschicke des Kontinents, der nun in zwei von den Supermächten beherrschte Hälften zerfiel. Daraus entstand etwas Einmaliges: Von 1945 bis 1955 war Westeuropa zugleich Imperium und Kolonie, und Zivilisierungsmissionen aller Art waren prägend für jede dieser beiden Dimensionen.

Die erhebliche Akzeptanz des Begriffs in Westeuropa hing direkt mit diesem widersprüchlichen Zustand des Kontinents 1945 zusammen. Noch während auswärtige Streitkräfte für Ordnung sorgten, verlangten Frankreich, die Niederlande und Belgien, die unter nationalsozialistischer Besatzung gelitten hatten, außerhalb Europas ihre Kolonialreiche mit dem Verweis auf ihre Zivilisierungsabsichten zurück. Bekanntlich waren die Franzosen am 8. Mai 1945 damit beschäftigt, einen Aufstand im algerischen Sétif niederzuwerfen, was freilich kein vereinzeltes Ereignis war und aufzeigte, dass diese besiegten europäischen Mächte sich ihre zerbrechenden Imperien zurückzuholen gedachten.

Die Spaltung der Welt und eines Begriffs

Nicht weniger wichtig waren die Visionen, die ein kämpferisches Christentum von der Wiederbelebung Europas hegte. In den Vierzigerjahren meldeten die Kirchen neuerlich – angetrieben von der wiedererstehenden katholischen Kirche unter Papst Pius XII. – eine Führungsrolle an, indem sie die kulturellen Grenzen des Kalten Kriegs anhand von Glauben, Christdemokratie und einer neuen Identität des Westens festlegte. Die Verteidigung der christlichen Zivilisation – oder gar der jüdisch-christlichen Zivilisation – war für diese Mission von zentraler Bedeutung. Konservative westeuropäische Ideen vom Wiederaufleben des im Mittelalter wurzelnden Abendlandes halfen, die konfessionellen Spaltungen zwischen Katholiken und Protestanten zu bewältigen und gegen den »gottlosen« Kommunismus zu streiten, aber auch, eine übermäßige Einflussnahme aus Amerika abzublocken.

Darüber hinaus bedienten sich die militärischen und kulturellen Behörden der USA eines säkularen Ideals westlicher Zivilisation, um Nordamerika und Europa in einem neuen transatlantischen Bündnis zusammenzufügen, wie die Marshallplan-Hilfe und das Eingreifen in den Griechischen Bürgerkrieg Ende der Vierzigerjahre am klarsten belegen.

Die Zivilisation wurde jedoch nicht nur dazu herangezogen, Westeuropa von seinem östlichen Gegenstück abzugrenzen, sondern diente gelegentlich dazu, die Teilung im Kalten Krieg zu überwinden. Naturwissenschaft, Friedensbewegungen, Wohnarchitektur und Benimmhandbücher bieten Beispiele für Parallelen und sogar für Kooperation. Der Beginn der atomaren Kriegsführung entzündete in Europa eine lebhafte Diskussion über die Auswirkungen Hiroshimas auf das Verständnis von Zivilisation und ließ eine Reihe von gleichgesinnten Organisationen und Friedensbewegungen beiderseits des Eisernen Vorhangs entstehen, die sich die »Zivilisierung« der Wissenschaft zum Ziel setzten und sie zu einem Quell des Friedens und der internationalen Zusammenarbeit umgestalten wollten.

Weitere Aufmerksamkeit erhalten in diesem Buch zentrale gesellschaftliche Themen: das Wohnen, der Primat der Familie, Bücher über Umgangsregeln und die Besorgnis über die Durchsetzung der »amerikanischen Zivilisation« sowohl in West- als auch in Osteuropa. Deutlich wird auch, wie internationale Organisationen im Namen der Zivilisation manche Spaltung des Kalten Krieges überbrücken. Insbesondere die UNESCO – ein internationaler Akteur ersten Ranges – handelte das neue Konzept einer »Weltzivilisation« aus, die auf der Idee einer gemeinsamen universalistischen Vergangenheit, des Welterbes und auf den Sozialwissenschaften gründete. In all diesen Beispielen trat die Zivilisation als ein friedlicheres und weniger elitäres Konzept des universellen, materiellen Fortschritts hervor, was sie von ihren Vorläufern aus dem 18. und 19. Jahrhundert absetzte.

Afrikas Ringen um die Zivilisation

Während sich die erste Hälfte des Buchs auf Europa konzentriert, wendet sich der zweite Teil dem sich wandelnden Platz des Kontinents in der Welt zu. Der Fokus liegt auf den Imperien in Übersee, der Entkolonisierung und den in beiden Lagern des Kalten Krieges spürbaren Herausforderungen durch den Multikulturalismus in den Siebziger- und Achtzigerjahren. Dass Europa seine Gebiete in Übersee verlor, erforderte eine grundlegende Transformation der asiatischen und afrikanischen Geschichtsschreibung wie auch der europäischen selbst, wobei neue Konzepte von Zivilisation diesen politischen Umwälzungen auf beiden Seiten Sinn gaben. Wie wir sehen werden, spielte Afrika bei der Verschiebung der begrifflichen Grenzen eine besondere Rolle und beeinflusste die Vorstellung von

Europa gleichermaßen aus imperialer, antiimperialer und postimperialer Perspektive. Ghana, Algerien und der Senegal waren Pioniere in dieser Entwicklung. Dort und anderswo kehrten afrikanische Eliten, die nach Unabhängigkeit und neuen nationalen Identitäten strebten, die Rhetorik von der europäischen Zivilisation um. Sie schufen eine neue Version einer präkolonialen afrozentrischen Zivilisation und lieferten damit einen Schlüssel für eine genuin afrikanische Modernisierung und Souveränität.

Diese nunmehr unabhängigen afrikanischen Länder waren nicht die einzigen außerhalb des Westens, die ein Interesse an der Umwidmung der Zivilisation für eigene politische Zwecke hatten. Ein solches hatten auch die Sowjetunion und ihre Satellitenstaaten, deren Gebrauch des Zivilisationsbegriffs die sich entfaltenden Beziehungen zwischen Osteuropa und der übrigen Welt widerspiegelte. Zwar mobilisierten die Sowjetideologen die Rede von der bedrohten Zivilisation anlässlich des Nürnberger Prozesses gegen die Hauptkriegsverbrecher, doch angesichts der intensiven westlichen Nutzung des Begriffs in den ersten Jahren des Kalten Krieges neigten Kommunisten dazu, die westliche Zivilisation als rein ideologische Fassade für Barbarei, Heuchelei und Imperialismus abzutun. Kommunistische Regime griffen dementsprechend kaum auf die Rhetorik von der Zivilisation zurück und bevorzugten zunächst andere mobilisierende Begriffe – Humanismus, Gerechtigkeit, Würde und Solidarität –, um für die Tugenden der sozialistischen politischen Kultur zu werben.

Der Neologismus »sozialistische Zivilisation« avancierte dann in den Sechzigerjahren zu einer gebräuchlichen Selbstbezeichnung des sozialistischen Lagers, um dessen neue Rolle im Verhältnis zu Asien und Afrika zu bestimmen. Damals ergriffen die Sowjetunion und kleinere osteuropäische Länder eine Reihe ganz unterschiedlicher Initiativen, um solidarische Beziehungen zu voraussichtlichen sozialistischen Partnern in den Entwicklungsländern, besonders in

Afrika, aufzubauen. Osteuropas Modernisierungskreuzzug entwickelte sich zu einer sozialistischen Variante der Zivilisierungsmission.

Dieses Buch gibt den vielen Menschen eine Stimme, die sich anstecken ließen vom Fieber des Wiederaufbaus, das weder an den Frontlinien des Kalten Krieges haltmachte noch die ehemaligen Kolonien aussparte und den Blick auf Erneuerung und Reform lenkte. Unter ihnen waren Kriegstreiber und Pazifisten, Denkmalschützer und liberale Modernisierer, Wissenschaftler und Mitarbeiter von Hilfsorganisationen, christliche Konservative und Kommunisten, Nationalisten und Internationalisten, außerdem europäische Imperialisten und afrikanische Antiimperialisten. Sie alle versuchten auf unterschiedlichen Wegen, in der Niederlage und Spaltung Europas einen Sinn zu erkennen und ein neues Verständnis von Zivilisation zu formen, das dem kaputten Kontinent Frieden und Fortschritt bringen sollte. Es geht nicht nur darum, wie europäische Intellektuelle über die fundamental veränderte Basis des Zivilisationsbegriffs philosophierten, sondern um ganz praktische Reforminitiativen, wie sie die Aufgabe, die Zivilisation wiederherzustellen, nun einmal erforderte. Einige betrachteten sie als singulär und universell, andere als plural und begrenzt gültig. Doch alle diese Strömungen machten sich daran, Europa aus den Trümmern von Nationalsozialismus und Krieg neu zu errichten. Der Wettstreit um die Zivilisation veranlasste vielfältige Stimmen in beiden Lagern des Kalten Krieges dazu, für ihre Antworten auf die Fragen der Zeit zu werben, Fragen vor allem zu Krieg und Frieden, Religion und Wissenschaft, Recht und Wiederaufbau, Imperialismus und antikolonialistischer Befreiung, Kommunismus und Antikommunismus.

Bedrohung von außen, Bedrohung durch sich selbst

Als 1989 die kommunistischen Regime zu zerfallen begannen, schien die Zivilisation nach transatlantischem Verständnis gesiegt zu haben. Die nach 1989 auf dieser Grundlage beschworene Rückkehr Europas und seines gemeinsam geteilten Verständnisses von Zivilisation und Zivilisierungsmission ist einerseits Realität geworden, andererseits fragiler als von vielen erhofft.

Heute erklingen neuerlich schrille Aufrufe zur Verteidigung der Zivilisation, doch wie es dazu kam, verstehen wir nicht recht. Unter anderem tun wir uns deshalb so schwer zu begreifen, was da vor sich geht, weil wir den Begriff der Zivilisation zu hassen lieben. Wenn er in Büchern oder der Presse Verwendung findet, dann beinahe immer in ironischen Anführungszeichen oder begleitet von einem unfreundlichen »sogenannt«. Solche rhetorischen Strategien dienen dazu, jeden belastenden Zusammenhang zwischen dem Sprecher und dem Wort zu leugnen. Es gibt gute Gründe für Distanzierung und moralische Missbilligung, bedenkt man das Erbe des Begriffs: Elitismus im 18. Jahrhundert, Imperialismus im 19. Jahrhundert, dazu Rassismus und religiöse Intoleranz, die in unzähligen Gestalten bis heute fortbestehen.

Die radikale Aneignung durch heutige Konservative und Neofaschisten lenkt davon ab, wie Zivilisation zu einem einigenden Aufruf für den Bau eines besseren Europa wurde, häufig im Namen von Frieden, Gerechtigkeit, Entkolonisierung und Multikulturalismus. Rechte Kampagnen, die neuerlich Anspruch auf die Zivilisation erhoben, fanden zweifellos statt und wurden von einem erstarkenden Christentum, Verteidigern des Imperialismus und dem Antiamerikanismus getragen. Doch sie stießen auf entgegengesetzte und ebenso mächtige Ansprüche auf das neue Europa, die Liberale, osteuropäische Sozialisten, Radikale aus der Dritten Welt, Denkmalschützer der UNESCO und andere Reformer vertraten. Unter dem Dach der inner-

und außereuropäischen (Re-)Zivilisierungsmission fanden zahlreiche politische Narrative darüber Platz, wie Europa und die Welt kulturell imaginiert und (re)organisiert werden sollten.

Das reiche und widersprüchliche historische Erbe der Zivilisation haben wir auch deshalb aus den Augen verloren, weil diese nach Ende des Kalten Krieges zu einer groben und kurzschlüssigen Erklärung für politische Konflikte umfunktioniert wurde. Es gibt etliche Politiker, die nicht müde werden, wegen der (angeblichen) Belagerung der europäischen Zivilisation, ihrer Bedrohung von außen, Alarm zu schlagen. Der ungarische Ministerpräsident Viktor Orbán erklärt oftmals, dass Flüchtlinge aus Syrien und anderen Konfliktherden des Nahen Ostens die christlichen Wurzeln Europas gefährdeten und »die Zivilisation Europas« für immer verändern würden. Politiker in vielen anderen europäischen Staaten äußern ähnliche Befürchtungen darüber, dass Europas fragile Grenzen, seine kulturelle Identität und »christliche Zivilisation« sich in tödlicher Gefahr befänden.

Präsident Wladimir Putin beruft sich auf die »eigenständige Zivilisation« Russlands, um die amerikanisch geprägte Globalisierung zurückzuweisen und die militärische Expansion in der Ukraine zu rechtfertigen. Nicht weniger beunruhigend ist der in den letzten Jahren anschwellende rassistische Fanfarenschall, der die radikale Rechte in Europa und Nordamerika dazu aufruft, die »weiße Zivilisation« zu verteidigen. Regelmäßig wird das Schlagwort von der »Zivilisation in der Krise« angestrengt, auch weil seine Bedeutung elastisch genug ist, um – je nach Zusammenhang und vermeintlicher Gefahr – säkulare, christliche, internationale oder nationale Anliegen einzuschließen.[20]

Doch nicht nur von außen erscheint die Zivilisation gefährdet. Eine entscheidende Bedrohung ist eine Zivilisation, die ihrem eigenen Anspruch nicht gerecht wird: Nach dem Schock des 11. September zog sich der »Kampf für die Zivilisation« im Kontext des »Krieges gegen den Terrorismus« durch die Reden der republikanischen

US-Präsidenten George W. Bush und Donald Trump. Genau 20 Jahre später sollte der Abzug amerikanischer Truppen aus Afghanistan ein Symbolbild für den Erfolg der Zivilisierungsmission werden. Doch dieser Abzug von Soldaten aus zahlreichen Ländern, allen voran der Amerikaner, endete in einem Desaster. Im Handstreich eroberten radikale Taliban das Land zurück, in dem doch seit 20 Jahren eine so bezeichnete Zivilisierungsmission im Gange war. Menschenrechte, Demokratie und moralische Werte – sie sind in Kabul und anderswo gescheitert. Diese Entwicklung stellt gewichtige Fragen, zuallererst: Wird sich die Zivilisation von ihrem Versagen erholen? Das bleibt abzuwarten. Aber es besteht Hoffnung, denn wenn sich eines aus *Ruin und Erneuerung* lernen lässt, dann ist es das: Der Zivilisationsbegriff ist wandelbar.

In einer Ära, in welcher die Schlagzeilen das Auseinanderfallen Europas über zivilisatorische Fragen ankündigen, wendet dieses Buch seinen Blick zurück zu der radikalen Rekonstruktion des Kontinents im Schatten einer viel größeren Krise als heute: Zu zeigen, wie und warum der alte und viel geschmähte Glaube an die Zivilisation dabei half, Europas Erbe zu kartieren, zu erhalten und seine Identitätskrise besser zu verstehen, ist dabei mein wichtigstes Anliegen.

Ruin und Erneuerung bietet eine alternative Geschichte der Neuerschaffung Europas nach 1945, die das beschädigte und umkämpfte kulturelle Erbe des Kontinents in den Mittelpunkt stellt. Nachdem Europas Zivilisierungsmission im Namen von Fortschritt und Entwicklung zuvor in alle Winkel der Erde exportiert worden war, kehrte diese Mission mit dem Kriegsende an ihren Ursprungsort zurück. Bis Ende der Vierzigerjahre war Europa in einem Zeitalter der Spaltung und Entkolonialisierung ein vorrangiges Testgelände für den »Prozess der Re-Zivilisation« geworden. Der politischen und kulturellen Restauration des Kontinents hatten zwar die Supermächte auf sehr ungleiche Weise zum Durchbruch verholfen, doch waren es die

Europäer selbst, die den eigenen Ort in der Geschichte und in der Welt aus neuen Perspektiven heraus bestimmten. Die Zivilisation gewährte dabei einen Zugang zum Nachdenken über Europa jenseits des Nationalstaats – und auch heute bietet der Begriff einen überaus hilfreichen Ansatz zur Interpretation der europäischen Geschichte nach dem Zweiten Weltkrieg.

Erstes Kapitel

Spenden statt Waffen

Im Juli 1945 reiste der englische Dichter Stephen Spender mit einem Sonderauftrag von Frankreich nach Deutschland. Er hatte während der letzten Jahre der Weimarer Republik in Hamburg und Berlin gelebt und war seitdem nicht wieder dort gewesen. Nun betrat er Deutschland als Offizier der alliierten Kontrollkommission in der britischen Besatzungszone mit der ungewöhnlichen, auf sechs Monate angelegten Aufgabe, »etwas über das Leben und Denken der deutschen Intelligenz zu erfahren und zu erkunden, ob es überhaupt noch literarische Talente gab, die überlebt hatten«, und »mir ein Bild vom Zustand deutscher Bibliotheken zu machen«. Er schrieb ein Tagebuch über seine Mission, das schon 1946 unter dem Titel *European Witness (Deutschland in Ruinen)* erschien und einige der ersten Reflexionen eines Augenzeugen über das verwüstete Europa lieferte. Nur wenige Jahre zuvor, 1942, hatte Spender den Gedichtzyklus *Ruins and Visions* veröffentlicht, der persönliche Erfahrungen mit Themen wie Luftangriffen, der nationalsozialistischen Besetzung Frankreichs und dem Tod selbst verband, aber nichts hatte ihn auf den erschütternden Anblick der gewaltigen Trümmerfelder vorbereitet. Das Stadtbild Kölns – oder was davon übrig war – überwältigte ihn: »Beim ersten Durchfahren schien es mir, als sei dort auch nicht ein einziges Haus übrig geblieben.« Die verkohlten, geborstenen Mauern seien »wie dünne Masken vor der feuchten, hohlen, stinkenden Leere ausgewaideter [sic] Innenräume«. Nicht weniger verstörend war, dass die Trümmer zugleich die Verfassung der Überlebenden beschrieben:

»Die Verheerung der Stadt spiegelt sich in der inneren Verheerung ihrer Bürger«, die »eher einem Stamm von Nomaden [gleichen], die inmitten einer Wüste eine Ruinenstadt entdeckt und dort ihre Lager aufgeschlagen haben, in ihren Kellern hausen und zwischen den Trümmern nach Beute suchen, Überresten einer toten Zivilisation«.[1]

Für Spender sprach aus den qualmenden Überresten der bombardierten Städte viel mehr als der Flammentod von Hitlers Reich. Diese »Leichenstädte« seien »Errungenschaft unserer Zivilisation«, deren Ruinen »die von unserem Jahrhundert geschaffene Gestalt« seien, »so wie das Mittelalter sich seine Gestalt in der gotischen Kathedrale schuf«. Spender gestand, deprimiert von dieser obszönen »Gestalt« zu sein, und dass seine Bedrückung untrennbar mit der noch quälenderen Sorge verbunden war, dass »aus der Zerstörung Deutschlands die Zerstörung ganz Europas erwachsen könnte. [...] Während ich durch die Straßen Bonns ging und der Wind mir nach Verwesung riechenden Trümmerstaub in die Nase trieb, der wie Pfeffer brannte, hatte ich das Gefühl, die Schutzmauern unserer Zivilisation seien so dünn wie Eierschalen und könnten an einem einzigen Tag fortgeblasen werden.«[2]

Spender war keineswegs der Einzige, der im Europa der sogenannten Stunde Null vom Untergang der Zivilisation sprach. Für ihn und für andere hatte die Beschwörung der Zivilisation nichts von den romantischen Betrachtungen eines zerfallenden kulturellen Erbes, wie sie das frühe 19. Jahrhundert oft angestellt hatte. Wir werden sehen, dass diese Narrative von einem überwältigenden Schock und Bruch handelten. Bis ins Detail zeichneten sie den Kollaps der Macht und der kulturellen Stärke Europas. In der gewaltigen Zerstörung lag auch ein Aufruf zum Handeln. Dieses Kapitel schaut auf Beobachter von außerhalb, auf Nothelfer und das internationale Personal der United Nations Relief and Rehabilitation Administration (UNRRA), die gleich nach dem Krieg an vorderster Linie materielle und moralische Wiederaufbauarbeit leisteten, und darauf, wie sie über ein in Trümmern liegendes Europa Zeugnis ablegten. Dies war nicht irgendeine nebensächliche Entwicklung – es ging um die vollständige Umkehrung der Zivilisierungsmission Europas. Der Kontinent, für lange Zeit und in allen Teilen der Welt die kraftvolle missionierende Macht, war nun selbst ein Schauplatz eifriger missionarischer Tätigkeit und Objekt der Einflussnahme von außen. Auswärtige Hilfsorganisationen, religiöse wie weltliche, standen denen bei, die unter der Besatzungsherrschaft der Achsenmächte gelitten hatten; die UNRRA errichtete Niederlassungen in 16 europäischen Ländern und versorgte Displaced Persons (DPs) in Deutschland, Österreich, Frankreich und Italien. Diese üppig ausgestatteten Niederlassungen waren in der unmittelbaren Nachkriegszeit kühne Experimente des Internationalismus und wurden bald zu einem Quell von Konflikten und Kontroversen. Der Kalte Krieg – sein Beginn wird üblicherweise mit der Truman-Doktrin 1947 oder der Berlin-Blockade 1948/49 angesetzt – nahm bereits in den DP-Camps Gestalt an. Ausländische Freiwillige der religiösen Wohlfahrtsorganisationen und der intergouvernementalen Institutionen waren unter den Ersten, die vom Nachkriegseuropa erzählten, dort fotografierten und zugleich an ihm arbeiteten. Ihr Werk war wesentlich für den moralischen und materiellen Wiederaufbau des Kontinents.

Die Geografie der Zerstörung

Das Elendsjahr 1945 war eines der Bestandsaufnahme, die durch die Berge von Schutt, Asche und Leichen nur zu offensichtlich eingefordert wurde. Ganze Städte waren ausgelöscht; Guernica, Rotterdam, Caen, Coventry, Leningrad, Dresden und Warschau wurden zur architektonischen Signatur der Ära des totalen Krieges. Über 90 Prozent der Wohnbebauung Warschaus waren so schwer beschädigt, dass eine Wiederherstellung unmöglich war. Minsk, Budapest, Kiew und Charkow hatten ein ähnliches Schicksal erlitten, ebenso gegen Ende des Krieges viele deutsche Städte. Und doch nahm Berlin einen besonderen Platz in der Geografie der Zerstörung ein. Der amerikanische Auslandskorrespondent William Shirer sah in Berlin »[s]o weit das Auge reicht, in allen Windrichtungen nur Zerstörung und Trümmer, dazwischen ausgebrannte Häuser ohne Dach, die im Licht der niedrigstehenden Nachmittagssonne wie kleine Mausefallen wirken«. Tod, unheimliche Stille und ein Gefühl der Endgültigkeit bestimmen die zeitgenössischen Berichte über das besiegte Deutschland. Einen britischen Soldaten traf in Berlin die »Stille, die über allem lag«, in der Menschen »mit gedämpfter Stimme sprachen, als fürchteten sie, die Toten unter dem Schutt zu wecken«. Oft nicht ohne Befriedigung bemerkten sowjetische Korrespondenten, dass Berlin ein »Chaos aus riesigen Kratern und rußgeschwärzten Steinen, zerbrochenem Beton, verbogenen Stahlträgern und gesplittertem Glas« war.[3]

Die Beobachter empfanden die Zerstörung schlicht als unverständlich, nicht zuletzt hinsichtlich des radikal gewendeten Schicksals der Deutschen und Deutschlands. Shirer fragte in seinem Berliner Tagebuch am 3. November 1945, fast sechs Monate nach dem Ende der Kämpfe: »Wie soll man Worte finden, um das Bild einer bis zur Unkenntlichkeit zerstörten großen Hauptstadt wahrheitsgetreu und genau zu schildern?« Wie sollte man die Angehörigen der einst hochmütig selbstgewissen »Herrenrasse« beschreiben, die »man nun in den Ruinen herumstochern sieht, gebrochen, betäubt, zitternd; hungrige menschliche Wesen ohne Willen, Lebenszweck, Ziel, reduziert auf animalische Funktionen wie Nahrungs- oder Obdachsuche, um den nächsten Tag lebendig zu erleben?«. Janet Flanner betonte im *New Yorker*, wie sehr sich der Zweite Weltkrieg von seinem Vorläufer unterschied: »Die Niederlage im letzten Krieg hat Deutschland keinen Stein gekostet. Diesmal ist der Zerstörer selbst zerstört worden.« Cornelia Stabler Gillam war eine junge Quäkerin aus Philadelphia, die herüber nach Europa gekommen war, um in Kantinen der US-Armee Klavier zu spielen. Sie beschrieb ihren Eltern die zerstörte Domstadt Aachen in einem Brief vom Juni 1945: »Menschen kriechen wie Ratten aus den zertrümmerten Gebäuden, in denen sie leben. [...] Ich hatte Angst, dass ich weinen würde, und wusste, dass es missverstanden würde. Ich würde nicht um die Deutschen weinen, sondern um die ganze Welt.«[4]

Auch deutsche Autoren, besonders heimkehrende Exilanten, erfassten Schock und Verwirrung. Klaus Mann, der als Reporter der US-Militärzeitung *Stars and Stripes* in sein geliebtes München zurückkehrte, schilderte seine Fassungslosigkeit und Verzweiflung: »Was einmal als die schönste Stadt Deutschlands galt, [...] hat sich in einen riesigen Friedhof verwandelt. [...] Nur mühsam fand ich meinen Weg durch die einst vertrauten Straßen.« Theodor Plievier, der im Frühjahr 1945 von Moskau nach Deutschland reiste, erzählte von einer »gespenstisch verändert[en]« Stimmung in Dresden, »[e]ine Düne aus Backsteinbrocken und geronnenem Mörtel, dahinter wieder eine Düne und wieder«. In seiner Notiz »Fahrt durch die Ruinenstadt« deutete Arnold Zweig die Trümmer als »Rückschläge des totalen Krieges«, als grausames *quid pro quo*: »Von hier aus wurde er losgelassen, hunderttausend Kehlen brüllten im Sportpalast ihr ›Ja‹ zu ihm – und hunderttausend Häuser liegen deshalb hier in Trümmern, einschließlich jenes Sportpalastes selbst. Der Redesport der Herren Hitler und Goebbels kam Berlin teuer zu stehen.« Für Zweig und andere stellte die Zerstörung Berlins die angemessene Vergeltung für die von der nationalsozialistischen Kriegsmaschinerie entfesselte Gewalt dar, die in den letzten beiden Kriegsjahren nach Deutschland zurückgekehrt war.[5]

Berlin, Sinnbild eines vollständig verunsicherten Europas, stieß historische Reflexionen an, die, um der Verwüstung Sinn zu geben, Bögen ins Altertum schlugen. Spender näherte sich den Ruinen von Reichstag und Reichskanzlei »mit demselben Staunen, derselben angespannten Fantasie wie dem Kolosseum in Rom«. Beim Blick aus dem Flugzeugfenster über Berlin verglich Harry Hopkins, langjähriger Berater von Präsident Franklin D. Roosevelt, die Stadt mit einem »zweiten Karthago«. Der im englischen Exil lebende polnische Historiker Isaac Deutscher stellte die zerbombte frühere Hauptstadt des sogenannten Dritten Reichs neben die Ruinen des Altertums. Im *Observer* schrieb er 1946: »Wenn die Gebäude ihr trügerisches solides Aussehen verlieren, macht Berlin den Eindruck einer wundersam guterhaltenen Ruine des Altertums – wie Pompeji oder Ostia – in riesiger Grösse.« Solche Ruinenromantik war schon während des Nationalsozialismus ins Auge gefasst worden, als Albert Speer sehnsüchtig die noble Schönheit voraussahnte, die von seinen verfallenden Berliner Bauwerken in Jahrhunderten ausgehen würde. 1945, als das NS-Deutschland in die schweigenden Trümmer einer totalen Niederlage gesunken war, wurde Speers berüchtigte Ruinenwerttheorie brutale Realität.[6]

Ausländer dokumentierten, wie die Deutschen auf diese Zerstörung reagierten. Eine Quäkerin im Hilfseinsatz schrieb: »Ich habe eine Art von stummer Verzweiflung darüber wahrgenommen, dass jetzt so viele schöne Städte, die man kannte, nicht mehr da sind – man kann das Ausmaß des unersetzlichen Verlustes kaum begreifen.« Diese Verzweiflung erwies sich als hartnäckig. Ein weiterer englischer Quäker, der 1946 eine Kunstausstellung in Berlin schilderte, fand dort eine »atemberaubende Offenbarung über das Chaos und die Depression im deutschen Bewusstsein der Gegenwart«, aus der »eine Geschichte von Schrecken und Untergang und dem Nichts sprach«. Während die Londoner die bedingungslose Kapitulation der Wehrmacht feierten – »[a]uf dem ganzen Trafalgar Square herrschte helle Aufregung, und fast ganz London schien in Flutlicht getaucht«, so eine Tagebuchschreiberin –, versank Deutschland in Dunkelheit und Stille. Deutsche Chronisten schrieben von der »Stunde Null«, um den vollständigen Zusammenbruch ihrer Welt

Ausdruck zu geben. Ein Tagebucheintrag aus Königsberg vom 8. Mai brachte das Ergebnis des Krieges so auf den Punkt: »Das Fazit vom Traum eines weltbeherrschenden Großdeutschland war ein europäisches Trümmerfeld mit enorm vergrößertem Einflußbereich der Sowjetunion.« Die Dimension der Zerstörung fing der vierzehnjährige Berliner Fritz J. Raddatz wohl am besten ein. »Leichen [...] lagen im Mai 1945 in Parkanlagen, am Straßenrand, oft so ausgeplündert, dass nicht zu erkennen war, ob erschossener Soldat oder umgebrachter Zivilist. Geschändete Frauen mit aufgerissenen Mündern, die Goldzähne von Fledderern herausgebrochen. Manche halb verkohlt in den Trümmern verbrannter Häuser. Es war nicht Flieder, noch waren es Hyazinthen, nach denen in diesem Frühjahr die Luft süßlich schmeckte.«[7]

Nirgends trat das Bewusstsein von physischer und moralischer Zerstörung klarer hervor als in den Berichten aus den gerade befreiten Konzentrationslagern. In seinen Memoiren *Kreuzzug in Europa* von 1948 erinnerte sich Dwight D. Eisenhower, Oberbefehlshaber der alliierten Streitkräfte in Europa, an die Befreiung des Lagers Ohrdruf, eines Außenlagers des KZ Buchenwald. Er hatte »zum erstenmal ein so unbestreitbares Zeugnis für die Unmenschlichkeit der Nazis und dafür vor Augen [...], daß sie sich über die primitivsten Gebote der Menschlichkeit in skrupelloser Weise hinwegsetzten. [...] Nichts hat mich je so erschüttert wie dieser Anblick.« Eisenhower war derartig betroffen, dass er sofort ein Kommuniqué nach Washington wie auch nach London schickte und darin seine Eindrücke wiedergab. Er drang darauf, »ohne weitere Umstände eine Reihe von Zeitungsredakteuren und Volksvertretern« aus beiden Ländern nach Deutschland zu schicken, damit »für zynische Zweifel kein Raum mehr blieb«. 12 Abgeordnete des US-Kongresses und 18 Presseleute sowie 8 Angehörige des britischen Unterhauses fuhren im April 1945 nach Buchenwald, um mit eigenen Augen zu sehen, was ein mitreisender amerikanischer Reporter ein »organisiertes Verbrechen gegen die Zivilisation«

nannte. Ein britischer Labour-Abgeordneter, Mavis Tate, führte dazu im *Spectator* aus, er bezeuge den »tiefen Zug von Bosheit und Sadismus in der deutschen Rasse, wie man ihn nicht erwartet hätte in einem Volk, das für Generationen Lippenbekenntnisse zur westlichen Zivilisation und Kultur abgegeben hatte«.[8]

Britische Zeugen bezeichneten die Entdeckung des »Horrorlagers« Bergen-Belsen als den entsetzlichsten Ausdruck nationalsozialistischer Grausamkeit und menschlichen Leids. BBC-Kriegsreporter Richard Dimbleby berichtete, dass »ich durch die Sperre schritt und mich in einem Albtraum wiederfand. Leichen, einige davon in Verwesung übergegangen, lagen verstreut auf der Fahrbahn und entlang der eingefurchten Fahrspuren.« Am 24. April 1945 wurden der Bürgermeister von Celle und weitere Stadtoberhäupter als Vertreter des deutschen Volkes dorthin bestellt, um sich die Grausamkeiten anzusehen. Über Lautsprecher bekamen sie zu hören: »Was Sie hier sehen, ist eine solche Schande für das deutsche Volk, daß sein Name aus der Liste der zivilisierten Nationen gestrichen werden muss.« Ein Bürgermeister verdeckte seine Augen und schluchzte, ein anderer übergab sich. Rabbiner Leslie Hardman vom britischen 8. Korps bat um einen geduldigen Umgang mit den befreiten Gefangenen, da sie »nicht nur der mutwilligen Zerstörung ihrer selbst als Volk« ausgesetzt gewesen seien, »sondern auch der Auflösung ihrer Seelen«.[9]

Belsen-Überlebende erzählten, wie eine »unheimliche Stille den Moment unserer Befreiung markierte. Wir waren zu schwach und hatten zu viel erlebt, um Freude zu empfinden.« Ein britischer Soldat notierte, dass die befreiten Häftlinge »jenseits artikulierter Sprache schienen, selbst wenn wir ein gemeinsames Idiom gefunden hätten«. Dass Belsen sowohl einen End- als auch einen Wendepunkt der Zivilisation als solcher darstellte, dokumentierte in ätzenden Worten der erste Satz von Sergeant W. J. Barclays *Belsen-Report:* »Belsen. Es ist der 21. April im Jahr der Zivilisation 1945.« Bevor es am 21. Mai niedergebrannt wurde, stellte das britische Militär am Eingang des Lagers ein anklagendes Schild auf, das mit den Zeilen schloss: »10 000 UNBEGRABENE LEICHEN WURDEN HIER GEFUNDEN / ANDERE 13 000 SIND SEITDEM GESTORBEN / ALS OPFER DER NEUEN DEUTSCHEN ORDNUNG / IN EUROPA UND ALS BEISPIEL DER NAZI-KULTUR«.[10]

Vom Ende der Zeiten zu reden, wurde zum Gemeinplatz, ebenso die apokalyptische Schilderung des total besiegten und zerstörten Deutschland. Auf den Konferenzen von Jalta und Potsdam wurde ein geschlagenes, dann auch besetztes Deutsches Reich – und seine Hauptstadt – in vier Zonen geteilt. Die Deutschen hatten weder irgendwelche Rechte noch eine eigene Regierung und waren ganz dem Willen der Alliierten ausgeliefert. Während schon damals einige Beobachter – und seitdem viele Historiker – das dafür verwendete Bild einer *tabula rasa* kritisiert haben, weil es zahlreiche Kontinuitäten verdunkele, sagt die damalige Rede von der Stunde Null doch viel aus über die Wahrnehmung eines historischen Augenblicks, in welchem sich Vergangenheit und Zukunft in eine permanente Gegenwart aufzulösen schienen. Andere Epochenwechsel wie die Französische und die Russische Revolution maßen sich stolz messianische Bedeutung zu und erklärten sich, obwohl nur nationale Ereignisse, zu globalen Umbrüchen – sogar den Kalender schrieben sie buchstäblich um und ließen die politische Moderne 1789 beziehungsweise 1917 beginnen. Während die nationalsozialistische Revolution von 1933 keine derartige kalendarische Zäsur mit sich brachte, war die Selbstbeschreibung als »tausendjähriges Reich« doch weit verbreitet. Unermüdlich behaupteten Goebbels und andere Nazi-Ideologen, dass Hitlers unvorhergesehene Machtübernahme in Energie und Reichweite die Französische Revolution des 20. Jahrhunderts sei und darin ihre verhasste russische Vorläuferin übertreffe.

Der Begriff »Stunde Null« bedeutete äußerste Katastrophe und Zerstörung, die Umkehrung der hoffnungsvollen revolutionären Proklamationen der Vergangenheit. Er stand für Verneinung, für die

Entleerung der historischen Zeit. Die Erfahrung, dunkle Zeiten zu durchleben, war für Mitteleuropa nichts Neues; ähnliche apokalyptische Befindlichkeiten sind aus Zeiten des Schwarzen Todes und des Dreißigjährigen Krieges überliefert, ebenso vom Beginn und Ende des Ersten Weltkriegs. Die alles auf den Kopf stellende Inflation in der frühen Weimarer Republik wurde als Explosion der Nullen beschrieben; das Geld schwand unaufhaltsam dahin, bis im November 1923 ein Dollar über 600 Milliarden Mark (600 000 000 000) wert war. Die karnevalesken Geschichten aus den Inflationsjahren, als manch einer Schubkarren voller Papiergeld durch die Stadt rollte, waren bezeichnend für das wirtschaftliche Durcheinander in den ersten Weimarer Jahren. Elias Canetti, der deutschsprachige Träger des Literaturnobelpreises, schilderte, wie eine Welt, die auf Sparsamkeit, rationale Geschäftsbeziehungen und vor allem psychologische Berechenbarkeit gegründet gewesen war – eine Welt, in der die Vergangenheit beharrlich präsent geblieben war und die Zukunft vielversprechend ausgesehen hatte –, für den Einzelnen wie für die Gesellschaft »im Zeichen der Null« plötzlich verschwand. 1945 war die Bedeutung von »Null« eine radikal andere, nachdem die totale Niederlage einen Mangel an Nahrung, Unterkunft, politischer Stabilität und Moral herbeigeführt hatte, wie ihn seit dem Dreißigjährigen Krieg niemand mehr erlebt hatte. Anders als für die Weimarer Republik waren nicht eine Überproduktion von Nullen und der permanente Verlust materiellen Besitzes charakteristisch für 1945; vielmehr verkündete jenes Jahr den Verfall aller Werte und der Zivilisation selbst, es war gewissermaßen der Ground Zero der europäischen Kultur. Trümmer und DPs kennzeichneten nun den Kontinent, während sich Zigaretten, Elend und Schuldzuweisungen zu gängigen Währungen wandelten.

Zeugen der Not

Wie all die eindrücklichen Berichte von Schriftstellern und anderen Beobachtern aus dem verheerten Mitteleuropa überdeutlich zeigen, gab es vor Ort jede Menge zu tun. Zivilisation war nicht einfach ein über den Haufen geworfenes Wertesystem, es war eine Sache dringlicher praktischer Organisation. Unter diesen Umständen verschob sich der Sinn von Zivilisation weg von einem elitären Sprachgebrauch hin zu einem Spendenaufruf zugunsten der Kriegsopfer. Betrieb und Verwaltung der DP-Lager übernahmen Mitarbeiter der Hilfsorganisationen, die überwiegend aus Großbritannien, Frankreich, Kanada und den Vereinigten Staaten kamen. Millionen von DPs, Flüchtlingen, Vertriebenen und Kriegsgefangenen bevölkerten den Kontinent und hausten zusammengedrängt in improvisierten Lagern, die bald überall in den ehemaligen Kriegsgebieten Süd- und Mitteleuropas entstanden und Hilfe gewährten. Der schwedische Schriftsteller Stig Dagerman stellte in *Deutscher Herbst* von 1946 die Entwurzelten sowohl als Zeugen wie auch als Symbole der Epoche dar: »Den ganzen Herbst über kamen Züge mit Flüchtlingen aus dem Osten in den Westzonen an. Abgerissene und hungrige Menschen, die nicht willkommen waren, drängten sich in den dunklen stinkenden Bahnhofsbunkern oder in den hohen fensterlosen Riesenbunkern, die wie vierkantige Gasuhren aussehen und sich in den zerstörten Städten wie gewaltige Monumente über die Niederlage erheben.«[11]

Zu Kriegsende gab es in Europa über elf Millionen Displaced Persons. Allein in Deutschland befanden sich sieben Millionen Menschen mit DP-Status, unter fünf Prozent davon waren Juden. Zwar hatten bereits während des Krieges fleißige Planer ihr Bestes getan, um sich auf diese Krise einzustellen, doch war das Ausmaß der Entwurzelung und der Bevölkerungsverschiebungen überwältigend. Schon 1944 bemerkte der stellvertretende US-Außenminister Dean Acheson vor dem Repräsentantenhaus: »Ich glaube, dass es seit dem Mittelalter keine solche Bevölkerungsbewegung gab, wie sie dieser Krieg verursacht hat.«

Überall war der Zusammenbruch von sozialer Stabilität, moralischer Autorität und grundlegender Infrastruktur sichtbar. Es genügte nicht, sich um die dringendsten Probleme zu kümmern, um die Reparatur zerbombter Gebäude und Straßen, der Wasserversorgung und -entsorgung, der Krankenhäuser und Schulen. Tuberkulose, Läusebefall und – in italienischen Lagern – auch Malaria gingen um, der Hunger schlug zu, besonders in Wien und Budapest. Auch die oft gewalttätigen und labilen Überlebenden stellten eine Herausforderung dar. Ihr Verhalten ging auf Traumatisierungen zurück, die kriegerischer Gewalt, auseinandergerissenen Familien und dem Kollaps der ethischen Ordnung entsprungen waren. Nachkriegseuropa wurde oft als Kontinent der Frauen beschrieben, aber es war auch der Kontinent verwaister oder von ihren Familien getrennter Kinder. 1946 lebten rund 180 000 obdachlose Kinder in Rom, Neapel und Mailand. In den DP-Lagern wurde viel über das spezifische Problem der verwaisten Kinder diskutiert, denen, so die britisch-amerikanische Autorin Alice Bailey, »jegliches Moralempfinden und alle zivilisierten Werte fehlen«.[12]

Für die humanitäre Unterstützung von Millionen DPs wurden ganz neue organisatorische Wege beschritten. Viele der beteiligten Wohlfahrtsverbände waren privaten und religiösen Charakters, ihre Gründung erfolgte während des Zweiten Weltkriegs zum Zweck der Hilfeleistung in Europa und Asien. Das Unitarian Service Committee wurde 1940 eingerichtet, die Catholic Relief Services entstanden 1943, der Lutheran World Relief 1945 und, ebenfalls 1945, die wohl bekannteste derartige Institution, die Cooperative for American Remittances to Europe, CARE. Die Anwesenheit fremder (und einheimischer) Wohltäter in Europa war keineswegs neu. 1864 war das Rote Kreuz gegründet worden, es folgten in vielen Ländern nationale Ableger, um Opfern von Naturkatastrophen und menschengemachtem Leid beizustehen. Ihnen standen bald weitere Dienste zur Seite, etwa seit 1914 das jüdische American Jewish Joint Distribution Committee (Joint) und seit 1917 das American Friends Service Committee der Quäker. Nach dem Ersten Weltkrieg schuf die Sozialreformerin Eglantyne Jebb den britischen Save the Children Fund. Einige weitere Organisationen wurden während des Zweiten Weltkriegs ins Leben gerufen, um Zivilisten in belagerten Städten Beistand zu leisten. Das jüdische Hilfs- und Rettungskomitee war 1944/45 in Budapest aktiv. Der Joint zählte in einem Bericht von 1942 einige der eigenen Hilfsbemühungen angesichts der entsetzlichen Umstände im deutsch besetzten Europa auf. Der Bericht stellt erbittert fest, dass »allgemeine Vernichtung, Tod und Verzweiflung zu vermelden« seien, doch habe es der Joint geschafft, »Hunderttausenden Unterstützung und Hoffnung zu bringen«. In der amerikanischen Besatzungszone leistete er mehr Wohlfahrtsarbeit als jede andere Hilfsorganisation.[13]

Die Helfer wurden zu Zeugen der Not Europas. Das Aufblühen privat organisierten humanitären Engagements wurde – besonders mit Blick auf christliche Institutionen – als Element einer »Rechristianisierung« Europas in einem Moment gedeutet, als der Kontinent aus einer Woge von Krieg und politischer Gewalt auftauchte. Tatsächlich war dies, wie wir in Kapitel 3 sehen werden, ein Hauptanliegen vieler Kirchenleitungen. Doch für die meisten Hilfeleistenden ging es in erster Linie schlicht darum, den Bedürftigen zu helfen. Das einst missionarische Europa erhielt nun Zuwendung und Trost von außen.

In großer Zahl traten 1945 katholische Helfer auf den Plan. Vatikanische Hilfsmissionen waren in allen drei Westzonen aktiv, um die Entwurzelten spirituell und medizinisch zu umsorgen. Katholische karitative Organisationen waren die Ersten, die nach dem Krieg in Italien tätig wurden und dann bald auch in Polen und der Tschechoslowakei Unterstützung leisteten. Nachdem sie in den letzten beiden Kriegsjahren dazu geneigt hatten, zuerst katholischen Polen zu helfen und nach dem Krieg zuerst katholischen Deutschen, erweiterten sie ihre Wohltätigkeit bald auf alle Notleidenden. Wie der Leiter der vatikanischen Delegation in Bergen-Belsen, der Abbé Regnault, klarstellte, sollten Katholiken allen »ohne Unterschied von Rasse und Religion« Hilfe gewähren, da »wir im Dienst der Menschheit stehen«. Diese Öffnung sollte auch die internationale Kritik besänftigen, dass die Kirche nur wenig für die Juden getan habe, als diese in Bedrängnis waren. Und Rom wollte zeigen, dass es in den Angelegenheiten Nachkriegseuropas eine aktivere Rolle zu spielen gedachte.[14]

Protestantische Wohltäter waren ebenfalls vor Ort. Unter den Lutheranern herrschte große Betroffenheit darüber, dass, insbesondere in Deutschland, mehr als ein Fünftel ihrer weltweiten Gemeinschaft nach dem Zweiten Weltkrieg zu Flüchtlingen geworden war und dringend materielle Unterstützung brauchte. Skandinavische und schweizerische Glaubensbrüder gewährten Beistand, und 1946 entstand ein kanadischer Zweig des Lutheran World Relief. Allein von Januar bis März 1946 schickte die Organisation 2260 Ballen Kleidung und Bettwäsche sowie 245 Kisten Schuhe nach Deutschland, Finnland, Holland, in die Tschechoslowakei, nach Belgien und Jugoslawien. Die Quäker entfalteten 1945 besonders umfängliche Aktivitäten und bauten dabei auf ihrer Tradition auf, in Kriegsgebieten Hilfe zu leisten. Sie stellten nicht den größten karitativen Verband – die Zahl der Freiwilligen lag 1945 bei rund 1200 –, doch verfügten sie über viel Erfahrung und arbeiteten effizient. Die Religious Society of Friends, wie die Quäkergemeinschaft offiziell heißt, half Kriegsopfern seit dem Krimkrieg; im Zweiten Weltkrieg war die Friends' Ambulance Unit in Ägypten, Griechenland, Frankreich, China, Burma, Syrien, Äthiopien und Indien im Einsatz gewesen. Seit Mai 1945 erstreckte sich ihre Tätigkeit in Europa von Sizilien und Griechenland bis nach Jugoslawien und Österreich sowie, selbstverständlich, Deutschland. Die Quäker zeichnete aus, dass sie allen Bedürftigen halfen, einschließlich ehemaliger Feinde, was sie beim Militär und in der Öffentlichkeit ihrer Heimatländer nicht immer beliebt machte.[15]

Ausländische Helfer gehörten zu den ersten Erzählern in Europa nach dem Krieg. In Notizbüchern und Erlebnisberichten fassten sie die Mühsal des geschundenen Kontinents in Worte, und ihre Berichte über die Brutalität, die Entfremdung und den Verlust moralischer Orientierung sind wertvolle Quellen zum Alltag nach der Kapitulation. Viele Helfer waren bewährte Kräfte und hatten sich im Ersten Weltkrieg und im Spanischen Bürgerkrieg ihre Sporen verdient. Doch selbst sie waren fassungslos über die neuen europäischen Verhältnisse. Dass sie ihren Tagebüchern Titel wie *Der wilde Ort*, *An den Wassern von Babylon* und *Europa ohne Baedeker* gaben, spiegelt ihre Verwirrung darüber wider, wie fremd ihnen Europa geworden war. Viele litten unter der schweren Belastung der Hilfstätigkeit, und manche bekannten ihre nicht eben freundliche Einstellung gegenüber den Deutschen. Rot-Kreuz-Mitarbeiter Robert Collis konnte nicht anders, als im zerstörten Osnabrück die gerechte Quittung für die Bombardierung Rotterdams 1940 zu sehen, denn: »sie haben angefangen«. Eine französische Helferin, die um ihren im Krieg getöteten Bruder trauerte, schrieb ihren Zorn über die Deutschen nieder: »Ich hege wilden Hass gegen sie. [...] Kein zivilisiertes Volk hätte jemals die Auswirkungen solch einer schrecklichen Diktatur geduldet.« Eine englische Helferin, die im DP-Lager Wildflecken eingesetzt war, gestand lakonisch ein: »Seit ich die Nummer einer armen Kreatur, auf ihren Leib tätowiert, gesehen habe, sind meine Gefühle nicht mehr so freundlich.«[16]

Ein humanitäres Bewusstsein verbreiteten auch die Fotografien, die Quäker oder katholische Helfer festhielten. Sie fingen in der Regel alltägliche Szenen des humanitären Dienstes, von Kameradschaft und sogar Freundschaft ein. Sie gaben bevorzugt Momente der Gemeinschaft von Geber und Empfänger wieder und knüpften oft an die klassische Ikonografie christlicher Barmherzigkeit an. Dies lässt

1 Monsignore Alfred Schneider, Leiter der Catholic Relief Services für Deutschland, überreicht einem obdachlosen deutschen Kind Waren aus einer Hilfslieferung, 1945.

sich an Bild 1, auf dem Monsignore Alfred Schneider, Leiter der Catholic Relief Services in Deutschland, einem obdachlosen deutschen Kind Nahrungsmittel überreicht, ebenso nachvollziehen wie auf Bild 2, auf dem eine Nonne einem älteren Vertriebenen in einem ungenannten Lager die Hand auf die Schulter legt. Sie und viele andere zeigen Katholiken, die auf klassische missionarische Weise den Armen und Erniedrigten Almosen geben. Bilder von Quäkern zeichnen sich hingegen dadurch aus, dass sie weniger inszeniert sind und eher die Kameradschaft mit den DPs feiern, bei Tisch, im Spiel oder auf Hochzeiten. Das hatte auch mit der medialen Vermittlung und dem adressierten Publikum zu tun. Katholische Bilder vom Almosengeben wurden manchmal in kirchlichen Organen publiziert, während die Bilder der Quäker nicht für eine Veröffentlichung vorgesehen waren und deshalb, wenn überhaupt, in Jahrzehnte später herausgegebenen Tagebüchern erschienen.[17]

Zeugen der Not 55

2 Eine Nonne von den Catholic Relief Services mit einem Vertriebenen, 1945.

In den Berichten der Quäker ist festgehalten, wie sie ihre Hilfsmission verstanden. Einige von ihnen schrieben über den Schock, »sehr viele unbeerdigte Tote, die überall verstreut lagen, und die lebenden Toten, die im Dreck herumkrochen«, zu entdecken. Der britische Quäker Robert Wilson schilderte seinen humanitären Einsatz, der ihn von 1940 bis 1948 nach Frankreich, Italien, Deutschland, in die Niederlande, Österreich und Polen führte. Wie viele andere dokumentierte er den verzweifelten Mangel an Nahrungsmitteln und wie schwierig es war, an Kleider, Matratzen, Handtücher oder Milch zu kommen. Die Lage verschlimmerte sich noch, als er von Griechenland nach Deutschland kam und sich dort unzähligen Kriegsgefangenen und Flüchtlingen sowie einem florierenden Schwarzmarkt und grassierender Kriminalität gegenübersah. Die Wahrnehmung Nichtdeutscher durch die Deutschen zu verbessern sowie sich um die Körper und Seelen verlorener Europäer zu kümmern, war für ihn ein Ausdruck christlicher Barmherzigkeit. Für ihn bestand »der größte Schaden, den Krieg anrichtet, nicht in seinen wenigen spektakulären Episoden, sondern darin, dass er langsam und stetig den menschlichen Geist verdirbt«. Der Friends Relief Service fand nach Auffassung vieler Quäker seine Bestimmung im Handeln »aus einem wunderbaren Bewusstsein der gemeinsamen Verantwortung vor Gott heraus, das Glück, Frieden und Kraft verlieh«. Obwohl viele DPs und Vertriebene nach eigener Aussage die Quäker merkwürdig fanden und besonders von ihrem Pazifismus irritiert waren, gelang es dem Friends Relief Service, in den Lagern stabile zwischenmenschliche Beziehungen aufzubauen, die von Vertrauen, Zuneigung und gegenseitigem Verständnis geprägt waren.[18]

Die Erinnerungen der britischen Quäkerin Margaret McNeill, *An den Wassern von Babylon*, sind ein ausgesprochen erhellendes Dokument. Der Titel bezieht sich auf den Bibelvers: »An den Wassern zu Babel saßen wir und weinten, wenn wir an Zion gedachten.« Ihr mit Sympathie und Mitgefühl erzählter Bericht über Europas »unglückliche Exilierte« fängt die Konfusion und Unsicherheit im Leben der DPs in Deutschland und Polen ein. Er vermittelt, wie die Arbeit der Quäker immer wieder das kühle und distanzierte Verhältnis zwischen den Besatzungstruppen und den verzweifelten Heimatlosen auf die Probe stellte. Am 1. Juli 1945, ihrem ersten Tag in einem deutschen DP-Lager, notierte sie: »Inmitten all des Drecks war eine Gruppe von Leuten in Vorbereitung einer Kochorgie darin vertieft, ein totes Schwein abzuschaben. Es herrschte eine babylonische Verwirrung aus Polnisch und anderen, weniger bekannten Zungen, und durch all dies hindurch schritt die britische Armee mit einem Ausdruck neiderfüllter Geduld.« Wie andere Helfer sah sie ihre Aufgabe nicht nur darin, gewissenhaft Lebensmittel und Hilfsgüter zu verteilen, sondern sie wollte auch den Deutschen erklären, warum die Alliierten ihnen feindlich gesinnt waren. »Immer wieder wunderten wir uns über die Unwissenheit der Deutschen in bezug auf die Ursachen für den Haß und die Verachtung, die man Deutschland gegenüber in jenen Ländern hegte, die besetzt worden waren«, und »die meisten sahen in den vermeintlichen Privilegien, die die Alliierten den DPs zukommen ließen, nichts anderes als eine absichtliche Schikane, um die Deutschen zu demütigen«. Andere Berichte legen dar, dass deutsche Zivilisten neidisch auf die Hilfslieferungen schauten, die Juden von ausländischen Helfern erhielten, und daraufhin »Auschwitz mit Dresden und die erzwungene Emigration von Deutschen aus dem Osten mit der Verfolgung der Juden aufrechneten«. Solche Beobachtungen stimmen mit dem überein, was Hannah Arendt in ihren Reportagen aus Deutschland für die US-Zeitschrift *Commentary* eine »Flucht vor der Verantwortung« der Deutschen und ihre »Weigerung, sich dem tatsächlich Geschehenen zu stellen und sich damit abzufinden«, nannte. Geschichten der Leugnung und der Selbstviktimisierung dominierten die deutschen Kriegsnarrative in den Fünfzigern und darüber hinaus, und McNeill war eine der ersten ausländischen Beobachterinnen, die sie hörten und aufzeichneten.[19]

Bemerkenswert sind auch die Einsichten McNeills zu den Bemühungen, den DPs, als Trost und zivilisierenden Faktor, wieder Kultur nahezubringen. Bekanntlich richteten DPs begeistert Bibliotheken, Theater, Zeitungen und Orchester ein und veranstalteten Handwerksausstellungen, Liederabende und Sportwettkämpfe in dem Bestreben, die Jahre kultureller Entbehrung ungeschehen zu machen. Die Helfer dokumentierten diese Initiativen sorgfältig, bemerkten aber Ausbrüche eines »kompetitiven Nationalismus« rund um die Kulturveranstaltungen. Diesem begegneten manche Quäker, indem sie in den Lagern für Aufführungen traditioneller Tänze warben, die, wie sie glaubten, Neugier und Kooperation zwischen verschiedenen Nationalkulturen eher fördern würden als Handwerksschauen oder Sport. Manchmal verursachte die Wiederbelebung der Kultur sogar Ärger und Kummer. Es gab da, wie McNeill feststellte, ein Missverhältnis: Auf der einen Seite stand der missionarische Eifer der fremden Helfer, mit Kultur die Wunden des Krieges zu heilen, auf der anderen die beschädigte Psyche der Überlebenden. Sie musste lernen, »dass die Liebe zur Kultur die Menschen nicht notwendigerweise zusammenbringt«, da für viele DPs Kultur »unauflösbar mit ihrer zerstörten Vergangenheit verbunden war; es war das Ergebnis einer stabilen, von Selbstachtung getragenen Gesellschaft« in der Zeit vor dem Krieg, sodass es »viel zu empfindlich und komplex war, als daß man es durch Turniere und Diskussionsgruppen zum Leben hätte erwecken können«. Hier und anderswo stießen Hilfsverbände an die Grenzen kultureller Regeneration und mussten die Erwartungen an sie zurückschrauben. »Wir versuchten nicht mehr, Kultur für die DPs zu organisieren, sondern teilten einfach die Dinge mit ihnen, die uns selbst Freude machten.« Solche Zeugnisse über die Interaktion zwischen religiösen Helfern und DPs verweisen auf die Träume, die mit der neuen Zivilisierungsmission verbunden waren – und an die Grenzen, die ihr gesetzt waren.[20]

Die UNRRA

In der Welt der Wohltätigkeit waren die auffälligsten Neuankömmlinge auf dem Kontinent die Mitarbeiter der UNRRA, des neu gegründeten karitativen Arms der Vereinten Nationen, der sich in vielen grundlegenden Aspekten von den religiösen Hilfswerken unterschied. Die UNRRA wurde 1943 ins Leben gerufen, als sich die Vertreter von 44 verbündeten Staaten im East Room des Weißen Hauses trafen und ein Abkommen unterzeichneten, das sie zur Hilfeleistung für die, wie es Franklin D. Roosevelt ausdrückte, »Opfer der deutschen und japanischen Barbarei« verpflichtete. Obwohl sie als Sonderorganisation der UNO firmierte, bestand die UNRRA schon zwei Jahre vor der offiziellen Gründung ihres Mutterverbandes. Die Amerikaner gingen bei der Finanzierung und Koordinierung der UNRRA-

Aktivitäten voran, was ein Beobachter »die erste Blaupause der Nachkriegsordnung« nannte. Niederlassungen entstanden in China, auf den Philippinen, in Korea und dem Mittleren Osten, um den Übergang vom Krieg zum Frieden zu unterstützen und einen »Zugang zur Regeneration« bereitzustellen. Die neue Organisation zeichnete aus, dass sie besonderen Wert auf internationale Zusammenarbeit legte, da aus dem Zweiten Weltkrieg, wie es in einer Verlautbarung hieß, »die Idee von im Handeln vereinten Nationen erwachsen ist, die für das allgemeine Wohl ihre Ressourcen zusammenfassen«.[21]

Angesichts des dringenden Bedarfs an Nahrung und Unterkunft im Europa der Kriegszeit diskutierte man auf beiden Seiten des Atlantiks, wie man dort das Minimum eines zivilisierten Lebens gewährleisten könne. Diese Debatten trugen dazu bei, dass sich neuartige internationale Organisationen und die europäischen Sozialstaaten herausbildeten. Einflussreich war in dieser Hinsicht eine vom internationalen Büro der Fabian Society veranstaltete Konferenz, die im Dezember 1942 an der Universität Oxford stattfand und sich der Nothilfe und dem Wiederaufbau in Europa widmete. Es war ein mit viel Prominenz geschmücktes Ereignis, bekannte britische Intellektuelle wie Leonard Woolf, Julian Huxley und Harold Laski traten auf. Der Labour-Abgeordnete Philip Noel-Baker machte zur Eröffnung auf den bedeutungsschweren historischen Augenblick aufmerksam: »Der Waffenstillstand wird die größte Gelegenheit für kollektiven Fortschritt eröffnen, die die Menschheit jemals hatte.« Was auf dem Spiel stand, beschwor niemand dramatischer als der bedeutende Verleger und Publizist Leonard Woolf. Trotz der »verbrannten und zerbombten Städte« würden »der Ruin und die Zertrümmerung des menschlichen Daseins, der Zivilisation selbst das wahre Problem« sein, denn »diese Menschen sind die wahren Ruinen und Trümmer dieser Zivilisation, welche die Nazis zerstört und ruiniert haben«. Nach Woolfs Auffassung musste die Rezivilisierung Europas von einer Kombination aus Demokratie und internationaler

Planung ausgehen, damit »aus der Asche von Barbarei, Hitlerismus und Krieg eine neue Ordnung, die zivilisierte Gesellschaft freier Menschen emporsteigen möge«. Huxley sprach in ähnlichen Worten von der Notwendigkeit, über die »Fiktion Wilsons von der Gleichheit und Souveränität aller Nationen« hinauszugehen und eine beispiellose internationale Hilfsmission zu koordinieren. Laski meinte sogar, es bedürfe einer neuen kooperativen »Hilfsmaschinerie«, um »die Atmosphäre zu erneuern, in der ein zivilisiertes Leben wieder möglich wird«. Die englischen Fabianer standen mit diesen Gedanken nicht allein, und auch in Regierungskreisen, internationalen Organisationen und Hilfswerken wurde viel darüber diskutiert, was in Europa zu tun sei, wenn die Nazis erst einmal besiegt sein würden.[22]

Die UNRRA kam der Atlantik-Charta von 1941 nach, welche die amerikanischen und britischen Kriegsziele darlegte, darunter im Artikel 6 die Hoffnung, dass Menschen ihr Leben bald überall »frei von Furcht und von Not« verbringen würden. Ihre Gründer wollten nicht zuletzt die Wiederholung einer Epidemie verhindern, wie sie Europa nach dem Ersten Weltkrieg schwer getroffen hatte. Die Spanische Grippe hatte 1918/19 in vier Friedensmonaten mehr Zivilisten getötet als der Krieg in vier Jahren Soldaten. Die Hauptaufgabe der UNRRA war es, Kriegsopfer in Europa und Asien zu ernähren, zu kleiden und unterzubringen; ein Schwerpunkt lag dabei auf der Versorgung mit Wasser, Lebensmitteln, medizinischen Leistungen, Bekleidung, Unterkünften, technischer Expertise, Verbrauchsgütern sowie Transport- und Kommunikationsmitteln. Sie kümmerte sich um die praktischen Belange, die mit dem Kampf all der Ärzte, Pflegekräfte und anderer Helfer gegen Krankheit und Mangel einhergingen. Die neue UN-Organisation war somit das humanitäre Gesicht der großen Kriegskoalition, doch sie war viel mehr als das. Zu ihren Aktivitäten gehörte es, vermisste Personen ausfindig zu machen, Sammelstellen für Flüchtlinge zu verwalten und Kinder in ihre Heimatländer zurückzubringen. Und sie unterschied von anderen Hilfswerken, dass sie weder privat noch national noch religiös war. Tatsächlich handelte es sich bei der UNRRA um eine Art Koordinierungsstelle, der es oblag, die Hilfsanstrengungen von über 40 nationalen Regierungen und privaten philantropischen Vereinen in Europa und Asien zu einen. Sie markierte einen Neubeginn in der Geschichte dessen, was die Historikerin Jessica Reinisch den »missionarischen Internationalismus« genannt hat.[23]

Die internationale Unterstützung warf Fragen zum Verhältnis zwischen Humanitarismus und nationaler Souveränität auf – altbekannte Fragen übrigens, denn schon lange hatten humanitäre Krisen als Vorwand gegolten, die Eigenständigkeit von betroffenen Staaten zu untergraben. *Bulgarian Horrors and the Question of the East*, das Pamphlet des liberalen Staatsmanns William Ewart Gladstone, ist dafür ein berühmtes Beispiel. Der britische Premierminister empörte sich über die angeblichen Gräuel der Osmanen an Christen in Bulgarien und verneinte wirkungsvoll die osmanische Souveränität und den Grundsatz der Nichteinmischung in die inneren Angelegenheiten eines anderen Staats. Die bedingungslose Kapitulation Deutschlands und Japans 1945, dazu die Verwüstung in beiden Ländern boten nun die einmalige Gelegenheit, internationale Hilfen auf ein bisher ungekanntes Maß auszuweiten.[24]

Das Spannungsverhältnis zwischen Souveränität und Hilfe löste in Frankreich Diskussionen aus. Das Land war weder an der Konferenz der Kriegskoalition in Teheran 1943 noch an den Nachfolgetreffen in Jalta und Potsdam 1945 beteiligt gewesen, auf denen viele praktische Details der Besatzung Deutschlands und Österreichs nach dem Krieg besprochen wurden. Bei Kriegsende war unklar, welchen Platz in der UNRRA Frankreich einnehmen würde: Einerseits war es nationalsozialistisch besetzt gewesen, was es laut der UNRRA-Richtlinien zum Erhalt von humanitären Leistungen qualifizierte, andererseits zählte es zu den Siegern über Deutschland. Trotz der verzweifelten Lage des Landes lehnten die französischen Behörden internationale Unterstützung ab, um die gerade wiedergewonnene nationale Souveränität nicht zu kompromittieren. Ein französischer Beamter merkte an, dass Frankreich »nicht gehalten ist, irgendjemandem verpflichtet zu sein, und lieber sein Volk hungern sähe, als um milde Gaben zu bitten«. Noch im Herbst 1944 hatte Charles de Gaulle sogar einen Bündnisvertrag mit der Sowjetunion unterzeichnet, um die unfreiwillige Abhängigkeit seines Landes von den britischen und amerikanischen Verbündeten zu mildern. Nach dem Krieg waren die Franzosen mit an Bord der UNRRA, um die Bindungen an den westlichen Block zu stärken und an dringend benötigte Güter und Devisen zu gelangen. Souveränitätsfragen ergaben sich auch in anderen Zusammenhängen, etwa als die griechische Rechtsregierung eine kommunistische Unterwanderung der UNRRA vermutete und darauf bestand, das Programm im eigenen Land selbst zu leiten, sodass der UNRRA nur eine Beraterrolle blieb.[25]

Ein weiteres Beispiel war die Sowjetunion. Nachdem sie von NS-Deutschland auf breiter Front angegriffen worden war und die Hauptlast im Kampf gegen Hitlers Truppen getragen hatte, brauchte sie nach der Kapitulation dringend Hilfe. Unterstaatssekretär Dean Acheson hatte wenig Lust, amerikanisches Geld in den Wiederaufbau kommunistischer Staaten zu leiten, aber weil die Unterstützung durch die UNRRA bereits ehemaligen Feindländern zugesagt worden war und die Sowjets gemäß der UNRRA-Charta nicht abgewiesen werden konnten, erhielten sie als Opfer der nationalsozialistischen Aggression ihren Anteil an Lebensmitteln und anderen Leistungen. In Belarus und der Ukraine entstanden Niederlassungen, in denen fast ausschließlich Amerikaner tätig waren. Bei ihrer Ankunft erschütterte sie die Dimension der Zerstörung in Städten wie Kiew oder Poltawa, und überall wüteten Hunger und Tuberkulose. Die Aktivitäten in dieser Region waren so umfangreich, dass, laut einem Bericht von 1946, »nahezu jeder Belarusse – Bauer, Fabrikarbeiter, Regierungsbeamter oder Parteiführer – mit dem UNRRA-Programm in Berührung kam«. Unter schwierigen Bedingungen entwickelten amerikanische Hilfswerke und die lokalen Sowjetbehörden herzliche Beziehungen, und amerikanische Funktionäre der Organisation bemerkten eine stets positive Haltung gegenüber dem amerikanischen Kontingent. In diesem Rahmen schloss der New Yorker Rechtsanwalt Marshall McDuffie eine langjährige Freundschaft mit dem Chef der ukrainischen KP, Nikita Chruschtschow, wie er in seinen Memoiren *The Red Carpet* über seine Zeit in Russland und der Ukraine erzählte. Zwar gaben sich die Mitarbeiter der Organisation nicht der Illusion hin, dass sich ideologische Differenzen einfach fortwünschen ließen, doch glaubten sie laut einem UNRRA-Bericht, dass es Menschen, »die wissen, wie man friedlich zusammenlebt und -arbeitet«, gelingen könnte, ein Kollektiv souveräner Nationen aufzubauen.[26]

Der Kalte Krieg ließ in der UdSSR Befürchtungen gedeihen, das Hilfswerk diene ausländischer Beeinflussung und bedrohe die eigene Souveränität. Während die sowjetische Broschüre *War and the Working Class* von 1944 das humanitäre Engagement der UNRRA lobte, argwöhnten die Sowjets, dass die Organisation in erster Linie den »Interessen gewisser politischer und wirtschaftlicher Kreise in den Vereinigten Staaten und Großbritannien« nutze. Tatsächlich schulterten Washington und London die Hauptlast – die Amerikaner zahlten 73 Prozent der UNRRA-Kosten, die Briten 16 Prozent. In sowjetischen Augen stand die UNRRA für angloamerikanische Einmischung in humanitärem Gewand; das Hilfswerk durfte in der sowjetischen Zone Deutschlands nicht aktiv werden. Doch auch die Amerikaner schauten mit Besorgnis auf die expandierenden Aktivitäten der UNRRA und die internationalistische Kameraderie vor Ort, insbesondere in den kommunistischen Ländern. Ein Leitartikel im *Life*-Magazin vom November 1945 zürnte, dass die Hilfsorganisation »zu einer angloamerikanischen Stelle für die Unterstützung des russisch kontrollierten Europa« geworden sei. Es gingen Gerüchte um, dass die Niederlassungen in der Sowjetunion mit Spionen und kommunistischen Parteigängern durchsetzt seien und so manipuliert würden, dass amerikanische Hilfsgelder zugunsten russischer militärischer Zwecke umgeleitet würden. Das Misstrauen gegen UNRRA-Funktionäre, zu internationalistisch und zu weich gegenüber dem Kommunismus zu sein, war stark – diejenigen, die in der Sowjetunion und Jugoslawien eingesetzt gewesen waren, wurden von jeder weiteren Tätigkeit für die Vereinten Nationen oder den Marshallplan ferngehalten. Obwohl die Spionagevorwürfe stark übertrieben waren, fanden sie gelegentlich Bestätigung: Sechs hochrangige amerikanische UNRRA-Mitarbeiter wurden 1947 als Spione Moskaus enttarnt, was die amerikanische Skepsis gegenüber der Organisation weiter verstärkte.[27]

Nichtsdestoweniger entfaltete das Hilfswerk unter herausfordernden Bedingungen eine eindrucksvolle Tätigkeit. Hilfsschiffe erreichten bereits im März 1945, zwei Monate vor dem alliierten Sieg in Europa, den Süden des Kontinents. Die Viehtransport-Flotte der UNRRA umfasste 72 Schiffe, die 300 000 Nutztiere über den Ozean brachten; eine Publikation sprach von der »wichtigsten Tierwanderung über das Meer seit den Tagen Noahs«. Ihre Operationen in Europa beschränkten sich zunächst auf ein schmales Band von Ländern im Südosten – Griechenland, Jugoslawien und Albanien –, doch wurden sie bald auf Polen, den Westen der Sowjetunion und die Tschechoslowakei, sodann auf Deutschland, Italien, Österreich und Ungarn ausgedehnt. 300 DP-Camps betrieb die UNRRA. Manchmal wurde die Mission zu einem verwegenen Unterfangen, und Helfer mussten zu rigorosen Mitteln greifen. Auf Sardinien bekämpften Mitarbeiter des Hilfswerks Heuschreckenschwärme mit Flammenwerfern und mit Jeeps, um die neu entwickelte Chemikalie Lindan auszubringen und die Getreideernte zu retten. Die UNRRA leistete in 17 Ländern humanitäre Hilfe und hatte 10 000 ausgebildete Mitarbeiter zur Verfügung, die für die, wie es hieß, größte Schiffstransportunternehmung in Friedenszeiten überhaupt verantwortlich waren. Bis Ende 1946 hatten 6000 Schiffe über 25 Millionen Tonnen Güter in Europa und Asien gelöscht – mehr als das Dreifache der Hilfslieferungen nach dem Ersten Weltkrieg. Obwohl sie permanent mit Engpässen und Verwaltungsproblemen zu tun hatte, konnte die Organisation für sich beanspruchen, viel für die Überwindung »von Obdachlosigkeit, Hunger, Zerlumptheit und Kälte, von erzwungenem Exil und Verzweiflung« zahlreicher DPs getan und dabei demonstriert zu haben, dass all jene, die hinter den deutschen und japanischen Linien ausgeharrt hatten, nicht vergessen worden waren.[28]

Eine herausragende Truppe von Freiwilligen – Pazifisten, Kriegsdienstverweigerer, religiöse Aktivisten, Pflegekräfte und Sozialarbeiter – trat zusammen, um den Kriegsopfern beizustehen. Die meisten kamen aus Großbritannien und den USA, doch auch aus Frankreich, Kanada, den Niederlanden, Italien, der Tschechoslowakei und den baltischen Staaten meldeten sich Menschen. Kanadische Funktionäre und Pflegekräfte waren oft besser qualifiziert als die übrigen und zeichneten sich durch außergewöhnliche Dienste an den Bedürftigen aus. Viele Freiwillige waren Frauen, Mitte 1946 waren 42 Prozent und am Ende des Jahres beinahe 50 Prozent des Personals weiblich. Viele Pflegekräfte und Hilfstätige, die seit 1945 in Europa arbeiteten, hatten bei den Quäkern im Spanien der Dreißigerjahre erste Erfahrungen gesammelt und sich häufig deshalb der UNRRA angeschlossen, weil die Bezahlung auf den oberen wie den unteren Ebenen besser war. Die schwierigen Umstände, konkurrierende Programme diverser Regierungen und sich überschneidende Personalkompetenzen führten wiederholt zu internen Streitigkeiten. Besonders amerikanische Mitarbeiter zogen die Kritik von Kollegen aus anderen Ländern auf sich und wurden von diesen als distanziert und karrieristisch eingeschätzt. Die Schriftstellerin Iris Murdoch, die 1945 als Freiwillige zur UNRRA stieß, spottete über untätige amerikanische Offizielle, die »hinter riesigen Schreibtischen sitzen, Kaugummi kauen und ihre Landsleute beim Vornamen nennen«.[29]

Das Personal des Hilfswerks sah sich dem Zusammenbruch der Zivilisation gegenüber – in Gestalt von überfüllten Lagern, mangelhafter Unterbringung und improvisierten Sanitäranlagen. Ihre Erinnerungen beherrschten jedoch die menschlichen Kriegskosten – in Gestalt von kranken und labilen Überlebenden. Sie berichteten über das Gefühl von Umbruch und Verlust unter den DPs und über das, was eine von ihnen »den verzweifelten Schrei nach Heimat, den unbeantworteten Schrei der verängstigten und einsamen Menschen« nannte. Sie beschrieben DPs, die am sogenannten »Befreiungskomplex« litten, einer Mischung aus Niedergeschlagenheit, Stimmungsschwankungen und Rachegelüsten, die den Helfern Umgang und Kontrolle erschwerte. Diese Probleme von DPs, sich an das Nachkriegsleben anzupassen, wurden von Experten und Helfern als »DP-Apathie« oder sogar »Belsenitis« bezeichnet. Sich um ihre Bedürfnisse zu kümmern, galt als der erste Schritt zum psychologischen Wiederaufbau Europas, wo die Trauma-Diagnose sich von den heimgekehrten Soldaten zu den DPs verschoben hatte.[30]

Die einschränkenden Umstände verstärkten das Sendungsbewusstsein der Helfer, wie Francesca M. Wilsons Memoiren *Aftermath* über ihre Hilfstätigkeit bezeugen. Ihr gefiel an dem neuen Hilfswerk, dass es »keine Zeit für irgendwelche Besprechungen verbrauchte, für Plattitüden und Haarspaltereien«, sondern »eine exekutive Funktion« gehabt habe. Es verfüge über gerissene Abenteurer in seinen Reihen, die sich »ganz dem Auftrag« widmeten und den Zorn vieler Militärs weckten, weil diese ihren Motiven und ihrer Befähigung misstrauten und ungern sahen, dass sie die knappen Vorräte gelegentlich durch Schiebereien auf dem Schwarzmarkt ergänzten. Die Britin Wilson hatte im Nothilfe-Verband der Quäker Karriere gemacht und im Ersten Weltkrieg mit französischen, serbischen und montenegrinischen Zivilisten gearbeitet, dann für die Hungerhilfe in Russland Anfang der Zwanzigerjahre und später in Spanien während des Bürgerkriegs. Dieses Mal war sie »hocherfreut, gemeinsam mit so vielen«

sich der Aufgabe zu widmen, »Deportierte aus unseren eigenen und aus anderen Ländern von feindlichem Boden« zu befreien. Im bayerischen DP-Lager Feldafing war sie entsetzt über den Zustand »wandelnder Skelette«, die »in Blick und Gesten die Verstohlenheit von gejagten Tieren« an den Tag legten. »Jahre brutaler Behandlung« und »die ständige Todesangst« hätten ihnen »alles Menschliche genommen«. Wie andere auch war sie überzeugt, dass die »nationalsozialistischen Konzentrationslager noch für Jahrhunderte ihren Schatten auf Europa werfen« und »einem den Stolz, Europäer zu sein, nehmen« würden.[31]

Kathryn Hulmes *The Wild Place* schildert ihre Erfahrungen als stellvertretende Leiterin des UNRRA-Lagers für polnische Displaced Persons im unterfränkischen Wildflecken. Demnach merkte ein amerikanischer Freiwilliger an, dass der Name der Ortschaft »wilder Flecken« sei, für sie eine »perfekte Beschreibung für diesen Ort am Ende der Welt«. Sie betrachtete die UNRRA als eine Art »Vereinte Nationen im Teströhrchen«. Sie verteilte Essen und half Menschen, in den surrealen Verhältnissen chronischen Mangels und nicht enden wollender Flüchtlingswellen zurechtzukommen: »Die Welt der DPs wandelte sich zu einer Welt von Alice im Wunderland«, wo »wir die bestellten Hüter eines schiefen Winkels Erdboden waren, wo die Dinge ziemlich eindeutig immer sonderbarer und sonderbarer wurden«. Sie gestand ein, dass manche Helfer unter der Belastung zusammenbrachen. Angesichts einer weiteren Ankunft von Hunderten verzweifelter Polen, die nach Lebensmittelpaketen verlangten, verachtete Hulme, wie sie einräumte, »den Wahnsinn internationaler Hilfe, die sich vormachte, man könne etwas gegen diese Verwüstung in der menschlichen Seele unternehmen, die so viel beängstigender war als all die über das Antlitz des Kontinents gesäten Schuttberge«.[32]

Die Memoiren von Susan T. Pettiss schlagen ähnliche Töne an. Pettiss war eine Sozialarbeiterin aus Mobile, Alabama, und meldete sich freiwillig für den Dienst in Europa, um ihrer zu Bruch gehenden

Ehe zu entfliehen. Sie trat der UNRRA in der Hoffnung bei, zur Schöpfung »einer wahren Weltgemeinschaft mit neuen Gesellschaftsordnungen und neuen internationalen Beziehungen« beizutragen. Pettiss beschrieb die unaufhörlichen Forderungen der Heimatlosen und die wechselnden Schichten rund um die Uhr oder die gelegentlichen Verbrüderungen und Tänze mit schwarzen Soldaten – für sie als Frau aus dem Süden der erste gesellschaftliche Umgang mit afroamerikanischen Männern. Pettiss dokumentierte zudem die moralische Krise Europas, das entstellt war von Rache, erzwungener Repatriierung und Gewalt, die ihre sämtlichen Überzeugungen infrage stellten. Die Helfer wurden unweigerlich hineingezogen in eine Welt, wo jeder nahm, was er kriegen konnte, und wo die Schiebereien und »nächtlichen Beschlagnahmen« – den Diebstahl bei Deutschen, um die Hungrigen zu ernähren – das Gewissen auf die Probe stellten. »Ich empfand, wie meine Werte erschüttert wurden [...] angesichts des permanenten Dilemmas, zwischen Diebstahl, Beutemachen, Beschlagnahme und der Aneignung von feindlichem Gut zu unterscheiden.«[33]

Die UNRRA unterschied sich insofern von traditionellen religiösen Hilfsorganisationen, als sie die Sorge für den Körper an die Stelle der Sorge für die Seele setzte und den Helfer zum modernen Missionar erkor, was auch auf einigen der von dem Hilfswerk verbreiteten Fotografien deutlich wird. Seit beinahe einundhalb Jahrhunderten verwenden humanitäre Verbände die Fotografie, um Aufmerksamkeit für menschliches Leid, für die Folgen von Krieg, Heimatverlust und Armut zu gewinnen. Die Ursprünge humanitärer Fotografie liegen im 19. Jahrhundert, doch explodierte sie regelrecht im Anschluss an den Ersten Weltkrieg, um Unrecht und Grausamkeiten in den politischen Diskurs einzubringen und öffentliche Unterstützung für internationale ethische Anliegen zu mobilisieren. Nach dem Zweiten Weltkrieg lebte die Empfänglichkeit für humanitäre Fotografien wieder auf, woran die UNRRA einen wesentlichen Anteil hatte. Die meis-

Die UNRRA 69

3 Frischmilch am Hafen, Gdansk, Polen, 1946.

ten ihrer Fotografen waren Amerikaner, in der Regel ehemalige Soldaten, die dem Signal Corps der US-Armee angehört hatten. Die Darstellung von DPs war von den bekannten Dokumentationen der regierungsamtlichen Farm Security Administration (FSA) inspiriert, die in den 1930ern einen wirkungsvollen Appell für soziale Reformen verbreitet hatten. Nicht zufällig waren die beiden prominentesten UNRRA-Fotografen – John Vachon in Polen und Arthur Rothstein in China – zuvor für die FSA tätig gewesen. Vachons trostlose Bilder zerstörter polnischer Städte zeigten, mit viel Empathie und Mitleid, kaputte Gebäude, ein zerstörtes städtisches Leben und hilflose Kinder (siehe Bild 3).[34]

Auf den UNRRA-Fotografien tritt eine politische Agenda hervor. Diese ergab sich zum Teil aus den Angriffen, denen die Organisation in den USA ausgesetzt war. Henry R. Luce, Herausgeber des *Life*-Magazins und ein leidenschaftlicher Konservativer, sah die UNRRA-Mission in Europa sehr kritisch, weil sie den Wiederaufbau kommu-

70 Erstes Kapitel: Spenden statt Waffen

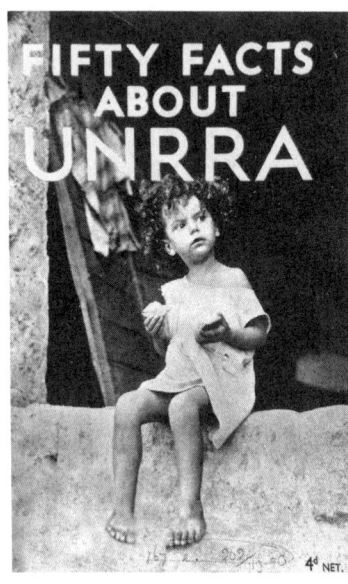

4 Buchcover der Broschüre *Fifty Facts about UNRRA*, 1946.

nistischer Länder unterstütze, und weigerte sich, positive Bilder von ihren Aktivitäten zu veröffentlichen. Daraufhin wandte die UNRRA beträchtliche Mittel auf, um ihre guten Werke in Filmen und auf Fotos zu verbreiten. *Seeds of Destiny*, Gene Fowlers Dokumentarfilm von 1946, zeigte engagiert die weltumspannende Lieferung von Lebensmitteln und fotografische Publikationen setzten dynamische Familien beim Besteigen von Schiffen ins Bild, die sie zurück nach Hause oder nach Palästina bringen sollten. Standardisierte Vorher-nachher-Aufnahmen von unterernährten Kindern feierten die erfolgreiche Arbeit in den Lagern. 1946 erschien die Broschüre *Fifty Facts about UNRRA* und fand in Europa und Asien weite Verbreitung (Bild 4). Auf der Titelseite war ein hilfsbedürftiges Kind abgebildet, weitere Fotos zeigten Helfer bei der Versorgung von Kindern in Deutschland und Italien (Bilder 5,6).[35]

Während die Erfahrungen vieler DPs und Helfer von Chaos, Verzweiflung und Frustration geprägt waren, präsentierten offizielle

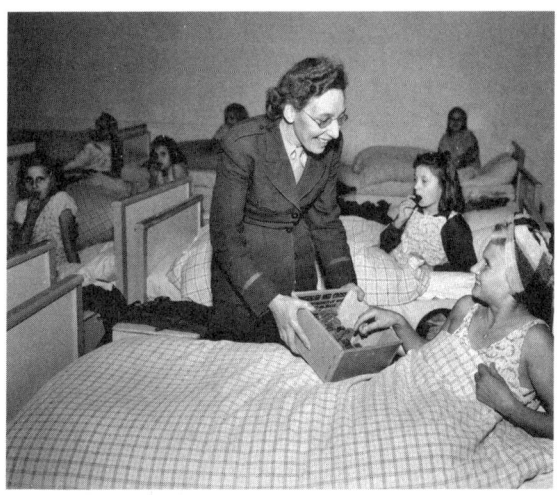

5 Im DP-Camp Kloster Indersdorf, Landkreis Dachau, 1945.

Bilder eine geordnete Welt mit gut geführten Lagern und einer wohlorganisierten Rückführung von Entwurzelten. Eine Helferin räumte ein: »Die Ukrainer waren starke, gut gebaute Männer und sahen auf den Fotos, die wir nach Hause schickten, imposant aus.«[36] Schmerz, Leid und Elend wurden nicht dargestellt und stattdessen die angenehmeren Seiten des Flüchtlingslebens betont: Essensausgabe (Bild 7) und Betreuung, die Verabreichung von Medikamenten, spielende Kinder und heimkehrende Flüchtlinge, die in Züge einsteigen oder sich einschiffen.

Viele Fotos zeigen Flüchtlinge bei der Arbeit, verfolgte das Hilfswerk doch die kolonialzeitliche Idee einer Wiedereingliederung durch Arbeit, wenn auch in aktualisierter Form. Viele Bilder verkündeten und unterstrichen den Auftrag, »Hilfe zur Selbsthilfe« zu leisten, was wiederum der Annahme entsprang, dass Eigenständigkeit die Gewalterfahrungen überwinden würde. Vor allem sollten die Fotos die guten Taten der UNRRA hervorkehren (und die emporschie-

6 Italienische Kinder erhalten eine Hilfslieferung der UNRRA, wahrscheinlich 1946.

ßenden Kosten rechtfertigen) und noch in den Lagern festsitzenden Flüchtlingen eine Erfolgsgeschichte präsentieren. Fotografen wurden angewiesen, die UN-Hilfsmission in einem positiven Licht darzustellen, was Vachon zynisch den »UNRRA-Blickwinkel« nannte.[37]

Den Fotografen in Diensten des Hilfswerks waren die ihrer Mission inhärenten Spannungen bewusst. Anders als die Bilder christlicher Wohltätigkeit spricht aus jenen von der UNRRA eine spürbare emotionale Distanz. Das mag auf den ersten Blick überraschen, da die UNRRA als das humanitäre Antlitz überstaatlicher Institutionen eingerichtet wurde. Ihre Funktionäre mussten mit den regierenden Militärbehörden zusammenarbeiten, mit denen es wegen der Verwaltung der DP-Camps zu Reibereien kam. Helfer klagten, dass die Streitkräfte ihre Forderungen mit gefühlloser Gleichgültigkeit aufnahmen und es den Militärs vor allem darum ging, dass die DPs untergebracht, ernährt und entlaust wurden. Ein Nothilfe-Funktionär stellte konsterniert fest, dass »es keinerlei Anerkennung oder Res-

Die UNRRA 73

7 Jüdische DPs bei der Ausgabe von Lebensmitteln der UNRRA im DP-Lager Bindermichl nahe Linz in der US-Zone Österreichs, wahrscheinlich 1946.

pekt für die emotionalen Bindungen gab, die die Arbeit mit sich brachte«, weil »das Ford-Fließband als nachzuahmendes Vorbild hochgehalten wurde«, sodass die Helfer sich fühlten wie »Schachfiguren in den Händen höherer Amtsträger, und das war nur eine der Ursachen für unsere endlose Frustration«. Häufig gab die Rede von der Zivilisation den Rahmen für ihre Enttäuschung ab. Ein britischer Helfer wünschte in einem Tagebucheintrag vom 17. Juni 1945, dass »diese verdammten Leute in hohen Positionen [...] bloß begreifen würden, dass diese Personen menschliche Wesen sind, die im Krieg waren, während wir hübsch zu Hause saßen, und dass sie hier in Hanau zum ersten Mal seit Jahren die Gelegenheit haben, so etwas wie ihre eigene Zivilisation aufzubauen«.[38]

Die Welt der UNRRA prägten medizinische Hilfeleistung und intergouvernementale Verwaltung; sie war ziemlich weit weg von der weniger förmlichen Intimität der Fürsorge, wie sie religiöse Organisationen spendeten. UN-Repräsentanten sprachen sogar herablassend von den »amateurhaften, wenn auch gut gemeinten Bemühungen« der religiösen Hilfswerke. Die Quäker wiederum tadelten die Fixierung der UNRRA auf Routinen, unflexible Ernährungspläne und eine militärmäßige Versorgung, während andere religiös organisierte Helfer die UNRRA für die »hohe Bezahlung und Leute ohne Ideale« verspotteten. Außerdem waren es Krankheiten und strenge Hygienemaßnahmen, welche die Geber und Empfänger von Hilfe voneinander fernhielten. Die fotografische Darstellung professioneller Distanz beziehungsweise der Vermeidung zwischenmenschlicher Nähe kommunizierte demgegenüber ein Selbstbild ökonomischer Effizienz. In diesem Sinne dienten Fotos von Helfern bei der Essensausgabe und der Verabreichung von Arznei dem Ziel, Sympathie und Unterstützung des Betrachters weniger auf die Empfänger von Hilfe zu lenken als auf die Hilfsorganisation.[39]

Positive fotografische Darstellungen konnten nicht die Tatsache verbergen, dass die UNRRA mit realen Problemen zu kämpfen hatte. Zum einen war sie vollständig von der Prioritätensetzung nationaler Regierungen und militärischer Besatzungsbehörden abhängig und deshalb der wechselhaften internationalen Politik unterworfen. Die alliierten Kommandanturen arbeiteten lieber mit etablierten Hilfsorganisationen wie dem Roten Kreuz zusammen, nicht zuletzt, weil viele UNRRA-Mitarbeiter unerfahren und unterqualifiziert waren. Lorna Hay, die für die Londoner *Picture Post* aus Deutschland berichtete, schrieb, dass die »UNRRA langsam, aber auf tückische Weise zu spüren bekam, dass sie niemandes Liebling war, dass niemand auf sie gewartet hatte und dass es eher nervte, dass sie überhaupt aufgetaucht war und man ihr hatte Quartier geben müssen«. Manche Helfer stellten fest, dass viele DPs – besonders wenn Landsleute gemeinsam untergebracht waren – dazu neigten, ihre Selbstständigkeit zu bewahren und gegenüber Helfern zurückhaltend zu sein, da sie diese als aufdringliche Weltverbesserer, die unsensibel mit ihren Mühen und Verlusten im Krieg umgingen, empfanden. Zudem stand die UNRRA im Wettbewerb mit anderen Hilfsorganisationen, deren Mitarbeiter manchmal lästerten, die Abkürzung stünde für *U Never Really Rehabilitate Anyone* – *Ihr stellt in Wahrheit niemanden wieder her*. Einige Funktionäre hätten, wie berichtet wurde, Geliebte gehabt, die sie unter den polnischen DPs ausgewählt hätten, was die Mission und moralische Legitimität der UNRRA untergrub.[40]

Die unangenehmste Angelegenheit stellte die Repatriierung dar. In Europa waren Millionen Nichtkombattanten aus ihren Heimatländern entfernt worden, und der Auftrag an die UNRRA lautete, diese so schnell wie möglich zu repatriieren. Dies fügte sich in die noch umfangreichere Migration von Menschen nach dem Zweiten Weltkrieg insgesamt ein und wurde von der internationalen Gemeinschaft vorangetrieben. Der Historiker Peter Gatrell argumentierte mit Recht: »Statt systematischen Deportationen ein Ende zu setzen, trug die Niederlage des Nationalsozialismus dazu bei, diese Idee populär zu machen.« Die Ernährung, Unterbringung und Repatriierung von DPs war schon während des Krieges ein wichtiges Thema gewesen, doch wurde sie nach der Kapitulation zu einem riesigen Problem. Ganz oben auf der Tagesordnung stand zuerst die Rückführung der Sowjetbürger, von denen sich bei Kriegsende sechs Millionen außerhalb der UdSSR befanden und die als Gefahr für die öffentliche Ordnung im besetzten Deutschland angesehen wurden. Ihre Ernährung war teuer, da sie, laut den Abmachungen von Jalta, dieselben Rationen erhalten sollten wie alliierte Soldaten. Je schneller sie heimkehrten, desto schneller würde Moskau frühere Kriegsgefangene aus alliierten Ländern, die sich noch immer auf sowjetischem Boden befanden, zurückschicken, wie der UNRRA mitgeteilt wurde.[41]

Genauso kompliziert war die Frage, was aus den vor allem aus Polen, Ungarn, der Tschechoslowakei und der Sowjetunion stammenden DPs werden sollte, die nicht in ihre Herkunftsländer zurückkehren wollten. Eine beträchtliche Anzahl von ihnen hatte alles verloren, fühlte sich in ihren Heimatländern unwillkommen, fürchtete sich vor der Vergeltung der Roten Armee und hoffte auf ein neues Leben an einem anderen Ort. »Ein sehr großer Teil von ihnen«, beobachtete Hannah Arendt damals, »wird Repatriierung als Deportation betrachten.« Die Helfer waren sich der zwiespältigen Situation sehr wohl bewusst, hatten aber strikte Anweisung, die DPs auf die Repatriierung vorzubereiten. Trotz der anfänglichen idealistischen Stimmung, eine neue Weltgemeinschaft aus den Kriegstrümmern erstehen zu lassen, war die UNRRA verpflichtet, Hilfsempfänger nach Nationalitäten einzuteilen und in ihr Herkunftsland zurückzuschicken. Diese Aktivitäten unterschieden die UNRRA von den religiösen Hilfswerken und verursachten bei den Helfern Gram und Gewissensnöte. Kathryn Hulme war aufgewühlt, weil russische Flüchtlinge »sich lieber die Handgelenke aufschnitten, sich nackt auszogen und sich erhängten, als in den Repatriierungszug zu steigen«. Inwiefern solche Verzweiflungstaten typisch waren, ist schwer einzuschätzen, doch nahmen die Sowjets den Widerstand gegen die Repatriierung sehr ernst. Es wurden sowjetische Filme wie *Der Weg nach Hause* und *Ein Heim für die Heimatlosen* produziert, um positive Bilder vom Leben in Polen und in den baltischen Staaten zu verbreiten. Sowjetische Repatriierungsbeamte, die in Iran, Griechenland, Ägypten und anderswo tätig waren, veröffentlichten Zeitungen, die sich für eine Rückkehr der DPs in ihre Länder aussprachen.[42]

Einige religiöse Organisationen, besonders die Quäker, wandten sich aus moralischen Gründen gegen diese Zwangstransfers. Die UNRRA war hingegen verpflichtet, alle Verschleppten zurückzuführen – und tat dies auch. Die Statistiken sind recht erstaunlich: Von den im Mai 1945 rund 7,7 Millionen DPs in Deutschland waren bis Ende Juli 4 Millionen »transferiert« *(re-placed)* worden. Die Helferin Rhoda Dawson schrieb schockiert, dass die UNRRA-Strategie, die in Bezug auf das Bleiben oder die Rückkehr von Flüchtlingen »absolut nicht festgelegt« gewesen sei, sich dahingehend gewandelt habe, dass »Fürsorge an letzter Stelle steht und Repatriierung das Hauptziel ist«. Ende 1946 seien »Repatriierungsbeamte« und ein »Repatriierungsteam« mit einem »Lautsprecherwagen, Schallplatten und Filmen« ausgestattet gewesen, um Menschen durch Botschaften auf Polnisch, Russisch und Jiddisch zur Heimkehr zu ermuntern. Laut Berichten drohten Mitarbeiter der Hilfsorganisationen sogar damit, denjenigen, die eine Rückkehr ablehnten, Essensrationen zu verweigern. Dennoch verdächtigten die Sowjets die Westalliierten, bei der Repatriierung Zeit zu schinden. In UN-Debatten über das Schicksal der DPs verschärfte die Verteidigung individueller Menschenrechte gegen ruchlose Staaten die Spannungen, aus denen der Kalte Krieg hervorging, und verwandelte die humanitäre Hilfe in ein Konfliktfeld. Eleanor Roosevelt, die der UN-Menschenrechtskommission vorsaß, nannte die Auseinandersetzungen um das Schicksal der Flüchtlinge »den Schauplatz einer der frühen Zusammenstöße zwischen der Sowjetunion und dem Westen«.[43]

Als nicht weniger sperrig erwies sich der Umgang mit Gruppen ohne Staatsangehörigkeit, allen voran mit den jüdischen Überlebenden. Angesichts der Schrecken des Holocaust zeigten sich jüdische Gruppen besorgt darüber, dass es weder eine von der UNRRA anerkannte jüdische Vertretung noch eine zentrale jüdische Organisation gab, welche die Hilfsaktivitäten koordinierte. Es wurden Rufe nach der Einrichtung eigener jüdischer Stellen laut, doch die UNRRA lehnte hartnäckig jede Vorzugsbehandlung jüdischer Opfer im internationalen Rahmen mit der Begründung ab, dass die »Judenfrage« innerhalb jeder betroffenen Nation anzugehen sei. Schon 1944 hatten der American Jewish Congress und der Jüdische Weltkongress für eine stärkere jüdische Repräsentation in der UNRRA plädiert, nicht zuletzt, weil die vernichtende Gewalt der Nationalsozialisten gegen die Juden die Dringlichkeit und den besonderen Charakter der Nothilfe für Juden dramatisch herausstellte. Aus dem unklaren

Schicksal jüdischer Überlebender ergab sich die Gelegenheit, Juden von der Auswanderung nach Palästina zu überzeugen. Für KZ-Überlebende, die nicht wussten, wohin, wurde der Zionismus zu einer Ideologie der Hoffnung und Rettung. Helfer bemerkten das Erstarken eines »jüdischen ethnischen Nationalismus« in den DP-Lagern, und nach einiger Zeit gewährte die UNRRA den jüdischen nationalen Forderungen nach einer Emigration mit dem Ziel Palästina ihre Anerkennung. David Ben-Gurion, führender Kopf der Zionistischen Weltorganisation, hielt leidenschaftliche Reden, um jüdische Überlebende für die Einwanderung in die »nationale Heimstätte« zu rekrutieren. Wohlwollende Reportagen über das jüdische Palästina wurden geschrieben und in den Lagern verteilt, deren Botschaft im Gewand einer neuen Zivilisierungsmission im Nahen Osten daherkam: »Am Rande Tel Avivs sah ich die ersten Häuser. Eine deutliche Verbesserung war zu erkennen. Ich dachte bei mir: Hier vor meinen Augen ist der Beweis, dass die palästinischen Juden die Zivilisation in den Nahen Osten bringen.« Die Rekrutierungskampagne hatte Erfolg, denn ungefähr 30 bis 50 Prozent aller jüdischen DPs fanden schließlich den Weg in den neu gegründeten Staat Israel, während andere nach Osteuropa repatriiert wurden und in die USA oder in andere westliche Länder auswanderten. Für manche Helfer vertrug sich der wachsende Nationalismus und Zionismus in den Lagern nicht recht mit dem internationalistischen Selbstbild der UNRRA. Bei ihrer Ankunft noch von dem »idealistischen Bewusstsein der ›einen Welt‹« beseelt, war UNRRA-Mitarbeiterin Pettiss desillusioniert, als diese »Einigkeit nicht sogleich Gestalt annahm«, und sie begriff, »dass sowohl aus psychologischen als auch aus praktischen Gründen eine Gruppenbildung nach Nationalitäten in den unsicheren und traumatischen Zeiten, welche die Entwurzelten durchlebten, das Beste war«.[44]

Ein weiterer schwerwiegender Unterschied zwischen weltlicher humanitärer Hilfe und den religiösen Hilfswerken lag darin, dass das

Mandat der UNRRA sich nicht auf die Unterstützung für ehemalige Soldaten oder Zivilisten der Achsenmächte erstreckte, sondern allein auf die »Opfer der deutschen und japanischen Barbarei«. Deutsche sollten keinerlei Hilfe erhalten, außer denen, die als »Opfer des Naziterrors« eingestuft wurden. Für eine solche Praxis gab es bereits Beispiele. 1945 hatte das polnische Rote Kreuz sich geweigert, an Deutsche in Bahnhöfen Essen und Trinken auszugeben. Und doch wichen solche diskriminierenden Maßnahmen der UNRRA von denen religiöser Hilfsverbände ab – besonders von denen der Quäker, die im Namen politischer Neutralität und christlicher tätiger Nächstenliebe alle notleidenden Menschen speisten, kleideten und umsorgten, und das unabhängig von ihrer Nationalität, religiösen Zugehörigkeit oder ihrem politischen Status. Der gewaltige Zustrom deutscher Flüchtlinge und Vertriebener aus dem Osten 1945 stellte manche Funktionäre vor die Gewissensfrage, ob die Hilfe nicht auf bedürftige Deutsche ausgeweitet werden solle, doch blieben die Richtlinien unverändert. Also blieben Deutsche von der im Namen der Menschenrechte gewährten Unterstützung ausgeschlossen, was das keineswegs bedingungslose Verständnis der UNRRA – und der internationalen Gemeinschaft – von Humanität und humanitärer Hilfe aufzeigte.[45]

Die diskriminierende Praxis der UNRRA gegenüber den Deutschen löste in den Vereinigten Staaten eine heftige Diskussion um Nothilfe und Zivilisation aus. Der katholische US-Bischof Aloysius Muench, der 1951 bis 1959 als Nuntius in Westdeutschland amtieren sollte, begann den Disput, indem er zu einer Versöhnung zwischen Deutschen und Nichtdeutschen durch Almosen mahnte. In seinem viel gelesenen Hirtenbrief *Eine Welt in Nächstenliebe* von 1946 warb er für Gnade gegenüber den Deutschen und eine Beendigung von Amerikas »kalt-berechnender Rachepolitik«. Muench brachte seine große Betroffenheit darüber zum Ausdruck, dass »zum ersten Mal in der Geschichte christlicher Nationen die Ausübung christlicher

Nächstenliebe unmöglich« sei und verdammte ausdrücklich die »*amtliche* Unmenschlichkeit«, der UNRRA die Hilfeleistung für Deutsche zu verbieten. »Nächstenliebe war der erfolgreichste Baumeister der Zivilisation.« Sein Brief entlastete die Katholiken, nannte die Juden kaum beim Namen und wies jede Form von Kollektivschuld zurück. Er wurde in den USA vielfach nachgedruckt und in Deutschland, als er im darauffolgenden Jahr übersetzt und veröffentlicht wurde, als Sensation aufgenommen, bestätigte er doch den im frühen Nachkriegsdeutschland verbreiteten Mythos von der christlichen Opferrolle. Muench machte sich daran, große Wohltätigkeitskampagnen für die amerikanische Zone zu organisieren, und half dabei, spirituelle und materielle Verbindungen zwischen amerikanischen und deutschen Katholiken wiederherzustellen.[46]

Im Januar 1946 stürzte sich der US-Senat in eine leidenschaftliche Debatte über die miserable Ernährungslage in Deutschland. Mehrere Senatoren brachten vor, dass die UNRRA und die amerikanischen Hilfswerke ihre diskriminierende Politik gegenüber den Deutschen umkehren sollten. Das Vokabular der Zivilisation wurde aufgerufen, um ein neues Vorgehen zu rechtfertigen. Eine Petition des Senats, die von Senator Kenneth S. Wherry aus Nebraska entworfen und von 34 Senatoren beider Parteien unterstützt wurde, ging am 15. Dezember 1945 an Präsident Truman. Sie verlangte ein Ende der »entsetzlichen Hungersnot in Deutschland und Österreich«, die »heute ein Ausmaß an Nahrungsmangel, wie es in der westlichen Zivilisation bisher unbekannt war«, bedeutete. Senator Eugene Millikin aus Colorado fügte ein: »Dies ist keine Frage von Sympathie für die Deutschen, es ist eine Frage der Sympathie für unsere eigenen zivilisierten Grundsätze.« Die Gegner einer milden Behandlung der Deutschen zitierten einen kürzlich verfassten Brief Präsident Trumans, in dem er darauf bestand, dass »niemand Deutschlands Unglück tragen muss außer Deutschland selbst«. Doch waren die Gegner der Nothilfe in der Minderzahl, da sich eine Mehrheit der Senatoren der Idee anschloss, dass die amerikanische und UNRRA-Politik, den Deutschen nicht zu helfen, zur »Weltkatastrophe« eines massenhaften Hungertodes führen würde.[47]

Religionsgemeinschaften unterstützten das Anliegen. Ein Aufruf im *Christian Century* vom November 1945 trug die Unterschriften eines ökumenischen Komitees verschiedener christlicher Kirchen, des Internationalen Roten Kreuzes, des Jüdischen Weltkongresses und von Save the Children. Er verkündete, dass die aktuelle amerikanische Politik »in Mitteleuropa schrecklich« sei, außerdem »eine Zurückweisung christlicher Nächstenliebe und eine Missachtung christlicher Moral«. Aufgrund dieser konfessionsübergreifenden Einigkeit und dank der Lobbyarbeit an der Basis begann Hilfe nach Deutschland und zu den Deutschen zu fließen, freilich abseits der UNRRA-Kanäle. 1947 gingen 60 Prozent der amerikanischen CARE-Pakete nach Deutschland. Ein solcher Strategiewechsel galt zunehmend als moralisch geboten wie auch als politisch zweckdienlich. General Lucius D. Clay, zwischen 1947 und 1949 Militärgouverneur der amerikanischen Besatzungszone in Deutschland, kam zu der Überzeugung, »daß es uns nicht gelingen konnte, eine hungernde, apathische Bevölkerung für eine demokratische Regierung zu interessieren«. Die Debatte spiegelte zudem die veränderten Befindlichkeiten unter den humanitären Aktivisten bezüglich ihres moralischen Auftrags und der Behandlung besiegter Feinde wider, wie wir im nächsten Kapitel sehen werden.[48]

Alles in allem hatte die UNRRA trotz der herausfordernden Umstände beachtliche Erfolge vorzuweisen. Als sie ihre Aktivitäten im Dezember 1946 in Europa und im Juni 1947 in Asien einstellte, hatte sie dazu beigetragen, den Hunger im Europa einzudämmen, und in Deutschland Hunderte DP-Lager betrieben, zudem 21 in Österreich und 8 in Italien. Fast 10 Millionen osteuropäische DPs fanden Unterstützung. Die Empfängerländer brachten in verschiedenster Weise ihre Dankbarkeit zum Ausdruck. Tausende Dankesbriefe gingen in den regionalen Niederlassungen ein, in Polen wurde ein Denkmal für das Hilfswerk enthüllt und in der Tschechoslowakei eine Hochschule nach ihm benannt. Paraden und Ausstellungen fanden vielerorts in Europa und Asien statt, und chinesische Bauern drängten sich zusammen, um die Ankunft requirierter UNRRA-Jeeps in ihren Dörfern zu bejubeln. Kinder, Pferde und Nutztiere wurden nach der UNRRA benannt.[49]

Die Hilfsorganisation gab einen Vorgeschmack auf ein globalisiertes Regierungshandeln unter Notstandsbedingungen, das von einer neuartigen Mischung aus Mitgefühl, Technokratie und einem liberalen Internationalismus unter amerikanischer Führung geprägt war. Zwar ist ihre Bilanz gemischt, doch formte die UNRRA eine neue Sprache über die Zivilisation und die Zivilisierungsmission in Nachkriegseuropa. Ihre kurze Geschichte offenbarte die Kraft und die Probleme einer international koordinierten Nothilfe sowie die ideologische Überzeugung, dass die Entmischung von Völkern (durch erzwungene Repatriierung) die Vorbedingung eines politischen Friedens sei. Die Nothilfe stärkte am Ende die Nationalstaaten und ein national gegliedertes Weltsystem. Die Leitlinie, die die intergouvernementale Hilfe nach dem Krieg beachtete, war die Wiederherstellung von Familie und Nation, und sie diente darüber hinaus als das moralische Fundament der politischen Ordnung im Europa des Kalten Krieges, in West und Ost. Die UNRRA stand den wachsenden internationalen Spannungen entgegen. Marshall MacDuffie, Leiter der Niederlassung in der Ukraine, konnte mit Recht sagen, dass die Niederlassungen in der Sowjetunion »die weltweit am hellsten leuchtenden Zeichen der angloamerikanischen Beziehungen zur Sowjetunion« seien. Der *Economist* argumentierte ähnlich und betrachtete das Hilfswerk als »die einzige Organisation oder Aktivität, die noch immer eine Brücke über den Abgrund zwischen Ost und West schlägt«. Der Start des European Recovery Program im April 1948 sollte die Abkehr Amerikas vom Internationalismus nach Art der

UNRRA markieren, also den Moment, als Washington aus höherem nationalem Interesse die Kontrolle über die Hilfsmaßnahmen in Europa übernahm. Ein Beamter des US-Außenministeriums 1947: »Wir müssen vermeiden, in eine weitere UNRRA hineinzugeraten. Die Vereinigten Staaten müssen diesen Laden schmeißen.«[50]

Humanitäre Helfer

Dieser neue Humanitarismus half mit, den Frieden auf den Kontinent zu bringen, und formte dabei eine neue Idee von Westeuropa. Helfer kamen in direkten Kontakt mit Kriegsopfern und ehemaligen Feinden. An die Stelle der Kriegsgegnerschaft trat eine neuartige Zivilisierungsmission, die von Fürsorge, Mitgefühl und dem Wunsch, die Kriegswunden unzähliger DPs überall in Europa zu verbinden, angetrieben war. Eine internationale Hilfeleistung in beispielloser Dimension wurde im Namen des Humanitarismus auf die Beine gestellt, wobei die unmittelbaren materiellen Bedürfnisse der Überlebenden an erster Stelle standen; auch religiösen Wohlfahrtsorganisationen ging es zuerst um Bäuche statt um Bibeln. Das missionarisch umsorgte Europa erlebte Spannungen zwischen Nationalismus und Internationalismus, die rund um die Hilfe für und die Wiedereingliederung von Kriegsopfern entstanden. Die Hinwendung zum alten Kontinent markierte das Ende des amerikanischen Isolationismus in Friedenszeiten sowie den von Amerika vorangetriebenen Aufbau neuer transatlantischer Verbindungen.

Das Jahr 1945 war ein Jahr fieberhafter Zerstörung und ebenso fieberhaften Wiederaufbaus. Helfer vor Ort, die im Schatten der Militärbehörden schufteten, diskutierten die Aussichten für Frieden und Zivilisation. Deren Krise stach ihnen allen ins Auge – einige Denker beschworen sogar die ferne Vergangenheit einschließlich der klassischen Antike, um den Zusammenbruch kultureller Sinngebung und moralischer Orientierung zu markieren. Für den Dichter Stephen Spender und andere symbolisierten die Ruinen und die Flüchtlinge Mitteleuropas das Ende einer Welt und den ungewissen Beginn einer neuen. Das Bewusstsein, bei null angelangt zu sein, war keineswegs auf die Besiegten beschränkt, sondern durchdrang auch das übrige Westeuropa. Die überraschende Geschichte zu 1945 ist, wie schnell die Zivilisationskrise von Verwirrung und Verzweiflung zu koordiniertem internationalem Handeln voranschritt, um die Zerstörungen des Krieges anzugehen und seine Opfer zu versorgen.

Für die humanitären Helfer vor Ort war Zivilisation hingegen keine Idee, die sie mit einer ruhmreichen Vergangenheit, einem kulturellen Erbe, dem historischen Fortschritt oder gar der Zukunft verbanden. Es war ein Begriff von Ruin und Bruch im Hier und Jetzt der Stunde Null, außerdem ein Aufruf zum Handeln unter entsetzlichen Bedingungen, um den Bedürftigsten zu helfen, und sei es auch nur Päckchen für Päckchen. Die allseits um sich greifenden Hilfsanstrengungen bedeuteten eine neuartige säkulare Missionierung, deren Tätigkeit und Bestimmung vor allem in den DP-Camps Gestalt annahm.

Diese humanitär Engagierten gehörten zwar zu den ersten Zeugen und Erbauern von Nachkriegseuropa, die sich der Wende des Kontinents vom Krieg zum Frieden, vom Töten zur Fürsorge widmeten, doch ihre Erfahrungen hielten die Männer und Frauen in Tagebüchern, Briefen und Fotografien fest, die nicht für eine Veröffentlichung gedacht waren. Es gab zwar Ausnahmen, wie Hulmes *The Wild Place* von 1953, doch die Erzählungen von Hilfe und Wiedereingliederung in der frühen Nachkriegszeit wurden von der europäischen Geschichtsschreibung zumeist übersehen, weil diese die Jahre 1945 bis 1950 als bloße Zwischenzeit oberflächlich abhandelt. Diese narrative Lücke steht in auffälligem Kontrast zum ikonischen Status der sogenannten Trümmerfrauen in Deutschland, die nach der Kapitulation rund um die Uhr Schutt in den bombardierten Städten wegräumten, um das Leben neu beginnen zu lassen. Tatsächlich waren diese Frauen nicht so selbstlos und aufopfernd, wie es die Legende will, da viele von ihnen den Schutt gegen Lebensmittelzuteilungen oder im Zuge einer alliierten Strafmaßnahme beseitigten. Dessen ungeachtet feierten und verkündeten die frisch lizenzierten Zeitungen die »Stunde der Frauen« als Symbol (west)deutschen Beharrungsvermögens und regenerativer Kraft; sie erhoben den Beitrag dieser Frauen zum Wiederaufbau zu einem Symbol der nationalen Wiedergeburt.[51]

Es entstand jedoch keine vergleichbare Erzählung über die internationalen Helfer. Das liegt zum Teil daran, dass sie im Schatten der militärischen Besatzungsregime arbeiteten und normalerweise nach Hause zurückkehrten, sobald ihre Mission für ausgeführt erklärt wurde. Viele Mitarbeiter der UNRRA setzten ihre Laufbahn als internationale Gesundheitsfunktionäre und medizinische Praktiker in anderen krisengeplagten Weltregionen fort, oft im Rahmen der Weltgesundheitsorganisation. Ihre Erfahrungen und Geschichten verblassten auch deshalb, weil der größere Zusammenhang – ein Internationalismus der Notstandsbekämpfung und koordinierte ausländische Fürsorge – wenig narrativen Raum in einer Welt fand, die zunehmend von der Restauration der Nationalstaaten und der Spaltung im Kalten Krieg definiert war. Selbstverständlich verschwand die internationale Hilfe nicht, wie der bald folgende Marshallplan für die wirtschaftliche Erholung Europas klar zeigt. Die Erfahrungsberichte über den Arbeitsalltag bei der Umsetzung des Marshallplans schrieben Politiker, Geschäftsleute und Verbindungsmenschen aus der Elite zumeist als Geschichte der Amerikanisierung Westeuropas. Demgegenüber wurden die belastenden Erfahrungen gewöhnlicher Helfer nicht von Angehörigen der Elite zu Papier gebracht. Gerade weibliche Freiwillige erzählten von den dramatischen Veränderungen durch Pflege und Trost für die Hungrigen und Verschleppten. Sie waren die verborgenen Zivilisierer Europas, die das Leben von Millionen DPs und Kriegsopfern verbesserten; sie waren die rasch wieder verschwundenen Vermittler auf einem Kontinent, der sich vom heißen Krieg hin zum Kalten Krieg bewegte. Der ironische Effekt ihrer Aktivitäten in den DP-Lagern: Unbeabsichtigt förderten sie das Scheitern der Kriegskoalition wie auch den schlechten Ruf des Internationalismus, ehe die Beziehungen zwischen den Supermächten bald noch kühler und konfliktreicher wurden.

Was das für die Zukunft Europas bedeuten würde, war damals unklar. Das radikal Neue des historischen Augenblicks im Sommer 1945 fing der gefeierte amerikanische Schriftsteller und Kritiker Edmund Wilson ein, der wie Spender Europa in jenem Jahr bereiste. Wilson hatte Europa vor dem Krieg häufig besucht, doch der Kontinent, auf den er nun stieß, verstörte ihn. Seine tiefe Desorientierung reflektierte der Titel seines Reiseberichts *Europe without Baedeker. Sketches Among the Ruins of Italy, Greece and England* (Europa ohne Baedeker. Skizzen aus den Ruinen Italiens, Griechenlands und Englands). Darin vermerkte er den dramatischen Niedergang der »kleinen europäischen Nationen« im Vergleich zu den neuen Supermächten. In Italien und Griechenland führte er lange Gespräche mit frustrierten UNRRA-Vertretern. In Italien bekannten sie, dass ihre wertvolle Arbeit nur »ein Tropfen auf den heißen Stein« sei und ein »Gefühl der Vergeblichkeit« an ihnen zehre. Auch wenn ihre Bemühungen von den Einheimischen »mit Applaus bedacht« würden, war es den Helfern, wie sie eingestanden, peinlich, dass sie »so wenig taten und selbst so gut lebten«. Das Unbehagen der Privilegierten inmitten der Ohnmächtigen bekam Wilson vielerorts zu hören, doch hatte er den Eindruck, dass sich hinter dieser Empfindung etwas Größeres verbarg – die Bürde eines Imperiums und einer Zivilisierungsmission, die nun mit friedlichen statt mit kriegerischen Mitteln weiterzuführen war. »Wo der Feind kein Dach über dem Kopf hat und hungert, wo wir seine Städte in Schutt und Asche gelegt haben, bekommen wir nicht einmal irgendwelchen verwertbaren Plunder oder ein leicht auszubeutendes Imperium, sondern lediglich zusätzliche schwere Mühen in Form von belastenden Anforderungen und Pflichten«, so Wilson. Wie wir im nächsten Kapitel sehen werden, veränderten sich die Bedingungen für und die Erwartungen an die militärische Fremdherrschaft. Die Probleme von Kontrolle und Gerechtigkeit sowie der moralische Preis des Wiederaufbaus – wie zuvor der Preis internationaler Hilfe – trieben die Besatzungsmächte in Mitteleuropa nachhaltig um.[52]

Zweites Kapitel

Bestrafung und Erbarmen

Am 21. November 1945 eröffnete Robert H. Jackson, Richter am US-Supreme Court und alliierter Hauptanklagevertreter, den »Prozess gegen die Hauptkriegsverbrecher vor dem Internationalen Militärgerichtshof« im Nürnberger Justizpalast. Die zerbombte mittelalterliche Stadt wurde als passende Bühne für die Strafverfahren ausgewählt, da sie die Reichsparteitage der NSDAP beherbergt hatte und dort jene Gesetze verkündet worden waren, die Eheschließungen zwischen Juden und »Ariern« untersagten und Juden zu Staatsangehörigen zweiter Klasse erklärten. Im Gerichtssaal saßen 22 hochrangige deutsche Persönlichkeiten, die sämtlich eines ganzen Katalogs von schweren Vergehen und Kriegsverbrechen angeklagt waren. Die meisten Angehörigen der obersten Machtelite, darunter Joseph Goebbels, Heinrich Himmler und natürlich Hitler selbst, hatten rund ein halbes Jahr zuvor Selbstmord verübt. Doch andere wie Hermann Göring, Albert Speer und Hans Frank waren gefasst worden und hatten in den vorangehenden Monaten die internationalen Medien in ihren Bann gezogen. Am Ende wurden zwölf Todesurteile, Urteile zu Gefängnisstrafen zwischen zehn Jahren und lebenslänglich verhängt sowie drei Freisprüche gewährt.

Die Bedeutung des Prozesses ging freilich weit über die Verurteilung der Angeklagten hinaus. Vor allem sollte der Gerichtshof der internationalen Gemeinschaft dabei helfen, den Krieg in neuartiger Weise zu beenden – nicht nur durch einen militärischen Triumph inklusive Besetzung, sondern auch durch den Sieg von Gesetz und

90 Zweites Kapitel: Bestrafung und Erbarmen

8 Der Nürnberger Hauptkriegsverbrecherprozess, 1946.

Gerechtigkeit. Die Alliierten verhandelten gegen die Angeklagten gemäß einer juristischen Arbeitsteilung, die im Londoner Statut vom 8. August 1945 vereinbart worden war: Die Vereinigten Staaten erhielten die Zuständigkeit für den Tatbestand der Verschwörung, die Briten jene für Verbrechen gegen den Frieden, die Sowjets für Kriegsverbrechen in Osteuropa und die Franzosen für Kriegsverbrechen in Westeuropa. Obwohl manchen Rechtsgelehrten angesichts einiger neuer Tatbestände wie Verschwörung gegen den Frieden und besonders Verbrechen gegen die Menschlichkeit unwohl war, wurden die Gewalttaten des Regimes doch als so schwerwiegend und bösartig eingeschätzt, dass ihnen nur ein internationales Tribunal zu Kriegsverbrechen gerecht werden konnte. Die inhaftierten NS-Anführer summarisch hinzurichten, wäre »einem Abstieg zu den Methoden der Achse« gleichgekommen, wie John McCloy, 1945 Washingtons Unterstaatssekretär im Kriegsministerium und nach 1949 Hoher Kommissar für Deutschland, anmerkte. Die Prozesse als eine Art Gerechtigkeitstheater zu führen, war besonders den Amerikanern wichtig, doch übernahmen auch die Briten, Franzosen und Sowjets bereitwillig ihre Rollen. Wohl noch nie hatte die Welt ein Ereignis von solcher Reichweite erlebt, und Vertreter der internationalen Presse füllten den Gerichtssaal, besonders zu Beginn und Ende der Anhörungen. Mit 60 000 Besucherzulassungen in zehn Monaten handelte es sich mutmaßlich um den größten Auflauf von Journalisten zu einem Einzelereignis überhaupt.[1]

Während das vorhergehende Kapitel auf die Bedeutung der internationalen humanitären Hilfe als neuer Zivilisierungsmission blickte, richtet dieses seine Aufmerksamkeit darauf, wie das Ziel einer Rezivilisierung des besiegten Feindes durch internationale Rechtsprechung verfolgt wurde – und des Weiteren, wie dasselbe Ziel die Besatzungspolitik beeinflusste. Wenig überraschend begann der Prozess mit einem Strauß von Superlativen, der dessen Einmaligkeit und Größe betonen sollte. Jackson nannte das Verfahren »eine Gerichtsverhandlung über Verbrechen gegen den Frieden der Welt«, wie sie »zum ersten Mal in der Geschichte abgehalten« würde. Keine Anklage dieser Größe sei jemals versucht worden. Der polnische Rechtstheoretiker Hersch Lauterpacht, der Jackson und sein Team dabei unterstützt hatte, die neue Rechtsnorm der »Verbrechen gegen die Menschlichkeit« zu formulieren, war überwältigt von dem beispiellosen Verfahren und schrieb in sein Tagebuch: »Es war eine unvergessliche Erfahrung, zum ersten Mal in der Geschichte einen souveränen Staat auf der Anklagebank zu sehen.«[2]

In seiner Eröffnungsrede legte Jackson die moralische Messlatte hoch und setzte einen nie da gewesenen Rahmen: »Die wahre Klägerin vor den Schranken dieses Gerichts ist die Zivilisation.« Er stellte fest: »Die Untaten, die wir zu verurteilen und zu bestrafen suchen, waren so ausgeklügelt, so böse und von so verwüstender Wirkung, daß die menschliche Zivilisation es nicht dulden kann, sie unbeachtet zu lassen, sie würde sonst eine Wiederholung solchen Unheils nicht überleben.« Der französische Hauptankläger François de Menthon verkündete, am besten erkläre man den Nationalsozialismus als das Hervorbrechen aller »barbarischen Instinkte, die durch Jahrhunderte der Zivilisation zurückgedrängt waren, jedoch stets im tiefsten Innern der Menschen gegenwärtig sind«, und als »Verneinung der traditionellen Werte der Humanität«. Gegen Ende des Prozesses fügte der britische Ankläger Hartley Shawcross feierlich hinzu, die alliierten Nationen hätten es »im Interesse der Zivilisation für angemessen und notwendig gehalten zu erklären, daß, sogar wenn jene Taten in Übereinstimmung mit den Gesetzen des deutschen Staates begangen worden sind, [...] [diese] nicht bloß eine rein innere Angelegenheit, sondern ein Verbrechen gegen das Völkerrecht darstellen«. Ende April 1946 würdigte Joseph B. Keenan, Hauptankläger des Internationalen Militärgerichtshofs für den Fernen Osten, die Tokioter Kriegsverbrecherprozesse mit beinahe identischen Worten: »Herr Vorsitzender, dies ist kein gewöhnlicher Prozess, denn hier nehmen wir teil am entschlossenen Kampf der Zivilisation, um die ganze Welt vor Zerstörung zu bewahren.« An beiden Gerichtsorten befuhren alliierte Juristen unbekannte Gewässer, als sie aggressive Akte als Kriegsverbrechen und als nie gesehene Zivilisationsbrüche deuteten, die neue Ansätze im Völkerrecht verlangten. Für den Prozess wurde die Zivilisation als Wertegemeinschaft herangezogen, die der – nun in kollektiver Rechtsprechung vereinten – Menschheit Geist und Sinn eingab.[3]

Dieses Kapitel betrachtet, wie das Schicksal des besiegten Deutschland – seiner Anführer, seiner Opfer und seines zertrümmerten Imperiums – in der frühen Debatte der Alliierten über die Re-Zivilisierung des besetzten Europa die Grundlinien setzte. Es wird besprochen, in welcher Weise der Internationale Militärgerichtshof Spannungen zwischen den Siegermächten aufgrund der Beziehung zwischen Völkerrecht und Zivilisation offenlegte. Sodann wird der Fokus auf die militärische Besatzung gelenkt und dabei die angloamerikanische Politik des Fraternisierungsverbots berücksichtigt, die eine breite öffentliche Debatte darüber anstieß, wie die Sieger den Unterlegenen begegnen sollten. Von der britischen Besatzungszone gingen die (zum Teil durch die Bildberichterstattung angetriebenen) heftigsten medialen Diskussionen über Mitleid und Humanitarismus aus. Die (von Persönlichkeiten wie dem Londoner Verleger Victor Gollancz angeführte) Graswurzelbewegung, die Deutschen angemessen zu ernähren und zu versorgen und ihnen sogar zu vergeben, geriet rasch zu einer nationalen Debatte über die Bedeutung der britischen Zivilisation selbst. Die alliierten Auffassungen von Völkerrecht, Reeducation und einer schrittweisen Verständigung mit den früheren Feindländern widerspiegelten die sich wandelnden Visionen der Sieger vom postfaschistischen Europa – davon handelt dieses Kapitel.

Barbarei und Zivilisation

Im Jahr 1945 stand das NS-Regime nicht zum ersten Mal vor Gericht, denn schon am 7. März 1934 hatte im New Yorker Madison Square Garden vor nicht weniger als 20 000 Zuschauern ein Scheinprozess stattgefunden. Er begann mit den Worten: »All jene, die diesem Gerichtshof der Zivilisation etwas zu sagen haben, sollen sich ihm zuwenden und werden Gehör finden.« 20 Vertreter von Gewerkschaften, jüdischen Organisationen, Kirchen, Sportverbänden und Staatsregierungen präsentierten »Die Klage der Zivilisation gegen den Hitlerismus« wegen Menschenrechtsverletzungen, religiöser Verfolgung, der Inhaftierung von Arbeiterführern und der Zensur des Geisteslebens. Die Anklageschrift warf dem Nationalsozialismus vor, dass er »das deutsche Volk zwingt, von der Zivilisation zu einem antiquierten und barbarischen Despotismus zurückzukehren, der den Fortschritt der Menschheit hin zu Frieden und Fortschritt gefährdet«. »Ihre eigenen Verbrechen gegen die Zivilisation« fällten einen Schuldspruch gegen die deutsche Regierung, ein Urteil, das mit einem »mächtigen, anschwellenden Brausen« der Zustimmung aufgenommen wurde. Später im selben Jahr veröffentlichte eine Gruppe von Schriftstellern, Politikern, Journalisten, Juristen und Rabbinern den Band *Nazism. An Assault on Civilisation* (Nationalsozialismus. Ein Angriff auf die Zivilisation), unter anderem um »das Gewissen der Menschheit angesichts der brutalen Behandlung von Minderheiten aufzurütteln«. Solche Gesten mochten wie hilflose Verzweiflungsschreie vom anderen Ufer des Atlantiks gewirkt haben, doch sie zeigten auf, wie »Zivilisation« Empörung und kulturellen Schock in Worte zu fassen vermochte – Jahre bevor sie im Gerichtssaal von Nürnberg wieder auftauchen sollte.

Im Zweiten Weltkrieg erlebte der Begriff eine Blütezeit. Wie nicht anders zu erwarten, wurde NS-Deutschland regelmäßig wegen seines Rassismus, Antisemitismus und seiner politischen Gewalt – bestätigt durch die tröpfchenweisen Enthüllungen der Schrecken, die wir heute Holocaust nennen – als Inbegriff der Barbarei verstanden und entwickelte sich zum globalen Maßstab für das radikal Böse und das Ende der Zivilisation.

Die Annexion tschechoslowakischer Gebiete 1938, der Einmarsch in Polen 1939 und der japanische Angriff auf Pearl Harbor im Dezember 1941 entfachten in juristischen Zeitschiften ein Interesse an der Verteidigung der Zivilisation gegen faschistische »Gesetzlosigkeit«. Die Westalliierten erhoben die Menschenrechte zum höchsten moralischen Anliegen des Krieges, was H. G. Wells' Bändchen *The Rights of Man, or What Are We Fighting For?* (Die Rechte des Menschen oder wofür kämpfen wir?) von 1940 vielleicht am klarsten belegt. Darin hob Wells die Verteidigung der »Rechte des Menschen« als die moralische Mission der vereinigten »atlantischen Zivilisationen« während des Krieges hervor. General Charles de Gaulle, Anführer der Freien Französischen Streitkräfte, argumentierte am 25. November 1941 in einer Vorlesung an der Universität Oxford über die »Krise der Zivilisation«, dass nur eine tiefergehende militärische, politische und geistige Zusammenarbeit zwischen Großbritannien und Frankreich – der beiden großen »Heimstätten« der »Freiheiten des Menschen« – »sicherstellen kann, dass der Sieg« für »die Sache der Zivilisation« »Früchte tragen wird«. Die Atlantik-Charta von 1941 und die (von 26 Ländern unterzeichnete) Deklaration der Vereinten Nationen von 1942 verkündeten die Schaffung einer großen Union der Menschheit, gegründet auf den Glauben »an das Leben, die Freiheit, Unabhängigkeit und Religionsfreiheit« und den »Erhalt der Menschenrechte und der Gerechtigkeit in ihren eigenen wie auch in anderen Ländern«; beide Dokumente wurden in Reaktion auf den Totalitarismus zu ideologischen Zwecken zwangsverpflichtet. Während Theodore Roosevelt als erster US-Präsident einen Zusammenhang zwischen der imperialen Außenpolitik des Landes und der Verbreitung der westlichen Zivilisation hergestellt hatte, setzte sein Cousin Franklin Delano Roosevelt den Begriff vor allem dazu ein, um im Vorfeld und während des Zweiten Weltkriegs herauszustellen, was im Kampf gegen den Nationalsozialismus auf dem Spiel stand. Für ihn war Zivilisation keineswegs gleichbedeutend mit Isolation und Nationalismus, sondern vielmehr etwas, das auf Zusammenarbeit beruhte. In einer Rede von 1938 sagte der amerikanische Präsident: »Zivilisation ist nicht national – sie ist international.« Roosevelt beschrieb den Krieg in einem privaten Brief als »Kreuzzug zur Rettung [...] der Zivilisation von einer brutalen Tyrannei, der sie und alle Würde menschlichen Lebens zerstören würde«.[4]

Auch der sowjetische Gebrauch des Begriffs nahm während des Krieges zu, um damit den Antifaschismus der Volksfront aus den Dreißigerjahren zu unterfüttern. Das mag zunächst merkwürdig wirken, wo doch die junge Sowjetunion der Welt mitgeteilt hatte, mit dem korrumpierenden Einfluss des alten Europa zu brechen. Zwar verwendeten Lenin und Stalin den Begriff der Zivilisation nur selten, doch zögerten sie nicht, das zaristische Regime als »asiatische Barbarei« oder »asiatische Reaktion« zu verurteilen. Im sowjetischen Sprachgebrauch wurde Zivilisation dazu verwendet, den Westen negativ darzustellen und im Gegenzug die welthistorische Rolle der Sowjetunion zu loben, deren Zivilisation in Solidarität mit den Unterdrückten der Welt dem Fortschritt den Weg bahne. 1927 schimpfte Stalin über die westliche Neigung, die Welt in eine strenge »Rassenhierarchie« einzuteilen, nach der Nichteuropäer als unzivilisiert, die weißen »Rassen« hingegen als Träger der Zivilisation galten. Laut Stalin sei die Zerstörung dieser »Legende« eine der wichtigsten Folgen der Oktoberrevolution gewesen, was die »befreiten nichteuropäischen Völker« dazu inspiriert habe, »eine wirklich progressive Kultur und eine wirklich progressive Zivilisation zu entwickeln«. Einige Jahre später kleidete der exilierte sowjetische Revolutionär Leo Trotzki das Vermächtnis der Russischen Revolution noch konsequenter in die Sprache der Zivilisation. In seiner Rede »Verteidigung der Russischen Revolution« von 1932 vertrat Trotzki den Standpunkt, dass die Revolution nicht die Antithese zur Zivilisation gewesen sei, sondern die Geburt einer neuen. »Die Tatsache allein, daß die Oktoberrevolution das russische Volk, die dutzenden Völker des zaristischen Rußland lesen und schreiben gelehrt hat, steht unermeßlich höher als die ganze einstige treibhausartige russische Kultur. Die Oktoberrevolution hat die Grundlage gelegt für eine neue Kultur, die nicht für Auserwählte, sondern für alle berechtigt ist.« Obgleich die revolutionäre Demokratisierung der Zivilisation sicherlich keinen zentralen Pfeiler der sowjetischen Ideologie darstellte, verzahnten sich Stalins und Trotzkis Ansichten präzise mit der allgemeineren Botschaft des Antiimperialismus und der Solidarität mit der kolonialisierten Welt.[5]

Die Bedrohung durch den Nationalsozialismus verschob die politische Landkarte. Auf den deutschen Angriff im Juni 1941 reagierte die UdSSR mit der englischsprachigen Propagandaschrift *In Defence of Civilisation Against Fascist Barbarism. Statements, Letters and Telegrams from Prominent People* (In Verteidigung der Zivilisation gegen die faschistische Barbarei. Stellungnahmen, Briefe und Telegramme prominenter Personen), die westliche Unterstützung in der Schlacht gegen NS-Deutschland mobilisieren sollte. »Zivilisation« war die passende Wortwahl, um Verteidigung und Bedrohung anzusprechen. »Die Vereinigung aller Kräfte der fortschrittlichen Menschheit für den Kampf gegen den Faschismus ist unbedingt notwendig«, denn »die Rettung von Kultur und Zivilisation, von Wissenschaft und Kunst steht auf dem Spiel; sie ist die Zukunft der Menschheit.« Äußerungen von bekannten sowjetischen Kulturgrößen wie Alexei Tolstoi, Dmitri Schostakowitsch, Sergei Prokofjew, Sergei Eisenstein und Valeria Barsowa wurden in den Band aufgenommen, um Hilfe von »unseren Freunden in England und Amerika« in den kommenden Schlachten gegen die »hitleristischen Totengräber der Zivilisation« zu erbitten. Persönlichkeiten des westlichen Kulturlebens wie Theodore Dreiser, Upton Sinclair, H. G. Wells, Heinrich Mann und Jules Romains sicherten ihre Unterstützung zu, und zum krönenden Abschluss versicherte Hewlett Johnson, Dekan des Domkapitels von Canterbury, die »großen Sowjetvölker« seien »Bannerträger der Zivilisation gegen die Faschisten«.[6]

Dieselbe Rhetorik wurde in der Sowjetunion auch nach innen gerichtet. Nur zwei Tage nach Hitlers Invasion am 22. Juni 1941 erhob die Sowjetpresse die Mission der Roten Armee zur »Verteidigung des Vaterlandes, der Rettung der Zivilisation«; einige Monate später verkündete die *Prawda*, »die Rote Armee verteidigt die Weltzivilisation«; und selbst der Sieg im Mai 1945 wurde in der Presse als großer Triumph der »siegreichen Roten Armee« bei der Abwehr der nationalsozialistischen »tödlichen Bedrohung für die gesamte Menschheit, für die Weltzivilisation« gefeiert; ein weiterer *Prawda*-Artikel lobte das Sowjetvolk dafür, »die Zivilisation Europas vor den faschistischen Pogromisten gerettet« zu haben. Die »sowjetische Verteidigung der

Zivilisation« zu betonen, gab dem alliierten Militärbündnis eine größere Bedeutung, nicht zuletzt weil der Marxismus-Leninismus außerhalb der UdSSR kaum emotionale Anziehungskraft ausübte, und während des Krieges nicht einmal im Innern.[7]

Manche interpretierten das Wiederaufleben der Zivilisation in den Nürnberger Prozessen als letzten Atemzug eines Denkens, das Gesetz und Moral vereinte und bis zu den Haager Konventionen zur Kriegsführung zurückreichte. Es trifft sicher zu, dass die Haager Friedenskonferenzen von 1899 und 1907 häufig auf eine Zivilisation im Belagerungszustand Bezug nahmen und ausführlichen Gebrauch von den Begriffen »zivilisierte Länder«, »zivilisierte Nationen«, »zivilisierte Staaten«, »weltweiter Zivilisation« und »zivilisierter Menschheit« machten. Und doch war die Berufung auf die Zivilisation in Nürnberg eher wiederverwerteter Antifaschismus im Stile der Volksfront aus den Dreißigerjahren.[8]

Die zu Kriegsende unter den Alliierten vorherrschende Stimmung deutete kaum auf ein besonnenes juristisches Vorgehen hin. Churchill witzelte bekanntlich, dass Gerechtigkeit für NS-Anführer nicht mehr sein sollte als »sie aufstellen und erschießen«. Stalin war anfangs gegenüber dem Kriegsverbrecherprozess sehr skeptisch. Er brachte, wie berichtet wird, vor seinen britischen und amerikanischen Amtskollegen am Vorabend des Verfahrens einen halb scherzhaften Toast darauf aus, dass die deutschen Anführer hingerichtet würden, ehe der Prozess auch nur begonnen hätte. Der amerikanische Außenminister Cordell Hull (der 1945 den Friedensnobelpreis erhielt) machte vor seinen britischen und sowjetischen Gegenübern die finstere Bemerkung, idealerweise brächte er »Hitler und Mussolini und Tōjō und ihre Erzkomplizen vor ein Standgericht. Und tags darauf käme es bei Sonnenaufgang zu einem historischen Ereignis.«[9]

Rufe nach Rache an den Deutschen waren während des Krieges überall in Europa im Umlauf, angefangen mit Lord Robert Vansittarts 1940 erschienenem Bändchen *Black Book. Germans Past and Present*

(Schwarzbuch. Die Deutschen in Vergangenheit und Gegenwart). Darin brandmarkte er die Deutschen als eine »Rasse von Hooligans«, die »seit Anbeginn der Geschichte räuberisch und kriegslüstern war«, und der russische Schriftsteller Ilja Ehrenburg warnte: »Nichts kann Deutschland vor erbarmungsloser Revanche bewahren.« Im Nachklang des Krieges ließ sich Europa herab zu einer brutalen Orgie von Rache und Vergeltung, Gesetzlosigkeit und Chaos, als die Behörden vor Ort mit brutaler Gewalt gesäubert wurden. Staaten und politische Autoritäten waren entweder zusammengebrochen oder diskreditiert, was dem massiven Anstieg von Diebstahl und Plünderung Vorschub leistete. Festnahmen und Folter waren typische Mittel, um auf lokaler Ebene Rechnungen mit Kollaborateuren und anderen erklärten Feinden zu begleichen. In Italien wurden Faschisten nach der Befreiung standrechtlich zusammengetrieben, bestraft und gelegentlich getötet. Es gab auch ein erhebliches Maß an Gewalt von Deutschen gegen Deutsche in Gestalt von zahllosen Vergeltungsakten und Denunziationen.

Es kam in erschreckendem Umfang zu Massenvergewaltigungen. In Wien meldeten Krankenhäuser 87 000 Frauen, die nach der Befreiung vergewaltigt wurden; in Berlin waren die Zahlen noch viel höher, und für ganz Deutschland wurde von nicht weniger als zwei Millionen Frauen berichtet, denen brutale Gewalt angetan wurde. Die meisten dieser Übergriffe wurden von Soldaten der Roten Armee begangen, doch wird oft vergessen, dass Angehörige der US-Armee zwischen 1942 und 1945 17 000 Frauen in Nordafrika und Europa vergewaltigten.[10]

Ganze Bevölkerungen wurden in Vergeltung für die Verbrechen terrorisiert. Es gab Schübe gewaltsamer Vertreibungen im Namen der Sicherheit des Staats und der ethnischen Reinheit, welche das von Stalin und Hitler im Krieg begonnene Werk vollendeten. Deutsche wurden für ihre Treue zum Führer vor allem aus Polen und der Tschechoslowakei gedrängt. Sudetendeutsche Frauen mussten Hitlerbilder verzehren, und manchmal wurde ihnen das Haar abgeschnitten und in den Mund gestopft. Ungarn wurden aus der Slowakei und Rumänien geworfen, Rumänen aus Ungarn und der Ukraine vertrieben, Italiener aus Jugoslawien. Noch 1950 schickte Bulgarien 140 000 Türken und Roma über die Grenze mit der Türkei. »Volksgerichte«, die für die Bestrafung von der Kollaboration Beschuldigten hastig zusammengestellt wurden, übten eine rohe, volkstümliche Rechtsprechung. In Belgien wurden 57 000 Personen der Kollaboration angeklagt und weitere 50 000 Kollaborateure in den Niederlanden verurteilt. In Ungarn lag die Zahl bei rund 27 000, in Griechenland bei 50 000. *L'épuration sauvage* (Die wilde Säuberung) kostete schon 1944 in Frankreich 6000 mutmaßliche Kollaborateure das Leben. Etwa 2000 Französinnen wurden wegen »horizontaler Kollaboration« getötet oder brutal öffentlich zur Schau gestellt: ausgezogen, geschoren und gezwungen, als Verräterinnen an der Nation durch die Straßen ihrer Heimatstadt zu laufen. Diese Ereignisse wurden von Zuschauern als eine Art grausames Schauspiel der Gerechtigkeit stolz fotografiert, wobei die Körper von Frauen als Schauplätze der Rache und der nationalen Reinigung dienten. Das traurige Schicksal dieser *femmes tondues* (geschorenen Frauen) beschränkte sich nicht auf Frankreich, sondern fand in den Niederlanden, Belgien und Norwegen Parallelen.[11]

Der Nürnberger Prozess gegen die Hauptkriegsverbrecher war auch ein Versuch, der brutalen, spontan geübten »Gerechtigkeit« ein Ende zu setzen und auf dem Kontinent Recht und Ordnung wiederherzustellen. Jackson fasste dies in bald berühmt gewordene Worte: »Daß vier große Nationen, erfüllt von ihrem Siege und schmerzlich gepeinigt von dem geschehenen Unrecht, nicht Rache üben, sondern ihre gefangenen Feinde freiwillig dem Richtspruch des Gesetzes übergeben, ist eines der bedeutsamsten Zugeständnisse, das die Macht jemals der Vernunft eingeräumt hat.« Doch das ständige Berufen auf die Zivilisation, die in Nürnberg viel mehr strapaziert wurde als die Menschenrechte, sollte auch eine gemeinsam mit der Sowjetunion gemachte Sache plausibel erscheinen lassen. Hatte Stalin anfangs noch gezögert, ob sich die Sowjetunion auf das Gerichtsverfahren einlassen sollte, änderte er bald seine Meinung. Eine große Delegation aus sowjetischen Juristen, Reportern, Fotografen und Filmemachern wurde nach Nürnberg gesandt, um an den Verhandlungen teilzunehmen und sie für das heimische Publikum zu dokumentieren. Andrei Wyschinski, ehemaliger Generalstaatsanwalt der Sowjetunion, merkte an, dass der Internationale Militärgerichtshof in Nürnberg zu einer Art öffentlichkeitswirksamem Prozess globalen Zuschnitts werden würde. Die sowjetische Juristenabordnung setzte sich überwiegend aus Richtern und Anklägern zusammen, die, einschließlich Wyschinski, in den späten Dreißigerjahren an den berüchtigten Moskauer Schauprozessen gegen die sogenannte trotzkistische »Linke Opposition« sowie die »Rechte Opposition« geführt worden waren und mit Todesurteilen und Hinrichtungen geendet hatten. Dies beunruhigte zwar westliche Beobachter, änderte aber nichts daran, dass die Sowjets entscheidend zum neu entwickelten rechtlichen Konzept der »Verbrechen gegen den Frieden« beitrugen. Die sowjetischen Ankläger sprachen oft von »friedliebenden Nationen« und »großen Demokratien«, um Solidarität mit ihren westlichen Kollegen auszudrücken. Sie trugen außerdem die Rede von der Zivilisation als dem höheren moralischen Zweck des Prozesses mit. *Prawda*-Artikel nahmen den Begriff *Zivilisazia* bereitwillig auf, um damit die NS-Verbrechen einzuordnen. Am 9. Januar 1946 kommentierte die *Prawda*, »mit der Annahme und Propagierung von *Mein Kampf* stießen die Hitleristen die Zivilisation mutwillig in den Abgrund des Krieges«; einige Monate später berichtete dieselbe Zeitung, dass der deutsche Faschismus »zu einer tödlichen Gefahr für die menschliche Zivilisation« geworden sei; im August 1946 gab die *Prawda* bekannt, dass der sowjetische Chefankläger Roman Rudenko »im Namen des gesamten Sowjetvolkes sprach«, als er die »faschistischen Henker«

»abscheulicher Verbrechen gegen die Menschlichkeit, die Zivilisation und das Recht« anklagte. Die sowjetische Übernahme des Begriffs war von erheblicher Bedeutung: Während die Zivilisation vom kommunistischen Standpunkt aus ein und dasselbe wie Faschismus und Kapitalismus gewesen war, fügte dieser neue Wortgebrauch die »Zivilisation« in die Rede vom Antifaschismus ein und wahrte die Solidarität mit dem Westen.[12]

Vor den Nürnberger Prozessen wurde »Zivilisation« in rechtlichen Zusammenhängen überwiegend negativ verwendet, das heißt, der Begriff diente dem Ausschluss »unzivilisierter« Nationen von Staatlichkeit und Selbstbestimmung. Nach dem Ersten Weltkrieg verorteten westliche Rechtstheoretiker Deutschland, das Osmanische Reich und die junge Sowjetunion jenseits der Grenzen des zivilisierten Europa, wie ihre unübersehbare Abwesenheit von den Verhandlungstischen in Paris und Versailles 1918/19 beweist. Der Friedensschluss von 1919 gründete auf einer neu gezeichneten kulturellen Landkarte von Zivilisation und Barbarei. Doch Anwälte und Richter in Nürnberg bezogen sich ausdrücklich auf die Zivilisation, um Deutschland, das sich von der nationalsozialistischen Praxis barbarischer Gesetzlosigkeit trennen ließ, in der Gemeinschaft zivilisierter Nationen zu halten. Der Gerichtshof deutete den Nationalsozialismus folglich als eine Entgleisung der Zivilisation und setzte voraus, dass die Weimarer Republik »ein zivilisiertes und aufgeklärtes Justizsystem« entwickelt habe. Folglich – und das war ausschlaggebend für das Urteil des Gerichts – »wussten die Angeklagten oder hätten wissen sollen«, dass sie »der Beteiligung an einem staatlich organisierten System von Unrecht und Verfolgung schuldig waren, welches das Moralempfinden der Menschheit erschütterte«. Anders gesagt: Schon die Existenz des deutschen Rechtssystems vor 1933 und dessen »Normen der Zivilisation« bedeuteten, dass den vor Gericht stehenden Männern hätte klar sein müssen, dass ihre Handlungen illegal waren.[13]

Im Hauptkriegsverbrecherprozess erfüllte die universelle Zivilisation noch eine weitere Funktion. Der wiederholte Gebrauch des Begriffs half dabei, einen der schwächsten Punkte der Anklage zu befestigen: das Fehlen von Rechtsnormen zu Verbrechen gegen die Menschlichkeit. Es genügte nicht, einen Zivilisationsbruch zu behaupten, er musste auch dargelegt werden – und an dieser Stelle kam dem Bündnis von Medien und Recht entscheidende Bedeutung zu. Die alliierten Ankläger verließen sich bei ihrer Beweisführung auf Dokumente und visuelles Material, besonders auf Fotografien und Filme. Ungefähr 25 000 Fotografien wurden begutachtet und nicht weniger als 1800 aufbereitet und dem Gericht vorgelegt.[14]

Das Medium Film, eingesetzt zur Authentifizierung der NS-Verbrechen und als Ersatz für Zeugenaussagen, war wohl der eigentliche Star des Prozesses. Während Fotografien von Tatorten bereits sporadisch in angloamerikanischen Gerichtsverfahren Verwendung gefunden hatten, war die Vorlage von Filmmaterial, das Gräuel dokumentierte, ohne Beispiel. Gegen Ende des Krieges stellten die Amerikaner und Briten bereits Filme zusammen, um in der Heimat die Unterstützung für den Krieg aufrechtzuerhalten und die öffentliche Meinung auf eine zu erwartende Besatzungszeit einzustimmen. Ein britischer Kameramann bemerkte 1944, die Gräuelfilme böten »den widerwärtigsten Beweis, wofür wir kämpfen«. Ebenso waren die sowjetischen Filme über die Befreiung darauf zugeschnitten, die Heimatfront gegen die Deutschen aufzustacheln und die Bestrafung zu beschleunigen. Jede alliierte Macht produzierte ihre eigenen Dokumentarfilme über die nationalsozialistischen Untaten und gebrauchte sie in der Gerichtsverhandlung. Der amerikanische Film *Nazi Concentration Camps* diente als Kronzeuge der Anklage, seine Vorführung hatte einen außerordentlichen Effekt. Während manchen Juristen und Reportern die Einbeziehung von »Horrorfilmen« in den Prozess nicht behagte, wurde dies von anderen damit gerechtfertigt, dass sie den Horror des »Dritten Reichs« offenbarten und den – aus Leugnung und zurückgewiesener Komplizenschaft gewebten – Kokon durchstießen.[15]

Nicht weniger erstaunlich ist, dass die Gräuelfilme gezeigt wurden, um am Schauplatz öffentlicher Vergeltung und erzwungener Reue das Gewissen der Beschuldigten wachzurütteln. Die amerikanischen Kameras fingen ausführlich die Reaktionen der Angeklagten auf die grauenhaften Bilder ein. Einige Berichterstatter blickten mit Operngläsern und Armeeferngläsern auf die Beschuldigten, um, wie die Journalistin Janet Flanner es ausdrückte, »ein Anzeichen von Scham, Besorgnis oder Schuld in den Gesichtern der Angeklagten zu entdecken«. Die Bemerkungen der Journalisten zu den Reaktionen der NS-Verbrecher bildeten ein neues Genre der Berichterstattung. Die Historikerin Ulrike Weckel hat argumentiert, dass die Alliierten, vor allem die Amerikaner, Anzeichen von Scham als Beweis dafür deuteten, dass die Deutschen umerziehbar seien. Deshalb hätten die Alliierten auf die Kraft der Bilder gesetzt, als sie die Wiedereingliederung der Deutschen in Angriff nahmen.[16]

Der Prozess war auf kurze wie auf lange Sicht ein Erfolg. Der Anblick der deutschen Anführer im Gerichtssaal löste nicht, wie damals befürchtet, Sympathien unter den Deutschen aus oder weckte gar Rachegelüste. Ganz im Gegenteil. Ein Deutscher meinte, dass »wir einfach zu hungrig sind«, um deren Schicksal zu beachten, und für diese Gestalten sei »selbst die Todesstrafe noch zu milde«. In diesem Sinne war das Verfahren ein Triumph, nährte das Vertrauen in die Herrschaft des Rechts und schuf wichtige Voraussetzungen für politische Ordnung und Stabilität. Selbst Albert Speer, der notorisch unglaubwürdige Star im Zeugenstand, räumte später ein, dass der Prozess bei allen Schwächen ein Schritt auf dem Weg zurück in die Zivilisation gewesen sei. Im Gefolge des Verfahrens entstanden weitere Gerichtshöfe einer Übergangsjustiz, zuerst in Verantwortung der Alliierten, dann seitens der besetzten Länder selbst. In Nürnberg fanden weitere zwölf Prozesse gegen 184 hochrangige Militärs, Industrielle und Ärzte statt. In der amerikanischen Besatzungszone wurde gegen 1600 Personen in 489 Verfahren Anklage erhoben, und deutsche Justizbehörden führten in der britischen Zone 24 000 Vernehmungen durch, wenn auch die meisten der 3,66 Millionen Deutschen, die der Entnazifizierung unterworfen waren, nicht vor Gericht gestellt wurden. Wie die Atlantik-Charta entwickelte der Nürnberger Hauptkriegsverbrecherprozess ein Eigenleben und inspirierte Freiheitskämpfer in aller Welt. Angeregt vom alliierten Hauptankläger Jackson und seinen pathetischen Worten über den Bruch von Zivilisation und Humanität, richtete der American National Negro Congress ein »Plädoyer für Gerechtigkeit« an die Vereinten Nationen, um Aufmerksamkeit auf die 13 Millionen in den USA lebenden »unterdrückten schwarzen Menschen« zu lenken.[17]

Das den Prozess begleitende integrative Verständnis von Zivilisation erodierte seit Ende 1945, als sich die Anfeindungen im heraufziehenden Kalten Krieg verschärften. In den letzten Monaten des Verfahrens arbeiteten die Amerikaner beharrlich daran, »Zivilisation« zu einem Synonym für »liberale Werte« umzudefinieren. Dass sie die Sowjets während des Prozesses auf hinterhältige Weise austricksten, war ein Beleg für diesen wachsenden Gegensatz. Bei einer Gelegenheit erlaubten US-Ankläger der deutschen Verteidigung, Beweismaterial zu sowjetischen Verbrechen gegen den Frieden vorzulegen, und brachen damit die im Vorfeld getroffene Vereinbarung, dass solche Hinweise unterbleiben sollten. Nicht geduldet wurden hingegen Beweise oder Diskussionen zu amerikanischen oder britischen Kriegsverbrechen, etwa dem Flächenbombardement gegen zivile Ziele. Solche Schachzüge mussten den alliierten Konsens rund um das Verfahren untergraben. Während die sowjetische Anklage ihren Vortrag gegen die »Hitleristen« zum Abschluss brachte, verbreiteten amerikanische Zeitungen unter der Schlagzeile »Vereint euch, um die Russen aufzuhalten« Churchills »Eiserner-Vorhang-Rede« vom 5. März 1946, in welcher der ehemalige Premierminister

Kommunisten und Faschisten dreist zu einer doppelten Gefahr für die »christliche Zivilisation« zusammenband. Die Nachricht von Churchills Rede sorgte für derartige Unruhe im Gerichtssaal, dass ein Beobachter unter den Angeklagten die »unverhüllte Hoffnung« aufleuchten sah, ihre Strafen könnten verringert werden. An diesem Punkt begann die angloamerikanische Interpretation Fuß zu fassen, bei dem Prozess handele es sich um einen Triumph des Liberalismus.[18]

Auch Carl Schmitt, in der Zwischenkriegszeit Deutschlands herausragender juristischer Denker und ein früher Apologet der nationalsozialistischen Rechtsordnung, nahm diese politischen Verschiebungen wahr. In seinem einflussreichen Werk *Der Nomos der Erde im Völkerrecht des Jus Publicum Europaeum* von 1950 trug Schmitt vor, dass das Konzept des Völkerrechts bis ins frühe 20. Jahrhundert – nicht anders als »universalistische Vorstellungen wie *Menschheit, Zivilisation* und *Fortschritt*« – »durchaus europazentrisch« gewesen sei, denn »*Zivilisation* bedeutete selbstverständlich nur *europäische* Zivilisation, und Fortschritt war die gradlinige Entwicklung zu dieser Zivilisation«. Schmitt bedauerte, dass dies nicht länger zutraf. Diese Entwicklungen waren zunächst auf die Erschütterung europäischer Macht nach dem Ersten Weltkrieg zurückzuführen, bis sie dann nach 1945 durch den Aufstieg der Vereinigten Staaten zur neuen Supermacht beschleunigt wurden. Damit begann eine neue internationale Ordnung, die der *res publica christiana* der mittelalterlichen Christenheit ein Ende setzte. Schmitt mag, wie wir im nächsten Kapitel sehen werden, das christliche Fundament der nach 1945 anbrechenden liberalen Zivilisation unterschätzt haben, doch hatte er recht damit, dass die Mission der Zivilisation einen Neuanfang als angloamerikanisches Joint Venture erlebte.[19]

Reeducation

Die unterlegenen Länder Deutschland und Österreich wurden unter den USA, Großbritannien, Frankreich und der Sowjetunion in vier Besatzungszonen aufgeteilt, wobei die Westalliierten die westlichen Landesteile, die Sowjets die östlichen verwalteten. Berlin und Wien wurden in ähnlicher Weise neu gegliedert, die Wiener Innere Stadt allerdings unter abwechselnder Leitung der Interalliierten Kommandantur regiert. Internationale Rechtsprechung war ein wichtiger, doch längst nicht der einzige Berührungspunkt in der Interaktion zwischen Siegern und Besiegten. Die Westalliierten, mit den Amerikanern und Briten an der Spitze, widmeten der Reintegration ihrer früheren Gegner in den gesegneten Kreis des – allgemein so genannten – transatlantischen Bündnisses besondere Aufmerksamkeit.

Auf der Konferenz von Jalta im Februar 1945 verkündeten Churchill, Roosevelt und Stalin: »Es ist unser unbeugsamer Wille, den deutschen Militarismus und Nationalsozialismus zu zerstören und dafür Sorge zu tragen, daß Deutschland nie wieder imstande ist, den Weltfrieden zu stören.« Die radikalen Reformen kreisten zunächst um die sogenannten »Vier D's«: Denazifizierung, Demilitarisierung, Demokratisierung und Dezentralisierung. Dahinter stand eine Haltung, die aus einer Bemerkung Roosevelts auf der Konferenz von Teheran Ende 1943 resultierte: »Deutschland wäre weniger gefährlich für die Zivilisation, wenn es aus 107 Provinzen bestünde.« Ein großer Teil der Reeducation in Deutschland zielte darauf, Preußen und den preußischen Militarismus als Wurzel allen deutschen Übels auszurotten – eine Logik, der auch die offizielle Auflösung Preußens 1947 entsprach. Diese »Deborussifizierung« war für Historiker nicht weniger wichtig als für Militärs. Unverblümt charakterisierte der bekannte Historiker A.J.P. Taylor den preußischen Landadel als »skrupellose Ausbeuter eroberten Landes«, die »von der europäischen Zivilisation unberührt« seien. Dementsprechend wurden alle Militärschulen und Kriegerverbände für illegal erklärt, ebenso alle Denkmäler und Plakate, welche die deutsche Militärtradition verherrlichten. Der öffentliche Raum wurde überall im Land von Hakenkreuzen gesäubert; Straßennamen, Briefmarken und Siegel wurden geändert. Ähnliche Maßnahmen wurden in Österreich ergriffen, wo Entwaffnungsverordnungen alle äußeren Anzeichen paramilitärischer Aktivitäten untersagten, von Veteranenverbänden bis zur Militärmusik. Das erstreckte sich auch auf die Zivilgesellschaft, denn ebenso wurde eine Reihe von Vereinen wie Jugendgruppen und Skiclubs aufgelöst.[20]

Die Reeducation hielten die Amerikaner für das Herzstück ihrer Mission am Rhein. Einem anderen Volk die Demokratie aufzuerlegen, hielten manche zwar für ein Paradox, doch empfand die Militärverwaltung diesen Schritt als notwendig. Waren die stehen gebliebenen Schulgebäude anfangs noch als Unterkünfte, Lazarette oder DP-Lager genutzt worden, so gelang es den US-Behörden bis Oktober, die meisten wieder für den Schulbetrieb zu öffnen. Erhebliche Ressourcen flossen in die 1948 neu gegründete Westberliner Freie Universität als einer Stätte freier Wissenschaft. Gleichzeitig entstanden zahlreiche Möglichkeiten kulturellen Austauschs zwischen den Vereinigten Staaten und Deutschland für Studenten, Kulturschaffende und Kirchenführer. In Westdeutschland rief das US-Außenministerium in den frühen Fünfzigerjahren eine Reihe von Amerikahäusern ins Leben – Schaufenster für amerikanische Bücher, Zeitschriften, Musik und Filme. Die Seventh Army, deren Hauptquartier sich in Stuttgart befand, unterhielt ein eigenes Sinfonieorchester; Chöre und Jazzensembles traten überall in der amerikanischen Zone auf; deutsche und amerikanische Geistliche leiteten gemeinsam zweisprachige Gottesdienste; Freundeskreise und Tanzveranstaltungen wurden organisiert, um die Beziehungen zwischen Besatzern und Besetzten zu verbessern. Amerikanische Kommandanturen wollten sich als Alliierte statt als Besatzer präsentieren, indem sie Schilder des Militärs ins Deutsche übersetzen ließen. Später veranstalteten sie Tage der offenen Tür, damit Deutsche aus der Umgebung einmal im Jahr die amerikanischen Stützpunkte besichtigen konnten. Manche Deutsche nörgelten noch immer, dass »Europa alte Kultur bedeutete und Amerika [neue] Zivilisation, Kühlschränke und Jazzmusik«, doch wuchs die Wertschätzung für amerikanische Kultur und die Bemühungen der Militärregierung, den einheimischen kulturellen Geschmack anzusprechen.[21]

Die Verhältnisse in der britischen Zone waren nicht sehr verschieden davon. Zu Beginn wurden die Briten noch für ihr Gehabe und ihre Arroganz kritisiert und gelegentlich mit Schaftstiefeln tragenden Kolonialherren verglichen, die »sich in den Ruinen niederließen, als wären sie im kenianischen Hochland«. Wie die Amerikaner unterschieden die britischen Behörden grundsätzlich zwischen den NS-Anführern und dem irregeführten Volk. Außerdem legte man in der britischen Zone Wert auf Gesundheit, Hygiene und Schulbildung; nationalsozialistisch gesinnte Lehrer wurden sorgfältig aussortiert. Bis alle Grundschulen am 1. Oktober 1945 offiziell wiedereröffnet wurden, waren im Rahmen der Denazifizierung 11 647 Lehrer verhaftet, ihres Postens verwiesen oder ihre Einstellung verweigert worden. Die Briten verwandten auch viel Energie darauf, die Produktion deutscher Bücher, Filme und Musik zu zensieren und gleichzeitig, oft durch den British Council, künstlerische Werke zu propagieren, die für den *British Way of Life* warben, darunter Bücher von Elizabeth Bowen, Graham Greene, Virginia Woolf und D. H. Lawrence.[22]

Das Leben in der sowjetischen Besatzungszone beherrschten Reparationen, wirtschaftliche Ausbeutung und militärische Besatzung. Denazifizierung war hier gleichbedeutend mit politischer Kontrolle und dem Aufbau eines Sozialismus stalinistischer Prägung. Die Schulen wurden reorganisiert und säkularisiert, »neue Lehrer« priesen den Marxismus-Leninismus und den Antifaschismus an. Angesichts ihrer Mission, Faschisten in Sozialisten zu verwandeln, trieben die Sowjets sogar noch größeren Aufwand, um Kultur und Bildung zu fördern, als Briten und Amerikaner. Johannes R. Becher gründete den Kulturbund zur demokratischen Erneuerung Deutschlands, der offiziell der »Neugeburt des deutschen Geistes im Zeichen einer streitbaren demokratischen Weltanschauung« verpflichtet war. Schachturniere und Puschkin-Festivals, besonders rund um den 150. Geburtstag des Schriftstellers 1949, wurden veranstaltet, und deutsche Autoren wie Anna Seghers und Günther Weisenborn erhielten als Vertreter der »fortschrittlichen Intelligenzija« Einladungen nach Moskau. Das Haus der Kultur der Sowjetunion eröffnete 1947 in Berlin und zeigte Filme und Ausstellungen, arrangierte Angebote für Kinder und Gastvorlesungen und bot Sprachkurse an. VOKS, die sowjetische Allunionsgesellschaft für kulturelle Verbindung mit dem Ausland, schickte Ensembles für klassische Musik und Volksmusik, für Ballett und Theater sowie russische Schriftsteller nach Berlin. Zum 200. Jahrestag von Goethes Geburt bemühten sich die Sowjets, Goethe in einen deutschen Puschkin zu verwandeln, in einen Exponenten von »Fortschritt und Demokratie«, einen Vorläufer von Marx und einen Mann des Volkes. Nicht zuletzt handelte es sich um einen Versuch, die Neuaufstellung Goethes im Westen als Symbolfigur einer »atlantischen Kultur« abzuwehren und Besitzansprüche auf ihn anzumelden. Es wurde sogar Thomas Mann aus Kalifornien eingeladen, einen Goethe-Preis des Kulturbundes in Ostberlin entgegenzunehmen.[23]

Im Vergleich zu den anderen Westalliierten zeigten die Franzosen in der Denazifizierung weniger Engagement. Den berüchtigten *Fragebogen*, von Amerikanern und Briten zwecks Auskunft über die Beteiligung am Nationalsozialismus entwickelt, gab es in der französischen Zone nicht, und nach allgemeiner Wahrnehmung wurde dort mit ehemaligen Nationalsozialisten nachsichtiger verfahren. Die französische Sicht darauf, wie die eigene Zone zu verwalten sei, illustrierten die Äußerungen von General Jean de Lattre de Tassigny, des ersten Oberkommandierenden in der französischen Besatzungszone. Im März 1945, ganze zwei Monate vor Kriegsende, verkündete er, ein Beitrag zum endgültigen Sieg über Deutschland sei »das sicherste Mittel«, um Frankreichs »Wiederauferstehung zu demonstrieren«; es würde »sowohl unser Ansehen in der Welt heben als auch das Fundament für unsere Position am Rhein nach dem Krieg legen«.[24]

Ursprünglich hatten die Franzosen für eine Politik der Rache und wirtschaftlichen Ausbeutung geworben, um das gekränkte Ehrgefühl, das sich mit der deutschen Besatzung verband, vergessen zu machen. Der Wirtschaftspolitiker Jean Monnet und Finanzminister Robert Schuman betrachteten die Besatzungsherrschaft über Deutschland als probates Instrument für die Erholung der französischen Wirtschaft. Die Besatzungsarmee galt als sicherer Hafen für Kollaborateure aus den Reihen Vichy-Frankreichs, die sich dort der drohenden Strafverfolgung entzogen. Lattre und seine Kumpane regierten im großen Stil und gestalteten die französische Besatzung bewusst so, dass sie es mit den Zurschaustellungen nationalsozialistischer *grandeur* aufnehmen konnte oder sie gar übertraf. Lattres Stab richtete sich in den luxuriösesten Villen der französischen Zone ein, veranstaltete Galabankette und genoss demonstrativ das süße Leben imperialer Vizekönige. Kurt Schumacher, Vorsitzender der Sozialdemokraten in der britischen Zone und später in der Bundesrepublik, nannte die Franzosen ätzend »die Russen des Westens«, die in ihrer Zone ebenso verhasst seien wie die Sowjets in der östlichen. Lattres Nachfolger, General Pierre Kœnig, legte weniger Wert auf Bestrafung und Prestige und strebte stattdessen nach einer deutsch-französischen Annäherung, besonders im Kulturbereich. Kœnigs Verwaltung lenkte erhebliche Mittel in Bildungseinrichtungen und Kulturveranstaltungen, etwa in Schulen, die Wiederherstellung von Universitäten und Kunstausstellungen, um die französische Rezivilisierungsmission voranzubringen. Nach seiner Vorstellung ließ sich der preußische Militarismus durch die Hervorhebung des französischen Universalismus überwinden, wozu die Wiedererweckung des »wahren Humanismus« von Goethe, Kant und Beethoven gehörte. Viele Deutsche in der französischen Zone beklagten, dass sie weniger Nahrungsmittel als vielmehr Kultur vorgesetzt bekämen, und zürnten darüber, einer aktualisierten kolonialistischen *mission civilisatrice* ausgesetzt zu sein. Mit der Zeit traten erfolgreichere Austauschprogramme in Bildung und Kultur an die Stelle des offensichtlich »kolonialen« Geistes.[25]

Die Deutschen mühten sich ebenfalls um die Erneuerung des Kulturlebens, wozu die Alliierten Lizenzen und Veranstaltungsorte beisteuerten. Schon am 13. Mai 1945, nur fünf Tage nach der Kapitulation, spielte das Kammerorchester Berlin das erste öffentliche Konzert im Bürgersaal des Rathauses Schöneberg; die Berliner Philharmoniker folgten einige Tage später mit einem Auftritt im Titania-Palast in Steglitz. Das erste Fußballspiel fand in Berlin am 20. Mai unter den Augen von ungefähr 10 000 Zuschauern statt. Ausstellungen wurden auf die Beine gestellt, Buchhandlungen öffneten wieder, die Weimarer Moderne kam erneut in Mode und diente als kultureller Kompass. Im kalten Winter 1945/46 inszenierte der Berliner Theaterkosmos 46 Stücke von Shakespeare bis Brecht, die vor einem sich in ungeheizten Sälen zusammendrängenden Publikum liefen.[26]

Fraternisierungsverbote

Die Terminologie der Rezivilisierung kam auch im alltäglichen Umgang mit den Deutschen zum Vorschein, besonders im Zusammenhang mit dem strengen sogenannten Fraternisierungsverbot in der britischen und amerikanischen Zone während der ersten Monate der Besatzung. Gegen soziale Kontakte gerichtete Maßnahmen entsprangen Bedenken um Sicherheit und Terrorismus, Gesundheit und Hygiene. Sie hatten aber auch eine wichtige moralische Dimension. Laut einem 1945 in Wien stationierten amerikanischen Offizier würden solche Beschränkungen »der losen Moral und den zahlreichen Versuchungen in einem Land ausweichen, dessen gesellschaftliche Normen durch den Nationalsozialismus und den Zufluss von Flüchtlingen umgestürzt worden waren«. Die Restriktionen waren zahlreich und einschneidend: Deutschen und Österreichern war es untersagt, sich mit amerikanischen oder britischen Soldaten zu unterhalten, außer in notwendigen Fällen; sie durften nicht reisen, telefonieren, Briefe verschicken oder Zeitungen und Bücher aus dem Ausland empfangen; sie unterlagen einer abendlichen Ausgangssperre; sie konnten jederzeit durchsucht oder befragt, ihr Eigentum beschlagnahmt werden. In der britischen Zone ging es manchmal so streng zu, dass deutschen Beamten mit dem Kriegsgericht gedroht wurde, wenn sie sich beim Eintreten eines britischen Offiziers nicht von ihrem Arbeitsplatz erhoben. Zu Beginn waren die Amerikaner sogar noch unduldsamer: GIs war es nicht gestattet, Deutschen die Hand zu geben, ihr Zuhause zu besuchen, mit ihnen Sport zu treiben, Geschenke auszutauschen oder an gesellschaftlichen Ereignissen teilzunehmen, bei denen Deutsche anwesend waren. Die Strategie umfasste zudem die Segregation des sozialen Raums. Briten und Deutsche sollten in verschiedene U-Bahn-Waggons steigen, und britische Soldaten durften keine Gottesdienste in deutschen Kirchen besuchen, sofern auch Deutsche sich dort aufhielten. Noch nicht einmal gemeinsam Musik zu hören war ihnen erlaubt, sodass Orchester oftmals dasselbe Konzert zweimal spielen mussten. Viele Deutsche fanden derartige Anweisungen verwirrend und sprachen aus, was einer von ihnen »das Bedauern« darüber nannte, »dass es so wenig Kontakt zwischen britischen und deutschen Amtspersonen außerhalb des Büros gibt«, was zu »sehr wenig Vertrauen und so viel Verkrampfung« führe.[27]

Die Maßnahmen gegen die Fraternisierung waren noch während

des Krieges entworfen worden, das Social Distancing zwischen Siegern und Unterlegenen wurde als wesentliches Element eines moralischen Wiederaufbaus begriffen. Verkündet wurde die Vorschrift am 12. September 1944, einen Tag nachdem amerikanische Soldaten deutschen Boden betreten hatten. In einem Rundschreiben zum Verhalten alliierter Soldaten in Deutschland stellte General Dwight D. Eisenhower klar, dass es keine Einquartierungen bei Zivilisten, keine Hochzeiten oder religiöse Feiern, keine Spiele oder Tanzveranstaltungen geben sollte – nach seiner Auffassung mussten »die Deutschen geächtet werden«.[28]

Der britische General Bernard Law Montgomery veröffentlichte im März einen »Brief des Oberbefehlshabers zum Fraternisierungsverbot« und unterwies darin die britischen Soldaten: »Sie müssen sich von Deutschen fernhalten – Mann, Frau und Kind –, außer Sie begegnen ihnen dienstlich.« Diese alliierte Annahme einer deutschen Kollektivschuld war zu Kriegsbeginn noch nicht auf breite Zustimmung gestoßen. In einer an das deutsche Volk gerichteten Rundfunkansprache versicherte der britische Premierminister Neville Chamberlain, dass »wir nicht gegen Sie, das deutsche Volk, kämpfen, gegen das wir keine bitteren Gefühle hegen, sondern gegen ein tyrannisches und meineidiges Regime, das nicht nur sein eigenes Volk, sondern die gesamte westliche Zivilisation und alles, was wir wertschätzen, verraten hat«. Noch 1944 schrieb der stellvertretende Premierminister Clement Attlee, der bevorstehende Sieg verpflichte nicht »zur Behandlung aller Deutschen als Untermenschen durch die Besatzungstruppen und die Zurschaustellung eines Verhaltens, das sich von dem der Nationalsozialisten nicht unterscheidet«. Die erschreckenden Verlustzahlen zwischen Januar und April 1945 veränderten die politische Meinung. Nun müsse »eine schuldige Nation«, wie es in Montgomerys Brief weiter hieß, »ihre Schuld erkennen«, denn nur dann »können die ersten Schritte zu ihrer Reeducation unternommen werden und sie in die Gesellschaft der anständigen Menschheit zurückführen«. Das Fraternisierungsverbot war deshalb sowohl eine Straf- als auch eine Sicherheitsmaßnahme. Der verpasste Frieden von 1919 gab das naheliegende warnende Beispiel ab: »Das letzte Mal haben wir den Krieg gewonnen, aber den Frieden aus unseren Händen gleiten lassen. Dieses Mal dürfen wir nicht nachgeben – wir müssen den Krieg wie auch den Frieden gewinnen.« Sieger und Besiegte auf Distanz zu halten, sollte sicherstellen, dass die Besatzungstruppen nicht zu freundlich mit den Deutschen umgehen würden, wie sie es vermeintlich während der Rheinlandbesetzung nach dem Ersten Weltkrieg getan hatten.[29]

Als sich Briten und Amerikaner 1944 auf die militärische Besetzung Deutschlands vorbereiteten, erstellten ihre Streitkräfte Handbücher, die die Soldaten instruierten, wie sie sich gegenüber den besiegten Nationen verhalten sollten. In diesen Richtlinien kam auch das Prestige zum Vorschein, das man der Zivilisation neuerdings beimaß. Das *Handbuch für amerikanische Soldaten in Deutschland*, welches das Kriegsministerium zusammengestellt hatte, mahnte zum Beispiel, dass amerikanische Soldaten stets auf der Hut sein müssten, denn »Ihr befindet Euch in *Feindesland*. Diese Menschen sind nicht unsere Verbündeten oder Freunde.« Die Deutschen hätten »sich gegen die Menschenrechte versündigt und könnten nicht einfach durch Händeringen und ein ›Tut uns leid‹ in den Schoß der Zivilisation zurückkehren«. Ermahnungen, »Abstand« zu wahren, standen an erster Stelle. Inwieweit all dies auch durchgesetzt wurde, ist natürlich diskutabel; das Handbuch enthielt sogar ein Kapitel über »Fragen zur Eheschließung« mit dem Ratschlag: »Ihr [...] solltet wissen, dass eine Eheschließung mit einer ausländischen Frau ein komplizierter Vorgang ist.« Das britische Gegenstück war der sechzigseitige *Leitfaden für britische Soldaten in Deutschland (Germany. The British Soldier's Pocketbook)*, welches die Political Warfare Executive, eine Abteilung des Außenministeriums, erstellt hatte. Das Büchlein klärte die Soldaten auf, dass sie im Begriff seien, »einem merkwürdigen Volk in einem merkwürdigen, feindlichen Land zu begegnen«. Wiederum genoss die Notwendigkeit, gegenüber den besiegten Deutschen wachsam zu bleiben, die höchste Priorität.»Sie könnten in Versuchung geraten, Mitleid für sie zu empfinden«, doch seien ihre »Geschichten über Schicksalsschläge« zumindest teilweise »heuchlerische Versuche [...], Mitleid zu erregen«, besonders von Frauen, die bereit seien, »sich zu erniedrigen, um von Ihnen zu profitieren«. Offenbar ging die britische Regierung davon aus, dass ihre Soldaten sich recht lange in Deutschland aufhalten würden, denn das Handbuch war auch eine Art Baedeker für Soldaten einschließlich mehrerer Hinweise zu landestypischem Essen, Architektur, Sprache und Sitten.[30]

Das Verbrüderungsverbot wurde nicht überall mit gleicher Konsequenz durchgesetzt. Im besetzten Japan gab es keine strengen Restriktionen für den Umgang mit den ehemaligen Feinden. In Europa wussten die britischen und amerikanischen Oberkommandos, dass sich in Italien, Belgien, den Niederlanden und Frankreich Soldaten und Zivilisten verbrüderten, fanden dies akzeptabel und ermutigten sie sogar. Eine »Operation Fraternisierung« wurde unter der Schirmherrschaft von Prinzessin Juliana und Prinz Bernhard der Niederlande auf den Weg gebracht, um den über 100 000 kanadischen Soldaten im Land eine Möglichkeit zu geben, englischsprachige Begleiterinnen kennenzulernen. Dass es dort zweifellos zu Verbrüderungen kam, zeigt das hohe Niveau außerehelicher Geburten, die 1945/1946 mit 7000 dreimal so häufig eintraten wie 1939. Ähnliches ließ sich auch für andere Länder feststellen, in denen alliiertes Militär präsent war.[31]

Auch nahmen die einzelnen Siegermächte zum Fraternisierungsverbot jeweils unterschiedliche Haltungen ein. In der französischen Zone wurden dazu relativ wenige Maßnahmen ergriffen, da die Franzosen insgesamt mehr unter sich blieben und weniger Ausgangssperren verhängten. Während Deutsche in der französischen Zone nicht Fahrrad fahren durften und bei Missachtung französischer Befehle mit Strafen rechnen mussten, durften sie in denselben Häusern wie die Franzosen wohnen. Deutsch-französische Kontakte verliefen im Allgemeinen gut, wurden Deutsche doch häufig, wie es ein Historiker ausdrückte, als »willkommene Teilhaber eines gemeinsamen kulturellen Erbes« behandelt. Noch weniger war das Fraternisierungsverbot in der sowjetischen Zone ein Thema. Zwar wurde seit Mitte 1947 jeder Offizier, der mit einer deutschen Frau zusammenlebte, zurück in die Sowjetunion geschickt, doch bestanden ansonsten wenige Einschränkungen. Tatsächlich entwickelte sich die frühzeitige sowjetische Nachsicht zu einem heiklen Punkt, der die westliche Konkurrenz herausforderte. Ein amerikanischer Vermerk vom Mai 1945 räumte nervös ein, dass die Russen einen »energischen Plan« umsetzten, »um die Deutschen für sich zu gewinnen«, während »wir wohl immer noch einen Kurs fahren, der sie uns entfremden wird«.[32]

Die Soldaten vor Ort brachten allerhand Bedenken vor, besonders in der britischen Zone. In erster Linie kritisierten sie, dass das Umgangsverbot einen Keil zwischen Soldaten und Zivilisten treibe und die Kommunikation erschwere. Der britische Offizier Leonard O. Mosley befand, dass politisch sehr viel auf dem Spiel stehe: Wie britische Soldaten mit den Einheimischen zurechtkämen, »wird ein für alle Mal beweisen, ob für die europäische Zivilisation noch Hoffnung besteht oder nicht«. Er könne den deutschen Unmut nachempfinden, denn solche negativen Reaktionen kämen »nicht von einem Volk, das sich darüber ärgert, den Krieg verloren zu haben, sondern von einem freundlich gesinnten Volk, das mit gutem Grund das Gefühl hat, über Nacht segregiert, brüskiert und erniedrigt zu werden«. Seine Einschätzung: »Ich bin auf Deutsche gestoßen – gute Deutsche, aufrichtige Deutsche –, die entschlossen und bereit sind, nicht nur Wiedergutmachung zu leisten, sondern sich ihren Weg zurück in die Zivilisation zu bahnen.« Das Fraternisierungsverbot bescherte zudem den frisch eingetroffenen Gattinnen britischer Offiziere manche unangenehme Erfahrung, woraus einige von ihnen politische Schlüsse zogen. Ein von 20 »britischen Ehefrauen in Deutschland« unterzeichneter Brief an den Herausgeber der Londoner *Times* vom 10. Oktober 1946 beklagte, dass nicht selten 20 Deutsche ihres Heims verwiesen würden, um Räumlichkeiten für einen britischen Offizier und seine Frau zur Verfügung zu haben, und dass für »eigene Verkehrsmittel« gesorgt werde, »um es der britischen Ehefrau zu ersparen, neben einem Deutschen zu sitzen«. Der Brief endet mit der eisigen Bemerkung, dass »diese Beschädigung der Beliebtheit und des Ansehens der Briten nur mehr Soldaten erforderlich machen und ihren Aufenthalt verlängern wird«.[33]

Die Debatte um das Fraternisierungsverbot überschnitt sich mit einer von Gendergesichtspunkten geprägten Wahrnehmung Deutschlands nach dem Krieg. Diese Sichtweise ergab sich auch aus dem sogenannten Frauenüberschuss in den Besatzungszonen, wo es unter den deutschen Zivilisten im Mai 1945 dreimal mehr Frauen als Männer gab. Eine »Entmaskulinisierung« ergab sich zudem aus dem Unvermögen deutscher Männer, ihre Familien und Gemeinschaften zu beschützen und für sie zu sorgen. Diese »Feminisierung« Deutschlands beeinflusste, wie alliierte Soldaten ihren Auftrag verstanden, der sich vom Kampf gegen einen gefährlichen Gegner hin zur Versorgung einer unterworfenen Zivilbevölkerung verlagerte. Die Ängste, die sich mit der Fraternisierung verbanden, lassen sich daraus ersehen, dass das schon erwähnte amerikanische *Handbuch* noch vor Kriegsende zurückgezogen wurde, damit es zu keinen unnötigen Kontakten verleitete (es enthielt einen deutschen Sprachführer). Somit verfügten die Soldaten in Deutschland über keinerlei klare Richtlinien und hatten zugleich viel Zeit zur eigenen Verfügung. Die Redakteure der amerikanischen Soldatenzeitung *Stars and Stripes* versuchten die Lücke mit Geschichten zu füllen, welche die Soldaten davor warnten, »mit Fritz einen auf Kumpel zu machen« *(getting chummy with Jerry),* sowie vor »der tödlichsten Vergeltungswaffe des Deutschen – Geschlechtskrankheiten« *(Jerry's deadliest V weapon – VD).* Fraternisierung war ein sehr dehnbarer Begriff und berührte eine große Spannweite von Fragen: Prostitution, Vergewaltigung, sexuell übertragbare Krankheiten *(veneral diseases – VD,* oft übersetzt als »Veronika Dankeschön«), das System irregulärer Lebensmittelverteilung oder die steil ansteigenden Geburten von »Besatzungskindern« als Folge amerikanisch-deutscher Liebschaften.[34]

Zusätzlich kompliziert wurde die Angelegenheit der Fraternisierung durch den Faktor »Rasse«, insbesondere durch Beziehungen zwischen afroamerikanischen Soldaten und einheimischen Frauen. Ältere Deutsche erinnerten sich an den Schock und die Erniedrigung, die sie mit der Stationierung afrofranzösischer Soldaten im Zuge der Rheinland- und der Ruhrbesetzung 1918 bis 1930 verbanden. Nach 1945 fühlten sich viele von der Anwesenheit vermeintlich »rassisch minderwertiger« afroamerikanischer Soldaten in ihren Heimatorten und Städten bedroht. In Österreich richtete sich eine erhebliche Feindseligkeit gegen die afroamerikanischen GIs. Die Lokalpresse veröffentlichte zahlreiche Geschichten über ungebärdige und unerwünschte schwarze Soldaten und erregte so das Missfallen der US Army, die daraufhin die Urheber der Berichterstattung zur Rede stellte. Noch dazu verursachten freundschaftliche Beziehungen zwischen schwarzen GIs und deutschen Frauen auch innerhalb der Streitkräfte einige Spannungen zwischen weißen und schwarzen Soldaten. Und die Armee bekam es in Deutschland mit einem weiteren gleichermaßen unangenehmen Phänomen zu tun: Afroamerikaner sagten offen, dass sie ihren Aufenthalt dort genössen, mit den Einheimischen im Allgemeinen gut zurechtkämen und sich frei fühlten. Sich unter die lokale Bevölkerung zu mischen, war eine willkommene Erholung von der segregierten Militärgesellschaft auf den Stützpunkten. Die Monatszeitschrift *Ebony,* ein afroamerikanisches Leitmedium, meldete 1946 in einem Bildbericht über »rassenübergreifende« Fraternisierung, »dass in einem Land, in dem das Ariertum noch bis vor Kurzem herrschte, Afroamerikanern mehr Freundschaft, Respekt und Gleichheit zuteilwurden« als zu Hause. Der Artikel kam zu dem provokanten Schluss, dass »das Wort Demokratie auf der Wilhelmstraße [in Berlin] mehr Bedeutung habe als in der Beale Street in Memphis«. Präsident Truman begann erst 1948, die »Rassentrennung« in den amerikanischen Streitkräften aufzuheben. Bis 1952 dienten gerade einmal sieben Prozent der schwarzen US-Soldaten in gemischten Einheiten. Noch Mitte der Sechzigerjahre gaben 64 Prozent der schwarzen GIs an, in Deutschland mehr rassische Gleichheit vorgefunden zu haben als in den Vereinigten Staaten. Liebesbeziehungen zwischen afroamerikanischen Soldaten und deutschen Frauen warfen militärische Hierarchien und kulturelle Identitäten durcheinander, indem Sieger und Besiegte gemeinsam zu einer Neudefinition von »Rasse« in Nachkriegsdeutschland beitrugen.[35]

Die deutschen Reaktionen auf das Fraternisierungsverbot stellten sich gemischt dar. Manche bevorzugten die Politik der sozialen Abschottung aus jeweils eigenen Gründen, die von Rassismus bis zu linkem antialliiertem Widerstand reichten. Alliierte Beobachter interpretierten deutsche Einstellungen zu dem Verbot oftmals eher auf politische Art. Laut einem Leutnant der US Army war die Akzeptanz für das Fraternisieren zwischen alliierten Soldaten und einheimischen Frauen »das Thermometer, das den Grad anzeigt, wie weit sie die Niederlage anerkennen«, da schließlich »der Anblick einer deutschen Frau mit einem amerikanischen Eroberer einen ›unbelehrbaren‹ Deutschen mehr erzürnt als einen Deutschen, der bemüht ist, mit uns zu kooperieren«.[36]

Im Lauf der Zeit wurden die alliierten Einstellungen zu ihren deutschen Schützlingen milder. Das lag zum Teil an der Erfahrung der persönlichen Begegnung, da die leibhaftigen Deutschen nicht recht dem entsprachen, was die Alliierten erwartet hatten. Als sie Deutschland erreichen, stellten viele amerikanische Soldaten überrascht fest, dass es dort nur wenige unbeugsame Anhänger des Nationalsozialismus gab, und sie es stattdessen mit einer Nation zu tun hatten, die zum überwiegenden Teil in Verleugnung und Selbstmitleid versank. Im November 1945 erbrachte eine Meinungsumfrage unter amerikanischen Soldaten, dass 80 Prozent der Befragten positive Eindrücke von den Deutschen hatten; nur 43 Prozent gaben den Deutschen die Schuld am Krieg und lediglich 25 Prozent hielten die Deutschen für die Gräuel in den Konzentrationslagern verantwortlich. Es passt ins Bild, dass mehr als 56 Prozent eingestanden, in Missachtung des Fraternisierungsverbots mit Deutschen »gesprochen« zu haben.[37]

Im Spätsommer wurde die unglückliche alliierte Strategie der Nichtfraternisierung zurückgenommen, nachdem sämtliche Besatzungszonen sie für überflüssig, undurchsetzbar und für einen Wiederaufbau im weiteren Sinne hinderlich befunden hatten. Bei manchen Beobachtern hielt sich die Besorgnis, dass die Militärbehörden zu freundlich und leichtgläubig gegenüber Geschichten von deutscher Schuldlosigkeit würden. In einem vielsagend betitelten Buch, *The Embers still Burn. An Eye-Witness Account of Our Get-Soft-With-Germany Policy* (Die Aschen brennen noch. Ein Augenzeugenbericht über unsere immer nachgiebigere Politik gegenüber Deutschland), kritisierte auch Ira Hirschmann, ehemaliger Sondergesandter der UNRRA in Deutschland, das »beschämende Verhalten unserer Soldaten gegenüber deutschen *fräuleins*«. Er betrachtete dies als symptomatisch für eine zunehmend unbekümmerte Haltung gegenüber Deutschland, die Roosevelts Vision von der Einen Welt zunichtemache und die Spaltung Europas im Kalten Krieg beschleunige. Solche Stimmen waren aber eher vereinzelt. Es war klar, wohin die Reise gehen sollte, als sich die Besatzungspolitik von der Bestrafung zum Bündnisschluss im Ost-West-Konflikt verschob.[38]

Vergebung statt Vergeltung

Das Ende der Nichtfraternisierung im Herbst 1945 fiel mit der Ankunft sehr vieler deutscher Vertriebener aus der Tschechoslowakei und Polen zusammen, die besonders in der amerikanischen und britischen Zone eintrafen. Es ging nicht nur darum, wie man diesen gewaltigen Strom von Flüchtlingen aus dem Osten bewältigen sollte, sondern auch um eine größere moralische Frage, die mit zonaler Besatzung und bedingungsloser Kapitulation zusammenhing. Im Herbst 1945 begann die britische öffentliche Meinung in Bezug auf die Deutschen sich zu verändern, und die Fotografie spielte dabei eine Schlüsselrolle. Der britische Fotojournalismus über Deutschland – und die daraus erwachsende breite gesellschaftliche Diskussion über die Bilder – hatte weitreichende Folgen für die Entwicklung des Humanitarismus in der Nachkriegszeit. Die Deutschen zu ernähren und ihnen zu vergeben, wurde zu einem überraschend verbreiteten Motiv in der Debatte über die eigentliche Bedeutung der britischen Zivilisation.

Wie bewegte sich die britische Meinung in nur wenigen Jahren von Verachtung für und Distanz zu den Deutschen hin zu Einbeziehung und Kooperation? Die schlichte Antwort: Die zentrale politische Erfahrung verschob sich von Krieg zu Frieden, von Kampf zu Besatzung und schließlich von der Feindschaft zum Bündnis im Kalten Krieg. Dies sagt jedoch noch nichts darüber aus, wie sich dieser Wandel in der Gefühlswelt tatsächlich vollzog, und an dieser Stelle kommen britische Fotojournalisten ins Spiel. Es lohnt sich, daran zu erinnern, dass die ersten Bilder des besiegten Deutschland von den Siegern aufgenommen wurden. Der Zusammenhang von Krieg und Medien war für die Alliierten ein direkter: Nicht weniger als 588 Schriftsteller, Reporter, Fotografen und Kameramänner waren in die alliierten Invasionsstreitkräfte eingebettet, um den militärischen Triumph als Chronisten zu begleiten und aufzuzeichnen. Im Gegensatz dazu verboten die Nationalsozialisten Bilder von materieller Zerstörung und gesellschaftlichem Chaos in der Endphase des Krieges. Bombenschäden wurden ausführlich fotografiert, besonders in und um Köln, doch wurden solche Bilder zensiert und zum größten Teil erst nach dem Krieg gezeigt. Die sowjetischen Besatzer befahlen den Deutschen, ihre Kameras bei den Behörden abzugeben. Das Ergebnis war, dass es kaum je Deutsche waren, die Fotos von ihrem verheerten Land im unmittelbaren Anschluss an den Krieg machten. Die wenigen, die es taten, etwa August Sander, Friedrich Seidenstücker, Richard Peter und Willi Saeger, nahmen vor allem zerstörte Stadtlandschaften und kaputte Statuen als Allegorien für das Schicksal ihres Landes in den Blick. In den frühen Fünfzigerjahren gab es dann einen lebhaften Handel mit Fotografien bombardierter deutscher Städte als Davor-danach-Darstellungen (besonders von Berlin, Köln und Hamburg) in sogenannten Ruinenbüchern, die sich zu einem höchst lukrativen Genre entwickelten.[39]

Alliierte Fotografen hinterließen ein dramatisches visuelles Archiv von Kampfhandlungen. Die meisten der ersten Bilder vom besiegten Deutschland stellen die Gefangennahme deutscher Soldaten in den Mittelpunkt. Die Sowjets hatten seit 1941 nationalsozialistische Grausamkeiten mit ihren Kameras dokumentiert, doch ersetzten schließlich ruhmvolle Bilder von Eroberung und Heldentum die Fokussierung auf die Schrecken der deutschen Verbrechen – die Einnahmen von Reichstag und Reichskanzlei avancierten zu bevorzugten fotografischen Trophäen. Hatte es 1944 und Anfang 1945 noch alliierte Sympathien, besonders bei den Briten, für gefangen genommene deutsche Soldaten gegeben, so verflüchtigte sich dieses Mitleid mit dem Entsetzen, das die Befreiung der Konzentrationslager verursachte. Alliierte Soldaten machten detaillierte Aufnahmen von Bergen-Belsen, Dachau und Buchenwald, die sowohl in den Vereinigten Staaten als auch in Großbritannien auf den Titelseiten erschienen. Die amerikanische Abneigung gegen die Deutschen kam in den Fotografien des Signal Corps der US Army, die eine moralisch gesehen schwarz-weiße Welt von Tätern und Opfern zeigen, zum Ausdruck. Amerikanische Einheiten bestanden regelmäßig darauf, dass Deutsche sich ihren abscheulichen Untaten stellten, und zwangen mehrfach Angehörige der örtlichen Bevölkerung, als Strafe für ihre Sünden Leichname in die Kamera zu halten.[40]

Amerikanische Fotografien legten eine physische und moralische Kluft zwischen Besetzte und Besatzer. Margaret Bourke-Whites 1946 erschienener Bildband *Deutschland, April 1945* ist ein berühmtes Beispiel für dieses Genre, das die Kamera nutzte, um das deutsche Volk zu verurteilen, und KZ-Opfer, zerstörte Städte, schamlose Plünderungen und selbst die Brandmarkung der Fraternisierung darzustellen. Lee Millers Artikel in der *Vogue* vom Juni 1945 mit dem Titel »So sind die Deutschen« war ebenso unversöhnlich. Im Begleittext schrieb Miller: »Wir wollten nur gegen die Nazis Krieg führen. Unsere Geduld mit den Deutschen war so übertrieben korrekt, dass sie denken, sie können mit allem durchkommen.« Andere Journalisten begrüßten, dass die Alliierten die Deutschen zwangen, den Spuren der Massenverbrechen ins Auge zu sehen.[41]

Mitleid für die Deutschen blieb eine delikate Angelegenheit. Ein gutes Beispiel ist der Artikel »Gallery of Misery« (Galerie des Elends) in der Londoner Zeitschrift *Illustrated* vom Oktober 1945, der Fotos des britischen Fotografen Leonard McCombe enthielt (Bild 9). Die Herausgeber sahen sich verpflichtet, den bewegenden Bildern von entsetzlichem Elend einen den Zusammenhang erklärenden Text beizufügen, damit die Leser nicht zu viel Sympathie für die überlebenden Deutschen empfanden. Sie schrieben: »Diese entwurzelten Deutschen werden gefühllos behandelt, doch nicht mit der willkürlichen Grausamkeit, die ihre Regierung zuvor anderen zufügte. Sie dürfen immerhin am Leben bleiben.« Eine solche moralische Spannung trat auch in Humphrey Jennings Kurzfilm *A Defeated People* hervor, der im Herbst 1945 in der britischen Zone gedreht und 1946

Vergebung statt Vergeltung 125

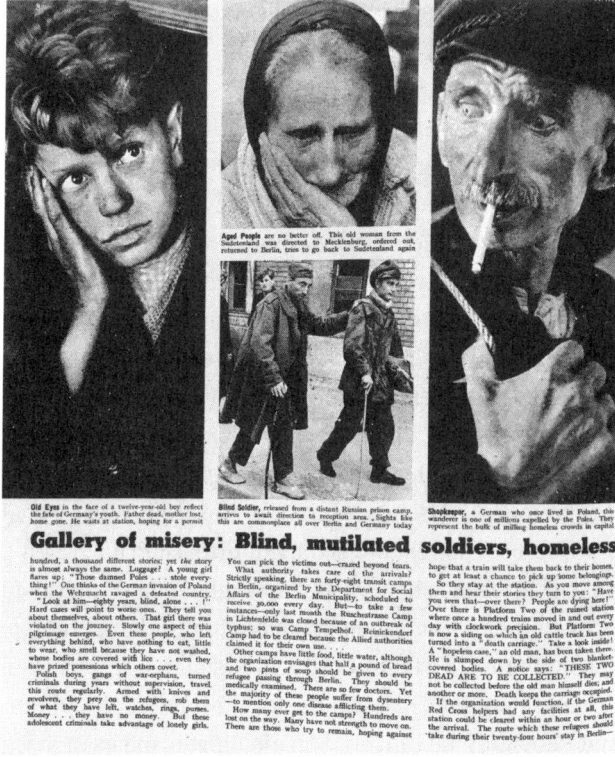

9 Fotos aus Berlin von Leonard McCombe, Illustrated (London), 22. September 1945.

veröffentlicht wurde. Er legte großes Mitgefühl mit dem Leid der Deutschen an den Tag und zeigte Massen von Kriegsgefangenen, heimatlosen Zivilisten und notleidenden Kindern. Doch gab es auch dort eine deutliche Spannung zwischen Bild und Wort, Illustration und Aussage. Der ernste Kommentar passte nicht zu den eher empathischen Bildern, tadelte die Deutschen, verspottete das wohlverdiente Schicksal der unterlegenen »Herrenrasse« und kam zu dem Schluss: »Wir werden in Deutschland bleiben, bis wir echte Garantien haben, dass die nächste Generation zu einem geistig gesunden und christlichen Volk heranwächst.«[42]

Die amerikanische Militärregierung war, was eine friedenssichernde Bildsprache angeht, deutlich strenger. Kaum dass Yankee-Soldaten Deutschland betraten, machten Kriegsberichterstatter der US Army Aufnahmen von deutschen Zivilisten, die die Amerikaner herzlich willkommen hießen, und, wie sie meinten, keinerlei Widerspruch erregen würden. Eisenhower reagierte wütend auf diese Darstellungen ungebührlicher Fraternisierung und legte seinem Pressestab unmissverständlich dar, dass jegliche Bilder von Verbrüderungen der Zensur unterlägen. Diese strikte Lenkung der Bilder von amerikanisch-deutscher Interaktion ließ eine Lücke, die britische Fotografen füllten, indem sie neue und vieldeutigere Bilder von Begegnungen zwischen Alliierten und Deutschen gestalteten.

In der zweiten Hälfte 1945 schlugen britische Fotografen andere Wege ein als ihre amerikanischen Verbündeten und sorgten für eine Presse, die mit den Deutschen erstaunlich mitfühlend umging. Wie ihre Pendants im US Signal Corps unterstanden die meisten britischen Fotografen dem Kriegsministerium und gehörten der Army Film and Photographic Unit an, und diejenigen, die nach Kriegsende Fotos für die britischen Illustrierten schossen, waren während des Krieges in der Regel Armeefotografen gewesen. Traurige, mitleiderregende Szenen aus den Berliner Bahnhöfen und den Durchgangslagern waren beliebte Motive britischer Fotografen und prägten in jenem Jahr die britischen Wahrnehmungen vom Leben in Deutschland. Augenzeugenberichte von britischen Journalisten griffen oft die humanitäre Krise auf, welche die »heimatlosen Horden« in Deutschland traf. Zahlreiche Geschichten über die kläglichen Lebensbedingungen von Deutschen in der britischen Zone machten die Runde und schilderten den Schmutz, die Unterernährung und die schweren Krankheiten, unter denen sie litten. Ein Artikel der *News Chronicle* berichtete über die schockierenden Szenen in der ehemaligen Hauptstadt, wo »das tote und sterbende und hungernde Treibgut von der Flut menschlichen Elends zurückbleibt, die Berlin erreicht«.[43]

In der *Picture Post* erschien im September 1945 der Artikel »Report on Chaos« der Journalistin Lorna Hay und des Fotografen Haywood Magee, in welchem sie die Millionen Heimatlosen in Deutschland thematisierten. Sie schrieben, dass deren Rationen 1000 Kalorien am Tag enthielten, im Vergleich zu den 2000 Kalorien der britischen und den 3500 Kalorien der US-Army-Rationen. Sie gelangten zu der düsteren Schlussfolgerung, dass »Deutschlands Unglück in diesem Winter eine Größenordnung erreichen wird, wie es in Europa seit dem Mittelalter unbekannt war«. »Die Leute mögen sagen: ›Die Deutschen verdienen es. Warum soll uns das kümmern?‹ Vielleicht verdienen sie es wirklich. Doch verdienen unsere Okkupationsarmeen, in solch ein Land versetzt oder aufgefordert zu werden, mit den Konsequenzen des Zusammenbruchs jeglichen zivilisierten Lebens in einer Bevölkerung von 90 000 000 umzugehen?« Andere Zeitungen gaben das Chaos der Kontrollpunkte und Bahnhöfe in einer »Galerie des Elends« wieder: Lastwagen voller Flüchtlinge, Lumpensammler auf den Straßen sowie in »schäbigen Lagern« zusammengedrängte Menschen. Während der Stil noch immer recht sachlich war, gab es doch auch eine deutliche empathische Tendenz.[44]

Die ethische Schwierigkeit, Mitleid für frühere Gegner auszudrücken, fasste ein Journalist des *Daily Herald* in ein scharfes Bild: »Heute habe ich Tausende deutsche Zivilisten gesehen – alte Männer und Frauen und Kinder jeden Alters –, die in die Tiefen des Elends und Leids gestoßen sind, das die Nazis während ihrer bestialischen Herrschaft über andere brachten.« Für diesen Autor waren die Nöte der Deutschen nicht weniger als eine Bewährungsprobe für britische Werte und für die Quintessenz des Britischseins: »Wenn es aber an uns ist, der deutschen Rasse zu beweisen, dass unsere Methoden, unsere Zivilisation, unser Glaube richtig und die ihren falsch waren, und wenn wir denen, die gestorben sind, verkrüppelt wurden und unerträgliches Leid erfuhren, die Treue halten wollen, dann müssen diese Probleme gelöst werden, und sie müssen schnell gelöst werden.« Solche Ansichten widerspiegelten eine in Großbritannien heranwachsende Bereitschaft dafür, menschliches Leid in universellen, für alle Europäer geltenden Begriffen aufzufassen, und die verstörenden Fotografien in der *Times* und der *News Chronicle* setzten eine breite Diskussion in der britischen Presse in Gang.[45]

Eine ganze Reihe britischer Politiker stieg in die Debatte ein. Der Labour-Abgeordnete Maurice Edelman schrieb in dem *Picture-Post*-Artikel »Gesucht: Eine Strategie für Deutschland«, er sei des »Daran seid ihr selbst schuld« und »Was ihr getan habt, war schlimmer« überdrüssig. »Diese Argumente, obwohl wahr, übersehen, daß wir unser Benehmen anderen gegenüber nicht dem der Nazis angleichen sollten, sondern den Normen der christlichen Zivilisation.« Violet Bonham Carter, Vorsitzende der Liberal Party, erhöhte den ethischen Einsatz in der Debatte noch einmal. In ihrer Rede vor der Conway Hall Ethical Society am 9. Oktober 1945 bezeichnete Bonham Carter die Ernährungskrise in der britischen Zone als »unsere vielleicht größte und kritischste Stunde der Bewährung als Nation seit 1940. Damals wie heute sind wir im Kampf für bestimmte Werte auf uns allein gestellt«, denn »nicht einer von uns hat das Recht zu fragen: ›Bin ich denn der Hüter meines Bruders?‹, zu welcher Rasse er auch gehören mag.«[46]

Die Kampagne für eine bessere Behandlung der Deutschen in der britischen Zone gewann die Unterstützung der Anglikanischen Kirche. Bischof George Bell gab mit seinen öffentlichen Wortmeldungen den Grundton vor. Bell hatte seit 1933 gute Beziehungen zur oppositionellen protestantischen Kirche, der sogenannten Bekennenden Kirche, unterhalten und sich allen unter Hitlers Herrschaft lebenden christlichen Deutschen zuzuwenden gesucht. Er äußerte Kritik an den britischen Bombenangriffen auf Deutschland und schrieb dazu im April 1941 in der *Times*: »Wenn Europa auch nur einen Funken

Gesittung besitzt, was kann dann die nächtliche Bombardierung von Städten und den Terror gegen Nichtkombattanten rechtfertigen?« Weitere anglikanische Kirchenobere verbreiteten in der letzten Kriegsphase ähnliche Ansichten. In einer Predigt und Rundfunkansprache vom März 1946 vertrat Bell den Standpunkt, dass die britische Feindseligkeit gegenüber ehemaligen Feinden christliche Grundsätze unterminiere. Zum Einschreiten veranlasste Bell die Ankündigung der britischen Militärregierung Ende Februar 1946, dass in der britischen Zone die Rationen für Deutsche »drastisch gekürzt« werden sollten, was in Bells Augen dazu führen würde, »daß ein großer Teil der Bevölkerung dem sicheren langsamen Hungertode preisgegeben ist«. Bell appellierte an das christliche Gewissen der britischen Bürger mit der Begründung, dass das deutsche Leid einen »Appell an das Menschlichkeitsgefühl« darstelle, weil nur die »Welt gerettet werden kann«, indem – und hier richtete er sich direkt an die Zuhörer – »ihr Eure Seele der Kraft der Liebe weiht für den Bruder«. Anzumerken ist, dass Bell den anglikanischen Widerstand gegen weitere Kriegsverbrecherprozesse anführte und argumentierte, dass es nun Zeit für Vergebung statt für nicht endende Vergeltung sei.[47]

Nirgendwo war die sich ändernde Haltung zu den Deutschen sichtbarer als in der Debatte um die moralische Rechtfertigung der Vertreibungen im Herbst 1945. Als der Krieg zu Ende war, unternahmen Tschechoslowaken und Polen eine konzertierte Anstrengung, die Deutschen in einem Akt nationaler Reinigung und Befriedung aus ihren Heimatländern zu verbannen. Der tschechoslowakische Präsident Edvard Beneš forderte in seiner ersten Ansprache nach seiner Rückkehr nach Prag am 16. Mai 1945 die »Liquidierung« der Deutschen und Ungarn seines Landes »im Interesse des einheitlichen Nationalstaates der Tschechen und Slowaken«. Für Beneš hatten »unsere Deutsche« »unseren Staat verraten, unsere Demokratie verraten, uns verraten, die Menschlichkeit verraten und die Menschheit verraten«. Die polnische und die tschechoslowakische Exilregierung hatten die Vertreibung der Deutschen aus ihren Ländern schon bald nach Kriegsausbruch zu diskutieren begonnen und betrachteten den Transfer von Griechen und Türken, 1923 sanktioniert im Vertrag von Lausanne, als Vorbild. Viele Sudetendeutsche waren die fünfte Kolonne Hitlers in der Tschechoslowakei gewesen, und die deutsche Herrschaft ab 1938/39 hatte brutale Ausbeutung, Zwangsarbeit und Hinrichtungen über das Land gebracht, die in der berüchtigten Ermordung von 192 Zivilisten in Lidice gipfelten. Den Nationalismus neu zu beleben, galt als entscheidender Schritt auf dem Weg zur Wiedererrichtung des Staats, und tschechoslowakische Anführer erklärten, dass die Vertreibung der Deutschen und die Enteignung ihres Grundbesitzes die überschüssige Landbevölkerung verringern würde. Stalin unterstützte diesen Schritt in zahlreichen Gesprächen mit polnischen wie tschechoslowakischen Politikern; Churchill teilte in einer Rede vor dem Unterhaus am 15. Dezember 1944 die Auffassung, dass die politischen Auswirkungen der Vertreibung »höchst zufriedenstellend und dauerhaft sein werden«. Die Maßnahme war auch im Potsdamer Abkommen zwischen den Staatsoberhäuptern Großbritanniens, der USA und der Sowjetunion abgestimmt worden. In Polen und der ČSR kam gegen die Deutschen die Doktrin der Kollektivschuld zur Anwendung, wonach, als Teil einer groß angelegten Entgermanisierungskampagne, die Zeit reif für Plünderung und Enteignung sei. Die Rücken von Sudetendeutschen wurden mit Hakenkreuzen bemalt und Deutsche gezwungen, weiße Armbinden mit einem N für *Nemec*, »Deutscher«, zu tragen. Improvisierte Volksgerichte, Rachemorde und Bevölkerungstransfers bestimmten die erste Nachkriegszeit. Die neu gegründeten Vereinten Nationen ignorierten bewusst die Vertreibungen, um nicht als zu verständnisvoll gegenüber besiegten Nationalsozialisten zu erscheinen. Vertreibungen wurden als Element einer zu schaffenden Friedensordnung eingestuft. Während nach dem Ersten Weltkrieg und dem Ende des Habsburgerreiches versucht worden war, mittels neu gezogener Staatsgrenzen die ethnischen Gruppen in Mitteleuropa zufriedenzustellen, entschieden sich die Planer nach 1945, Menschen zu verschieben, um eine Übereinstimmung mit den neuerlich veränderten Grenzen zu schaffen. Alle Großmächte und die Vereinten Nationen gaben Polen und der Tschechoslowakei ihren Segen, ihre Bevölkerungen im Namen der Modernisierung und der Nationsbildung zu entmischen.[48]

In der internationalen Öffentlichkeit hingegen erhoben sich Stimmen der Bestürzung. Im Herbst 1945 prangerte die britische und die amerikanische Presse die Vertreibungen als Verletzung von Artikel XIII des Potsdamer Abkommens an, welcher einen in »ordnungsgemäßer und humaner Weise« ausgeführten Transfer einforderte. Anne O'Hare McCormick nannte die organisierte Vertreibung der Deutschen aus Polen und der Tschechoslowakei »die inhumanste Entscheidung einer sich auf die Menschenrechte verpflichtenden Regierung überhaupt«. Der *Manchester Guardian* verurteilte die Behandlung der Deutschen durch die Tschechen als »Anklang an Hitlers Pangermanismus« und an dessen »Rassenpolitik«, die »dem Land Masaryks unwürdig« sei. Katholiken brandmarkten Beneš und seinen »säkularen Neupuritanismus«, durch welchen das Land einer »postchristlichen Barbarei« entgegengehe. Eine ökumenische Konferenz in Genf im Februar 1946, an der auch Bischof Bell und der protestantische deutsche Geistliche und prominente NS-Gegner Martin Niemöller teilnahmen, bat die siegreichen Nationen inständig, Gerechtigkeit und Gnade zu vereinen, weil »Vergeltung an ihren früheren Feinden zu üben [...] nur neues Unheil bringen« könne.[49]

Ein amerikanisches Pamphlet von 1946 mit dem Titel *The Land of the Dead. Study of the Deportations from Eastern Germany* (Das Land der Toten. Eine Studie zur Deportation aus den deutschen Ostgebieten) ließ die moralischen Alarmglocken läuten. Es wurde vom in New York ansässigen Comitee against Mass Expulsion veröffentlicht und von öffentlichkeitswirksamen Intellektuellen wie Varian Fry, Dorothy

Thompson, John Dewey und Norman Thomas unterzeichnet. Sie protestierten gegen die brutalen Vertreibungen, die »gegen die Grundprinzipien unserer Zivilisation« verstießen und sich schamlos über die Atlantik-Charta hinwegsetzten. In ihren Augen stellten diese Entwicklungen das Fundament der Zivilisation als solches infrage, und sie zogen den Schluss: »Was den Sudeten[-deutschen] und Ostdeutschen heute geschieht, könnte morgen den Muslimen in Indien, den Juden in Palästina, den Weißen in Südafrika, den Negern in den Vereinigten Staaten geschehen.« Nicht zuletzt teilten mehrere deutsche Gruppen den Vereinten Nationen und der internationalen Gemeinschaft ihre Empörung mit und führten an, dass ihre Behandlung durch Tschechen und Polen eine Menschenrechtsverletzung oberster Kategorie sei.[50]

Die Tschechen und Polen reagierten ungehalten auf die internationale Kritik an ihren Vertreibungsmaßnahmen. Ein Pole schrieb im Mai 1946 einen »Offenen Brief an die britische Labour Party« und fragte: »Wer hat das Recht, uns für unsere Haltung zu verurteilen? Wo ist derjenige ›ohne Sünde‹, wer würde in unserer Situation anders handeln?« Beneš rechtfertigte die Politik seines Landes, indem er sie als Verteidigung der Zivilisation darstellte. In einem Interview mit dem Moskau-Korrespondenten der *Times* bestand er darauf, dass die Vertreibungen notwendig seien, und fügte die finstere Bemerkung hinzu, dass die Alternative »nicht human wäre. Es wäre schade, wenn wir dafür bestraft würden, dass wir zivilisiert sind.« In einer Rede vor der tschechoslowakischen Nationalversammlung im März 1946 verlautbarte Außenminister Jan Masaryk, dass »wir einen guten Namen als zivilisiertes Volk haben. Wir werden diesen guten Namen behalten.«[51]

Während die Vertreibungen als notwendiger Schritt zum politischen Frieden anfangs den Segen der internationalen Gemeinschaft fanden, wurden die polnische und die tschechoslowakische Regierung bald zur Zielscheibe einer neuen Moralpolitik in der angloamerikanischen öffentlichen Meinung. Britische Fotojournalisten drückten dieser Debatte ihren Stempel auf und beeinflussten die Einstellung gegenüber den ehemaligen Feinden. Selbst hartgesottene britische Reporter begannen umzudenken, als sie Zeitungsfotografien von deutschen Vertriebenen sahen, die in der britischen Zone Not litten. George Bilainkin, Reporter der *Daily Mail* und ein ausgewiesener Germanophober, zeigte wegen der Vertreibung der Deutschen zuerst Verständnis für die Tschechoslowaken und Polen. In seinem Tagebuch hingegen, und beinahe im Widerspruch zu sich selbst, gestand er ein: »[D]as Bild älterer Frauen und junger Mädchen, bei ihnen dem Tode nahe Kinder, auf den Bahnhöfen Berlins nach langen Reisen aus ihren früheren Heimatorten, stellt die politischen Überzeugungen auf die Probe. Humanitäre, nicht weichherzige, Erwägungen treten unwillkürlich an die Oberfläche.« Die Berichterstattung über die Vertriebenen veranlasste die britische Gesellschaft, sich in neue Richtungen zu bewegen.[52]

Auf diesem Stand der Dinge elektrisierte Victor Gollancz die Debatte. Der Londoner Gollancz war ein spröder jüdischer Verleger, der ab den Dreißigerjahren die Erträge aus seinem erfolgreichen Left Book Club dafür ausgab, seine streitbaren Ansichten zu aktuellen politischen Fragen unters Volk zu bringen. Bis in die frühen Vierziger brachte er eine Reihe von Pamphleten heraus, welche den Naziterror dokumentierten, so *The Brown Book of the Nazi Terror* (Das Braunbuch des Naziterrors, 1933), *The Yellow Spot* (Der gelbe Fleck, 1936) über die den Juden in Deutschland angetanen Grausamkeiten und *Let My People Go* (Lass mein Volk ziehen, 1943), das die öffentliche Meinung auf die Not der polnischen Juden hinweisen und wachrütteln wollte. Dennoch war er kein Germanophober. Tatsächlich war Gollancz empört über Robert Vansittarts berüchtigtes und vielfach verkauftes *Black Book* und widersprach dem gefährlichen »Vansittartismus« und der, wie er fand, ungerechtfertigten Antipathie gegen die Deutschen. In seinem Büchlein *Shall Our Children Live or Die? A*

Reply to Lord Vansittart on the German Problem (Sollen unsere Kinder leben oder sterben? Eine Entgegnung auf Lord Vansittart zum deutschen Problem, 1942) versuchte Gollancz darzulegen, dass die Probleme der deutschen Geschichte nicht auf Deutschland beschränkt und Deutschland und die Deutschen nicht außergewöhnlich aggressiv seien. Im April 1945 begab er sich mit dem Bändchen *What Buchenwald Really Means* (Was Buchenwald wirklich bedeutet) noch tiefer in den Sumpf der Kontroverse, indem er die Vorwürfe einer deutschen Kollektivschuld als fehlerhaft und rachsüchtig zurückwies. Er ging sogar so weit, die Briten dafür zu geißeln, dass sie nichts für die Rettung von Juden täten, was ihm eine gehörige Menge hasserfüllter Post einbrachte. Nach seiner Meinung stand etwas viel Wichtigeres auf dem Spiel: »Diese jüdisch-christliche Tradition ist unsere innere Zitadelle. Wir haben dafür gekämpft, sie für unsere Kinder zu erhalten: Stehen wir nun davor, sie just im Moment des Sieges aufzugeben?«[53]

Im Laufe des Jahres wuchs Gollancz' Zorn über die niederschmetternde Berichterstattung aus der britischen Zone weiter, und er trat in Sendschreiben, Streitschriften und Fotografien für einen besseren Umgang mit den Deutschen ein. In einem Brief an die *News Chronicle* im August 1945 beklagte er das Auftreten einer gefährlichen »neuen Moralität«, die Gnade und Mitleid als »nicht bloß irrelevant, sondern direkt infam« betrachtete. Laut einer Umfrage im Mai 1945 sagten 54 Prozent der Briten, sie »hassten die Deutschen«, und 80 Prozent befürworteten harte Friedensbedingungen. Gollancz sah darin ein schlechtes Vorzeichen für einen haltbaren Frieden. In *Leaving Them to Their Fate. The Ethics of Starvation* (Ihrem Schicksal überlassen. Die Ethik der Aushungerung, 1946) drehte er die rhetorische Schraube noch einmal weiter. Aus »einem wachsenden Schamgefühl« sah er sich gezwungen, über die Zustände in der britischen Zone zu schreiben, und beschuldigte die Engländer, »das deutsche Volk hungern zu lassen«. In Gollancz' Augen ergab sich aus Deutschlands bedingungsloser Kapitulation für Großbritannien ein höchster moralischer Auftrag: »Die Deutschen waren gezwungen, sich ganz in unsere Hände zu geben«, und »wenn das einer Nation, die sich selbst zivilisiert nennt, nicht eine besondere Verpflichtung auferlegt, was dann?« Großbritanniens »besondere Verpflichtung« war die des »liberalen oder christlichen Eroberers gegenüber seinem Feind« und »der Erhalt der westlichen Werte«.[54]

Am pointiertesten griff Gollancz die schlechte Behandlung der Deutschen in seinem Buch *Unser bedrohtes Erbe* auf, das sich 50 000-mal verkaufte. Darin zitiert er aus einer Rede von Militärgouverneur Bernard Montgomery mit der Aussage, dass »die Rationen für Deutsche auf Dauer gekürzt« bleiben würden. Montgomerys Worte offenbarten nach Gollancz' Dafürhalten »die sittliche Krise, mit der sich die Kultur des Westens auseinanderzusetzen hat«. Er griff die britischen Vorkehrungen gegen die Fraternisierung an, weil sie genau jene Werte untergrüben, für die die Alliierten angeblich im Krieg gekämpft hatten.[55]

In seiner Kampagne für eine humanere Behandlung der Deutschen bediente sich Gollancz eindringlicher Fotografien. In der Vorweihnachtszeit 1945 brachte er das Pamphlet *Is It Nothing to You?* (Bedeutet es Ihnen nichts?) heraus, welches Hilfe für vertriebene deutsche Kinder verlangte. Er war entrüstet, als der britische Ernährungsminister Ben Smith ankündigte, dass in Großbritannien die Zuteilungen vor Weihnachten erhöht würden – in scharfem Gegensatz zur bedrückenden Situation in der britischen Besatzungszone. Die Broschüre enthielt von ihm selbst aufgenommene Bilder abgemagerter vertriebener Kinder, die in Krankenhausbetten unter Schmerzen und Hunger dahinvegetierten. Das Titelblatt, das ein hungerndes deutsches Kind zeigt, ermahnte die britischen Leser, ihrem früheren Gegner Zuneigung zu erweisen (Bild 10).

Eine solche Bildsprache war im Grunde nichts Neues und erinnerte an das berühmte Plakat »Ein hungerndes Kind« von 1919, mit

136　Zweites Kapitel: Bestrafung und Erbarmen

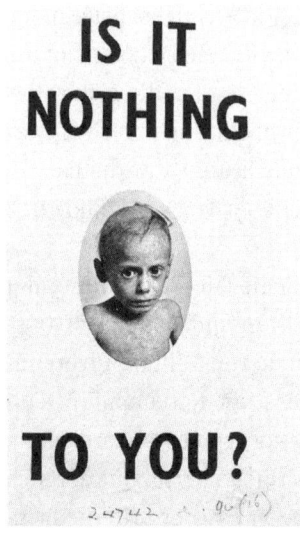

10　Unterernährter kleiner Junge, aufgenommen in Berlin, auf der Titelseite von Victor Gollancz' Pamphlet Is It Nothing to You?.

dem Eglantyne Jebb, Gründerin von Save the Children, die britische Aufmerksamkeit auf Wiener Kinder und ihre Notsituation infolge der alliierten Blockade im Ersten Weltkrieg zu lenken gestrebt hatte. Jebb stellte Kinder in den Fokus, um so eine wohlwollende Haltung gegenüber den früheren Feindländern zu entwickeln, und sie leitete während der Hungersnot 1921 die Kampagne, die sich für Lebensmittellieferungen zugunsten von Kindern in Russland engagierte.[56]

Gollancz' Ikonografie notleidender Kinder war insofern ebenso alt wie neu. Seine Strategie schloss an Filme über humanitäre Unterstützung an, die nach dem Ersten Weltkrieg vom Völkerbund und dem Internationalen Roten Kreuz produziert worden waren, und griff die fotografische Dokumentation der Nothilfe durch internationale Organisationen während des Spanischen Bürgerkrieges auf. Auch ähnelten seine Bilder jenen, die der Initiative zur Unterstützung hungernder Kinder während des Krieges zu Publizität verhelfen sollten, etwa jenen in Thérèse Bonneys 1943 herausgegebenem Bildband *Europe's Children*, der über Nacht zur Sensation wurde. Doch selbstverständ-

Vergebung statt Vergeltung 137

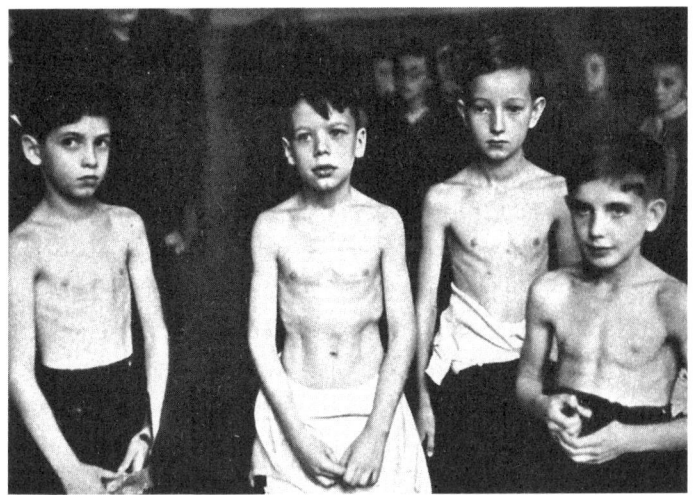

11 Unterernährte Schuljungen, 1947, aus Victor Gollancz, In Darkest Germany.

lich bezog man sich 1945 vor allem auf die massenhaft aufgenommenen, in westlichen Zeitungen verbreiteten Bilder von fast verhungerten Holocaust-Überlebenden, und an diesen Punkt versuchte Gollancz anzuknüpfen, um die Geschichte von humanitärer Vernachlässigung und Grausamkeit über die Trennlinie zwischen Tätern und Opfern hinaus auszudehnen beziehungsweise diese Linie zu verwischen. Gollancz' Bericht über seinen Deutschlandbesuch 1946, *In Darkest Germany*, beinhaltet erschütternde Fotos von armseligen Lebensbedingungen und unterernährten Kindern und sollte darlegen, dass Deutschland sich nicht vom Krieg erholte (Bild 11).

Er fügte im Anhang mehr als ein Dutzend Seiten mit Fotos von verschlissenen Kinderschuhen bei, um die schlechte Fürsorge in der britischen Zone dramatisch herauszustellen (Bild 12). Gollancz erscheint in den Fotos häufig persönlich als feierlicher Zeuge, der hinter den verloren wirkenden Kindern wie ein Familienvater posiert. Manche haben die Auffassung vertreten, dass der Hauptbeweggrund hinter Buch und Bildern darin gelegen habe, auf die Kosten und Schwierigkeiten bei der Verwaltung der britischen Zone aufmerksam zu machen, damit diese schnellstmöglich den Deutschen übergeben würde. An dieser Stelle sei daran erinnert, dass es anfangs weniger als hundert britische Beamte für Gesundheitsangelegenheiten in der britischen Zone mit ihren 22 Millionen Menschen gab. So oder so handelte es sich um schockierende Bilder. Das Ungewöhnliche an ihnen war, dass sie in einer vom Krieg mitgenommenen britischen Öffentlichkeit Scham und Mitleid für Deutsche hervorrufen sollten. Wie Jebbs Save the Children nach dem Ersten Weltkrieg, bezog sich Gollancz' Kampagne auf ehemalige Feinde in einer Nachkriegszeit. Doch während Jebb für ihre Plakate wegen Erregung öffentlichen Ärgernisses verhaftet wurde, stießen Gollancz' skandalöse Fotografien auf ein wohlgesinntes Publikum, vor allem in den Kirchen, die ihre Mitglieder mit Erfolg dazu anhielten, für Großbritanniens früheren Gegner zu spenden.[57]

Motiviert durch positive Rückmeldungen von Lesern, startete Gollancz seine Initiative Save Europe Now und forderte die britische Öffentlichkeit auf, die eigenen Rationen freiwillig zu beschneiden, um einen Beitrag zur Ernährung bedürftiger deutscher Kinder zu leisten. Der erste Aufruf erschien Anfang September 1945, innerhalb von zehn Tagen wurden 5000 Lebensmittelkarten eingesandt und nach einer weiteren Woche hatten bereits 20 000 Menschen zustimmend geantwortet. Dabei war diese Gefühlslage nicht gänzlich neu. Im August 1940 hatte Churchill in einer Rede dargelegt: »Wir werden unser Bestes dazu tun, auf der ganzen Welt die Einlagerung von Nahrungsmitteln zu fördern, so daß vor den Augen der Völker Europas, einschließlich – ich betone es – des deutschen und des österreichischen Volkes, ständig die sichere Überzeugung bestehen wird, daß die Zerschlagung der Nazimacht ihnen allen sofort Nahrung, Freiheit und Frieden bringen wird.« Gegen Ende des Krieges war in Großbritannien von den Kirchen bis zur organisierten Arbeitsbewe-

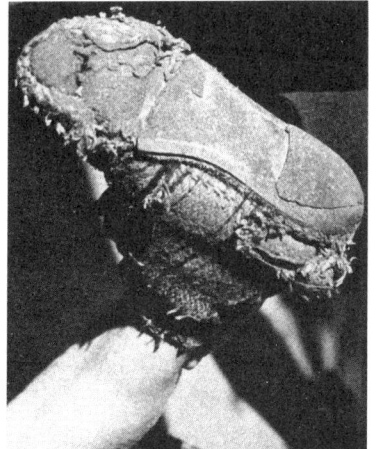 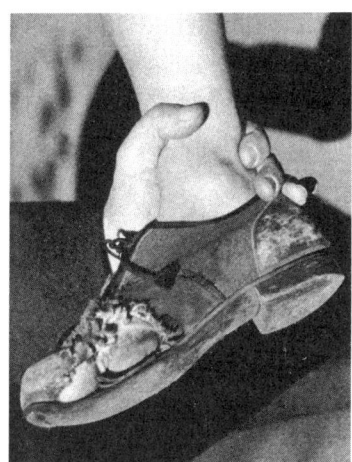

12 Verschlissene Schuhe deutscher Kinder, 1947. Aus Victor Gollancz, In Darkest Germany.

gung die Bereitschaft gewachsen, zusätzliche Rationen auf den heimgesuchten Kontinent zu schicken. Die Enthüllungen der nationalsozialistischen Gräuel und die Entdeckung der Konzentrationslager hatten aber amerikanische und britische Haltungen gegenüber den Deutschen gewendet und die Meinung der Straße gegen Hilfe und Mitgefühl verhärtet. Es ist deshalb erstaunlich, wie schnell das Anliegen, deutschen Zivilisten zu helfen, bald nach Kriegsende Fahrt aufnahm.[58]

Die britische Medienkampagne 1945/46 erwies sich als bemerkenswert erfolgreich. Die deutsche Flüchtlingskrise war das beherrschende Thema in der Tagespresse und besonders in illustrierten Printmedien; Persönlichkeiten wie der Philosoph J. B. Priestley und Violet Bonham Carter unterstützten die Hilfe für Deutschland. Bildungsministerin Ellen Wilkinson meinte sogar, dass Gollancz' Save Europe Now »den Geist von Dünkirchen weitertrug«. Einige Abgeordnete schlossen sich der Kampagne aus rein nationalem Interesse an und brachten vor, dass Hunger in Europa zu Krankheiten und Epidemien führen könne, die die britischen Soldaten in Deutschland treffen könnten. Gollancz' Wohlfahrtsinitiative versandte zahlreiche von britischen Familien gestiftete Pakete voller rationierter Nahrungsmittel, die von Hilfsmannschaften des Roten Kreuzes verteilt wurden. Bis Ende 1948 waren mehr als 35 000 Pakete auf den Kontinent geschickt worden, davon die Hälfte nach Deutschland, deren »geistige und psychologische Bedeutung« laut einem Bericht »erheblich größer war als ihr Nährwert«. Die Deutschen in der britischen Zone angemessen zu ernähren – wie schwer dies nach dem Krieg auch gutzuheißen war –, galt vielen als das eigentliche Kennzeichen der britischen Zivilisation.[59]

Mit der Zeit wandelte sich auch der Grundton der Fotografien aus der britischen Zone. Der eher harte Blick der militärischen Fotografie, der ursprünglich scharf zwischen britischem Militärpersonal und der deutschen Zivilbevölkerung unterschieden hatte, wurde ab Sommer 1945 und vor allem in den späten Vierzigerjahren wohlwollender, nachdem die Besatzungstruppen sich an ein Leben in Deutschland und mit den Deutschen gewöhnt hatten. Da die Situation sich gefestigt hatte, wandten sich die Fotografen zunehmend dem Alltagsleben und dem zivilen Wiederaufbau zu. Das Heldentum der sogenannten Trümmerfrauen, die unermüdlich tätig waren, um die zerbombten deutschen Städte vom Schutt zu befreien, wurde zu einem beliebten Motiv britischer Fotografen. Neu war, dass in ihren Bildern nun Deutsche an der Seite von Briten erschienen. Die Überwindung sozialer Distanz resultierte aus der zunehmenden Lockerung der einst strengen Maßnahmen gegen Fraternisierung und wurde in einigen Fotografien deutscher Frauen und Kinder sichtbar, oft im Kontakt mit alliierten Soldaten, denn Letztere hatten inzwischen auf dem Weg zur »Humanisierung« des früheren Feindes ein großes Stück Weg zurückgelegt (Bild 13).

Nicht jeder reihte sich ein, wenn es um Hilfe für die Deutschen ging. Wenige im Labour-Kabinett teilten Gollancz' teilnahmsvolle

Vergebung statt Vergeltung 141

13 Foto von Sergeant Wilkes, Berlin, Juli 1945.

Sicht auf den früheren Feind. Premierminister Clement Attlee, im Ersten Weltkrieg Infanterieoffizier, hegte hartnäckige antideutsche Gefühle, und Außenminister Ernest Bevin machte einmal die anschauliche Bemerkung: »Ich versuche, fair zu ihnen zu sein, aber ich kann sie nicht ausstehen, wirklich.« Attlee und Bevin besuchten Berlin nicht vor der Luftbrücke 1948. Noël Cowards bekannter Song von 1943 »Don't Let's Be Beastly to the Germans« (Lasst uns nicht bestialisch zu den Deutschen sein) war eine Satire auf Großbritanniens »übertriebene Humanitaristen«, die »eine eher zu tolerante Sicht auf unsere Feinde haben«. Attlee schickte eine von Gollancz und dem Ökonomen William Beveridge angeführte Delegation, die für mehr Geld und Nachsicht warb. Ein britischer Soldat wandte ein: »Ich habe niemanden in Deutschland hungern sehen, zumindest nicht in der britischen Zone und in Berlin«, und »Menschen in Westfalen leben besser als viele Leute in Großbritannien«. Franz Burger, ein deutscher KZ-Überlebender, wandte sich gegen Gollancz' »kühnen Flug des britischen Gewissens«. Er kritisierte dessen Bemühen, »die Briten auf die Anklagebank« zu setzen, wodurch er jeden Briten schuldig mache, und hoffte, dass andere Briten »gegen ihren strengen Ankläger Gollancz aufstehen« würden. Gollancz wurde sowohl in der jüdischen Gemeinschaft Großbritanniens als auch in der rechten Presse als unpatriotisch, arrogant und antijüdisch kritisiert, und viele fanden, dass sein Moralisieren übertrieben und so kurz nach dem Krieg unangemessen sei. Auch Ausländer wurden von der prodeutschen Sentimentalität in Großbritannien auf den Plan gerufen. Der polnische Dichter und Nobelpreisträger Czesław Miłosz merkte gegenüber einem britischen Besucher 1945 an: »Ich verstehe Ihr Volk nicht ... Ihr habt Herzen, ja, aber denkt Ihr mit ihnen?«[60]

Gollancz' romantischer Blick auf die früheren Gegner stieß, wie nicht anders zu erwarten, in Westdeutschland auf höchstes Lob. Konrad Adenauer schrieb in seinen Memoiren: »Wir sind Victor Gollancz zu großem Dank verpflichtet, umso mehr als er jüdischer Herkunft ist.« Bei einem Festakt im Nürnberger Opernhaus feierte der Bürgermeister ihn als »modernen Nathan der Weise«, der »niemals Hass und Rache gegen das deutsche Volk predigte«. 1953 erhielt er vom deutschen Botschafter als erster Nichtdeutscher das Bundesverdienstkreuz. Ohne Zweifel umgab Gollancz' Pressekreuzzug ein Geruch der Selbstgerechtigkeit, und doch zwang seine Kampagne Menschen, anders auf Deutschland zu blicken, und weckte in der Bevölkerung großes Interesse und Unterstützung für die britischen Aktivitäten dort.[61]

Die Macht der Bilder

Dass britische – wie auch US-amerikanische – Kampagnen dafür warben, die Deutschen zu ernähren und ihnen zu vergeben, war Teil eines breiteren zivilgesellschaftlichen Engagements. Es forderte die

Militärregierungen auf, ihre harten Maßnahmen zu überdenken, und trug mit der Zeit dazu bei, sie zu verändern. Zwar waren einige dieser Bewegungen eher kurzlebig, etwa Gollancz' Kampagne Save Europe Now, doch markierten sie eine entscheidende Verschiebung im Moralempfinden. Die Medienkampagnen zur Visualisierung des Leidens anderer bemühten sich um eine neue Sicht auf den ehemaligen Feind, und die Briten gingen voran. Wie im 19. Jahrhundert die Kreuzzüge zur Abschaffung der Sklaverei war der Humanitarismus der Nachkriegszeit darauf ausgelegt, eine neue moralische Gemeinschaft des Mitgefühls zu schmieden. Die meisten Gelehrten verbinden diese veränderte Einstellung mit der Ernährungskrise rund um die Berliner Luftbrücke 1948/49, als Berlin von der Hauptstadt des nationalsozialistischen Militarismus zu einem verwundbaren Außenposten und Ort der Solidarität zwischen den Westalliierten und den Westberlinern wurde. In Wahrheit begann sie schon im Herbst 1945.

Das Verhältnis zwischen den Alliierten und ihren früheren Gegnern durchlief 1945 und 1946 die gesamte Skala der Emotionen – von Rache bis Scham, von Hass bis Mitleid. Die Kriegsverbrecherprozesse strebten danach, Racheakte auszuschließen und die Geltung des Rechts in den internationalen Beziehungen nach dem totalen Zusammenbruch der europäischen Gesellschaft neuerlich zu bekräftigen. Obwohl umstritten, half der Nürnberger Hauptkriegsverbrecherprozess, politischen Frieden in den westlichen Besatzungszonen herzustellen und alle faschistischen Rachefantasien auszulöschen. Die »Zivilisierungsmission«, die im 19. Jahrhundert Europas Begegnung mit der nicht europäischen Welt angetrieben und ihren Rahmen abgesteckt hatte, wurde nun auf andere Europäer, vor allem auf Deutsche, gelenkt; sie wurde garantiert durch neue Normen in der internationalen Ordnung und eine moralische Regeneration, die auf materieller Fürsorge basierte. Diese Neuschöpfung der Zivilisation nach 1945 war auch eine Hinwendung zu öffentlich ausgedrücktem Mitleid und Mitgefühl als einem Merkmal des Westens.

Bei alldem spielte der Fotojournalismus eine kritische Rolle und vermittelte nach dem Krieg eine neue universalistische Sensibilität. Wie romantische Romane im frühen 19. Jahrhundert dazu beitrugen, ein neues Bewusstsein und Anteilnahme für in weiter Ferne leidende Fremde hervorzubringen, so halfen diese Fotografien, eine neue Phase des Humanitarismus nach 1945 anzuregen. Diese Befindlichkeit wird normalerweise auf andere epochale fotografische Veröffentlichungen aus den späten Vierzigerjahren zurückgeführt. Der zwei Jahre nach dem Krieg produzierte UNESCO-Bildband *The Book of Needs* (Das Buch der Bedürfnisse) führte eine neue Perspektive ein, indem er Kinder, Bildung und Wiederaufbau in den Fokus stellte. Ein ähnlicher Geist sprach aus dem UNESCO-Band *Children of Europe* (Kinder Europas), der Fotos von David »Chim« Seymour enthielt. Nachdem das einsame, notleidende Kind im Anschluss an den Ersten Weltkrieg als Leitbild und Sammelruf für humanitäre Hilfe fungiert hatte, wurde diese Ikonografie als essenzieller moralischer Kompass nach 1945 wiederbelebt. In *Children of Europe* wurden Waisenkinder als Opfer des Krieges vor zerstörten europäischen Landschaften dargestellt, unabhängig von ihrem Hintergrund oder ihrer Nationalität, und so leisteten die Bilder einen Beitrag, ein neues inklusives europäisches Empfinden zu schaffen (Bild 14). Dieses Empfinden fand seinen höchsten Ausdruck in der Blockbuster-Ausstellung *The Family of Man*, die 1955 von Edward Steichen mit dem Museum of Modern Art in New York konzipiert wurde. *Family of Man* wollte zeigen, was Steichen mit dem »wesentlichen Einssein der Menschheit in der ganzen Welt« meinte, indem er Völker aus der ganzen Welt in einer Art intimem Familienalbum der postfaschistischen Menschheit porträtierte. Die britischen Fotografien von besiegten Deutschen jedoch spielten eine in Vergessenheit geratene Rolle bei der Herausbildung dieser neuen Bildsprache von Humanität und Inklusivität. Sie wurden dazu herangezogen, in einer ziemlich feindseligen britischen Öffentlichkeit moralische und ma-

14 Fotografie von David Seymour aus Children of Europe.

terielle Unterstützung für Deutsche unter britischer Herrschaft zu gewinnen.⁶²

Die britischen Blicke auf die Deutschen waren deshalb einzigartig, weil sie die Kritik gegen die eigene Seite richteten – die korrekte Behandlung der Deutschen in der britischen Zone wurde als beispielhaft und als Bewährungsprobe für die britische Zivilisation angesehen. Und obwohl oft christliche Grundsätze diesen moralischen Kreuzzug antrieben, so war es doch die Sorge um die Körper (nicht die Seelen), der die Aufrufe motivierte. Die Geschichte der Interaktion zwischen Alliierten und den ihnen anvertrauten Deutschen in den ersten Nachkriegsjahren erinnert an eine Zeit, als humanitaristische Äußerungen noch streng rationiert waren. Die besiegten Feinde wurden jedoch bald nach dem Ende der Kämpfe in das neue moralische Universum einer gemeinsamen Menschlichkeit mit eingeschlossen.

Diese Verschiebung hin zu Mitgefühl für die Deutschen und ihre

Einbeziehung in die Erzählung von der verwundeten Menschheit ging auf Kosten der Opfer von NS-Verbrechen. Es sticht ins Auge, dass die Kampagne für Hilfsmaßnahmen zugunsten der Deutschen just während der Eröffnung des Hauptkriegsverbrecherprozesses anlief, als die Debatte um und die Bilder von nationalsozialistischen Gräueln täglich in der Presse behandelt wurden. Die schockierenden Fotos von der Befreiung der Lager sechs Monate zuvor waren in jenem Herbst offenbar schon Schnee von gestern, trotz der verbreiteten Diskussionen über die Untaten der Nationalsozialisten während und nach dem Prozess. Die Polemik des Mitleids hatte den Fokus verschoben. Die Frage, welche das Gewissen der amerikanischen und britischen Öffentlichkeit aufwühlte, war weniger das Schicksal der Juden als vielmehr das Elend der deutschen Flüchtlinge – im Namen von Menschlichkeit, christlicher Nächstenliebe und eines neuen moralischen Universalismus. Gollancz' medialer Feldzug leistete viel dafür, diese Perspektiven einem britischen Publikum schmackhaft zu machen, nicht zuletzt weil sie in Vorstellungen einer »jüdisch-christlichen Zivilisation« eingebettet waren. Die Universalisierung der Opferrolle löschte, unterstützt von den berühmten Fotografieausstellungen der Vierziger- und Fünfzigerjahre, unbeabsichtigt den spezifischen Charakter der jüdischen Opferrolle und des jüdischen Leids; der nationalsozialistische Genozid an den Juden im öffentlichen Bewusstsein geriet zu einer untergeordneten Episode in der Geschichte des Zweiten Weltkriegs. Nicht vor den Achtzigerjahren rückten der Holocaust und Auschwitz ins Zentrum der Geschichte des Zweiten Weltkriegs oder gar des Jahrhunderts.

Mit der Intensivierung des Kalten Krieges in Europa nahm die moralische Beziehung zwischen Freund und Feind eine neue geopolitische Form an. Zivilisation wurde neuerlich dazu herangezogen, das sich wandelnde Verständnis des Kontinents zu kartieren und zu erzählen, doch bezeichnete in den späten Vierzigerjahren zunächst die Religion die neuen Grenzen der Identität.

Drittes Kapitel

GLAUBE UND GRENZEN

Am zweiten Weihnachtstag 1948 wurde József Kardinal Mindszenty von der ungarischen Staatspolizei verhaftet. Die kommunistische Führung hatte den kein Blatt vor den Mund nehmenden konservativen Vorsteher der katholischen Kirche Ungarns über Jahre stets im Blick behalten und irgendwann genug von dem unversöhnlichen Wesen und der unbeugsamen Haltung des Kirchenfürsten gehabt. Ende 1948 verbot die Volksrepublik Ungarn alle Ordensgemeinschaften als verräterisch und beschuldigte Mindszenty, ein Staatsfeind zu sein. Die Staatsanwaltschaft brauchte einen Monat für die Vorbereitung der Klageschrift, dann wurden der Kardinal, sein Sekretär und mehrere enge kirchliche Weggefährten in einem aufwendig inszenierten Schauprozess am 3. Februar 1949 in Budapest angeklagt. Nach zwei Tagen unermüdlicher Angriffe und simulierter Verhandlungen wurden sie schuldig gesprochen und zu lebenslangem Gefängnis verurteilt. Es war der nach Drehbuch verlaufene Showdown zwischen der Kirche und dem kommunistischen Staat. Die kommunistische Partei Ungarns wünschte, am Kardinal ein dramatisches Exempel zu statuieren. Der Prozess wurde großteils live im ungarischen Radio übertragen und in der unter Parteiaufsicht stehenden Presse ausführlich geschildert.[1]

Mindszentys Name mag heute weitgehend vergessen sein, doch erregte sein Fall damals eine bemerkenswerte internationale Kontroverse. Keine Angelegenheit trieb die weltweite katholische Gemeinschaft im frühen Kalten Krieg mehr um; Kirchenführer und

Publizisten auf der ganzen Welt erhoben Protest und beidseits des Atlantiks organisierten Katholiken zahlreiche Demonstrationen. Der Prozess mobilisierte die transnationale katholische Gemeinschaft in einzigartiger Weise. Die US-Regierung behielt Mindszentys Leidensweg scharf im Auge; die CIA blickte fasziniert auf den Prozess und darauf, wie in ihm die sowjetischen Techniken der Gehirnwäsche zur Erlangung von Geständnissen zur Schau gestellt wurden. Das Schicksal des Kardinals war in den späten Vierziger- und frühen Fünfzigerjahren für die Debatten um die Krise der Zivilisation von zentraler Bedeutung, und dieses Kapitel rückt den Prozess und seine Wirkung auf die Neudefinition des christlichen Westens in den Fokus. In mehrerlei Hinsicht sorgte der Budapester Schauprozess für eine Positionsbestimmung in der Bedeutung organisierter Religiosität, der Sorge um die Menschenrechte und der geografischen Festlegung der christlichen Zivilisation im Kalten Krieg.

Das gelbe Buch

Das Besondere an Mindszentys Fall lag auch in seiner Biografie begründet. Er war über Jahrzehnte eine Schlüsselfigur der katholischen Kirche in Ungarn gewesen und kurz nach dem Ersten Weltkrieg von der kurzlebigen kommunistischen Regierung Béla Kuns verhaftet worden, dann nochmals 1944 vom faschistischen Pfeilkreuzler-Regime, weil er gegen die Fortsetzung des Krieges auf ungarischem Boden protestiert hatte. Mindszenty stammte aus einem kleinen Dorf in Westungarn und war beinahe 30 Jahre lang Landpfarrer gewesen, bis er, vor allem wegen seiner offen geäußerten antikommunistischen Ansichten, 1945 durch Papst Pius XII. zum Oberhaupt der ungarischen Kirche erhoben wurde. Er verfügte über makellose antifaschistische Referenzen, war ein geschworener Feind der Linken und schreckte vor keinem Kampf zurück. In seiner Antrittspredigt nach der Ernennung zum Kardinal beschrieb sich Mindszenty kühn als »Pontifex, Brückenbauer und mit 900-jährigen Rechten ausgestatteten ersten Würdenträger des Landes«. Sein Gegenspieler war eine auf ihre Art herausragende Figur: Mátyás Rákosi, Anführer der ungarischen Kommunisten und gewillt, die Überreste des alten Ungarn zu zerstören und eine revolutionäre Ordnung an der Donau zu errichten.[2]

Hatten sich die Beziehungen zwischen Kirche und Staat in den ersten Nachkriegsjahren noch relativ friedlich dargestellt, so wurden Mindszenty und seine Kirche schließlich zunehmend als Hindernis für die politischen Pläne der Kommunisten und den Umbau der Gesellschaft angesehen. Dies galt besonders im Hinblick auf die vom Regime gewünschte Landreform, die Verstaatlichung der Schulen und die Entchristianisierung der landesweiten Presse. Diese Pläne bekämpfte der Kardinal mit diversen Mitteln. Zum Beispiel verweigerte er jegliche Loyalitätserklärung gegenüber dem ungarischen Staat, solange das kommunistische Regime nicht die Freiheit aller katholischen Vereine garantierte; er segnete die Veröffentlichung einer katholischen Tageszeitung statt nur eines Wochenblattes ab; er unterhielt lebhafte Beziehungen zum Vatikan. In einem Hirtenbrief verwandte Mindszenty die neue Sprache von den Menschenrechten, um die Legitimität der Regierung anzufechten: »Wir müssen öffentlich verkünden, dass kein christlicher Wähler eine Partei unterstützen kann, die mittels Gewalt und Unterdrückung herrscht und alle Naturgesetze und Menschenrechte niedertrampelt.« In dem Bemühen, die Übergriffe des Staates zurückzuschlagen, erklärte er die Zeit von August 1947 bis Dezember 1948 zum »Jahr der Jungfrau« mit dem Slogan »Ungarn ist das Reich Mariens«. Das Marianische Jahr war darauf zugeschnitten, der belagerten Gemeinschaft der ungarischen Katholiken Kraft zu geben – durch Predigten, Prozessionen, Wallfahrten und Märsche und den so zur Schau gestellten Widerstand gegen staatliche Eingriffe in traditionell von der Kirche dominiertes kulturelles Terrain. Das Festjahr war in jeder Hinsicht ein großer Erfolg – der Klerus führte mehrere Pilgerfahrten mit bis zu 1,5 Millionen Teilnehmern an.[3]

Das Festjahr war ein cleverer Schachzug Mindszentys – nicht nur im Kampf gegen den Staat, sondern auch bei der angestrebten inneren Einigung der Kirche durch volkstümliches religiöses Empfinden. Hier sollte daran erinnert sein, dass die Marienverehrung auf dem vom Krieg geschundenen Kontinent ein dramatisches Comeback erlebte, die in einigen Ländern Hunderttausende Gläubige anzogen. Diese Phänomene gehörten zu einer Explosion volkstümlicher Religiosität, die in den Geschichtswerken zur Nachkriegsära noch immer wenig Beachtung findet.

Es darf als bekannt gelten, dass das Muster der modernen Marienerscheinungen seinen Ursprung Mitte des 19. Jahrhunderts in Frankreich hatte; die Sichtungen 1858 in Lourdes sind die bekanntesten. Wallfahrten nach Lourdes begannen 1872 nach Frankreichs Niederlage gegen die Preußen, die als göttliche Strafe für die Sünden der Republik und der Pariser Kommune gewertet wurde. Die ersten Jahre nach 1945 sahen eine Fülle von Wundern und Erscheinungen an vielen Orten Europas, von Spanien, Frankreich und Irland bis Westdeutschland, Österreich und Ungarn. Zwischen 1947 und 1954 wurde den europäischen Kirchenleitungen über Dutzende Erscheinungen der Jungfrau Maria berichtet, über dreimal häufiger als im Durchschnitt der vorhergehenden wie auch der darauffolgenden Jahrzehnte. Die älteren Pilgerziele wie Lourdes und das deutsche Marpingen behaupteten nach dem Zweiten Weltkrieg ihren Platz, doch stiegen auch neue Orte auf, die über Wochen oder gar Monate Zehntausende anzogen, als eine neue populistische Evangelisierung Europa erfasste. Einige dieser Sichtungen machten sich die Dimensionen des Kalten Krieges zu eigen: Die berühmten Erscheinungen im portugiesischen Fátima 1917 – deren apokalyptische Bilder angeblich den Kummer und die Plagen der Russischen Revolution offenbart hatten – dienten der Standortbestimmung in den Diskussionen, die sich um die nach 1945 wachsenden Ängste vor dem Gespenst des Kommunismus drehten. Tatsächlich brach eine Statue der Jungfrau – eine Kopie des vom Bischof von Leiria gesegneten Standbilds aus Fátima – 1947 auf eine Welttournee auf, begleitet von, wie es heißt, mirakulösen Ereignissen und mysteriöserweise anwesenden Tauben. Der mit dem Oscar ausgezeichnete Film *Das Lied von Bernadette* von 1943, der auf dem 1941 erschienenen Roman Franz Werfels über die Ereignisse in Lourdes basierte, kam 1948 in Westeuropa in die Kinos und war in jenem Jahr der größte westdeutsche Kassenerfolg. 1949 entstand im oberfränkischen Heroldsbach ein Erscheinungskult, über den sich rasch Berichte von täglichen göttlichen Heimsuchungen bei einer Gruppe junger Seherinnen verbreiteten. Bis 1952 besuchten rund 1,5 Millionen Pilger die Stätte und die vier Visionärinnen, welche die häufigen Erscheinungen bezeugten. Es scheint, als habe die Konsolidierung der kommunistischen Macht in der nahen Tschechoslowakei 1948 die für den Kalten Krieg typischen apokalyptischen Ängste in der Ortschaft nochmals gesteigert. Solche Visionen waren nicht auf Westeuropa beschränkt. Im polnischen Lublin wurde über eine weinende Marienstatue berichtet, die täglich bis zu 100 000 Menschen in die Kathedrale lockte. Der Punkt daran: Die Nachkriegszeit – für gewöhnlich als eine Ära ökonomischer und politischer Wunder charakterisiert – quoll auch von religiösen Wundern über.[4]

Pius XII. suchte 1950 dieser neuen volkstümlichen Religiosität die Zügel der Kirche anzulegen. Seine Ausrufung des weltweiten Marianischen Jahres 1954 wurde im Fernsehen übertragen, um das zu verbreiten, was er stolz die »weiteren Triumphe von Jesus und Maria« nannte. Für ihn stand fest: Dieser erneuerte Kult war aus der schwierigen Kriegszeit geboren worden und spiegelte die katholische Ansicht wider, dass der Nationalsozialismus der extreme Auswuchs eines säkularen, anthropozentrischen Weltbildes sei, dessen Anfänge in der Renaissance und der Französischen Revolution lagen. Über den Eisernen Vorhang hinweg gab es ein verbreitetes Gefühl unter den katholischen Kirchenmännern, dass ihre Gemeindemitglieder für die Sirenengesänge der totalitären Ideologien empfänglich seien, weil sie sich von der Kirche abgekehrt hätten und von Säkularismus, Materialismus und Individualismus abgelenkt würden. Sich der seligen Gottesmutter zuzuwenden, war somit ein Schritt hin zu Frieden, Gnade und einer wiederhergestellten Autorität der Kirche.[5]

Die kommunistischen Behörden Ungarns interpretierten Mindszentys Marienfestlichkeiten wenig überraschend als subversiven Aktivismus, und die Polizei vor Ort bekam den Befehl, hart gegen die Gläubigen vorzugehen. Sie störten die Feiern, indem sie den Zugang zu Wasser und Strom beschränkten, den Eisenbahnverkehr behinderten, Mikrofone und Lautsprecher beschlagnahmten und die Gläubigen zwangen, den Versammlungsort zu verlassen. Mindszentys Verhaftung war der letzte Akt der Durchsetzung von Ordnung.[6]

Die kommunistische Klageschrift gegen Mindszenty war an mehreren Punkten aufgehängt. Laut dem Innenminister hatte die Polizei im Bischofspalast von Esztergom einen Metallzylinder gefunden und darin angeblich in der Handschrift Mindszentys verfasste Dokumente, welche »die Westmächte drängen, in Ungarn zu intervenieren«. Es wurde außerdem behauptet, der Kardinal habe 1945 eine royalistische Bewegung gegründet und konspiriere mit keinem anderen als Otto von Habsburg aus der alten, einst in Wien ansässigen Königsfamilie, um »den demokratischen Staat und die Republik« zu stürzen. Am stärksten belastete ihn ein angebliches handschriftliches Geständnis, er erwarte »die Restauration der Monarchie nach dem Abschluss eines Dritten Weltkriegs mit einem amerikanischen Sieg«. Mindszenty wurde des Weiteren vorgeworfen, Geldmittel veruntreut und mit Devisen Schwarzmarktgeschäfte betrieben zu haben. Ein sogenanntes »Gelbes Buch« mit Dokumenten zu dem Fall wurde vom Regime (in englisch- und französischsprachigen Ausgaben) rasch für die ausländische Presse zusammengestellt, mit dem Ziel, die von der Verhaftung des Kardinals schockierte internationale Gemeinschaft für sich zu gewinnen. Es enthielt auch einige krude, belastende Bilder: Eines zeigte Mindszenty in ungewöhnlich modischer Kleidung, als er gerade mit einem Flugzeug, »das ihm die amerikanische Vertretung zur Verfügung stellte«, nach Rom aufbricht. Auf einem anderen sieht man seinen Sekretär und Archivar mit der berüchtigten Aluminiumröhre, die vermeintlich unter den Dielenbrettern in der Residenz des Prälaten gefunden worden war.[7]

Der Kardinal wurde sodann gezwungen, im Prozess ein öffentliches Geständnis abzulegen. Später erzählte Mindszenty in seiner Autobiografie, dass er Drogen erhalten hatte und durch Schlafentzug und Schläge mit einem Gummiknüppel unter Druck gesetzt worden war, doch damals wusste niemand, was vor sich ging. Seinen Anhängern fiel sofort auf, dass er während seines Geständnisses nicht so wirkte, wie seine Freunde ihn kannten, sondern erschöpft, und er sonderte mehr Speichel ab. Gleichermaßen verstörend war, dass sein schriftliches Geständnis zahlreiche, für ihn untypische einfache Grammatik- und Rechtschreibfehler aufwies, was ein außenstehender Kommentator die »teuflischen Techniken der treuen Nachahmer von Goebbels und Himmler« nannte. Der *New York Times* zufolge flohen zwei Handschriftenexperten aus dem Land und gaben später zu, dass sie von der Polizei dazu genötigt worden waren, Dokumente für den Prozess zu fälschen.[8]

Dass der Pseudoprozess eine derartige internationale Empörung erregte, ist weniger selbstverständlich, als es zunächst scheinen mag, denn der Fall des Kardinals war für die Zeit und die Region recht typisch. Es ist wichtig, sich zu vergegenwärtigen, dass das Jahr 1948 in Osteuropa ein heikles war, hatte Stalin doch im Vorfeld der Berlinblockade eine große Verhaftungswelle gegen innere Gegner und den dramatischen Bruch mit Tito und der Kommunistischen Partei Jugoslawiens angeordnet. Stalin wurde von der vermeintlichen Rolle kirchlicher Würdenträger als fünfter Kolonne auf den Plan gerufen; er kritisierte, dass der Heilige Stuhl diplomatische Schlüsselpositionen hinter dem Eisernen Vorhang, etwa in Rumänien und Jugoslawien, mit prominenten amerikanischen Prälaten besetzt hatte. Auch hatte Osteuropa nach dem Zweiten Weltkrieg schon Erfahrungen mit religiöser Verfolgung gemacht. Die Festnahme und Inhaftierung des Zagreber Erzbischofs Aloysius Stepinac 1946 durch Marschall Titos Geheimpolizei war eine Art Generalprobe für den Mindszenty-Prozess gewesen. Stepinac wurde der faschistischen Kollaboration mit den Deutschen, Italienern und der kroatischen Ustascha-Bewegung während des Zweiten Weltkriegs angeklagt; er habe in der katholischen Presse antijugoslawische Einstellungen geschürt, Konversionen erzwungen und sich gegen die Regierung verschworen. Stepinac wurde als verräterischer Rädelsführer einer Gruppe von Ustascha-Mönchen und -Priestern schuldig gesprochen und zu 16 Jahren Gefängnis verurteilt.[9]

Auf den Prozess gegen Stepinac folgte ein internationaler Aufschrei, der den ideologischen Riss zwischen Ost und West vertiefte. Protestbriefe füllten die westlichen Zeitungen, und der Papst exkommunizierte Tito und jene, die für Stepinacs Verhaftung und Verurteilung verantwortlich waren. Amerikanische Bischöfe attackierten die, wie sie es sahen, kommunistische Missachtung der Menschenrechte und des Rechtsstaats in Osteuropa und riefen die Westmächte dazu auf, zu ihrem in Jalta gegebenen Versprechen zu stehen und die Osteuropäer im Angesicht religiöser Verfolgung zu beschützen. Katholische Anführer aus aller Welt verurteilten die Verhaftung, und Erzbischof Francis Spellman von New York nannte Stepinac »nur einen von Tausenden Märtyrern jeden Glaubens, die korrupte, skrupellose Diktatoren täglich verraten und besudeln, wenn sie ihre vergiftete Macht und Gewalt ausüben, um ihr Ziel einer gottlosen Regierung überall in der Welt zu erreichen«. Spellman sammelte Spenden für die Gründung der Archbishop Stepinac High School in White Plains, New York, und organisierte in New Jersey eine Kundgebung, die 140 000 Menschen anzog. Die im Vatikan erscheinende Tageszeitung *L'Osservatore Romano* behauptete sogar, dieser Prozess stelle »einen taktischen Moment in einem Krieg viel größeren Ausmaßes dar, dessen Operationen nicht von Belgrad aus geleitet werden und in welchem die beiden Zivilisationen miteinander ringen, die um Kontrolle über die Welt wetteifern«. Das Schicksal osteuropäischer Kirchenmänner zu skandalisieren, ermöglichte es der Kirche, Angriffe aus der kommunistischen Presse wegen der profaschistischen Sympathien des Vatikans in den Dreißigerjahren umzulenken, und es trug dazu bei, die westeuropäische öffentliche Meinung gegen die Sowjetunion zu wenden. Dabei verwandelte sich Erzbischof Stepinac in den, wie es ein Historiker ausdrückte, »ersten Märtyrer durch den kommunistischen Expansionismus«. Die Verfolgung der Kirche in den späten Vierzigerjahren war damit nicht zu Ende, denn eine ganze Reihe weiterer religiöser Führungsfiguren sah sich dem Zorn der kommunistischen Regime im Ostblock gegenüber. Das Oberhaupt der Lutherischen Kirche in Ungarn, Bischof Louis Ordass, wurde Ende 1948 wegen ihm vorgeworfener Devisenvergehen festgesetzt; in Bulgarien wurden 15 protestantische Geistliche wegen Spionage vor Gericht gestellt. Der Erzbischof von Prag, Josef Beran, wurde verhaftet und 1949 wegen ähnlicher Anklagepunkte verurteilt, und Stefan Kardinal Wyszyński wurde in Polen von 1953 bis 1956 unter Hausarrest gestellt. Ihre Schicksale wurden zu Kristallisationspunkten der katholischen Mobilisierung.[10]

Schauprozesse fanden bald große Verbreitung im Ostblock und dienten dazu, die Botschaft vom belagerten Kommunismus zu verbreiten. Mit der Zeit gerieten statt religiöser Anführer zunehmend Regierungsmitglieder ins Visier dieser pädagogischen Justizschauspiele, die seitdem stärker an die Gerichtsverfahren während der Säuberungen in Moskau erinnerten. Der führende ungarische kommunistische Funktionär László Rajk stand im September 1949 in Budapest vor Gericht; es folgten ähnliche Prozesse unter anderem gegen Trajtscho Kostow in Bulgarien Ende desselben Jahres sowie gegen Rudolf Slánský in der Tschechoslowakei 1952. Die jungen kommunistischen Regime wollten Unterstützung für die kommunistische Sache gewinnen, indem sie in diesen Schauprozessen innere Staatsfeinde demaskierten. Sie waren Teil der Schlacht gegen die Gefahren des »Titoismus« – umstürzlerische, separatistische, gegen Moskau gerichtete Agitation – und gegen die Übergriffe des Westens. All diese »Verdächtigen« wurden angeklagt, mit amerikanischer Hilfe bewaffnete Aufstände vorzubereiten. In der Regel brachte man sie, um des dramatischen Effekts willen, mit Hitler und dem Faschismus in Verbindung. Die Prozesse gehörten zu einer neuen Politik der Angst, die auf Säuberungen und der Verteidigung des sozialistischen Staatswesens gegen innere und äußere Gefahren basierte. Sie festigten zudem die Idee des Eisernen Vorhangs und der Teilung Europas im Kalten Krieg.[11]

Der Fall Mindszenty jedoch hatte eine andere Größenordnung. Das Bemühen der ungarischen Regierung, mittels des »Gelben Buchs« die Alarmstimmung im Ausland zu dämpfen, ging nach hinten los. Der Westen äußerte sich empört über die Anklageschrift, nicht zuletzt weil der ungarische Staat seinen Bericht gegen den Prälaten einen Monat *vor* dem Prozessbeginn veröffentlichte. Mindszentys Ruhm als Protagonist eines internationalen Medienereignisses reichte bald über die katholischen Kreise hinaus; sein Leiden wurde zu einer *cause célèbre* von sowjetischer Aggression, religiöser Verfolgung und Menschenrechtsverletzungen und galt noch dazu als Affront gegen die christliche Zivilisation. In den westlichen Ländern entstanden dutzendweise Bücher über den Prozess und wurden ins Japanische, Chinesische und Arabische übersetzt.[12]

Christentum und Kalter Krieg

Die ideologischen Differenzen zwischen Ost und West wurden lange – und werden immer noch – als kolossales Gegeneinander von rivalisierenden säkularen Utopien beschrieben, als ein fast fünf Jahrzehnte dauerndes Duell zwischen dem amerikanischen Reich der Freiheit und dem sowjetischen Reich der Gerechtigkeit. Nach dieser Lesart tobten wilde Schlachten in den Bereichen Wirtschaft, Politik und Kultur, da jeder Block sich als allein befähigt präsentieren wollte, den Massen ein gutes Leben zu gewähren und die Versprechen zu erfüllen, die sie ihren ermatteten Heimatfronten während des Zweiten Weltkriegs gegeben hatten. Demgegenüber war Religion für den Kalten Krieg tatsächlich seit seinen Anfängen fundamental und formte ihn in überraschender Weise.

Die Verknüpfung von Christentum und amerikanischer Politik im Kalten Krieg ist ein gutes Beispiel. Während sich Roosevelt im Krieg wenig auf Religion berief, auch um die guten Beziehungen zur Sowjetunion zu erhalten, wurde die Anrufung Gottes in den ersten Jahren der Ost-West-Konfrontation zu einem Markenzeichen der US-Administrationen. Das kraftvolle Christentum der Präsidenten Truman und Eisenhower sowie von Außenminister John Foster Dulles prägte die amerikanische Außen- und Innenpolitik erheblich und verlieh dem weltweiten Engagement der USA argumentative Substanz. Im August 1947 kam es zu einem viel beachteten Briefwechsel zwischen Truman und Pius XII., der in allen großen westlichen Zeitungen erschien und in sechs Sprachen übersetzt wurde. Darin brachten sie das gemeinsame Bedürfnis zum Ausdruck, die als gefährdet wahrgenommene christliche Zivilisation zu verteidigen. Truman, ein gläubiger Baptist und Sammler von Bibeln, begann seinen ersten Brief mit den Worten, dass »kein Friede dauerhaft sein kann, der nicht auf christliche Prinzipien gegründet ist«, und dass das amerikanische »Streben nach Gerechtigkeit« nur erfolgreich sein wird, wenn wir,

»um es mit den treffenden Worten des heiligen Paulus zu sagen, die Rüstung Gottes anziehen«. Obwohl sich manche Protestanten gegen Amerikas neue Allianz mit dem Papsttum sträubten, drang die Botschaft durch, dass ein neues, durch starke christliche Werte garantiertes westliches Bündnis in die Welt getreten sei.

Es kann kaum verwundern, dass der Briefwechsel als die logische spirituelle Konsequenz aus dem Marshallplan wahrgenommen wurde. Ebenso machte Eisenhower keinen Hehl aus seiner Überzeugung, dass »spirituelle Waffen die mächtigste Ressource unseres Landes« seien. Seine medial herausgestellte Taufe wenige Wochen nach seiner Inauguration im Januar 1953 – die erste und einzige Taufe eines Präsidenten im Amt in der amerikanischen Geschichte – stimmte seine Amtszeit, in welcher er alle Kabinettssitzungen mit einigen Momenten stillen Gebets eröffnete, auf einen religiösen Grundton ein. 1954 verabschiedete der Kongress ein Gesetz, welches den Ausdruck »unter Gott« dem von allen amerikanischen Schulkindern gesprochenen Pledge of Allegiance (Treueschwur) hinzufügte, und zwei Jahre darauf ergänzte der Kongress das Motto »*E pluribus unum*« (Aus vielen Teilen eines) um das offizielle »*In God we trust*« (Wir vertrauen auf Gott), das seit 1957 auf alle Geldscheine gedruckt wird. Die intensivierte Kommunistenjagd des Ausschusses für unamerikanische Umtriebe, der 1938 gegründet worden war, in den Fünfzigerjahren dann vergrößert wurde, speiste sich zu einem beträchtlichen Teil aus der Wahrnehmung des Kommunismus als religionsfeindlicher Macht.[13]

In Westeuropa sah es nicht viel anders aus, obgleich dort der Katholizismus, und weniger der Protestantismus, die begehrte Sprache transnationaler Solidarität und moralischer Mission lieferte. In den italienischen Wahlen 1948 trat die neue westeuropäische Ehe zwischen Religion und Politik klar hervor; sie kulminierte in einem schroffen Wahlslogan aus dem Vatikan selbst: »Entweder für oder gegen Christus, das ist die Grundfrage.« Westdeutschlands christdemokratischer Kanzler, Konrad Adenauer, sprach ohne Scheu von geistigen Waffen und der dringlichen Verteidigung des *Abendlandes*. Für Adenauer konnte die Welt ohne ein christliches und abendländisches Europa keinen Bestand haben, und so bestehe in der Nachkriegszeit die Hauptaufgabe in der »Rettung des Abendlandes«, der »Rettung der christlichen Kultur« vor der »moralischen Erkrankung« der »materialistischen Lebensauffassung« des Marxismus. Katholische proeuropäische Anführer wie Adenauer, Alcide De Gasperi und Robert Schuman verstanden die Europäische Wirtschaftsgemeinschaft als Bestandteil eines Bollwerks gegen den sowjetischen Atheismus, nicht anders der britische Labour-Außenminister Ernest Bevin, der 1948 zu einer »geistigen Union« der Nationen aufrief, gegründet auf gemeinsame westeuropäische Werte.[14]

Der Mindszenty-Prozess fungierte für die internationale christliche Gemeinschaft als Blitzableiter. Er trat einen Proteststurm in der gesamten katholischen Welt los, von Westeuropa bis in die Vereinigten Staaten und Südamerika. Der Vatikan ging voran und verkündete, dass die Verurteilung dieses Mitgliedes des Kardinalskollegiums ein »Gewaltakt gegen einen tüchtigen Verteidiger der Rechte der Kirche und der menschlichen Person« sei. Am 20. Februar 1949 brandmarkte Pius XII. den Prozess in einer Rede vor 300 000 Menschen auf dem Petersplatz. Im Anschluss erklärte der Heilige Stuhl, dass ein *modus vivendi* mit dem Kommunismus nicht möglich sei, und exkommunizierte formell die an der Strafverfolgung des Kardinals Beteiligten. In New York bestieg Erzbischof Francis Spellman vor 3500 Zuhörern zum ersten Mal seit dem Tag des Sieges in Europa die Kanzel der St. Patrick's Cathedral. Er begann mit den Worten, dass die Vereinigten Staaten sich in Gebet und Protest für den in Haft sitzenden Kardinal vereinen sollten, der unter den »teuflischsten und grässlichsten Schlächtern der Welt« leide. Für Spellman und andere Kirchenmänner war der Prozess nicht weniger als »die Kreuzigung der Menschheit«. In London füllten über 6000 Katholiken die Albert

Hall, um gegen Mindszentys Verurteilung zu protestieren, und in Paris forderten, wie berichtet wurde, »Zehntausende Demonstranten« die Freilassung des Kardinals. In Dublin empörten sich am Maifeiertag 150 000 Menschen, darunter Gewerkschaftsvertreter, über die Inhaftierung des Kardinals. Selbst in Indien wurden Messen zu Ehren des gefangenen Prälaten gelesen. Ähnliche Gefühle ergriffen die nicht katholischen christlichen Gemeinschaften in der ganzen Welt; der anglikanische Erzbischof von York zum Beispiel »verurteilte die Verhöhnung der Justiz« und befand, der Prozess sollte für die Stärkung des Bewusstseins, einem transatlantischen Bündnis im Belagerungszustand anzugehören, genutzt werden. Truman persönlich verwarf den Prozess als »die schändliche Verhandlung eines Scheingerichts«. Das *Life*-Magazin brachte die Gefühlslage auf den Punkt: »Kommunisten machen aus einem Kardinal einen Märtyrer«. Diese Empörung kam auch in der Gemeinschaft der osteuropäischen Emigranten im Westen zum Ausdruck; ein Buch resümierte: »In der erstaunlichsten geistigen Schlacht der Weltgeschichte verkörpert Kardinal Mindszenty die westliche Christenheit von heute.«[15]

In der Mainstream-Presse wurde über den Fall umfassend berichtet. Die internationalen Medien verteidigten den Angeklagten und starteten Gegenangriffe auf Französisch, Deutsch und Englisch, die sie oft mit Dokumenten stützten. So lautstark war die internationale Attacke gegen die Prozessfarce, dass sich die ungarische Regierung genötigt fühlte, einen Nachfolgeband zum Gelben Buch, genannt Schwarzbuch, herauszubringen, das den Kreuzzug der westlichen Presse gegen das Verfahren abwehren sollte. Der Text des Regimes ließ kein gutes Haar an den westlichen Staaten und dem Papst; ihre scharfe Kritik an Ungarn sei »in zwischenstaatlichen Beziehungen ungewöhnlich und seit dem Fall Nazideutschlands beinahe vergessen« gewesen. Besonders wütend machte Budapest der westliche Vorwurf, das Geständnis gehe auf eine »teuflische Droge« zurück – diese Anschuldigung habe das intellektuelle Niveau »weit unterhalb eines Edgar-Wallace-Krimis« gedrückt. Die ungarische Regierung hoffte, die westliche Kritik zu entschärfen, indem sie den Kardinal als Faschisten und Antisemiten statt als religiösen Märtyrer und Menschenrechtshelden porträtierte. Es wurden Fotos beigefügt, die ein alternatives Bild vom Prozess vermittelten: der Prälat in ruhiger Beratung mit seinem Rechtsbeistand und ein weiteres, das einen ordnungsgemäß ablaufenden Prozess zu zeigen schien.[16]

Mindszenty wurde zu einem Bezugspunkt in der Populärkultur des Westens, besonders in den Vereinigten Staaten. Zahlreiche amerikanische Fernsehsendungen der späten Vierziger- und frühen Fünfzigerjahre (zum Beispiel *Studio One*, *Crossroads* und an erster Stelle Bischof Fulton Sheens beliebte und rabiat antikommunistische Reihe *Life Is Worth Living*) nahmen das Thema Religion auf und widmeten Mindszentys Schicksal einen beachtlichen Teil ihrer Sendezeit. Auch das Kino registrierte die Bedeutung des Prozesses. Der erste Film, der sich auf das Los des Kardinals bezog, war Felix Feists *Guilty of Treason*. Dieser erzählte vom Foltertod einer ungarischen Grundschullehrerin, die verweigerte, dass ihre Klasse eine Petition für die Verhaftung Mindszentys unterschrieb. Peter Glenvilles *Der Gefangene* von 1955, in der Hauptrolle Alec Guinness, war eine Adaption des gleichnamigen Londoner Theaterstücks von Bridget Boland. Er traf eindeutig einen Nerv, war ein Kassenerfolg und bekam viele gute Besprechungen im Vereinigten Königreich und den USA.[17]

Der Prozess tat das seine, um unter Politikern und Denkern im Westen die Vorstellung von Osteuropa als einem versklavten Halbkontinent populär zu machen. Die »gefangenen Völker« hinter dem Eisernen Vorhang waren eine beliebte Metapher, auf die etwa John Foster Dulles in seinen Verlautbarungen zurückgriff. Besonders wirkungsvoll brachte diese Sichtweise 1956 Siegfried Kracauers und Paul Berkmans Studie *Satellite Mentality* zum Ausdruck, die auf Interviews mit Emigranten aus Osteuropa basierte. Darin verwendeten sie häufig aufgeladene Begriffe wie »Gedankenkontrolle«, »Verstandesmanipulation« und »Indoktrination«, um ihre polemischen Punkte zu setzen, und behaupteten sogar, dass diese »nichtkommunistischen Bürger der Satellitenstaaten« in Osteuropa ihre Länder dadurch als Kolonien Moskaus anerkannten.[18]

Das Gerichtsverfahren bewirkte darüber hinaus ein engeres Verhältnis zwischen Katholizismus und Politik, insbesondere zwischen dem Papsttum und den europäischen Staaten. Der Mindszenty-Prozess stählte die Entschlossenheit Pius' XII., die Neutralität der Kirche aufzugeben und sich direkter in den globalen Angelegenheiten zu engagieren, um das christliche Europa und seine Institutionen zu beschützen. Die Verurteilung des Kardinals veranlasste den Papst, »die großen Nationen des Kontinents« inständig zu bitten, zu ihrer eigenen Verteidigung einen »großen politischen Zusammenschluss« zu bilden. Der Westunion, einer von Frankreich, dem Vereinigten Königreich und den Benelux-Staaten im September 1948 geschlossenen Militärallianz, gab er nur zu gerne seinen Segen. Am 1. Juli 1949 exkommunizierte der Papst zum ersten Mal im 20. Jahrhundert alle Mitglieder, Unterstützer und Anhänger kommunistischer Parteien und dehnte den Bann auch auf Leser kommunistischer Zeitungen aus. Ein Kommentator bemerkte nicht zu Unrecht, dass »niemals zuvor der Papst sich so unzweideutig mit dem westlichen Bündnis identifiziert« habe. Seine Gegner taten den Heiligen Stuhl als »Geistlichen der NATO« ab, und nicht ohne Grund wurde Pius XII. wegen seiner eifrigen Unterstützung für ein amerikanisch geführtes Westeuropa von der Sowjetunion als »Coca-Cola-Papst« verspottet.[19]

Gehirnwäsche

Es gab einen wissenschaftlichen Aspekt des Prozesses, der die weltweite Aufmerksamkeit auf sich zog, und auch dieser berührte die Causa »Zivilisation«. Am meisten fesselte die internationale Gemein-

15 *Der Schauprozess gegen József Kardinal Mindszenty, Budapest, 8. Februar 1949.*

schaft – ob nun Geistlicher oder Laie – das erzwungene Geständnis und die Drogen, die es dem Angeklagten offensichtlich entlockt hatten. Die katholische Presse brachte die Story zuerst. Das britische katholische Wochenblatt *The Tablet* berichtete, dass »eine Tablette des starken Nervengifts Aktedron« dem Kardinal verabreicht worden sei, damit er sich selbst belastete.[20]

Die Erscheinung des fahrigen, wirr umherblickenden Kardinals verstörte die Beobachter. Der Prozess wurde nicht gefilmt und es wurden nur wenige Fotos aufgenommen, sodass eine massenhaft verbreitete Fotografie des Prälaten auf der Anklagebank (Bild 15) zu einem Emblem für den gesamten Prozess und zu einer der am meisten reproduzierten Bilder des frühen Kalten Krieges wurde. (Ein ungarischer Dissident erklärte später, dass die Veröffentlichung der Fotografie »einer der größten Fehler der sowjetischen Propaganda« gewesen sei.) Erzbischof Spellman beklagte, Mindszenty sei gefoltert und unter Drogen gesetzt worden, und stellte den während des Prozesses gemachten Aufnahmen solche gegenüber, die während des USA-Besuchs des ungarischen Prälaten zwei Jahre zuvor entstanden waren. Die Verwendung der mysteriösen Droge habe ihn wehrlos gemacht und ihm sein Gedächtnis und sein Urteilsvermögen genommen; er habe ernüchternde »Beweise seines gebrochenen, gequälten Geistes, seines ins Schwanken gebrachten seelischen Gleichgewichts und des Verlusts seiner Selbstbeherrschung« geliefert. Ein mit der Presse in Kontakt stehender Prozess-Insider sagte, Aktedron sei die »furchteinflößende Waffe der kommunistischen Tyrannei, gegen die es keine Verteidigung gibt«.[21]

Das öffentliche Interesse an Mindszentys Geisteszustand war eng mit zwei weiteren Ereignissen verbunden, welche die westliche Vorstellungskraft damals beschäftigten. Das erste war der Spionageprozess gegen Robert Vogeler, einen leitenden Mitarbeiter des US-Unternehmens ITT, nur Monate nach Abschluss des Mindszenty-Verfahrens. Die Vogeler-Affäre, wie sie bald hieß, war eine diplomatische Krise zwischen Ungarn und den USA. Vogeler überraschte die internationalen Beobachter des Falls, als er auf schuldig plädierte, woraufhin er 15 Jahre Haft wegen Spionage erhielt, wenn diese Strafe auch später auf zwei Jahre verringert wurde. Ausländische Journalisten verurteilten den Prozess rundheraus als ein weiteres stalinistisches »diabolisches Marionettentheater«. Vogelers Memoiren *I was Stalin's Prisoner* (Ich war Stalins Gefangener), 1952 nach seiner Rückkehr in die Vereinigten Staaten veröffentlicht, erzählten von seiner seelischen Folterung und der Verabreichung von Drogen. Vogelers Geschichte über finstere psychische Manipulation wurde über Nacht zur Sensation und war außer für die Presse auch für Autoren fiktionaler Bücher ein gefundenes Fressen, mit Paul Gallicos Roman *Trial by Terror* (*Kein Anruf aus Wien*, 1952) als bekanntestem Beispiel.

Die zweite Episode war 1951 die Veröffentlichung von Edward Hunters *Brain-Washing in Red China. The Calculated Destruction of*

Men's Minds (Gehirnwäsche in Rot-China. Die kalkulierte Zerstörung des menschlichen Verstandes). Hunter war an Propagandaaktivitäten der CIA beteiligt und arbeitete als getarnt recherchierender Journalist; er prägte den Begriff »Gehirnwäsche« als Übersetzung des chinesischen umgangssprachlichen Ausdrucks *hsi nao* (wörtlich »Gehirn waschen«). Angeblich stammte er von einem chinesischen Informanten, der die teuflische Anwendung der Technik geschildert hatte. Damit gab Hunter der wachsenden Furcht vor einer hinterlistigen kommunistischen Täuschung einen Namen. In seiner Geschichte wollte Hunter die sinistre ideologische Umprogrammierung von Bürgern in Maos China zeigen. Seiner Ansicht nach stellte die psychologische Kriegsführung eine neue und gefährliche Phase im Kalten Krieg dar. Die Besorgnis nahm noch einmal zu, als die chinesische Regierung 1952 in einer Propagandainitiative vermeintliche Geständnisse gefangener amerikanischer Piloten präsentierte, in Korea Kriegsverbrechen – einschließlich des Einsatzes biologischer Waffen – begangen zu haben. Bis zum Ende des Krieges hätten demnach 70 Prozent der 7190 amerikanischen Gefangenen entweder Geständnisse abgelegt oder Aufrufe unterschrieben, die ein Ende der amerikanischen Kriegsanstrengung in Asien verlangten; nur 5 Prozent hätten sich offen widersetzt. Noch besorgniserregender war für viele Beobachter, dass die meisten der Geständigen auch nach ihrer Rückkehr in die Vereinigten Staaten und dem Ende des Krieges an ihren Aussagen festhielten. Solche ungemütlichen Geschichten beunruhigten die amerikanische Regierung.[22]

Die kombinierte Berichterstattung über Mindszenty, Vogeler und die Geständnisse im Koreakrieg stießen, vorwiegend in den Vereinigten Staaten, eine Reihe neuer wissenschaftlicher Studien über psychologische Manipulation an. Die in weiten Teilen der Gesellschaft vorhandene Furcht vor der Zerstörung der Autonomie des Individuums wurde am Erfolg amerikanischer Schundromane greifbar, etwa von Robert Heinleins *Weltraummollusken erobern die Erde* von 1951, in Jack Finneys *Die Körperfresser kommen* von 1955 oder A. E. van Vogts *Das andere Gesicht* von 1957. Über die Leinwände lief 1954 *The Bamboo Prison* (Das Bambusgefängnis) von Lewis Seiler, der das Thema Gehirnwäsche im Koreakrieg ausschlachtete. In die Populärmythologie katapultiert wurde das Thema durch Richard Condons Bestseller *Botschafter der Angst* von 1959, den John Frankenheimer zu einem Kinohit verarbeitete. Ebenso drehten sich die Filme über Mindszentys Leidensweg um Drogen und Gehirnwäsche: *Guilty of Treason* (1950) schilderte das Geständnis des Kardinals als eine Form bösartiger Hypnose, während *Der Gefangene* den Gebrauch moderner psychologischer Techniken als eine der dunklen Künste des Kommunismus zeichnete.[23]

Die Beunruhigung über die finstere Wissenschaft hinter Mindszentys Schuldeingeständnis blieb nicht auf Film und Literatur beschränkt. Die Gefahr heimtückischer »Wahrheitsseren« zog auch die Aufmerksamkeit der Vereinten Nationen auf sich, und wiederum war der Mindszenty-Prozess der wichtigste Bezugspunkt. Im April 1950 stellte die UNO den Antrag, solche Seren zu verbieten, da diese eine Verletzung der Menschenrechte darstellten. Zwar blieb das Vorhaben ohne Erfolg, da die zuständige Kommission laut der *New York Times* »sich nicht darauf verständigen konnte, ›Bekenntnisdrogen‹ unter eine gültige Vorschrift einzuordnen, die Folter und unmenschliche Behandlung verbietet«. Immerhin zeigt die Reaktion der UN, wie prominent es den Prozess machte, dass sich in ihm »dunkle Psychiatrie«, der Zivilisationsbruch und Menschenrechtsverletzungen miteinander verbanden.[24]

Nichtsdestotrotz studierte niemand den Prozess fleißiger als die gerade erst gegründete CIA. Wie Romanautoren und Filmemacher glaubte der Geheimdienst, Gehirnwäsche sei eine Form moderner Hexerei, deren bösen Zauber (und Gegenzauber) man analysieren und dem man entgegenwirken müsse. Schon Ende der Vierzigerjahre griff in der CIA die (von den Aussagen der Überläufer genährte) Sorge um sich, dass die USA im medizinischen Bereich nachrichtendienstlicher Aufklärung hinter die Sowjetunion zurückgefallen seien, ehe das Bekenntnis des Kardinals einen Hinweis auf weitere Fortschritte der sowjetischen Psychotechniken zu geben schien. CIA-Mitarbeiter strebten die Entwicklung neuer Mittel an, um Schlüsselinformationen aus Sowjetagenten herauszubekommen und dem US-Personal im Falle der Gefangennahme dabei zu helfen, sowjetischen Wahrheitsseren oder anderen psychochemischen Substanzen zu widerstehen. Das Gerichtsverfahren gegen den Kardinal, die Detonation der ersten Atombombe der UdSSR später im selben Jahr und die »Geständnisse« gefangener US-Soldaten im Koreakrieg machten es in den Augen der CIA noch dringlicher, die psychomedizinische Forschung zu beschleunigen. In später geführten Interviews erinnerten sich pensionierte CIA-Mitarbeiter, wie sie auf den Fotografien vom Hochverratsprozess in die »leeren Augen« des Prälaten geblickt hätten und »entsetzt« gewesen seien; sie seien überzeugt gewesen, dass sein Schuldbekenntnis unter dem Einfluss »irgendeiner geheimnisvollen bewusstseinsverändernden Droge« aus ihm herausgeholt worden sei.[25]

Die CIA legte ein neues geheimes Forschungsprogramm, Projekt Bluebird, auf, um kommunistische Techniken der Bewusstseinskontrolle abzuwehren. Die erste Operation wurde 1950 auf die Beine gestellt, es sollten Verhaltenstechniken und Drogen (Amobarbital und Benzedrin) getestet werden, offensichtlich um bei vermuteten Doppelagenten eine Amnesie herbeizuführen. Das Projekt wurde ausgeweitet und erhielt 1952 den neuen Decknamen Projekt Artischocke, im Jahr darauf die Tarnbezeichnung MKULTRA; es arbeitete ohne jegliche Aufsicht durch die oder Verantwortlichkeit gegenüber der Regierung, wie John Marks in seiner klassischen Darstellung *The Search for the ›Manchurian Candidate‹. The CIA and Mind Control* (Die Suche nach dem Manchurian-Kandidat. Die CIA und Bewusstseinskontrolle) erstmals enthüllte. Die Wissenschaftler waren versessen darauf, die Welt der okkulten »schwarzen Psychiatrie« zu untersuchen. Während viele ihrer Ideen zum Glück nie über das Entwurfsstadium hinauskamen, führte die CIA ihre psychopharmakologische Forschung, um Menschen zum Reden zu bringen, weiter – bis hin zu unrühmlichen LSD-Experimenten. Obwohl eine »Bewusstseinskontrolllücke« wohl genauso illusorisch war wie die »Raketenlücken«, entwickelte die Bewusstseinskontrolle spätestens seit Mitte der Fünfzigerjahre eine eigene Dynamik. In Den Haag entstand im Februar 1963 das Internationale Dokumentations- und Informationszentrum, kurz Interdoc, als eine Art französisch-westdeutsch-niederländisches Joint Venture. Es hatte den Zweck, den »ideologischen Bedrohungen« durch den sowjetischen und chinesischen Kommunismus zu begegnen und westeuropäische nachrichtendienstliche Netzwerke außerhalb amerikanischer Kontrolle aufzubauen. Osteuropäische Geheimdienste wie die ostdeutsche Stasi oder die rumänische Securitate legten ebenfalls ein Interesse an Psychologie und Sozialwissenschaft an den Tag.[26]

Der Mindszenty-Prozess und die Schuldeingeständnisse im Koreakrieg gaben außerdem den Startschuss für ein ganzes neues Forschungsfeld sozialwissenschaftlicher Studien. Dies ging auch auf die Pervertierung der Psychologie zurück – wo der ursprüngliche Impetus auf der Befreiung von seelischen Leiden und der »Wiederherstellung der Persönlichkeit« gelegen hatte, war diese neue »schwarze Psychiatrie« im Gegenteil auf Manipulation, Kontrolle und Zerstörung des Individuums ausgerichtet. Westlichen Beobachtern standen noch die Schauprozesse der Dreißigerjahre vor Augen, in denen Anführer der Bolschewiki aus der Zeit der Oktoberrevolution ins Visier genommen und von der Partei verstoßen wurden. Die Prozesse nach 1945 waren anders, weil sie sich gegen ausgewiesene Antikommunisten richteten, was deren Geständnisse noch irritierender machte. Ein Kommentar nannte dies das »Geheimnis des Eisernen Vorhangs«, das ernsthafte wissenschaftliche Aufmerksamkeit verdiene. Die Gelehrten wollten wissen, inwiefern die »Pawlowsche« Psychologie für neue politische Zwecke umgelenkt worden war. Beispiele sind George S. Counts' und Nucia Lodges *The Country of the Blind. The Soviet System of Mind Control* (Das Land der Blinden. Das sowjetische System der Bewusstseinskontrolle) von 1949, Joost Meerloos *The Rape of the Mind. The Psychology of Thought Control* (Die Vergewaltigung des Bewusstseins. Die Psychologie der Gedankenkontrolle) von 1956 und, als bekanntestes, Robert Jay Liftons *Thought Reform and the Psychology of Totalism. A Study of »Brainwashing« in China* (Reform des Denkens und die Psychologie des Totalismus. Eine Studie zur »Gehirnwäsche« in China) von 1961. Bis Ende der Fünfzigerjahre hatte die Angst vor Gehirnwäsche Hunderte von sozialwissenschaftlichen Büchern und Artikeln über das hervorgebracht, was FBI-Direktor J. Edgar Hoover die kommunistische »Gedankenkontrollmaschine« nannte. Das verbreitete Interesse an Büchern über das Thema demonstrierte die in den Fünfzigerjahren wachsende Sorge, dass der Kalte Krieg sich neue Schauplätze suchte, und das neue Schlachtfeld war die Wissenschaft der Suggestion und der Bewusstseinskontrolle. Der Mindszenty-Prozess war somit ein Meilenstein der Politisierung von Psychologie und Sozialwissenschaft im frühen Kalten Krieg.[27]

Die (christlichen) Menschenrechte

Die Auswirkungen des Falles Mindszenty betrafen auch den Bereich der Menschenrechte. Von Anfang an war die Rede von den Menschenrechten Gegenstand der ideologischen Rivalität zwischen Ost und West, sodass Diskriminierung und Ungerechtigkeit beiderseits des Eisernen Vorhangs sensationsheischend behandelt wurden, um die Überlegenheit des jeweiligen Systems zu unterstreichen. Auf der einen Seite benutzte die westliche Seite die Menschenrechte als Knüppel, mit dem sie auf den sowjetischen Despotismus einschlug und dabei einen neuen antikommunistischen Konsens festigte. Der Europarat wurde im Mai 1949 von zehn westeuropäischen Ländern mit dem ausdrücklichen Ziel gegründet, Menschenrechte, Demokratie und Rechtsstaatlichkeit in Europa zu stützen. Dies war eine Reaktion auf die Zerschlagung der Demokratie in der Tschechoslowakei 1948 durch die – mit sowjetischer Rückendeckung agierenden – Prager Kommunisten. Der Rat betrachtete fortan die Achtung der Menschenrechte und der Demokratie als Voraussetzung für die Mitgliedschaft. Auf der anderen Seite deutete die UdSSR unermüdlich mit dem Finger auf die Bigotterie des Westens und stellte Armut, Arbeitslosigkeit und soziale Vernachlässigung als Verletzungen der Menschenrechte dar. Das ungewisse Schicksal der Afroamerikaner in den Südstaaten während der Konflikte um die Bürgerrechte avancierte zu einem beliebten kommunistischen Kritikpunkt, wie überhaupt die US-»Rassenpolitik« der Fünfziger- und Sechzigerjahre.[28]

Im Laufe der Vierziger- und frühen Fünfzigerjahre erfuhren die Menschenrechte in Westeuropa eine Überarbeitung aus entschieden christlicher Perspektive. Diese war so intensiv und erfolgreich, dass die Menschenrechte oftmals als dezidiert christliches Projekt verstanden wurden. Führende Intellektuelle verschiedener christlicher Kirchen (besonders Katholiken in Frankreich und Großbritannien) betrachteten sie als eine Kombination aus Vergeistigung, Individualismus und Humanismus – damals »Personalismus« genannt –, die angeblich älter sei als die Welt der Politik und diese transzendiere. Katholische Denker hatten während des Zweiten Weltkriegs häufig auf die Menschenrechte als Sprache des Widerstands und der antifaschistischen Solidarität zurückgegriffen, und viele Gespräche über die Menschenrechte in der unmittelbaren Nachkriegszeit entsprangen progressiven katholischen Kreisen. Es sei daran erinnert, dass die Unterzeichnung der Atlantik-Charta – einer Deklaration angloamerikanischer Prinzipien, die zum Teil auf der Verpflichtung zur Wahrung der Menschenrechte beruhte – auf einem US-Kriegsschiff vor der Küste Neufundlands 1941 mit einem Gottesdienst und einem Lobgesang auf den christlichen Soldaten endete. Es wurde sogar behauptet, dass christliche Lobbygruppen sichergestellt hätten, dass die Allgemeine Erklärung der Menschenrechte von 1948 die Religionsfreiheit entschieden bestätigte. Der Aufstieg der Menschenrechte war eng mit dem Aufbau eines christdemokratischen Westeuropa verbunden; diese Moralpolitik gehörte zu der größeren konservativen Kampagne, das bürgerliche Europa in einem christlichen Geist neu zu gestalten. In diesem Projekt avancierten die Menschenrechte erneut zu einem wesentlichen Element des antikommunistischen Konsenses in Westeuropa.[29]

Eine ausschlaggebende Figur in diesem Wandel war der Franzose Jacques Maritain. Mit seiner einflussreichen Arbeit trug er dazu bei, Recht und Religiosität zu verschmelzen, und agierte als einer der Hauptarchitekten der Allgemeinen Erklärung der Menschenrechte. Seit den Dreißigerjahren hatte sich Maritain als ein Exponent des katholischen Humanismus, Personalismus und der Menschenrechte betätigt und daran mitgewirkt, Christentum und Demokratie zusammenzuführen. Dies wurde in seinem Werk *Christlicher Humanismus* von 1936 deutlich, das der kleinen christdemokratischen Bewegung der Dreißigerjahre als Leitfaden diente. Darin behauptete er, dass ein neuer antisäkularer geistiger Humanismus – eine »neue Christenheit« – vonnöten sei, der »untrennbar mit der Zivilisation oder Kultur verbunden [ist], sofern man diese beiden Worte synonym nimmt«. Sein weithin verbreitetes Pamphlet *Christentum und Demokratie* von 1943 verkündete diese Vereinigung als besten Weg zu einer moralischen Regeneration nach dem Krieg, und Tausende Exemplare des Pamphlets wurden im Zuge des alliierten Angriffs auf das besetzte Europa von Kampfflugzeugen über den nationalsozialistisch kontrollierten Gebieten abgeworfen. Maritain behandelte den moralischen Zusammenbruch Europas ausführlich in *Le crépuscule de la civilisation* (Zivilisationsdämmerung), das 1939 in Frankreich erschien und

1943 ins Englische übersetzt wurde. Darin betrachtete er die Krise der Zivilisation im Sinne einer unseligen Abwendung von Gott hin zu einem Irrglauben an das »anthropozentrische Konzept von Mensch und Kultur«, das ihn zu »Materialismus, Atheismus und einer die Maske des Staatsdespotismus tragenden Anarchie« verleite, was im »nationalsozialistischen Rassismus« und im Kommunismus kulminiert sei. Es bedürfe eines »neuen Humanismus«, der auf der »Verleihung von Würde« an das »Geschöpf« gründe, das sich »dem Universum des Göttlichen und Metarationalen« öffne, was Maritain als den »Humanismus der Inkarnation« bezeichnete. Sodann blies er zur christlichen Mission: »Es ist nicht Europa allein, es ist die Welt, es ist die ganze Welt, welche die Frage der Zivilisation zu lösen hat. Für das Europa von gestern war es zu spät. Für das gekreuzigte Europa von heute ist es nicht zu spät.«[30]

Die Rede von den Menschenrechten durchdrang die westliche Verdammung des Mindszenty-Prozesses. Da die Allgemeine Erklärung der Menschenrechte erst einige Monate zuvor unterzeichnet worden war, wurde diese im Fall Mindszenty zum ersten Mal wirklich auf die Probe gestellt. Der Papst bezog sich in seiner Rede vor dem Kardinalskollegium am 14. Februar 1949 auf das erneuerte Verständnis der Menschenrechte. Darin sagte er, dass das traurige Schicksal des Würdenträgers »nicht nur Ihrem bedeutenden Kollegium und der Kirche, sondern jedem aufrechten Vertreter der Würde und Freiheit des Menschen eine tiefe Wunde zufügt«. Vom Zusammenhang zwischen Katholizismus und der »Würde der Person« war seit den Sozialenzykliken *Rerum Novarum* von 1891 und *Quadragesimo Anno* von 1931 die Rede gewesen, doch wurde dieser nun erneuert, um ihn einer veränderten politischen Welt anzupassen. Charles Malik, der libanesische Philosoph griechisch-orthodoxen Glaubens und Mitverfasser der UN-Charta, zog für den Entwurf der Menschenrechtserklärung vermutlich die beiden katholischen Enzykliken heran. Katholische Publizisten erkannten bald, wie mächtig die Verbindung von Menschenrechten und katholischen Anliegen war. Zwar setzten sich nicht europäische Delegierte energisch dafür ein, beispielsweise dem konfuzianischen Denken bei der Ausgestaltung des Konzepts der Menschenrechte Raum zu geben, doch blieb für das westliche politische Denken die Christianisierung der Menschenrechte charakteristisch.[31]

Eine Verbindung des Nürnberger Hauptkriegsverbrecherprozesses mit dem Mindszenty-Prozess herzustellen, zementierte zusätzlich dieses westliche Verständnis der Menschenrechte im frühen Kalten Krieg. Im Oktober 1949 verurteilte Sir Hartley Shawcross, Delegierter Großbritanniens bei den Vereinten Nationen und vier Jahre zuvor Chefankläger in Nürnberg, den Umgang mit dem ungarischen Kirchenmann. In einer Rede vor den Vereinten Nationen erklärte er, dass »heute exakt dieselben Techniken zum Einsatz kamen, wie sie die Nazis anwandten – in diesen ehemaligen Feindländern ist die rote Fahne anstelle des Hakenkreuzes gehisst worden«. Sogar noch wichtiger für diese Verbindung war David Maxwell Fyfe, der in Nürnberg einer der britischen Richter gewesen war und später die Europäische Menschenrechtskonvention mit entwarf. Im April 1949 interviewte ihn die britische katholische Wochenzeitung *Catholic Herald* zum Mindszenty-Prozess. Die beiden Verfahren verknüpfte Fyfe ausdrücklich: »In Nürnberg habe ich im Detail und aus den Mündern der Angeklagten gelernt, wie Menschenrechte und alles, wofür die Zivilisation steht, durch das Vergiften des Brunnens der Gerechtigkeit zerstört werden kann«, und dies sei »eines der Dinge, gegen die Kardinal Mindszenty in Ungarn kämpfte. Möge sein Martyrium nicht vergebens sein.« Solche Ansichten belegen, wie gründlich Menschenrechte, Religion und Zivilisation in antikommunistischen, christdemokratischen Projekten verschmolzen wurden.[32]

Die westliche Wahrnehmung des Mindszenty-Prozesses drängte die Regierung Rákosi in die Defensive. Besonders giftig reagierte sie darauf, dass die Presse im Westen den Fall als »Beschneidung der

Religionsfreiheit« und Mindszenty als »katholischen Märtyrer« und »Verteidiger der Menschenrechte und der Redefreiheit« hinstellte. Ungarische Behördenvertreter bestanden darauf, dass es bei dem Prozess nicht um einen Angriff auf die katholische Kirche oder auf religiöse Rechte gehe, sondern um die verräterischen Umtriebe eines »gewöhnlichen Verbrechers«. Dass das Schwarzbuch Budapests die Behauptung des britischen Außenministers Ernest Bevin, der Prozess sei »unserer Idee von Menschen- und Freiheitsrechten aufs Äußerste widerwärtig«, explizit zurückwies, zeigte deutlich, dass die Regierung Rákosi dabei war, die Debatte auf internationaler Ebene zu verlieren. Tatsächlich nahm die Angelegenheit so viel Fahrt auf und erhielt so viel internationale Berichterstattung, dass sie vor die Vereinten Nationen gebracht wurde. Am Tag nach Prozessende trat US-Außenminister Dean Acheson vor der UNO auf und ächtete das Urteil gegen den Kardinal als »gewissenlose Attacke auf die religiöse und persönliche Freiheit« und als ein schamloses Bestreben, »diese Quelle moralischen Widerstands gegen den Kommunismus zu beseitigen«. In einer weiteren Rede vor den Vereinten Nationen prangerte Acheson an, dass Ungarn, Bulgarien und Rumänien mit der Verfolgung religiöser Führungsfiguren die in den Friedensverträgen von 1947 festgeschriebenen Menschenrechte verletzten.[33]

Der Mindszenty-Prozess spielte 1950 eine kraftvolle Rolle bei der Schaffung der Europäischen Menschenrechtskonvention, die signifikant von der zwei Jahre zuvor durch die UNO verabschiedeten Allgemeinen Erklärung der Menschenrechte abwich. Die Erklärung von 1948 bot ein umfassendes und tragfähiges Ensemble von Rechten, die deutlich über die klassischen liberalen Schutzrechte des einzelnen Bürgers gegenüber einem anmaßenden Staat hinausgingen. Diese weiterreichenden Rechte beinhalteten das Recht auf Arbeit, auf Bildung und Gesundheitsversorgung, wozu die sowjetische Präsenz in den Debatten erheblich beigetragen hatte. Der Tenor der europäischen Konvention wandte sich unmissverständlich gegen den Kommunismus; die sozialen und ökonomischen Rechte der UN-Menschenrechtscharta fielen stillschweigend unter den Tisch. Aufgenommen wurden hingegen die neuen Markenzeichen des westlichen Verständnisses der Menschenrechte: die Heiligkeit des Rechts, das Verbot von Zwangsarbeit, rechtmäßige Gerichtsverfahren, Meinungs- und Gewissensfreiheit – und es kam der neue Artikel hinzu, wonach »[j]ede Person […] das Recht auf Achtung ihres Privat- und Familienlebens, ihrer Wohnung und ihrer Korrespondenz« habe – alles offenkundige liberale Prinzipien, welche Kommunisten als unverblümt gegen ihre Regime gerichtet interpretierten. Die Europäische Menschenrechtskonvention wurde von einer Gruppe mächtiger konservativer Denker gefertigt, darunter Winston Churchill und Maxwell Fyfe, und strebte vor allem danach, die Bedrohung durch linke Parteien zu Hause und die sowjetische Hegemonie auf der internationalen Bühne einzudämmen, indem man einen neuen westeuropäischen Konsens rund um die Menschenrechte schmiedete, welche wiederum auf die individuelle Freiheit gegründet waren. In einem weiteren Sinne ging es dieser Gruppe darum, festzulegen, dass die Menschenrechte nicht auf 1789 zurückgingen, sondern vielmehr eine christliche Schöpfung seien, die es gegen das Vermächtnis der Französischen Revolution und die revolutionäre Gefahr des Kommunismus zu verteidigen gelte.[34]

Für den Europarat waren Religionsfreiheit und »christliche Zivilisation« die Eckpfeiler der Europäischen Menschenrechtskonvention, und das Schicksal der gefangenen Bischöfe im Osten, besonders jenes von Mindszenty, unterstrich deren Bedeutung. So sehr erleichterte der Fall Mindszenty das Schmieden einer innigen Beziehung zwischen den Menschenrechten und dem Antikommunismus, dass Religionsfreiheit im Westen zum prominentesten Menschenrechtsthema während der Frühzeit des Kalten Krieges wurde. Im April 1949, also wenige Monate nach dem Prozess, debattierte die UNO darüber, ob die Urteile gegen Kardinal Mindszenty wie auch gegen mehrere protestantische Pastoren in Bulgarien die Verpflichtung der Mitgliedsstaaten verletzten, die Menschenrechte ihrer Bürger zu respektieren. Die Abgesandten der Ostblockstaaten vertraten in der Vollversammlung der Vereinten Nationen leidenschaftlich den Standpunkt, dass derartige Angelegenheiten nicht in die Zuständigkeit der UNO fielen, sondern den jeweiligen nationalen Behörden unterlägen; die Angeklagten seien gewöhnliche Kriminelle, deren Fälle mit den Menschenrechten nichts zu tun hätten. Die Diplomaten wiesen dementsprechend zurück, was sie zu einem Affront gegen ihre staatliche Souveränität durch die UNO erklärten. Nach zehntägiger Diskussion nahm die Vollversammlung die Resolution mit 30 zu 7 Stimmen an und verurteilte somit die Schuldsprüche in den Schauprozessen als eklatante Menschenrechtsverletzungen. Ungarn, Bulgarien und Rumänien wurden aus den Vereinten Nationen ausgeschlossen, weil sie der Rücksichtnahme auf »Menschenrechte und grundlegende Freiheiten« abgeschworen hätten. Die Prozesse gegen Geistliche verursachten also die diplomatische Isolation dieser drei Länder außerhalb des Ostblocks.

Eine christliche Zivilisation

Der christliche Antikommunismus der späten Vierzigerjahre war gewissermaßen eine Wiederaufnahme des Kreuzzugs, den die katholische Kirche in der Zwischenkriegszeit gegen die Russische Revolution und den »Geist von 1917« unternommen hatte. Die gefährlichen, wenn auch kurzlebigen ungarischen und bayrischen Räterepubliken nach 1918, die »roten Jahre« in Italien 1919/20 mit ihren Fabrikbesetzungen und Bauernstreiks, die Mexikanische Revolution 1910 bis 1920 und natürlich der Spanische Bürgerkrieg 1936 bis 1939 säten in der christlichen Öffentlichkeit tiefe Besorgnis über eine heranrollende rote Flut des bolschewikischen Antiklerikalismus, welcher die traditionellen christlichen Hochburgen rund um den Globus bedrohe. Dem begegnete der Vatikan in den Dreißigerjahren mit einer breiten transnationalen Offensive beziehungsweise einer Art katholischer Internationale, welche die Kraft und die Reichweite ihrer kommunistischen Rivalin erreichen sollte. Hierfür stellte sie eine gut organisierte Medienkampagne auf die Beine und suchte mittels Radio, Presse und Wanderausstellungen, die gefährdeten katholischen Territorien zurückzuerobern. Rom wurde zum großen Bollwerk gegen Moskau stilisiert. Papst Pius' XI. im März 1937 veröffentlichte Enzyklika *Divini Redemptoris* attackierte den atheistischen Kommunismus, »der die Welt allzu unmittelbar bedroht« und »die Fundamente der christlichen Zivilisation zu untergraben« versuche. Ein derart rigider Antikommunismus sollte das Denken des Vatikans für eine ganze Generation bestimmen, galt die Enzyklika doch bis zum Zweiten Vatikanischen Konzil 1962 bis 1965 als offizielle katholische Doktrin. Protestantische Aktivisten ergriffen in den Zwanzigerjahren ähnliche Initiativen, etwa die in der Schweiz ansässige Internationale Antikommunistische Entente oder die Kampagne »Kampf der Kirche gegen Gottentfremdung und widergöttliche Kräfte« des Deutschen Evangelischen Kirchenbundes, die in gleicher Weise Publikationen und Konferenzen gegen die kommunistische Bedrohung koordinierten und eine stabile Grundlage für eine konfessionsübergreifende Solidarität im Kalten Krieg lieferten.[35]

Im Zuge dessen kam eine neue Geografie des christlichen Europa auf. Das, was mal atlantische, mal westliche, mal christliche Zivilisation geheißen hatte, wurde nun darauf gegründet, dass man Westeuropa als wichtigstes Schlachtfeld eines neuen Kulturkriegs ausgemacht hatte, wobei einigen im Süden und Osten gelegenen Frontstaaten gegen die kommunistische Gefahr eine Schlüsselrolle zukam.

Die Verfolgung von Bischöfen hinter dem Eisernen Vorhang half, diese neue kulturelle Karte Europas zu umreißen. Mindszenty selbst zögerte nicht, den Kampf des katholischen Ungarn gegen den Kommunismus in einen größeren historischen Kampf gegen die Ungläubigen einzuordnen. Das Königreich Ungarn hatte lange als östlicher Außenposten der westlichen Christenheit gegolten, und Mindszenty passte diesen Kampf nun den Anforderungen des Kalten Krieges an. In seiner Sicht war die Auseinandersetzung mit dem Kommunismus nur die jüngste Runde im Streit mit antichristlichen Mächten, der mit den Schlachten der Ungarn gegen den Islam im 16. und 17. Jahrhundert seinen Anfang genommen hatte. Am 4. Oktober 1948, wenige Monate vor seiner Verhaftung, predigte Mindszenty zum Rosenkranzfest vor etwa 35 000 Gläubigen. Zu dieser Gelegenheit erinnerte er seine Zuhörer daran, dass der Ursprung des Festes im Erfolg einer Koalition katholischer Staaten gegen die osmanische Flotte 1571 lag, als »Christen mit dem Rosenkranz in der Hand bei Lepanto siegten«. Budapest war seit der Schlacht bei Mohács 1526 türkisch besetzt gewesen, und so verband Mindszenty den Sieg bei Lepanto mit der stärker ungarischen Episode des habsburgischen Sieges über den osmanischen Gegner bei Temeswar 1716. In Mindszentys Augen hatte der Habsburger General Prinz Eugen den Sieg über die Türken davongetragen, weil er ein »Mann des Gebets« gewesen sei. Deshalb habe Europa im Angesicht eines gemeinsamen ungläubigen Feindes politische Einigkeit und moralische Stärke gefunden.[36]

Mindszenty war nicht der Einzige, der die Gegenreformation als einen Moment interpretierte, in welchem die christliche Zivilisation »von innen wiederhergestellt und gegen feindliche äußere Kräfte verteidigt« worden sei. Diese Sichtweise teilte im 19. Jahrhundert ein Großteil des ungarischen Klerus, der einen neu belebten Katholizismus als wichtigste transnationale kulturelle Kraft auf dem Kontinent feierte. Eine solche Deutung erhielt in den Dreißigerjahren weitere Bestätigung, insbesondere durch Eugenio Kardinal Pacelli, den späteren Papst Pius XII. Auf dem 34. Eucharistischen Weltkongress in Budapest 1938 pries Pacelli den »unbezwingbaren Mut der ungarischen Armeen« bei ihrer Verteidigung der christlichen Zivilisation gegen den »stolzen Halbmond des Islam« in früheren Jahrhunderten. Zum Ende der Rede sagte Pacelli, er hoffe, dass ihre Taten die Katholiken von heute dazu anregen würden, »die Kirche und die christliche Zivilisation gegen die Führer religiöser Leugnung und sozialer Revolution zu verteidigen, indem sie ihnen entgegentreten, wie es das Ungarn des 17. Jahrhunderts tat«. Am 7. Oktober 1947 sprach Pacelli, inzwischen Pius XII., vor einer Reisegruppe von US-Senatoren den hohen historischen Einsatz an, um den es in der Schlacht gegen den Kommunismus gehe. Er erinnerte sie daran, dass »der 7. Oktober ein denkwürdiger Tag im Kalender des abendländischen Europa« sei, da an jenem Tag des Jahres 1571 die »für die christliche Zivilisation stehenden Mächte sich vereinten, um die tödliche Bedrohung aus dem Osten zu besiegen«, und so das christliche Europa vor der Invasion der Türken gerettet hätten. Die Schlacht von Lepanto wurde im Kalten Krieg gegen die »neuen Türken« aus dem Osten für europäische Konservative zu einem beliebten Symbol, das dazu beitrug, die Rolle der Kirche in der Weltpolitik nach 1945 zu definieren. Als Mindszenty auf diese Weise die Geschichte neu schrieb, folgte er also den Ansichten der katholischen Kirchenführer der Dreißigerjahre und sah, was beim welthistorischen Zusammenprall von Kommunismus und Katholizismus unverändert auf dem Spiel stand. Und wiederum verlief die Frontlinie in diesem neuerlichen Ringen der Christenheit durch das – nunmehr kommunistisch regierte – Ungarn.[37]

Ebenso erstaunlich ist, dass der Fall Mindszenty die Ausweitung dieser neuen transatlantischen Solidarität auf andere Religionsgemeinschaften veranlasste. Tatsächlich beflügelte der Mindszenty-Prozess die Geschlossenheit verschiedener christlicher Glaubensrichtungen wie auch die Mobilisierung jüdischen Rückhalts für das größere politische Anliegen der Religionsfreiheit. Obwohl der Begriff »jüdisch-christliche Zivilisation« aus dem späten 19. Jahrhundert stammt, wird er oftmals mit dem Wirken der 1927 gegründeten US-amerikanischen National Conference of Christians and Jews in Verbindung gebracht, die in den Dreißigerjahren für die Eintracht zwischen den Religionen warb. Während des Krieges fochten bedeutende christliche Intellektuelle wie Reinhold Niebuhr, Jacques Maritain und Paul Tillich für die Sache der jüdisch-christlichen Zivilisation, die der Errichtung einer kulturellen Einheitsfront gegen den Nationalsozialismus dienlich sein sollte. Nach den erschreckenden Enthüllungen über die nationalsozialistischen Todeslager erschien die Verteidigung der christlichen Zivilisation als zu wenig inklusiv, sodass »jüdisch-christliche Zivilisation« sich zu einer bevorzugten Bezeichnung für die gemeinsamen geistigen Fundamente des amerikanischen Selbstverständnisses entwickelte. Diese Rhetorik erfuhr dann im Kalten Krieg einen Schub. In einer Rede in New York wenige Tage vor Weihnachten 1952 bekräftigte der gewählte Präsident Eisenhower, dass »unsere Regierungsform keinen Sinn hat, wenn sie nicht in einem tief empfundenen religiösen Glauben gründet, und es ist mir gleichgültig, in welchem«, obgleich »es sich bei uns um das jüdisch-christliche Konzept handelt, und es muss eine Religion sein, wonach alle Menschen gleich erschaffen sind«. In den frühen Fünfzigerjahren wurden sogenannte jüdisch-christliche Werte zur moralischen Grundlage des, wie es hieß, aus »drei Glaubensrichtungen« bestehenden liberalen Amerika *(tri-faith America)*. Während diese Kampagne zum einen dem Antisemitismus begegnen sollte, half sie zum anderen, die ideologischen Bindungen zwischen organisierter Religion, Antikommunismus und politischem Liberalismus zu festigen.[38]

Ein aufgeschlossenerer amerikanischer Protestantismus, der Katholiken und Juden im Namen der jüdisch-christlichen Zivilisation die Hand reichte, mauserte sich zu einem Hauptmerkmal der politischen Kultur in den USA der Fünfzigerjahre. Diesen Trend illustrierten die allgegenwärtigen sogenannten »Gebetsfrühstücke« in der damaligen US-Politik, in deren Rahmen ein katholischer Priester, ein Rabbiner und ein protestantischer Pastor alle großen politischen Versammlungen eröffneten, um der neuen Union von Religion und Liberalismus ihren Segen zu geben. Dieser weit ausgreifende Ökumenismus erstreckte sich kurzzeitig sogar auf die islamische Welt. Der Gegensatz zwischen den USA einerseits und Briten, Franzosen und Israelis andererseits in der Suez-Krise 1956 brachte Washington in der muslimischen Staatengemeinschaft viel Wohlwollen ein, aus dem Eisenhower politisches Kapital zu schlagen gedachte. In seinem Grußwort anlässlich der Eröffnung eines islamischen Zentrums in Washington pries er die Beiträge des Islams zur Weltzivilisation und zum »friedlichen Fortschritt aller Menschen unter einem Gott«. Allerdings blieb die christlich-jüdische Einigkeit das Herzstück dieses neuen religiösen Bewusstseins, dem zufolge die Werte der westlichen Zivilisation auf einem neuen, Christen und Juden einbeziehenden religiösen Konsens beruhten.[39]

Ansätze zu einem transatlantischen, jüdisch-christlichen Werten verpflichteten Westen hatte eine Reihe prominenter Einwanderer aus Mitteleuropa schon früher über den Atlantik gebracht. Die Idee, dass die Vereinigten Staaten eine deutlich ausgeprägte jüdisch-christliche Zivilisation verteidigen müssten, wurde während des Zweiten Weltkriegs erstmals artikuliert, vor allem unter liberalen deutschen Emigranten, die in den Zwanziger- und Dreißigerjahren nach Amerika gekommen waren. Die Werke von Waldemar Gurian zum Beispiel, besonders das 1935 erschienene *Bolschewismus als Weltgefahr*, elektrisierten Leser weltweit. Darin argumentierte er, dass der Kommunismus nach keinerlei höheren Idealen strebe, sondern ein totalitäres System darstelle, welches entschlossen sei, jegliche traditionellen Quellen von Autorität, einschließlich der Kirchen und der Religionsfreiheit, zu zerstören. Seine während des Krieges entstandenen Arbeiten gingen noch weiter und behaupteten, der Zweite Weltkrieg in Asien und Europa sei »kein ökonomischer oder politischer Krieg, sondern ein Zivilisationskrieg«, und da dieser »die geistigen und religiösen Prinzipien der zivilisierten Ordnung betrifft, ist er auch ein Religionskrieg«. Ein weiterer einflussreicher deutscher Intellektueller war der bereits 1926 eingewanderte Carl J. Friedrich, der in den Fünfzigerjahren eine Brücke zwischen dem Weimarer und dem amerikanischen Liberalismus schlug. Friedrich war Chefberater von General Lucius D. Clay, dem US-Militärgouverneur in Deutschland, und leitete später die Harvard Graduate School of Public Administration. In seinen Schriften legte Friedrich dar, dass die Ursprünge der Demokratie weniger in der Aufklärung als im protestantischen Denken des 17. Jahrhunderts lägen. Das war nicht nur deshalb von Bedeutung, weil es eine enge Affinität von Demokratie und Christentum herstellte, sondern auch, weil die Demokratie mit den Puritanern nach Amerika eingewandert sei. In Friedrichs Augen hatten allein die Vereinigten Staaten das Potenzial, das »gemeinsame religiöse Erbe der modernen Zivilisation« abzusichern, das Erbe der heiligen »jüdisch-christlichen« Tradition, die vom Nationalsozialismus bedrängt und von Protestanten, Katholiken und Juden gleichermaßen zu verteidigen sei. Im Laufe seiner Nachkriegskarriere bildete er eine Reihe mächtiger amerikanischer Politiker und Politikberater aus, unter ihnen Henry Kissinger und Zbigniew Brzeziński, die sich alle für Amerikas Rolle als Verteidiger der westlichen Zivilisation gegen den Kommunismus hervortaten. Diese Emigranten halfen, die Bande zwischen den USA und Westeuropa und somit die neue, religiös gefärbte liberale Mission gegen Moskau zu stärken.[40]

Während der Mindszenty-Prozess seinen Teil leistete, um die Vereinigten Staaten und Westeuropa zu einem neuen transatlantischen christlichen Westen zusammenzuschließen, war die katholische Kirche damit beschäftigt, die kulturelle Landkarte Europas in einem weiteren Sinne neu zu zeichnen. Die politischen Grenzen des katholischen Europa lagen nicht allein im Osten – nicht weniger entscheidend waren die südlichen Grenzregionen des Kontinents. Die südliche Verteidigungslinie lag zunächst in Italien. Die italienischen Wahlen 1948 stellten die neue westeuropäische Ehe von Religion und

Politik zum ersten Mal vor eine echte Herausforderung. Dabei beabsichtigten die katholischen Konservativen, den Einfluss der Kommunistischen Partei Italiens auf die Massen und ihre enge Verknüpfung mit Moskau zu neutralisieren. 1944 war der KP-Vorsitzende Palmiro Togliatti im Triumph aus Moskau zurückgekehrt mit dem Auftrag, einen »italienischen Weg zum Sozialismus« zu beschreiten, was die katholische Gemeinschaft in Aufruhr versetzte. Die konservativ-katholische Presse, allen voran *L'Osservatore Romano* und die einflussreiche jesuitische Zeitschrift *La Civiltà Cattolica* setzten sich an die Spitze des antikommunistischen Feldzugs gegen den »sowjetischen Totalitarismus«. Das für die »katholische Zivilisation« eintretende Periodikum der Jesuiten war 1850 gegründet worden, um den Gefahren des säkularen Liberalismus und der Freimaurerei entgegenzutreten, richtete sich nun jedoch gegen die Bedrohung aus Moskau. Der Vatikan und die CIA gaben der Wahl einen Drall zugunsten der Christdemokraten. Ihr Wahlsieg markierte das Wiederaufleben des Antikommunismus als mobilisierendem Faktor, welcher die Brücke vom Faschismus zum Postfaschismus schlug, während sich die italienischen Christdemokraten als erste Verteidigungslinie für westliche Werte und die christliche Zivilisation darstellten. Der Triumph der Christdemokratie in Italien ermutigte gleichgesinnte Parteien überall in Westeuropa in ihrem Bemühen, die kommunistische Bedrohung im Innern abzuwehren.[41]

Der Sicherung der Südflanke des christlichen Europa wurde auch in der Umgestaltung des faschistischen Spanien zum Bollwerk gegen die rote Gefahr sichtbar, mit Diktator Francisco Franco als tapferem Verteidiger der christlichen Zivilisation auf der Iberischen Halbinsel, der sich selbst als »El Generalisimo Cristianísimo de la Santa Cruzada« (Allerchristlichster Generalissimus vom Heiligen Kreuzzug) bezeichnete. Franco hatte während des Spanischen Bürgerkriegs 1936 bis 1939 wiederholt auf die Rede von der Zivilisation zurückgegriffen und politische Gewalt als epischen Abwehrkampf, als Ringen zwischen »westlicher Zivilisation und Moskowiter Barbarei« oder zwischen »christlicher Zivilisation« und den »satanischen Horden« der Republik gerechtfertigt. Die katholische Kirche in Frankreich hatte im Einklang mit französischen Konservativen wie Paul Claudel und Henri Massis die Franquisten als Leuchtturm katholischer Werte und der gefährdeten westlichen Zivilisation gepriesen. Nach 1945 holte Franco diese Sprache wieder hervor, um den Anforderungen des Kalten Krieges gerecht zu werden. Demnach habe die Vernachlässigung traditioneller katholisch-nationaler Werte im Vorfeld des Bürgerkriegs Spanien der Sünde, dem Chaos und der Zerstörung anheimgegeben, ehe der Marsch des Kommunismus nach Mitteleuropa 1944/45 die rote Gefahr noch einmal verschärft habe. In Portugal herrschte eine ähnliche Mischung aus Autoritarismus und Katholizismus und fügte sich in die selbsternannte iberische Flanke der christlichen Zivilisation. In der Folge wurden Italien, Spanien und Portugal von christlichen Publizisten in der Kartografie des Kalten Krieges als entscheidende Frontabschnitte eines verjüngten christlichen Europa neu verortet.[42]

Auch im Nordwesten gab es einen wichtigen Außenposten. Großbritannien spielte in der Tat eine – freilich nicht ausreichend wertgeschätzte – Schlüsselrolle bei der Propagierung des christlichen Fundamentes Westeuropas als postfaschistischem moralischem Kompass.

Die Wiederentdeckung des Abendlandes

Eine bemerkenswerte Mittlerfigur zwischen den USA und Großbritannien war Arnold J. Toynbee, der weithin bekannte Universalhistoriker und Direktor des Royal Institute of International Affairs. Sein zwölfbändiges, 1934 bis 1961 erschienenes Werk *A Study of History* wandte das Leitmotiv der Zivilisation darauf an, die größeren Muster der Weltgeschichte zu entziffern. Seine Bücher boten ein feierliches Defilee der Entstehung, des Wachstums und der Auflösung von 26 Weltzivilisationen, von denen 16 untergegangen und weitere 9 dem Verderben geweiht waren – lediglich das »westliche Christentum« befand sich in einem Zustand der Entwicklung. Die ersten drei Bände wurden als zeitgemäße Beiträge zur Malaise der Zivilisation begrüßt, die nächsten drei erschienen kurz vor dem Ausbruch des Zweiten Weltkriegs und galten als scharfsinnige Diagnose einer Welt am Rande eines weiteren großen Konflikts. Die Kurzfassung seiner Bücher, *Der Gang der Weltgeschichte*, ging auf der ganzen Welt in Hunderttausenden Exemplaren über die Ladentische. Sein Werk war so populär, dass Toynbee als einer der »am meisten gelesenen, übersetzten und diskutierten lebenden Gelehrten« bezeichnet wurde, der seinen Zeitgenossen eine Erklärung für das weithin geteilte Bewusstsein einer »Entzivilisierung« des Westens lieferte. Nach dem Krieg genoss Toynbee in den Vereinigten Staaten eine beachtliche Prominenz. Der amerikanische Pressemogul Henry R. Luce bewarb Toynbee als einen neuen christlichen Propheten und verbreitete seine Ideen in der Titelstory seines erfolgreichen *Time*-Magazins vom März 1947. Über dem Porträt des britischen Historikers prangte die Überschrift »Unsere Zivilisation ist nicht unweigerlich zum Untergang verdammt«. Der *Time*-Titel fiel mit der Veröffentlichung der gekürzten Version von Toynbees *A Study in History* von 1936 zusammen. In seiner Wiedergabe von Toynbees Gedanken schrieb das *Time*-Magazin, der welthistorische Platz der USA hinge am seidenen Faden. Der Artikel bekräftigte, dass die aktuelle »Krise der westlichen Zivilisation« es erfordere, dass die USA sich zum »Vorkämpfer des Überrests der christlichen Zivilisation gegen die sie bedrohenden Kräfte« aufschwängen. Die Titelgeschichte löste in Amerika ein stürmisches Interesse an Toynbees Arbeit aus – Kirchenmänner, Lehrkräfte und Politiker baten *Time* um Nachdrucke für die Verteilung vor Ort, und Toynbees Vorträge füllten überall im Land die Säle.[43]

Ein weiterer wesentlicher intellektueller Vermittler dieses neuen europäischen Traums war niemand anderes als Winston Churchill. Nach seiner Wahlniederlage im Juli 1945 widmete er Europa beträchtliche Energie, wenn diese auch in ihrem Kampf für die europäische Einigung weder im Inland noch auf dem Kontinent besondere Zugkraft entfaltete. Schließlich war das Werben für die europäische Einheit so kurz nach dem Krieg – die Europäische Bewegung wurde 1947/48 gegründet – kein sonderlich populärer Standpunkt. Während der Okkupation Europas durch die Achsenmächte war der Kampf gegen den Faschismus in erster Linie auf die Befreiung von der Fremdherrschaft ausgerichtet gewesen. Das Kriegsende steigerte nicht im Geringsten den Appetit auf Internationalismus oder gar auf eine europäische Einheit. »Europäer vereinigt euch« war während des Zweiten Weltkriegs tatsächlich die Parole der Kollaborateure gewesen. Churchill sah die Sache anders. In einer Rundfunkansprache forderte er im März 1943 eine Ratsversammlung für Europa wie auch eine für Asien und formulierte seine europäischen Überzeugungen: »In Europa wohnen die geschichtlichen, alteingesessenen Rassen, von denen der breite Strom der westlichen Zivilisation seinen Ausgang genommen hat. Ich halte mich selbst für das, was man einen ›guten Europäer‹ nennt, und es dünkt mich eine noble Aufgabe, an der Wiederbelebung des fruchtbringenden Geistes und an der Wiederherstellung der wahrhaften Größe Europas mitzuarbeiten.« »Westliche Zivilisation« war dabei sein Schlagwort für die kulturelle Regeneration Westeuropas. In seiner »Europa erhebe dich«-Rede, die er am 14. Mai 1947 auf der großen Gründungsversammlung der Europäischen Bewegung in der Royal Albert Hall hielt, bezog sich Churchill ausdrücklich auf das »geistige Konzept von Europa«. Er betonte, dass »die wahre Grenze zwischen Europa und Asien keine Gebirgskette ist, keine natürliche Grenze, sondern ein System von Glaubenssätzen und Ideen, die wir westliche Zivilisation nennen«.[44]

Substanz hatte Churchill seinem europäischen Ideal bereits in einer Ansprache am 19. September 1946 in Zürich über »Europas Tragödie« verliehen. »Dieser edle Kontinent« bleibe die Quelle des christlichen Glaubens und der christlichen Ethik. »Hier liegt der Ursprung fast aller Kulturen, Künste, philosophischen Lehren und Wissenschaften des Altertums und der Neuzeit.« Für Churchill stand fest: »Der erste Schritt zu einer Neuschöpfung der europäischen Völkerfamilie muss eine Partnerschaft zwischen Frankreich und Deutschland sein« – ein Vorschlag, der, wie Churchill wusste, kontrovers aufgenommen werden würde. »Ich sage Ihnen jetzt etwas, das Sie erstaunen wird. [...] Es gibt kein Wiederaufleben Europas ohne ein geistig großes Frankreich und ein geistig großes Deutschland.« Nicht weniger provokant war, dass Churchills Europäische Bewegung mit der zügigen Integration Westdeutschlands in die von ihm verkündete europäische Familie begann, eingebettet in einen neuerlichen Aufruf, zu vergessen und zu vergeben. In seinen Augen bedeutete der Abschluss des Nürnberger Hauptkriegsverbrecherprozesses, dass die Vergeltung ein Ende haben müsse. »Dann muss das stattfinden, was Gladstone vor vielen Jahren ›einen segensreichen Akt des Vergessens‹ genannt hat. [...] Wenn Europa vor endlosem Elend und schließlich vor seinem Untergang bewahrt werden soll, dann muss es in der europäischen Völkerfamilie diesen Akt des Vertrauens und diesen Akt des Vergessens gegenüber den Verbrechen und Wahnsinnstaten der Vergangenheit geben.« So entschieden vertrat Churchill diese Botschaft der Vergebung, dass er für die Verteidigung deutscher Offiziere wie Erich von Manstein, die wegen Kriegsverbrechen angeklagt waren, persönlich spendete. Wie unnötig zu erwähnen sein dürfte, wurden solche Ansichten 1946 von nicht eben vielen geteilt. Der britische Historiker E. H. Carr schimpfte, dass Churchills Rede die Beziehungen zur Sowjetunion nur zusätzlich gefährde, da »viele in der Ansprache nicht einen Aufruf zu den Vereinigten Staaten von Europa, sondern zu den Vereinigten Staaten von Westeuropa« erblicken würden. Doch obgleich Churchills Haltung des »Vergebens und

Vergessens« damals höchst ungewöhnlich gewesen sein mag, so stritt er doch für eine politische Integration Westeuropas.[45]

Die Politik des Vergessens ließ sich auch andernorts beobachten. Ein Beispiel dafür war, wie gründlich und erfolgreich Katholiken und Protestanten ihr aus der Zwischenkriegszeit stammendes antiliberales Erbe und die konfessionellen Kämpfe beerdigten und stattdessen eine neue ökumenisch-christliche Front errichteten, um die nunmehr liberale Christdemokratie zu stützen. Ernsthafte Differenzen zwischen katholischen und protestantischen Theologen bestanden zwar fort, was sich daran am klarsten ersehen lässt, dass die katholische Kirche niemals eingeladen wurde, dem Weltkirchenrat beizutreten. Und doch spornte die Bedrohung durch den »gottlosen« Kommunismus die Kirchenführer und konservativen politischen Eliten in Westeuropa an, im Kampf gegen Moskau gemeinsame Sache zu machen. Die hartnäckigen Religionskriege in Europa schienen somit zu einem Ende gekommen zu sein.[46]

Die katholische Kirche unternahm diesen Feldzug mit besonderem Enthusiasmus. Schon in seiner Weihnachtsbotschaft 1945 hatte Pius XII. hervorgehoben, dass wahrer Friede nur »im Internationalismus der Christdemokratie und nicht im Internationalismus des atheistischen Kommunismus« zu finden sei. Die päpstliche Rückendeckung für eine westeuropäische Union bot eine Alternative zur atlantischen Orientierung und wirkte der allgemeinen Wahrnehmung entgegen, dass der Vatikan allzu sehr der Linie der amerikanischen Politik folge. Die 1951 gegründete Europäische Gemeinschaft für Kohle und Stahl war selbstverständlich dazu bestimmt, überlebenswichtige materielle Ressourcen zentral zu verwalten, doch waren die kulturelle und christliche Dimension, der höhere geistige Zweck nicht weniger präsent. Zwar beklagten manche Protestanten, dass es sich bei der Montanunion in Wahrheit um ein vom Vatikan protegiertes Organ handele, welches von den katholisch geführten Ländern Frankreich, Belgien, Westdeutschland und Italien dominiert

werde, doch stellten auch sie die neue westeuropäische kulturelle
Einigkeit zur Schau und trugen so indirekt die wirtschaftliche Zusammenarbeit mit. Selbst linke Politiker sprangen auf den Zug auf.
Der sozialistische belgische Außenminister Paul-Henri Spaak
verband die fortschreitende Integration Westeuropas mit der in der
Zeitschrift *Foreign Affairs* 1950 genannten Notwendigkeit, »eine
bestimmte Zivilisation, eine bestimmte Lebensweise und eine bestimmte Philosophie zu verteidigen«, die, so Spaak 1957 erneut in
Foreign Affairs, auf »dem Respekt für die menschliche Person« beruhe. Im Dezember 1947 rief Großbritanniens Außenminister Bevin
in einem Brief an seinen amerikanischen Amtskollegen George Marshall (den Architekten des berühmten, nach ihm als Marshallplan
bekannten European Recovery Program von 1948) dazu auf, eine
»geistige Konsolidierung der westlichen Zivilisation« einzuleiten,
und in Gesprächen mit dem französischen Außenminister Georges
Bidault bestand er sogar darauf, dass ihre Hauptaufgabe darin bestehe, »die westliche Zivilisation zu retten«.[47]

Bis zur Mitte der Fünfzigerjahre hatte sich die Verteidigung der
westlichen Zivilisation überall in Westeuropa als ein Grundelement
der Christdemokratie etabliert. Letztere war von der Idee des Euro-
päertums und des christlichen Westens beseelt, welche wiederum
auf den Debatten deutscher Katholiken um das *Abendland* in der
Zwischenkriegszeit aufbaute. Das Konzept vom *Abendland* basierte
ursprünglich auf dem mittelalterlichen Begriff des katholischen Westens aus den Epochen Kaiser Karls des Großen und Papst Gregors
des Großen. Der Begriff gelangte erstmals im 16. Jahrhundert als
Gegenstück zu Martin Luthers Konzept vom »Morgenland« in die
deutsche Sprache. Das Verständnis von *Abendland* als einem nostalgischen Sehnen nach dem mittelalterlichen christlichen Westen
bekam einen höheren Sinn, als konterrevolutionäre Intellektuelle
wie Novalis und Chateaubriand einen romantischen Widerpart zu
Aufklärung, Säkularismus und revolutionärer Gewalt zu entwerfen

suchten. Über das 19. Jahrhundert hinweg bevorzugten deutsche Katholiken tendenziell den Begriff *Abendland* gegenüber »Europa«, da ihnen Letzteres allzu eng mit Protestantismus, Nationalismus und dem System der Nationalstaaten verbunden war. Oswald Spenglers Bestseller *Der Untergang des Abendlandes* von 1918 machte dieses Geschichtsbild nach der Niederlage im Ersten Weltkrieg bei einer breiten deutschen Leserschaft populär. Die Notwendigkeit, einem geschwächten *Abendland* den Rücken zu stärken, erhielt in den Zwanzigerjahren intellektuelle Beglaubigung, als die Europäer auf die Russische Revolution, den Faschismus und den empfundenen Niedergang der christlichen Kultur reagieren mussten. Das deutsche Leitmedium *Abendland. Deutsche Monatshefte für europäische Kultur, Politik und Wirtschaft* wurde 1925 von Hermann Platz gegründet, um die wachsende deutsch-französische Besorgnis über das bedrängte gemeinsame *Abendland* zu artikulieren. Nach 1945 sahen die Christdemokraten im »neukarolingischen« Traum einer westeuropäischen Einheit die moralische Grundfeste eines postfaschistischen Europa. Eine Reihe von Presseorganen und Organisationen wurde ins Leben gerufen, um für die Verteidigung des *Abendlandes* als der wahren Historie und Identität eines innerlich verbundenen Kontinents zu werben.[48]

In den Fünfzigerjahren sprachen diverse westeuropäische Politiker regelmäßig vom Abendland, um eine westeuropäische Solidarität heranzubilden. Der französische Staatsmann Robert Schuman bezeichnete Europa unermüdlich als »geistige und kulturelle Gemeinschaft« und »gemeinsame Bestimmung«, welche direkt an das Erbe des christlichen Westens anknüpfe. In einer Rede 1954 bekräftigte Italiens Ministerpräsident De Gasperi, dass »das Christentum der Ursprung der europäischen Zivilisation« sei und »unser gemeinsames europäisches Erbe« untermaure. Bundeskanzler Adenauer behauptete seinerseits, dass es zwei Deutschlands gebe, die katholische Westhälfte und die preußisch-protestantische Osthälfte, welcher die Kräfte von Materialismus, Atheismus und Militarismus entsprungen seien, von der Reformation über den Nationalsozialismus bis zur »preußischen« Sowjetzone. De Gaulle unterstützte ebenfalls die Idee einer europäischen Zivilisation »vom Atlantik bis zum Ural«, wie er in einer berühmten Rede von 1963 sagte. Für ihn beruhte Europa auf der französisch-deutschen Christdemokratie, die er mit der »Wiederaufnahme der Unternehmung Karls des Großen« verglich. Zeitgenössische Beobachter strichen sogleich heraus, dass die geografischen Umrisse der Europäischen Gemeinschaft für Kohle und Stahl annähernd dem »fränkischen« Europa Karls des Großen mehr als ein Jahrtausend zuvor glichen.[49]

Gerade die Bundesrepublik Deutschland als das Küken auf der internationalen Bühne investierte viel in das konservative Identitätsangebot *Abendland*. Der eifrig unterstrichene Platz Westdeutschlands in der Geschichte und Mission des Okzidents verklammerte wirkungsvoll Kontinuität und Bruch, und er vereinte Katholiken und Protestanten wie auch liberale und christdemokratische Parteien im Zeichen einer nationalen Erneuerung. Die CDU gründete ihr Programm ausdrücklich auf den Erhalt der »Grundlagen christlich-abendländischer Kultur«. Und wirklich wurde der Bund zwischen deutschem Katholizismus und amerikanischem Liberalismus zu einem der hervorstechenden Züge im politischen Leben Westdeutschlands. Indem die westdeutsche Ideologie vom *Abendland* die Zugehörigkeit zum christlichen Westen feierte, verschob sie alle Fantasien von einer Vereinigung Deutschlands in die ferne Zukunft und delegitimierte zugleich den linken Nationalismus und die Politik der Selbstbestimmung, welche die SPD vertrat. Die Krönung des neu geschaffenen christlichen Westeuropa fand im Juli 1962 statt, als de Gaulle und Adenauer sich in der Kathedrale von Reims trafen und die beiden katholischen Staatsmänner dort für Frieden, Freundschaft und Versöhnung beteten. Dies war die westeuropäische Version der Eindämmungspolitik im Kalten Krieg.[50]

In Westdeutschland und anderswo nahm die Bewahrung der christlichen Zivilisation auch materiell Gestalt an. Obwohl die Notwendigkeit einer Versorgung mit Lebensmitteln, Medikamenten und Schulbildung jede Diskussion um einen Wiederaufbau prägte, verwischten diese Bedürfnisse nicht die hohe Symbolkraft, die viele Europäer den Kriegstrümmern zusprachen. Besonders deutlich wurde dies in christlichen Kreisen, wo nicht wenige den katastrophalen Zustand der Städte als göttliche Strafe für Europas Abwendung von Gott ansahen. Die fieberhafte Wiederherstellung von Kathedralen und Kirchen wurde als notwendiger Schritt der »Rechristianisierung« des Kontinents im Kulturleben intensiv begleitet.

Deutschland nahm, wenig überraschend, einen herausgehobenen Platz in dieser Geschichte ein. Als es darum ging, die Trümmer zu sichten und sich vorzustellen, wie ein neues Deutschland aussehen könnte, konzentrierte man sich frühzeitig auf die Restaurierung lädierter Dome und Kirchen, um einen nach dem Krieg dringend benötigten moralischen Kompass anzubieten. Die Aufgabe war entmutigend und die Zahlen ernüchternd. In Aachen zum Beispiel hatten nur 43 von 298 Kirchen den Krieg überstanden; im Rheinland waren rund 400 Kirchen vollkommen zerstört worden. Die von einem großen Medieninteresse begleiteten Wiederaufbauten der Dome von Aachen und Köln in den Fünfzigerjahren – von der unübersehbaren Zurschaustellung der Ruinen der Kaiser-Wilhelm-Gedächtniskirche in Westberlin ganz abgesehen – sind prominente Beispiele der bundesrepublikanischen Kulturpolitik des *Abendlands* als einem Bollwerk sowohl gegen die nationalsozialistische Vergangenheit als auch gegen eine mögliche kommunistische Zukunft. Etliche Bücher dokumentierten aufwendig den schadhaften Zustand der Kathedralen vor dem Hintergrund der Schuttberge. Das früheste und vielleicht bekannteste Beispiel – Hermann Claasens 1949 erschienenes Fotobuch *Gesang im Feuerofen* über Köln – schloss an eine lange Tradition der

Die Wiederentdeckung des Abendlandes 193

16 Christus im Schutt, Köln 1945. Aus Hermann Claasen, Gesang im Feuerofen.

Ruinenromantik an, um das Pathos einer in Aussicht stehenden christlichen Wiedergeburt zu verdeutlichen (Bild 16 und 17). Herbert Masons gefeierte Fotografie der von Bomben bedrohten St. Paul's Cathedral während der deutschen Luftangriffe auf London diente in ähnlicher Weise als ein Symbol christlicher Standhaftigkeit (Bild 18). Ebenso präsentierten Frankreich, die Niederlande und Belgien beschädigte Kirchen als Metaphern einer unter Beschuss stehenden westlichen Zivilisation. In Deutschland begrüßten die Alliierten (und ganz besonders die Amerikaner) die Wiedererstehung der Kirchen und des religiösen Lebens als Indikatoren von Entnazifizierung und Fortschritt. Die Trümmer jüdischer Existenz und eine Entschädigung für deren Zerstörung spielten hingegen bei der symbolischen Rekonstruktion von Nachkriegseuropa keine Rolle, und erst in den Achtzigerjahren gelangte die Restaurierung von Synagogen auf bei-

194 Drittes Kapitel: Glaube und Grenzen

17 Leben in den Ruinen, Köln 1945. Aus Hermann Claasen,
Gesang im Feuerofen.

den Seiten des Eisernen Vorhangs, besonders im geteilten Deutschland und in Polen, als Akt nationaler Sühne auf die politische Agenda.[51]

Dieser Blick auf Westeuropas gemeinsame Werte, sein Erbe und seine Zivilisation wurde bald den moralischen Fundamenten zentraler Institutionen eingeschrieben. Ein gutes Beispiel bietet der Europarat, der durch einen von zehn Ländern unterzeichneten Vertrag am 5. Mai 1949 ins Leben trat und für die Verteidigung von Menschenrechten, Demokratie und Rechtsstaatlichkeit einstehen sollte. Er ging zum Teil auf den Haager Europa-Kongress im Vorjahr zurück. An ihm hatten 22 ehemalige Regierungschefs, 28 frühere Außenminister und mehrere Hundert Gäste teilgenommen. Einigen Streit gab es um die Zulassung von Delegierten aus Franco-Spanien, doch letztlich stimmte die Kongressleitung einer »halboffiziellen« spanischen

Die Wiederentdeckung des Abendlandes 195

18 Die St. Paul's Cathedral während der deutschen Bombardierung Londons. Fotografie von Herbert Mason.

Vertretung um der europäischen Einheit willen zu und ermöglichte so die erste Beteiligung Spaniens an einem internationalen Treffen seit 1945. Die Abschlussresolution unterstrich den christlichen Unterbau des neuen Rats, wonach »die wahre Einheit trotz nationaler, ideologischer und religiöser Verschiedenheiten das gemeinsame Erbe der christlichen Zivilisation ist, verbunden mit anderen geistigen und kulturellen Werten«.[52]

Der im neu gegründeten Europarat herrschende ökumenische Geist eines westeuropäischen Humanismus wurde auch zu anderen Gelegenheiten herausgestellt. Angehörige des Rats beendeten ihre Konferenz in Straßburg 1949 mit einer Kranzniederlegung am Goethedenkmal vor der Universität und ehrten ihn als Schutzpatron der wiedergeborenen christlichen Zivilisation Westeuropas. Das Ereignis war eine der Feierlichkeiten zu Goethes zweihundertstem Geburtstag, der damals weltweit begangen wurde. In jenem Jahr erfuhr der

Dichter in den Vereinigten Staaten wie auch in beiden Teilen Deutschlands eine großzügige Verehrung. Als Humanist wurde er transatlantisch beim Bicentennial Convocation and Music Festival in Aspen gewürdigt, wo José Ortega y Gasset und Albert Schweitzer zu einer ganzen Reihe hochberühmter Redner gehörten. Sie alle verherrlichten den »antitotalitären« deutschen Denker und erhoben ihn zu einem Bindeglied zwischen dem Alten und dem Neuen, zwischen Westeuropa und Amerika.[53]

Nicht jeden entzückte der konservative Tenor im Europarat. Der *London Daily Worker* verurteilte den Europa-Kongress »als eine Front des Kriegsblocks, des Feldzugs für einen dritten Weltkrieg«. Die kommunistische Tageszeitung *L'Unità* aus Italien verhöhnte den Kongress als »die neue Heilige Allianz« einer illiberalen Konterrevolution. In Großbritannien argwöhnten manche Konservative, dass der Rat ein »Schritt hin zur Konsolidierung der katholischen ›Schwarzen Internationale‹« sei, während der Labour-Abgeordnete James Callaghan voraussagte, dass »eine solche Föderation katholisch, liberal und reaktionär« sein würde. Dessen ungeachtet war es in den späten Vierzigerjahren zu einem Merkmal der Identität, der Mission und der Grenzen Westeuropas geworden, von der westlichen Zivilisation zu künden. Dieser Sprachgebrauch durchdrang nicht nur die Institutionen der sogenannten *soft power*, sondern auch die der harten Macht. Die Präambel des Nordatlantikvertrages, unterzeichnet im April 1949, verpflichtete die zwölf beteiligten Länder darauf, »die Freiheit, das gemeinsame Erbe und die Zivilisation ihrer Völker, die auf den Grundsätzen der Demokratie, der Freiheit der Person und der Herrschaft des Rechts beruhen, zu gewährleisten«.[54]

Ein Opfer der Geschichte

In seinen Memoiren machte Paul-Henri Spaak die bekannt gewordene Bemerkung, dass Stalin der wahre Vater der Europäischen Wirtschaftsgemeinschaft gewesen sei, indem die Angst vor der Sowjetunion Westeuropa zur Einheit angespornt habe. Das trifft insofern zu, als die UdSSR eine Negativfolie lieferte, gegen welche die Konsolidierung Europas stattfinden konnte. Fraglos wurde die kommunistische Machtübernahme in der Tschechoslowakei im März 1948 als unheilvolles Omen zu den sowjetischen Plänen für Europa gelesen, und die westeuropäische Reaktion darauf – Empörung – zementierte die Idee, Westeuropa sei eine Gruppe von Staaten, welche die Religionsfreiheit, die Menschenrechte und weitere liberale Werte hochhielten. Doch weder war diese negative Definition der westeuropäischen Einheit jemals ausreichend, noch diente die 1957 gegründete EWG allein der Bündelung industrieller Ressourcen.

Kardinal Mindszentys Martyrium spielte dabei eine grundlegende Rolle, weil es der aufkeimenden europäischen Solidarität moralische Orientierung bot. Der in den Medien ausführlich gewürdigte Prozess trug dazu bei, das Wiederaufleben der christlichen Zivilisation anzuregen und zu gestalten – in Form einer erneuerten Kirche, einer aufstrebenden Christdemokratie, christianisierter Menschenrechte und jüdisch-christlicher Werte, zudem ausgestattet mit einer neuen Landkarte der kulturellen Grenzen in Europa. All dies untermauerte eine neue westeuropäische Identität, welche den Rahmen miteinander konkurrierender Nationalstaaten überwand. Die sich verschiebende Auffassung psychologischer und sozialwissenschaftlicher Forschung – zum Teil angetrieben von der verbreiteten Besorgnis um die Gehirnwäsche als »Entzivilisierung« der Wissenschaft – lässt sich ebenfalls bis zum Prozess gegen den Kardinal zurückverfolgen. Die Verteidigung der christlichen Zivilisation stellte eine Sprache des Trostes, des Engagements und des Kampfes für ein neu gebildetes westliches Bündnis zur Verfügung. Obwohl der ausgeschaltete Kardinal seine Gefangenschaft als weitgehend vergessene Figur beendete, war also die ideologische Befestigung der Westhälfte des Kontinents nach 1947 in einem beträchtlichen Maße ihm zu verdanken.[55]

Die neue Mission der christlichen Zivilisation drückte den Vierziger- und Fünfzigerjahren in Westeuropa ihren Stempel auf, und der Skandal um den Mindszenty-Prozess gab ihr Bestimmung und Zweck. Doch in den frühen Sechzigern rückten Mindszenty und sein Platz in der Kosmologie des Kalten Krieges immer weiter an den Rand. Die engen Beziehungen zwischen Washington und dem Heiligen Stuhl erreichten in den frühen Fünfzigerjahren ihren Höhepunkt, und das Papsttum übte in Europa bis zum Amtsantritt Johannes Pauls II. 1978 keine vergleichbare politische Macht mehr aus. Mitte der Sechzigerjahre gingen die geheimen psychologischen Programme der CIA zu Ende, und das in den Fünfzigerjahren noch obsessive Interesse an Gehirnwäsche und Gedankenkontrolle trat in den Hintergrund. Mit der Zeit war auch der Stern Mindszentys bei internationalen Politikern und selbst den katholischen Aktivisten verblasst. Dabei hatte die Mindszenty-Saga inzwischen eine dramatische Wendung genommen – überraschend war er während des Ungarnaufstands 1956, als Tausende gegen die Volksrepublik Ungarn und ihre von der Sowjetunion gesteuerte Politik protestierten, wieder auf der Bildfläche erschienen. Nach einiger Verwirrung entließ Ministerpräsident Imre Nagy den Kardinal am 30. November aus der Haft und gestattete ihm, als freier Mann nach Budapest zurückzukehren. Sogleich lobte Mindszenty die Aufständischen, redete vor Publikum und im Radio und rief zur Wiederherstellung des christlichen öffentlichen Lebens auf. Doch nur vier Tage nach seiner Haftentlassung gingen sowjetische Panzer brutal gegen die Demonstranten vor; der Kardinal – er galt als einer der Anführer des Aufstands – floh in die amerikanische Botschaft in Budapest, wo er nicht weniger als 15 Jahre lang in politischem Asyl ausharren sollte. Anlässlich seiner vorübergehenden Entlassung

1956 nach sieben Jahren Haft und wegen der anschließenden faktischen Gefangenschaft in der US-Botschaft verdammten Regierungen weltweit ein weiteres Mal den Umgang mit dem Kardinal. So heftig war die Wut, dass sich in den Vereinigten Staaten 1958 die kämpferische Cardinal Mindszenty Foundation gründete, welche den ungarischen Prälaten zur Symbolfigur und zum Märtyrer der antikommunistischen Sache in Amerika erhob. In christlichen Kreisen des Ostblocks hingegen wurde Mindszenty zunehmend als Belastung empfunden, da seine unnachgiebige Haltung gegenüber dem kommunistischen Staat der Kirche und ihren Anhängern in Ungarn wie auch anderswo das Leben schwer machte. In Osteuropa interpretierten Katholiken Mindszentys demonstrative Unbeugsamkeit schlicht als Vorwand für kommunistische Unterdrückungsmaßnahmen. Im Verhältnis zu den Regimen wählten sie eine entgegenkommendere Linie und wollten so eine relative Unabhängigkeit der Kirchen erreichen. Heinrich Grüber, eine hochrangige Führungsfigur der ostdeutschen evangelischen Kirche, ging so weit, Mindszenty einen »machthungrige[n] Intrigant[en]« zu nennen, der für das Blutvergießen in Budapest 1956 die Verantwortung trage.[56]

In der US-Botschaft war es Mindszenty nicht gestattet, irgendwelchen Aktivitäten nachzugehen, die als provokativ hätten gedeutet werden können, oder in die Leitung der katholischen Kirche in Ungarn einzugreifen beziehungsweise irgendwelche Anordnungen zu erteilen. Seine Frustration bekundete er wiederholt in Briefen an die amerikanischen Präsidenten und Außenminister, in denen er nachdrücklich um westlichen Beistand für die Befreiung Ungarns bat. Am 8. November 1957, anlässlich des ersten Jahrestags des Aufstands, verschärfte er in einem Brief an Außenminister John Foster Dulles seine Rhetorik: »Wie die Ungarn den Streitkräften der Tataren, Türken und Russen bei der Verteidigung der westlichen Zivilisation durch zehneinhalb Jahrhunderte hindurch widerstanden haben – und sogar in jüngster Vergangenheit dem Westen die Augen für ihren Kampf geöffnet haben –, so wird dies auch in der Zukunft ihre Mission sein, wenn sie in der Schlachtordnung aller Völker in vorderster Reihe stehen werden.« Auch wenn diese Briefe, um diplomatische Spannungen mit der Sowjetunion zu vermeiden, ausnahmslos unbeantwortet blieben, so zeigten sie Mindszenty doch als ungarischen Nationalisten und antikommunistischen christlichen Kreuzritter.[57]

Während Mindszenty derselbe blieb, veränderte sich der Kalte Krieg. Zum einen war Papst Pius XII. im Jahr 1958 verstorben, auf ihn folgte Johannes XXIII. Seine Enzyklika *Pacem in Terris* ließ 1963 Raum für eine Koexistenz mit dem Kommunismus und stieß eine *Ostpolitik* des Vatikans an. Im Laufe der Sechzigerjahre machte die ungarische Kirche, wie auch andere Kirchen im Ostblock, dann auch ihren Frieden mit dem kommunistischen Staat. Tatsächlich gelang den kommunistischen Regierungen die Unterdrückung der transnationalen Dimension des Katholizismus relativ gut, sodass dieser sowohl innerhalb des kommunistischen Blocks als auch über den Eisernen Vorhang hinweg auf den nationalen Rahmen beschränkt wurde. In den späten Sechzigern setzte mit Paul VI. ein neuer Papst diesen Weg der Entspannung fort. Er erklärte Mindszenty zu einem »Opfer der Geschichte« (und eben nicht des Kommunismus) und hob den vom Kardinal gegen seine politischen Gegner ausgesprochenen Bann auf. Die ungarische Regierung war daraufhin bereit, ihn ausreisen zu lassen. In den frühen Siebzigerjahren empfanden die USA Mindszenty dann als Hindernis und Peinlichkeit in den auftauenden sowjetisch-amerikanischen Beziehungen, da seine Anwesenheit in der US-Botschaft, wie der Primas von Ungarn selbst einräumte, »der Entspannungspolitik im Wege« stehe. 1971 wurde er deshalb als Nixons unerwünschter Gast umstandslos aus der US-Botschaft abgeschoben, woraufhin er sein zweites Exil im Collegium Pazmanianum in Wien antrat. Obwohl seine alten Anhänger ihren Zorn darüber äußerten, dass die Kirche ihren Kampfgeist aus den frühen Tagen des

Kalten Krieges verloren hatte, war Mindszenty nun nicht mehr als ein Relikt aus einer vergangenen Epoche.[58]

Auch bis dahin aber wurde die Schlacht um die Zivilisation nicht nur in der Welt des Geistes, nicht nur auf den Kanzeln, Straßen, in den Zeitungsredaktionen oder Gerichtssälen Westeuropas ausgefochten. Wie wir im nächsten Kapitel sehen werden, löste der materielle Wiederaufbau des Kontinents lebhafte Deutungsdebatten um Frieden, Wohlstand und selbst Anstand im postfaschistischen Europa aus, und beiderseits des Eisernen Vorhangs kam dabei den Konzepten von Zivilisation eine zentrale Rolle zu.

Viertes Kapitel

Wissenschaft, Zuflucht und Höflichkeit

Am letzten Augustwochenende des Jahres 1948 kamen über 450 Schriftsteller, Künstler und Denker aus 40 Ländern in der 1945 umbenannten polnischen Stadt Wrocław (ehemals Breslau) zusammen, um am Weltkongress der Intellektuellen zur Verteidigung des Friedens teilzunehmen. Die Veranstaltung wurde von der jungen Volksrepublik Polen organisiert und glänzte mit einem Staraufgebot der internationalen Linken, darunter Graham Greene, Bertolt Brecht, Paul Éluard, Anna Seghers, Fernand Léger, Irène Joliot-Curie, Pablo Picasso und Aldous Huxley. Ziel des Treffens war es, eine »schmale Brücke« über die sich vertiefende geopolitische und ideologische Kluft zwischen West und Ost zu schlagen, einen Geist kooperativen Austauschs zu schaffen – und über den Weltfrieden zu diskutieren. Der britische Filmemacher Ivor Montagu lobte jene Wortmeldungen, welche die »Teilung der Welt in eine ›atlantische‹ oder ›europäische‹ oder ›westliche‹ Kultur« und ihr östliches Gegenstück ablehnten und vielmehr »die unteilbaren gegenseitigen Einflüsse« des kulturellen Lebens auf dem Kontinent bekräftigten. Wie es in der Resolution des Kongresses heißt, sorgten sich viele Teilnehmer insbesondere darum, wie »die erhabene Mission der Wissenschaft« für die »geheime Produktion von Instrumenten der Zerstörung« und die »Abschaffung der Sache des Friedens« gebraucht werde. Der Kongress habe von überallher die Fürsprecher einer »fortschrittlichen Kultur« zusammengerufen, um zur Beförderung »gegenseitigen Verständnisses zwischen den Kulturen und Völkern« im »Interesse der Weltzivilisation« beizutragen.[1]

Dennoch kamen die Sache des Friedens und der Weltzivilisation auf dem Kongress nicht recht voran. Die Sitzungen verkamen schnell zu effekthascherischen wechselseitigen Schuldzuweisungen, vor allem zwischen den sowjetischen und den englischen Vertretern. Dies lag hauptsächlich an der sowjetischen Fraktion, die wiederholt die westliche Kriegstreiberei und die Übel der amerikanischen Nuklearbewaffnung verdammte. Der in Polen geborene britische Künstler Feliks Topolski beschrieb den Kongress als »eine lautstarke Glaubensbekundung« seitens der sowjetischen Repräsentanten. Die Stimmung schlug um, als Alexander Fadejew, Sekretär des Schriftstellerverbandes der UdSSR, die Behauptung vortrug, »die Ketten des US-Imperialismus haben die Welt in eine Polizeiwache und ihre Menschen in Sklaven des Kapitals verwandelt«. Er forderte einen »Blitzkrieg gegen die Dekadenz der Literatur und Kunst im Westen« und goss in bilderreicher Sprache seinen Zorn über die gefeierten westlichen Autoren aus: »Wenn Schakale schreiben lernen könnten, wenn Hyänen wüssten, wie man eine Feder führt, dann würde das Ergebnis gewiss den Büchern von Miller, Eliot, Malraux und Sartre ähneln.« Die Anwesenden waren über Ton und Inhalt der Attacke bestürzt, was den bekannten britischen Historiker Alan J. P. Taylor zu einem Gegenangriff veranlasste: »Die Aufgabe von Intellektuellen ist es, eher Toleranz und Eintracht statt Hass zu predigen. Und hier wird ein Krieg erklärt statt Frieden verkündet.« Für viele westliche Teilnehmer zog Fadejews Tirade das Streben des Kongresses nach Frieden und kulturübergreifender Verständigung ins Lächerliche, und mehrere von ihnen verließen aus Protest das Treffen. Obwohl die Konferenz mit honigsüßen Worten über eine weitere Zusammenarbeit zu Ende ging, lag offen zutage, dass eine Kooperation beider Lager in Friedensangelegenheiten – selbst innerhalb der internationalen Linken – nicht einfach sein würde. Mehrere Folgeveranstaltungen sollten die »friedliebende Menschheit« ins Gespräch bringen, doch blieben auch dort die Lager des Kalten Krieges maßgebend. Die Sowjetunion versuchte sich das Thema anzueignen, indem sie von 1949 bis 1951 eine große Friedenskampagne anführte, die ursprünglich beim Weltkomitee der Friedenskämpfer gelegen hatte, welches wiederum unter der Aufsicht des 1947 geschaffenen Kommunistischen Informationsbüros stand. 1950 nahm die Gruppe den Namen Weltfriedensrat an und lobbyierte in der internationalen Gemeinschaft unermüdlich gegen die Gefahren der amerikanischen Kriegstreiberei. Frieden, wie Europa selbst, war teilbar.[2]

Die unter einem schlechten Stern stehende Konferenz in Wrocław war gewiss ein wichtiges symbolisches Ereignis, das den Kollaps der militärischen und kulturellen Kriegsallianz markierte, doch verschwand der Traum vom internationalen Frieden mit dem Heraufziehen des Kalten Krieges nicht einfach. Es gab eine Reihe von Initiativen, die unter der Fahne des Friedens und der Zivilisation den Aufbau einer besseren Welt anstrebten. Manche von ihnen brachten Aktivisten über die Trennlinie des Kalten Krieges hinweg zusammen. Zwei Konvergenzbereiche waren überraschenderweise die Wissenschaft und die Menschenrechte.

Das vorherige Kapitel hat diskutiert, wie sich diese Bereiche, etwa im Falle des dualistischen Verständnisses der Menschenrechte und der westlichen Debatte um die »schwarze Wissenschaft« der Gehirnwäsche, mit der Tagespolitik des Kalten Krieges verwoben. Doch anderweitig eröffneten Wissenschaft und humanitäres Völkerrecht noch immer die Möglichkeit einer Kooperation über ideologische und nationale Grenzen hinweg, oft unter Bezugnahme auf die säkulare Zivilisation. Wohnen, Häuslichkeit und Ratgeberliteratur waren miteinander verknüpfte Themen, die sich beiderseits des Eisernen Vorhangs in ähnlicher Weise manifestierten. Diese materiellen Ausdrucksformen der Zivilisation waren weder an Religion noch Region gebunden, noch ausdrücklich an die Verteidigung kultureller Grenzen oder eines bedrohten Erbes. Diese großzügig denkenden Wissenschaftler, Fürsprecher des Friedens und einheimischen Modernisierer griffen die Sache der Zivilisation auf, um das materielle Wohlergehen von Bürger und Gesellschaft voranzubringen.

Ban the bomb

Der Abwurf zweier amerikanischer Atombomben auf Hiroshima und Nagasaki im August 1945 mag das Ende der Kämpfe auf dem pazifischen Kriegsschauplatz beschleunigt und die Sowjets vom Finale des Krieges in Japan ferngehalten haben. Aber die Wirkung der, so US-Kriegsminister Henry Stimson einige Monate zuvor, »schrecklichsten in der Menschheitsgeschichte jemals gekannten Waffe« zog im Westen sogleich eine verbreitete Gewissenserforschung zu den Konsequenzen des Geschehens nach sich. Die in einem Augenblick erfolgte Zerstörung zweier japanischer Städte und ihrer Bevölkerungen läutete eine neue Dimension des industriell herbeigeführten Sterbens in einem Krieg ein, welcher die älteren moralischen und technischen Konventionen massenhaften Tötens in Europa ohnehin schon weit hinter sich gelassen hatte. Die Tragödien von Hiroshima und Nagasaki transzendierten die japanische Geschichte und stellten sich als brutale Signaturen eines neuen Zeitalters dar, und die ikonische pilzförmige Wolke stand für die Geburt des globalen Bewusstseins, dass die Menschheit im Angesicht beispielloser technologischer Macht ein gemeinsames Schicksal habe. Das Eintreten des Atomkriegs bewirkte eine weltweite Debatte, besonders innerhalb der amerikanischen Öffentlichkeit, der angesichts der Taten einer Regierung, die immerhin in ihrem Namen handelte, nicht wohl war. »Selten, wenn überhaupt jemals«, verkündete der amerikanische Radiokommentator Edward R. Murrow am 12. August 1945, »hat ein

Krieg die Sieger in einem derartigen Gefühl der Unsicherheit und Angst zurückgelassen und mit der Erkenntnis, dass die Zukunft im Dunkeln liegt und das Überleben nicht gesichert ist.« Moralische Beunruhigung wurde besonders von Wissenschaftlern, religiösen Gruppen, Frauenorganisationen und den Massenmedien geäußert – für sie alle lag die Krise der Zivilisation auf der Hand. Die Erklärung des japanischen Kaisers Hirohito griff feierlich auf, was auf dem Spiel stand: »Eine Fortsetzung des Kampfes würde nicht nur zum endgültigen Zusammenbruch und der Vernichtung der japanischen Nation führen, sondern auch zur vollständigen Auslöschung der menschlichen Zivilisation.«[3]

Hiroshima und Nagasaki standen für die schicksalhafte Ehe zwischen Wissenschaft und Kriegsführung und machten es noch einmal dringlicher, die Nuklearwissenschaft unter zivile Kontrolle zu bringen. Stimson mochte hoffen, dass »wenn das Problem des angemessenen Gebrauchs dieser Waffe gelöst werden kann, wir eine Gelegenheit haben würden, die Welt einem Modell anzupassen, in welchem der Weltfrieden und unsere Zivilisation gerettet werden können«. Doch für viele Beobachter war diese Sache zu wichtig, um sie den Launen der amerikanischen Regierung zu überlassen. Es bestand nun ein verzweifelter Bedarf an neuem politischem Engagement und internationaler Weitsicht, und die Grenzen dieser Debatte steckte der Begriff der Zivilisation ab. Im November 1945 brachte Premierminister Attlee vor, dass »ohne einen moralischen Enthusiasmus, der dem von Gelehrten für ihre Forschungen gleichkommt, die über Jahrhunderte aufgebaute Zivilisation zerstört würde«. Der französische Schriftsteller Albert Camus verurteilte die Bombardierung Hiroshimas als »organisierten Mord«, durch welchen die moderne Zivilisation einen solchen »Grad von Wildheit« erreicht habe, dass es nun notwendig sei, eine Wahl »zwischen kollektivem Selbstmord und der intelligenten Verwendung wissenschaftlicher Errungenschaften« zu treffen. Die amerikanische Journalistin Dorothy Thompson ängstigte sich vor dem politischen Fallout der Atombombe und argumentierte, dass die Explosion von Hiroshima »mehr als nur Landschaften, Gebäude und Einwohnerschaften in die Luft jagte. Sie sprengte die [UN-]Charta von San Francisco und machte sie genauso obsolet wie die nach den Napoleonischen Kriegen geschaffene Heilige Allianz.«[4]

Die atomare Kriegsführung entzündete besonders in Japan, Skandinavien, den Niederlanden, den Vereinigten Staaten und Großbritannien ein großes öffentliches Interesse an der Schaffung einer Weltregierung, welche die Nuklearwaffen verwalten sollte. Die neue World Federalist Movement beabsichtigte, die Atomtechnologie im Interesse des Friedens unter eine gewissenhafte internationale Kontrolle zu stellen. Die wissenschaftliche Gemeinschaft übernahm die Führung, da gerade auch Forscher meinten, dass die globale atomare Gefahr unzureichend berücksichtigt würde. Im Oktober 1945 veröffentlichte Albert Einstein in der *New York Times* einen Brief, wonach die Vereinten Nationen wirkungslos seien, da sie zu sehr der »absoluten Souveränität der rivalisierenden Nationalstaaten« verhaftet seien. Es bedürfe einer »föderalen Verfassung für die Welt, eine für die ganze Welt funktionierende gültige Rechtsordnung, wenn wir wirklich einen Atomkrieg verhindern wollen«. Die Hoffnung, Wissenschaft, Frieden und Moral in ein harmonisches Verhältnis zueinander zu bringen, war in den Vierzigerjahren in den politischen Diskussionen diesseits und jenseits der Scheidelinie des Kalten Krieges stark präsent und wurde von Attlee wie auch von Stalin geteilt.

Im Bereich der Zivilgesellschaft jedoch war die Unterstützung am stärksten, und bis 1949 zählte die World Federalist Movement nicht weniger als 47 000 Mitglieder rund um den Globus. Eine Reihe von prominenten Fürsprechern, darunter Camus, Maritain, der amerikanische Schriftsteller John Steinbeck, der italienische Filmemacher Roberto Rossellini, der senegalesische Dichter und Politiker Léopold Sédar Senghor und Thomas Mann, unterzeichnete 1950 eine Petition: »Angesichts der Zerstörungsmittel, die heute in der Hand des Menschen sind, sind alle Unterschiede von Politik, Rasse und Glaube nebensächlich«, da diese »gemeinsam mit der menschlichen Rasse praktisch zu existieren aufhören werden, wenn die Menschheit sich nicht auf die Errichtung friedlicher Instrumente einer Weltregierung einigt« – die Wahl sei nun »zwischen einer Welt oder gar keiner«. Zwar verblasste die Bekanntheit der World Federalist Movement durch die Spaltung des Kalten Krieges, doch offenbarte sich in ihr ein neuartiger Ansatz, international zu denken und eine Überwindung der Nationalstaaten anzustreben.[5]

Während aus der Weltregierung nichts wurde, hatte die Kampagne für die Zivilisierung der Naturwissenschaft mehr Erfolg. Die prominenten Physiker Eugene Rabinowitch und Hyman H. Goldsmith, die am berühmten Manhattan-Projekt zur Entwicklung der ersten Atomwaffen beteiligt gewesen waren, gründeten 1945 das *Bulletin of the Atomic Scientists*. In seinen ersten Jahren lenkte das *Bulletin* die öffentliche Aufmerksamkeit energisch auf die Gefahren der Atomenergie und das Ziel eines Atomwaffenverbots. Laut Rabinowitch sei die Bewegung der Nuklearwissenschaftler »Teil einer Verschwörung zum Erhalt unserer Zivilisation, welche Menschen durch Angst in die Rationalität treibt«. Im März 1946 weckte der *Report on the International Control of Atomic Energy* die Hoffnung, die Supermächte könnten sich verständigen und einen Schritt hin zu einer Weltverfassung gehen. Ein 1946 erschienenes Bändchen mit kurzen Beiträgen führender Atomphysiker mit dem Titel *One World or None* begann mit einem Vorwort des dänischen Nobelpreisträgers Niels Bohr, das mit »Science and Civilization« überschrieben war und zu einer Demilitarisierung der Wissenschaft aufrief. Weitere kooperative Maßnahmen wurden mit der Gründung der in Genf sitzenden Europäischen Organisation für Kernforschung (CERN) 1954 unternommen; sie hatte ursprünglich darauf gezielt, europäische Wissenschaftler zurückzugewinnen, die in die Vereinigten Staaten gegangen waren, um dort im »militärisch-industriellen Komplex« zu arbeiten. Mit ihrer

210 Viertes Kapitel: Wissenschaft, Zuflucht und Höflichkeit

19 Die Wanderausstellung »Atom Train«, London 1948.

renommierten Forschung zur Teilchenphysik spielte die CERN eine Schlüsselrolle in dem Bemühen, die europäische Wissenschaft von ihrem militärisch orientierten Pendant in den USA abzuheben, denn die Organisation domestizierte – nach eigener Einschätzung – die Wissenschaft erfolgreich für friedliche Zwecke. Indes äußerten Forscher aus ganz Europa weiterhin ihre Besorgnis über die waffentechnische Anwendung der Atomphysik. Am 12. April 1957 veröffentlichten 18 westdeutsche Nuklearwissenschaftler – die sogenannten Göttinger Achtzehn, darunter vier Nobelpreisträger – ein Manifest, das die Bewaffnung der Bundesrepublik mit taktischen Kernwaffen zurückwies. Das internationale Interesse an einer friedlichen Anwendung von Wissenschaft zum materiellen Wohl der Menschheit kam 1958 auf der Weltausstellung in Brüssel – der ersten ihrer Art nach dem Zweiten Weltkrieg – aufs Klarste zum Ausdruck. Die Zähmung der Wissenschaft war der Schwerpunkt der Schau, und das gigantische Modell eines Eisenkristalls, das Atomium, diente ihr als Emblem. Sämtliche Länderpavillons thematisierten allerhand friedliche gesellschaftliche Nutzungen der modernen Wissenschaft.⁶

Diverse nationale Regierungen brachten ihre eigenen öffentlichen Informationskampagnen über die potenziellen Wohltaten der Nuklearenergie auf den Weg. 1947/48 förderte die Regierung Attlee die Wanderausstellung »Atom Train«, für die ein spezieller Zug durch Großbritannien fuhr, um die Öffentlichkeit über den unverhofften Nutzen der Atomforschung für die häusliche Energieversorgung zu informieren (Bild 19). Sie wurde von mehreren Regierungsbehörden, der Industrie und der Atomic Scientists' Association organisiert, um die Angst der Öffentlichkeit zu beschwichtigen sowie die internationale Kontrolle der Kernenergie zu propagieren. Sie zog im Verlauf ihrer 168 Tage dauernden Reise rund 146 000 Besucher an. Einige Jahre später präsentierte die amerikanische Regierung ihre eigene Version einer zivilisierten Atomenergie, insbesondere in der von Präsident Eisenhower im Dezember 1953 vorgestellten »Atoms for Peace«-Initiative. Eisenhowers Kampagne war explizit darauf ausgelegt, die weltweiten Ängste vor der Atommacht Amerika durch Werbung für das »freundliche« Atom einzuhegen. Dies war kein Selbstläufer, hatten die USA doch im Jahr zuvor ihre erste Wasserstoffbombe gezündet und die Sowjets es ihnen im August 1953 nachgetan. Eisenhower verkündete das »Atoms for Peace«-Programm in einer Rede vor der UNO-Vollversammlung und versprach, die Vereinigten Staaten würden »ihr Herz und ihren Verstand gänzlich der Suche nach Wegen widmen, wie der wunderbare Erfindergeist des Menschen nicht seinem Tod, sondern seinem Leben geweiht werden wird«. Die US Information Agency schob ihren medialen Feldzug an, indem sie die Rede an alle großen internationalen Zeitungen weitergab. Walt Disney produzierte sogar einen Kurzfilm namens *Our friend the Atom*, der 1957 in den USA in Schulen und im Fernsehen gezeigt wurde. Über 16 Millionen Poster und Broschüren wurden über »Atoms for Peace« hergestellt; Ausrüstung und Lehrmaterialien wurde an Schulen, Krankenhäuser und Forschungszentren in den USA und anderen Ländern versandt. Große mobile Ausstellungen (auffälligerweise ohne die Erwähnung von Bomben oder Waffen) wurden auf Lkw-Anhänger verladen und in die großen Städte Westeuropas, Asiens und Afrikas geschickt, um die Botschaft von der sicheren und nutzbringenden Atomenergie zu übermitteln. Diese Schauen zogen in Frankfurt, Buenos Aires, Rom, Stockholm, Kyoto und Accra angeblich jeweils über 100 000 Neugierige an; ein amerikanischer Bericht prahlte, dass in Indien der »Schrecken und der vermeintliche antiasiatische Beigeschmack unseres Bombenabwurfs auf Hiroshima sich noch immer halten, doch haben unsere Bemühungen, das Atom zu ›zivilisieren‹, uns von der Soll- auf die Habenseite gebracht«. Ob dies zutraf, bleibt eine offene Frage, die »Atoms for Peace«-Kampagne jedenfalls förderte auf breiter Front das Interesse der Vereinigten Staaten, sowohl seinem kriegerischen Image als auch der Furcht vor der Kernkraft rund um den Globus etwas entgegenzusetzen.[7]

Der hochgelobteste Versuch, die gefährliche Politisierung der Wissenschaft zu überwinden, war die Pugwash Conference. Diese war eine 1957 begründete internationale Bewegung. Sie versammelte einige der damals bekanntesten Wissenschaftler in ihren Reihen. Laut ihrem Gründer Joseph Rotblat bestand ihr Ziel darin, »sicherzustellen, dass die Menschheit sich nicht selbst vernichtet«. Ihre wichtigste Aufgabe: informelle Kontakte zwischen den USA und der UdSSR vermitteln, in der Hoffnung, auf diese Weise die Gefahr eines Atomkrieges zu mindern und womöglich Ost wie West zu einem vollständigen Verzicht auf Nuklearwaffen zu bringen. Die Idee von Ost-West-Konferenzen wurde zuerst vom britischen Philosophen Bertrand Russell vorgeschlagen. In einer Rede vor dem House of Lords am 28. November 1945 – nur wenige Monate nach den Detonationen von Hiroshima und Nagasaki – legte er dar, dass ein Treffen von westlichen und sowjetischen Wissenschaftlern das beste Mittel sei, um die weitere Zerstörung der Zivilisation abzuwenden. In seiner

Rede vor den Vereinten Nationen 1953 hatte Eisenhower gewarnt, dass der nukleare Krieg die »wahrscheinliche Zerstörung der Zivilisation« bedeute, und im März des folgenden Jahres pflichtete ihm der sowjetische Ministerpräsident Georgi Malenkow bei, »ein neuer Weltkrieg mit Atomwaffen« würde »das Ende der Weltzivilisation« herbeiführen. Doch dagegen unternommen wurde wenig, was Russell und Einstein zum Entwurf eines Manifestes veranlasste. Es rief die internationale Gemeinschaft dazu auf, den Krieg abzuschaffen und auf Atomwaffen zu verzichten, denn: »[B]ringt ihr es nicht zuwege, riskiert ihr den Tod aller.« Zahlreiche prominente Wissenschaftler, viele von ihnen Nobelpreisträger, unterschrieben die Resolution.[8]

Zum ersten Mal traf man sich in Pugwash, einem Fischerdorf im kanadischen Nova Scotia, wo der amerikanische Industrielle Cyrus Eaton – in den ersten Jahren einer der Finanziers der Konferenz – zur Welt gekommen war und eine Sommerresidenz besaß. An dieser Zusammenkunft nahmen 22 renommierte Wissenschaftler teil, darunter 7 aus den Vereinigten Staaten und jeweils 3 aus der UdSSR und Japan. Sie führte zur Schaffung der sowjetisch-amerikanischen Disarmament Study Group, welche sich der Rüstungskontrolle widmete und zu einem erstrangigen Forum informeller Gespräche über militärische Deeskalation wurde. Der Erste Sekretär der Kommunistischen Partei der Sowjetunion, Nikita Chruschtschow, entwickelte sich zu einem großen Unterstützer der Pugwash-Konferenz und lobte mehrfach ihre Arbeit für Frieden und Abrüstung, welche dem Zweck diene, die »Zerstörung der Zivilisation« zu verhindern. Die Konferenzen gerieten zwar in die machtpolitischen Verstrickungen zwischen den Vereinigten Staaten, der UdSSR und China, gaben aber wichtige Impulse für die internationale Zusammenarbeit und halfen, den Weg für die Abrüstungsverträge der Sechziger- und Siebzigerjahre zu ebnen.[9]

Ein weiteres erstaunliches Beispiel für die Zusammenarbeit über die Gräben des Kalten Krieges hinweg war die Kampagne für die

Zivilisierung des Krieges selbst. Dies belegte in äußerst dramatischer Weise die Ratifizierung des Genfer Abkommens von 1949. Im August jenes Jahres kamen Repräsentanten aus 59 Ländern und weitere 12 Beobachter zusammen, um ein neues Regelwerk für das militärische Vorgehen in zukünftigen bewaffneten Konflikten aufzustellen. Sein doppeltes Ziel war es, in Gefangenschaft geratene Soldaten vor schlechter Behandlung durch den Feind ebenso zu bewahren wie Zivilisten vor der Brutalität gegnerischer Streitkräfte. Dabei ging es über die älteren Haager Konventionen von 1899 und 1907 hinaus, indem es den Zivilisten ins Zentrum des neuen Kriegsvölkerrechts rückte – anstelle von Soldaten, medizinischem Personal und Rot-Kreuz-Mitarbeitern, denen die Schutzbestimmungen bisher hauptsächlich gegolten hatten. Das Rote Kreuz war 1864 vom Schweizer Geschäftsmann Henry Dunant mit dem ausdrücklichen Ziel gegründet worden, im Namen von christlicher Barmherzigkeit, Universalismus und Neutralität allen verwundeten Soldaten ungeachtet ihrer Nationalität Hilfe zu leisten. Es wies nach den erschütternden Erfahrungen von Zivilisten im Ersten Weltkrieg und im Spanischen Bürgerkrieg den Weg zur Formulierung umfassender Normen für den Kriegsfall, doch überholte die sich rasch entwickelnde Militärtechnik (einschließlich des Luftkriegs und der Bombardierung von Zivilisten) die Fähigkeit der internationalen Gemeinschaft, in Kriegszonen festsitzende Unschuldige zu schützen. Die Konvention von 1949 suchte die Unterscheidung zwischen Kombattanten und Nichtkombattanten neuerlich zu etablieren, damit sich das tragische Schicksal schutzloser Zivilisten im Zweiten Weltkrieg nicht wiederholen würde. Das größere Ziel war es, die besorgniserregende Kluft zwischen dem militärischen und dem moralischen Fortschritt der Menschheit zu beheben, die, wie die Väter der Konvention meinten, für nicht weniger als die Krise der Zivilisation verantwortlich war. Jean S. Pictet, Vizepräsident des Internationalen Komitees vom Roten Kreuz und meistgepriesener Kommentator der Konventionen, verkündete, dass tragfähige neue internationale Regeln eine entscheidende »Schutzmaßnahme für zahllose Personen und die letzte Zuflucht für Zivilisation und Menschlichkeit« darstellten. Ein anderer Rechtskommentar steigerte die Rhetorik noch einmal: Die beiden Weltkriege zeigten »die totale Krise der westlichen christlichen Kultur an, einer Krise, die selbst das Überleben unserer Zivilisation gefährdet«. Der »kultivierte Mensch des 20. Jahrhunderts ist nicht mehr als ein Barbar unter einer dünnen Verblendung von Zivilisation«.[10]

Die Genfer Konvention über den Schutz von Zivilpersonen in Kriegszeiten war ein Meilenstein in der Geschichte der Kriegsführung und bezeichnete die Grenzlinie zwischen Zivilisation und Barbarei. Das war nicht gänzlich neu, da sich die etymologische Urform von Zivilisation – etwas zivil machen – in erster Linie darauf bezog, eine strafrechtliche Angelegenheit in eine zivile beziehungsweise zivilrechtliche zu verwandeln, wie Rechtstheoretiker des 17. Jahrhunderts nachdrücklich dargelegt hatten. Zivilisation in diesem allgemeinen Sinne mit der Moral des Staats und seinem rechtlichen Gebaren gegenüber seinen Bürgern zu verbinden, wurde bis zum späten 18. Jahrhundert zum Standard, und Jeremy Bentham war der erste Autor, der den Begriff »Zivilisation« im Kontext des Völkerrechts verwandte. Zur Mitte des 19. Jahrhunderts wurde Zivilisation immer mehr auch als Beschränkung in der Kriegsführung aufgefasst. Am klarsten illustrieren dies die Präambeln völkerrechtlicher Dokumente aus dem 19. Jahrhundert, etwa der Lieber Code von 1863, der die Handlungen von Unionssoldaten im Amerikanischen Bürgerkrieg regelte, oder die Petersburger Erklärung von 1868, welche »den Gebrauch gewisser Projektile in Kriegszeiten zwischen den zivilisierten Nationen« untersagte. Als im 20. Jahrhundert Friedensverträge bei der Beendigung bewaffneter Konflikte zunehmend unüblich wurden und diese typischerweise eher mit Waffenstillständen oder Waffenruhen – mit oder ohne internationale Friedenstruppen – abschlossen, standen die Genfer Konventionen im Ruf eines unentbehrlichen Damms gegen die Barbarei. Pictet fing dieses nach dem Zweiten Weltkrieg verbreitete Gemisch aus Hoffnung und Besorgnis mit Blick auf den Nutzen des Völkerrechts ein: Die Konventionen dienten vorrangig dazu, »den Respekt vor der menschlichen Person, vor den fundamentalen Menschenrechten und seine Würde als menschliches Wesen zu schützen, in der Hoffnung, dass allgemeiner Friede – die Sehnsucht aller Menschen guten Willens – eines Tages aufgerichtet werden möge«. Die Genfer Konventionen waren deshalb für die neue internationale Politik zum Kriegsvölkerrecht von zentraler Bedeutung.[11]

Oft wird vergessen, dass die Sowjetunion einen gewichtigen Einfluss auf die Konventionen ausübte. Dies mag zunächst verwirren, wo die UdSSR das Rote Kreuz doch beständig als Marionette des Westens hingestellt hatte. Die Sowjets hatten das Rote Kreuz beschuldigt, während des Russischen Bürgerkriegs der Weißen Armee gegenüber zu verständnisvoll gewesen zu sein und im Zweiten Weltkrieg Sympathien für die faschistische Seite gehegt und dieser die Treue gehalten zu haben. Doch 1949 hatte Moskau seinen Boykott des Roten Kreuzes offiziell zurückgenommen und sogar einige seiner wegweisenden Konventionen aus der Zwischenkriegszeit anerkannt, etwa das Abkommen über die Behandlung der Kriegsgefangenen von 1929. Zur Überraschung der anderen internationalen Delegierten erschienen die Sowjets 1949 in voller Stärke. Sie und ihre Verbündeten bestanden am nachdrücklichsten darauf, dass die Konventionen universell auf alle Kriege und alle Zivilisten Anwendung finden sollten. Die UdSSR bezeichnete sogar jene Staaten, die die Definition und den Schutz von Zivilisten einzuschränken suchten, als »Feinde der Menschheit«. Obwohl solche Manöver vor allem eine westliche Koalition unter Führung der amerikanischen und der britischen Delegation in Verlegenheit bringen sollten, gelang es der Sowjetunion, sich als Vorkämpfer einer internationalen Kampagne für die »Humanisierung« der Gesetze und Gebräuche des Krieges zu positionieren.[12]

Es fällt leicht, dieses Engagement als bloße Show der Sowjets abzutun, nachdem sie, wie gesehen, die Sache des Friedens für ihre Zwecke politisiert hatten. In Genf jedoch meinten die Sowjets es ernst. Hoch her ging es in der Frage der Atomwaffen, welche die Probleme einer über die Front des Kalten Kriegs hinweg betriebenen Friedenspolitik offenbarte. Die Sowjetunion hatte 1948 zu den Unterzeichnern der Konvention über die Verhütung und Bestrafung des Völkermords gezählt und trat nun dafür ein, die Konventionen von 1949 an das Genfer Protokoll über das Verbot chemischer und biologischer Waffen von 1925 anzuhängen. Der Liste von ungesetzlichen und strafbaren Übergriffen gegen Zivilisten wollten die Sowjets die unterschiedslose Bombardierung und die Nuklearwaffen hinzufügen. Sodann entwarfen sie eine Resolution, die zu einem vollständigen Verbot von Atombomben auf humanitärer Grundlage aufrief und die amerikanischen und britischen Delegierten direkt kritisierte. Das Echo auf den sowjetischen Vorschlag fiel entsprechend den Lagern des Kalten Krieges aus: Wie es sich gehörte, wurde er von Bulgarien und der Tschechoslowakei unterstützt, während die USA und ihre Bundesgenossen sie rundheraus zurückwiesen mit der Begründung, dass die Debatte bei den Vereinten Nationen besser aufgehoben und mehr Zeit nötig sei, diesen Punkt zu debattieren. Nichtsdestoweniger brachte der sowjetische Anspruch, im Namen von Frieden und Menschlichkeit zu sprechen, die USA und ihre Verbündeten in die Defensive. Die Sowjets übten dauerhaft Druck aus und hatten einige bleibende Errungenschaften vorzuweisen.

In den frühen Siebzigerjahren zum Beispiel gingen sie bei der Erarbeitung der 1975 in Kraft getretenen Konvention über das Verbot der Entwicklung, Herstellung und Lagerung bakteriologischer (biologischer) Waffen und Toxinwaffen sowie über die Vernichtung solcher Waffen voran, die Washington zunächst nicht hatte unterschreiben wollen, um nicht die Rechtswidrigkeit amerikanischer Militäroperationen in Vietnam anerkennen zu müssen. Damit wurden die Genfer Konventionen zum Prüfstein der Gestaltung einer neuen internationalen Zivilisation nach Auschwitz, Hiroshima und »totalem Krieg«.[13]

Die sowjetische Friedenspolitik beschränkte sich nicht auf die Diplomatie und fand auch im Inland Resonanz. In den späten Vierzigerjahren wurde der »Kampf für den Frieden« in den sowjetischen Massenblättern zu einer alltäglichen Phrase und ermöglichte es den Bürgern, sich unmittelbarer mit außenpolitischen Zielen auseinanderzusetzen. Vorhersehbarerweise machte die *Prawda* viel Aufhebens um die Idee, dass Moskau die globale Friedensbewegung gegen die westliche Aggression anführe und dass Frieden folglich gleichbedeutend mit dem Schutz der Sowjetunion vor den Übergriffen und der Kriegstreiberei des Westens sei. Die Medienkampagne des »Kampfes für den Frieden« wurde 1950 verstärkt, um nach dem Ausbruch des Koreakriegs öffentliche Unterstützung gegen den Westen zu mobilisieren und dem Publikum einzuhämmern, die UdSSR sei ein Streiter für die Unterdrückten und der Verteidiger des Weltfriedens. Zahlreiche zustimmende Briefe von Fabrikarbeitern, Hausfrauen und Normalbürgern gingen beim Komitee für die Verteidigung des Friedens ein. Solche Unterstützung für die sowjetische Außenpolitik lässt sich als weiteres Beispiel dafür anführen, wie Menschen lernten, sozialistisch zu sprechen und sich nach außen konform zu verhalten. Wenn darin auch zweifellos einiges an Wahrheit steckt, so können diese Wortmeldungen doch auch in einem anderen Licht gesehen werden. Die Friedenskampagne – und ihre Wahrnehmung in der Bevölkerung – könnte dazu beigetragen haben, den Sowjetbürgern ein neues Supermachtbewusstsein einzupflanzen, indem man ihnen unter Berufung auf Frieden und Sicherheit die Wächterrolle des Landes in der Weltpolitik präsentierte und so die Sache der Sowjetunion mit globalen Themen verband. Die brieflichen Sympathiebekundungen für das im Krieg befindliche koreanische Volk können zudem als einzigartige Gelegenheiten für die Bürger gelesen werden, ihre eigenen schmerzhaften Kriegserfahrungen – wenn auch indirekt – für die Sache des Friedens einzubringen.[14]

Anderswo in Osteuropa bewirkte die Friedenspolitik eine enge Verzahnung von Außen- und Innenpolitik. Staatlich organisierte Solidaritätsinitiativen entfalteten vielerorts in der Region umfängliche Aktivitäten. In der DDR, Ungarn und Polen veranstalteten Friedenskomitees Massenkundgebungen, um das Eingreifen in Nordkorea und im unabhängigen Vietnam durch die USA und Frankreich zu verurteilen. Fabriken sammelten Spenden und leisteten Sonderschichten zwecks militärischer und humanitärer Hilfeleistung. Im Juni 1950 choreografierten ostdeutsche Friedenskomitees überall im Land Großdemonstrationen und bewarben die Unterstützung der Koreanischen Volksarmee mit gespendeten medizinischen Gütern. Im Anschluss an den Waffenstillstand vom Juli 1953 begann die Kommunistische Partei der Tschechoslowakei die »Lasst uns Korea helfen!«-Initiative, für welche diverse Kulturveranstaltungen Gelder einsammelten. Wie auch in der Sowjetunion sprachen die Solidaritätsbekundungen mit Nordkorea und Vietnam viele an, die die Schrecken und Zerstörungen des Zweiten Weltkriegs in Osteuropa erlebt hatten. Eine polnische Zeitung schrieb zur amerikanischen Aggression in Nordkorea: »Wir Polen kennen diesen Stil. In einer solchen Art und in einem solchen Ton hatten sich die Nazi-Besatzer an die polnische Nation gewandt. Die amerikanischen Besatzer Koreas haben jetzt gezeigt, dass sie sich von den Nazis nur im Schnitt ihrer Uniformen unterscheiden.« Und eine Rednerin auf einer Demonstration des Ungarischen Frauenbundes gegen den Koreakrieg verkündete 1950, dass »wir unsere Stellung an der Friedensfront halten, indem wir um jedes Getreidekorn kämpfen«. Diese militante Sprache zielte darauf, ein Bewusstsein für den Zusammenhang von Außen- und Innenpolitik zu schaffen. Sie half, den ideologischen Grund für Osteuropas Hinwendung zur Dritten Welt in den Sechzigerjahren zu bereiten, wie wir in Kapitel 8 sehen werden.[15]

Die Thematisierung des Friedens in der Politik beschäftigte auch Westeuropa und prägte dort während der Nachkriegsjahre das öffentliche Verständnis des Wohlfahrtsstaats. Hatte der europäische Staat des 19. Jahrhunderts Wert darauf gelegt, aus Zivilisten Soldaten zu machen, so zeichneten sich die westeuropäischen Länder nach 1945 durch ihr Bemühen aus, Soldaten zurück in Zivilisten zu verwandeln. Nach dem Krieg war der Tod nicht länger Teil des Gesellschaftsvertrags. Charles Tillys bekannter Aphorismus, dass »der Krieg den Staat und der Staat den Krieg gemacht« habe, scheint nach 1945 in beiden Hälften Europas ausgemustert worden zu sein. Der Übergang vom Krieg zum Frieden war weder schnell noch umfassend – Europa wurde nicht demilitarisiert, wie die unübersehbare Anwesenheit amerikanischer und sowjetischer Soldaten in ihren jeweiligen Einflusssphären augenfällig machte. Des Weiteren waren damals viele der prominentesten europäischen Führungsfiguren frühere Kriegshelden, unter ihnen de Gaulle, Churchill, Stalin, Tito und Franco, die häufig in voller Uniform auftraten. Während auf der Gewinnerseite die Anführer sich regelmäßig in militärischem Aufzug zeigten und so an ihre Verdienste in der Kriegszeit und ihre nationale Mission erinnerten, vermieden dies die Verlierer und suchten auf diese Weise ihren vollständigen Bruch mit der faschistischen militärischen Vergangenheit herauszustellen, am deutlichsten in Italien und Westdeutschland. Viele Kommentatoren in der Bundesrepublik merkten an, dass Adenauer das erste respektgebietende deutsche Staatsoberhaupt sei, das nicht Uniform trage.[16]

Die großen – religiösen und säkularen – westeuropäischen Demonstrationen in den Fünfzigerjahren gegen die Atomkraft gaben der gesellschaftlichen Dimension von Politik eine neue Gestalt. Die Entwicklung der Wasserstoffbombe in den frühen Fünfzigern weckte internationale Bedenken angesichts einer möglichen globalen Auslöschung, und vielerorts in Westeuropa entstanden zahlreiche Basisbewegungen für Frieden und Abrüstung. Diese politischen Aktivitäten entspannen sich von Dänemark über Frankreich bis nach Griechenland, doch waren die britische Campaign for Nuclear Disarmament (CND), die westdeutsche Bewegung »Kampf dem Atomtod« und die anschließend entstehenden Ostermärsche die bekanntesten Beispiele. Viele Beteiligte hatten einen christlich-pazifistischen Hintergrund und waren oftmals in der Arbeiterbewegung ihrer Heimatländer engagiert. Während ihrer frühen Tage zeigten die Bewegungen Züge eines moralischen Kreuzzugs, nicht anders als die paneuropäische antifaschistische Bewegung während des Spanischen Bürgerkriegs. Doch dieses Mal ging es um mehr, da die Möglichkeit des erdumspannenden Atomtods noch dringender nach internationalem Aktivismus verlangte. Den ersten Aldermaston-Protest im April 1958, als Tausende singend und mit »Ban the Bomb«-Plakaten durch die Landschaft von Berkshire zogen, nannte ein CND-Mitglied eine Art antiamerikanische »Zivilisierungsmission, ein Marsch weg von der Angst und hin zur Normalität, zu menschlichen Standards«. Bertrand Russell, die Galionsfigur der Abrüstung in Großbritannien, beschrieb die Bewegung mit dem Vokabular der Verteidigung der Zivilisation. In den frühen Tagen sei »unsere Stimmung wie die der Heiligen Hieronymus und Augustinus gewesen, als sie den Fall des Römischen Reichs und den Zusammenbruch der Zivilisation betrachteten, die unzerstörbar wie Granit erschienen war«. Die Gründungsveranstaltung der CND zog 5000 Menschen an, und bis 1959 hatte sie 270 Ortsvereine in ganz Großbritannien; die Ostermärsche 1962 zählten 150 000 Protestierende. Es war jedoch erstaunlich, wie schnell das Vokabular von Frieden und Zivilisation aus der Bewegung verschwand, zum Teil weil Ideen der »Friedenspartisanen« von den Kommunisten übernommen worden waren. Dies war in den Friedensbewegungen auf dem Kontinent noch greifbarer, die ihre Ziele und Selbstbeschreibungen von Frieden zu Sicherheit verschoben. Die westdeutsche Friedensbewegung erwuchs aus einem bürgerschaftlichen Engagement, und ihr Bemühen, ein Bewusstsein für die nukleare Bedrohung zu wecken, bediente sich einer Sprache von der Opferrolle, wonach man den Entscheidungen der Supermächte ausgeliefert sei. In all diesen Bewegungen verblassten mit der Zeit die Analogien zu den Schrecken des Zweiten Weltkriegs, wie auch die Bezugnahme auf die Geschichte und die Krise der Zivilisation. Doch gab es grundlegende Unterschiede zwischen Ost und West. Seit den späten Fünfzigerjahren attackierten die westeuropäischen Bewegungen ihre Regierungen als mitschuldig an den neuen existenziellen Gefahren, deren Bereinigung in einer breit aufgestellten Politik der *Pax atomica* liege. Einfach gesagt, agitierten die westeuropäischen Friedensbewegungen gegen den Staat, während ihre osteuropäischen Pendants diesen unterstützten.[17]

Die internationale Friedensbewegung wies zudem eine Gender-Dimension auf. 1958 stellte die CND-Aktivistin Dora Russell die Frauenkarawane für Frieden als vereinte, über den Eisernen Vorhang hinweg reichende Friedensinitiative auf die Beine. Sie bestand aus 19 Frauen, die zu einer vierzehnwöchigen Reise in einem alten Bus und einem Ford-Lastwagen aufbrachen, um ihre Friedensbotschaft durch Mittel- und Osteuropa bis nach Moskau zu tragen, wo sie das sowjetische Friedenskomitee trafen. Doch es waren noch größere Vorhaben im Gang. Um die Sache des Weltfriedens voranzubringen, wurde 1945 in Paris die Internationale Demokratische Frauenföderation (IDFF), die enge Beziehungen zur Sowjetunion unterhielt, gegründet. Die IDFF kämpfte an mehreren Fronten für Frieden, Frauenrechte, Antikolonialismus und Antirassismus. Nationale Verbände entstanden 1945 in rund 40 Ländern, bis 1958 stieg die Zahl auf über 70 und dann bis 1985 noch einmal auf 117. Die Organisation beteiligte sich weltweit an Friedensinitiativen und sandte Untersuchungskommissionen nach Lateinamerika und Südostasien, um dort die Lebensumstände der Frauen zu erfassen und mit den Frauenorganisationen in den Entwicklungsländern zusammenzuarbeiten. Doch schon bald geriet die IDFF in Konflikt mit der Politik des Kalten Kriegs. 1950 leitete sie eine Untersuchungsmission während des Koreakrieges, um Kriegsverbrechen amerikanischer und südkoreanischer Soldaten an koreanischen Zivilisten nachzugehen. Ihr Bericht zog wütende Reaktionen auf sich, und die Organisation geriet ins Visier einer von London und Washington geführten antikommunistischen Kampagne innerhalb der UNO. Die IDFF musste ihr Hauptquartier von Paris nach Ostberlin verlegen und wurde zunehmend mit dem kommunistisch orientierten Weltfriedensrat in Verbindung gebracht, was ihre Wahrnehmung als sowjetische Tarnorganisation zusätzlich nährte. Weiterhin blieb sie an verschiedenen Gender- und Friedensprojekten beteiligt, in Asien ebenso wie im Zusammenhang mit den Kriegen in Algerien und Vietnam.[18]

Diese Friedensbewegungen trugen dazu bei, die Rede von der Zivilisation umzugestalten. In den Vierzigerjahren war die Zivilisation in der Regel beschworen worden, um von Tod, Verlust und Bedrohung durch Krieg und Massenvernichtung zu erzählen, wie an den Debatten um atomare Kriegsführung und das humanitäre Völkerrecht deutlich wurde. Diese waren im Großen und Ganzen weltliche Diskurse, welche die Menschheit als Ganze ansprachen und einen moralischen Rahmen dafür lieferten, was in Gefahr und was zu bewahren sei. Pazifismus und Frieden – im Krieg hatten sie als verräterisch gegolten – kehrten nun als Ausdruck höchster Tugend auf den Kontinent wieder. Doch die Rede von der Zivilisation war nicht immer nostalgisch oder rückwärtsgewandt – die Fünfziger- und Sechzigerjahre sahen auch kraftvolle europäische Anstrengungen, glitzernde materielle Zivilisationen im Hier und Jetzt zu errichten.

Auf dem Weg in die Konsumgesellschaft

Der französische kommunistische Dichter Louis Aragon bezeichnete die Vereinigten Staaten 1951 in ätzenden Worten als »Zivilisation der

Badewannen und Kühlschränke« – solche Einstellungen zur kulturellen Bedrohung durch Amerika waren damals linkes Allgemeingut. Aragon hatte insofern recht, als die meisten Westeuropäer Amerika seit den späten Fünfzigern mit einer mächtigen Konsumkultur – mit Haushaltsgeräten, Jugendmode, Jazz, Rock 'n' Roll und Filmstars – gleichsetzten, deren modernisierender Einfluss auf die Nachkriegskultur sich überall bemerkbar machte. Bis in die Mitte der Sechzigerjahre hatten die Sinnbilder amerikanischer Modernität im westeuropäischen Alltagsleben bedeutende Geländegewinne erzielt. Während manche Intellektuelle den *American way of Life* als eine Form des Kulturimperialismus anprangerten, hießen die meisten kriegsgeplagten Westeuropäer Amerikas »Zivilisation der Badewannen und Kühlschränke« als Quelle von Komfort und Vergnügen willkommen.[19]

Dies galt insbesondere für die Häuslichkeit. Nach 1945 wurde ein warmes, trockenes und ruhiges Zuhause zum obersten Objekt der Begierde. Zuerst wurden fließendes Wasser, Gas, Sanitäranlagen und Elektrizität, dann Radios, Fernseher und Autos zu Meilensteinen im Leben vieler Bürger und prägten die Träume und Wünsche der sogenannten Wiederaufbaugeneration. Laut einer 1961 in Frankreich durchgeführten Umfrage, die von tausend Frauen wissen wollte, was sie bräuchten, um glücklich zu sein, erwähnten nur 22 Prozent Liebe, während sich 54 Prozent für »ein komfortables Leben und materielle Annehmlichkeiten« entschieden. 1954 besaßen lediglich sieben bis acht Prozent der französischen Haushalte einen Kühlschrank oder eine Waschmaschine und nur ein Prozent einen Fernseher. Acht Jahre später hatte mehr als ein Drittel Kühlschrank und Waschmaschine und ein Viertel ein TV-Gerät. 1975 lagen die Zahlen bei jeweils 91, 72 und 86 Prozent. In Osteuropa waren die Verhältnisse vergleichbar.

Das Wohnen war überall in Nachkriegseuropa, ungeachtet extrem unterschiedlicher Erfahrungen von materiellem Verlust, Wohnungsmangel, sozialen Verwerfungen und Flüchtlingskrisen, ein zentrales gesellschaftspolitisches Thema. Regierungen, Kommunalpolitiker, Sozialarbeiter und Frauenorganisationen interessierten sich ebenso dafür wie Architekten, Designer, Werbeagenturen und Verbraucherschützer. Sie alle teilten eine Sehnsucht, die Dinge neu und anders anzupacken. Für viele Europäer zeigte der Bezug des Eigenheims das eigentliche Ende des Krieges und der anschließenden Hungerjahre an, wie zahlreiche Memoiren und mündliche Berichte aus Großbritannien und Europa belegen, auch solche von Displaced Persons und Flüchtlingen.[20]

Auf den ersten Blick mag das Primat von Heim und Häuslichkeit nach 1945 als eine Neuauflage der Entwicklungen und Befindlichkeiten nach dem Ersten Weltkrieg erscheinen. Bereits damals erhielt das Wohnen eine gesteigerte politische Bedeutung, und das traf ganz besonders auf Arbeiterwohnstätten zu. Die Unterbringung von Arbeitern hatte zwar schon Mitte des 19. Jahrhunderts ihren ersten Auftritt als neues Lieblingsthema der Sozialreformer gehabt, als 1851 Pläne zu einer verbesserten Wohnsituation von Arbeitern auf der Londoner Great Exhibition präsentiert wurden, doch nahm die europäische Bewegung zur Reform des Wohnens erst in den Zwanzigerjahren wirklich Fahrt auf. Das Wohnen rückte ins Zentrum der Gesellschaftspolitik und diente oftmals als Lackmustest für die Versprechen, welche die neuen europäischen Wohlfahrtsstaaten während des Krieges gemacht hatten. Das britische Versprechen, »Heime für Helden« zu bauen, ist ein berühmtes Beispiel, doch wurden überall in Europa ähnliche Initiativen in Angriff genommen. Die Ergebnisse waren für die Zeit häufig spektakulär, da sich eine Gruppe von avantgardistischen Architekten, Stadtplanern und progressiven Bürgermeistern zusammentat, um dem Wohnungsbau für die Massen ein frisches Antlitz und politische Priorität zu verleihen.

Nach dem Zweiten Weltkrieg und angesichts seines Vermächtnisses von Vernichtung und massenhaftem Tod, von Völkermord und gewaltsamen Bevölkerungstransfers nahm das Wohnen eine gänzlich veränderte Bedeutung an. Überall auf dem Kontinent teilten Staatsbedienstete, Wirtschaftsführer, Lehrkräfte und Museumskuratoren ein neues Interesse, Wohnausstellungen als Marksteine nationalen Aufschwungs, gesellschaftlichen Fortschritts und ästhetischer Erziehung zu veranstalten. In Westeuropa gaben 1946 die Ausstellung *Britain Can Make It* und 1951 das Festival of Britain den patriotisch-produktionsorientierten Ton vor. Anders als ihre Vorläufer in den Zwanziger- und Dreißigerjahren nahmen sie auf das Empire und die gesellschaftlichen Klassen nur zurückhaltend Bezug und konzentrierten sich voll und ganz auf die nationale Gemeinschaft, die nationale Wirtschaft und die nationale Wohnkultur.[21]

In ähnlicher Weise vergrößerte der Kalte Krieg die politische Wertigkeit des Heims erheblich. In den späten Vierzigerjahren organisierten die Verwalter der Marshallplan-Mittel in Westdeutschland und Italien Wohnausstellungen, um bettelarmen Westeuropäern den *American way of Life* vorzuführen und der Idee der – die USA und Westeuropa verbindenden – westlichen Zivilisation einen materiellen Ausdruck zu geben. Ein viel gebrauchter Begriff lautete »atlantische Gemeinschaft« und stand für die kulturelle Entsprechung der amerikanisch geführten NATO. Etliche dieser Ausstellungen handelten von einem idealisierten häuslichen Leben einschließlich neuester Haushaltsgeräte aus Amerika und unterstrichen die – eher wahrgenommenen als realen – Zusammenhänge zwischen Wiederaufbau, Individualismus, Konsumismus und häuslichem Glück, wobei Letzteres auf einer klaren Geschlechtertrennung nach Wunsch und Pflicht beruhte. Das besetzte Berlin floss über vor miteinander wetteifernden Ausstellungen zu großzügigen materiellen Verhältnissen und modernem Wohnen. Die besonderen Umstände im geteilten Deutschland beförderten auf beiden Seiten des Eisernen Vorhangs frühzeitig eine politische Aufladung des Zuhauses zu einem ideologischen Symbol. Die 1952 mit Marshallplan-Geldern gesponserte

Auf dem Weg in die Konsumgesellschaft 227

20 Die Ausstellung »Wir bauen ein besseres Leben«,
    Westberlin 1952.

Westberliner Ausstellung »Wir bauen ein besseres Leben« – sie zeigte eine Familienunterkunft mit zwei Schlafzimmern und etwa 6000 »in unserer westlichen Zivilisation erhältliche« Objekte – lockte rund 500 000 Besucher an, von denen 40 Prozent aus dem Ostteil der Stadt kamen. Für die Ausstellung wurden Schauspieler engagiert, die die aus Amerika stammenden Wunder der häuslichen Moderne vorführten; Schaulustige betrachteten das Spektakel von oben (Bild 20). Die erlösende Kraft der Konsumgüter, die die Fähigkeit haben sollten, einen Schlussstrich unter die NS-Vergangenheit zu ziehen, wurde auf besonders augenfällige Art in der westdeutschen Industriestadt Essen zur Schau gestellt. Die zerstörte Synagoge (welche die kleine jüdische Gemeinde in einem Brief an die Stadtverwaltung als »die schönste und ehrwürdigste in Europa« bezeichnete) wurde einer neuen Nutzung zugeführt und 1961 als »Haus Industrieform« wiedereröffnet, das stolz die glitzernden Konsumartikel der gesundeten westdeutschen Wirtschaft präsentierte. Zu diesem Anlass sagte Oberbürgermeister Wilhelm Nieswandt: »Die Widmung der geschändeten ehemaligen Synagoge zu einem neuen würdigen Zweck, die wir heute vornehmen, muß uns zum Nachdenken und zu dem Vorsatz veranlassen, daß derartige Geschehnisse verblendeter Intoleranz sich in einem freien und demokratischen Deutschland nie wiederholen dürfen« (Bild 21, Bild 22).

Ostdeutsche Architekten, Planer und Ideologen arbeiteten ähnlich hart daran, den sozialistischen Bürger von den Verdiensten der ehrgeizigen SED-Wohnungsbaupolitik zu überzeugen. Die Ostberliner Stalinallee, ein 1952 begonnener, von grandiosen »Arbeiterpalästen« gesäumter Boulevard, war das erste große Projekt des viel beworbenen Nationalen Aufbauwerks. Sie wurde als ideologisches Elixier begrüßt, das dabei helfen würde, den Menschen ein neues sozialistisches Bewusstsein einzuimpfen und noch dazu die Verlockungen des Westens abzuwehren.[22]

Die Sowjetunion Chruschtschows stellte ebenfalls das Wohnen in den Mittelpunkt ihrer Bestrebungen, Unterstützung für dessen erneuerte Vision des Sozialismus zu gewinnen. Bereits in den Dreißigerjahren und dann seit den späten Vierzigern hatte das Heim als Emblem persönlicher Sicherheit, sozialistischen Fortschritts und materiellen Wohlstands eine hohe politische Priorität genossen, bis dann Chruschtschow nach dem XX. Parteitag 1956 ein gewaltiges Bauprogramm in Gang setzte. Es sollte das von ihm gegebene Versprechen erfüllen, dass jede sowjetische Familie in ihrer eigenen Wohnung unterkäme. Die zunächst vorgeschlagene Lösung für den empfindlichen Wohnungsmangel sah vor, eine neue Häuserlandschaft aus massenproduzierten fünfstöckigen Blöcken zu schaffen, bis in den Sechzigerjahren auf Wohntürme in Hochbauweise umgeschwenkt wurde. Reformorientierte Designer starteten Kampagnen in regierungsamtlichen Blättern und Designzeitschriften, in sozial-

Auf dem Weg in die Konsumgesellschaft 229

21 Portal und Ausstellungsraum des Hauses Industrieform, Essen 1961.

politischen Initiativen oder auch in Magazinen für Wohndekoration. Über all diese Kanäle forderten sie dazu auf, Antiquitäten und andere bürgerliche Besitztümer abzustoßen und sich stattdessen Objekte zuzulegen, welche die sozialistische Modernität viel besser repräsentierten. In der Sowjetunion und dem Ostblock pries man die Verbreitung modernen Designs und moderner Häuslichkeit, in der praktischer Nutzen und Technologie zusammenfänden; diese sei ein weiterer Schritt auf dem Weg zum Kommunismus und zur Beendigung des Elends und der Armut der Vergangenheit.[23]

Der Boom des Wohnungsbaus in West- und Osteuropa wurde von dem Wunsch angetrieben, im Kalten Krieg mehr und bessere Heimstätten zu bauen als der ideologische Widersacher und so eine Nagelprobe politischer Legitimität zu bestehen. Einen dramatischen Höhepunkt erreichte die Schlacht um die häusliche Sphäre in der schlechtlaunigen »Küchendebatte« zwischen dem US-Vizepräsidenten Richard Nixon und dem sowjetischen Premier Chruschtschow auf der American National Exhibition in Moskau 1959. Neben einer Ausstellungsküche im bescheidenen Ranch-Stil und vor den Kameras und Mikrofonen der Weltpresse ergriff Nixon die Gelegenheit, die Idee zu loben, dass die »amerikanische Überlegenheit nicht auf Waffen, sondern auf dem sicheren, üppigen Familienleben in modernen Vorstadt-Heimen« beruhe. Die Debatte verdeutlichte, dass im Atomzeitalter die Existenz selbst – Heim, Herd und Familie – auf dem Spiel stand. Sie warf zudem ein Schlaglicht auf das in Ost wie West wachsende Bestreben, die moderne Behausung zum Emblem und Maßstab der Zivilisation zu küren.[24]

Von westeuropäischen Konservativen wurde die Verteidigung der Familie als notwendige Abschreckung gegen den Staatssozialismus aufgefasst, sorgte die Familie doch für eine gesunde Trennung von Staat und Gesellschaft, Öffentlichem und Privatem, Arbeit und Freizeit und somit auch für nach Geschlecht getrennte Rollen und Aktivitäten. Dass die häusliche Modernisierung auf die Frauen zielte, war nichts Neues und lässt sich bis ins späte 19. Jahrhundert und die Zwischenkriegsjahre zurückverfolgen, ehe diese Orientierung unter liberalen, faschistischen und kommunistischen Regimen während der Dreißiger- und Vierzigerjahre verstärkt zum Vorschein kam. Die Idealisierung des modernen Heims der Mittelklasse, vervollständigt durch elegant gekleidete (und folglich nicht berufstätige) Hausfrauen und Hightech-Küchen, war in den Jahren nach dem Zweiten Weltkrieg ein beliebtes Selbstbild des wohllebigen Westens. Das soll nicht heißen, dass die Restauration des Familienbilds nach 1945 keine neuen Aspekte zugelassen hätte. Häufig wandten sich die westeuropäischen Medien – und, wie wir sehen werden, die Ratgeberliteratur – einer sich wandelnden Vaterrolle zu, wobei die traditionellen Muster vom strengen, förmlichen und patriarchalen Oberhaupt des Haushalts zugunsten zwangloserer Darstellungen zurücktraten: Pantoffeln tragende Väter spielten mit den Kindern und halfen sogar bei der Hausarbeit. Sie wurden als Symbolfiguren einer Zivilisierung der Männer und Väter angepriesen, sodass die im Krieg propagierte martialische Männlichkeit durch friedliche Bilder entspannter Häuslichkeit und familiärer Intimität ersetzt wurde.[25]

Das Heim und die wiederhergestellte Kernfamilie boten Nachkriegseuropa einen romantisierten Raum für moralischen und ästhetischen Idealismus. Dies traf insbesondere auf Westdeutschland und Italien zu, wo eine gefestigte Häuslichkeit, traditionelle Geschlechterbeziehungen und individualistische Tugenden wie Privateigentum und Anstand als Pfeiler einer postfaschistischen Gesellschaftsordnung angepriesen wurden. Solche Initiativen werden für gewöhnlich auf die regierenden christdemokratisch-konservativen Parteien zurückgeführt, doch fanden Maßnahmen zur Absicherung von Familien im gesamten politischen Spektrum Unterstützung – seitens der Kirchen, Frauenorganisationen, Sozialdemokraten und Sozialisten. Westeuropäische Sozialisten nahmen es ihrerseits in Angriff, eine Ehe zwischen Sozialismus und materieller Zivilisation zu stiften. Die britische Fabian Society widmete 1950 eine Vortragsreihe dem Thema »Sozialismus, wohin?«, in der mehrere Referate die Frage der Zivilisation direkt ansprachen. Der Abgeordnete Richard S. Crossman, der vor allem als Herausgeber des antikommunistischen Bandes *Ein Gott, der keiner war* von 1949 bekannt wurde, redete über »Sozialistische Werte in einer sich wandelnden Zivilisation«. Für ihn könne der Sozialismus niemals auf ökonomischen Materialismus und wissenschaftlichen Sozialismus reduziert werden; nach seiner Einschätzung seien »moralische Werte« – darunter auch das Drängen der Labour Party auf »faire Werte« wie den National Health Service – »die wahren Errungenschaften des Sozialismus in den letzten fünf Jahren«. »Unsere Mission ist es, den Kalten Krieg zu zivilisieren«, so Crossman weiter, genau wie »die Arbeiterklasse [eine Mission] hatte, die in einem langen Prozess den britischen Kapitalismus einhegte«. Für viele westeuropäische Sozialdemokraten und Sozialisten stellte der fortgeschrittene Wohlfahrtsstaat die eigentliche Erfüllung der Zivilisation selbst dar.[26]

Nicht nur im Westen kam der Familie eine große ideologische Bedeutung zu, wurde doch im Ostblock ein Leben im modernisierten Zuhause als stolze Verwirklichung des sozialistischen Humanismus propagiert. Das Bild der modernen sozialistischen Familie, die sich inmitten der neuesten Produkte und Technologien entspannt, wurde in Lifestyle-Magazinen massenhaft wiedergegeben und zu einem Symbol der Sicherheit und des Wohlstands. Unter Stalin hatten die radikalen Reformen der Familie aus den frühen Tagen der Revolution an Schwung verloren, und schon in den Dreißigerjahren hatten vergleichsweise konservative Vorstellungen von Häuslichkeit vorgeherrscht. Mitte der Fünfzigerjahre gab es zwischen dem west- und osteuropäischen Ideal von Häuslichkeit beziehungsweise in der jeweiligen kulturellen Darstellung von Glück und einem angenehmen Leben erstaunliche Ähnlichkeiten. Diese gingen so weit, dass das osteuropäische Bild vom häuslichen Leben den Mythos von der

»neuen Frau im Sozialismus« und die Parteirhetorik von der Geschlechtergleichheit Lügen strafte. Tatsächlich galten weiterhin die alten bürgerlichen Vorstellungen vom angemessenen weiblichen Verhalten und den Pflichten der Frau.[27]

Eine solche Ideologie rieb sich, gerade in den sozialistischen Staaten, mit den Forderungen, die Frauen dort erhoben. In sozialistischen Gesellschaften hatten sie keine andere Wahl, als mit den konkurrierenden Ansprüchen von Erwerbsarbeit, Hausarbeit und politischer Einbindung zu jonglieren – eine dreifache Last und ein Quell der Frustration. In den allgegenwärtigen, für die sozialistische Konsumgesellschaft charakteristischen Schlangen standen überwiegend Frauen, und es waren Frauen, welche die meisten Beschwerdebriefe an örtliche Behörden schrieben; viele berufstätige Mütter setzten sich auf diesem Wege für bessere staatliche Dienstleistungen ein. Diese zum Teil bis ins Zuhause reichenden wohlfahrtsstaatlichen Maßnahmen wurden denn auch, wie von offizieller Seite erklärt wurde, zur Entlastung von überforderten, den Löwenanteil der Erziehungs- und Hausarbeit tragenden Müttern eingeführt. Diverse Frauengruppen stießen Reforminitiativen für den häuslichen Bereich an, sodass Wohnprobleme von Familien bald die Aufmerksamkeit des Staats erhielten. Überall in der sozialistischen Welt forderten Frauen (nicht anders als ihre Pendants im Westen) immer häufiger arbeitssparende Haushaltsgeräte, Reinigungsmittel, besseres Mobiliar, leicht zuzubereitendes Essen und attraktivere Kleidung für sich und ihre Familien. Der häusliche Bereich – lange Zeit der blinde Fleck der sozialistischen Theorie und Praxis – sollte dementsprechend in den Sechziger- und Siebzigerjahren mit aller Macht wiederkehren, als sich Aktivistinnen für mehr wohlfahrtsstaatliche Hilfe bei der Arbeit, zu Hause und in der Familie starkmachten. Diese Reformkampagne war im Grunde die Antwort der sozialistischen Welt auf den feministischen Slogan im Westen, dass »das Private politisch« sei.[28]

Schweden wurde oft als Vorbild einer fortschrittlichen Zivilisation angeführt, das die Bedürfnisse der Haushalte nach Komfort ebenso befriedigte wie das Interesse der Reformer an bezahlbarem Wohnraum und sozialer Gerechtigkeit. Schweden hatte im Krieg keine großen Verluste erlitten, und seine sozialdemokratische politische Kultur knüpfte an Erfahrungen aus den Vorkriegsjahren an. Damals hatten die schwedischen Sozialdemokraten nicht nur von der Idee des *folkhem*, des Volksheims als einigendem nationalen Symbol Gebrauch gemacht, sie entwickelten auch ein spezifisch schwedisches Konzept von Modernität, welches Häuslichkeit mit der Demokratisierung des gesellschaftlichen Lebens verband. Moderne schwedische Heime waren mit bescheidenen, aber gut verarbeiteten Holzmöbeln ausgestattet; einfarbige Wände und Naturtextilien wurden in einer Weise verwendet, die moderne bürgerliche Partizipation und moderne Ästhetik miteinander verband, wie 1955 auf der Helsingborg-Ausstellung, einer international erfolgreichen Wohnausstellung, deutlich wurde. Der Reiz des neutralen Schweden entfaltete auch auf der anderen Seite des Eisernen Vorhangs seine Wirkung, wo Architekten, Designer und Schriftsteller der schwedischen Häuslichkeit im Zeichen der Entstalinisierung ihre Referenz erwiesen. Das schwedische häusliche Ideal erschien in den Fünfziger- und Sechzigerjahren somit in beiden Lagern des Kalten Krieges als kulturelle Verkörperung eines alternativen dritten Weges. Zu einem Standardwerk wurde das 1941 erstmals erschienene, Mitte der Sechzigerjahre übersetzte und neu herausgegebene Werk *Nation and Family* der herausragenden schwedischen Soziologin Alva Myrdal. Darin fanden europäische Politikgestalter Hinweise, wie sozialstaatliche Maßnahmen, Familienpolitik und Geschlechtergleichheit als Grundpfeiler gesellschaftlicher Ordnung und politischer Stabilität in Einklang zu bringen seien. (Die amerikanische Übersetzung kam 1968 heraus und sollte als Gegenmittel zu den 1967 im ganzen Land ausgebrochenen »Rassenunruhen« dienen.) Solche Perspektiven stärkten die sozialen und moralischen Fundamente Europas und des dort herrschenden Friedens.[29]

Die Faszination für den skandinavischen Sozialstaat widerspiegelte das substanziell veränderte Konzept vom westeuropäischen Staat. Im Gegensatz zur Entwicklung der europäischen Staaten bis 1945 widmeten die Gesellschaften nur einen geringen Anteil ihrer Finanzen dem Kauf von Waffen oder dem Unterhalt großer stehender Heere. Die Präsenz junger einheimischer Männer in Uniform war – zum ersten Mal seit dem 18. Jahrhundert – nach 1945 nicht länger ein üblicher Bestandteil städtischen Lebens. Wer doch Uniform trug, gehörte oft ausländischen Streitkräften an, ob nun den amerikanischen im Westen oder der Sowjetarmee in Osteuropa, obwohl damals noch überall auf dem Kontinent Wehrpflichtige ihren Dienst leisteten. Die Befriedung Europas durch fremde Armeen war ein Element der Rezivilisierung des Kontinents und erlaubte es den europäischen Staaten, einen Großteil ihrer Ressourcen in friedliche, zivile Zwecke zu lenken. Für Frankreich, die Niederlande, Belgien, Großbritannien und später Portugal beschleunigte, wie wir sehen werden, die Entkolonisierung diese Demilitarisierung der Staatshaushalte. Die Wende vom Militär- zum Wohlfahrtsstaat reflektierte neue Rahmenbedingungen wie auch eine gewandelte Einstellung der Bürger. Wie 1977 eine einflussreiche Studie des amerikanischen Soziologen Ronald Inglehart zum Wertewandel in Europa zeigte, benannten Westeuropäer als Hauptaufgaben des Staates die Förderung des Wirtschaftswachstums, Bildungschancen, bezahlbaren Wohnraum und die Gesundheitsfürsorge, jedoch weniger die Landesverteidigung, politische Teilhabe oder selbst Bürgerrechte. Dieser Mentalitätswandel war ein erstaunlicher Aspekt der Befriedung des alten, kriegerischen Kontinents.[30]

Antiamerikanismus

Der in Europa herrschende relative Frieden und Wohlstand rief neue Ängste vor verborgenen Gefahren für die Zivilisation hervor, welche oftmals die Gestalt des Antiamerikanismus annahmen – besonders in den europäischen Eliten. Kritik an der modernen Zivilisation war ein Markenzeichen des europäischen kulturellen Diskurses seit dem späten 19. Jahrhundert gewesen, und gerade in der Weimarer Republik, ihrer Populärkultur und den Debatten um den »Amerikanismus« hatte sie weite Verbreitung gefunden. Solche Beiträge werden normalerweise mit den Denkern der Frankfurter Schule in Verbindung gebracht, doch gab es solche Bedenken gegenüber der technologischen Modernität ebenso in der Rechten. Obwohl viel davon die Rede war, dass die neue Großmacht traditionelle Klassenhierarchien und soziale Bindungen schwäche, sorgten sich viele westeuropäische Kritiker in den Sechzigerjahren vor allem um die kulturellen Konsequenzen der amerikanischen Modernisierung. Im März 1964 erklärte der französische Politologe Maurice Duverger seinen Lesern in *L'Express*, dass die wahre Gefährdung nicht länger vom Kommunismus ausgehe: »Es gibt nur eine unmittelbare Gefahr für Europa, und das ist die amerikanische Zivilisation.« Eine Gewissenserforschung zur dunklen Seite des Wohlstands fand in den Vereinigten Staaten zunächst in kleinteiliger Form statt. Die Fünfzigerjahre sahen die Veröffentlichung zahlreicher Bücher über Entfremdung, hemmungslosen Materialismus, den Zusammenbruch von Gemeinschaften und die korrumpierenden Machenschaften der Werbetreibenden in der Madison Avenue. Kommentatoren wie Vance Packard, David Riesman und John Kenneth Galbraith erreichten mit solcher Kritik eine große Popularität. Am schärfsten aber war dabei wohl der deutsche Exilant und spätere Guru der amerikanischen neuen Linken, Herbert Marcuse. Seine Arbeiten *Eros and Civilization* von 1955 (dt. *Eros und Kultur* 1957, *Triebstruktur und Gesellschaft* 1965) und *Der eindimensionale Mensch* (1964) erfassten die wachsende Besorgnis, dass die Zivilisation der modernen Gesellschaft repressive »Werte des Establishments« auferlege und den Ausdruck wahrer Freiheit erstickt habe. Betty Friedans viel gelesene Polemik *Der Weiblich-*

keitswahn von 1963 gab der Kritik an den angeblichen Freuden des Komforts einen feministischen Dreh und argumentierte, es handele sich bei dem viel gepriesenen Heim in der Vorstadt um einen luxuriösen »Käfig« für Frauen und ein »komfortables Konzentrationslager«. Für diese Geister lag die List der materiellen Zivilisation – und ihrer Werbekultur – darin, dass diese zwar an der Allüre der Befreiung festhielt, dabei aber die emanzipatorische Kraft der Freiheit in das unstillbare Streben nach leiblichen Genüssen verwandelte.[31]

Die westeuropäischen Eliten, die ihren Kontinent im Angesicht der heranstürmenden Amerikanisierung für wehrlos hielten, artikulierten bald ihre eigene Version der Angst vor dem Überfluss. In der Folge bildete sich in den ersten Nachkriegsjahrzehnten ein Kampf der Zivilisationen zwischen den USA und Westeuropa heraus. Hatte sich die Krise der Zivilisation in den Vierzigerjahren noch überwiegend um die Notwendigkeit gedreht, das im Krieg schwer beschädigte kulturelle und ethische Erbe Europas zwecks moralischer Orientierung wiederherzustellen, richteten sich die europäischen Jeremiaden der späten Fünfziger- und Sechzigerjahre eher gegen die Gefahren der Modernisierung in der Gegenwart. Die militärische und wirtschaftliche Hegemonie der USA war letztlich seit den späten Vierzigerjahren eine vollendete Tatsache, sodass zweifelnde und opponierende europäische Stimmen vor allem die kulturelle Sphäre ansprachen. Grübeleien zur Kehrseite der industriellen Moderne blieben zumeist auf Westeuropa beschränkt, doch wurden auch im Osten Bedenken laut. Erheblich erleichtert wurde diese Kritik Mitte der Sechzigerjahre durch die Wiederveröffentlichung von Karl Marx' Klassiker *Grundrisse der Kritik der politischen Ökonomie*, welcher die Themen Entfremdung und Subjektivität erkundet. In beiden Teilen Europas wurden, wie wir in Kapitel 8 sehen werden, der Humanismus und die Zivilisation als Begriffe engagierter Kritik an einer maschinenzentrierten Arbeits-, Lebens- und Kulturwelt wiederentdeckt.[32]

In den Fünfziger- und Sechzigerjahren nahmen zahlreiche westeuropäische Intellektuelle und Kulturkritiker Anstoß an gewöhnlichen Bürgern, weil diese den falschen Götzen von Überfluss und Selbstbereicherung folgen würden, und klärten sie schulmeisternd darüber auf, was sie sich zu wünschen und wie sie zu leben hätten. Der in Österreich geborene Essayist Jean Améry klagte 1961 in *Geburt der Gegenwart*: »Die euramerikanische Zivilisation, wie sie sich uns zu Ende des schicksalsschweren Jahrzehnts 1950–1960 darstellt, hat nur einen einzigen Bezugspunkt: den Konsum. Der Rest ist Illusion.« Und Simone de Beauvoir ermahnte ihre französischen Landsleute, dass sie »anstatt einen Überfluß anzusteuern, den es vielleicht nie geben wird«, sich besser »mit einem Lebensminimum zufriedengeben sollen, wie das heute noch gewisse arme Gemeinschaften tun – in Sardinien, in Griechenland zum Beispiel –, Gegenden, in die die Technik noch nicht vorgedrungen ist, wo das Geld die Menschen nicht verdorben hat«. De Beauvoir kam sodann zu dem Schluss, dass »nur eine moralische Revolution – keine soziale, politische oder technische – [...] den Menschen zu seiner verlorenen Wahrheit zurückführen« würde. Aus ihrer Sicht sei ein gewisses Maß an Armut bereitwillig zu akzeptieren, damit die Massen vor den moralischen Versuchungen von Wohlstand und Modernität bewahrt blieben. Dort und anderswo beschworen Angehörige der westeuropäischen Eliten – ganz zu schweigen von ihren osteuropäischen Pendants – routiniert das Stereotyp vom amerikanischen Konsumismus, um vor dieser rhetorischen Folie einen moralisch überlegenen europäischen Lebensstil zu schmieden.[33]

Doch es gab auch andere Stimmen. Einen Fingerzeig gab in dieser Hinsicht der französische Denker Jean-Jacques Servan-Schreiber, dessen 1967 veröffentlichtes Buch *Le Défi Américain (Die amerikanische Herausforderung)* in Frankreich zum größten Bestseller der Nachkriegszeit wurde. Er war in den USA zum Piloten ausgebildet worden und hatte sich dann den Freien Französischen Streitkräften angeschlossen; nach dem Krieg gründete er das Nachrichtenmagazin *L'Express*. Wegen seines Erlebnisberichts *Lieutenant en Algérie (Leutnant in Algerien)* wurde gegen ihn Anklage erhoben, da er die Moral der französischen Armee untergraben habe. Servan-Schreibers *Amerikanische Herausforderung* behandelte die ökonomische Invasion der USA in Frankreich, doch zählten seine Ansichten nicht zum üblichen antiamerikanischen Pessimismus. Vielmehr rief er die Europäer – nicht nur die Franzosen – dazu auf, vom Einfallsreichtum amerikanischer Manager zu lernen und die demokratische Kultur, das Gesellschaftssystem und die Anwendung technischen Know-hows zu studieren. Nach seiner Meinung hatten die amerikanischen Unternehmen Westeuropa bereits übernommen, und die Europäer müssten sich anpassen, wenn sie sich irgendeine Form von Unabhängigkeit erhalten wollten. Bemerkenswerterweise fasste er seine Argumentation in eine Wortwahl, die von der Verteidigung der Zivilisation als Europas letzter Zuflucht sprach. Er legte dar, dass Europa, wie Japan im späten 19. Jahrhundert, am Scheideweg stehe und entscheiden müsse, ob es vergeblich gegen Amerikas Wirtschaftsmacht ankämpfen oder Wege finden würde, sich die moderne amerikanische Zivilisation zum eigenen Vorteil zurechtzuschneidern. Hier war die Verteidigung der Zivilisation keine trübe Nostalgie, sondern eine nüchterne Vorausschau, um für ein neues Zeitalter eine neue und autonome europäische Zivilisation zu konstituieren. Wenn der Moment nicht genutzt würde, so sein Resümee, dann würde Europa »wie vor ihm so viele große Zivilisationen absinken, ohne daß man begriffen hätte, wieso und warum«.[34]

Andere waren weniger zuversichtlich. Einige der interessanteren Denker verstanden das Amerika nach 1945 als eine Kombination von Atomkraft und Konsumgesellschaft. In dieser Hinsicht einflussreich war der österreichische Philosoph Günther Anders, dessen Buch *Die Antiquiertheit des Menschen* bei seinem Erscheinen 1956 für großen Wirbel sorgte. Anders hatte sich längst mit seiner Technikkritik profiliert, und sein Buch bestand aus kurzen Essays und Tagebucheinträgen, von denen viele während der Vierzigerjahre im amerikanischen Exil entstanden waren. Für Anders bestand eine der gefährlichsten Entwicklungen des Atomzeitalters in der wachsenden Lücke zwischen den technischen Fähigkeiten der Menschheit, zu erschaffen und zu zerstören, und ihrem unterentwickelten Vorstellungsvermögen, dem es nicht gelang, diese Zerstörung zu deuten und abzuwenden. Hiroshima war das wesentliche Beispiel für dieses Phänomen, und konsequenterweise wurde Anders zu einem der Vordenker der westdeutschen Friedensbewegung. Dabei war es die »Verdinglichung«, die ihn zutiefst beunruhigte. Anders begriff das Verhältnis zwischen Menschen und Dingen als die »Prometheische Scham« des Menschen vor der »›beschämend‹ hohen Qualität der selbstgemachten Dinge«. Anders leitete diese Scham aus der Tatsache her, dass Menschen, im Unterschied zu diesen Gegenständen, »geworden, statt gemacht« sind. Anders verabscheute eine von Dingen angetriebene Welt, in der den Menschen immer mehr der Raum und erst recht die Mittel fehlten, diese zu kontrollieren. Noch dazu seien die Menschen durch die Schönheit und den Komfort dieser Güter gegen diesen Schrecken abgestumpft. Die große Tragödie der modernen Zivilisation bestehe darin, dass ebenjene Zivilisation die Fähigkeit abtöte, globale Katastrophen zu deuten oder gar zu verhindern. In mehrfacher Weise griff Anders' Jeremiade die Kritik deutscher Expressionisten am urbanen Leben vom Ende des 19. Jahrhunderts wieder auf, doch nahmen solche Ängste in einem Zeitalter atomarer Kriegsführung, raschen wissenschaftlichen Fortschritts und ungebremsten Konsumismus einen gesteigerten Sinn an.[35]

Am scharfsinnigsten dachte über die Aussichten der Zivilisation wohl Hannah Arendt nach. Sie war selbstverständlich eine der höchstgepriesenen politischen Denkerinnen des 20. Jahrhunderts und wurde vor allem durch ihre kontroversen Standpunkte bekannt, die sie in ihrer journalistischen Arbeit für den *New Yorker* beziehungsweise in *Eichmann in Jerusalem* darlegte. Dabei entwickelte sie in den Fünfzigerjahren auch weitreichende und oft ungewöhnliche Ideen zur Zivilisation. Zum einen analysierte sie zeitgenössische Staatswesen (besonders die Vereinigten Staaten) in Vergleichen zum Römischen Reich. In einer Reihe von Essays erkannte Arendt das – von ihr positiv gesehene – Markenzeichen und den Leitwert der altrömischen Zivilisation darin, eine auf Recht gegründete Republik gewesen zu sein, was sie dazu befähigt habe, Fremde und Unterworfene in das imperiale Gemeinwesen einzugliedern und dabei die Eigenart der jeweiligen kulturellen Identität in der *civitas* zu erhalten. Diese noch immer schützenswerten Vorzüge der römischen Republik waren für sie das moralische Fundament der Amerikanischen und der Französischen Revolution und die Voraussetzung für die Entwicklung der liberalen Zivilisation. Zum anderen arbeitete sie in ihrem Buch *Vita activa* heraus, dass die Trennung zwischen dem Öffentlichen und dem Privaten die eigentliche Basis liberaler Gemeinwesen und des Aufbaus einer friedlichen Gesellschaftsordnung sei. Sie war jedoch sehr besorgt, dass die öffentliche wie auch die private Sphäre durch die Massengesellschaft untergraben würden. Diese beraube »die Menschen nicht nur ihres Platzes in der Welt«, sondern nehme »ihnen auch die Sicherheit ihrer eigenen vier Wände [...], in denen sie sich einst vor der Welt gerade geborgen fühlten, und wo jedenfalls auch diejenigen, welche die Öffentlichkeit ausgeschlossen hatte, einen Wirklichkeitsersatz an der Wärme des eigenen Herdes innerhalb der Grenzen der Familie finden konnten«. Die Massengesellschaft habe nicht nur das Potenzial, die liberale politische Ordnung zum Kippen zu bringen, sondern auch deren materielle und moralische Grundlagen. Diesen Gedanken entwickelte sie in einem späteren Abschnitt des Buchs, der das Verhältnis zwischen Menschen und Dingen – einschließlich des Wunsches nach Dauer – in den Vordergrund rückt. »Diese Haltbarkeit nun verleiht den Dingen der Welt eine relative Unabhängigkeit von der Existenz der Menschen, die sie herstellten und in Gebrauch nehmen [...]. [...] So gesehen, haben die Weltdinge die Aufgabe, menschliches Leben zu stabilisieren, und ihre ›Objektivität‹ liegt darin, daß sie der reißenden Veränderung des natürlichen Lebens [...] eine menschliche Selbigkeit darbieten, eine Identität, die sich daraus herleitet, daß der gleiche Stuhl und der gleiche Tisch den jeden Tag veränderten Menschen mit gleichbleibender Vertrautheit entgegenstehen.«[36]

Das Erstaunliche an Arendts Aussage ist die implizite Halbwahrheit bezüglich der Nachkriegsgeneration. Denn wenn der Krieg irgendetwas offengelegt hatte, dann doch die äußerste Zerbrechlichkeit und Entbehrlichkeit von Menschen, Orten und Dingen – sogar der Menschheit selbst, wie sie an anderer Stelle schrieb. Dauer, Identität und Existenz als solche waren nicht länger gegeben, sondern mussten wie alles Übrige rekonstruiert und verteidigt werden. Dieser Hintergrund einer moralischen und materiellen Katastrophe unterschied die europäische Häuslichkeit von ihrem amerikanischen Gegenüber und machte das Verlangen nach Obdach und Sicherheit noch größer, und das über Regionen, Klassen und die Scheidelinien des Kalten Krieges hinweg. Dies ist der rote Faden, welcher all die Gedanken zum Geschick der Zivilisation zusammenhält. Sie stammen von ganz unterschiedlichen Denkern, die in jeweils eigener Weise auf die größeren Zusammenhänge von Heim, Alltag und politischem Gemeinwesen im Europa des Wiederaufbaus hinwiesen.

Letzten Endes entfalteten der westeuropäische Antiamerikanismus und die Kritiker der industriellen Zivilisation nur wenig Zugkraft, da die meisten Bürger die Modernität amerikanischer Art und ihre leiblichen Annehmlichkeiten herzlich begrüßten. In den Fünfzigerjahren wurden die von Aragon verächtlich gemachte »Zivilisation der Badewannen und Kühlschränke« und ihr Versprechen von Konsum für jedermann von den meisten als antielitär wahrgenommen. Die Wählergunst hing in der Nachkriegszeit nun einmal davon ab, ob Regierungen ehrgeizige sozialstaatliche Programme erfolgreich

umsetzten oder eben nicht. In der Folge schüttelte die Zivilisation
das Erbe des 18. und 19. Jahrhunderts ab: Die Verwirklichung der
materiellen Zivilisation ergab sich nicht aus Vorrang und Ausschluss,
sondern ging mit Demokratisierung und überwundenen Klassenschranken einher, wie das rasche Wachstum von Bildung, Gesundheitsfürsorge und Wohnraum für die Massen bezeugte. Das Versprechen materiellen Wohlbefindens einzulösen, wurde zum wichtigsten
Feld politischer Konkurrenz zwischen den Parteien eines Landes wie
auch zwischen Ost und West. Die Erfolge in diesem Bereich prägten
die materielle Identität des Westens, wo, laut der Historikerin Victoria de Grazia, »das Alabasterweiß der neuen materiellen Zivilisation«
umso heller leuchtete, »wenn man es im Kontrast zur düsteren Armut
der Dritten Welt und zum trostlosen Grau des Staatssozialismus betrachtete«. Die sozialistische Welt hatte ihre eigene Version dieser
glänzenden neuen Konsumkultur und nahm den Wettbewerb mit
dem Westen an. Im Unterschied zur Sphäre von Rüstung und Konfrontation entstand in dieser Schlacht um Küchen und Autos keine
Gefahr für Leib und Leben. Im Grunde profitierte jeder Einzelne
davon, dass alle zusammen die Zivilisation in einem für alle Klassen
inklusiven Diskurs umgestalteten. Nicht die prometheische Scham
war umstritten, sondern ihr Gegenteil. Der mythische Produzent Prometheus erschien in Ost und West als der große Zivilisierer des Kontinents und Schutzpatron Nachkriegseuropas.[37]

Der moderne Knigge

Visionen von der modernen Zivilisation waren in den Nachkriegsjahrzehnten nicht auf die Erneuerung der Nationalstaaten und des
häuslichen Bereichs beschränkt, sondern schlossen ebenso die Gesellschaft und die Persönlichkeit ein. Am besten illustrierte dies
wohl die explosionsartige Vermehrung von Benimmratgebern auf

dem Kontinent. Bedenkt man die bedrückenden Umstände, unter denen viele Europäer während der »Hungerjahre« der Vierziger grundlegende Fragen wie die von Ernährung und Unterkunft lösen mussten, scheinen solche Ratgeber die drängenden Probleme der Zeit weit verfehlt zu haben. Sie wandten sich eher den Sorgen um eine korrekt gepuderte Nase zu als dem Schrecken zerbombter Städte und den Drangsalen der Obdachlosen. Und doch sah die unmittelbare Nachkriegszeit in Europa und Nordamerika eine erstaunliche Blüte von Anstandsbüchern, die ihren Höhepunkt in den späten Fünfzigerjahren erreichte. Ratgeberliteratur war sogar für prominente Historiker wie Arthur Schlesinger Jr. und Harold Nicolson attraktiv, die profunde Geschichtswerke zur Wohlanständigkeit verfassten und damit auf das reagierten, was sie als die »Krise der westlichen Zivilisation« ansahen. Sie hofften, dass das »Bedürfnis nach Manieren« dem Militarismus entgegenwirken und selbst die internationalen Beziehungen verbessern würde. In der Ära der Reeducation um 1950 eroberten sich Etikettebücher einen Platz im Rezivilisierungsprozess, der aus kriegerischen Europäern friedliche Bürger machen sollte.[38]

Zunächst einmal ist die Renaissance von Benimmratgebern in den Nachkriegsjahren nicht so erstaunlich, wie es auf den ersten Blick scheinen mag. Ein Blick in die Geschichte zeigt die Tendenz, dass solche Bücher nach Kriegen und Revolutionen boomen, in Zeiten also, wenn in das Alltagsleben radikal eingegriffen wurde. Oftmals wurden sie in dem Bemühen geschrieben, eine auf den Kopf gestellte Welt zu heilen. Das soll nicht heißen, dass sie notwendigerweise konservativ oder rückwärtsgewandt wären. Der Strom kommunistischer Ratgeber in der Sowjetunion der Zwanzigerjahre, die vom Leben in einer revolutionären Gesellschaft handelten (ganz zu schweigen von ihren Wiener oder deutschen *Proletkult*-Äquivalenten), bietet ein offensichtliches Beispiel. Hochphasen der Entstehung europäischer Benimmbücher waren die 1820er-, die 1920er- und die

1950er-Jahre. In Deutschland erschienen zwischen 1870 und 1970 über 800 von ihnen, davon rund 150 zwischen 1948 und 1965 in Westdeutschland. In den späten Fünfziger- und in den Sechzigerjahren wurden in der Sowjetunion jedes Jahr 50 bis 100 neue Titel veröffentlicht.[39]

Das Einzigartige am Anstandsbücherboom nach 1945 war die gesellschaftliche Situation. Wegen des Ausmaßes physischer Zerstörung und des Verlusts von Menschenleben waren die traditionellen Wege der Übermittlung von Klassenverhalten und -geschmack, von Familienerbstücken und sozialem Status stark beeinträchtigt. Die junge Generation blieb ungebildet und ohne ausreichende moralische Anleitung und kulturelle Orientierung zurück. Die Autoren sprachen die Sorge an, dass die Nachkriegsgeneration unsicher sei, wie sie leben und sich verhalten solle.

Die Benimmbücher wurden in diesem neuen Geist verfasst und funktionierten also in beiden Lagern des Kalten Krieges wie eine sich selbst erzeugende Zivilisierungsbranche. Es ging dabei um mehr als nur das schlichte Wiedererlernen von Tischsitten. Grundlegend für die Ratgeber war die Neubildung der Persönlichkeit, die Ertüchtigung von Körper und Geist für das Leben in einer neuen Nachkriegswelt und die Umschulung militarisierter Gesellschaften gemäß den Werten von Frieden und persönlicher Würde. Dass Deutschland das erste ideologische Schlachtfeld zwischen Ost und West war, verlieh diesen Leitfäden einen gewissen utopischen Moment. Sie strebten eine schöne neue deutsche Welt postfaschistischer ziviler Kultur an, ob nun in liberaler oder kommunistischer Ausführung. Die Schutzherren des geteilten Landes in Washington und Moskau standen diesem Reformeifer recht aufgeschlossen gegenüber, war diese kulturelle Kampagne zur Umgestaltung des Zivillebens doch Teil eines größeren Feldzugs zur Gewöhnung eines hypermilitarisierten ehemaligen Gegners an Recht, Ordnung und Eigentum. Die deutschen Anstandsbücher stehen hier im Zentrum des Interesses, allerdings fanden sich die gleichen Leitthemen auch in vielen anderen Ländern des Kontinents.

Beginnen wir mit den westdeutschen Leitfäden, in denen sich eine Kombination von Altem und Neuem findet. Ihnen allen gemeinsam sind Tipps, wie man jemanden korrekt vorstellt, Fremde grüßt, sich in einem Theater oder bei Begegnungen in Bus und Bahn benimmt und wie man sich in jeder Situation angemessen ausdrückt und kleidet. Viele dieser Richtlinien zielten auf junge Frauen und behandelten Kleidung, Flirts, Partnerwahl und -werbung, oder sie bereiteten auf die Führung eines Haushalts vor. Andere wandten sich an junge Männer, die als ehemalige Krieger und unbeaufsichtigte Jungen der Zivilisierung ganz besonders bedurften. Sie wurden in erster Linie über Hygiene, akkurate Haarschnitte, schicke Bekleidung und geputzte Schuhe instruiert. Die modernen Elemente – wie man sich in einem Kino beträgt und wie man sich am Telefon meldet – waren größtenteils Erweiterungen älterer kultureller Codes aus dem 18. Jahrhundert. In anderen Passagen schimmerte eine Welt durch, die sich von einer Katastrophe erholte, etwa auf den Seiten über Beileidsbekundungen, das Verhalten auf Beerdigungen und das Ansprechen von Witwen. In der Hauptsache ging es darum, soziale Interaktion auf den neuesten Stand zu bringen, und zwar so, dass Deutsche sich ausdrücken konnten, ohne einfach Ausländer nachzuahmen. Obwohl die Leitfäden den englischen Gentleman als Vorbild priesen, stellte einer von ihnen klar: »Man soll als Deutscher gewiß nicht sklavisch ausländische Sitten nachahmen. Der Begriff des Gentleman ist aber etwas, das sich in der ganzen Welt durchgesetzt hat und daher auch für uns gültig ist.« Sodann setzte das Buch die richtige Form der Anrede auseinander, wie und zu welchen Anlässen man einen Hut trug, wann man das Sie und wann das Du verwendete, wie man sich vernünftig kleidete und ordentlich aß. Ebenso erfuhr der Leser, wie man einen Brief so schrieb, dass er einem höflichen und modernen deutschen Bürger geziemte und zugleich charmant war.

Überraschend an diesen Quellen ist die völlige Abwesenheit der USA. Trotz der in der westdeutschen Kultur sonst spürbaren Faszination für den *American Way of Life* fand dieser keinerlei Eingang in die Benimmratgeber.[40]

Das Neue an dieser westdeutschen Sprache war ihre starke Betonung von Würde und Respekt. *Richtiges Benehmen, beruflich und privat. Eine nützliche Anleitung für junge Menschen* von 1949, erklärte, es sei die Aufgabe solcher Bücher, »hinter den äußeren *Formen* des Benehmens die gedanklichen *Inhalte* aufzuspüren und die jungen Menschen darauf hinzuweisen, daß sich in den Normen des menschlichen Umgangs im Grund der soziale und kulturelle *Ideenkampf der Menschheit* widerspiegelt«. Hier erscheint der »soziale und kulturelle Ideenkampf« als das Schlüsseldrama des Jahrhunderts, in welchem Höflichkeit viel mehr bedeutet als ein geschliffenes Auftreten: »Sie ist nur scheinbar eine Sache des privaten Interesses und berührt [...] neben den gesamtwirtschaftlichen, staatlichen und sonstigen gesellschaftlichen Belangen auch die entscheidende kulturelle Problematik unseres Jahrhunderts: die Fragen der *Ehrfurcht* und der *Würde* des Menschen sowie seiner persönlichen *Freiheit* und *Einfügung* ins Ganze.« Man konnte aus dieser Passage das Echo der UN-Charta und der jungen provisorischen Verfassung Westdeutschlands, des Grundgesetzes, heraushören, da hier die Würde des Einzelnen als Symbol von Fortschritt und Zivilisation in den Mittelpunkt gestellt wurde.[41]

Der Versuch, mit der NS-Vergangenheit zu brechen, trat auch darin zutage, dass man sich intensiv mit sozialer Distanz und einer klaren Abgrenzung von Öffentlichem und Privatem beschäftigte. Der Akzent lag hier auf geschliffenem Betragen und einer entspannten, aber reservierten Interaktion, bei der Emotionen streng kontrolliert bleiben sollten. Dass das formale Sie laut diesen Büchern dringend beizubehalten war, sollte den Anstand als das Fundament sozialer Interaktion wiederherstellen und erhalten. Die Verteidigung von klassenbezogener Kultur im Angesicht politischen Aufruhrs hatten bereits die konservativen Ratgeber der Zwanzigerjahre hochgehalten, doch anders als diese zeigten ihre Nachfolger aus den Jahren nach 1945 eine starke Abneigung, das Individuum in einem größeren Kollektiv wie Nation, Klasse oder »Rasse« aufzulösen. Die Bekräftigung kultivierter Individualität war ein auffälliger Zug der westeuropäischen Nachkriegskultur, wurde in ihr doch soziale Distanz als Vorbedingung einer sauber funktionierenden liberalen Gesellschaft dargestellt.[42]

Diese Ratgeber ermutigten ihre Leser nicht dazu, das öffentliche Leben zu meiden und sich bei Kaffee und Kuchen ins traute Heim zurückzuziehen. Viele waren merklich darauf aus, deutsche Jugendliche für ein Leben im Büro zu bilden. Empfehlungen zum Arbeitsleben richteten sich auch an Frauen – eine der Gemeinsamkeiten der europäischen Etikettenliteratur nach 1945. Junge berufstätige Frauen aus den Niederlanden und Westdeutschland fanden Rat, wie sie Karriere, Büroalltag und Weiblichkeit miteinander versöhnen konnten. In den Büchern hingegen, die sich an junge Männer wandten, kommen Frauen in den Abschnitten zum guten Benehmen im Büro kaum vor, so etwa in Gertraud von Hilgendorffs *Gutes Benehmen, dein Erfolg* von 1953. Und wenn arbeitende Frauen Erwähnung finden, dann oft in überaus sexistischer Sprache. W. A. Nennstiels *Richtiges Benehmen, beruflich und privat* von 1949 verglich Frauen im Büro mit einem »wärmespendenden *Golfstrom*«, der die zwischenmenschlichen Beziehungen günstig beeinflusse. Diese Sprache verschwand im Wesentlichen bis in die frühen Sechzigerjahre. Die Tipps zum richtigen Verhalten im Büro standen in einem verblüffenden Verhältnis zur militärischen Vergangenheit. Nennstiel beschrieb die Kaserne als Negativfolie zum zivilisierten Leben: »[D]ie menschliche Rangordnung, die man selbstverständlich im Berufs- wie im Privatleben respektieren wird, stellt *kein militärisches Reglement* dar.« Die Notwendigkeit, rohe militärische Sitten zu tilgen, kam an anderer Stelle noch direkter zum Vorschein: »Auch bei der Entgegennahme von Anweisungen und Aufträgen gilt es, Formen zu wahren, zwar keine militärischen mit den Händen an der Hosennaht, durchgedrückten Knien, zusammengeschlagenen Hacken und ›Jawohl, Herr Hauptmann!‹, aber zivile, was wörtlich ›bürgerliche‹ heißt.«[43]

Es gab noch weitere Aspekte, welche für diese Leitfäden der Nachkriegszeit typisch waren. In den Vereinigten Staaten hielt die religiöse Toleranz als neue soziale Tugend Einzug in die Höflichkeitsliteratur. Amy Vanderbilts 1952 erschienenes *Complete Book of Etiquette* enthielt ein Kapitel über »Takt und Verständnis zwischen den Religionen« und brachte dem protestantischen Amerika jüdische und katholische Rituale näher. Solche Ansichten reflektierten das in der Eisenhower-Ära geltende Ideal des »Amerikas der drei Religionen« *(tri-faith America)* als dem Rückgrat der jüdisch-christlichen Zivilisation. In den westeuropäischen Ratgeberbüchern fand sich demgegenüber die Einwandererperspektive als neues Merkmal. Das bekannteste Beispiel dafür stammt von dem in Ungarn geborenen britischen Journalisten George Mikes, der 1940 nach Großbritannien kam. *England für Anfänger oder »How to be an Alien«* erschien 1946 und wurde sofort ein Bestseller. Das Buch ist sehr geistreich und karikiert sanft die Schwierigkeiten von Ausländern mit den Schrullen der britischen Kultur. Es enthält Tipps zum Schlangestehen, Teetrinken und für Gespräche über das Wetter. Und es erklärt die Unterschiede zwischen dem Intimleben auf der Insel und dem Festland: »Europäer haben Sex. Engländer haben Wärmflaschen.« Mikes schrieb noch gut 40 Reisebücher zu diversen humoristischen und ernsthaften Themen, etwa *Wie wird man ein Original?* von 1960 über das Erwachsenwerden in England oder die BBC-Fernsehproduktion *Die ungarische Revolution* von 1957. Sein Werk wurde im Kalten Krieg zu Propagandazwecken ausgebeutet. Radio Rumänien stürzte sich auf *England für Anfänger,* stellte es als »antibritisches Traktat« hin und reihte Auszüge über die angebliche Heuchelei des kapitalistischen Kulturlebens aneinander. Mikes' Reisebücher und milde Satiren jedenfalls bedienten eine gemeinsame europäische Erfahrung von Einwanderung, provinziellem Nationalismus und dem Wunsch nach kultureller Assimilation.[44]

Die Ankunft nicht europäischer Immigranten in den Mutterländern der Kolonialreiche bot der Zivilisierungsmission einen weiteren Ansatzpunkt, gerade im Hinblick auf Frauen. In Organisationen wie dem Service Social Familial Nord-Africain zusammengeschlossene Sozialarbeiter wandten sich mit hauswirtschaftlichen Kursen, die zugleich die französische Zivilisation vermittelten, an algerische Frauen in Paris, Metz, Lille und Marseille. Sie umfassten Unterweisungen im Nähen und Stricken, Waschen, der Reinhaltung des Hauses, im Kochen nahrhafter Mahlzeiten, Haushaltseinkäufen und in korrektem Französisch. Die Frauen sollten in die Lage versetzt werden, der ganzen Familie französische Werte beizubringen. Und für die 180 000 Menschen gemischter Herkunft, die nach der Unabhängigkeit Indonesiens in die Niederlande kamen, legte die Regierung ein Programm zur »Resozialisierung und Assimilierung« auf. Es sollte den Neuankömmlingen bei der Anpassung an das Leben in Europa helfen und umfasste auch Lektionen zum Verhalten während der Überfahrt. Die Neueinwanderer wurden sodann über gute Haushalts- und Buchführung unterrichtet, um eine Verschuldung zu vermeiden und sich auch in dieser Hinsicht erfolgreich zu assimilieren. Waren solche Erziehungsmaßnahmen zwecks Aufstiegs und Kontrolle bislang in den Kolonien allgemeiner Standard gewesen, so wurden sie nun, um der Nationsbildung und der kulturellen Integration willen, auch in den Mutterländern auf Immigranten aus den früheren Kolonien angewandt.[45]

Die kommunistischen Regime legten ihre eigenen Anstandsbücher vor und nahmen sie sogar noch ernster als der Westen. So wie der Sozialismus unter anderem auf die Zivilisierung des Kapitalismus ausgerichtet war, so ergriff der Staatssozialismus Maßnahmen zur Zivilisierung des Kommunismus. Die Moral galt als entscheidend, damit die sozialistische Gesellschaft ihren erhabenen Zielen treu blieb und sich dagegen stählte, sich dem ideologischen Gegner anzuverwandeln. Die Formel von der »Hebung des materiellen und kulturellen Niveaus der Werktätigen« aus Stalins Verfassung von 1936 wurde nach 1945 in die Gesetzgebung der sozialistischen Republiken übernommen und dort auch auf den regelmäßig stattfindenden Parteitagen und -konferenzen stereotyp wiederholt. Sie sollte die Dämonen des Mehrwerts und des irrationalen Konsumismus in Schach halten. Dabei herrschte kein Mangel an Verlautbarungen des Kremls, wonach »die Idee der Überproduktion als einem unbegrenzten Zufluss an persönlichem Eigentum dem Kommunismus fremd« sei oder der Kommunismus in Gegnerschaft zur »Moral der bürgerlichen Gesellschaft« stehe, »welche das Konzept des ›Mein‹ zum höchsten Prinzip erhebt«. Der sowjetische Moralkodex der Erbauer des Kommunismus bestätigte die kollektivistischen Tugenden des Sozialismus wie »Liebe für das sozialistische Vaterland«, »das höhere Bewusstsein gesellschaftlicher Pflicht«, »Ehrlichkeit und Fairness, moralische Reinheit, Einfachheit und Bescheidenheit im sozialistischen und persönlichen Leben des Einzelnen«. Der Moralkodex wurde in Schulen ausgehängt und Schüler wurden regelmäßig aufgefordert, ihn sich einzuprägen. Sozialistische Benimmratgeber wurden Jahr für Jahr dutzendweise herausgebracht. A. Dorochows *Es ist wichtig* von 1961 und das anonyme *Ästhetik des Benehmens* von 1963 wurden in der UdSSR hunderttausendfach gedruckt. Ihr Inhalt wandelte sich von praktischen Hinweisen zu Reparaturen und zur Wiederverwertung hin zur Erkundung neuer Möglichkeiten bürgerlichen Benehmens, wobei die Hauptpunkte der Anstandsbücher aus den Zwanzigerjahren – Hygiene und autodidaktische Bildung – langsam den Ermahnungen zu guten Tischsitten, eleganter Kleidung und verfeinerter Ausdrucksweise Platz machten. Eine Neuauflage der *Kulturnost*-Ethik aus den Dreißigerjahren verfocht den Standpunkt, dass

Takt und Diskretion zu Hause und an der Arbeitsstelle einzuhalten seien. Dies blieb jedoch eine heikle Angelegenheit. I. S. Runowas *Wir müssen die kleinbürgerliche Vulgarität bekämpfen* von 1962 sollte die Bedrohung durch kleinbürgerliche Werte abwenden, indem es vom Erwerb »verlotterter großer Betten mit einer überreichen Verzierung aus vernickelten Nieten, von Tischdecken aus Plüsch und von übergroßen Regalen« abriet.[46]

In ähnlicher Weise propagierte SED-Chef Walter Ulbricht 1958 seine Zehn Gebote der sozialistischen Moral und betonte dabei Leistung, Loyalität, Sauberkeit und Anstand. Die Gebote fanden in den Medien ausführliche Beachtung und wurden auf Karten gedruckt, die sich in der Geldbörse mitführen oder in der Regalwand dekorativ aufstellen ließen. Funktionäre und Lehrer sollten dafür werben, strebsam zu sein, eine Familie zu gründen und beflissen für das Wohl des Landes zu arbeiten. In seiner Rede auf dem 11. Plenum des Zentralkomitees der SED verkündete Erich Honecker 1965, damals für Sicherheitsfragen zuständig: »Unsere DDR ist ein sauberer Staat. In ihr gibt es unverrückbare Maßstäbe der Ethik und Moral, für Anstand und gute Sitte.« Diese Ansichten verzahnten sich mit der endlosen Debatte über die Schaffung »sozialistischer Persönlichkeiten« für den sozialistischen Staat und die sozialistische Gesellschaft. Wie in der Sowjetunion Stalins implizierten die neuen Tugenden sozialistischen Verhaltens eine Transformation öffentlicher Werte und bewirkten den Übergang vom kämpferischen revolutionären Asketentum zum kontrollierten individuellen Konsum auf der Grundlage eines aufrechten Privatlebens und zivilisierten Betragens.[47]

Obwohl im Osten weniger Ratgeber veröffentlicht wurden, genossen die entsprechenden Titel eine stabile Aufmerksamkeit und staatliche Protektion. Karl Smolkas *Gutes Benehmen von A bis Z* erschien 1957 und ging 1974 in die zehnte Auflage, während W. K. Schweickerts und Bert Holds *Guten Tag, Herr von Knigge! Ein heiteres Lesebuch für alle Jahrgänge über alles, was »anständig« ist* von 1959 zehn

Jahre später bereits zum zwanzigsten Mal nachgedruckt wurde. Karl Kleinschmidts *Keine Angst vor guten Sitten* vermittelte ab 1957 das kleine Einmaleins des sozialistischen Umgangs miteinander, und Kinder lernten in dem Lied *Wenn Mutti früh zur Arbeit geht* (um 1960) in Kurzform wichtige Tugenden. Anders als in den westdeutschen Leitfäden kam der Krieg in den ostdeutschen Gegenstücken kaum vor. Es ging stattdessen um den Bruch mit der kapitalistischen Vergangenheit und die Faszination für die sozialistische Zukunft. Ebenso wenig finden sich ausdrückliche Bezugnahmen auf die sowjetischen Partner und ihre Rolle als vorbildliche Bürger. Ein sowjetischer Einfluss auf die kulturelle Umgestaltung des ostdeutschen Alltagslebens war zweifellos vorhanden, doch beschränkte sich dieser tendenziell auf die Sphäre der politischen Reeducation, der Pädagogik und besonders der Kindererziehung. Die Welt der Dekoration und der Tischsitten blieb demgegenüber von sowjetischem Einfluss unberührt, was die Abwesenheit der USA in westdeutschen Ratgebern spiegelte.[48]

Ausführlich wurde thematisiert, inwiefern Alltagssitten die Unterschiede zwischen Ost und West wiedergäben. Ostdeutsche Höflichkeitsratgeber verurteilten regelmäßig ihre westdeutschen Gegenüber als schamlosen, im Gewand persönlicher Kultiviertheit daherkommenden Egoismus, dessen zentrale Botschaft laute, sich kompetitive Härte zuzulegen und gute Manieren zum persönlichen Vorankommen anzuwenden. Das um 1935 erschienene und 1949 wiederaufgelegte *Darf ich mir erlauben ...? Das Buch der guten Lebensart* des westdeutschen Autors Hans Martin begann so: »Gutes Benehmen ist ein gewichtiger Baustein auf der Straße zum Erfolg«, was besonders viel Zorn erregte. Karl Smolkas DDR-Bestseller *Gutes Benehmen von A bis Z* griff dies als elitär an, sah darin die bemäntelte und zugleich gefeierte Brutalität kapitalistischen Verhaltens: »›Gute Manieren‹ sind ein Mittel der ›besseren Gesellschaft‹, sich von den Massen zu unterscheiden, die Zugehörigkeit zur gehobenen Schicht nachzuweisen und zu demonstrieren.« Auf dem Spiel stand jedoch weit mehr, als nur die zwischenmenschlichen Beziehungen in egalitärer Weise umzuprägen. Smolka verkündete das Heraufziehen einer neuen sozialistischen Höflichkeit so: »Die übergroße Mehrheit der Bevölkerung war bisher von den Regeln des guten Tones und der Möglichkeit, sie anzuwenden, ebenso ausgeschlossen wie von Recht und Bildung. Im Arbeiter-und-Bauern-Staat, in unserer DDR, gibt erstmals in Deutschland das werktätige Volk den Ton an. Was man ihm so lange vorenthielt, kann es sich jetzt aneignen: Bildung, Kenntnisse – auch Kenntnisse in den Regeln des guten Tons, die das Zusammenleben der Menschen untereinander mit bestimmen helfen.«[49]

Trotz aller Rhetorik von einer sozialistischen Eigenart pflegten DDR-Ratgeber einen ähnlichen Ton wie die westliche Konkurrenz. Auch sie lieferten detaillierte Unterweisungen dazu, wie man sitzt, geht, um jemanden wirbt und Hände schüttelt, wann man den Hut abnimmt, wie man einen Tisch deckt und richtig isst, und welche Geschenke bei einer Abendeinladung mitzubringen sind (Bild 22). Doch gab es einige wesentliche Unterschiede. Die Arbeitswelt nahm in den DDR-Büchern viel weniger Raum ein, während der Umgang mit Beamten und Bürokraten ausführlich behandelt wurde. Nicht zuletzt blieb das Thema Tod unerwähnt, also das Benehmen auf Beerdigungen, Zuspruch für die Trauernden oder die Gestaltung einer Todesanzeige.

Nirgendwo traten kleinbürgerliche Befindlichkeiten klarer hervor als in den Einstellungen gegenüber Frauen und Mädchen. Das Werben für sozialistische Familienwerte – wobei man davon ausging, dass die Ehefrau und Mutter die Verantwortung für Hausarbeit und Erziehung trüge – war eine Ohrfeige für die viel gerühmte sozialistische Ideologie der vollen Gleichstellung der Geschlechter. Die Ratgeber konzentrierten sich auf die Bereiche außerhalb der Arbeitswelt und verfochten tatsächlich eine Vielzahl traditioneller Ideen – nicht anders als ihre westdeutschen Äquivalente. Diese Passage aus *Keine Angst vor guten Sitten* von Karl Kleinschmidt war typisch: »Noch heute macht sich eine Dame, die einen Herrn zum Tanz auffordert, so unmöglich wie vor tausend Jahren.« Zu Hause und in der Stadt sollten Frauen und Mädchen ihre durch Anmut und Charme gekennzeichnete Femininität kultivieren.[50]

Wie in Westdeutschland waren junge Männer eine weitere Zielgruppe dieser Bücher. Karl Smolkas viel gelesenes *Junger Mann von heute* bietet ein gutes Beispiel für diesen sozialistischen Denkansatz. Das Buch wollte den sozialistischen jungen Mann zu einem aufrechten Mitglied der Gemeinschaft erziehen und detailliert darüber aufklären, wie wichtig es sei, gute Arbeit zu leisten, im Militär zu dienen, ein guter Freund zu sein, einen passenden Partner zu wählen und mit Vergnügen Sport zu treiben. Von ihren westdeutschen Pendants unterschieden solche Werke sich nicht nur durch eine weichere Art von Männlichkeit, wozu auch Tipps zum Nähen und attraktiven Haarstyling gehörten, sondern sie warfen auch einen viel weiteren Blick auf das Leben junger Männer. Westdeutsche Leitfäden beschränkten sich eher auf guten Rat zu Arbeit, Kleidung und Ausstattung für das öffentliche Leben, während die häusliche Sphäre mehr oder weniger unberücksichtigt blieb, und auch sexuelle Intimität wurde in westdeutschen Benimmbüchern vor den späten Sechzigern kaum angesprochen. In den ostdeutschen hingegen war Sexualerziehung ein übliches Thema und wurde seit den frühen Sechzigerjahren ausführlich behandelt. In Smolkas Buch etwa ging es um die Sozialisierung junger Männer, von der Liebe bis zum Bügeln, es wollte das Private im Namen des Sozialismus zurückdrängen. In der sozialistischen Ratgeberliteratur nämlich wurde soziale Distanz eben nicht als Vorbedingung einer gesunden politischen Entwicklung dargestellt. Manieren, Moral und Marxismus gehörten zusammen, da der Mensch in der sozialistischen Gesellschaft weder heuchle noch buckle noch schwindle noch Fisch vom Messer esse oder Sekt aus Rotweingläsern trinke, ebenso wenig wie er stehle oder andere ausbeute.[51]

Osteuropäische Ratgeber schlicht als konservativ und kleinbür-

22 Tipps für angemessene Begrüßungsformen in einem DDR-Benimmbuch, Karl Smolka, Gutes Benehmen von A bis Z, Berlin 1957.

gerlich abzutun, verfehlt aber den wesentlichen Punkt, da in ihnen die sehr moderne Logik des Social Engineering wirksam wurde. Die Benimmbuchsparte war fest in den größeren Kreuzzug eingebunden, die europäische Gesellschaft vollständig umzubauen. Das mag erklären, warum viele Handbücher für sozialistische Sitten um 1960 einen schärferen Ton anschlugen. Damals verbreitete sich die Erkenntnis, dass die sozialistischen Bürger in Osteuropa, trotz der formalen Ausrottung des Kapitalismus und traditioneller politischer Strukturen in ihrem Alltagsleben noch nicht ausreichend transformiert seien. Dies war kein geringes Eingeständnis, implizierte es doch, dass

Marx' Vorhersage, wonach die Transformation der Basis eine Transformation des Überbaus, von Werten und Kultur notwendig nach sich ziehen würde, nicht eingetreten war. An allen möglichen Stellen, vom Anstieg der Jugendkriminalität bis zu häuslicher Gewalt, schienen weiterhin unwillkommene kleinbürgerliche Einstellungen zutage zu treten, was bewies, dass die sozialistische Zivilisation sich nicht von selbst einstellte. Ein deutlicheres Eingreifen des Staates in das Alltagsleben schien folglich gerechtfertigt. Dementsprechend warb die Ratgeberbranche für den Aufbau einer neuen sozialistischen Gesellschaft, die auf die Konzepte Individualität und Höflichkeit gegründet sein sollte.

Die Massenproduktion von Ratgebern im Europa des Kalten Krieges folgte überall demselben Antrieb, Verhaltensregeln und soziale Codes für gewöhnliche Bürger aufzustellen. Demnach galten Gesten und alltägliche Praktiken wie Essen, Trinken, Kleiderwahl und Gesprächsführung als fundamentale Elemente der umfassenden Kampagne, das vom Wege abgekommene Menschengeschlecht zu korrigieren. Diese Dimension des Lebens nach 1945 war in vielerlei Hinsicht ein Rückfall in das 19. Jahrhundert, als die westliche Welt eine Blüte der Etikettebücher erlebt und das viktorianische England dabei den Ton angegeben hatte. Die Vorstellung, dass Manieren eine Gesellschaft zusammenhalten, hat eine ehrwürdige Tradition. In seinen Berichten aus den USA um 1830 wies Alexis de Tocqueville mehrfach auf die Bindekraft der Sitten in der jungen Republik hin, da sie Muster der Zugehörigkeit und des Denkens sowie vorbildliche Verhaltensweisen schüfen. Für die Europäer waren solche Muster sicherlich ein wichtiger Aspekt für die Neugestaltung des Kontinents, in welchem, nach Krieg und Zerstörung, Recht und Anstand herrschen sollten. Aus dem leidenschaftlichen Interesse an Benimmratgebern sprach der Wunsch, eben das zu stärken, was die Nationalsozialisten unter ihren Stiefeln und Panzern zermalmt hatten – die Zivilgesellschaft.[52]

Mit der politischen und wirtschaftlichen Stabilisierung endete langsam der Kampf ums Überleben. Die Gewalt und das Chaos, die das europäische Alltagsleben seit 1914 mit kurzen Unterbrechungen entstellt hatten, machten in beiden Hälften des Kontinents einer tragfähigen Gesellschaftsordnung Platz. Die guten Manieren der Fünfzigerjahre waren die Frucht politischer Verlässlichkeit und der Befriedung des Alltagslebens. Nicht weniger bedeutsam war der Faktor, dass die Europäer in der alltäglichen Interaktion vom direkten Einfluss ihrer jeweiligen Führungsmacht relativ unbehelligt blieben und so ihre Reeducation selbstständig umsetzen konnten.

In den ersten beiden Jahrzehnten nach dem Zweiten Weltkrieg erfüllten Wissenschaft, Grundrechte, neue Wohnformen und Höflichkeit die ihnen zugewiesene Aufgabe, zur Rezivilisierung des Kontinents und zur Umwandlung der europäischen Militär- in Wohlfahrtsstaaten beizutragen. Sie alle vereinte die Überzeugung, dass Zivilisation gleichbedeutend mit Frieden und Fortschritt sei. Andere gesellschaftliche Gruppen sahen, wie wir im nächsten Kapitel sehen werden, die Dinge anders und brachten die Zivilisation in einen engen Zusammenhang mit europäischer Machtentfaltung in Übersee und der Rückeroberung verlorener Kolonien.

Fünftes Kapitel

DIE RESTAURATION DER IMPERIEN

Am 8. Mai 1945, als der größte Teil der Welt die endgültige Niederlage Hitlers feierte, beabsichtigte die französische Regierung, auf den Sieg der Alliierten im wiedereroberten Algerien anzustoßen. Man wollte an diesem Siegestag sowohl der Befreiung Frankreichs aus Hitlers Klammergriff als auch der Wiedererlangung der imperialen Kontrolle in den früheren französischen Kolonien gedenken. Aber die Dinge verliefen nicht plangemäß, denn die algerische Stadt Sétif wurde zum Schauplatz eines gewaltsamen Zusammenstoßes zwischen französischen Soldaten und algerischen Separatisten. Sétif war ein Zentrum der muslimischen Agitation und des algerischen Nationalismus, und der Stadtbevölkerung stand nicht der Sinn danach, die Rückkehr ihrer langjährigen kolonialen Unterdrücker einfach hinzunehmen, welche ihr Land seit 1830 besetzt hatten. Nationalisten wollten die algerische Fahne zusammen mit denen der alliierten Mächte hissen und wie die anderen politischen Parteien einen Kranz am städtischen Kriegerdenkmal niederlegen. Banner der örtlichen Aktivisten waren mit den Parolen »Wir wollen dieselben Rechte wie ihr!«, »Nieder mit dem Kolonialismus« und »Lang lebe die algerische Unabhängigkeit« geschmückt. Die Polizei erhielt Anweisung, die Plakate zu beschlagnahmen und Barrikaden zur Blockierung der Demonstration zu errichten. Protestierer scharten sich zusammen, und im Gemenge wurden Schüsse abgefeuert. In den folgenden fünf Tagen streiften Gruppen von Separatisten, mit Knüppeln und Messern bewaffnet, durch die Gegend, militante Kämpfer wurden verhaftet, und man verhängte das

Kriegsrecht. Die Agitation griff rasch auf die nahe gelegenen Städte Guelma und Constantine über und nahm die Form von Bauernunruhen an. Die brutale Niederschlagung des algerischen Aufstands durch die französische Regierung dauerte mehrere Tage und endete mit rund 6000 bis 8000 einheimischen Opfern und dem Tod von 102 französischen Siedlern. Durch das Ereignis entstand eine neue Generation von Nationalisten in Algerien. Der Schriftsteller Kateb Yacine, der als 16-jähriger junger Mann Augenzeuge der Gewalttaten wurde, schilderte den »Schock, den ich über das gnadenlose Gemetzel und den Tod von Tausenden Muslimen empfand. Ich habe es nicht vergessen. Von jenem Moment an erhielt mein Nationalismus eine eindeutige Gestalt.«[1]

Während Frankreich in den Tagen nach dem alliierten Sieg in Europa also Vergeltung an den Kollaborateuren in der Heimat übte, setzten französische Soldaten in den Kolonien eine Gewaltherrschaft durch. Ein derart grelles Zusammentreffen des Antiimperialismus in der Heimat (gegen die nationalsozialistische Besatzung) mit dem Imperialismus im Ausland war nach dem Krieg nicht selten. Das Ende eines Imperiums in Europa – des sogenannten Dritten Reichs – wurde von der Wiederherstellung älterer Herrschaftsgebiete durch Frankreich, die Niederlande und Belgien begleitet.

In diesem Kapitel steht die Restauration europäischer Imperien im Zentrum der Geschichte um die Jahrhundertmitte, und die Aufmerksamkeit richtet sich auf den Gewaltaspekt der neuen Zivilisierungsmission Europas. Wir konzentrieren uns auf das Vermächtnis des Faschismus, den Griechischen Bürgerkrieg, den Traum von Eurafrika und die Rezeption wiedergewonnener Reiche durch die Vereinten Nationen in den Fünfziger- und Sechzigerjahren als Etappen der Umgestaltung Westeuropas. Zivilisationsideen untermauerten die neu entstehenden geopolitischen Beziehungen zwischen Westeuropa und den Vereinigten Staaten sowie jene zwischen den westeuropäischen Imperialmächten und ihren Kolonien.

Das Jahr 1945 wird häufig als Anfang vom Ende der europäischen Ära betrachtet, das den historischen Verfall der ein halbes Jahrtausend währenden Dominanz Europas auf der Weltbühne einläutet. Die parallelen Ereignisse vom 8. Mai 1945 in Europa und Nordafrika zeigen jedoch, dass das Kriegsende keineswegs auch das Ende der Imperien mit sich brachte. Vielmehr waren sämtliche Kriege überall auf der Welt nach 1945 entweder Kolonial- oder Antikolonialkriege, und die Wiedergewinnung der Reiche schuf die Grundlage für weitere Gewalt. Global gesehen war die zweite Hälfte des 20. Jahrhunderts ebenfalls sehr blutig: Man schätzt, dass zwischen 1945 und 1983 etwa 19 bis 20 Millionen Menschen in rund hundert schweren bewaffneten Konflikten auf der ganzen Welt getötet wurden. Doch die europäischen Wiedereroberungskriege sind – mit mehreren nennenswerten Ausnahmen wie dem Ersten Indochina- und dem Algerienkrieg Frankreichs – überwiegend in Vergessenheit geraten.[2]

Die Leugnung der Imperien hängt teilweise mit der selbstgefälligen historischen Darstellung der Europäischen Union zusammen. Die immer noch vorherrschende Mythologie besagt, dass die westeuropäischen Imperialmächte nach dem Zweiten Weltkrieg ihre Kolonien und überseeischen Interessen aufgegeben und sich im Namen von Frieden und Wohlstand nicht dem Ausland, sondern einander zugewandt hätten. Die positive Geschichte der europäischen Integration – sie gipfelte 1957 in den Verträgen von Rom, welche die Europäische Wirtschaftsgemeinschaft hervorbrachten – wird normalerweise als eine Selbstbescheidung geschildert, in deren Rahmen die Westeuropäer ihre einstigen imperialistischen Gewaltmethoden edelmütig hinter sich ließen. Walter Lipgens, einer der ersten und einflussreichsten Historiker der europäischen Einigung, porträtierte die westeuropäische Solidarität bekanntermaßen als Reaktion auf die »rechtsverachtenden Methoden und die rassistisch-hegemonialen Ziele der NS-Herrschaft« und den Totalitarismus, gegen die sich »eine nüchterne Besinnung auf die wirklich europäischen Traditionsbestände« des Entgegenkommens und der Zusammenarbeit ausgebreitet habe. Aus der Not wurde eine Tugend, indem man die Entkolonialisierung als weitere moralische Bestätigung der europäischen Zivilisation interpretierte. Westeuropa erschien so als jener paternalistisch-wohlwollende Block, der schon das Deutsche Reich 1919 in den Verhandlungen zum Versailler Vertrag aus dem Bund der Kolonialmächte ausgeschlossen hatte, weil es »auf dem Gebiet der kolonialen Zivilisation« versagt habe. Nach dem Ersten Weltkrieg wurde in einem ersten Schritt also nicht der Kolonialismus infrage gestellt, sondern lediglich festgestellt, dass nicht jedes europäische Land für diese Aufgabe geeignet sei. Nun folgte mit der schrittweisen Dekolonisierung die nächste Etappe.[3]

Als der Europäischen Union 2012 der Friedensnobelpreis verliehen wurde, fiel kein Wort über die Imperialgeschichte Europas nach 1945. Herman Van Rompuy, Präsident des Europäischen Rates, und José Manuel Durão Barroso, Präsident der Europäischen Kommission, gaben ihrer Dankesrede den Titel »Vom Krieg zum Frieden. Eine europäische Geschichte«. Darin sangen sie ein Loblied auf die EU als Werkzeug des Guten und des Weltfriedens. Sie stehe »für eine neue Rechtsordnung, die nicht auf dem Kräftegleichgewicht zwischen Nationen fußt, sondern auf dem freien Willen von Staaten«; das europäische Einigungsprojekt bringe »das Streben nach einer kosmopolitischen Ordnung zum Ausdruck, in der Vorteile für den einen nicht zwangsläufig zulasten eines anderen gehen«. Sie betonten: »Als Gemeinschaft von Ländern, die den Krieg und Totalitarismus überwunden haben, werden wir stets auf der Seite derjenigen stehen, die nach Frieden und Menschenwürde streben« und »zu einer stärker geeinten Welt beitragen«. Gleichwohl waren vier der ursprünglichen sechs Mitglieder der Europäischen Wirtschaftsgemeinschaft, welche die Römischen Verträge unterzeichneten – Frankreich, Belgien, die Niederlande und Italien –, damals immer noch Imperialmächte. Und 1957 bestanden diese Länder darauf, dass ihre überseeischen Territorien mit der Gemeinschaft assoziiert wurden, darunter Französisch-Algerien, Belgisch-Kongo und Ruanda-Urundi, Niederländisch-Neuguinea und Italienisch-Somaliland.

Hier handelt es sich nicht um die ferne Vergangenheit, denn die heutige Karte der Europäischen Union zeigt immer noch die zu Frankreich gehörenden Inseln Guadeloupe, Réunion und Martinique, die portugiesischen Azoren und Madeira sowie die Spanien unterstehenden Kanarischen Inseln – alle werden offiziell als »Gebiete in äußerster Randlage« der EU eingestuft. Zum Zeitpunkt der Unterzeichnung der Verträge von 1957 – und seither – wurden diese Territorien kaum je als Kolonien oder Protektorate angesprochen, und doch waren Lage und Bedeutung der Imperien entscheidend für die Neudefinition Westeuropas in den ersten anderthalb Jahrzehnten nach dem Ende des Zweiten Weltkriegs.[4]

Das koloniale Gesicht des Faschismus

Die erfolgreiche Umwandlung Europas in einen friedliebenden Kontinent stützte sich auf eine weitere Dimension des Wiederaufbaus der Nachkriegszeit: auf die Beseitigung des Faschismus-Gespenstes. Obwohl der Faschismus besiegt und diskreditiert worden war, ließ sich sein toxisches Erbe keineswegs nur dadurch ausräumen, dass man unmittelbar nach dem Krieg schonungslose Vergeltung an ihm getreuen Behörden und Kollaborateuren übte. Eng verbunden mit dieser internationalen Kampagne zur Vernichtung des Faschismus war das europäische Bemühen, die Geschichte des Widerstands als verräterischer Kriegsaktivität zur moralischen Grundlage des postfaschistischen Europas umzufunktionieren. Die nationalsozialistische Besatzung diente als Versuchsgelände für eine neue, auf antifaschistischen Idealen aufgebaute Zivilisation. Sogar jene Faschisten, die in den Fünfzigerjahren noch aktiv waren, schlugen eine ganz andere Tonart an. Sie brandmarkten den Krieg und traten auf ihren Konferenzen und in ihren Zeitschriften für ein friedlicheres Nachkriegseuropa ein, das sich auf feste Einwanderungsquoten stützte, womit sie den zentralen Programmpunkt des Faschismus der Zwischenkriegszeit – das Bild des rassisch motivierten, auf einem Rachefeldzug befindlichen Nationalstaats – praktisch aufgaben. Die faschistischen Vertreter der Nachkriegszeit waren im Allgemeinen weniger nationalistisch orientiert und gaben sich sogar als eine Art neuer Europäer aus. Die (1953 gegründete) Hauszeitschrift der von dem ehemaligen Parlamentsmitglied und Faschisten Oswald Mosley initiierten British Union Movement trug den aufschlussreichen Titel *The European*.

Wichtiger war jedoch, dass das Wertebündel des Faschismus im Hinblick auf Krieg, imperiale Expansion und Zivilisation den Waffenstillstand nicht überlebte. Dies stand in deutlichem Gegensatz dazu, wie die Mittelmächte 1918 auf die Kriegsverluste reagiert hatten. Von Beginn an waren der italienische wie der deutsche Faschismus entschlossen, im Ersten Weltkrieg (was Deutschland betraf) oder während der sich anschließenden Friedensverhandlungen (was Italien betraf) verlorene Territorien zurückzugewinnen. Und der Groll beschränkte sich nicht auf die Anhänger der aufkeimenden Denkrichtung. Auch die deutsche Öffentlichkeit war wütend über die Einbuße ihrer Kolonien in Afrika, und im März 1919 führte der »unbesiegte« General Paul von Lettow-Vorbeck sein heimgekehrtes ostafrikanisches Schutztruppen-Regiment in Kolonialuniform unter dem Jubel der Menge durch die Berliner Straßen. Die Weimarer Kolonialbewegung wies die alliierten Vorwürfe einer »unzivilisierten« Missherrschaft in Deutsch-Südwestafrika zurück und verknüpfte die »Lüge« der Kolonialschuld mit dem empörenden und berüchtigten Schuldartikel des Versailler Vertrags. In den Zwanzigerjahren wurden die »illegale« Übernahme des deutschen Kolonialbesitzes und die Gesetzwidrigkeit von Präsident Woodrow Wilsons Versailler Diktat durch zahlreiche Ausstellungen, Fotos und Medienberichte hervorgehoben. Die Nationalsozialisten machten sich die allgemeine Entrüstung nach ihrem Machtantritt zunutze und würdigten die geschundenen »Kolonialhelden« durch fotografische Darbietungen, Denkmäler, Dokumentarfilme und Schulfeiern des fünfzigsten Jahrestags der Gründung von Deutsch-Südwestafrika.[5]

Die Verteidigung der Zivilisation war ein bevorzugtes rhetorisches Mittel der italienischen Pendants. In seiner ersten Rede in Triest vom 20. September 1920 fügte Mussolini den Faschismus mit dem antiken Rom zusammen, indem er behauptete, Ersterer sei der Erbe der römischen »universalen Zivilisation«. Der »Duce« führte diese Ansicht in seiner zweiten Rede in Triest am 6. Februar 1921 gründlicher aus: »Es ist vom Schicksal bestimmt, dass Rom in ganz Westeuropa wieder zum Überträger der Zivilisation werden wird. Lasst uns die Fahne des Reichs, des Imperiums hissen, das nicht mit dem preußischer oder englischer Art verwechselt werden sollte.« Mussolini sprach häufig von der Geburt einer jungen faschistischen Zivilisation, welche die sterbende liberale Ordnung ersetzen werde. In seiner Zeitung *Il Popolo d'Italia* prahlte er: »Wir sind vollauf in eine Ära eingetreten, die man als Übergang von einem Zivilisationstyp in einen anderen bezeichnen kann«, und: »Es gibt nichts Verheißungsvolleres und Faszinierenderes als das Glühen einer neuen Zivilisation am Horizont.« Das faschistische Italien verwandte sogar erhebliche Energie darauf, das »unzivilisierte« Beharren auf der in Afrika weiterhin praktizierten Sklaverei zu verurteilen, auch um die Aufmerksamkeit von Mussolinis brutaler Innenpolitik abzulenken und um den Ruf des Landes als einer fürsorglichen katholischen Nation zu stärken. Der italienische Überfall auf Abessinien wurde gegenüber der internationalen Gemeinschaft als dringliche humanitäre Intervention zur Einstellung des Sklavenhandels gerechtfertigt, womit man die Sklaverei zur entscheidenden Metapher für den angeblich barbarischen Zustand und die gescheiterte Regierung des

Landes machte. So lebte die klassische Verschmelzung von Imperialismus und Humanitarismus des 19. Jahrhunderts aus einer rechtsextremen Perspektive in den Dreißigerjahren wieder auf.[6]

Mussolini steigerte die Zivilisationsrhetorik, nachdem italienische Truppen die Äthiopier im Abessinienkrieg niedergeworfen hatten. In seiner Rede über den Fall von Addis Abeba am 5. Mai 1936 frohlockte er: »Äthiopien ist italienisch. Italienisch *de facto*, weil es von unseren siegreichen Armeen besetzt worden ist, italienisch *de jure*, weil die Zivilisation mit dem Schwert Roms über die Barbarei triumphiert.« Derartige Formulierungen begleiteten nicht nur den Afrikafeldzug. Während der längst vergessenen Kriegseroberungen in Europa – als seine Soldaten Korsika, Teile der Französischen Alpen, Slowenien, Montenegro, Kroatien, Albanien, Mazedonien und Griechenland einnahmen – brüstete sich Mussolini mit der neuen »Zivilisationsaristokratie« und den Kriegereliten Italiens, die Rom nach Jahrhunderten der Niederlage und Erniedrigung frische Glorie gebracht hätten. Die sogenannte neue Zivilisierungsmission des Landes basierte auf seiner eigenen rassistischen Variante des Lebensraums *(spazio vitale)*, in dem der italienische »neue Mensch« die eroberten Gebiete – mit den Worten des faschistischen Ideologen Domenico Soprano – als »Hüter und Vertreter einer überlegenen Zivilisation« kontrollieren werde. Wenngleich diese imperialen Träume letztlich unergiebig waren, spiegelten sie das faschistische Verständnis der Zusammengehörigkeit von Zivilisation und Krieg wider. In Mussolinis letzter Rede, am 16. Dezember 1944 im Teatro Lirico in Mailand, plädierte er für den Schutz vor dem »grässlichen Bündnis zwischen Plutokratie und Bolschewismus«, dessen »barbarischer Krieg« das zerstöre, »was die europäische Zivilisation in zwanzig Jahrhunderten aufgebaut hat«.[7]

Solche Floskeln entsprangen nicht bloß faschistischem Gepolter, sondern sie erfreuten sich in Italien allgemeiner Beliebtheit. Dies galt insbesondere für den Einmarsch des Duce in Abessinien. Bei italienischen Behörden traf eine Fülle von Glückwunschbriefen ein, in denen die Gelegenheit gepriesen wurde, sich für vergangene Demütigungen zu rächen und einem barbarischen Volk die Pracht der italienisch-katholischen Zivilisation zu überbringen. 1896 hatte die schändliche Niederlage Italiens gegen Äthiopien einen der ersten Rückschläge einer neuzeitlichen europäischen Macht im Kampf mit einer afrikanischen Armee markiert.

Auch die Kirche leistete Hilfe, denn Kardinäle, Erzbischöfe und Bischöfe machten in der Presse ihre Zustimmung zu der Invasion von 1935 deutlich. Ein junger Telegrafist aus Montepulciano verzeichnete in seinem Tagebuch »Stolz« darüber, dass er nach seiner Ankunft Ende 1935 in Abessinien zu den Ersten gehörte, welche »diesem unzivilisierten Land den Atem der Zivilisation überbringen«. Viele andere Bürger drückten ähnliche Ansichten über den Dienst an Vaterland und Faschismus aus. Für eine 21-jährige Physikstudentin aus Padua, die vom Einmarsch der italienischen Streitkräfte in Addis Abeba hörte, kündigte der Überfall die rechtmäßige Verhängung »des ›römischen Friedens‹ über die Welt« an, welcher »die größte und strahlendste der Zivilisationen ins Land Afrika trug und so die Herrlichkeit des alten lateinischen Reichs erneuerte!«.[8]

Zivilisation als Vorwand

Auch im nationalsozialistischen Deutschland sprach man häufig von Zivilisation, obwohl hier natürlich Termini wie »Volksgemeinschaft«, »Kultur« und »Abendland« bevorzugt wurden; andere westliche verwandte Begriffe – wie etwa »Humanität« – bezeichnete man oft abschätzig als »Humanitätsduselei«, das heißt als sentimentale und bösartige Rhetorik der Alliierten. Trotzdem bemühte sich Hitlers Regime, den Gedanken zu vereinnahmen, dass Deutschland der wahre Beschützer der europäischen Zivilisation oder des Abendlands sei. Während die Behauptung, dass der Nationalsozialismus im Gegensatz zu den Ideen der Französischen Revolution stehe, zunächst eine prominente Rolle in der Propaganda spielte, wurde die Darstellung der nationalsozialistischen Kultur als antibolschewistisch 1941, nach dem Ausbruch des Krieges zwischen Hitler und Stalin, noch verbreiteter. Ideen von einem nationalsozialistisch dominierten vereinigten Europa stützten sich auf ausgeprägten Antiamerikanismus in rechtsorientierten Kreisen der Weimarer Republik und vertieften sich nach 1933. In Deutschland waren antiwestliche Standpunkte im Ersten Weltkrieg stärker entwickelt als im Zweiten, da das NS-Regime sich so porträtierte, als erfülle es den umfassenderen Auftrag der westlichen Zivilisation, wenn auch innerhalb einer rabiaten rassischen und antisemitischen Struktur. Hitlers 1936 eingeleiteter Vierjahresplan beschäftigte sich hauptsächlich mit der wachsenden Macht der Roten Armee und der Gefahr des Bolschewismus für die europäische Zivilisation. Ein gutes Beispiel bildete der deutsche Pavillon auf der Pariser Weltausstellung von 1937, wo der Antibolschewismus des Regimes zu den gemeinsamen Merkmalen westlicher Nationen gezählt wurde. Den Gedanken, dass Moskau die wahre Bedrohung für die westliche Zivilisation sei, hoben die deutschen Behörden vor allem im besetzten Frankreich nach 1940 hervor. Das Regime bediente sich sogar seines berüchtigten Parteiblatts, des *Völkischen Beobachters,* um die eigenen kulturellen Ansprüche als Erbe des europäischen Humanismus hinauszuposaunen, wobei man besonderen Nachdruck auf die »germanischen« Wurzeln der westlichen Kultur legte.[9]

Daneben taten sich das faschistische Italien und das nationalsozialistische Deutschland zusammen, um eine neue kulturelle Ordnung in Europa aufzubauen. 1935 organisierten die Italiener einen faschistischen Weltkongress in Montreux, um ihre Variante des Modernismus international zu stärken. Ein »italienisch-deutsches revolutionäres Bündnis« gegen den Westen wurde als kulturelle Ausdrucksform der 1936 von Mussolini verkündeten »Achse Rom-Berlin« ersonnen. Die neue Kulturpartnerschaft zwischen den faschistischen Mächten brachte üppige Schriftsteller-Feste, Musikveranstaltungen und Kunstausstellungen sowie die Gründung Dutzender deutsch-italienischer Vereine überall in Deutschland mit sich. Die beiden Länder wurden gelobt, weil sie laut einem italienischen Publizisten mit ihren großen »Zivilisationen des Geistes« vorangingen. Die Tatsache, dass man das Wort von der Zivilisation benutzte, um ihre Unterschiede zu überbrücken, mag auf den ersten Blick verwirrend erscheinen. Schließlich hatten italienische Propagandisten im Ersten Weltkrieg zusammen mit ihren französischen Verbündeten eine klare Grenze zwischen deutscher *Kultur* einerseits sowie italienischer *civiltà* und französischer *civilisation* andererseits gezogen. Auch die Deutschen hatten beträchtliche Energie darauf verwendet, die Einzigartigkeit ihrer *Kultur* als Grundlage von Hitlers messianischem Auftrag zu rühmen. Doch im Lauf der Dreißigerjahre und zumal nach Kriegsausbruch verharmlosten Italiener und Deutsche ihre Gegensätze und positionierten sich nun als Beschützer eines neuen Europa vor der Bedrohung aus West und Ost. »Europa« und »Zivilisation« wurden zu geläufigen Begriffen, um ihre Solidarität zu beschreiben. Nur fünf Tage nach Hitlers Überfall auf die Sowjetunion im Juni 1941 definierte Reichspropagandaminister Goebbels die neue Bedeutung des Kriegs vor der Presse: »Europa marschiert gegen den gemeinsamen Feind in einer einzigartigen Solidarität und steht gewissermaßen gegen den Unterdrücker jeder menschlichen Kultur und Zivilisation auf. Diese Geburtsstunde des neuen Europa vollzieht sich ohne Forderung und Zwang deutscherseits.« Bolschewismus und Amerikanismus seien die Feinde, gegen welche die Faschisten ihren Krieg für Europa führten. Goebbels' Propagandaapparat lief heiß, um die »Zivilisation-gegen-Barbarei«-Rhetorik eskalieren zu lassen, als die Briten 1942 Luftangriffe auf deutsche Städte flogen. In einer Presseanweisung vom März 1942 verurteilte Goebbels die Barbarei der britischen Terrorangriffe, die einzigartig in der Weltgeschichte seien, da sie die wertvollsten Kulturzentren Europas zum Ziel hätten. In einem Artikel des *Völkischen Beobachters* vom 26. April 1942 sprach man nach der Bombardierung Rostocks von britischer Barbarei und einem Angriff auf historische Monumente; nach der Beschädigung des Kölner Doms Ende Mai 1942 war in derselben Zeitung die Rede von einem englischen »Attentat auf die europäische Kultur«.[10]

Der nationalsozialistische Angriff auf Polen von 1939 fand eine Erklärung in den Begriffsmustern der Zivilisierungsmission. Damit wurde die Kampagne zur »Germanisierung des Ostens« aus dem Ersten Weltkrieg wiederbelebt und radikalisiert. Das Generalgouvernement Polen diente den Nationalsozialisten als Experimentierfeld für die Expansion der deutschen Verwaltung nach Osten und basierte zum Teil auf den Strukturen, die Italien ein paar Jahre zuvor in Ostafrika zu errichten versucht hatte. Hans Frank, der berüchtigte Generalgouverneur des besetzten Landes, gab 1939 in einem Interview unverfroren zu, dass Polen nun eine »Kolonie« und die Bewohner »Sklaven des Großgermanischen Weltreichs« seien. Seine Regierung und er bezogen den Wawel, die alte polnische Königsburg in Krakau, wo Frank einmal erklärt haben soll: »Mein einziger Ehrgeiz ist, das polnische Volk zur Höhe europäischer Zivilisation zu heben.« Bei der Eröffnung des gerade renovierten Skarbek-Theaters in Lemberg, heute das ukrainische Lwiw, prahlte Frank 1942, dass die Deutschen nicht wie die Engländer mit Opium und Ähnlichem in fremde Länder gingen, sondern anderen Nationen Kunst und Kultur überbrächten, in denen sich die großen Errungenschaften des deutschen Volkes widerspiegelten. Die »Zivilisierungsmission« des NS-Regimes war mit imperialen Eroberungen verbunden, und man untermalte sie häufig stolz mit Bildmaterial. Zum Beispiel lieferte das Regime zu Kriegsbeginn vielfache Dokumentarfotos über die Umsiedlung von Volksdeutschen aus Lettland, Estland, Galizien, Bessarabien und der Bukowina, um deren »Heimkehr« ins Großdeutsche Reich zu feiern.

Es organisierte sogar verschiedene Kunst- und Fotoausstellungen von Wehrmachtssoldaten im besetzten Frankreich, um die kulturelle Sensibilität der militärischen Eroberer herauszustreichen. Ein neuer, 1943 veröffentlichter Baedeker über das besetzte Warschau verherrlichte die architektonischen und landschaftlichen Schönheiten der Hauptstadt, die angeblich vorwiegend durch die Bemühungen der Deutschen so großartig geworden seien. Unter anderem durch dieses Gefühl der »berechtigten« Wiedereroberung unterschied sich der nationalsozialistische Imperialismus von dem seiner europäischen Rivalen, die selten behaupteten, sich nur das wieder anzueignen, was ihnen früher einmal gehört habe. Was Polen anging, so beauftragte Goebbels den deutschen Populärschriftsteller Edwin Erich Dwinger, über angebliche Gräueltaten an Volksdeutschen in Warschau zu berichten. In seinem 1940 erschienenen Buch *Der Tod in Polen* stellte Dwinger den nationalsozialistischen Überfall als Teil eines defensiven Kulturkriegs dar. Wegen der »ungeheure[n] Kulturschande«, die das Land »an zahllosen Kulturmenschen« begangen habe, könne es »in der Zukunft nichts mehr geben [...], worüber sich dieses Volk noch jemals beklagen dürfte, denn mit ihr hat es sich selbst aus der Liste der Kulturvölker gestrichen!« Zivilisation diente als Vorwand für Krieg und Vergeltungsmaßnahmen.[11]

Verständlicherweise schlugen die Polen zurück und versuchten in ihren internationalen Hilfsappellen, den Begriff der Zivilisation gegen die Deutschen zu kehren. Polen und Deutsche hatten sich bereits während des Ersten Weltkriegs um Kulturerbe und Kriegsschäden gestritten, doch die nunmehrigen Verwüstungen waren von einer anderen Dimension. 1939 veröffentlichte die polnische Exilregierung ein Bändchen in englischer Sprache mit dem Titel *The German Invasion of Poland. Polish Black Book*. Es enthielt Berichte aus erster Hand und vernichtende Fotos von Schreckenstaten, welche die von den Deutschen verübten »Frevel« belegten. Diese hätten die Haager Konvention verletzt, indem sie Zivilisten terrorisierten sowie Bombenangriffe auf Städte, Kirchen und Kulturdenkmäler flogen; Präsident Franklin D. Roosevelt, Papst Pius XII. und Premierminister Neville Chamberlain steuerten verurteilende Statements bei. Hinzu kamen Auszüge aus einer Rede vom 19. September 1939, in welcher der Warschauer Bürgermeister Stefan Starzynski kein Hehl daraus machte, dass es sich bei dieser Schlacht um »den Kampf zwischen Recht und Macht und zwischen Zivilisation und Barbarei« handele. 1941 erschien ein Anschlussband zu *The German Invasion of Poland*, in dem »Massaker und Folterungen«, Konzentrationslager und religiöse Verfolgung sowie »Demütigung und Entwürdigung« der polnischen Nation und ihrer Kultur dokumentiert wurden. Für internationale Leser stellte man einen Vergleich zwischen Belgien im Jahr 1914 und Polen im Jahr 1941 her, obgleich die jüngere Version »deutscher Verbrechen gegen das göttliche und menschliche Gesetz« offenkundig einen neuen Höhepunkt »systematischer und maßloser Grausamkeit« erreicht habe.

Nach 1945 warben die Polen bei der internationalen Gemeinschaft für Reparationsleistungen, besonders in Bezug auf Kunst und Kultur. Ein 1945 vom polnischen Kultur- und Kunstministerium herausgegebenes Pamphlet endete mit einem Aufruf zu internationaler Anerkennung der Verluste, zu Entschädigung und einer speziellen Vergütung für die dezimierten kostbaren Artefakte und Monumente des Landes. Die provisorische kommunistische Regierung Polens richtete ein Büro für den Wiederaufbau der Hauptstadt ein, das im selben Jahr rasch eine Ausstellung mit dem Titel »Warschau klagt an« im Nationalmuseum organisierte. Dort wurden Vorher-nachher-Fotos von ruinierten Symbolen der »nationalen Zivilisation« des Landes – dem Königsschloss, der Johanneskathedrale und dem Altstädtischen Markt – gezeigt, um die Stadt als »modernes Pompeji« zu repräsentieren. Die Ausstellung reiste in die Vereinigten Staaten, und in ihr wurde das nationalsozialistische Deutschland der Absicht bezichtigt, »die Kultur und die Nation zu ermorden«.[12]

Wiewohl diese Ansprüche nie vor Gericht gelangten, machten sie doch deutlich, wie zentral Zivilisationsideen geworden waren, wenn es darum ging, internationale Konflikte während des Zweiten Weltkriegs zu interpretieren. Zivilisation war ein beliebter Identitäts- und Aktionsbegriff nicht nur für den liberalen Westen, sondern auch für die Sowjetregierung, die ihn während des Großen Vaterländischen Krieges ebenfalls in ihre Solidaritätssprache einbezog. Genauso reibungslos – und vielleicht noch bereitwilliger – nahm man ihn zuerst in Italien und später in Deutschland in die faschistische Ideologie auf. Auf verschiedenen Schauplätzen wurde Zivilisation sowohl zur Voraussetzung für den Krieg als auch für die Verteidigung einer unter Beschuss geratenen Nationalkultur. Nach 1945 wirkte sich die Rede von der Zivilisation in geringerem Maße auf die internationale Kriegsführung aus, doch sie blieb gegenwärtig in mancherlei Bürgerkriegen und imperialen Abenteuern, wie wir sehen werden. Die Verbindung zwischen Faschismus, Krieg und Zivilisation mag abgerissen sein, doch der Zusammenhang zwischen Autoritarismus und Zivilisierungsmissionen in Friedenszeiten blieb in Südeuropa bestehen.

Die freien Völker unterstützen

Der Griechische Bürgerkrieg formte in einzigartiger Weise das Gesicht Europas im Kalten Krieg und wandelte die Aufgabe der westlichen Zivilisation dramatisch. Nachdem die Wehrmacht 1944 in Griechenland von den Alliierten besiegt worden war, stellte sich die entscheidende politische Frage, ob der exilierte König Georg II. den Thron wieder besteigen solle. Der Bürgerkrieg begann Ende 1944, als der Widerstand gegen die deutschen Besatzungstruppen in eine Schlacht um die nationale Erneuerung mündete. Gegen die Restauration wandten sich die Nationale Befreiungsfront (EAM) und ihr militärischer Flügel, die Griechische Befreiungsarmee (ELAS), die beide von der Kommunistischen Partei dominiert wurden. Die Situation erschwerte sich dadurch für die Partisanen, dass Stalin ihnen aus verschiedenen taktischen Gründen keinen Beistand leistete. Sie setzten den Kampf jedoch fort, da sie nicht bereit waren, sich den Kräften des »Monarcho-Faschismus« zu beugen, und gelobten, sich den britischen Anstalten zur Wiederherstellung der konservativen Monarchie zu widersetzen. Die Revolte der EAM wurde hauptsächlich von den Jugoslawen gefördert, welche die Flammen des Bürgerkriegs nicht nur in Griechenland, sondern auch in Albanien und Italien schürten. Nachdem die Rechte die umstrittene Wahl vom März 1946 gewonnen hatte, gaben umfangreiche westliche Hilfsleistungen und Materialien den Ausschlag auf Kosten der Befreiungsarmee, da die Kommunisten keine vergleichbare Unterstützung von Moskau oder Belgrad erlangen konnten. Konservative Kräfte unter Protektion der Briten und dann der Amerikaner übernahmen schließlich die Kontrolle in Athen und im ganzen Land. Die späten Vierzigerjahre hindurch wurden griechische Kommunisten weiterhin in großer Zahl vor Gericht gestellt und zum Tode verurteilt. Bis Ende 1945 inhaftierte man rund 49 000 EAM-Anhänger, und viele schmachteten noch in den Sechzigerjahren im Gefängnis. Der Krieg zerriss Staat und Gesellschaft und führte zu einem massiven Flüchtlingsproblem, das jahrzehntelang tiefe Narben in Griechenland hinterließ.[13]

Von größerer Relevanz ist, wie sich der griechische Konflikt aus einem komplizierten Bürgerkrieg in ein grelles Drama des Kalten Kriegs verwandelte, das sich langfristig auf die Grenzziehung Europas nach 1945 auswirkte. Der Krieg verdeutlichte nicht nur den Übergang globaler Macht von Großbritannien an die Vereinigten Staaten, sondern diente auch als wichtige Bühne, auf der die Verteidigung der westlichen Zivilisation selbst inszeniert wurde. Wie ehemals rühmte man Griechenland als Grundstein des Westens, doch nun repräsentierte es auch eine strategische Flanke der atlantischen Ordnung im Kalten Krieg. Während sein Schicksal für Ausländer im frühen 19. Jahrhundert ein Lieblingsmotiv des romantischen Nationalismus gewesen war, vor allem assoziiert mit den Taten von Lord Byron, hing die Solidarität des Westens mit dem bedrohten Land diesmal von reiner Staatskunst ab. Die sowjetische Einmischung im Iran und am Bosporus veranlasste den Westen 1946, seine Aufmerksamkeit nervös auf die Region zu richten, und zeigte auf, dass Großbritannien nach dem langen und kostspieligen Kampf gegen Hitlerdeutschland nicht mehr die materielle Kapazität hatte, das Gebiet vor sowjetischen Übergriffen zu schützen. Am 21. Februar 1947 teilte die britische Botschaft in Washington dem US-Außenministerium mit, dass ihre Regierung Griechenland und der Türkei keine Hilfe mehr leisten könne, und bat die Amerikaner eindringlich, die Beschützerrolle in der Region zu übernehmen. Der Ernst der Situation genügte, um den neuen Präsidenten zu überzeugen, dass eine Intervention vonnöten war. Allerdings wurden die Dinge dadurch problematisch, dass die Republikanische Partei über eine Mehrheit im Kongress verfügte und hohe Ausgaben sowie überseeische Verwicklungen ablehnte. Truman begriff, dass es nicht leicht sein würde, seine inländischen politischen Rivalen umzustimmen. Er betonte zunächst, dass in erster Linie die Bewahrung der Demokratie, nicht der Schutz des Erdöls im Nahen Osten auf dem Spiel stehe. Seine Berater drängten ihn, die UdSSR in seiner Rede nicht namentlich zu erwähnen, um Stalin nicht vor den Kopf zu stoßen. Etwas Erhabeneres müsse vorgebracht werden.[14]

Truman erklärte seinen Beratern, dass Hilfsleistungen für Griechenland die »größte Verkaufsaktion, vor der ein Präsident je gestanden hat«, erfordern würden, da er einen Weg finden müsse, den skeptischen Kongress und die zweifelnde Öffentlichkeit zur Übernahme neuer globaler Pflichten durch die USA zu bewegen. Die Regierung und die *New York Times* leiteten eine sorgfältig geplante Pressekampagne ein, um den politischen Boden mehrere Wochen vor Trumans Rede zu bereiten. Die Zeitung übertrieb die Stärke und das Engagement der UdSSR in der Region, während sie die britische und amerikanische Einmischung herunterspielte. Die Details der internen griechischen Kämpfe wurden minimiert, um den Bürgerkrieg als direkten Konflikt zwischen der Sowjetunion und den Vereinigten Staaten erscheinen zu lassen. Die amerikanische Presse begrüßte Trumans geplantes Hilfspaket für Griechenland und die Türkei lautstark im Namen der nationalen Sicherheit und verlieh dem fernen Bürgerkrieg epische Züge. Wie es ein Journalist formulierte: »Der Lauf der Geschichte hängt von unserer Entscheidung ab«, denn wenn Griechenland »der westlichen Welt verloren ginge«, wären die Türkei und Italien als Nächste an der Reihe. Ein Artikel in der *New York Times* begann mit der Aussage, dass der Kommunismus in Italien und Frankreich immer einflussreicher werde, während die Demokratie im übrigen Westeuropa anfällig sei. Dadurch entstehe eine potenziell gefährliche Situation, da »Natur und Kommunismus Vakua verabscheuen«. Nach Ansicht dieses Journalisten hätte der Einsatz nicht höher sein können: »Die Schwäche Großbritanniens und Frankreichs und die absehbare Auflösung des restlichen Westeuropa hat zur Folge, dass [...] allein die Vereinigten Staaten fähig sind, die westliche Zivilisation aufrechtzuerhalten.« Griechenland sei nun das neue Grenzgebiet der westlichen Verteidigung.[15]

In seiner historischen Rede vor dem Kongress am 12. März 1947 verkündete Präsident Truman bekanntlich, »dass es die Politik der Vereinigten Staaten sein muss, die freien Völker zu unterstützen, die sich der Unterwerfung durch bewaffnete Minderheiten oder durch Druck von außen widersetzen«. Den ersten Schritt stelle ein massives Hilfspaket für Griechenland und die Türkei dar. Die Schlacht spiele sich im Prinzip zwischen zwei Lebensweisen ab: zwischen der Freiheit und dem Totalitarismus. In den Zwanzigerjahren von italienischen Faschisten geprägt, um ihr ehrgeiziges antiliberales Programm zu beschreiben, wurde Totalitarismus nun zu einem Lieblingsbegriff des Kalten Kriegs, um die Feinde des Liberalismus, seien sie Faschisten oder Kommunisten, zu verunglimpfen. George F. Kennan, der als Diplomat und Berater unter Truman großen Einfluss ausübte, entwarf die neue kompromisslose Strategie Washingtons zur Eindämmung der totalitären Sowjetunion. Weniger geläufig ist, dass er auch auf Trumans Auffassung von amerikanischer Hilfe als Mittel zur Verteidigung der westlichen Zivilisation einwirkte. In einem Referat am Washingtoner War College zwei Tage nach der Rede des Präsidenten warnte Kennan vor den Gefahren, falls keine Hilfsmaßnahmen für die schutzbedürftigen Länder ergriffen würden, denn: »[W]enn wir Griechenland aufgäben, würden wir uns nicht nur von den Urquellen eines Großteils unserer eigenen Kultur und Tradition lossagen, sondern auch fast alle anderen Gebiete der Welt opfern, in denen eine progressive repräsentative Regierung zweckdienlich ist.« Die Unterstützung der Türkei sei gerechtfertigt durch die Notwendigkeit, die Randzonen des Westens zu verteidigen. Solche Ansichten beschränkten sich nicht auf Staatsmänner und Politiker, denn die Umfirmierung des Griechischen Bürgerkriegs zu einem neuen amerikanischen Kreuzzug fand damals auch in der Presse Anklang.[16]

Die Rezeption von Trumans Rede war gemischt. Einerseits schickte Georg II., König der Hellenen, Truman ein Telegramm, in dem er sich für die »unschätzbare Hilfe« bedankte. Tausende hätten vor der amerikanischen Botschaft in Athen »Lang lebe Truman« gerufen und Läden seien mit amerikanischen und griechischen Fahnen geschmückt gewesen. Andererseits interpretierte der griechische Kommunistenführer Nikolaos Zachariadis Trumans Worte als riskante Geste, die zu »neuen Ruinen« und »einer steigenden Anzahl von Friedhöfen« führen werde. Die übrige kommunistische Welt lehnte die Rede einmütig ab. Der polnische Ministerpräsident Józef Cyrankiewicz etwa verhöhnte sie als nacktes »Bekenntnis zum Imperialismus«, das darauf abziele, die Mittelmeerländer zu amerikanischen

Kolonien zu machen. Linksgerichtete Zeitungen in Frankreich und Italien äußerten ähnliche Einwände. Das Moskauer Blatt *Iswestija* machte geltend, dass Trumans »Totalitarismusgefahren außerordentlich stark an Hitlers Bolschewismus-Geschrei erinnern«. Auch in den USA war die Resonanz nicht unbedingt beifällig. Linke Presseorgane wie *New Republic* und *Nation* zeigten sich misstrauisch, und verschiedene Kongressmitglieder sorgten sich, dass diese »neue, weltweite Monroe-Doktrin« dem bequemen Isolationismus zugunsten riskanter Einmischungen in die Angelegenheiten Europas ein Ende setzen werde. Henry Wallace, Trumans früherer Handelsminister, fügte hinzu, die Worte des Präsidenten seien streng genommen eine »Kriegserklärung« an die UdSSR.[17]

Dennoch wurde Trumans Rede bald zur Doktrin der amerikanischen Außenpolitik. Das Gesetz über Beistandsleistungen an Griechenland und die Türkei wurde am 22. Mai 1947 verabschiedet, woraufhin man den Zivilisationsbegriff routinemäßig zur Untermalung von Legitimität und Glanz heranzog. Dies galt vornehmlich für Außenminister George Marshalls Ankündigung des European Recovery Program (Europäisches Wiederaufbauprogramm, fortan als Marshallplan bekannt) im Juni 1947. Seiner Meinung nach war die Hilfe für Europa »eine Angelegenheit, die den Lauf der Geschichte – unzweifelhaft den Charakter der westlichen Zivilisation – in unserer Zeit und für viele künftige Jahre weitgehend bestimmen mag«. In einem Bericht über »Europäischen Wiederaufbau und amerikanische Hilfe« vom November 1947 hieß es: »1940 schien es unvermeidlich zu sein, dass ein großer Teil dessen, was wir als westliche Zivilisation bezeichnen, unwiederbringlich verloren war.« Doch »wenn wir nun mit demselben Geist, der im Krieg triumphierte, an die Schaffung des Friedens herangehen, können wir dann nicht eine gleichermaßen dramatische Wiederherstellung der Ideale und Prinzipien freier Menschen überall auf der Welt erleben?«. Der spätere CIA-Direktor Allen Dulles merkte an, dass »wir wie nie zuvor die Größe der Aufgabe erkannten, Europa für die westliche Zivilisation zu retten«. Es ist kein Zufall, dass Marshall auf den Prager Putsch von 1948 mit der Forderung nach »dringendem und entschlossenem Handeln« reagierte, wenn die Vereinigten Staaten die gefährdete westliche Zivilisation verteidigen wollten.[18]

Die Umformung der westlichen Allianz stand in direktem Zusammenhang mit dem Griechischen Bürgerkrieg. Sie fand ihren anfänglichen Entwurf in Churchills berühmter »Eiserner-Vorhang«-Ansprache in Fulton, Missouri. Mit Truman an seiner Seite deutete er auf das Kommen einer neuen, nach außen gewandten angloamerikanischen Partnerschaft hin, die sich für die Verteidigung der »christlichen Zivilisation« und der westlichen Werte engagieren werde. Was dagegen Trumans Rede vom März 1947 kennzeichnete, war die Versicherung, dass Amerika bereit sei, im Alleingang zu handeln. Die sowjetische Reaktion auf die Worte des Präsidenten war vorhersehbar giftig. Der spätere sowjetische Außenminister Andrej Wyschinski tat kund, die Rede sei nichts anderes gewesen als ein Aufruf zum Krieg in einer nun in zwei feindliche Lager gespaltenen Welt. Laut dem amerikanischen Botschafter in der Sowjetunion fand Wyschinskis Klage über das Säbelrasseln der USA breiten Widerhall in Russland und löste große Bestürzung über einen möglichen Krieg mit den Vereinigten Staaten aus. Dies habe dazu geführt, dass »Hausfrauen nach Zucker anstanden, zusätzliche Kartoffelvorräte anlegten sowie besonders warme Kleidung einkauften oder um sie schacherten«. Damit kam der Kalte Krieg in Gang – ein Krieg, in dem Täuschung, Propaganda und Kultur als neue Waffen dienten. Wie Churchill im Jahr 1944 vertraten die Amerikaner den Standpunkt, dass die Wiedereinsetzung des Königs als legitimem Staatsoberhaupt das beste Mittel sei, um die Ordnung in Griechenland aufrechtzuerhalten. Von jenem Zeitpunkt an stützte sich der neue griechische Staat auf Armee, Monarchie und amerikanische Hilfe, wodurch er eher einem konterrevolutionären Regime als einem Vorposten der liberalen Demokratie glich. Deshalb wurde diese als Rechtfertigung für den amerikanischen Einsatz in den Hintergrund gerückt. An ihrer Stelle betraute man die Zivilisationsidee damit, das neue Atlantische Bündnis zu konsolidieren. Griechenland und die Türkei wurden 1952 in die NATO aufgenommen, woraufhin die USA ansehnliche Militärbasen in beiden Ländern errichteten.[19]

The American Way of Life

Die kulturellen Folgen des amerikanischen Engagements in Europa machten sich auf verschiedene Art bemerkbar. In den Vereinigten Staaten kam die neue globale Rolle dadurch zum Ausdruck, dass man an vielen Universitäten in den Vierziger- und Fünfzigerjahren sogenannte Westliche-Zivilisations-Kurse zu dauerhaften Veranstaltungen machte. Während man obligatorische Lehrgänge in »Western Civ« ursprünglich nach dem Ersten Weltkrieg im Rahmen von »Great-Books«-Programmen an der Columbia University und der University of Chicago erwogen hatte – hauptsächlich mit dem Ziel, heimkehrenden Soldaten zu verdeutlichen, wofür sie gekämpft hatten –, wurden solche Kurse zwischen den Vierziger- und Achtzigerjahren sowie danach zum Standard der amerikanischen Hochschulausbildung. Ihnen lag das Bemühen zugrunde, den engstirnigen Nationalismus hinter sich zu lassen und den Studenten ein Verständnis vom neuen Platz Amerikas in der Nachkriegswelt und der Weltgeschichte zu verschaffen. In diesen Studiengängen sollten sich internationale und nationale Geschichte zusammenfügen und den Eindruck bekräftigen, dass die USA sowohl Erbe als auch Hüter der westlichen Zivilisation seien. Nicht umsonst verspotteten Kritiker den Kurs als Wohlfühlfabel der westlichen Geschichte »von Plato bis NATO«. Während sich das akademische Feld der Globalgeschichte in Großbritannien aus der eigenen Imperialgeschichte entwickelte, ging sein US-Pendant in den Fünfziger- und Sechzigerjahren explizit aus solchen Grundkursen hervor – der Unterricht in westlicher Zivilisation war die amerikanische Version der Weltgeschichte.[20]

In Westeuropa verstärkten die USA ihren kulturellen Einfluss. Organisationen wie die Rockefeller- und die Carnegie-Stiftung pumpten Gelder in Hochschulen, geistigen Austausch und Kulturdiplomatie, um amerikanische und europäische Interessen in diesen Bereichen miteinander zu verflechten. In den Fünfzigerjahren finanzierte die US-Regierung eine Fülle von Ausstellungen moderner Kunst (mit den Werken abstrakter Expressionisten wie Jackson Pollock und Mark Rothko) sowie Jazzband-Tourneen (unter anderem mit Louis Armstrong und Miles Davis), um amerikanische Freiheit, künstlerische Individualität und den amerikanischen Way of Life zu feiern – all das im Gegensatz zu den frostigen Diktaten des sowjetischen Sozialistischen Realismus. Der von der CIA geförderte Kongress für kulturelle Freiheit (CCF), 1950 in Westberlin gegründet und auf seinem Höhepunkt mit Filialen in rund 35 Ländern, lieferte ein weiteres Beispiel für amerikanische Kalte-Kriegs-Aktivitäten in Westeuropa. Er war sowohl antifaschistisch als auch antistalinistisch ausgerichtet und koordinierte die geballte Brillanz von Schriftstellern und Künstlern wie Arthur Koestler, Bertrand Russell, Karl Jaspers und Jean-Paul Sartre, welche die Beziehung zwischen Freiheit und Tyrannei untersuchen sollten. Sein Ziel bestand darin, im Namen der liberalen Demokratie und der Geistesfreiheit zum kulturellen Wiederaufbau des verwüsteten Europa beizutragen. Der CCF veranstaltete zahllose Konferenzen und Kulturereignisse in Westeuropa; außerdem gründete er Zeitschriften wie *Der Monat* in Westdeutschland und *Encounter* in Großbritannien, um der Mission des antisowjetischen kulturellen Liberalismus breite Glaubwürdigkeit zu verleihen. Bemerkenswerterweise war der Bezugsbegriff nicht »Europa«, das vielen Intellektuellen, vor allem jenen der Linken, immer noch anrüchig erschien. Wie im letzten Kapitel im Zusammenhang mit Churchills Europäischer Bewegung ausgeführt, wurde der einschlägige Diskurs als konservatives Projekt zur Blockierung der Wohlfahrtspolitik in ganz Westeuropa abgetan. Auch der Gedanke eines vereinigten Europa und einer ebensolchen Kulturpolitik ließ für viele Bürger auf dem Kontinent, besonders in Frankreich, faschistische Assoziationen nachklingen. Jean-Paul Sartre schrieb 1947, »das Wort Europa« habe das Geräusch der Stiefel Nazi-Deutschlands und einen Hauch von Knechtschaft und Germanentum an sich. Während der Besatzungszeit beendete das von den Deutschen betriebene Radio Brüssel sein Programm allabendlich mit einem Lied »Für das neue Europa«. Nunmehr wurden »westliche Zivilisation« und »freier Westen« zu den bevorzugten Begriffen des Brückenbaus. Die Truman-Doktrin lieferte diesem neuen, von Amerika angeführten westlichen Bündnis die militärische Absicherung und den kulturellen Zweck.[21]

Die internationalen Folgen der amerikanischen Eindämmung des Griechischen Bürgerkriegs waren auch in anderer Hinsicht weitreichend. Nicht zufällig spricht man vom »ersten Schuss des Kalten Kriegs«. Dies führte einerseits zu Stalins brutalem Vorgehen in Osteuropa, häufig in Form von Terror, Säuberungen und Gewaltmaßnahmen gegen politische Feinde. Es kam zu einer furchtbaren Symmetrie zwischen der Behandlung von Kommunisten in Teilen Westeuropas und der Bestrafung von Nichtkommunisten in Osteuropa. Der Ausschluss von Kommunisten aus den Regierungen in Italien, Frankreich, Belgien und Luxemburg im Jahr 1947 fand Parallelen im Schicksal nicht kommunistischer politischer Parteien im Osten, und in beiden Fällen waren die Supermächte gleichermaßen aufdringlich, wiewohl sich ihre Methoden erheblich unterschieden. Andererseits wurden die Kommunisten in Frankreich und Italien durch die Ereignisse in Griechenland auf die Risiken des Versuchs aufmerksam gemacht, das Heft in die Hand zu nehmen und zu stark vom Moskauer Kurs abzuweichen. Vielleicht am bedeutsamsten war die Tatsache, dass der Bürgerkrieg den Anfang vom Ende der britischen Militärpräsenz in Europa und im Nahen Osten aufzeigte. Es handelte sich um den ersten Schritt in einem Erbfolgekrieg, in dem die früher von den Briten kontrollierten Länder des Osmanischen Reichs den neuen Supermächten zufielen. So einträchtig gingen die amerikanische und die griechische Regierung miteinander um, dass erstere das Hilfersuchen der letzteren zur Formulierung der Truman-Doktrin heranzog. Die Konsequenz war das, was der norwegische Historiker Geir Lundestad anzüglich als »Imperium durch Einladung« bezeichnet, da die Westeuropäer die Amerikaner ausdrücklich ermunterten, eine aktivere Rolle in ihren politischen Angelegenheiten zu spielen. Die französischen Atlantiker traten am beharrlichsten auf, und die Verteidigung der Zivilisation wurde häufig in den Kontext der Allianz gestellt. Georges Bidault beschwor Washington, »die Zusammenarbeit zwischen der Alten und der Neuen Welt« politisch und militärisch zu stärken, da »beide gemeinschaftlich für die Bewahrung der kostbaren Zivilisation verantwortlich« seien. In den ersten drei Jahren nach 1950 verdreifachte sich der amerikanische Verteidigungshaushalt, denn die USA begannen, ihren militärischen und ideologischen Schirm über Westeuropa aufzuspannen.[22]

Der Antritt der amerikanischen Vormundschaft über Griechenland, das neue Grenzgebiet im Europa des Kalten Kriegs, markierte den Moment, in dem die Vereinigten Staaten die Schutzmacht der westlichen Zivilisation wurden. Zwei Jahre später, durch die offizielle Einrichtung der NATO als neuer Verteidigungsgemeinschaft, brachen die USA mit ihrer langjährigen diplomatischen Tradition, indem sie sich in Friedenszeiten zu einem Militärbündnis mit europäischen Mächten verpflichteten. Doch im Unterschied zur Situation der Vierzigerjahre in Ungarn, Italien und Spanien hatte das Christentum, wie in Kapitel 3 dargelegt, nichts mit der Mission zur Verteidigung Griechenlands zu tun. Im Gegenteil, dies war ein Kalkül, das ausschließlich der antikommunistischen Einschränkung im Kalten Krieg diente. Während jenes Kapitel die Entstehung der jüdisch-christlichen Zivilisation als moralische Grundlage des europäischen Zusammenschlusses behandelte, wurde westliche Zivilisation nun zu einem eindeutig säkularen Sprachinstrument des transatlantischen Bündnisses in einem Zeitraum europäischer Verletzlichkeit und Wandlung.

Paneuropa, Eurafrika

Der Zusammenbruch ihrer Staaten im Zweiten Weltkrieg, gefolgt von der Kontrolle des Kontinents durch jüngere Supermächte, zwang die Westeuropäer, auf neue Art über Souveränität, politische Gemeinschaft und Europa nachzudenken. Die anderthalb Jahrzehnte zwischen 1945 und dem Ende der Imperien werden in etablierten Darstellungen Nachkriegseuropas gewöhnlich als unbequemer Einschub behandelt, obwohl sie in Wirklichkeit eine entscheidende Phase der europäischen Imperialgeschichte waren. Zum Beispiel investierte Frankreich zwischen 1947 und 1958 mehr öffentliche Mittel in sein Kolonialreich als zwischen 1880 und 1940. Während sich die Aufmerksamkeit, was die europäischen Wiedereroberungen im Ausland nach 1945 angeht, zumeist auf die zum Scheitern verurteilte französische Herrschaft in Algerien konzentriert, war die Restauration der Imperien Teil eines größeren Trends. Genau genommen kam es in der frühen Nachkriegszeit eher zu einer Wiederholung der Zwischenkriegsereignisse, was nicht einfach einer anomalen Vorgeschichte der Europäischen Union zugeschrieben werden kann. Die neue »Zivilisierungsmission« in Asien und Afrika wirkte sich weiterhin, lange vor der Welle nationaler Befreiungskämpfe in den Sechzigerjahren, auf die Beziehung Westeuropas zur sogenannten Dritten Welt aus.

Einer der am heftigsten diskutierten Pläne für den erneuten europäischen Einsatz in Afrika betraf das kontroverse Eurafrika-Projekt. Seine Grundidee besagte, dass die großen europäischen Mächte ihre kolonialistischen Bemühungen in Übersee koordinieren würden, um ihren eigenen Wiederaufbau zu beschleunigen und um die gähnende »Dollar-Lücke« zu den Vereinigten Staaten zu stopfen. Die Aufforderung, überseeische Ressourcen zu bündeln, mag beispiellos klingen, doch das traf nicht zu. Die Europäer waren schon vorher an verschiedenen kolonialen Krisenherden mit vereinten militärischen Kräften aufgetreten, etwa im China der Qing-Dynastie. Die brutale Niederschlagung des Boxeraufstands (1899–1901) durch ein Acht-Nationen-Bündnis zeigte, dass die Westmächte kollektiv handeln konnten – und es auch taten –, wenn gemeinsame Interessen bedroht waren. Nach dem Ersten Weltkrieg gab der neu gegründete Völkerbund seinen Segen zur internationalen Kooperation der Imperialmächte, damit sie die Entwicklung in den Mandatsgebieten bewältigen konnten, wobei sie gleichzeitig eine strikte Kulturhierarchie zwischen sich selbst und den dortigen Untertanen aufrechterhielten: Laut der Satzung des Völkerbunds beruhte das Mandatssystem »auf einer heiligen Aufgabe der Zivilisation«, die am besten durch die »Übertragung der Vormundschaft über diese Völker an die fortgeschrittenen Nationen« zu erfüllen sei. Für den Bund waren Imperium, Zivilisation und Entwicklung untrennbar miteinander verschränkt.[23]

Der Traum von der Europäisierung des Kolonialismus kam bereits zwischen den Weltkriegen auf. Diese Zusammenarbeit galt als unerlässliches Mittel zur Abwehr der zunehmenden amerikanischen Macht. Der Gedanke wird in erster Linie dem einflussreichen austro-japanischen Politiker und Intellektuellen Richard Coudenhove-Kalergi zugeschrieben. Als ein unermüdlicher Befürworter der Integration des Kontinents gründete er 1923 die Paneuropa-Union, um die Sache der Vereinigung voranzutreiben. Er sah Eurafrika als geografischen Raum, der sich vom norwegischen Nordkap bis zum Kongo erstreckte und Europa, neben anderen Erzeugnissen, mit Weizen, Reis, Mais, Kupfer, Baumwolle und Kautschuk versorgen würde. Coudenhove-Kalergis Vision Eurafrikas ging aus den Nachwehen des Ersten Weltkriegs hervor, insbesondere aus der wirtschaftlichen Schwächung des Kontinents auf der Weltbühne. Obwohl sich das britische und das französische Reich in den Zwischenkriegsjahren auf dem Gipfel ihrer Stärke befanden, teils infolge des Transfers der deutschen Kolonien als Mandatsgebiete an die Briten und Franzosen, waren die Paneuropäer überzeugt, dass die Zusammenlegung überseeischer Ressourcen die beste Strategie sei, um die europäische Macht gegenüber den Vereinigten Staaten und der neuen UdSSR zu untermauern. Für Coudenhove-Kalergi hingen europäische Vereinigung, Expansion in den außereuropäischen Raum und Erneuerung der europäischen Zivilisation eng zusammen. In seinem 1923 erschienenen Buch *Pan-Europa* vertrat er die Ansicht: »Die europäische Kultur ist die Kultur der *weißen Rasse,* die auf dem Boden der Antike und des Christentums entstanden ist«; sie schließe den Sowjetstaat aus. In den späten Zwanzigerjahren gab es für ihn nur noch die schlichte Wahl zwischen Paneuropa und Krieg, womit er meinte, dass die Europäer, wenn sie einander weiterhin bekämpften, rasch von der Weltbühne abtreten würden. Diese Ideen behandelte Coudenhove-Kalergi 1938 gründlicher in seinem Buch *Kommen die Vereinigten Staaten von Europa?*. Darin behauptete er: »Engländer und Franzosen, Deutsche und Italiener, Polen und Spanier und alle anderen Völker Europas werden sich bewusst werden, dass sie alle Kinder einer gemeinsamen Kultur sind, einer gemeinsamen Tradition, Hüter einer gemeinsamen Sendung; verbunden zu dauernder Schicksals- und Lebensgemeinschaft.« Das faschistische Italien wurde zu einem der Hauptverfechter Eurafrikas in den Dreißigerjahren, und während des Zweiten Weltkriegs inspirierten die Schriften der Europäisten aus Vichy-Frankreich die Idee. Seit den Dreißigerjahren verzeichnete Coudenhove-Kalergis Paneuropa-Bewegung eine Reihe bedeutender Anhänger, darunter Heinrich Mann, Albert Einstein, Konrad Adenauer, Aristide Briand und Winston Churchill.[24]

Nach 1945 holte man Coudenhove-Kalergis Eurafrika-Plan wieder aus der Schublade, und er wurde zum Thema ernsthafter Diskussionen unter westlichen politischen Entscheidungsträgern und Kolonialbeamten, denen daran lag, die Zukunftsaussichten des Kontinents wiederzubeleben. Im Jahr 1950 verlieh man Coudenhove-Kalergi den angesehenen Karlspreis aus Anlass seiner Arbeit für die europäische Einheit. In seiner Preisrede betonte er: »Die Erneuerung des Karolinger-Reichs im Geiste des 20. Jahrhunderts wäre ein entscheidender Schritt vorwärts zur Einigung Europas.« Auch den Imperialmächten sagte das Projekt nach dem Krieg zu. Sie legten unter anderem deshalb so großen Wert auf die Wiedererlangung ihrer verlorenen Kolonien, weil sie die Einschätzung teilten, dass die überseeischen Territorien unerlässlich für den Sieg der Alliierten gewesen seien. Die alten Kolonialauffassungen von Afrika als natürlichem Lieferanten von Lebensmitteln und Rohstoffen nach Europa tauchten erneut auf, wenn auch nun im Gewand eines partnerschaftlichen Eurafrika, das über die Brüchigkeit und die Beschränkungen des europäischen Nationalstaats hinausdenken und alternative Muster transregionaler Integration vorstellbar werden ließ. Daneben galt Eurafrika als Möglichkeit, die infolge des Auslaufens der Marshallplan-Hilfe 1952 rasch versiegenden Dollarreserven aufzufüllen.[25]

Die europäischen Mächte reagierten unterschiedlich auf das Vorhaben. Großbritannien flirtete damit, ließ den Gedanken dann jedoch fallen und wandte sich dem Atlantischen Bündnis als einer verlässlicheren Quelle von Sicherheit und Wohlstand zu. Frankreich, die Niederlande, Belgien und Italien waren erpichter auf die Idee, und manche Intellektuelle brachten ihren Enthusiasmus in der Öffentlichkeit zum Ausdruck. Zum Beispiel argumentierte der österreichische Schriftsteller Anton Zischka in seinem aufschlussreich betitelten Buch *Afrika. Europas Gemeinschaftsaufgabe Nr. 1,* dass die französisch-deutsche Kooperation im Bereich von Kohle und Stahl den ersten Schritt zum gemeinsamen Abbau der Rohstoffe Afrikas darstellen könne. Der Kontinent solle als »Europas Amerika an seiner

Hintertür« dienen; seine Nutzung werde die westeuropäische wirtschaftliche und politische Integration ergänzen sowie die Sowjetmacht in Schach halten. Ähnliche Meinungen kursierten in Westdeutschland und Frankreich im Rahmen eines breiter angelegten Versuchs, sich die Beziehungen zwischen Europa und Afrika in der Nachkriegswelt neu auszumalen. Konservative politische Entscheidungsträger und Denker in Frankreich, den Niederlanden und Belgien sahen die Zukunft eines vereinigten Europa darin, dass es eine gemeinsame Kolonialherrschaft über Afrika ausüben könne. Selbst Oswald Mosley, der berüchtigte Gründer der British Union of Fascists, machte die Erholung Europas von der Kontrolle über afrikanische Rohstoffe abhängig. Wie er 1949 in einer Rede in der Kensington Town Hall formulierte, könne eine »neue Zivilisation geboren werden«, wenn die »Energien von Engländern, Franzosen, Deutschen und Italienern gebündelt und mit allgemeiner Zustimmung und Zielsetzung darauf gerichtet [würden], dem reichsten Kontinent der Erde Wohlstand abzugewinnen«.[26]

Eurafrikanische Ideen und nationale Planung verzahnten sich ganz besonders in Frankreich. Während des Zweiten Weltkriegs wurden von seinen Politikern neue sozialpolitische Maßnahmen für Afrika verabschiedet, im selben Geist wie die des britischen Beveridge Report von 1942. Auf einer Konferenz über das Nachkriegsimperium, welches das Freie Frankreich Anfang 1944 in Brazzaville, der Hauptstadt von Französisch-Äquatorialafrika, organisierte, wurde verkündet, es sei das Ziel der Kolonialpolitik, »den Afrikanern ein besseres Leben zu garantieren, indem ihre Kaufkraft und ihr Lebensstandard angehoben werden«. 1946 wurden die Untertanen aus den Kolonien Bürger der Französischen Union, und im selben Jahr fanden Wahlen in Französisch-Westafrika und -Äquatorialafrika statt, die ihnen eine direkte Vertretung in der Nationalversammlung verschafften. Die französische Außenpolitik hatte sich Afrika zugewandt. Wie der junge Regierungsbeamte der Vierten Republik François Mitterrand

1957 schrieb: »Das Mittelmeer, nicht der Rhein, ist die Achse unserer Sicherheits- und unserer Außenpolitik.« Andere, wie der hervorragende französische Historiker Alfred Grosser, vertraten den Standpunkt, dass sich die neue mentale Geografie der nationalen Sicherheit ihres Landes »von der Paris-Algier-Brazzaville-Achse ausweitete«, weshalb der Schutz Frankreichs und die Verteidigung des Westens »militärische Aktionen in Algerien zu rechtfertigen schienen«. Im Wesentlichen fühlte Frankreich sich nicht genötigt, zwischen Europa und seinem Kolonialreich zu wählen, sondern meinte, beides haben zu können. Es war durchaus nicht das einzige Land, das sein zurückgewonnenes Imperium, den europäischen Föderalismus und den Export der europäischen Zivilisation miteinander verknüpfte. Bei der Unterzeichnung der Römischen Verträge von 1957 proklamierte der niederländische Außenminister Joseph Luns, es sei »unsere feste Überzeugung«, dass die Verträge »die Fortsetzung unserer großartigen und globalen Zivilisierungsmission gestatten«.[27]

Während das Eurafrika-Projekt für Frankreich und Belgien mit der Wiederherstellung ihrer Kolonialreiche verbunden war, hing es für andere mit imperialem Verfall zusammen. Die Bemühung der Niederländer, ihr Handelsreich wiederzugewinnen, war kurzlebig, weshalb Amsterdam, das seine indonesische Kolonie verloren hatte, nach einer Möglichkeit Ausschau hielt, neue überseeische Märkte und frischen Einfluss zu erringen. Im Juli und im Dezember 1948 hatten die Niederlande zwei große Militäroffensiven eingeleitet, um einen Teil ihrer ehemaligen Kolonie zurückzuerobern, doch beide waren gescheitert. Zwischen 1945 und 1949 kämpften über 150 000 niederländische Soldaten erfolglos in Südostasien; geschätzte 5000 Niederländer und mehr als 100 000 Indonesier starben im Lauf dieser Konflikte. Trotzdem enthüllten die Parlamentsdebatten 1945 und 1946, in welchem Maße die konservativen christlichen Parteien – nämlich die Römisch-Katholische Staatspartei (RKSP) und die Katholische Volkspartei (KVP) – auf die »Mission«, »Pflicht« und »Berufung«

(roeping) einer erzwungenen Oberhoheit ihres Landes pochten. Die »Einbindung der Menschen der Niederlande und Ostindiens in die Aufgabe des Königreichs« werde »ergiebig für das Gut der nationalen Freiheit der großen Völker, ergiebig für die geistige Zivilisation und auch ergiebig für das materielle Wohlbefinden« sein. Effektive Guerillakriegsführung, ein von der Kommunistischen Partei Indonesiens angeführter Aufstand und die amerikanische Drohung, die Niederlande vom Marshallplan auszuschließen, wenn sie Indonesien nicht die Unabhängigkeit gewähren würden, ließen Amsterdam keine andere Wahl, als auf seinen früheren Besitz zu verzichten. Ein umfassendes Abkommen wurde unterzeichnet, und Indonesien erlangte im November 1949 uneingeschränkte Souveränität (die Niederlande hielten Anfang der Sechzigerjahre an Neuguinea fest, um ihr Imperialinteresse in Asien weiter bestehen zu lassen). Anfang der Fünfzigerjahre wurde die niederländische Regierung mithin zu einer Hauptantriebskraft des Eurafrika-Plans, denn ihre Außenpolitik richtete sich auf europäische Integration, Verbindungen mit Afrika und eine treue Partnerschaft innerhalb der NATO und der transatlantischen Ordnung.[28]

Ein vergessener Impulsgeber des Eurafrika-Projekts war kein anderer als der neu entstandene Europarat. Wie wir in Kapitel 3 ausführten, trug der Rat dazu bei, der europäischen Integration auf dem Kontinent eine konkrete Form zu verleihen, doch er bestand auch auf der Einbeziehung westlicher Überseegebiete in die Ratsmitgliedschaft. In seinem Straßburger Plan von 1952 kodifizierte er den Gedanken, Westeuropa und seine überseeischen Territorien in einer neuen eurafrikanischen Handelsgemeinschaft zusammenzufügen. Ein Journalist bemerkte, damit werde impliziert, dass es keinen Grund gebe, »das Mittelmeer als Trennlinie zwischen den Kontinenten Europa und Afrika zu betrachten«. Vielmehr könne das Gewässer als »[g]roßes Binnenmeer in einem Streifen sich gegenseitig ergänzender Gebiete« gesehen werden, der sich »von Nordnorwegen bis zum südlichen Afrika – also in Form eines wahren Euro-Afrika – erstreckt«. Bis 1958 ließ man 18 afrikanische Länder in eine Sonderbeziehung mit der Europäischen Wirtschaftsgemeinschaft eintreten. Die Römischen Verträge mochten die Eurafrika-Vorschläge des Europarats obsolet gemacht haben, doch in ihrem Rahmen wurden Assoziierungsabkommen mit den französischen und niederländischen Treuhandgebieten, Belgisch-Kongo und Italienisch-Somaliland geschlossen. Nicht alle, zuvorderst die Bundesrepublik, waren erfreut über derartige neokoloniale Arrangements. Aber in diesem Fall wirkte der belgische Außenminister Paul-Henri Spaak, dem wir in Kapitel 3 als einem großen Befürworter der europäischen Integration begegneten, entscheidend auf die Bundesregierung ein, damit sie das Prinzip der überseeischen Assoziierung in den Verträgen unterstützte.[29]

Die aufgewärmte Nachkriegsversion Eurafrikas wurde von der kommunistischen Welt heftig kritisiert. Die Sowjetunion verurteilte das Vorhaben, da es nichts anderes sei als in eine neue Sprache gekleideter europäischer Imperialismus. In einem Artikel der englischsprachigen sowjetischen Monatszeitschrift *International Affairs* von 1960 hieß es, Schwarzafrika werde »zunehmend zu einer Zone des kollektiven Kolonialismus der imperialistischen Mächte«. Die ostdeutsche Presse äußerte sich besonders lautstark, nicht zuletzt weil sich dem sozialistischen Regime eine Gelegenheit bot, die westdeutschen Eurafrika-Ideen schlicht als wiederaufbereiteten Imperialismus des 19. Jahrhunderts oder als erneuerte Afrikapläne der Nazizeit abzukanzeln. Die sich entwickelnde politische Einheitsfront zwischen Frankreich und der Bundesrepublik Deutschland wurde als imperialistische Kabale gebrandmarkt, welche die afrikanische Befreiung und die wachsenden Beziehungen zu den sozialistischen Ländern behindern solle.[30]

Doch auch eine Reihe westeuropäischer Sozialisten setzte sich für das Eurafrika-Projekt ein. In Großbritannien war Ernest Bevins Vorschlag einer anglo-französisch dominierten Westeuropäischen Union

Teil seines Zukunftsbilds von Europa als globaler dritter Kraft neben den Vereinigten Staaten und der UdSSR. Die Sterlingkrise von 1947 hatte zur Folge, dass sich Großbritannien unter der Labour-Partei um eine Partnerschaft mit Frankreich bemühte, damit beide ihre Kolonien gemeinsam ausbeuten und ihre Finanzprobleme lindern konnten. Die britische Haltung gegenüber Afrika baute überwiegend auf den Prinzipien des »Entwicklungsimperialismus« auf, für die das Fabian Colonial Bureau (ein großenteils autonomer, 1940 gegründeter sozialistischer Thinktank) eingetreten war und die nun auf die Nachkriegszeit ausgeweitet wurden. Auch die französischen Sozialisten befürworteten die transeuropäische Verwaltung der Imperien und nannten als Präzedenzfall die industrielle Zusammenarbeit der frühen Dreißigerjahre mit Deutschland in Nordafrika. Der Sozialist Guy Mollet unterstützte die Idee der eurafrikanischen Gemeinschaft, speziell die »Kooperation zwischen Algeriern und Franzosen, um die Union aufrechtzuerhalten«. In den Fünfzigerjahren gab seine Partei der afrikanischen Entwicklung den Vorzug vor der Unabhängigkeit, auch weil sie skeptisch war, was den Nationalismus als Faktor einer progressiven internationalen Politik betraf.

Auch die meisten anderen europäischen sozialistischen Parteien stimmten der Entwicklungsmethode zu, wenngleich sich manche kritischer zeigten. Beispielsweise hatte die SPD starke Zweifel am Eurafrika-Projekt und setzte sich sogar für die algerische Unabhängigkeit ein. Gerade in der jungen Bundesrepublik war die Afrikapolitik von widerstreitenden Überlegungen geprägt – der Vermeidung eigener kolonialistischer Ambitionen, der Bindung an die Bündnispartner Großbritannien und Frankreich sowie der Rechtfertigung zwischen der von der DDR postulierten Solidaritätspolitik mit den nach Unabhängigkeit strebenden afrikanischen Gebieten. Infolgedessen ließ das Projekt tiefe Klüfte zwischen den westeuropäischen Sozialisten hervortreten und entzweite sie mit ihren asiatischen und afrikanischen Kollegen im Hinblick auf staatliche Souveränität.[31]

Unter solchen Umständen war anzunehmen, dass wiederaufbereitete imperiale Träumereien des Westens nach 1945 bei afrikanischen Führern, Intellektuellen und Entscheidungsträgern weithin auf Widerstand stoßen würden. Der ghanaische Präsident Kwame Nkrumah verglich die Römischen Verträge 1957 mit dem Berliner Kongress von 1885: »[D]er Letztere etablierte die unumstrittene Herrschaft des Kolonialismus in Afrika, der Erstere kennzeichnet die Ankunft des Neokolonialismus in Afrika.« Der 1958 gewählte guineische Präsident Sékou Touré verurteilte Eurafrika als »lediglich eine europäische Idee für Afrika«, »eine Erweiterung Europas auf Afrika«. Der seit 1957 amtierende tunesische Präsident Habib Bourguiba meinte, dass der französische Krieg in Algerien jeglichen guten Willen auf afrikanischer Seite abtöten werde, und schloss düster: »Eurafrika wird in Algerien sterben.«[32]

Immerhin herrschte eine gewisse Sympathie unter afrikanischen Führern. Ein Beispiel lieferte Léopold Sédar Senghor, damals senegalesischer Abgeordneter in der neu gewählten Französischen Nationalversammlung und später erster Präsident des unabhängigen Senegal. In den Vierziger- und Fünfzigerjahren – also anderthalb Jahrzehnte vor der Unabhängigkeit – verwandte er erhebliche Energie darauf, sich für den Verbleib Senegals in der 1946 geschaffenen Französischen Union einzusetzen, da die beste Zukunft für das Land im Pariser Föderationsmodell zu finden sei. Vor allem fürchtete er, dass ein unabhängiges Afrika balkanisiert werden würde, ähnlich wie das Habsburger und das Osmanische Reich am Ende des Ersten Weltkriegs auseinandergebrochen waren. Der Beitritt zu einer umgestalteten europäisch-afrikanischen Union erscheint einleuchtender, wenn wir bedenken, dass neuerlich unabhängig gewordene Länder kaum Anlaufstellen für dringend benötigte Hilfsleistungen hatten, es sei denn, dass sie ihre früheren Kolonialherren um Almosen baten oder die Supermächte zu ihrem eigenen Vorteil feinfühlig gegeneinander ausspielten (was viele politische Führer im Prinzip taten). Während der Fünfzigerjahre wurde noch überwiegend bilaterale Hilfe geleistet, und große internationale Organisationen wie die Weltbank spielten damals eine relativ geringe Rolle. Sie war in jenen Tagen ein unbedeutender globaler Kreditgeber und stellte um 1957 lediglich rund fünf Prozent der gesamten Entwicklungshilfe bereit. Erst in den späten Sechzigerjahren wandte sie ihre Aufmerksamkeit von den industrialisierten Nationen ab. Da Senghor eine engere europäisch-afrikanische Kooperation lohnend erschien, befürwortete er den *Eurafrique*-Gedanken. Allerdings beharrte er explizit auf der politischen Repräsentation von Völkern aus »Überseegebieten« als Vorbedingung für die afrikanische Teilnahme. Mitte der Fünfzigerjahre schwärmte Senghor, dass ein »eurafrikanisches Frankreich mit 88 Millionen Einwohnern im ersten Glied stehen würde, sowohl durch seine Bevölkerungszahl als auch durch die Ressourcen aller Art, über die es verfügen könnte«. Seiner Ansicht nach war die Zeit reif, Frankreich aus einer imperialen Republik zu einer demokratischen Föderation zu machen. Der Föderalismus habe also potenziell Verbindungen zwischen Frankreich und afrikanischen Ländern zu bieten, die sich zu einem System geteilter Souveränität jenseits des Nationalstaats fügen würden.[33]

Die konservative kulturelle Vision eines vereinigten Westeuropa blieb die Fünfzigerjahre hindurch von Belang und half, einen vom amerikanischen Einfluss freien Kulturraum zu schaffen. Gegen Ende des Jahrzehnts verlor die Eurafrika-Idee an Bedeutung und wurde von größeren regionalen Gebilden wie der EWG und der Vielzahl bilateraler Beziehungen zwischen Europäern und Afrikanern absorbiert. Doch schon in den späten Vierzigerjahren verfestigten sich auf Abgrenzung bedachte Spielarten regionaler Solidarität auf beiden Seiten der vom Kalten Krieg gezogenen Linie. Die besten Beispiele waren die NATO und später der Warschauer Pakt. Alternative föderale Ideen fanden damals in ganz Afrika wenig Zuspruch: Kwame Nkrumahs Panafrikanische Union scheiterte ebenso wie Léopold

Sédar Senghors Westafrikanische Föderation. Mit der Zeit erwies sich der Nationalstaat als unantastbare Grundlage der internationalen Ordnung, obwohl diese Funktion durchaus nicht vorherbestimmt oder allgemein erwünscht war.[34]

Auf dem Weg zu einem Afrika der Nationalstaaten

Das transnationale Modell politischer Gemeinschaft, das die Zeitgenossen weiterhin am stärksten beschäftigte, war natürlich das des Imperiums. Die entsprechende Debatte in den Fünfzigerjahren wird gewöhnlich als unbeholfener erster Schritt zur Entkolonialisierung dargestellt, doch man sollte bedenken, wie eng sie mit dem damaligen Zivilisationsverständnis verbunden war. Status und Zukunft der Imperien wurden in den Fünfzigern zu einem wichtigen Diskussionspunkt der Vereinten Nationen, also Jahre bevor die Stimmen und Programme der Dritten Welt ihre Mehrheitsposition in jenem Gremium zur Geltung brachten. Der Historiker Mark Mazower hat aufgezeigt, dass die UNO – wie vor ihr der Völkerbund – dazu neigte, die europäischen Imperialbesitzungen nicht infrage zu stellen, sondern zu verteidigen. Noch heute wird ignoriert, wie man der alten Verknüpfung von Imperium und Zivilisation in jenem Zeitraum begegnete.[35]

Etwa Mitte der Fünfzigerjahre erhoben UN-Vertreter aus Lateinamerika, Indien, der UdSSR und mehreren afrikanischen Staaten Einwände gegen die imperialen Praktiken. Die Nachkriegsrestauration der Kolonialreiche passte schwerlich zu den während des Konflikts verfochtenen liberalen Werten im Allgemeinen und den Prinzipien der UN-Charta im Besonderen. Das französische und britische Beharren auf der berüchtigten Kolonialklausel in der UN-Charta, die Treuhandgebiete von der Verpflichtung der Vereinten Nationen zu Gleichheit und Gerechtigkeit ausnahm, schuf ein offensichtliches

Ziel für die Sowjetunion und deren Verbündete, wenn sie den Westen im Lauf der frühen Generalversammlungen aufs Korn nehmen wollten. Ihre Kritik war häufig in die neue Sprache der Menschenrechte eingebettet. Im Jahr 1950 verwies ein polnischer UN-Vertreter auf die Heuchelei westlicher Nationen, die auf der Kolonialklausel bestanden hätten, »weil sie eine Situation der Minderwertigkeit, Unterdrückung und willkürlichen Ausbeutung in ihren Kolonien fortzusetzen wünschen«. 1951 benutzten Ägypten und Indien die anprangernde Rhetorik der Menschenrechte zu antiimperialen Vorwürfen gegen die Franzosen in Marokko, und Delegierte der Philippinen und Chiles verlangten, dass der Westen seiner Zivilisierungsmission ein Ende setze.[36]

Die neuen Supermächte wurden in den Kampf hineingezogen, was die Lage unangenehm für die europäischen Imperialregime werden ließ. Denn schließlich behaupteten beide, dass ihre internationale Identität von Antikolonialismus geprägt sei. Während die USA stolz auf den ersten erfolgreichen Aufstand der Geschichte gegen eine Kolonialmacht zurückblickten und entsprechende Bemühungen weltweit unterstützten, hatte die UdSSR antiimperiale Kampagnen seit den Zwanzigerjahren lautstark unterstützt und engagierte sich im Prinzip für die Selbstbestimmung aller Völker. Beide gingen in ihrem politischen Handeln natürlich himmelschreiend inkonsequent vor (der Fall der Sowjetunion wird in Kapitel 8 behandelt). Mit Ausnahme der Suezkrise, in welcher Washington Stellung gegen Briten wie Franzosen in deren Ringen mit Nassers Ägypten bezog, stand es seinen westeuropäischen Partnern in Debatten über die Imperien während der Fünfzigerjahre stets bei. Präsident Eisenhower bot Ägypten nach dessen Revolution von 1952 zunächst Militärhilfe an, besann sich jedoch rasch eines Besseren, angeblich wegen eines Anrufs von Churchill. Der frühere britische Premierminister soll dem Präsidenten erklärt haben, er könne seine Amtszeit nicht mit Waffenlieferungen an Ägypten beginnen, da diese Waffen vielleicht gegen die früheren Kampfgenossen der USA bei der Befreiung Europas gerichtet werden würden. Sosehr Eisenhower den Wunsch bekundete, endlich einmal auf der Seite der Einheimischen zu sein, schwor er doch seinen NATO-Partnern unverändert Treue und äußerte daher keine öffentliche Kritik an ihren Kolonialpraktiken. 1949 gelangten amerikanische Regierungsvertreter zu der Ansicht, dass die Kolonien entscheidend für den Marshallplan seien, da sie Westeuropa helfen würden, sein Zahlungsbilanzdefizit mit den Vereinigten Staaten zu begleichen und die Produktivität afrikanischer Ökonomien zu erhöhen. Wie die anderen Kolonialmächte erkannte Washington zunehmend, dass die wirtschaftliche Erholung Westeuropas von der materiellen Entwicklung Afrikas abhing. Infolgedessen stimmte Eisenhowers Regierung in den Vereinten Nationen zu keinem Zeitpunkt für afrikanische Unabhängigkeit oder Selbstbestimmung und neigte dazu, für ihre bedrängten europäischen Verbündeten auf dem Kontinent, darunter Belgien und Portugal, Partei zu ergreifen. Beispielsweise legte Eisenhower im Mai 1960 bei einem Besuch in Lissabon Wert darauf, António de Oliveira Salazars portugiesischem Pariastaat, einem NATO-Mitglied, mit den Worten beizuspringen, dass beide Regierungen stets ohne eine einzige Meinungsverschiedenheit zusammengearbeitet hätten.[37]

Weniger bekannt ist die Tatsache, dass die Vereinten Nationen zu einem wesentlichen Forum für Apologeten der Imperien wurden, welche das Konzept der europäischen Zivilisation benutzten, um den unter Feuer geratenen Status quo in Schutz zu nehmen. Gegen Ende der Fünfzigerjahre brachten Frankreich und Großbritannien ihre Erbitterung über den Meinungswandel neuerer UN-Mitglieder zum Ausdruck und auch darüber, dass die alte Zivilisationssprache nun zu einem Instrument von Vorwürfen und Spott werde. 1956 ätzte ein französischer Amtsinhaber, dass diese »Neuankömmlinge sich die Rolle des Richters über unsere angeklagten und verunsicherten Zivilisationen anmaßen [wollten], um ihre alten Gebieter zu demütigen

[und] sie dessen zu berauben, was noch von ihren überseeischen Besitzungen übrig geblieben war«.³⁸

Eine der nachdrücklichsten Rechtfertigungen der Imperien war Sir Alan Cuthbert Burns' 1957 veröffentlichtes Buch *In Defence of Colonies*. Burns amtierte von 1941 bis 1947 als Gouverneur der Goldküste (des heutigen Ghana) und hatte zuvor Jahrzehnte im britischen Kolonialdienst verbracht. Von 1947 bis 1955 bekam er als ständiger Vertreter seines Landes im UN-Treuhandrat, der für die Verwaltung treuhänderischer Gebiete zuständig war, während der Sitzungen beständig Kritik aus erster Hand am Britischen Empire zu hören. Im ersten Nachkriegsjahrzehnt erfolgte eine dramatische Ausweitung der britischen personellen Kolonialpräsenz in Afrika, die nach Meinung einiger Beobachter durch repressiven Developmentalismus gekennzeichnet war. In jenem Zeitraum vergrößerte sich das Personal des Britischen Kolonialamts um 45 Prozent, von denen ein Drittel aus Entwicklungsexperten bestand. Auch die Bürokratie schwoll an, besonders in den Bereichen Landwirtschaft, Forstwirtschaft und Vermessung (in den französischen Kolonien, etwa Guinea, zeigten sich ähnliche Tendenzen). Zudem wuchs das Unbehagen in der Behörde über den sich wandelnden Tenor der UN und über ihre lautstarke Kritik am Kolonialismus. Sir Hilton Poynton, Ständiger Staatssekretär für die Kolonien von 1959 bis 1966, äußerte Besorgnis darüber, dass »ein zusammengewürfelter internationaler Haufen« das Britische Empire infrage stellen könnte. Wie sämtliche UN-Mitglieder hatte Großbritannien der Charta zugestimmt, die besagte, dass alle »Verwaltungsmächte« dem Treuhandrat Berichte vorzulegen, Gesuche entgegenzunehmen, Bereisungen der Treuhandgebiete zu veranlassen und sie auf die Selbstregierung vorzubereiten hätten. Dies konnte eine Beeinträchtigung der Souveränität mit sich bringen, doch es war die Suezkrise von 1956, welche die moralische Haltung der internationalen Gemeinschaft gegenüber dem Britischen Empire veränderte. Durch die Tatsache, dass sich der stümperhafte britischfranzösisch-israelische Invasionsversuch in Ägypten zur selben Zeit abspielte wie der Sowjeteinmarsch in Budapest, wurde in den Augen vieler UN-Mitglieder und Kolonialkritiker in aller Welt automatisch eine Gemeinsamkeit zwischen britischer, französischer und sowjetischer imperialer Aggression hergestellt.[39]

Burns' Buch war eine Entgegnung auf Vorwürfe der Misswirtschaft, und er bezichtigte die Kritiker seinerseits des invertierten Rassismus. »›Antikolonialismus‹ ist lediglich eine Tarnung für intensive rassische Gefühle«, begann Burns kühn, »ein umgekehrtes Rassenvorurteil, das den Groll der dunkleren Völker über die vergangene Beherrschung der Welt durch europäische Nationen widerspiegelt. In allen Fällen beruht ›Antikolonialismus‹ eher auf Emotion als auf Vernunft.« Dann verteidigte er die britische Kolonialgeschichte, die, »wenn auch alles andere als makellos, viel besser« sei, »als man allgemein annimmt«. Seiner Ansicht nach waren die UN-Kritiker der Imperien krasse Heuchler, »deren Regierungen am notorischsten für Tyrannei, Ineffizienz oder Korruption sind«. Die »Opfer der Sowjetexpansion« seien weniger frei als die Bewohner britischer Kolonien, und die »Amerindianer« hätten »keinen größeren Anteil an der Regierung ihrer Länder« als die Menschen in britischen Treuhandgebieten. Was Burns an den UN-Debatten besonders verärgerte, war das »Salzwasser-Paradox«: Während die Ausweitung »eines Staats über Land und die Einverleibung großer, von anderen Rassen und Völkern bewohnter Territorien offenbar völlig lobenswert ist, wird die Ausdehnung der eigenen behördlichen Kompetenzen nach Übersee in gewissen Kreisen als ›Kolonialimperialismus‹ und ›Repression von Untertanenrassen‹ gebrandmarkt«. Er fuhr fort: »[Wenn wir] die sowjetische Souveränität über die gewaltige Fläche ihres Staats« als »Einheit anerkennen«, dann »müssen wir gleichermaßen darauf bestehen, dass das Britische Kolonialreich, obwohl durch in ihm befindliche Ozeane gespalten, in jeder Hinsicht genauso sehr ein einziges internationales Gebilde ist wie die Sowjetunion«. Nicht weniger verdrießlich kam es ihm vor, dass die Briten, nachdem sie »rückständige Völker unter ihren Schutz [gebracht hätten] und nun zu Zivilisation, Wohlstand und Selbstregierung führten, als brutale Imperialisten eingestuft würden«.[40]

Die »Kleinen« im Zentrum: Belgien und Portugal

Ein großer Teil der rhetorischen Feuerkraft der Vereinten Nationen richtete sich gegen andere Kolonialmächte. Zu den am häufigsten attackierten gehörte Belgien, das auf den ersten Blick eine unerwartete Zielscheibe der Feindseligkeit sein mochte. Vor dem Zweiten Weltkrieg war Belgisch-Kongo eine relativ unbedeutende Kolonie mit einer geringen Anzahl von Siedlern gewesen – 17 000 im Jahr 1930 und nur noch 11 000 drei Jahre später –, die in der Heimat relativ wenig Unterstützung oder Interesse fand. Nach dem Krieg investierte Belgien jedoch mehr Geld und Arbeitskräfte in den Kongo, um der Wirtschaft im Mutterland wieder auf die Beine zu helfen. Beträchtliche Summen flossen in die soziale Infrastruktur, vor allem in Erziehungs- und Gesundheitswesen, die lange vom Wirken christlicher Missionare abhängig gewesen waren. Auch die Präsenz von Siedlern stieg: von 24 000 im Jahr 1947 auf 89 000 im Jahr 1959. Bereits 1955 unternahm König Baudouin eine Triumphreise, auf der er ein Bild des erfolgreichen Paternalismus vermitteln wollte, indem er vor 70 000 Zuhörern in der Kolonialhauptstadt erklärte, dass »Belgien und der Kongo eine einzige Nation bilden«. Für Brüssel war die Modernisierung der Kolonie ein Schritt im Rahmen »der Zivilisierungsrolle Belgiens«, wie Baudouin ausführte. Der Kongo bildete eine wertvolle Kapitalanlage (nicht zuletzt wegen seiner Uranvorkommen), welche die Belgier unbedingt absichern wollten.[41]

Anfang der Fünfzigerjahre geriet die wiederauflebende Kolonialpolitik des Landes unter Beschuss. Die Kommunistische Partei Belgiens und eine Konferenz katholischer Bischöfe im Kongo forderten dessen Unabhängigkeit, doch die internationale Kritik schmerzte am meisten, weshalb Brüssel ein diplomatisches Spitzenteam zur Verteidigung seiner Politik mobilisierte. 1953 legte die belgische Regierung der internationalen Gemeinschaft ihre Argumentation in einer Broschüre mit dem aufschlussreichen Titel *La mission sacrée de civilisation. À quelles populations faut-il en étendre la bénéfice?* (Der heilige Auftrag der Zivilisation. Auf welche Bevölkerungen sollen ihre Vorteile ausgeweitet werden?) vor. Die polemische Schrift enthielt Reden prominenter belgischer Politiker und Regierungsvertreter vor den Vereinten Nationen. Außenminister Paul van Zeeland erläuterte die sogenannte *thèse belge,* die auf der Einhaltung der UN-Charta durch Belgien sowie darauf beruhte, dass es große Verdienste um die materielle Entwicklung der Kongolesen erworben habe. Van Zeeland und andere klagten über ungerechte Beschuldigungen gegen Belgien und behaupteten, die Vereinten Nationen seien viel zu nachsichtig gegenüber nationalistischen Anliegen in Asien und Afrika gewesen. Wie Burns machten sie geltend, dass die meisten Staaten unterentwickelte Volksgruppen und Gebiete besäßen, weshalb jedes Land der gleichen Kritik zu unterziehen sei.[42]

Zwei hohe belgische UN-Vertreter, Fernand van Langenhove und Pierre Ryckmans, spitzten den belgischen Standpunkt in späteren Veröffentlichungen zu, indem sie den Zivilisationsbegriff für den Sprachgebrauch der Verteidigung heranzogen. Im Jahr 1954 publizierte van Langenhove eine 100 Seiten lange Schrift mit dem Titel *La question des aborigènes aux Nations Unies; la thèse belge* (Die Frage der Ureinwohner bei den Vereinten Nationen; die belgische These). Der Autor, ein ehemaliger Vorsitzender des UN-Sicherheitsrats, griff auf die Sprache des 19. Jahrhunderts zurück: »[Die] Pflicht eines zivilisierten Staats gegenüber dem rückständigen eingeborenen Volk ist nicht nur die des Schutzes«, sondern auch »die der Zivilisation«, gegründet auf »die Verbesserung der Umstände für das Wohlergehen und den Fortschritt dieser Völker«. Van Langenhove missfiel, dass die nunmehr unabhängigen afrikanischen Staaten militanten Nationalismus in der Kolonialwelt schüren und damit die Pflicht der Zivilisation verletzen würden, die »darin besteht, die Elendsten der Ureinwohner von Knechtschaft, Verarmung und der Gefahr völliger Auslöschung zu befreien«. Im selben Jahr erhielten die Vereinten Nationen einen »Bericht aus Belgien«, den Pierre Ryckmans, ehemaliger Generalgouverneur von Belgisch-Kongo und Delegierter des UN-Treuhandrats, überbrachte. Er bezog offen Stellung für die Souveränität seines Landes im Kongo und nahm vornehmlich Anstoß an einer vernichtenden Untersuchung der Internationalen Arbeitsorganisation (ILO) aus dem Vorjahr. Sie trug den Titel *Living and Working Conditions of Aboriginal Populations in Independent Countries* (Lebens- und Arbeitsbedingungen von Ureinwohnerbevölkerungen in unabhängigen Ländern). In diesem »schrecklichen Buch« wurde laut Ryckmans zu Unrecht behauptet, dass der Lebensstandard des Durchschnittskongolesen weit niedriger sei als der von belgischen Bürgern. Im Gegenzug bediente er sich ebenfalls der klassischen Rhetorik des 19. Jahrhunderts, indem er sein Publikum daran erinnerte, dass »der Kongo vergangener Tage« nichts als »ein Schwarm von Stämmen« gewesen sei, »zumeist so rückständig wie die waldbewohnenden Völker des Amazonasbeckens«. Er fuhr fort: »Erst bei der Ankunft der Weißen lernte dieser Kontinent endlich [...] Frieden kennen – einen Frieden, der im Kongo seither ununterbrochen herrscht.« Dank der belgischen Fürsorgepflicht begegne der zeitgenössische Reisende nun »eingeborenen Bewohnern, die gebildet und zivilisiert sind«. Verständlicherweise reagierte die internationale Gemeinschaft entschieden feindselig auf solche Wendungen. Obwohl Großbritannien und Frankreich höfliche Unterstützung äußerten, sah sich Brüssel durch seine unzeitgemäße Verteidigung des Imperialismus zunehmend isoliert. Dies hielt belgische Minister jedoch nicht davon ab, die Fünfzigerjahre hindurch auf nationaler wie internationaler

Bühne zu betonen, dass eine »verfrühte Autonomie« verhängnisvoll für die Kongolesen, den Westen und die UN selbst sein werde.[43]

Heftige Kritik richtete sich auch gegen ein neues UN-Mitglied: Portugal. Ihm gehörte das älteste aller europäischen Imperien, dessen anfängliche Expansion bis zur Eroberung der nordafrikanischen Stadt Ceuta im Jahr 1415 zurückdatierte; mittlerweile zählte es Angola, Mosambik, Kap Verde, Macau und Timor zu seinen Besitzungen. Nach seiner Ernennung zum Ministerpräsidenten 1932 errichtete António de Oliveira Salazar seinen *Estado Novo* (Neuer Staat), ein autoritäres Regime, das danach strebte, das Land zu modernisieren und seine Bindungen an die Kolonien zu stärken. Salazar machte den Ruhm des Reichs und die Zivilisierungsmission mithilfe von Schulbüchern, Reden und Feiertagen zu einer Sache des Nationalstolzes, wodurch er den portugiesischen Beitrag zur Zivilisation und zur Verbreitung des Christentums hochhalten wollte. Nach 1945 intensivierte er seine Kolonialpolitik in einer neuen Reform-Ära auf der Grundlage von Wohlfahrtskolonialismus, katholischem Engagement und straffer Militärkontrolle. Wie im Fall der Franzosen und Belgier galt der plötzliche Nachdruck hinsichtlich politischer Assimilierung und wirtschaftlicher Integration als bestes Mittel, um das Überleben des Imperiums zu sichern. 1953 leitete Salazar in Angola und Mosambik einen ehrgeizigen Sechsjahresplan des ökonomischen Wachstums ein, der zum Bau zahlreicher Straßen, Eisenbahnstrecken, Häfen, Hotels und Fabriken führte. Dadurch stieg die Emigrantenzahl aus Portugal in seine afrikanischen Gebiete zwischen 1950 und 1960 auf über 100 000 an. Im selben Jahrzehnt schwollen dort politische Polizei, Milizen zur Aufstandsbekämpfung und Armee ebenso wie der Bestand an Bürokraten, technischen Planern und Geheimdienstpersonal enorm an. Kirchen- und Missionierungsorganisationen wurden modernisiert und im Verein mit der Kolonialbürokratie als mächtige Helfer für die Zivilisierungsaufgabe eingestuft.[44]

Der iberische Staat trat den Vereinten Nationen am 14. Dezember 1955 bei, woraufhin seine Kolonialpolitik von Indien, der UdSSR und anderen scharf attackiert wurde. Bereits im Februar 1956 schickte der UN-Generalsekretär der portugiesischen Regierung ein Schreiben über die fragwürdigen Zustände in den »nichtautonomen Territorien« Angola und Mosambik. In den sich anschließenden Debatten standen Irak, Ghana, Indien und Marokko an der Spitze der Angriffe auf die Kolonialgeschichte Portugals. Dessen Delegierte waren bestürzt über den rüden Empfang und beteuerten wiederholt, ihr Land habe die »einzige erfolgreiche multirassische Zivilisation der Welt« aufgebaut. Die Kritik überrumpelte sie, da der Westen Salazars Regime bis Mitte der Fünfzigerjahre seinen Segen erteilt hatte. Die Amerikaner hatten sogar auf den fernen Azoren Stützpunkte zum Auftanken von Militärflugzeugen errichtet, um die rasche Entsendung von Truppen nach Europa, Afrika und in den Nahen Osten zu ermöglichen. Lissabon handelte die Stationierungsrechte in den Jahren 1946, 1948, 1951 und 1957 sorgfältig aus, um sich politischen Schutz zu sichern – mit dem Ergebnis, dass Portugal im Südeuropa des Kalten Kriegs fest in die amerikanische Einflusssphäre integriert wurde. Salazars Regime war auch Teil des Marshallplans und der NATO, die ihm Wirtschaftshilfe, militärischen Beistand und die seit Langem begehrte internationale Anerkennung verschafften, zumal die Sowjetunion den portugiesischen UN-Beitrittsantrag 1946 abgelehnt hatte.[45]

Um sich zu verteidigen und um die internationale Empörung einzudämmen, veröffentlichte die portugiesische Regierung den Text *Asœ Nações unidas e Portugal. Estudo* (Die Vereinten Nationen und Portugal. Eine Studie [des Antikolonialismus]). Der Verfasser war Alberto Franco Nogueira, Generalkonsul in London, den Salazar später, in den stürmischen Jahren zwischen 1961 und 1969, zu seinem Außenminister machte. Nogueira lieferte einen wichtigen intellektuellen Rückhalt für Salazars Politik und verteidigte das Kolonialreich seines Landes unter dem Aspekt der Zivilisation. Die Auseinandersetzung um Portugal konzentrierte sich auf Artikel 73 der UN-Charta, der »Hoheitsgebiete ohne Selbstregierung« betrifft; darin heißt es: »Alle Mitglieder der Vereinten Nationen, welche die Verantwortung für die Verwaltung von Hoheitsgebieten haben, [...] übernehmen als heiligen Auftrag die Verpflichtung, [...] das Wohl dieser Einwohner aufs äußerste zu fördern.« Die Worte mögen an eine fade juristische Klausel unter vielen erinnern, und tatsächlich handelte es sich um ein wiederaufbereitetes Prinzip aus der Völkerbundssatzung von 1920, welche die Mitgliedstaaten mit der »heiligen Aufgabe der Zivilisation« betraut hatte. Während die Klausel in der Zwischenkriegszeit jedoch zur Stärkung der Imperien benutzt worden war, interpretierten die UN-Gegner des Kolonialismus, angeführt von Indien und der UdSSR, sie in dem Sinne, dass sämtliche Imperialstaaten den UN-Untersuchungsausschüssen Beweise für ihre gute Verwaltung liefern müssten. Nogueira entgegnete, dass Portugal dem Ersuchen nicht stattgeben werde, denn durch eine Verfassungsänderung von 1951 seien die Kolonien nach dem Vorbild des Britischen Commonwealth und der Französischen Union zu »Überseegebieten« erklärt worden. Dies bedeute, dass Portugal, technisch gesehen, keine »nichtautonomen Territorien« besitze. Vielmehr seien die Überseegebiete zu einer innerstaatlichen Angelegenheit geworden, ähnlich wie im Fall Algeriens und Frankreichs. Zudem behauptete Nogueira, das Gesetz und die Sprache seines Landes könnten nicht zwischen den Begriffen »zivilisiert« und »unzivilisiert« unterscheiden, weshalb alle in Überseegebieten lebenden Völker gleichberechtigt als Portugiesen behandelt würden.[46]

Vor der Generalversammlung stellte sich Portugal als Opfer dar, das unfairerweise der »Rassendiskriminierung« bezichtigt werde. Seine UN-Vertreter wiesen darauf hin, dass das Kastensystem in Indien breite Bevölkerungsteile ihrer »Menschenrechte« beraube und dass niemand Einwände gegen die Aktionen des »größten und unbarmherzigsten und tyrannischsten Kolonialreichs in der Geschichte der Menschheit«, nämlich der UdSSR, erhebe. Andere portugiesische Administratoren taten kund, die »Lebensweise« in den Überseegebieten sorge dafür, dass »universelle Werte bewahrt werden«, wohingegen die UN durch ihre »Stammesloyalität« gegenüber der Dritten Welt, gespeist von »despotischem Rassismus« und Verantwortungslosigkeit, die Leistungen Portugals verunglimpfe. Dabei verdiene es Anerkennung dafür, dass es den Territorien »christlichen Humanitarismus« und seine Zivilisierungsmission überbringe.[47]

Verschiedene Intellektuelle machten sich ebenfalls daran, die Tugenden der portugiesischen Mission zu betonen, an erster Stelle der brasilianische Soziologe Gilberto Freyre. Dieser namhafte lateinamerikanische Denker hatte bei Franz Boas an der Columbia University studiert und war am bekanntesten für sein 1933 veröffentlichtes anthropologisches Werk *Casa-Grande & Senzala (Herrenhaus und Sklavenhütte)*. In der einflussreichen Untersuchung von »Rassen« und Kulturen in Brasilien hob er die Rolle des schwarzen Erbes als Beweis für die gelungene Assimilationspolitik des Landes hervor. Mit der Zeit wurde seine ursprünglich linksgerichtete Anthropologie konservativer, und bald trat Freyre als Verteidiger von Salazars Imperialpolitik auf. In seinen Schriften prägte er den Begriff Luso-Tropikalismus, um die einzigartige Präsenz Portugals in den Tropen zu kennzeichnen. Dessen Imperialismus unterscheide sich von dem der anderen europäischen Mächte, weil er auf einem integrativeren Modell der interkulturellen Angleichung beruhe, das die Sitten und Bräuche der Einheimischen in eine höhere Zivilisationsform überführe. Laut Freyre bildete diese harmonische Mischung portugiesischer und indigener Kulturen in Afrika und Lateinamerika einen scharfen Kontrast zu anderen europäischen Kolonialregimen, die dazu neigten, einheimische Kulturformen in Landwirtschaft, Medizin und Geisteswissenschaften auszumerzen. Es sei kein Zufall, dass sich die anderen europäischen Mächte nun aus den warmen Gebieten zurückzögen, da sie zu keinem Zeitpunkt den Geist und die Vitalität moderner Mischzivilisationen entwickelt hätten. Allein den Portugiesen sei es gelungen, den Tropen über »multirassische« Gesellschaften europäische Werte zu vermitteln, die sich über Abstammung und Ethnizität hinwegsetzten. Freyres Werke wurden von portugiesischen Apologeten angesichts wachsender internationaler Unzufriedenheit über die Lissaboner Besitzungen ständig zitiert.[48]

Kritik am westeuropäischen Imperialismus war auch aus einer anderen Quelle zu hören: von den Kirchen. In den Fünfzigerjahren versuchten katholische und protestantische Theologen, wie in Kapitel 3 angesprochen, mit der ökumenischen Bewegung eine gemeinsame Front zu schmieden. Weniger bekannt ist, dass es zu einer ihrer Leitlinien wurde, traditionelle Ideen der westlichen Zivilisation herauszufordern. Nach Meinung von Kirchenführern und schreibenden Laien waren westeuropäische Föderationsbildung und Entkolonialisierung berechtigte historische Reaktionen auf die Entartungen des Nationalismus und Imperialismus. Kolonialreiche wurden als moralisch unvertretbar eingestuft, und das globale christliche Engagement mit Glaubensbrüdern und -schwestern in Afrika und Asien begann damit, dass man die Beteiligung der Kirchen an der Imperialpolitik zu vermeiden suchte. Bereits in den Dreißigerjahren hatte eine Reihe protestantischer Theologen und Missionare diskutiert, das Christentum von der europäischen Zivilisierungsmission abzutrennen, was am sichtbarsten 1938 bei der Konferenz des Internationalen Missionsrats im indischen Tambaram dokumentiert wurde. In den Sechzigerjahren schließlich trug eine Entkolonialisierungswelle dazu bei, dass sich die Rufe nach einer antiimperialen Mobilisierung der Christen verstärkten. Die Leitung der Kampagne übernahmen der Niederländer Joseph Blomjous, katholischer Bischof von Mwanza in Tansania, und der schottisch-presbyterianische Bischof Lesslie Newbigin. Beide verkündeten, die Entstehung neuer Nationen in Afrika zwinge das Christentum, sich eines Besseren zu besinnen und seine langjährigen Verbindungen zu den brutalen weltlichen Missbräuchen der westlichen Zivilisation abzubrechen. Stattdessen forderten sie einen universellen, auf Frieden, Ökumenismus und Vielfalt gestützten Glauben. 1960 machte der Reformpapst Johannes XXIII. einen Schritt in diese Richtung, als er im Rahmen der Vorbereitung auf das Zweite Vatikanische Konzil 1961 das Sekretariat zur Förderung der Einheit der Christen schuf. Fünf Jahre später gründeten Blomjous und Newbigin den Ausschuss für Gesellschaft, Entwicklung und Frieden, der die Arbeit aller großen Wohltätigkeits- und Missionsorganisationen in einem neuen Geist koordinierte, um das Christentum von der kolonialen Belastung zu befreien. Nunmehr standen nicht die Imperien, sondern die Entkolonialisierungsversuche für die Erfüllung der Glaubensmission und die moralische Erneuerung Europas. Religiöse Denker sahen den europäischen Föderalismus und den Rückzug aus Übersee als doppelte Ausdrucksform einer neuen, global ausgerichteten und rehabilitierten christlichen Zivilisation, was der Schweizer Schriftsteller Denis de Rougemont vielleicht am besten in seinem maßgeblichen Buch *Les chances de l'Europe (Die Chancen Europas)* von 1963 darstellte. Zwar konnte man einen Nachklang von Paternalismus in Passagen wie jener entdecken, dass »das politische Zurückweichen Europas [...] zeitlich mit einer beschleunigten Aneignung unserer Zivilisation durch die Dritte Welt [zusammenfällt]«, doch solche Bücher deuteten auf ein umfassenderes Bemühen hin, das Band zwischen dem Christentum und der alten Zivilisierungsmission Europas zu durchschneiden. Das Ziel war, die Idee der christlichen Zivilisation auf ein neues moralisches Niveau zu heben, das die konfessionelle Kluft wie auch die überkommenen imperialen Trennlinien zwischen Nord und Süd überwand. Folglich waren die Vereinten Nationen keineswegs die einzige bedeutende internationale Organisation, mit der die westeuropäischen Kolonialreiche rangen.[49]

Die Geschichte war nicht auf der Seite der Imperien. Portugals

Verteidigung seines Reichs wurde vom senegalesischen UN-Delegierten als »intellektueller Taschenspielertrick« und vom tunesischen Vertreter als »vorsätzliche Pflichtverletzung« abgetan; der ghanaische Delegierte erklärte sogar, dass in den Kolonialgebieten Afrikas »Radikalchirurgie vonnöten ist«. Bei ihrer Kampagne wurden die afrikanischen Länder stetig von kommunistischen Nationen und von europäischen Nichtkolonialstaaten wie Schweden und Norwegen unterstützt. Die Sowjetregierung nutzte den Konflikt zu dem Vorwurf, dass Salazars kolonialer »Vernichtungskrieg« in Angola »dank der Hilfe und des Beistands der NATO-Verbündeten« stattfinde. Anfang der Sechzigerjahre spitzte sich der antiportugiesische Nationalismus in den Territorien zu: Ein Guerillakrieg tobte in Angola, und es kam zu Unruhen in Portugiesisch-Guinea. Der Widerstand in Angola und Mosambik wurde von unabhängigen afrikanischen Ländern gestärkt, beispielsweise von Algerien, Tunesien und Mali, die nationalistische Guerillas ausbildeten. So brutal portugiesische Streitkräfte die Rebellionen auch niederschlugen und so sehr Lissabon die weiße Besiedlung auch förderte, um der afrikanischen Unzufriedenheit entgegenzuwirken – die Unabhängigkeitskämpfer setzten sich schließlich durch. Das erste und letzte überseeische Imperium Europas existierte seit der Unabhängigkeit Mosambiks und Angolas 1975 nicht mehr, womit über 500 Jahre lusophoner Kolonialherrschaft in den Tropen ein Ende fanden.[50]

Zivilisation im kurzen 20. Jahrhundert

Einer der dauerhaftesten Mythen der Geschichtsschreibung über Europa im 20. Jahrhundert besagt, Letzteres könne säuberlich in zwei Hälften geteilt werden. Die erste Hälfte bestehe aus Kriegen, der Russischen Revolution und Massengewalt, die zweite hingegen aus Zeiten relativen Friedens und Wohlstands, gleichsam der Epoche eines geläuterten Kontinents. Diese plumpe Interpretation führt nicht sehr weit, beispielsweise im Licht der Wiederherstellung von Kolonialreichen nach 1945, gar nicht zu reden von fortgesetztem Bürgerkrieg (Griechenland), Faschismus (Spanien) und Autoritarismus (Portugal) in Südeuropa. Der Zweite Weltkrieg zwang europäische Staaten und Imperien zu vorübergehendem Stillhalten, doch gleich nach seinem Ende versuchten Frankreich, die Niederlande und Belgien, die Folgen der nationalsozialistischen Besatzung ungeschehen zu machen und erneuerten ihren Anspruch auf die Kolonien. Dieses imperiale Verhältnis zur übrigen Welt macht zusammen mit der Neufestlegung von Staatsgrenzen und nationalen Identitäten den dunklen Aspekt der Geschichte von der Rezivilisierung Westeuropas aus.

Die historischen Transformationen spiegelten sich in einem gewandelten Gebrauch des Zivilisationsbegriffs. Wiewohl die Niederlage des NS-Regimes die Verbindung zwischen Faschismus, Krieg und Zivilisation ausgelöscht haben mochte, stilisierten sich die autoritären Regime Spaniens und besonders Portugals zu Friedenszeiten weiterhin als Förderer einer katholischen Zivilisierungsmission in ihren Kolonien. Die Zivilisation blieb ein Schutzschild imperialer Macht und sollte die Privilegien von bedrängten Ländern wie Belgien und Portugal begründen, denen es nicht gelang, die veränderte Weltlage zu erfassen.

Die leidenschaftlichen Diskussionen über Imperium und Zivilisation trugen dazu bei, dass die Vereinten Nationen aus einem Kriegsbündnis zum Schiedsrichter der internationalen Politik und zur

Bühne für den Zusammenstoß zwischen alten und neuen Mächten, Imperialismus und Antiimperialismus wurden. In den Sechzigerjahren verband sich die Zivilisationsrhetorik immer stärker mit der Sache der Entkolonialisierung. Als der Kalte Krieg nach Süden wanderte, folgte ihm die Zivilisationsidee und reihte sich ein in den Kampf gegen die Kolonialreiche.

Neu war nach 1945 auch die Art und Weise, in der Zivilisation dazu herangezogen wurde, ein von Amerika geführtes transatlantisches Bündnis, beruhend auf einer gemeinsamen Geschichte und Identität, zu festigen. Sie war Teil der amerikanischen Expansion und Engagements in Westeuropa, die vom Bewusstsein einer welthistorischen Mission der USA angetrieben wurden. Die Amerikanisierung der westlichen Zivilisation wich dramatisch von dem Verständnis des Begriffs ab, wie es in früheren Kapiteln erörtert wurde. Während Zivilisation 1945 viele Beobachter an den nostalgischen Traum des verlorenen Europa der Zeit vor 1914 denken ließ, hatte die Militarisierung des westlichen Bündnisses zur Folge, dass die defensive Zivilisationsterminologie offensiv wurde und eine geopolitische Strategie mit einer großen moralischen Zielsetzung vereinigte. Der Griechische Bürgerkrieg diente als Schablone für die Vermischung von imperialen Interessen und kultureller Sendung, die die amerikanische Außenpolitik über Jahrzehnte hinweg bestimmen sollte. Beispielsweise erklärte Truman 1950 nach dem nordkoreanischen Angriff auf Südkorea, dass »Korea das Griechenland des Fernen Ostens ist«. Er fuhr fort: »Wenn wir ihnen die Stirn bieten, wie wir es vor drei Jahren in Griechenland getan haben, werden sie nicht den ganzen Osten übernehmen.« In Bezug auf Vietnam bemerkte der amerikanische UN-Botschafter Henry Cabot Lodge später: »Wir Vertreter der freien Welt haben in Griechenland gesiegt«, und leitete daraus ab: »Wir können in Vietnam siegen.« Auch Präsident John F. Kennedy zog die Parallele, indem er den Vietnamkrieg mit »langen Kämpfen gegen kommunistische Guerillas in Griechenland und Asien« verglich. Diese

Logik nahm die Denkweise von US-Verteidigungsminister Donald Rumsfeld und der Regierung unter George W. Bush vorweg, die sich auf die alliierte Besatzung Deutschlands nach 1945 als Vorbild für die Okkupation des Irak nach dem Dritten Golfkrieg von 2003 beriefen. Amerikanische Entscheidungsträger, die nach den Terroranschlägen vom 11. September 2001 eine neue moralische Mission ins Auge fassten, benutzten die offensichtlichen Erfolge der Vierzigerjahre als bequemes Vorbild und historische Anleitung. In den dazwischenliegenden Jahrzehnten wurde der Zivilisationsdiskurs jedoch, wie im folgenden Kapitel erörtert wird, im Zuge der Entkolonialisierung von Nichteuropäern fundamental umgestaltet.[51]

Sechstes Kapitel

Entkolonialisierung und afrikanische Zivilisation

Am 6. März 1957 rief der erste Premierminister der Goldküste und spätere erste Präsident Ghanas, Kwame Nkrumah, in den Old Polo Grounds von Accra vor über 100 000 Menschen die lang erwartete Unabhängigkeit des Landes aus. Nkrumah hatte die Convention People's Party (CCP; Volkspartei des Konvents) seit 1951 unter der Parole »Unabhängigkeit jetzt« geleitet und das Volk der Goldküste zu politischem Handeln aufgerufen. Zu Beginn des Jahrzehnts war er wegen revolutionärer Agitation von den britischen Behörden inhaftiert worden, was sein Ansehen als afrikanischer Nationalist erhöhte und legitimierte. Bereits 1945 hatte Nkrumah auf dem Panafrikanischen Kongress in Manchester die »Erklärung an die Kolonialvölker der Welt« mitverfasst, welche die »Rechte aller Völker, sich selbst zu regieren«, proklamierte. Denn nur »unter den Bedingungen politischer Freiheit« könnten Kolonialvölker ihre eigenen Wirtschaftspläne und Sozialgesetzgebungen entwerfen, »die nun für jedes wahrhaft zivilisierte Land unerlässlich sind«. 1957 war der Moment gekommen.[1]

Zwar hatte die britische Regierung dem Unabhängigkeitsersuchen bereits rund sechs Monate zuvor stattgegeben, doch erfolgte erst dann die zeremonielle Machtübergabe. Um Schlag Mitternacht wurde der Union Jack feierlich eingeholt, und man hisste die rot-gelb-grüne Fahne des neuen Staats Ghana unter lautem Jubel und »Freiheit«-

Rufen der Menge. Nkrumah proklamierte: »Vom heutigen Tage an lebt ein neuer Afrikaner auf der Welt, und dieser neue Afrikaner ist bereit, seinen eigenen Kampf zu kämpfen und zu zeigen, daß der schwarze Mann fähig ist, sich selbst um seine Angelegenheiten zu kümmern. [...] Wir haben den Kampf hinter uns gebracht, und wir gehen nun aufs Neue in den Kampf, um andere Länder in Afrika zu befreien, denn unsere Unabhängigkeit ist bedeutungslos, wenn sie nicht die totale Befreiung des afrikanischen Kontinents nach sich zieht.« Nkrumahs Rede folgte eine Schweigeminute, wonach das Orchester die ghanaische Nationalhymne spielte.[2]

Ghana war das erste Subsahara-Land, das die Unabhängigkeit erlangte, und deshalb nimmt es einen besonderen Platz in dem Entkolonialisierungsdrama ein, das sich im kommenden Jahrzehnt entfaltete. Anwesende Journalisten beschrieben das Ereignis in epischen Tönen. So prophezeite die führende Tageszeitung von Accra, der *Daily Graphic*, dass Ghana »ein Vorbild für Kolonien allerorten abgeben« und »ihnen zeigen [werde], dass ein friedlicher Weg zur Unabhängigkeit existiert und dass Gehirne, nicht Bomben, die Freiheit erringen«. Der afroamerikanische Schriftsteller Richard Wright kommentierte, Ghana sei »eine Art Versuchsprojekt für das neue Afrika«, beobachtet von Menschen überall auf der Welt, während der berühmte auf Trinidad geborene Journalist George Padmore Ghana als einen afrikanischen Musterstaat pries, der auf beispielhafte Art »schwarzen Nationalismus und Sozialismus« vereine. Ein Empfang in Accra am 4. März, zwei Tage vor der Unabhängigkeitszeremonie, brachte auch die erste Begegnung zwischen Martin Luther King Jr. und dem damaligen Vizepräsidenten Richard Nixon mit sich und wurde untermalt von Kings bissiger Bemerkung: »Ich freue mich sehr, Sie hier zu treffen, aber ich möchte, dass Sie uns in Alabama besuchen, wo wir die gleiche Freiheit anstreben, die die Goldküste nun feiert.« Für viele Gratulanten repräsentierte Ghana das, was ein Historiker die »Geburt einer neuen Zivilisation, frei vom Erbe der

Kolonialherrschaft und der kapitalistischen Ausbeutung«, den Vorboten einer neuen Welt, nannte.[3]

Doch bei allem Reiz des Neuen und der Aufregung, die mit der Selbstbestimmung verknüpft waren, gab es auch heikle Übergangsprobleme. In seinem 1963 erschienenen Buch *Afrika muß eins werden* reflektierte Nkrumah die Auswirkungen der Machtübergabe auf die Zukunft seines Landes. Er verwies auf die Schwierigkeit, die ghanaische Identität neu zu definieren: »Ein entmutigendes, grausames Erbe! Dieser Eindruck verstärkte sich noch angesichts der Leere, die meine Kollegen und ich bei unserem offiziellen Einzug in das Schloß Christiansborg, den ehemaligen Amtssitz des britischen Gouverneurs, vorfanden und die uns symbolisch erschien. Als wir von Zimmer zu Zimmer gingen, waren wir erschüttert, wie kahl alles war. Außer einigen Möbelstücken gab es absolut nichts, was daran gemahnte, daß noch vor wenigen Tagen dort Menschen gelebt und gewirkt hatten. [...] Es war uns, als hätte eine bestimmte Absicht bestanden, alle Fäden zwischen Vergangenheit und Zukunft, die uns dabei helfen konnten, unseren Weg aus dem Labyrinth zu finden, zu zerschneiden. Es war ein heimlicher Wink, daß wir, da wir die Vergangenheit abgeschüttelt hatten, nunmehr bei der Gestaltung unserer Zukunft auf uns selbst angewiesen sein würden.« Dann versicherte Nkrumah seinen Lesern (und vielleicht sich selbst): »Da wir aber nicht unsere Hände in den Schoß legen und warten können, bis sich unsere Hoffnungen auf eine baldige Vereinigung Afrikas erfüllen, machen wir in Ghana unsere eigenen Pläne und werden unermüdlich danach streben, unser Volk zu einem so hohen Niveau zivilisierten Lebens zu führen, wie wir es aus eigener Kraft zu tun vermögen.« Obwohl diese Tabula-rasa-Erinnerungen lange nach den Geschehnissen und vielleicht zur Rechtfertigung einiger seiner kontroversen politischen Entscheidungen zu Papier gebracht wurden, lenken sie die Aufmerksamkeit unzweifelhaft auf die komplizierte Geburt neuer Nationen. Ghana stand keineswegs allein, erlitten doch manche Regionen von Französisch-Afrika ein ähnliches Schicksal. Zum Beispiel hatte Guinea 1958 als einziges afrikanisches Territorium de Gaulles Angebot größerer Autonomie innerhalb einer Französischen Union afrikanischer Staaten ausgeschlagen und für Unabhängigkeit gestimmt. Danach erhielten die französischen Kolonialexperten und -beamten den Befehl, das Land unverzüglich zu verlassen und sämtliche Zeugnisse ihrer Verwaltung zu zerstören, um Guinea für dessen unerwarteten Ungehorsam zu bestrafen. Der neue Präsident Sékou Touré hatte den gleichen Eindruck wie zuvor Nkrumah. Im November 1959 erwähnte Touré während eines Vortrags im Londoner Chatham House ebenfalls, dass »uns nichts hinterlassen wurde, kein Dokument, nicht einmal das Gesetzbuch«. Vergleichbare Entwicklungen fanden in Kenia statt, von wo man allzu belastende Papiere nach London flog (einige wurden angeblich ins Meer geworfen). Ähnliches galt für Algerien nach dem langen Krieg mit Frankreich: Man beförderte die Verwaltungsarchive nach der Unabhängigkeit zurück ins Mutterland, wo sie bis heute verwahrt werden und einen Zankapfel zwischen beider Regierungen darstellen.[4]

Dessen ungeachtet bestanden, als die neuen Regierungsoberhäupter Zukunftspläne schmiedeten, weiterhin starke Kontinuitäten zur europäisch geprägten Vergangenheit. Das ungewisse Erbe wirkte sich auf alle nunmehr unabhängigen Staaten in Asien und Afrika aus, gleichgültig ob sie durch Krieg oder im Frieden ihre Autonomie gewonnen hatten. Hinzu kam die gleichermaßen schwierige Herausforderung, indigene Kulturtraditionen als Fundament politischer Legitimität wiederzubeleben oder, genauer gesagt, zu erschaffen. In diesem Kapitel wird die Herstellung neuer nationaler Identitäten in Ghana, Algerien und Senegal behandelt, die zum Teil eine präkoloniale Vergangenheit mit einer postkolonialen Gegenwart vereinigten. Dies mag zunächst verblüffen, da sich die Forschung über das postkoloniale Afrika vorwiegend innerhalb der Parameter von Moderne und Modernisierung vollzieht. Zudem scheuten Regierende nach der

Unabhängigkeit keineswegs vor gewaltigen Technologieprojekten zurück – am bekanntesten sind der Assuan-Staudamm in Ägypten und der Volta-Damm in Ghana –, mit denen sie die Ankunft der Moderne und den seit Langem erhofften Bruch mit dem Kolonialerbe zur Schau stellten. Der Begriff Zivilisation dagegen galt häufig – und gilt immer noch – als peinliches Überbleibsel eines unerwünschten kolonialen Erbes.

Andererseits bestimmte die Rede von der Zivilisation auch nach dem Ende der Imperien die europäisch-afrikanischen Kulturbeziehungen, und sie wurde in den Sechzigerjahren von antikolonial eingestellten afrikanischen Eliten zu neuen politischen Zwecken übernommen. Während man diese Terminologie lange benutzt hatte, um den europäischen Expansionismus und den Imperialismus Europas zu rechtfertigen, wurde sie nun umgegossen zu einer Ideologie des Antiimperialismus der afrikanischen Unabhängigkeit und der nationalen Identität junger afrikanischer Staaten. Jedermann wusste, dass China und Indien reichhaltige alte Zivilisationen besaßen, die seit Jahrhunderten international anerkannt wurden. Ähnliche Aufmerksamkeit blieb Afrika, abgesehen von Ägypten, jedoch versagt, womit die Bekräftigung einer afrikanischen Zivilisation als eines separaten und gleichermaßen lebenssprühenden Phänomens nach der Unabhängigkeit in ehemaligen europäischen Kolonien einen höheren politischen Rang einnahm. Solche Ansprüche halfen, die Legitimität der Postkolonialstaaten Ghana, Algerien und Senegal als moderner, doch auch in der Vergangenheit verwurzelter Gemeinwesen zu stärken. Diese Beispiele mögen recht disparat sein: Der eine Staat ist anglophon, die beiden anderen sind frankophon; einer wurde durch die britische Doktrin der indirekten Herrschaft, die anderen durch den französischen imperialen Republikanismus geformt; zwei erlebten friedliche Machtübergaben, während einer fast ein Jahrzehnt lang in einen blutigen Konflikt verwickelt war. Aber in sämtlichen Fällen wurde der lange verleumdete Begriff Zivilisation zu einem beliebten rhetorischen Mittel, um den Spieß gegenüber den einstigen Herren umzudrehen und um die Beziehung zwischen Afrika und Europa neu zu definieren. Wie und in welchem Umfang diese durch und durch europäische Ideologie von Afrikanern auf ihren Kontinent verpflanzt wurde, ist die nun zu beantwortende Schlüsselfrage.

Von der Goldküste zum modernen Ghana

Nkrumah strebte danach, das Gefühl des kulturellen Bruchs zu überwinden, indem er lange geschmähte afrikanische Traditionen wiederherstellte. Zunächst einmal sollte die Umbenennung der Goldküste in Ghana auf die Wiedergeburt des alten Akan-Reichs hindeuten. Als engagierter Nationalist und Verfechter einer panafrikanischen politischen Union legte Nkrumah Wert darauf, eine blockfreie kulturelle Identität zu schmieden. So hielt Ghana in den späten Fünfzigerjahren eine Reihe panafrikanischer Konferenzen ab, um den Traum kontinentaler Einheit aus der Zwischenkriegsperiode wiedererstehen zu lassen. Die Ghana-Guinea-Union Ende der Fünfzigerjahre war die erste postkoloniale Konföderation in Afrika, und beide Länder gaben einen Teil der Souveränität über ihr Territorium zum Zweck größerer Einheit auf. Die Mischung aus Ideologie und persönlichem Herrschaftsstil des neuen ghanaischen Präsidenten war so markant, dass sie die Neuschöpfung *Nkrumahismus* hervorbrachte, die als Vermengung von ghanaischem Nationalismus, afrikanischem Sozialismus und Panafrikanismus verstanden wird.[5]

Der Präsident zeigte ein starkes Interesse an den kulturellen Angelegenheiten des Staats und der Schaffung einer neuen ghanaischen nationalen Identität. Er veranlasste die Gründung zahlreicher Kultureinrichtungen und Museen und wachte akribisch über die Ernennung von Lehrpersonal an der University of Ghana im Stadtteil Legon der Hauptstadt Accra. Seiner Ansicht nach musste die politische Unabhängigkeit durch die Entkolonialisierung der afrikanischen Kultur gefestigt werden. In seinem Buch *Afrika muß eins werden* beschrieb er den britischen Imperialismus auf nüchtern psychologische Art: »Die uns zuteil gewordene Ausbildung war darauf ausgerichtet, uns in einen minderwertigen Abklatsch von Engländern zu verwandeln, in lächerliche Karikaturen, die vorgaben, zur britischen Großbourgeoisie zu gehören [...]. Wir waren weder Fisch noch Fleisch. Man versagte uns das Wissen um unsere afrikanische Vergangenheit und redete uns ein, daß wir keine Gegenwart hätten.« Bei seiner Eröffnung des Ersten Internationalen Kongresses der Afrikanisten im Dezember 1962 in Accra erklärte Nkrumah, dass die europäische Erziehung »den Zweck hatte, uns unseren eigenen Kulturen zu entfremden, damit wir einem neuen und fremden Interesse wirksamer dienten. Durch Wiederentdeckung und Wiederbelebung unserer kulturellen und geistigen Erbschaften und Werte müssen die Afrikastudien uns helfen, zu einem neuen Bemühen überzuleiten.« Die Gründung des Instituts für Afrikastudien 1961 an der University auf Ghana sollte diesen Auftrag erfüllen. Nkrumah eröffnete das Institut mit den Worten, es sei dessen »Hauptfunktion, Geschichte, Kultur und Einrichtungen, Sprachen und Künste Ghanas und Afrikas mit neuen afrikazentrischen Methoden zu untersuchen – völlig frei von den Thesen und stillschweigenden Voraussetzungen der Kolonialepoche«. Das Institut werde diejenigen anziehen, die »sich dem Studium Afrikas und der afrikanischen Zivilisationen ernsthaft widmen möchten«. Seine Bibliothek enthielt einen beträchtlichen Bestand an arabischen und Haussa-Dokumenten, welche die einheimische Wissenschaftsproduktion in der Region aufzeigten, darunter königliche »Stuhlgeschichten«, mündliche Überlieferungen und Dichtung innerhalb und außerhalb Ghanas.[6]

Bei der Unabhängigkeitsfeier trachtete man danach, traditionelle Kultur und zukunftsorientierte Moderne zu vermischen. Nkrumahs Hervorhebung des afrikanischen Erbes und der kulturellen Einheit hatte den expliziten Zweck, alternative Stammesrepräsentationen herunterzuspielen. Traditionelle Tänze und Trommelei wurden während der Festivitäten dargeboten, nicht jedoch Regionalfahnen und -embleme. Nkrumah selbst gehörte einer ethnischen Minderheit an – den Nzema der westlichen Region –, die Ga und Ashanti waren die Hauptethnien des Landes. Gewisse Provinzidiome kamen während der Tanzereignisse zum Ausdruck, doch die Gesamtbotschaft richtete sich auf nationale Einheit. Die Förderung der indigenen Kultur galt als wesentlich für den Aufbau der nationalen und internationalen Identität Ghanas. Während Nkrumah beispielsweise zur Machtübergabezeremonie von 1957 einen westlichen Anzug trug, gab er bei bedeutenden internationalen Staatsereignissen (etwa bei seinen UN-Reden) einem traditionellen Häuptlingsgewand aus Kente den Vorzug, um seine politische Legitimität als symbolischer transtribaler Führer der neuen afrikanischen Nation zu untermauern.[7]

Nkrumahs Behauptung, dass die Briten die Ghanaer gelehrt hätten, ihre Traditionen zu verachten, mag seiner breiteren ideologischen Zielsetzung gedient haben, denn diese Worte trafen nicht ganz zu, jedenfalls nicht im kulturellen Bereich. Ein gutes Beispiel für die Pflege traditioneller afrikanischer Kunst vor der Unabhängigkeit war die bahnbrechende Achimota School außerhalb Accras, die eine Elite politischer Akteure und Künstler der Goldküste ausbildete, darunter Nkrumah selbst sowie Kofi Antubam, Amon Kotei und Vincent Kofi. Obwohl die Schule 1927 von der britischen Kolonialverwaltung gegründet worden war, verbreiteten ihre europäischen Lehrer nicht etwa ahistorische Ideen über die »primitive Kultur« des Kontinents. Vielmehr waren sie überzeugt, dass die moderne afrikanische Kultur das indigene Erbe mit europäischen Entwicklungen verknüpfen könne. Die Lehrer lehnten die langjährige christliche Verunglimpfung herkömmlicher Kunstwerke als »Fetisch«-Objekte ab und unterstrichen stattdessen den Wert der afrikanischen Tradition. Anstelle des französischen Assimilierungsideals reflektierte die Schule das britische Anpassungsverfahren, indem sie eine neue Elite im Geist der indirekten Herrschaft erzog. Im Lehrplan der Achimota School wurde viel Energie darauf verwandt, den Schülern bei der Wiedererlangung bodenständiger afrikanischer Kunstformen zu helfen – ein Prozess, den ein Experte die »Bauhausierung des westafrikanischen Kunsthandwerks« nannte. Wesentlich ist, dass in Kunst und Kultur starke Kontinuitäten zwischen Kolonial- und Postkolonialzeit existierten, obwohl sie damals von Nkrumah und den ghanaischen Kulturbehörden untertrieben oder ignoriert wurden.[8]

Der ghanaische Künstler, der vorwiegend mit Nkrumahs Kulturmission verknüpft wird, ist Kofi Antubam. Der Häuptlingssohn und Absolvent der Achimota School studierte am Goldsmiths College in London. Seine Werke wurden 1947 auf der »Neo-African-Art«-Ausstellung des British Council in Accra gezeigt. Antubam war gut mit Nkrumah bekannt und teilte dessen politische Einstellung. In einer Rede klagte er darüber, wie »unsere Traditionen und Kulturmuster als Folge des Ethnozentrismus der Kolonisatoren verschlungen [wurden]«. Für ihn war die »Zeit der grotesken afrikanischen Kunst, die in die einsamen Schatten von Waldfriedhöfen oder auf die pilzbewachsenen Regale und in die Galerien finsterer Ethnologiemuseen gehört, längst vergangen«. Der Synthese aus Altem und Neuem gehöre die Zukunft. Antubam erhielt den Auftrag, einige der denkwürdigen politischen Kunstwerke der Unabhängigkeitszeremonien zu erschaffen, darunter für Nkrumah den Goldenen Stuhl der Ashanti, der zu einem neuen Nationalsymbol von Souveränität, Tradition und Macht wurde. Bis dahin waren Schwerter, Königsthrone, Gewänder, Juwelen und Schnitzereien Teile der Stammesinsignien gewesen, und da Ghana keine Tradition der Schreibkunst besaß, nahm die Ausstattung der Häuptlinge als Objektgeschichte einen besonderen Platz in den historischen Erzählungen ein. Antubams Präsidentenstuhl sowie andere Staatssymbole, die er speziell für Nkrumah entwarf, waren zeitgemäße Versionen dieses Machtzubehörs (Bild 23).

322   Sechstes Kapitel: Entkolonialisierung und afrikanische Zivilisation

23 *Präsident Kwame Nkrumah im Parlament, Accra, Ghana, 1960, auf dem von Kofi Antubam entworfenen Präsidentensitz.*

Zudem malte Antubam Porträts prominenter Ghanaer, fertigte Holzreliefs für die Zentralbibliothek der Hauptstadt sowie für den Sitzungssaal des Parlamentsgebäudes an und schuf das gewaltige Mosaik mit traditionellen ghanaischen Gestalten für die Fassade des Accra Community Centre. Sein Werk bildete den visuellen Ausdruck von Nkrumahs Konzept der »Afrikanischen Persönlichkeit« als Mischung aus Altem und Neuem und war untrennbar mit dem ersten Oberhaupt des Landes verbunden.[9]

Nach der Unabhängigkeit waren hektische Initiativen zur Nationalisierung der ghanaischen Kultur zu beobachten. Das Arts Council of the Gold Coast wurde in Arts Council of Ghana mit dem Ziel umbenannt, »die traditionellen Künste und die Kultur Ghanas zu fördern, zu verbessern und zu bewahren«. Die kulturelle Machtverschiebung fand auch im Filmbereich statt. 1948 war die British Colonial Film Unit gegründet worden, »um den Goldküstenbewohnern die britische Zivilisation sowie die hohen Zivilisationsmaßstäbe nahezubringen, die wir [die Briten] selbst genießen«. Es war die erste Filmakademie in Westafrika, die Studenten in den britischen Kolonien ausbilden sollte. Nach der Unabhängigkeit wurde die Colonial Film Unit zu dem Zweck umgebildet, das Image von Nkrumahs Ghana mithilfe ähnlicher Propagandatechniken wie jenen der Kolonialzeit zu polieren. Anfang der Sechzigerjahre richtete das Arts Council zusätzlich eine Nationale Theaterbewegung ein. Nkrumah ließ sich von frühsowjetischen Modellen zur Verbreitung der sozialistischen Kultur in ländlichen Gebieten inspirieren, und ghanaische Theatertruppen wurden aufgefordert, ähnliche, die Gemeinschaft stärkende Arbeit zu leisten. Reiseensembles brachten zeitgenössische Sketche über die Aufgabenstellungen des Staats auf die Bühne. Sie dienten als »lebende Zeitschriften«, die den analphabetischen Bewohnern der ausgedehnten Landregionen Eindrücke von städtischen Moden, moderner Musik und Tanz sowie neue Ideen vermittelten, was half, das Empfinden einer ghanaischen Nationalkultur als Ausdrucksform der modernen Zivilisation zu entwickeln.[10]

Um voranzuschreiten, genügte es nicht, den Makel des Imperialismus auszulöschen, sondern man musste auch die Beziehung zur fernen Vergangenheit wiederaufnehmen. 1942 veröffentlichte Nana Sir Ofori Atta, ein führender Intellektueller der Goldküste, ein Buch über das afrikanische Häuptlingstum: *Chieftaincy in Modern Africa, with Special Reference to the Gold Coast* (Häuptlingschaft im modernen Afrika, unter besonderer Berücksichtigung der Goldküste). Darin erklärte er: »Ich halte es für sehr bedauerlich, wenn ein Land, das sich seiner Zivilisation rühmt, kein Fundament in seinen eigenen Traditionen besitzt oder über keinen traditionellen Hintergrund verfügt. Das Volk eines solchen Landes wird sozusagen ›charakterlos‹.« Der Staatsmann und Historiker J. B. Danquah führte 1944 in *The Akan Doctrine of God. Fragments of Gold Coast Ethics and Religion* aus, dass die Bewohner der Gegend eine Beziehung zum alten Königreich Ghana hätten (Danquah wird häufig zugeschrieben, dass er dem Staat diesen Namen gegeben habe). Obwohl beide Männer Nkrumahs Autoritarismus später heftig kritisierten, bekräftigte er ihre Idee, den künftigen Staat auf die präkoloniale Zivilisation zu gründen. Auf der ersten Konferenz unabhängiger afrikanischer Staaten am 19. April 1958 ließ er keinen Zweifel daran, dass das Altertum – ein Altertum, das von Kolonisatoren, europäischen Historikern und verschiedenen indigenen Herrschern missachtet oder falsch eingeschätzt worden sei – die Basis jeder neuen afrikanischen Identität zu bilden habe. Er sah »unbegrenzte Möglichkeiten für uns auf dem afrikanischen Kontinent, unser Wissen von unseren früheren Zivilisationen und unserem kulturellen Erbe durch gemeinsame Arbeit und Vereinigung unserer wissenschaftlichen und technischen Mittel zu bereichern«.[11]

Die Frühgeschichte wurde als bedeutende Quelle der politischen Legitimität für neue Nationen ausgewiesen. Zu Versuchen, traditionelle afrikanische Werte und Errungenschaften wieder anzuerkennen, war es bereits in den Dreißigerjahren gekommen, namentlich in Jomo Kenyattas anthropologischer Studie *Facing Mount Kenya* von 1938. Kenyatta, der schließlich erster Staatschef des unabhängigen Kenia werden sollte, pries die traditionelle Kikuyu-Lebensweise als Unterbau der ostafrikanischen Zivilisation. Auch westliche Forscher traten für den afrikanischen Zivilisationsbegriff ein. In den Fünfzigerjahren erschienen etliche Werke über die intellektuellen Fähigkeiten und die moralische Evolution der Afrikaner, oftmals von französischsprachigen Gelehrten wie Georges Balandier. In der englischsprachigen Welt dienten Raymond Michelets *African Empires and Civilisation* (Afrikanische Imperien und Zivilisation, 1945) sowie John C. de Graft-Johnsons *African Glory. The Story of Vanished Negro Civilizations* (Afrikanische Glorie. Die Geschichte verschwundener indigener Zivilisationen, 1954) ebenfalls dazu, die alten Vorstellungen von afrikanischen Gemeinschaften als »lebende Fossilien« und »eingefrorene Gesellschaften« herauszufordern. In einer Sondernummer von *United Asia*, die der Feier der ghanaischen Unabhängigkeit gewidmet war, argumentierte der britische Archäologe Basil Davidson, es sei belanglos, »ob die Akan direkt aus dem alten Ghana stammen oder nicht. Wichtig ist, ob sie mit gutem Grund behaupten können, viel von den Überlieferungen und der Zivilisation jenes bedeutenden Königreichs der fernen Vergangenheit ererbt zu haben.« Er fuhr fort: »Und deshalb kann die heutige Goldküste auf 1200 Jahre historischer Entwicklung zurückblicken – auf das Schaulaufen einer Bevölkerung, deren Armut und Reichtum die gleichen sind wie die der allgemeinen Menschheitsgeschichte.« Der wiederholte Gebrauch des Wortes Zivilisation in der Sonderausgabe der Zeitschrift war typisch für die damalige Zeit, denn mit ihm beabsichtigte man, die alten Kolonialvorurteile zu zerstreuen, dass Afrikaner Menschen ohne Geschichte oder Kultur seien. Die Wiedergewinnung der Zivilisation – durch afrikanische Politiker und Intellektuelle, unterstützt von internationalen Experten – war der Beweis für Souveränität und die Ankunft Afrikas auf der politischen Bühne.[12]

Beim Aufbau einer neuen ghanaischen Kultur um die Ruinen und Symbole der fernen Vergangenheit ergaben sich weitere Probleme, welche die Schaffung einer nationalen Identität erschwerten. Nkrumahs melancholische Erinnerung an das Fehlen jeglicher administrativen Überleitung hatte mit nur einem Aspekt des Wechsels zu tun. Der andere war die Dauerhaftigkeit des materiellen Nachlasses seiner Vorgänger, beginnend mit dem Sitz der Kolonialverwaltung zur Zeit der Goldküste: Schloss Christiansborg. Die Burg war ursprünglich 1652 als kleine Handelsniederlassung von der Schwedischen Afrika-Kompanie erbaut und 1661 von dänischen Kaufleuten erworben worden. Diese errichteten eine Festung, aus der sie ihre Geschäfte betrieben, bis die Briten 1873 eintrafen und das Gebäude zu ihrem Kolonialhauptquartier umgestalteten. 1957 machte man es zum Regierungssitz des unabhängigen Ghana, womit es gleichermaßen zu einem Symbol des präkolonialen, kolonialen und postkolonialen Erbes wurde. Solche Bauten standen nun für eine Kolonialvergangenheit, die man überwunden hatte. In den späten Fünfzigerjahren wandte die Regierung beträchtliche Mittel auf, um landesweit alte Burgen, darunter Elmina Castle und Cape Coast Castle, im Namen der Nationalkultur und zur Erzeugung von Touristeneinnahmen renovieren zu lassen. Das Bemühen, bejahrte Artefakte zu verstaatlichen, war auch an einer Verordnung der Behörde für Museen und Denkmäler abzulesen. Darin hieß es, dass Relikte, die man 1960 bei Nkrumahs Ausbau des Amtssitzes gefunden hatte (Töpfe, Perlen und Messingarbeiten), »im Interesse Ghanas« von der Landesbehörde verwaltet werden würden.[13]

Als genauso verzwickt erwies sich das weitere koloniale Architekturerbe: Auf den Trümmern des Empires eine neue kulturelle Identität zu schaffen, war keine leichte Aufgabe, nicht zuletzt weil man nicht genau wusste, was unter ghanaischer Identität zu verstehen war. Die für Accra in Auftrag gegebene neue Architektur verdeutlichte das Problem, da sich in ihr koloniale und postkoloniale Bauformen vermischten. Einige der aufsehenerregenden staatlichen Gebäude in Accra wurden von dem berühmten britischen Architektenehepaar Maxwell Fry und Jane Drew in dem von ihnen so genannten Stil des Tropischen Modernismus entworfen. Fry und Drew eröffneten 1955 eine Schule für tropische Architektur als Teil der Londoner Architectural Association und entwickelten ihre vom Bauhaus inspirierten Ideen einer neuen universalen Gestaltung in tropischen Klimazonen, indem sie »angewandte Wissenschaft auf humanistische Art interpretierten«. Ihre spätkoloniale Ästhetik schöpfte aus dem mitteleuropäischen Internationalen Stil der Zwischenkriegszeit und zielte darauf ab, sowohl die britische Kolonialarchitektur als auch einheimische Bauformen zu modernisieren, was durch ihre Arbeiten in Ghana, Nigeria und Indien bezeugt wird. Ihnen ging es nicht einfach darum, Ghana einen europäischen Stil überzustülpen, sondern vielmehr um eine Synthese des britischen und afrikanischen Modernismus.

Von der Goldküste zum modernen Ghana 327

24 Wesley Girls' School, Cape Coast, Ghana (Fry, Drew and Partners, ca. 1953).

Die tropische Architektur Großbritanniens übte vor und nach der Unabhängigkeit einen großen Einfluss auf die ghanaische Stadtplanung aus. Diese funktionalisierte Formgestaltung diente als visuelles Vokabular der Moderne und des Fortschritts, wobei Fry und Drew die sozialistische Orientierung der Fabier mit Nkrumahs Vorstellung vom afrikanischen Sozialismus kombinierten (siehe Bild 24). Nkrumah mochte sich für die Wiederbelebung des afrikanischen Traditionalismus engagiert haben, doch er legte auch Wert darauf, diesen modernistischen Stil zum Antlitz seines fortschrittsorientierten Regimes zu machen. Seine Regierung ließ Wohngebäude, Krankenhäuser und Schulen als Sinnbilder politischer Legitimität, wirksamer Sozialfürsorge und effektiver Selbstbestimmung errichten. Man baute Wissenschaftsmuseen überall in der Stadt – etwa 1964 das Geologie- und das Ethnografiemuseum –, die eine ausdrücklich moderne Botschaft vermittelten. Auch ghanaische Architekten wurden herangezogen; so entwarf der in London ausgebildete John Owusu Addo mehrere Gebäude der Kwame Nkrumah University of Science and Technology in Kumasi. So wurde also ein Großteil der postkolonialen Architektur von der britischen Schule des Tropischen Modernismus beeinflusst, abgesehen von einer bemerkenswerten osteuropäischen Variante, die in Kapitel 8 behandelt wird.[14]

Das vielleicht beredteste Beispiel für die widersprüchlichen Aspekte der kulturellen Identität des Landes war das Nationalmuseum von Ghana, das man ein paar Tage nach der Unabhängigkeit im März 1957 eröffnete. Das bewusst moderne, von Fry und Drew entworfene Gebäude wurde von einer Aluminiumkuppel in erkennbar Internationalem Stil gekrönt. Es ließ die einheimische Bauweise außer Acht und wurde als Inbegriff von Demokratie, Moderne und Internationalismus – Grundwerten der neuen nationalen Identität des Landes – begrüßt (Bild 25). Nicht ganz so einfach war es, die Artefakte für das Museumsinnere auszuwählen. Während die Gebäudehülle auf Universalismus und Moderne hindeuten sollte, hatten die Ausstellungsobjekte den Zweck, das unabhängige Ghana mit seiner präkolonialen Vergangenheit zu verbinden. Eine Komplikation bestand darin, dass die Sammlung hauptsächlich Gegenstände enthielt, die man bei kommerziellen Bergbauarbeiten in den Zwanzigerjahren entdeckt hatte und die von britischen Ethnografen zusammengestellt worden waren. Dadurch ergaben sich peinliche Kontinuitäten zwischen der Kolonial- und der Postkolonialzeit.[15] Viele von Nkrumahs politischen Gegnern waren zudem skeptisch, was die Verknüpfung von Sozialismus und Kultur betraf, und widersetzten sich seinem Zentralisierungsprogramm auf Kosten regionaler Marktveränderungen. Mithin wünschten verschiedene ghanaische Häuptlinge nicht, dass ihre Regional- oder Stammesartefakte als Teil von Nkrumahs umfassenderem Narrativ einer geeinten sozialistischen Nation oder auch des Panafrikanismus gezeigt würden. Die erste Ausstellung im neuen Nationalmuseum fand 1957 statt und trug den

25 Maxwell Fry und Jane Drew, Nationalmuseum, Accra, Ghana, 1957.

Titel *Man in Africa*. Ihren Kern bildete ein Ensemble von sechzig Akan-Stühlen als symbolischem Zentrum der Nation, doch es repräsentierte nur eine der vier ethnolinguistischen Gruppen des Landes. Genau diese Schwierigkeit, auf Stamm, Nation und Panafrikanismus beruhende Ideologien in Einklang zu bringen, belastete das neue Museum und Nkrumahs breitere Kulturpolitik.[16]

Trotzdem war der Zivilisationsbegriff praktischerweise so elastisch, dass man auseinanderlaufende und zuweilen gegensätzliche Identitäten in postkolonialen Mehrvölkerstaaten überbrücken konnte. Ghanas Bemühung, Vergangenheit und Gegenwart umzufunktionieren, war nicht einzigartig, doch handelte es sich um den ersten Versuch eines Subsahara-Lands, einer afrikanischen Zivilisation nach dem Rückzug der Europäer Gestalt zu geben.

Algerien den Algeriern?

In Algerien herrschte eine radikal andere Situation, und sein Krieg mit Frankreich wurde zu einem der prägenden Konflikte in der zweiten Hälfte des 20. Jahrhunderts. Der Algerienkrieg war nicht vom

Aufkommen des militanten Dritt-Weltismus auf internationaler Ebene zu trennen und diente global als Auslöser des antikolonialen Radikalismus. Zivilisationsargumente wurden von französischer wie algerischer Seite angeführt, um die jeweiligen Positionen in dem Gewaltkonflikt zu untermauern. Wie es ein in Algier stationierter französischer Diplomat Anfang der Sechzigerjahre ausdrückte, wandte sich dieser Radikalismus heftig »gegen die Trägheit der westlichen Zivilisation und zählte auf die Jugend der Welt, die sich ein für alle Mal befreien wolle«. Der Krieg erregte ein hohes Maß an internationaler Aufmerksamkeit und war eines der am schärfsten beobachteten Dramen der Entkolonialisierung.

Was die Nationale Befreiungsfront (FLN) anging, so wurde sie von Nassers und Nkrumahs panafrikanischer Solidarität im Verein mit Marschall Titos blockfreiem Sozialismus inspiriert. Insbesondere Ägypten spielte eine Schlüsselrolle, da es den Kampf gegen die Franzosen militärisch und moralisch unterstützte, während Jugoslawiens militärische und humanitäre Hilfe dazu beitrug, dass sich der Bürgerkrieg zu einem Hexenkessel des antikolonialen Widerstands im weiteren Sinne entwickelte. Der Krieg wurde zu einem Fixpunkt für große Teile Afrikas, und der als FLN-Botschafter umherziehende französisch-westindische Psychiater Frantz Fanon spornte Radikale auch in Ländern an, die einen friedlichen Machtwechsel hinter sich hatten, darunter Ghana.[17]

Nach jüngeren Schätzungen kostete der Krieg zwischen 300 000 und 500 000 Algerier das Leben und viele mehr die Heimat. Über 2 Millionen französische Militärangehörige dienten von 1954 bis 1962 in Algerien, und rund 25 000 Soldaten des Mutterlands sowie etwa 3000 zivile europäische Siedler kamen in dem Konflikt um. Dies war sowohl ein Imperial- als auch ein Bürgerkrieg, und die offizielle Bezeichnung »Polizeiaktion« oder »Befriedungsoperation« konnte seinen brutalen Charakter nicht verbergen. Beide Seiten praktizierten Terror, der sich im Kriegsverlauf weiter verstärkte. Folter,

Vergewaltigung und standrechtliche Exekutionen waren an der Tagesordnung, ebenso wie die öffentliche Zurschaustellung von Leichen. Die bevorzugten Mordinstrumente des Kriegs – Messer, Rasiermesser und hausgemachte Bomben – zeugen von der Intimität grausamer Gewalt. Während Ghana also wegen seines friedlichen Machtwechsels gefeiert wurde, wies das lange und blutige Ringen um die algerische Unabhängigkeit auf eine andere Art der Scheidung zwischen Europa und Afrika hin. Aber wie der ghanaische Unabhängigkeitskampf wurde der Algerienkrieg von dem Verlangen nach Selbstbestimmung und dem Aufbau einer postimperialen Identität geprägt, und die Rhetorik der Zivilisation spielte in ihm eine zentrale Rolle.[18]

Algerien war seit Mitte des 19. Jahrhunderts eine beliebte Bühne für Forderungen nach internationaler Gerechtigkeit gewesen. Der französische Sieg über die osmanische Oberherrschaft in Algier im Jahr 1830 wurde als Triumph der christlichen Zivilisation gefeiert. Am 11. Juli 1830 zelebrierte man ein Te Deum in der Pariser Notre-Dame-Kathedrale und eine Messe in der Kasbah der algerischen Hauptstadt. Dabei rühmte der französische Oberbefehlshaber den christlichen Sieg vor den Armeegeistlichen: »Ihr habt mit uns dem Christentum das Tor in Afrika geöffnet. Wir wollen hoffen, dass es die Zivilisation, die ausgelöscht wurde, neu entfacht.« Diese französischen Vorstöße nach Algerien im 19. Jahrhundert ließen die moralische Frage nach einer angemessenen Kriegsführung aufkommen, besonders infolge der Politik der verbrannten Erde von Marschall Thomas Robert Bugeaud, die 1845 im gezielten Erstickungstod von 500 Algeriern durch Feuer in einer Grotte in Dahra kulminierte. Alexis de Tocqueville, der gewöhnlich als Apologet der französischen Kolonialexpansion gilt, äußerte nach einem Aufenthalt in Algerien in seinem Notizbuch Bedenken: »Ich kehrte aus Afrika mit dem bedrückenden Verdacht zurück, dass wir nun weitaus barbarischer kämpfen als die Araber selbst. Gegenwärtig findet man Zivilisation nur auf ihrer Seite.« Ein Jahrhundert später wurde die Debatte über das imperiale Vorgehen Frankreichs im Allgemeinen und den Gebrauch der Folter während des Algerienkriegs im Besonderen zu einer der großen moralischen Kontroversen hinsichtlich der internationalen Beziehungen jener Zeit.[19]

In den späten Fünfzigerjahren war der Algerienkrieg zu einem Synonym für revolutionäre Gewalt geworden – ein Gedanke, dem Frantz Fanon, der Haupttheoretiker des Kriegs, intellektuellen Nachdruck verlieh. Der aus Martinique stammende Psychiater hatte sich der FLN 1955 angeschlossen. Sein 1961 veröffentlichtes Buch *Die Verdammten dieser Erde*, das international hohe Wellen schlug, wurde zu einem literarischen Prüfstein aufrührerischer Gewalt in der Dritten Welt während der Entkolonialisierung. Fanon forderte die Kolonialwelt auf, sich energisch vom physischen und psychischen Joch des Siedlerkolonialismus und der europäischen Zivilisation zu befreien. In seinen Schriften stützte er sich auf das Werk des ebenfalls auf Martinique geborenen Dichters und Publizisten Aimé Césaire. Letzterer eröffnete sein viel beachtetes Buch *Über den Kolonialismus* (1950) mit einem Frontalangriff auf die rücksichtslose Scheinheiligkeit der europäischen Zivilisation: »Eine Zivilisation, die sich unfähig zeigt, die Probleme zu lösen, die durch ihr Wirken entstanden sind, ist eine dekadente Zivilisation. [...] Eine Zivilisation, die mit ihren eigenen Grundsätzen ihr Spiel treibt, ist eine im Sterben liegende Zivilisation. Tatsache ist, dass die sogenannte ›europäische‹ Zivilisation [...] unfähig ist, die beiden Hauptprobleme zu lösen, die durch ihre Existenz entstanden sind: das Problem des Proletariats und das koloniale Problem; dass dieses Europa, vor die Schranken der ›Vernunft‹ wie vor die Schranken des ›Gewissens‹ gestellt, außerstande ist, sich zu rechtfertigen [...].« Hier ließ Césaire Marxismus und Antikolonialismus verschmelzen, um die Erbsünde der Zivilisation anzuprangern, nämlich den Kolonialismus als gescheiterten Versuch, »die Barbarei zu zivilisieren«. Wie Fanon betrachtete er koloniale

Gewalt nicht nur als schädlich für ihre Opfer, sondern auch für ihre Verursacher. Europa habe sich selbst durch seine Kolonialunternehmungen zugrunde gerichtet, deshalb »müsste [man] zunächst einmal untersuchen, wie die Kolonisation darauf hinarbeitet, den Kolonisator zu *entzivilisieren* [...]«. Mit rhetorischem Schwung schloss er: »Man hat geglaubt, man hätte lediglich Indianer oder Inder oder Ozeanier oder Afrikaner zur Strecke gebracht. In Wirklichkeit hat man, einen nach dem anderen, die Schutzwälle niedergerissen, innerhalb derer die europäische Zivilisation sich frei entwickeln konnte.«[20]

Im Algerienkrieg vereinigte sich die im 19. Jahrhundert entstandene Ideologie der Zivilisierungsmission mit französischem Republikanismus und Wohlfahrtspaternalismus. Die Pattsituation zwischen französischen und algerischen Streitkräften in den frühen Kriegsjahren führte dazu, dass das konservative Establishment und die Militärelite in Paris darauf drangen, Charles de Gaulle zurückzuholen, damit er den Oberbefehl übernahm und die Vierte Republik rettete. Nach der Rückkehr des Generals an die Macht im Jahr 1958 verstärkte die französische Regierung ihre Zivilisierungsmission mit dem Ziel, Algerien zu modernisieren und gemäßigte Einheimische für sich zu gewinnen. Zu diesem Zweck wurde de Gaulles sogenannter Constantine-Plan ersonnen. Zwar waren etliche Reforminitiativen seit den späten Vierzigerjahren im Umlauf gewesen, doch dieser Plan lieferte eine viel gründlichere Vision des gesellschaftlichen und wirtschaftlichen Aufbaus, die Harmonie zwischen republikanischen Werten und dem imperialen Staat herstellen sollte. Es war ein Programm des Social Engineering, das muslimische Algerier in produktive neuzeitliche Franzosen verwandeln sollte, und es stützte sich im Namen von Fortschritt und Befriedung in hohem Maße auf die Umsiedlung von Millionen Menschen in Tausende neuer Arbeitslager und -dörfer. Solch militanter Kolonialpaternalismus drang tief in die ländlichen Gebiete vor und begann, das »rückständige« algerische Alltagsleben umzugestalten. Er repräsentierte einen neuen Zusammenschluss von

Sozialplanung und Sozialwissenschaft amerikanischen Stils, die den Zyklus der regionalen Unterentwicklung durchbrechen sollten. Wie es in einer amtlichen Mitteilung hieß: Algerien »muss, durch seine Arbeit und für all seine Bewohner, die volle Teilnahme an der Zivilisation des 20. Jahrhunderts erringen«.

Der Historiker James McDougall merkt an, dass die neue Zivilisierungsmission für die Bewohner »nicht unterscheidbar von der Unterwerfung unter eine ›zweite Eroberung‹ – ihres Landes und ihrer selbst« gewesen sei. Dieser Plan war auf ähnliche Vorhaben abgestimmt, die man zur selben Zeit im Mutterland einleitete, um bereits in französischen Städten wohnende Algerier zu integrieren. Seit den späten Vierzigerjahren bis zum Kriegsende im Jahr 1962 bot der Staat den 300 000 in Frankreich lebenden algerischen Migranten zusätzliche Dienstleistungen (Wohnungen, Sprachunterricht, Berufsausbildung und Sozialhilfe) an, um die Kontrolle über deren Heimat zu behalten.[21]

Die Militärstrategie ergänzte die wirtschaftspolitischen Maßnahmen, und sogar die französische Aufstandsbekämpfung wurde in die Begriffe einer neuen Zivilisierungsmission in Algerien gekleidet. In diesem Zusammenhang benutzte man die Werte der Zivilisation, um militärische Brutalität und existenzielle Erfordernisse des französischen Imperialismus zu rechtfertigen. In seiner ersten Generalanweisung erklärte der Hardliner Robert Lacoste 1956, kurz nach seiner Ernennung zum Algerien-Minister: »Der Krieg, den wir in diesem Land führen, ist jener der westlichen Welt, der Zivilisation gegen die Anarchie, der Demokratie gegen die Diktatur.« Im April 1959 begründete Oberst André Lalande, der für psychologische Operationen zuständige Adjutant des Generalstabschefs in Algier, die Terrorismusbekämpfung in seiner Rekrutenschulung folgendermaßen: »Wir verteidigen Frankreich, unser Heimatland, das nicht nur aus Menschen und Gütern, sondern aus den höchsten Werten unserer Zivilisation besteht, die auf der Würde und Entwicklung der Menschheit fußen. Hier kämpfen wir als Vorhut der freien Welt.« Auf dem Spiel stand nicht weniger als das Wesen der französischen Zivilisation, und Druckexemplare von Lalandes Vorträgen wurden zu Tausenden an französische Soldaten verteilt.

Die besessene Verteidigung der Zivilisation beschränkte sich nicht auf Militärkreise, sondern fand auch ein Echo in der Öffentlichkeit. Jean Latéguys Bestsellerroman *Die Prätorianer* (1960) erzählt von der Hingabe und den Großtaten von Fallschirmjägern in Algerien, die das imperiale Frankreich im Namen des Antikommunismus und der westlichen Zivilisation beschützen. Viele der Gestalten des Buches finden eine neue moralische Mission in Algerien, nachdem sie eine Niederlage in der Schlacht um Điện Biên Phủ in Französisch-Indochina erlitten haben. Dies ist keine literarische Erfindung, denn Oberst Marcel Bigeard berichtet in seinen Erinnerungen: »[J]eden Abend saßen wir um das Licht der Petroleumlampen und sprachen von Điện Biên Phủ und unseren toten Kameraden« und »auch von dem jetzigen Krieg [in Algerien] und darüber, dass wir ihn sehr rasch gewinnen mussten«. Der demütigende Rückzug aus Indochina ließ die Verteidigung des Französischen Reichs in Algerien umso wichtiger erscheinen.[22]

Ende der Fünfzigerjahre war der Krieg zu einem hochaktuellen Thema der Vereinten Nationen geworden und hatte in der Generalversammlung mancherlei Debatten über die Menschenrechte ausgelöst. In ihren ersten Schreiben an die UNO in den Jahren 1955 und 1956 schilderte die FLN ihren Kampf in der Sprache der Menschenrechtsverletzungen und des Selbstbestimmungsrechts. Sie zog Massenverhaftungen, das Verbot einheimischer politischer Parteien, die Schließung von Zeitungen und die willkürliche Beschlagnahme von Wohnungen als Beweismaterial für den Bruch des Völkerrechts durch die französische Regierung heran. Unter Berufung auf die UN-Charta gelang es den Rebellen, sich in der Generalversammlung den Beistand anderer Entwicklungsländer zu sichern. Wie ihre Pendants aus den Imperialstaaten Belgien und Portugal, denen wir in Kapitel 5 begegneten, sahen sich die französischen UN-Vertreter überrumpelt. Nachdem sie von der FLN der Ungerechtigkeit bezichtigt worden waren, weigerten sie sich hartnäckig, in den Vereinten Nationen über Algerien zu diskutieren, da es sich um eine innerstaatliche, für das internationale Gremium unerhebliche Angelegenheit handele. Weder die Generalversammlung noch der designierte Sonderausschuss für Kolonialangelegenheiten stimmte dem zu, denn die Aufnahme von 17 neuen UN-Mitgliedern aus Afrika hatte die internationale Haltung zuungunsten Frankreichs und der Kolonialmächte verschoben. Die gerade unabhängig gewordenen Staaten Guinea und Mali führten den verbalen Angriff auf die Grausamkeit der französischen Aktionen in Algerien an. Zum Zeichen des Protests zogen sich die Franzosen nach 1958 wütend aus sämtlichen UN-Debatten über Algerien zurück – der erste Boykott seit 1950, als der sowjetische Vertreter wegen der Nichtanerkennung von Maos China aus dem Sicherheitsrat gestürmt war.[23]

Die Franzosen brachten viel Energie für eine internationale Medienkampagne auf, mit der sie die Weltmeinung für sich gewinnen wollten. Zu diesem Zweck setzten sie Angehörige ihres UN-Personals in New York ein, und ihre Botschaft sicherte sich Zusagen von der *New York Times*, dass die Zeitung die Franzosen unterstützen werde. Außerdem ließ man Delegationen von Pieds-noirs (französische Siedler, die während der Kolonialzeit in Algerien lebten) und französischsprachigen Muslimen durch die Vereinigten Staaten reisen, um das Imperium zu verteidigen und die Aufmerksamkeit auf die Gefahren sowjetischer Übergriffe in Afrika zu lenken. In einem Rundschreiben von 1956 an ihre Botschaften erläuterte die französische Regierung, dass »unsere Probleme in Algerien Bestandteil eines großen Konflikts sind, in dem der Osten seit Kriegsende gegen den Westen positioniert ist. Es geht um mehr als einen Zusammenstoß unterschiedlicher politischer Auffassungen – es ist ein Kampf von zwei

Zivilisationen.« Die westeuropäische Presse schloss sich dieser frankozentrischen Lesart des Kriegs als einer epischen Verteidigung der »westlichen Zivilisation« gegen den »islamischen Fanatismus« an, doch die wachsenden amerikanischen Kenntnisse über Folterungen und Blutvergießen in Algerien zwangen die französischen Propagandisten, das Ruder herumzuwerfen. Nach 1958 verschob sich die internationale publizistische Darstellung vom üblichen »Zivilisation-gegen-Barbarei«-Schema hin zu den Vorzügen von Entwicklung und Modernisierung sowie zu den Tugenden fortschreitender Integration.[24]

Nichtsdestoweniger sickerten immer mehr Informationen über die Geschehnisse in Algerien nach Frankreich durch. Enthüllungen über Misse- und Gräueltaten der eigenen Kräfte führten zu lebhaften Debatten und Gewissensprüfungen über das Schicksal des imperialen Frankreich und seiner republikanischen Traditionen. Zudem wurden von den Massenmedien immer mehr Details über den widerlichen Krieg veröffentlicht, und verstörende Fotoreportagen fanden Eingang in viel gelesene Zeitschriften wie *Paris Match* und das amerikanische *Life*-Magazin. Obwohl sich die Diskussion vor allem auf das Vorgehen französischer Paramilitärs in Algerien konzentrierte, blieb die Hauptstadt nicht von der Kriegsgewalt verschont. Am 17. Oktober 1961 wurden über 200 Algerier bei einer friedlichen, jedoch nicht genehmigten Demonstration auf Befehl des berüchtigten Pariser Polizeipräfekten Maurice Papon erschossen und in die Seine geworfen (1998 befand man Papon für schuldig, während der nationalsozialistischen Besatzung im Zuge der Deportation von 1600 Juden in Konzentrationslager Verbrechen gegen die Menschlichkeit begangen zu haben). Ende der Fünfzigerjahre spitzten einige der größten Persönlichkeiten der Rive-Gauche-Intellektuellenszene ihre Federn gegen den Krieg. So schlossen sich beispielsweise Marguerite Duras, Jean-Paul Sartre, Albert Camus und Simone de Beauvoir dem »Aktionskomitee der Intellektuellen gegen die Weiterführung des Kriegs in Algerien« an. Camus sagte sich allerdings später von dem Komitee los, teils weil er als Pied-noir in Algier aufgewachsen war und das Land stets als untrennbar von Frankreich betrachtet hatte. Wie er es 1955 formulierte, hatte man in Algerien keine andere Wahl als die »zwischen einer Vernunftehe und einer Todeshochzeit zwischen zwei Xenophobien«. Bis zu seinem Tod durch einen Autounfall im Januar 1960 verteidigte Camus das Festhalten an Französisch-Algerien und arbeitete auf eine Föderation der beiden Länder hin, die ein Symbol der Einheit von zwei verschiedenartigen Kulturen sein sollte. Doch seine Meinung war die einer schwindenden Minderheit, zumal unter Intellektuellen, und der Bruch zwischen Sartre, de Beauvoir und ihrem früheren Freund Camus machte die Explosivität des Algerienkonflikts im französischen Geistesleben auf unübersehbare Weise deutlich.[25]

Unterdessen war der Algerienkrieg zu einer Schlacht um Bilder der Menschlichkeit und Unmenschlichkeit geworden. Beide Seiten wandten sich an die Medien, um für ihre Sache zu werben, wobei sie häufig zum Begriff der Zivilisation griffen. Bereits Mitte der Fünfzigerjahre kursierten Fotos in der französischen Presse, die Szenen schändlicher Brutalität zeigten, was zu ausführlichen Erörterungen über ihre Wahrhaftigkeit und Bedeutung führte. Franzosen wie Algerier veröffentlichten Pamphlete mit grafischen Darstellungen von Gräueltaten, die an die Medienschlacht um sensationalisierte Morde während des Spanischen Bürgerkriegs erinnerten. So legte die französische Regierung eine Reihe von »Grausamkeitsbüchern« vor, darunter *Documents sur les crimes et attentats commis en Algérie par les terroristes* (Dokumentation der terroristischen Verbrechen und Attentate in Algerien, 1956) und *Aspects véritables de la rébellion algérienne* (Wahrhaftige Eindrücke aus der algerischen Rebellion, 1957). Sie versuchte, den moralischen Einsatz des Kampfes zu erhöhen, indem sie die Rebellen bezichtigte, sich durch ihre Schandtaten an der Zivilisation selbst vergangen zu haben. Die *Documents* verzeichnen die

Grausamkeiten von »mehreren Terroristengruppen mit erwiesenen Banditen an der Spitze«, deren »barbarische« Aktionen »nichts anderes sind als eine pausenlose Abfolge von Verbrechen gegen die Menschlichkeit, gegen die Zivilisation, gegen den Fortschritt«. Es ist eine aufwühlende Lektüre, denn das Buch enthält Dutzende grässlicher Fotos von verstümmelten und zerstückelten Leichen, häufig von Lehrern, Frauen, Kindern und Greisen mit durchschnittenen Kehlen, abgetrennten Köpfen und amputierten Nasen. Auch die Zerstörung der materiellen Infrastruktur Algeriens wurde dokumentiert, denn von den Franzosen erbaute und nun niedergerissene Krankenhäuser und Schulen »sind die stummen Zeugen der Barbarei einer Bewegung, die sich als Befreierin des Volkes ausgibt«. Das französische Militär verteilte vor Einsatzbeginn ebenfalls Broschüren mit abstoßenden Fotos an Wehrpflichtige, nicht nur um die Entschlossenheit der Soldaten zu stärken, sondern auch um ihnen den globalen Kampf bewusst zu machen, »der von den ehrgeizigen Führern des Panarabismus im Auftrag des Sowjetkommunismus gegen den Westen geführt wird«. Der französische Kolonialminister Robert Lacoste schickte dem Vernehmen nach ähnliche Fotos an einflussreiche Redakteure und Autoren, um sich ihrer moralischen Unterstützung zu versichern. Insgesamt produzierte Paris nicht weniger als 1,65 Millionen Seiten Propaganda nach der Schlacht von Algier und der damit verbundenen städtischen Guerillakriegsführung der FLN gegen französisch-algerische Behörden in den Jahren 1956 und 1957. Dies war ein Krieg, der sich genauso intensiv in den internationalen Medien abspielte wie in algerischen Städten und Dörfern.[26]

Die FLN reagierte, indem sie ebenfalls schockierende Broschüren druckte, um auf ihre Sache aufmerksam zu machen, und eröffnete zur Bekämpfung der französischen Propaganda ein PR-Büro in New York. Zwischen 1958 und 1961 gab sie 46 Schriften über verschiedene Aspekte des Algerienkriegs heraus und organisierte zahlreiche Medienereignisse in der amerikanischen Hauptstadt. Zu den Beispielen zählen *Genocide in Algeria* (Genozid in Algerien, Juni 1958) und *French Church Leaders Denounce Army's Excesses and Use of Torture in Algeria* (Kirchenführer verurteilen Ausschreitungen der Armee und den Gebrauch der Folter in Algerien, April 1959). In der erstgenannten Broschüre benutzte die FLN sogar den Begriff »Völkermord«, um die Aufstandsbekämpfung zu beschreiben. In einem weiteren Buch von 1961 wurde festgestellt: Das französische Verhalten in Algerien »scheint sich zu einer beständigen Herausforderung jeglichen humanitären Prinzips entwickelt zu haben. Sämtliche Versuche in den letzten sieben Jahren, es zu humanisieren, sind erfolglos geblieben.«[27]

Doch am meisten Beachtung erregte das Thema Folter, das stürmische Debatten über Barbarei und Zivilisation auslöste. 1958 schrieb Sartre, dass Folter weder ein ziviles, militärisches noch ein spezifisch französisches Phänomen sei, sondern eine Seuche, die das gesamte Zeitalter infiziere. Die Rechtfertigung der Folter erwuchs aus der Doktrin des Revolutionskriegs, die eine Gruppe französischer Veteranen von Kolonialkonflikten, besonders in Indochina, entwickelt hatte. Anleitungen der frühen Fünfzigerjahre für dortige Kommandoeinsätze gestatteten Geiselnahme und Rücksichtslosigkeit gegenüber Zivilisten in Widerstandsgebieten. Während eines Vortrags in einem Ausbildungszentrum für Aufstandsbekämpfung erklärte Oberst Charles Lacheroy leichthin, dass »man einen Revolutionskrieg nicht mit dem Code Napoléon in der Hand führt«. Bei den französischen Kolonialbehörden sah man die Mitglieder der algerischen Befreiungsbewegung als Verbrecherbande an, nicht als legitime Soldaten, womit keine humanitären Gesetze für sie zu gelten hätten. Ein anderer Oberst brachte die damalige Einstellung auf den Punkt: »Wir nehmen keine Gefangenen«, denn »diese Männer sind keine Soldaten«. Unter General Raoul Salan, der seit Ende 1956 sämtliche französischen Streitkräfte in Algerien befehligte, bedeutete dies, dass man die Aufständischen mit ihren eigenen Mitteln – Propaganda, Guerillataktiken und psychologischer Kriegsführung – bekämpfen musste. Nach Salans Überzeugung wurde hier »die letzte Schlacht für die weiße christliche Zivilisation im nördlichen Teil Afrikas« geschlagen.[28]

Foltervorwürfe kamen auch in der französischen Presse auf. Bereits in den frühen Fünfzigerjahren waren sie gelegentlich in der Mainstreampresse von Personen wie dem Résistance-Veteranen Claude Bourdet und dem katholischen Schriftsteller François Mauriac geäußert worden, doch die Enthüllungen, nicht zuletzt durch ehemalige Reservisten, nahmen nach 1957 zu. Die Diskussion griff von Rive-Gauche-Cafés und Literaturzeitschriften auf die allgemeine Gesellschaft über. Die Kirchen brachten moralische Bedenken über das Kriegsverhalten französischer Soldaten zum Ausdruck und der Vatikan verurteilte die Aktivitäten des Militärs am Ende des Jahrzehnts. Andere führende Geistliche dagegen verteidigten den »heiligen Bund« zwischen Armee, Staat und Kirche.[29]

Die Veröffentlichung von Henri Allegs Bericht *La question* (*Die Folter*, 1958) zog eine stürmische Kontroverse nach sich. Der Kommunist Alleg war von 1950 bis 1955 Chefredakteur der auf Unabhängigkeit drängenden linken Tageszeitung *Alger républicain* gewesen. Nach dem Verbot der Zeitung tauchte er unter, wurde 1957 in Algier von Fallschirmjägern gefasst und dann in ein Internierungslager außerhalb der Stadt befördert. Sein Buch war eine ungeschminkte Chronik der Prügel, Elektroschocks und sonstigen Quälereien, die ihm die Armee angetan hatte – und wurde über Nacht zu einer Sensation. In den beiden ersten Wochen setzte man 60 000 Exemplare ab, und auch danach ging der Massenverkauf in Frankreich weiter. Es war Allegs nüchterner, neutraler Tonfall, durch den das Buch überzeugte; so erzählt er, wie er einmal »an ein schwarzes Brett gebunden [war], mit Feuchtigkeit überzogen und mit klebrigem Erbrochenem verschmutzt, das zweifellos andere ›Kunden‹ hinterlassen hatten«. Die Neuauflage wurde von der Polizei als verräterisch beschlagnahmt, da die Moral der aktiven Truppe durch sie untergraben werde – es war der erste Fall von Zensur in Frankreich seit dem 18. Jahrhundert. Auch Jean-Paul Sartres spätere Verteidigung des Buches in der Zeitung *L'Express* wurde auf Befehl des Innenministers konfisziert. Am beunruhigendsten war Sartres bissiger Kommentar zur Oberflächlichkeit der moralischen Genesung Frankreichs nach der nationalsozialistischen Besatzung: »Entsetzt entdecken die Franzosen diese schreckliche Wahrheit: Wenn nichts eine Nation vor sich selbst schützen kann, weder ihre Traditionen noch ihre Loyalitäten noch ihre Gesetze, und wenn 15 Jahre ausreichen, um Opfer in Henker zu verwandeln, dann ist ihr Verhalten lediglich eine Frage von Gelegenheit und Anlass. Jeder kann sich zu jedem Zeitpunkt gleichermaßen als Opfer oder Henker wiederfinden.« Was er beschrieb, war die Entzivilisierung Frankreichs.[30]

Ein weiteres bedeutendes Ereignis war der Fall der jungen Algerierin Djamila Boupacha, die einen Prozess gegen ihre Peiniger anstrengte. Sie war 1960 verhaftet und ins Internierungslager El Biar gebracht worden, wo französische Soldaten sie folterten und vergewaltigten. Während des Kriegs kam es fortwährend zu Misshandlungen algerischer Frauen: Hausdurchsuchungen und Leibesvisitationen fanden routinemäßig statt, und Vergewaltigungen waren Berichten zufolge an der Tagesordnung. Boupacha wurde angeklagt, im Auftrag der FLN eine Bombe in der Universität Algier gelegt zu haben, und da es keine Zeugen gab, folterte man sie, um ihr ein Geständnis abzupressen. Ihr Fall wurde zu einer *cause célèbre* und führte zur Veröffentlichung eines weiteren Bestsellers, *Djamila Boupacha*, herausgegeben von ihrer Anwältin Gisèle Halimi und Simone de Beauvoir. Darin schildert Boupacha im Rahmen ihrer juristischen Verteidigung, wie Soldaten sie einer 33-tägigen Tortur aussetzten. In ihrer erschütternden Darstellung ist die Rede von Schlägen, Elektroschocks, durch Zigaretten verursachte Brandwunden und sexueller Gewalt. Das Buch wurde von Aussagen führender Gestalten des öffentlichen Lebens ergänzt, vom Journalisten Daniel Mayer bis hin zur Schriftstellerin Françoise Sagan. Mehrere verwiesen auf die Krise der jüdisch-christlichen oder französischen Zivilisation, die der Prozess hervorgerufen habe. In einem der Beiträge wurde die Frage gestellt, ob es nun nicht »unmöglich [ist], Bevölkerungen zu bewegen, im Namen einer Zivilisation, die ein so makabres Bild abgibt, französisch zu bleiben«. Sagan fing die Schattenseite der lautstark verkündeten Herrlichkeiten jener Zivilisation vortrefflich ein: »Ich glaube nicht, dass die Fanfaren der Grandeur jemals die Schreie eines jungen Mädchens übertönen könnten.«[31]

Obwohl sich die FLN auch vor dem Gericht der öffentlichen Meinung durchsetzte, errang sie ihren größten moralischen Sieg im Bereich des Völkerrechts. Die breitere internationale Debatte über das Thema Folter drehte sich um den juristischen Versuch, die Kriegsführung zu zivilisieren und die Anwendung der Genfer Konventionen von 1949 zu fordern (erörtert in Kapitel 4). In höherem Maße als jeder andere Konflikt strapazierte der Algerienkrieg die Grenzen der Konventionen, wobei die Frage legitimer Kriegsführung und des juristischen Status von Aufständischen am umstrittensten war. Die FLN nahm das Heft in die Hand, um die internationale Gemeinschaft für sich zu gewinnen, und behauptete zunächst, sie sei eine »Nationalpartei« und damit die authentische Stimme des algerischen Volks. Ihr Kampf gegen die Franzosen sei ein nationaler Befreiungskrieg, weshalb ihre Kämpfer Anspruch auf den Schutz durch Völkerrechtsnormen hätten. Um die moralische Legitimität der Rebellen zu unterstreichen, erklärte die FLN zudem, sie verpflichte sich, akzeptierte internationale Prinzipien des Kriegs und der Gerechtigkeit einzuhalten. 1958 ließ sie 50 Gefangene frei, womit sie »die fortschreitende Humanisierung des Kriegs auf französischer Seite« veranlassen wolle. Und 1960 bezog die Provisorische Regierung der Algerischen Republik – das heißt die FLN-Exilregierung mit Sitz in Kairo – in ihr *White Paper on the Application of the Geneva Conventions to the*

French-Algerian Conflict (Weißbuch über die Anwendung der Genfer Konventionen auf den französisch-algerischen Konflikt) Aussagen von französischen Soldaten, Berichte des Algerischen Roten Halbmonds, internationale Pressestimmen und neuere französische Publikationen ein, die dem Militär den Gebrauch von Folter, Vergeltungsmaßnahmen und standrechtlichen Exekutionen vorwarfen.

Auch die Geschichte der FLN war, was die Behandlung von französischen Kriegsgefangenen anging, durchaus nicht makellos, doch die Organisation gestattete dem Internationalen Komitee des Roten Kreuzes im Februar 1958, ihre Internierungszentren zu inspizieren (die Franzosen verweigerten den Zugang zu ihren Lagern). Hier gelang es der FLN und dem Algerischen Roten Halbmond, politisches Kapital aus der Sprache des Humanitarismus zu schlagen. Während sich die Franzosen sträubten und vorbrachten, dass Völkerrechtsnormen irrelevant für diesen Konflikt seien, konterte die FLN in ihrem *Weißbuch* von 1960, dass solche Prinzipien »die Behandlung des Menschen durch den Menschen beherrschen und bestimmen müssen, wenn *unsere* Zivilisation ihres Namens würdig sein soll«. Bemerkenswerterweise beschwor die FLN »unsere« geteilte Zivilisation im Singular herauf, als beziehe sie sich auf eine Art internationale moralische Gemeinschaft, die unter imperialem Missbrauch leide. Der Ruf nach Zivilisation wurde von den Kolonialvölkern ihrerseits zu einer Forderung an die Imperialmächte umfunktioniert.[32]

Im Jahr 1960 verstärkte die FLN ihre Werbekampagne gegenüber den Vereinten Nationen und dem Roten Kreuz. Sie entsandte eine ständige Delegation nach Genf, um ihre Sache im Geist der UN-Generalversammlung vertreten zu lassen, welche im selben Jahr eine »Erklärung über die Gewährung der Unabhängigkeit an koloniale Länder und Völker« verabschiedet und Selbstbestimmung zu einem Völkerrecht gemacht hatte. Ein neuer Medienskandal wurde ebenfalls 1960 entfacht, als man *Le Monde* einen 270 Seiten langen Bericht des Roten Kreuzes über angebliche Folterungen durch die Franzosen in algerischen Gefangenenlagern zuspielte. Der Bericht enthüllte die Misshandlung von Insassen in 82 Lagern (komplett mit Namen und Einzelheiten). Zuerst wies die französische Regierung die Anschuldigungen zurück, doch war sie bald genötigt, die Richtigkeit der Rotkreuz-Befunde einzugestehen, wonach viele der Zentren geschlossen wurden. Außerdem musste die Regierung zugeben, dass der Krieg nicht mehr eine rein interne Angelegenheit war, sondern sich zu einer ernsten diplomatischen Krise ausgewachsen hatte. Die FLN schaffte es nicht nur, die internationale Medienschlacht und den Krieg selbst zu gewinnen, sondern auch, die Legitimität von nationalen Befreiungsbewegungen in aller Welt glaubwürdig erscheinen zu lassen.[33]

Die Präsenz und Bedeutung der französischen Zivilisation endeten jedoch nicht mit der Unabhängigkeit. Im Gegenteil, das Kolonialerbe lebte auf seltsame Weise im postkolonialen Algerien weiter. Ein bezeichnendes Beispiel sind die französischen Kunstwerke, die man in der Endphase des Bürgerkriegs zum Louvre zurücktransportiert hatte. Unter den in Kisten verpackten und heimlich nach Frankreich beförderten Objekten waren unter anderem bedeutende Gemälde von Monet, Renoir, Pissarro, Degas und Delacroix, welche die ansehnlichste Sammlung europäischer Kunst in Afrika ausmachten. Die Werke waren dem neuen Art-déco-Museum der Schönen Künste in Algier 1930 zum hundertsten Jahrestag der französischen Eroberung des Landes von Paris gespendet worden. Während des Algerienkriegs sorgte man sich bei den französischen Behörden jedoch, dass diese unbezahlbaren Meisterwerke – darunter orientalistische Akte und christliche Renaissancegemälde – muslimische Gefühle verletzen und deshalb vernichtet werden könnten. Folglich wurden sie Anfang der Sechzigerjahre zur sicheren Verwahrung nach Paris geschickt.

Es mag überraschen, dass die neue unabhängige Regierung Algeriens derartige französische Werke zurückforderte, bedenkt man die militante Sprache des Nationalrats der Algerischen Revolution im Programm von Tripolis, das der Rat nur einen Monat vor der Unabhängigkeit aufgesetzt hatte. Darin verlangte er eine »Kulturdefinition«, die den verhassten »kulturellen Kosmopolitismus und die westliche Durchdringung« beseitigen werde. Der sich anschließende Prozess um das Eigentum an den Kulturgütern zog sich über sieben Jahre hin, bis die algerische Regierung aufgrund einer Formalität in den Verträgen von Évian, die den Krieg 1962 beendet hatten, recht bekam. Das Schicksal der Kunstwerke führte in Frankreich während der späten Sechzigerjahre zu umfassenden Diskussionen. Der damalige Direktor der französischen Museen Henri Seyrig mutmaßte, dass die Artefakte »in Algeriern Bewunderung und Respekt vor der französischen Zivilisation wecken könnten«. Andere, hauptsächlich auf der politischen Rechten, hielten die Rückgabe für einen weiteren Verrat an Französisch-Algerien. Die umkämpften Kunstwerke wurden 1969 mit großem Trara nach Algerien zurückgesandt und sind noch heute in dem umbenannten Nationalmuseum der Schönen Künste in Algier zu besichtigen. Auffällig ist auch, dass die Regierung die erlesenen Gemälde im Namen »unseres Landeseigentums«, »unseres künstlerischen Erbes« und der Zivilisation für sich beanspruchte.

Die Rückgewinnung von Kunstgegenständen aus der Kolonialzeit hatte keine Parallele in Ghana oder anderswo im früheren Britischen Reich. Sie war bezeichnend für die Art und Weise, mit der die Algerier das alte Ideal der französischen republikanischen Zivilisation verinnerlicht hatten. Ihre Wiederaneignung der Kultur des Mutterlands hatte in den ehemaligen Kolonien Frankreichs nicht ihresgleichen und deutet anschaulich auf die kulturelle Verflechtung der beiden Länder seit dem 19. Jahrhundert hin – eine Situation, die sich noch lange nach dem Bürgerkrieg fortsetzen sollte. Sogar das altrömische Vermächtnis Algeriens wurde in den frühen Siebzigerjahren dem nationalen Kulturerbe zugerechnet. Die Geschichte der umkämpften Kunstwerke lenkt die Aufmerksamkeit auf die zwiespältigen Folgen der Entkolonialisierung im Allgemeinen und zeigt, dass die postkolonialen Staaten – und sogar durch Revolution entstandene – ihre nationale Identität oftmals auf einer fein austarierten Mischung aus Altem und Neuem aufbauten.[34]

Der Senegal und die Idee einer Zivilisation des Universalen

Léopold Sédar Senghors Senegal ist vielleicht das berühmteste Beispiel für die Umgestaltung der afrikanischen Zivilisation nach der Kolonialzeit, jedenfalls innerhalb der französischsprachigen Welt. Senghor zählte zu den prominentesten und charismatischsten afrikanischen Führern der Sechzigerjahre, besonders in internationalen Kulturzirkeln. Er war ein etablierter Dichter, einer der Begründer der Négritude und betrachtete sich selbst, sogar nach der Unabhängigkeit, von seinem eigenen Lebensstil her als Franzose. Seine Kontrolle über die kulturellen Angelegenheiten des unabhängigen Senegal war vielleicht noch uneingeschränkter als die Nkrumahs in Ghana. Und wie dort ging die Machtübergabe friedlich vonstatten, doch die Beziehungen zu Frankreich blieben enger als jene Ghanas zu Großbritannien. Für Senghors neue Republik war Entkolonialisierung nie schlicht eine Frage militärischer, wirtschaftlicher und politischer Unabhängigkeit, sondern sie beruhte auf einer beispiellosen Verschmelzung von europäischer und afrikanischer Kultur. In diesem Kontext war sie mit der Tatsache verbunden, dass Afrikaner ihr nationales Erbe als kulturelle Basis ihrer gerade errungenen Souveränität zurückforderten. Senegal stellte insofern einen Sonderfall dar, als die präkoloniale, lange von den Kolonialmächten verworfene Vergangenheit nun als lebendiges Erbe des modernen Afrika daherkam. Das Altertum wurde damit zum Ursprung und Traditionsquell für die Erzeugung der künftigen Geschichte neuer afrikanischer Nationen, und Senghor gehörte zur Vorhut dieser Kampagne.[35]

Senghors Vorstellungen von afrikanischer Zivilisation waren direkt mit seinem Verständnis der Négritude verknüpft. An einer Stelle setzte er sie gleich mit »sämtlichen Werten der Zivilisation der schwarzen Welt, wie sie in Leben und Werken der Schwarzen zum Ausdruck kommen«; ihr Ziel sei es, auf dem Kontinent und für seine Bewohner »eine neue Zivilisation« hervorzubringen, »die sich für Afrika und die neuen Zeiten eignet«. Trotzdem sah er Europa als möglichen Partner innerhalb dieses Modells und versuchte, im Rahmen dessen, was er manchmal als »euro-afrikanische Zivilisation« bezeichnete, Brücken zwischen Frankreich und Afrika zu bauen. Solche Ansichten äußerte er lange vor der Unabhängigkeit 1960, als er (wie in Kapitel 5 angemerkt) von 1946 bis 1958 als Abgeordneter in der Französischen Nationalversammlung diente. Man erwähnte Senghor sogar im Zusammenhang mit Nachkriegsvorschlägen zur Bildung einer föderalistischen Union mit Frankreich, die den Kolonien annähernde politische Gleichberechtigung bescheren sollte. Im September 1946 hielt er in der Nationalversammlung eine bemerkenswerte Rede, in der er betonte, dass »wir gemeinsam eine neue Zivilisation erschaffen werden, deren Zentrum in Paris sein wird«; diese solle einen »neuen Humanismus im Maßstab des Universums und der Menschheit« einleiten. Die Aussicht auf eine neue föderale Demokratie sei allerdings erst dann realistisch, »wenn wir uns ein für alle Mal der Samen des Imperialismus entledigen, die uns der Nationalsozialismus auf unser Geheiß eingepflanzt hat. Hitler ist tot; wir alle müssen das Stück von ihm umbringen, das in uns lebt.« Nur die »Zusammenarbeit zwischen Zivilisationen« könne eine friedliche und tragfähige Zukunft sicherstellen. Es war eine politische Philosophie der Interdependenz, gefestigt durch neue, auf einer verquickten Zivilisation beruhende Ideen.[36]

Senghors Auffassung der Négritude war weniger exklusiv oder rassistisch, als sie häufig dargestellt wird. Vielmehr untermauerte sie das, was er die »Zivilisation des Universalen« nannte. Die Négritude, so Senghor, »wird eine wesentliche Rolle für die Errichtung eines neuen Humanismus spielen; er wird markanter sein, weil er die Beiträge aller Kontinente, aller Rassen, aller Nationen vereinigt«. Obwohl Senghor einige dieser universalistischen Ideen bereits in den Dreißigerjahren entwickelte, hatten die beiden späteren Jahre in Kriegsgefangenschaft – vornehmlich im Stalag 230 in Poitiers, dem Lager für Kolonialsoldaten – einen transformierenden Effekt. Dort las er Dichtung, brachte sich die deutsche Sprache bei und vertiefte sich in Goethes Werke. Seine Gefangenschaft habe ihm erlaubt, »über das ›Wunder Griechenlands‹ nachzudenken, dessen Zivilisation sich auf *métissage* gründete«, das heißt auf eine fruchtbare Mischung aus hellenischer Kultur und nicht hellenischen Einflüssen, etwa ägyptischen und äthiopischen Elementen. Außerdem sei er sich während der Internierung über das globale Befinden der vernetzten Menschheit klar geworden und habe sogar ein Gefühl der Vergebung gegenüber historischen Ungerechtigkeiten erlangt. Diese Erfahrung bestimmte nach dem Krieg seinen festen Glauben, dass Imperialmächte und kolonialisierte Völker gleichermaßen ihre unvermeidbaren mitmenschlichen Bindungen akzeptieren und neu gestalten müssten.

1960 argumentierte Senghor in einem öffentlichen Gespräch afrikanischer und europäischer Intellektueller in Rom, dass Europa einen Kreuzungspunkt von Einflüssen aus Asien, Afrika, Ägypten und Israel darstelle. In ihrer irrigen Überheblichkeit habe die europäische Zivilisation ihre gemischten kulturellen Wurzeln jedoch geringgeschätzt und der griechischen Rationalität einen privilegierten Rang als Hauptmerkmal ihres Erbes eingeräumt. Stattdessen müsse man begreifen, dass sämtliche Kulturen Bestandteile eines Welt-Zivilisationsfonds seien. Seiner Meinung nach war es die Aufgabe der Intellektuellen, »die Werte einer Zivilisation des Universalen herauszuarbeiten, in der alle Kulturen ihre Rolle vollauf einnehmen können, wobei ihre Originalität und Würde respektiert werden«. Er betrachtete den Föderalismus als angemessenste politische Ausdrucksform dieser existenziellen *métissage* und eines hybriden Erbes.[37]

Wie andere Panafrikanisten seiner Generation, beispielsweise Aimé Césaire, verwies Senghor auf den französischen Surrealismus der Dreißigerjahre als wichtigen Vermittler der neuen afrikanischen Denkweise. Der Surrealismus wurde als Gebiet identifiziert, in dem man auf Augenhöhe Brücken zwischen afrikanischer und europäischer Kultur bauen könne. Zudem hatte die europäische Faszination für das afrikanische Altertum nach dem Ersten Weltkrieg bewirkt, dass sich die Beziehungen zwischen den Kontinenten für Mutterland wie Kolonie neu ordneten und dass Paris zum Zentrum des weltweiten antikolonialen Denkens wurde. Die in der französischen Hauptstadt lebenden afrikanischen Intellektuellen entdeckten im Surrealismus das Potenzial, sämtliche politischen Werte und Kulturhierarchien, genau wie die ständige imperiale Verunglimpfung der traditionellen Kultur Afrikas als primitiv und naiv, spielerisch umzustürzen. Ausschlaggebend war zudem das Werk des deutschen Anthropologen Leo Frobenius, dessen Buch *Kulturgeschichte Afrikas* 1933 veröffentlicht wurde. Er erklärte nicht nur, dass die Afrikaner eine alte und stolze Zivilisation besäßen – schon das war damals eine radikale Behauptung –, sondern auch, dass es eine »Einheit der menschlichen Zivilisation«, bestehend aus zusammenhängenden und gleichwertigen Varianten, gebe. Frobenius – obwohl zugleich mit einem durchaus kolonialen Blick ausgestattet – stand mit seiner Ablehnung des Primitivismus keineswegs allein. 1929 hatte der französische Anthropologe Marcel Mauss die Idee einer globalen Zivilisationshierarchie in Zweifel gezogen, denn die Welt setze sich aus einem »recht großen Ensemble von Gesellschaften« zusammen, deren Zivilisationen in der Mehrzahl eine Geschichte der »Anleihen« und »Abstammungen von Techniken, Künsten und Institutionen« darstellten. Der englische Historiker R. H. Tawney merkte ebenfalls 1929 im Vorwort zu einer Untersuchung der Maori-Wirtschaft an,

Anthropologen hätten bewiesen, dass »als primitiv bezeichnete Gesellschaften anscheinend nicht zwangsläufig unzivilisiert sind. Einige sind lediglich Völker mit einer anderen Art der Zivilisation.« In seinem Essay *Rasse und Geschichte* schreckte der französische Anthropologe Claude Lévi-Strauss 1952 nicht vor der Aussage zurück, dass der wahre Barbar jemand sei, »der an die Barbarei glaubt«. Jedenfalls übte Frobenius in den Dreißigerjahren großen Einfluss auf in Paris lebende afrikanische Intellektuelle aus. Senghor berichtete später, Frobenius' Werk habe seine Generation »wie ein Donnerschlag« getroffen, insbesondere der Gedanke, dass der Terminus des »barbarischen Negers« eine europäische Erfindung sei. Der deutsche Anthropologe half den afrikanischen Intellektuellen, die Zivilisation für sich selbst als neuen Kampfbegriff des Stolzes und des Antikolonialismus zurückzufordern und die Verbindung zwischen einer präimperialen Vergangenheit und einer postimperialen Zukunft wiederherzustellen. Sogar die Gegner der Zivilisationsrhetorik änderten ihre Botschaft oftmals im Licht des Trends zur Wiederinbesitznahme des Landes. Das beste Beispiel war der auf Martinique geborene Dichter Aimé Césaire, der in seinem Buch *Über den Kolonialismus* schrieb, dass der Zivilisationsbegriff als solcher nicht unbedingt das Problem sei, sondern vielmehr seine Manipulation durch die Europäer: »Ich bin ein systematischer Verfechter unserer Negerzivilisationen: Sie waren Hochkulturen.« Während Frobenius' Stern auf dem Gebiet der Anthropologie im Lauf der Jahrzehnte unterging, blieb sein Einfluss auf Senghor weiterhin von Belang.[38]

Das Interesse an Macht, Präsenz und Einheit der afrikanischen Zivilisation war in den Fünfziger- und Sechzigerjahren sehr ausgeprägt. Nach der berühmten Bandung-Konferenz von 1955, der ersten bedeutenden Zusammenkunft von Oberhäuptern afrikanischer und asiatischer Staaten, leitete der ägyptische Präsident Gamal Abdel Nasser eine dynamische Werbekampagne im übrigen Afrika ein, die Ägypten als größte alte Zivilisation des Kontinents identifizierte.

Nasser verkündete sogar, dass »Rassenunterschiede« unter Afrikanern nichts als imperialistische Propaganda seien – eine Auffassung, die mehr Anhänger gewann, nachdem sich britische, amerikanische und israelische Streitkräfte 1956 vom Suezkanal zurückgezogen hatten. Andere wandten beträchtliche Energie auf, um die grundlegende kulturelle Einheit Afrikas zu proklamieren. 1955 veröffentlichte der senegalesische Historiker und Anthropologe Cheikh Anta Diop ein Buch, in dem er Ägypten und die Subsahara-Länder derselben einzigartigen »schwarzen Zivilisation« zuordnete. Diop war ein führender Vertreter der aufkeimenden Ideologie des Afrozentrismus, und seine Schriften wurden weithin gelesen und diskutiert. 1960 brachte er ein weiteres Buch heraus, in dem er die politischen Systeme Afrikas und Europas von der Antike bis hin zur Entstehung neuzeitlicher Länder verglich. Er behandelte Themen wie Kastensystem, Staatenbildung, Technologie und Migration und gab ein kraftvolles Statement für interkontinentale kulturelle Gleichheit ab. 1974 vertiefte er diese Themen in *The African Origin of Civilization. Myth or Reality* (Die afrikanischen Ursprünge der Zivilisation. Mythos oder Realität). So kontrovers Diops Arbeit über die Ursprünge der Zivilisation auch war, reflektierte sie doch eine breitere Tendenz, die präkoloniale Vergangenheit mit einer auf Modernisierung abzielenden Gegenwart zu verknüpfen. Die Aufregung über den Plan, die afrikanische Geschichte aus einer postkolonialen Perspektive umzuschreiben, wurde auch durch eine ghanaische Initiative von 1964 deutlich: Der bekannte afroamerikanische Intellektuelle W. E. B. Du Bois, der sich 1961 auf Einladung Nkrumahs in Ghana niedergelassen hatte, schlug vor, eine neue *Encyclopedia Africana* herauszugeben. Laut Du Bois würde sie »das Genie der Menschen [Afrikas], ihre Geschichte, Kultur und Institutionen« von der Vorgeschichte bis zur Gegenwart offenlegen.[39]

Derartige kulturelle Trends waren Teil des wachsenden Interesses an der Präkolonialgeschichte unter afrikanischen Führern und Denkern. Dieses Interesse drehte sich häufig um die Frage der Rückforderung kultureller Objekte. In der Regel wird vergessen, dass das Verlangen nach der Rückgabe von Kulturgütern ein wichtiges Merkmal der Bandung-Konferenz war, die der »Beleidigung durch den imperialen Kulturchauvinismus« entgegenwirken wollte. Daher insistierte man, dass die Imperialmächte auf die in Afrika und Asien gestohlenen Kunstwerke verzichten müssten. Manche europäische Länder ließen sich zu einer Geste des postimperialen Goodwill bewegen und kooperierten – wie Belgien, das kongolesische Artefakte nach Zaire zurücksandte, und die Niederlande, die Kolonialobjekte nach Indonesien repatriierten.

Vorstellungen, dass Afrika die »Wiege der Menschheit« sei und die »Ursprünge der Zivilisation« hervorgebracht habe, waren zwar schon in den Dreißigerjahren infolge der Arbeit von Forschern wie dem britischen Paläoanthropologen Louis Leakey aufgekommen, doch sie wurden erst in den Sechzigerjahren, in der Ära der Unabhängigkeit, als Basis der afrozentrischen Geschichte und Kulturerbschaft weithin verbreitet und politisiert. Der Panafrikanische Kongress für Prähistorie und Quartärstudien von 1967 in Dakar begann mit der Beteuerung, dass Afrika die »Wiege der Menschheit« sei. In seiner Eröffnungsrede verlangte Senghor weitere archäologische Forschungen über »Africanité« und darüber, wie Afrika »zu totaler Einheit voranschreitet«.[40]

Senghor brannte darauf, diese Tendenzen für sich zu nutzen. Während seiner Regierungszeit war der Staat maßgeblich an Kulturveranstaltungen beteiligt. Bereits in den Dreißigerjahren hatte er zusammen mit Césaire und anderen die zentrale Bedeutung der Kultur für das politische Denken herausgearbeitet, wobei sie sogar darauf bestanden, dass die Politik der Kultur zu dienen habe, nicht umgekehrt. Senghor machte sich daran, neue Einrichtungen zu schaffen, die das Kulturerbe der Nation bewahren sollten; so gestaltete er das Mali-Kunstzentrum zur Nationalen Kunstakademie für eine neue

354 Sechstes Kapitel: Entkolonialisierung und afrikanische Zivilisation

26 Ausgrabung von Aoudaghost, Mauretanien.

Generation senegalesischer Studenten um.[41] Seine Kulturpolitik konzentrierte sich weitgehend darauf, das afrikanische Altertum wiederzuentdecken, denn die Bekräftigung der Zivilisation des Kontinents war für ihn Teil des Bestrebens, den Geist seiner Bewohner zu entkolonialisieren und sie an ihre große, glorreiche Vergangenheit zu erinnern. 1961 gab Senghor seinen Segen zur archäologischen Ausgrabung des lange verschollenen, im elften Jahrhundert blühenden Orts Aoudaghost, einer früheren Oase in Hodh El Gharbi, Mauretanien, am Südende einer Transsahara-Karawanenstraße. Das Projekt wurde geleitet von den französischen Archäologen Jean Devisse und Raymond Mauny und unterstützt von 24 Fachstudenten der Universität Dakar. Es handelte sich um die erste derartige Ausgrabung im unabhängigen Senegal, weshalb man ausführlich über sie berichtete.

Ein Zeitschriftencover zeigt die jungen französischen Archäologen bei der Arbeit mit afrikanischen Studenten – eine Szene der Kooperation und gegenseitigen Anerkennung (Bild 26). Im Text wurde die politische Relevanz der Entdeckung hervorgehoben: »Zu einer Zeit, da sich das nun unabhängige Afrika mit Leidenschaft seiner Vergangenheit zuwendet, ist dies für uns eine Expedition von hohem Interesse. Ja, es scheint, dass sie uns gestattet, den Schleier zu lüften, der dieses historische Rätsel verhüllt hat.«[42]

Das hochkarätige First World Festival of Black Arts im April 1966 in Dakar fing die Verschiebung der Sensibilität am besten ein. Es war eine, historisch gesehen, bahnbrechende Veranstaltung: die allererste internationale Darbietung einheimischer Kunst auf afrikanischem Boden mit dem expliziten Zweck, wie es ein Presseagent ausdrückte, »Afrikanern [zu ermöglichen], mit ihrer eigenen Stimme zu sprechen«. Dem Begleitband zufolge »ließ [das Ereignis] die Beseitigung äußerer Vorurteile und innerer Komplexe zu, indem es bewies, dass die schwarze Welt nicht nur ein ›Zivilisationskonsument‹, sondern wirklich und wahrhaftig auch ein ›Produzent‹ ist« (Bild 27). Die Ausstellung präsentierte Senghors Senegal als modernen und kultivierten Staat, während rund 2500 Künstler, Musiker, Darsteller und Schriftsteller in Dakar zusammenkamen, um Black Arts über Kontinente hinweg zu feiern. Zur Starbesetzung gehörten Senghor, Aimé Césaire, Langston Hughes, Josephine Baker, Duke Ellington, Wole Soyinka und das Alvin Ailey American Dance Theater. Hughes und die amerikanische Choreografin Katherine Dunham beaufsichtigten die Vorbereitungen. Repräsentanten aus dreißig afrikanischen Ländern waren zugegen, neben solchen aus sechs bedeutenden afrikanischen Diasporapopulationen: den Vereinigten Staaten, Brasilien, Haiti, Trinidad und Tobago, dem Vereinigten Königreich und Frankreich. Das Angebot in Dakar umfasste eine reiche Vielfalt an Darbietungen aus Kunst, Tanz, Drama und Musik.

Voller Stolz stellte man Objekte aus über 50 Museen und Privat-

356 Sechstes Kapitel: Entkolonialisierung und afrikanische Zivilisation

27 First World Festival of Black Arts, Dakar, 1966, Katalogumschlag.

sammlungen in Afrika, Europa und Nordamerika zur Schau. Hier wurden viele afrikanische Kunstgegenstände zum ersten Mal wieder über die Kontinente hinweg zusammengeführt, und in diesem Sinne diente die Präsentation der Untermauerung von Senghors Idee der Négritude. Seine Feier des Panafrikanismus brachte eine neue kulturelle Geografie afrikanischer Kunst hervor, die sowohl Jahrhunderte von der Vorgeschichte bis zur Gegenwart als auch Kontinente überspannte, wie Senghor zu Beginn des Festivals in seiner Begrüßung des amerikanischen Jazz-Stars Duke Ellington anmerkte (Bilder 28 und 29). Es war ein Bild der Négritude, das vor allem die panafrikanische »Rassenzugehörigkeit« in den Vordergrund rückte. Klassische afrikanische Artefakte (beispielsweise Skulpturen und Masken) wurden neben einer Auswahl der Werke Picassos, Légers und Modiglianis aus dem Pariser Museum der Modernen Kunst gezeigt, um den afrikanischen Einfluss auf den europäischen Moder-

Der Senegal und die Idee einer Zivilisation des Universalen 357

28 Senghor beim First World Festival of Black Arts, Dakar, 1966.

nismus und die Verflechtung von Europa und Afrika zu unterstreichen. Senegal, UNESCO und Frankreich finanzierten die Show gemeinsam, und rund 25 000 Besucher aus aller Welt reisten an.[43]

Die Ereignisse des Festivals wurden im Radio für die Senegalesen ausgestrahlt, und die nationale Tageszeitung *Dakar-matin* brachte etwa 300 Artikel über das Geschehen. Dutzende von Folklore-Tanztruppen traten auf den Straßen auf, allerdings nicht als Teil der offiziellen Veranstaltung. Zu sehen waren Objekte der Dogon und der Baluba aus Kasai sowie Meisterstücke aus Benin. Im Katalog wurden sowohl die »Vielfältigkeit der Negerkunst« als auch »die ihr zugrunde liegende Einheit« betont, für welche die »afrikanische Negerkunst« als »Sauerteig im Brot der Menschheit« diene. Die Veranstaltungen begleitete ein einwöchiges Kolloquium mit den weltweit führenden Experten für afrikanische Kunst und Kultur. Teilnehmer an Podiumsdiskussionen widmeten sich den Kontakten zwischen der Kultur des

29 Senghor schüttelt Duke Ellington die Hand, Dakar, 1966.

Kontinents und ihren Ablegern in Nord- und Südamerika mit Blick auf African-American Spirituals, brasilianische Skulpturen und traditionelle afrikanische Architektur. Eine weitere Diskussionsrunde zum Thema Kulturerhaltung endete mit einem Aufruf, den Unterricht über Afrika in Schulen auszuweiten, neue Museen zu gründen sowie traditionelles Kunsthandwerk zu schützen. All diese Maßnahmen wurden als Mittel identifiziert, »die afrikanische Vergangenheit aus der Dunkelheit hervorzuholen« und alte Artefakte der afrikanischen Zivilisation für die Nachwelt zu bewahren.[44]

Senghors Gedanke, dass Négritude einer der »Humanismen des 20. Jahrhunderts« sei, fand keine allgemeine Zustimmung. In seinem Buch *Die Verdammten dieser Erde* prangerte Frantz Fanon ihn als typischen verwestlichten »kolonisierte[n] Intellektuelle[n]« an, der im Namen des Volkes zu sprechen behaupte, obwohl er keine wirkliche Bindung zu ihm verspüre. Laut Fanon verschleierten die »Sänger der *Négritude*« die Tatsache, dass die »Kultur [...] zunächst Ausdruck einer Nation« sei, womit sämtliche Konferenzen zur »negro-afrikanischen Kultur« und der »kulturellen Einheit Afrikas« schlicht mit einem falschen Bewusstsein und einer konservativen Abstraktion hausieren gingen. Die Nation – nicht Négritude oder afrikanische Zivilisation – liefere den Schlüssel zu Widerstand, Souveränität und Identitätsbildung. Der im Exil lebende südafrikanische Schriftsteller Ezekiel Mphahlele lehnte die von der Négritude inspirierte Dichtung als romantische Schwärmerei über Afrika ab – »Vorfahren, nackte Füße, halb nackte Frauen und so weiter«. Andere verurteilten Senghors Beifall für die Emotionalität und Rhythmik des wiedergewonnenen Afrikanisch-Seins als abwertend oder gar als »selbst-primitivierend«. Nach Meinung dieser Kritiker brachte der Anspruch auf die afrikanische Zivilisation des Altertums die Gefahr mit sich, dass man das unerwünschte Kolonialerbe nicht zurückwies, sondern reproduzierte.[45]

Nichtsdestoweniger entwickelte Senghor im ersten Jahrzehnt nach der Unabhängigkeit ein sehr deutliches Gespür für die afrikanische Zivilisation. Wie in Nkrumahs Ghana hob man in Senghors Senegal die Kultur als Hauptinstrument hervor, wenn es galt, den Bruch mit der Vergangenheit anzuzeigen und der neuen nationalen kulturellen Identität eine Stimme zu verleihen. Doch während Nkrumah dazu neigte, die Beziehungen zwischen Kolonial- und Postkolonialkultur zu vernebeln, akzeptierte Senghor den Bezug sowohl auf die präkoloniale als auch die koloniale Vergangenheit als Basis des neuen Senegal. Wie ausgeführt, engagierte er sich lange für eine französische Konföderation und setzte sich erst später für Selbstbestimmung durch friedlichen Wandel ein. Senghor lehnte die revolutionäre Gewalt der FLN ab und versuchte gegen Kriegsende sogar, einen Frieden zwischen Frankreich und Algerien zu vermitteln. Ihm lag daran, ein respektvolles Verhältnis zwischen Senegal und der früheren Imperialmacht beizubehalten. Aber er ging nicht immer integrativ vor – man sollte nicht aus dem Blick verlieren, dass er die arabische

Welt, also auch den Maghreb, 1966 demonstrativ aus seinem Black-Arts-Spektakel ausschloss, weil sie nicht als schwarz gelten könne. Diese exklusive politische Philosophie weckte Groll bei seinen Kritikern und befeuerte regionale Spaltungen unter Panafrikanisten. So reflektierte die wiedergewonnene Rede von der Zivilisation die breiteren kulturellen Neuausrichtungen der unabhängig gewordenen Staaten. Senghors Vision eines lebendigen afrikanischen Erbes war für sie wesentlich.[46]

Regionalisierte oder universale Menschenrechte?

Mitte der Sechzigerjahre hatten die meisten Angehörigen der ersten Führungsgeneration der Dritten Welt die Macht oder das Leben verloren: Sukarno in Indonesien, Ben Bella in Algerien sowie Nkrumah in Ghana wurden sämtlich zwischen 1964 und 1966 durch Militärputsche gestürzt, und Nehru starb im Jahr 1964 im Amt. Inzwischen waren diese »Gründerväter« der Unabhängigkeit der Dritten Welt von einem Personenkult umgeben, und viele der anfänglichen Demokratieträume auf dem Kontinent wurden von strengen und häufig korrupten autoritären Regimen verdrängt. Strikte Staatskontrolle über Medien, Erziehungswesen und Kulturleben war in den postkolonialen Nationen recht typisch.

Der Gebrauch der Kultur – und besonders des indigenen Erbes – als Mittel zur Legitimation politischer Macht und als Zeichen für den Bruch mit der kolonialen Vergangenheit war eng mit den neuen Staaten verknüpft, konnte aber die erste Führungsgeneration oftmals nicht überdauern. Beispielsweise wurde die Ikonografie der ghanaischen Präsidentenmacht so stark mit Nkrumah assoziiert, dass kein ihm nachfolgendes Staatsoberhaupt je seinen Präsidentenstuhl für die eigene Vereidigungszeremonie benutzt hat. Doch in der erblühenden Entkolonialisierung blieb Zivilisation ein entschieden säkularer Begriff, wenn man über den Nationalstaat hinaus- sowie über Vergangenheit und Zukunft nachdenken wollte. Die afrikanischen Verfechter des Föderalismus, darunter Senghor, Sekou Touré in Guinea und Modibo Keïta in Mali, waren zunächst unsicher, ob der Territorialstaat oder eher regionale Strukturen der »negro-african civilization« im Mittelpunkt ihrer politischen Aufmerksamkeit stehen sollten. Mit der Zeit machte die Verhärtung der Nationalismen und des Nationalstaatssystems die Hoffnungen auf einen afrikanischen Föderalismus zunichte. Die Ideale postkolonialer afrikanischer Zivilisationen waren wohl die letzten Reste der älteren Träume von politischer Föderation und Panafrikanismus.[47]

Die Einstellung zu den Menschenrechten in Afrika ist ein weiteres Merkmal dieser größeren Verschiebungen. In den Vierziger- und Fünfzigerjahren befürworteten afrikanische Intellektuelle den Universalismus und arbeiteten darauf hin, dass die europäischen Mächte die Allgemeine Menschenrechtserklärung in ihren Kolonialgebieten umsetzten. Dann jedoch entbrannte ein Dissens um die umstrittene Europäische Menschenrechtskonvention, welche, wie in Kapitel 3 ausgeführt, diese Rechte 1950 entlang westeuropäischer Vorstellungen von liberalem christlichem Individualismus regionalisierte. Die antikommunistische Konvention wurde von Kolonialismusgegnern als kläglich konservativ und heuchlerisch eingeschätzt. Senghor, damals ein sozialistisches Mitglied der französischen Delegation in der Beratenden Versammlung des Europarats, äußerte seine Besorgnis darüber, dass die Konvention »die Europäische Menschenrechtserklärung in die Erklärung [ausschließlich] europäischer Menschenrechte verwandeln würde«. Nicht weniger beunruhigend war, dass man Menschenrechte im Hinblick auf spezielle europäische Interessen verdrehte. Zum Beispiel wurde die Menschenrechtssprache nicht selten von früheren Kolonialmächten herangezogen, um weiße Minderheiten (und ihr Eigentum), die sich noch in Afrika und anderswo befanden, zu schützen. Erst nach dem Algerienkrieg ratifizierte der französische Staat die Konvention, um die in Algerien weilende europäische Minderheit abzusichern. Doch in den späten Sechzigerjahren hatte die Befürwortung der Menschenrechte durch die Dritte Welt, beabsichtigt als Schritt zur Demokratisierung, an Kraft verloren. Auf der Internationalen UN-Konferenz über Menschenrechte von 1968 in Teheran war es zur Priorität ihrer Delegierten geworden, eine positive Wirtschaftsentwicklung ebenfalls zum Menschenrecht erklären zu lassen. Zwei Drittel dieser Vertreter kamen aus jüngst entkolonialisierten Ländern, welche die Demokratie mittlerweile verworfen hatten, und sie beabsichtigten, das Scheinwerferlicht von ihrem hausgemachten Autoritarismus abzulenken. Hier handelte es sich um einen der verborgenen konservativen Aspekte des Prozesses, in dem die Zivilisationsrhetorik allmählich durch eine militantere, auf Wirtschaftsentwicklung abzielende Menschenrechtssprache verdrängt wurde. Der Anspruch auf Zivilisation war überall auf dem Kontinent entscheidend für den Kampf des Antikolonialismus und des Postkolonialismus sowie für Bekräftigungen von Souveränität, regionaler Identität und Unabhängigkeit gewesen. Die politischen Aktivitäten in Bezug auf Menschenrechte und Wirtschaftsentwicklung in den neuen afrikanischen Staaten waren immer noch mit internationaler Gerechtigkeit (etwa Katastrophenhilfe in Fällen von Bürgerkrieg oder Hungersnöten) verbunden, doch das umfassendere Interesse an der fernen Vergangenheit, den Kontinent überbrückenden Identitäten und regionaler Einheit ging Anfang der Siebzigerjahre zurück.[48]

Auf dem Weg zu einem neuen Zivilisationskonzept

Diese Geschehnisse konnten nicht verschleiern, wie dramatisch sich die Beziehung zwischen Europa und Afrika in den ersten Jahren der Entkolonialisierung veränderte. Diese historischen Umwälzungen betrafen nicht nur die Ausbreitung des Nationalismus und der Unabhängigkeitsbewegungen, sondern auch die politische Geltendmachung des einheimischen Erbes. Solche Ansprüche wurden besonders aggressiv im Algerienkrieg vertreten, wo man die Schlacht um militärischen Vorrang auch auf dem moralischen Terrain der Zivilisation und Barbarei austrug. Sartres Kommentar über die Auswirkungen von Allegs Bericht berührte die beschämende Tatsache, dass Frankreich, das während des Krieges von den nationalsozialistischen Besatzungstruppen kontrolliert und übel behandelt worden war, anscheinend kaum moralische Lehren aus der Vichy-Erfahrung gezogen hatte, denn schließlich ging der französische Staat nun seiner eigenen Entzivilisierungsmission in Algerien nach. Die Kolonialkriege in Britisch-Kenia, Belgisch-Kongo, Niederländisch-Ostindien, Portugiesisch-Angola und Französisch-Algerien waren nicht nur Geschichten über imperiale Gewalt und den späteren Verlust der Imperien, sondern auch Referenden über den Mythos der europäischen Zivilisation. Selbst bei friedlichen Machtübergaben – wie in Ghana und Senegal – bestand das Ziel darin, das Vermächtnis der europäischen Zivilisation auszulöschen, um die Grundlage für Nationsbildung und kulturelle Wiedergeburt zu schaffen.

Die sich wandelnden Zivilisationsideen spiegelten mithin die wechselhafte Beziehung Europas zur übrigen Welt wider. Während Zivilisation nur anderthalb Jahrzehnte zuvor als Ansporn für Europäer gedient hatte, ihren Kontinent nach dem Nationalsozialismus moralisch wiederaufzurichten, wurde der Begriff nun von antikolonial eingestellten Regierungsführern und Bewegungen – darunter Nkrumah, die FLN und Senghor – für ihre eigenen nationalen Anliegen genutzt. Als das Konzept nach Süden migrierte und mit dem Antikolonialismus verschmolz, gaben europäische politische Führer und Intellektuelle es weitgehend auf, hauptsächlich deshalb, weil es nicht mehr dafür taugte, ihre Macht und Privilegien exklusiv zu repräsentieren. Diese Preisgabe dauerte jedoch nicht an, denn der Begriff wurde in Europa rasch für andere Zwecke neu definiert, wie wir in den folgenden Kapiteln erfahren werden. Die nun umgestülpte Zivilisationsidee signalisierte eine kulturelle Trennung der Europäer von ihren früheren Kolonien. In die Bresche sprangen internationale Organisationen wie die UNESCO, die halfen, mit Blick auf das erhabene Ideal der Weltzivilisation neue Brücken zwischen Europa und Afrika zu bauen.

Siebtes Kapitel

Weltzivilisation

Im Jahr 1957 veröffentlichte der bekannte Schweizer Schriftsteller Max Frisch seinen Roman *Homo faber*, in dem er die Probleme der physischen Entwurzelung und geistigen Heimatlosigkeit sowie die Grenzen der technologischen Beherrschung des modernen Lebens erforscht. Die Hauptfigur Walter Faber ist ein hoch qualifizierter Schweizer Ingenieur, der als technischer Experte der Organisation der Vereinten Nationen für Erziehung, Wissenschaft und Kultur (UNESCO) Europa und die beiden amerikanischen Kontinente bereist. Das Buch ist eine Art Satire auf die »Eine-Welt-Romantik« und das Ziel der Weltverbesserung für alle – Themen, welche diese UN-Sonderorganisation verfocht. In einer Szene auf der Reise nach Südamerika, wo Faber die Montage von Turbinen in Venezuela beaufsichtigen soll, beginnt er ein Gespräch mit einem Bekannten, dem er im Flugzeug begegnet ist. Plötzlich kommt ein Misston auf: »Ich platzte nur, wenn Marcel sich über meine Tätigkeit äußerte, beziehungsweise über die *Unesco:* der Techniker als letzte Ausgabe des weißen Missionars, Industrialisierung als letztes Evangelium einer sterbenden Rasse, Lebensstandard als Ersatz für Lebenssinn –«[1]

Frisch war durchaus nicht der Einzige, der sich kritisch äußerte, denn die UNESCO wurde seit ihrem Beginn von erbittertem Gezänk geplagt. Ihr Programm war ehrgeizig: den experimentellen Vorstoß der Vereinten Nationen in die internationale Politik zu stärken, zu verfeinern und auszuweiten und damit das zu schaffen, was ein Kommentator die Seele des UN-Körpers nannte. Keine andere Vereinigung tat mehr, um sich in einer zunehmend vergifteten Atmosphäre in den Mittelpunkt internationaler kultureller Angelegenheiten zu stellen. Sie wurde 1946 während des aufkommenden Nachkriegsidealismus gegründet, und sie sah ihr Wirken im Lauf der Jahrzehnte durch eine Reihe von Protesten und dramatischen Boykotten verschiedener Delegationen beeinträchtigt. Die internationale Presse verspottete sie wegen ihrer hochfliegenden Träume oftmals als jämmerlich blauäugig und nicht im Einklang mit der Machtpolitik der kompromisslosen Welt des Kalten Kriegs. In den späten Fünfzigerjahren wurde die Zivilisierungsmission der UNESCO als Ritt einer »Kavallerie von Steckenpferden« und »Kirchturmpolitik auf einer Wolke« angeprangert.[2]

Derart abschätzige Charakterisierungen der UNESCO-Tätigkeit lassen ihre bedeutende Rolle für den Neuentwurf der europäischen Zivilisation nach 1945 außer Acht. Wie die in Kapitel 1 vorgestellte United Nations Relief and Rehabilitation Administration zielte die UNESCO darauf ab, die Kriegswunden zu heilen und dauerhaften Frieden zu stiften, doch sie ging auf andere Art an das Problem heran. Anders als die UNRRA leistete sie keine humanitäre Nothilfe, sondern konzentrierte sich auf die Gebiete Erziehung, Wissenschaft und Kultur, um die Sache des Friedens und des internationalen Verständnisses zu fördern. Eines ihrer Kernprogramme widmete sich dem Schutz und der Erhaltung weltberühmter Zivilisationsartefakte, die von Krieg, Vernachlässigung und Naturkatastrophen bedroht wurden. Dazu gehörten Kultbauten, Schlösser, Denkmäler und andere von Menschenhand geschaffene Kulturschätze vom Altertum bis in die Gegenwart. Die Pflege des kostbaren materiellen Erbes der Welt galt als zu wichtig, als dass man es staatlichen Akteuren und Freiwilligenorganisationen hätte überlassen können, weshalb beschlossen wurde, ein neues säkulares internationales Gremium mit der Aufgabe zu betrauen. Die UNESCO wies die Richtung, was den Schutz von Kulturdenkmälern in Europa und rund um die Welt betraf. Sie reflektierte eine veränderte Einstellung bei Denkmalschützern und liberalen Aktivisten: von einem traditionell eurozentrischen Ansatz hin zu einer umfassenderen Vision der Bewahrung, die mit Frieden, Gleichheit und gemeinsamem Vermächtnis gleichgesetzt wurde. Die UNESCO diente sowohl vor als auch nach der Entkolonialisierung als Drehscheibe der internationalen Wissensproduktion und widmete sich explizit dem Ziel, die Kulturschranken zwischen Europa und den Entwicklungsländern abzubauen. Unter Einsatz »weicher Macht« arbeitete sie darauf hin, das internationale Verständnis durch kulturübergreifenden Respekt, allgemeines Erziehungswesen und besonders durch Förderung dessen auszuweiten, was sie kühn »Weltzivilisation« nannte.[3]

Heutzutage assoziiert man die UNESCO zumeist mit der Verwaltung von Welterbestätten, die ein wichtiger Teil ihrer fortdauernden Hinterlassenschaft sind. Doch ihre Auffassung von Weltzivilisation ging viel weiter, denn sie nahm sich vor, die Geißeln des Nationalismus, Rassismus und Eurozentrismus auf vielerlei Art zu bekämpfen, von Alphabetisierungskampagnen bis hin zu archäologischen Bergungsprojekten. Zu diesem Zweck modellierte sie eine neue Geografie der Zivilisation, indem sie Brücken zwischen dem Westen, Osten und Süden schlug, und zwar in einem Geist des Friedens und der Bewahrung, wie es damals keine andere internationale Organisation tat. Was die UNESCO auszeichnete, war der ernsthafte Versuch, einer neuen Vorstellung von Weltgeschichte und Weltzivilisation, die über das nationalstaatliche System und die Teilung des Kalten Kriegs hinauswies, Gestalt zu geben. Die Geschichte Nachkriegseuropas hat Zerstörung und Erneuerung zum Inhalt, und die UNESCO half, die Botschaft und den Sinn des kulturellen Wiederaufbaus zu prägen.

Der Kampf um Gleichwertigkeit

Die UNESCO wurde 1945 in London gegründet, wenige Monate nachdem man die Vereinten Nationen aus der Taufe gehoben hatte. Ein Jahr später nahm sie – mit Hauptsitz in Paris – ihre weltweite Arbeit auf. Ihre Wurzeln reichen zurück zu zwischenstaatlichen, nach dem Ersten Weltkrieg entstandenen Organisationen wie dem Institut für geistige Zusammenarbeit und dem Internationalen Büro für Bildung mit Sitz in Genf, doch ihr Auftrag war viel breiter angelegt. Auch fanden ihre Ziele allgemeinen Widerhall durch die berühmte Aussage des britischen Premierministers Clement Attlee, dass »Kriege im Geist der Menschen entstehen«. Der amerikanische Dichter und UNESCO-Delegierte Archibald MacLeish verwendete Attlees Worte später als Grundlage und formulierte den Satz, mit dem die UNESCO-Verfassung eröffnet wird: »Da Kriege im Geist der Menschen entstehen, muss auch der Frieden im Geist der Menschen verankert werden.«

Die Organisation wurde geschaffen, um die Mängel des unglückseligen Völkerbundes auszuräumen, der sein Augenmerk in erster Linie auf politische Themen gerichtet hatte, um den Anschein kollektiver Sicherheit zu erwecken. Wenn der Krieg ideologische Ursachen habe, folgerte man, müsse das Gleiche für den Frieden gelten. Die Aufgabe der UNESCO war es, Krieg gegen den Krieg selbst zu führen. Die Tatsache, dass eine Reihe für sie tätiger wichtiger Personen entweder in Konzentrationslagern inhaftiert gewesen war oder irgendwo in Europa im Widerstand gegen die Nationalsozialisten aktiv gewesen war, verlieh ihr einen soliden moralischen Unterbau. Ideen für eine neue Vereinigung, die auf internationales Verständnis hinarbeiten sollte, hatten sich im US-Außenministerium seit 1944 angebahnt und waren von Präsident Roosevelts Überzeugung, dass »Zivilisation nicht national, sondern international ist«, bekräftigt worden. Auf der Konferenz in San Francisco, welche die Vereinten Nationen hervorbrachte, unterstrich Präsident Truman die Bedeutung eines neuen internationalen Engagements für kulturelle und erzieherische Zusammenarbeit. Mit dem Aufkommen des Kalten Kriegs betrachtete man die UNESCO als mögliche Plattform für den Dialog der Supermächte, als Hilfsadresse für Entwicklungsländer sowie als Instrument transnationaler Kulturdiplomatie.[4]

Die Kampagne der UNESCO spiegelte sich trefflich in ihrem Pariser Hauptquartier wider. Ihr erster Amtssitz befand sich von 1946 bis 1958 im Hotel Majestic. In diesem Luxushotel hatte man einen Teil der Pariser Friedenskonferenz nach dem Ersten Weltkrieg abgewickelt; eine Generation später wurde es für den Militärbefehlshaber des NS-Regimes in Frankreich requiriert und nach der Befreiung von Paris zum Sitz der amerikanischen Militärverwaltung gemacht. Die Übernahme des Hotels durch die UNESCO erschien als scharfer Bruch mit einer unerwünschten militaristischen und kriegerischen Vergangenheit. Wie Julian Huxley, der erste Generaldirektor der Organisation, feierlich in seinen Erinnerungen schrieb:»So symbolisierte mein Einzug augenfällig den Übergang von Krieg und Rassismus zu Frieden und kultureller Zusammenarbeit.« Der Versuch der UNESCO, zur Umgestaltung der neuzeitlichen Welt beizutragen, wurde durch das Design und Ethos des in Paris neu erbauten und 1958 eröffneten Hauptquartiers sichtbar zum Ausdruck gebracht. Das aufsehenerregende Beton-und-Glas-Gebäude war von dem Bauhaus-Star Marcel Breuer zusammen mit seinen Modernistenkollegen aus der Zwischenkriegszeit Pier Luigi Nervi und Bernard Zehrfuss entworfen worden und sollte als Zentrale der internationalen Bildungszusammenarbeit und des globalen Kulturaustauschs dienen. Dieses »Symbol des 20. Jahrhunderts« galt als Prunkstück des internationalen Modernismus; Werke von Pablo Picasso, Joan Miró, Alexander Calder, Henry Moore und Isamu Noguchi zierten die Innenräume und Gärten. Das Gebäude stand für das Ideal des postfaschistischen Universalismus, in dem Friede, Rationalität und Transparenz anstelle von Nationalismus, Vorurteil und Gewalt zu entscheidenden Merkmalen des Zeitalters werden sollten.[5]

Der erste Generaldirektor Julian Huxley war ein Enkel von Thomas Huxley, dem Freund Charles Darwins und leidenschaftlichen Streiter für dessen Evolutionstheorie, sowie der Bruder des namhaften Schriftstellers Aldous Huxley. Auch Julian selbst gab eine gute Figur ab. Er war ein hervorragender Zoologe und Wissenschaftspopularisierer in Großbritannien, der etliche Bücher über Themen wie Evolution und die Beziehung zwischen Wissenschaft und Gesellschaft geschrieben hatte. Im Zweiten Weltkrieg nahm er regelmäßig an dem beliebten Rundfunkprogramm *The Brains Trust* teil und wurde wohl aufgrund seiner häufigen Medienauftritte einem breiten Publikum bekannt. Huxley war ein freimütiger liberaler Humanist innerhalb der Wissenschaftsgemeinschaft und ein heftiger Gegner des Nationalsozialismus und seines verderblichen Gebrauchs von »wissenschaftlichem Rassismus«. In seinem Lesebuch *UNESCO. Its Purpose and its Philosophy* (UNESCO. Ziel und Philosophie) bemerkte er 1946, das Leitprinzip der Organisation werde »weltwissenschaftlicher Humanismus« sein, gegründet auf eine Evolutionsauffassung, die das gesamte menschliche Streben einschließen und die vollständige Integration von Wissenschaft und Kultur herstellen werde. Huxley hielt unbeirrt an seiner Meinung fest, dass die UNESCO »die Entstehung einer einzigen Weltkultur« ermöglichen solle.[6]

Eine weitere Schlüsselgestalt für die künftige Orientierung der UNESCO war der angesehene Biologe und Wissenschaftshistoriker Joseph Needham aus Cambridge. Er trug vor allen anderen die Verantwortung für das »S« – für *scientific*, also wissenschaftlich – in UNESCO. Sein bekanntestes Werk sind die sieben Bände mit dem Titel *Wissenschaft und Zivilisation in China*, die zwischen 1954 und 2004 erschienen und seit Langem zu den überragenden Leistungen der Wissenschaftsgeschichte zählen. Needham führte aus, dass die Chinesen bis zur Renaissance für zahlreiche bahnbrechende wissenschaftliche und technische Entdeckungen der Menschheit verantwortlich gewesen seien, und er widmete seine Arbeit der Rückführung Chinas in dessen Schlüsselposition innerhalb der breiteren Geschichte wissenschaftlicher Errungenschaften. Er war ein Kollege und enger Freund Huxleys und verbrachte einen großen Teil des Zweiten Weltkriegs als Leiter der Sondermission des British Council in China, um die Kontakte zur dortigen Wissenschaftsgemeinschaft in japanisch besetzten Gebieten aufrechtzuerhalten. Seine profunde Kenntnis der chinesischen Wissenschaft und Kultur wurde als großes Plus für die neue welthistorische Initiative der UNESCO betrachtet. Needham hatte in seinem Büchlein *Chinese Science* (1945) bereits umrissen, wie diese Entwicklung aussehen könnte, und hoffte, dass die Schrift ein nützliches Modell liefern würde. Wie Huxley war er überzeugt, dass Wissenschaft und Technik das Rückgrat jeglicher Geschichte der Menschheit bilden sollten, da kultureller Austausch und Transfer wissenschaftlicher Einsichten seiner Meinung nach einen erheblichen Teil unseres Zivilisationsbegriffs ausmachten. Sein Vorschlag kam zur rechten Zeit, denn die Einbeziehung der Wissenschaft, insbesondere der Kernenergienutzung, in den Auftrag der UNESCO wurde nach der Explosion der Atombomben in Japan als äußerst dringend angesehen. 1947 schrieb Needham in einem Bericht, dass »die Naturwissenschaften die internationalsten aller menschlichen Aktivitäten sind«, da »Forscher, aus welchen Winkeln der Welt sie auch zusammenkommen, einander sogleich verstehen«.

Der Gedanke der Wissenschaft als einigender Kraft, der bereits im 19. Jahrhundert geläufig gewesen war, lebte nach 1945 wieder auf. Bis 1949 richtete die UNESCO wissenschaftliche Kooperationsbüros in den Hauptstädten (Montevideo, Kairo, Istanbul, Delhi, Jakarta und Manila) verschiedener Entwicklungsländer mit dem Ziel ein, Sachkenntnis zu verbreiten und die gegenwärtige Wissenschaft um des Friedens und der internationalen Verständigung willen zu mobilisieren. In mancherlei Hinsicht wurde diese neue wissenschaftliche

Breitenwirkung für ein Mittel zur Überbrückung dessen gehalten, was der britische Schriftsteller und Chemiker C. P. Snow bekanntlich die zwei unvereinbaren Kulturen der Moderne genannt hatte: die Geistes- und die Naturwissenschaften.[7]

Die UNESCO leitete verschiedene Kampagnen, um die Alphabetisierung und die Eröffnung von Büchereien rund um die Welt zu beschleunigen. Sie vertrat den Standpunkt, dass Bücher wichtig für die Verteidigung des Friedens seien, da sie Mitgefühl, Neugier und interkulturelles Wissen förderten. Inspiriert von Goethes Idee der *Weltliteratur*, strebte die UNESCO nach einem gemeinsamen literarischen Erbe, um die Kulturen zusammenzubringen. Zu diesem Zweck ließ sie einen Kanon von Klassikern der Welt veröffentlichen und übersetzen und wirkte in Zusammenarbeit mit der Fédération internationale des traducteurs – dem Dachverband der Übersetzer – auf die Vergemeinschaftung des literarischen Erbes hin. Zwischen 1948 und 1994 publizierte sie 866 Bücher aus allen Teilen der Welt und aus 91 Ursprungssprachen. Anfang der Sechzigerjahre wurden zwei Zentren für die kostenlose Verteilung von Lehrbüchern in Accra, Ghana, und in Yaoundé, Kamerun, gegründet, um den Analphabetismus zu bekämpfen und die internationale Kultur zu verbreiten. Im unabhängigen Kongo arbeiteten UNESCO-Vertreter daran, nach dem Rückzug der Belgier Schulen wiederzueröffnen, neues Lehrpersonal auszubilden und das staatliche Erziehungssystem zu reformieren.[8]

Außerdem zielte die UNESCO darauf ab, beschädigte Kulturtraditionen, vor allem in Europa, wiederaufleben zu lassen. Trotz des von ihr proklamierten Universalismus richteten sich ihre frühen Rettungsversuche ausdrücklich auf Europa, da die westliche Zivilisation in einer Krise stecke und unterstützt werden müsse. Auf der Konferenz alliierter Bildungsminister 1944 in London kamen Vertreter von 16 Ländern zusammen, um über den Wiederaufbau nach dem Krieg sowie über die Sanierung des europäischen Erbes angesichts der nationalsozialistischen Raubzüge und Zerstörungen zu sprechen. Die

Konferenzteilnehmer erklärten, dass »konzentrierte Anstrengungen unternommen werden, um das Kulturerbe der westlichen Zivilisation unverzüglich zu schützen und letztlich wiederherzustellen«. In den ersten Jahren der UNESCO hielt man an dieser Logik fest und entwickelte einen weitreichenden Plan des kulturellen Wiederaufbaus. Dazu wurden Bücher für Bibliotheken, Lehrmaterial für Schulen, wissenschaftliche Geräte für Laboratorien, Musikinstrumente und internationale Jugendlager benötigt. Daneben organisierte man Übersetzungen internationaler Klassiker in die Sprachen der UN-Mitgliedstaaten.[9]

Im Rahmen ihrer frühen Weltzivilisierungsmission setzte sich die UNESCO ebenso für die Menschenrechte ein. Im Juni 1947 verschickte sie einen entsprechenden Fragebogen an Dutzende von Völkerrechtlern und Intellektuellen, darunter Experten für chinesische, islamische sowie hinduistische Gesetze und Bräuche. Zu den Befragten gehörten der Kolonialismusgegner und Nationalist Mahatma Gandhi, der italienische Philosoph Benedetto Croce und der englische Schriftsteller Aldous Huxley. Am ermutigendsten für die UNESCO war die Tatsache, dass fast alle Teilnehmer die gemeinsame Idee der Menschenrechte, wenn auch nicht unbedingt die geläufige Terminologie, bekräftigten. Der bekannte französische katholische Menschenrechtskämpfer Jacques Maritain sammelte und redigierte die Antworten. In seiner Einführung zu dem veröffentlichten Bericht merkte er erfreut an, dass sich die Teilnehmer über eine Reihe praktischer Werte und Begriffe (darunter das »Recht, ein Leben zu führen, das frei ist von der quälenden Angst vor Armut und Unsicherheit«) als »kleinsten gemeinsamen Nenner« geeinigt hätten. Das Bändchen führte offenbar zu einem entscheidenden konzeptuellen Durchbruch, zumal sich der Entwurfsausschuss für die UN-Menschenrechtserklärung schwertat, die konkrete Bedeutung dieser Rechte für die internationale Gemeinschaft in Worte zu fassen. Die Antworten auf die Umfrage verschafften der UNESCO-Suche nach dem Begriff gemeinsamer Menschlichkeit das erforderliche intellektuelle Gewicht sowie internationale Zustimmung.[10]

Die Wanderausstellung von 1950 zur Geschichte der Menschenrechte mit dem Titel »The Human Rights Album« war das erste große internationale Ereignis zu dieser Thematik. Eine Auswahl von Fotos und Bildunterschriften wurde zu Vorführungs- und Erziehungszwecken an sämtliche UNESCO-Nationalkommissionen verschickt. Das Material war als eine Art Diashow des menschlichen Fortschritts für Schulkinder gedacht und widmete sich der Abschaffung von Sklaverei und inhumaner Behandlung neben Fragen wie religiöser Toleranz und gegenseitigem Respekt, Frauenemanzipation, Bürgerrechten (zum Beispiel Rede-, Meinungs-, Versammlungs- und Abstimmungsfreiheit), wirtschaftlichen und sozialen (Würde der Arbeit, Recht auf Hilfe) sowie kulturellen Rechten (Bildung, wissenschaftliche Forschung). In dem begleitenden Informationspaket hieß es schlicht, dass »die gleichen Wege der Freiheit im Lauf der Jahrhunderte und auf der ganzen Welt von Zivilisationen beschritten wurden, die sehr weit voneinander entfernt waren – dem vedischen Indien, dem klassischen China, Griechenland, dem Islam, dem mittelalterlichen Europa und so weiter, bis in die Neuzeit«. In der Ausstellung betonte man, dass »die Menschenrechte, alles andere als willkürliche Konventionen, in Wirklichkeit organische, für die harmonische Entwicklung des menschlichen Lebens notwendige Bedürfnisse sind, die Zeugnis von der Bruderschaft der Menschen ablegen«, und dass »der Weltfrieden von der konkreten und universellen Anwendung der Menschenrechte abhängt«.[11]

Hinweise auf den säkularen Universalismus waren besonders ausgeprägt in den publikumswirksamen Statements der Organisation zum Thema »Rasse«. Von Anfang an hielt man dieses Problem bei der UNESCO für einen der großen Stolpersteine auf dem Weg zum Verständnis der Weltzivilisation. Das von Julian Huxley mitverfasste Buch *We Europeans* war eine viel zitierte Streitschrift gegen den Rassismus aus der Warte der wissenschaftlichen Forschung; darin kamen die Autoren zu dem Schluss, dass »Rasse aus dem Vokabular der Wissenschaft gestrichen werden sollte«. Obwohl Huxleys frühe Ansichten über »Rasse« und Eugenik kompliziert und sogar recht konservativ waren, besann er sich mit der Zeit eines Besseren und leitete eine Organisation, die sich der Ausrottung des Rassismus in allen Formen widmete. Anfang der Fünfzigerjahre startete sie eine internationale Kampagne, um den wissenschaftlichen Rassismus als sozialen Mythos zu diskreditieren, der bei der Beurteilung menschlicher Unterschiede keine Rolle spielen dürfe. Dies wurde am deutlichsten ausgedrückt in der Erklärung über »Rasse« von 1950, an welcher der namhafte Anthropologe Claude Lévi-Strauss maßgeblich mitgewirkt hatte; darin hieß es, dass »alle Menschen derselben Art, *Homo sapiens,* angehören«. Lévi-Strauss' elegische Schrift von 1955 über das Schicksal der Anthropologie, *Tristes Tropiques (Traurige Tropen),* fing diese Verschiebung vom Eurozentrismus hin zu einer Welt getrennter, doch miteinander verbundener Zivilisationen ein. Einige Jahre später sinnierte er über die Krise der Anthropologie nach dem Imperialismus und behauptete, dass »die große Zivilisation des Westens überall als Mischform auftaucht«, womit er die Auffassung des senegalesischen Dichters und Präsidenten Léopold Sédar Senghor und anderer im letzten Kapitel genannter Personen teilte.[12]

Zwischen 1950 und 1967 erschienen vier wichtige Erklärungen über »Rasse«, welche sämtlich die Gleichheit der Menschen und die Fadenscheinigkeit des biologischen Rassismus betonten. Die Texte wurden Wissenschaftlern, Wissenschaftsjournalen und Zeitungen zur weiteren Verbreitung übergeben. Zudem veröffentlichte die UNESCO eine dreiteilige Buchreihe zum Thema *The Race Question in Modern Science, The Race Question and Modern Thought* sowie *Race and Society* (Die »Rassenfrage« in der modernen Wissenschaft, Die »Rassenfrage« und das moderne Denken sowie »Rasse« und Gesellschaft). Die Titel erschienen in Form von Broschüren auf Französisch und Englisch und wurden über die Nationalkommissionen der UNESCO in aller Welt verteilt. Nicht dass sie allgemeinen Beifall gefunden hätten: Anfang der Fünfzigerjahre wurden UNESCO-Publikationen an öffentlichen Schulen in Los Angeles verboten, weil sie dem Geist nach antichristlich, antiamerikanisch und kommunistisch seien, und Südafrika zog sich aus der UNESCO mit der Begründung zurück, diese mische sich mit solchen Texten in die inneren Angelegenheiten des Landes ein. Dennoch fanden die Broschüren in Osteuropa und den Entwicklungsländern großen Anklang – ein Beweis dafür, dass die Organisation ihre Forderungen nach Antirassismus und Weltzivilisation wahr machte. Das Gleiche galt für die amerikanische Bürgerrechtsbewegung, einschließlich der National Association for the Advancement of Colored People (Nationaler Verband zur Förderung der »Farbigen«). Reverend Jesse Jackson erinnerte sich: »Wir zogen durch den Süden, hielten Reden, schwenkten die UNESCO-Studie und sagten, dass Schwarze nicht weniger wert seien. Ein Weltgremium hatte Nachforschungen angestellt und den Schluss gezogen, dass wir nicht minderwertig sind. Das war eine große Sache.« 1967 bediente sich der Oberste Gerichtshof der USA in wegweisenden Entscheidungen ausgiebig bei den »Rassenerklärungen« der UNESCO, um das Verbot von Mischehen in mehreren Staaten als verfassungswidrig aufzuheben. Solche Aktionen trugen dazu bei, die UN-Mitgliedsstaaten zu gewichtigen Fürsprechern des weltweiten Antirassismus zu machen, und sie wurden danach eng mit dem Bürgerrechtskampf von Afroamerikanern und Kolonialismusgegnern in Afrika, Asien und Osteuropa in Verbindung gebracht.[13]

Selektive Erinnerung und Rehabilitation

Die UNESCO-Idee der Weltzivilisation löste rasch eine Kontroverse aus. Ein gutes Beispiel dafür war das heikle Problem der Mitgliedschaft, das am deutlichsten 1951 auf der Tagung der UNESCO-Generalkonferenz in Paris hervortrat. Auf dem Programm stand die Erweiterung der Liste der Mitgliedstaaten, und es gab einige unangenehme Bewerber.

Das Dilemma für die Alliierten unmittelbar nach dem Krieg lief auf die Frage hinaus, was mit den besiegten Achsenmächten geschehen solle. Die UNESCO war das erste große internationale Gremium, das versuchte, diese ehemals faschistischen Länder wieder als gleichberechtigte Partner in die »Nationenfamilie« aufzunehmen. Das Bemühen um internationale Vergebung für einstige Faschisten stieß jedoch auf Widerstand, denn auf allen Seiten herrschte eine unverändert starke Antipathie diesen Ländern gegenüber. Erinnern wir uns zum Beispiel daran, dass das Internationale Olympische Komitee dafür stimmte, deutsche und japanische Sportler zur Strafe für die Kriegsgräuel ihrer Regime von den Spielen 1948 in London auszuschließen, was nach Meinung einiger Beobachter den internationalistischen Geist der Olympischen Spiele untergrub. Die politischen Aktivitäten im Zusammenhang mit der Aufnahme Westdeutschlands, Japans und Spaniens in die UNESCO enthüllten gegensätzliche Auffassungen über die konkrete Bedeutung von Weltzivilisation und postfaschistischer internationaler Gemeinschaft.

Zunächst stieß die Kampagne zur Aufnahme Westdeutschlands und Japans auf Skepsis und Ablehnung. Die tschechoslowakischen und polnischen UNESCO-Beobachter wiesen jegliche Präsenz der Organisation im besetzten Deutschland entschieden zurück. An dieser Stelle sei angemerkt, dass die Sowjetunion, obwohl sie als Charta-Mitglied der UNO fungierte, der UNESCO erst 1954 beitrat und diese zuvor regelmäßig als Werkzeug der amerikanischen Imperialisten schmähte. Die sowjetische Kritik an der UNESCO in den späten Vierzigerjahren wurde durch osteuropäische Mitgliedsländer – Polen, Tschechoslowakei, Ungarn und Jugoslawien – weitergeleitet, die ohne Umschweife argumentierten, dass jegliche Tätigkeit der UNESCO in

Deutschland und Japan ihre Prinzipien des Friedens und der Zusammenarbeit ernsthaft gefährden würde. Diese Ansichten wurden in der Praxis jedoch ignoriert, und bereits vor 1950 ließen sich UNESCO-Vertreter, die ein umfassendes Erziehungsreformprogramm planten, in der neu gegründeten Bundesrepublik und Japan nieder. In den besiegten Ländern wurden internationale Konferenzen organisiert, Bibliotheken und Museen wiedereröffnet und Geschichtsbücher neu verfasst, um gefährlichen Nationalismus auszumerzen. Die junge Organisation brauchte dringend ein paar erfolgreiche Programme als gute Reklame, und die beiden Länder wurden als ideale Kandidaten identifiziert.[14]

Sowohl die japanische als auch die bundesdeutsche Regierung waren sich der diplomatischen Bedeutung der Mitgliedschaft bewusst. In Japan gingen die Annäherungsversuche an die UNESCO zunächst von der Zivilgesellschaft aus. Die japanische Sektion des internationalen Schriftstellerverbands PEN strebte bereits 1947 nach Zusammenarbeit, und der Sendai-Genossenschaftsverband war die erste von der UNESCO sanktionierte Kooperationsorganisation der Welt. Nach und nach erkannten japanische Parlamentarier den symbolischen Wert ihrer Beziehungen zum UN-Ableger als Mittel, Demokratisierung mit Weltfrieden und Integration in die internationale Gemeinschaft zu verbinden.

Eine Schlüsselfigur, die dazu beitrug, die UNESCO und die Bundesrepublik Deutschland zusammenzubringen, war Konrad Adenauers Staatssekretär im Auswärtigen Amt, Walter Hallstein. Er wird gemeinhin mit der starren außenpolitischen Doktrin assoziiert, die seinen Namen trug und besagte, dass die Bundesrepublik ihre Beziehungen zu jedem Land abbrechen werde, das die mit ihr rivalisierende Deutsche Demokratische Republik diplomatisch anerkannte. Es sei jedoch daran erinnert, dass Hallstein bis 1948 Rektor der Frankfurter Universität war, Gründungsvorsitzender des Deutschen UNESCO-Nationalkomitees und in der entscheidenden Phase von

1949 bis 1950 dessen Präsident. Ab Juni 1950 leitete er auch die bundesdeutsche Delegation für die Aushandlung des Schuman-Plans, in dem vorgeschlagen wurde, die französische und die westdeutsche Kohle- und Stahlproduktion einer gemeinsamen Behörde zu unterstellen, und 1951 wirkte er an der Ausarbeitung des Vertrags von Paris mit, aus dem die Europäische Gemeinschaft für Kohle und Stahl hervorging. Für ihn waren all diese Themen eng miteinander verknüpft. Wie andere in Bonn wusste er, dass die Aufnahme in die UNESCO (nicht unähnlich der entsprechenden palästinensischen Kampagne im Jahr 2011) der wesentliche erste Schritt zur Vollmitgliedschaft in der internationalen Gemeinschaft und zur uneingeschränkten staatlichen Souveränität war. Getreu seiner Politik des Kalten Kriegs setzte sich Hallstein dafür ein, dass die Bewerbung der Deutschen Demokratischen Republik bei der UNESCO zum Verdruss ostdeutscher Aktivisten immer wieder auf Eis gelegt wurde – erst 1972 konnte die DDR der Organisation nach etlichen Anträgen beitreten.[15]

Zum Zeitpunkt der Abstimmung 1951 auf der UNESCO-Weltkonferenz in Paris gab es überraschend wenig abweichende Meinungen, schon gar nicht, was Japan anging. Man vertrat die Ansicht, dass der gepriesene Universalismus der UNESCO mit dem Beitritt aller Kandidaten beginnen solle, unabhängig von ihrem vorherigen Verhalten. Auffallend war die Sprache, mit der erklärt wurde, weshalb ehemals faschistische Staaten einzugliedern seien. Der Vertreter Panamas brachte die Mehrheitsmeinung zum Ausdruck, dass man bei der Aufnahme Japans »die Schrecken des Krieges vergessen und alle Gefühle des Grolls sowie alle Rachegelüste verbannen und versuchen muss, jedem dieser Menschen, die der Welt in einem Moment des Wahnsinns ein System der Unterdrückung und des Bösen aufzwingen wollten, all die edlen Empfindungen einzuflößen, von denen die Rede war«. Wie in Kapitel 3 erwähnt, wurde der Europarat zum Teil aus dem Vergessen heraus geboren, und Churchill bezeichnete 1948 in

Den Haag die Vergebung Westdeutschland gegenüber als unerlässlich für den Aufbau eines starken und geeinten Westeuropa.

Die UNESCO dehnte diese Logik von Europa auf die Weltgemeinschaft aus, und das Thema des vorsätzlichen Vergessens war in Bezug auf die Bundesrepublik besonders ausgeprägt. Trotz der lautstarken Einwände des israelischen Vertreters auf der Konferenz 1951, dass sie »nicht den Eindruck einer Gemeinschaft erweckt, welche die moralische Revolution durchgemacht hat, ohne die keine Erlösung möglich ist«, war die Mehrheit anderer Meinung. Ein Delegierter verkündete mutig, dass »die Aufgabe der UNESCO im Wesentlichen eine Mission der Harmonie, Toleranz und bis zu einem gewissen Grad des Vergessens ist«. Nach kurzer Beratung fiel das Votum für beide Länder eindeutig aus. Der Leiter der britischen Delegation und Permanent Secretary im Bildungsministerium, John Maud, hatte für die Bundesrepublik eine verblüffende Begrüßung parat, die es wert ist, ausführlich angeführt zu werden: »Herr Generaldirektor, Sie haben uns die Worte Flauberts zitiert, dass ›die Geschichte wie das Meer schön ist durch das, was sie wegspült‹. Und Sie haben mit Ihrem gewohnten Genie hinzugefügt, dass Sie dem nur zustimmen, wenn Sie ergänzen könnten: ›Die Geschichte ist besonders schön durch das, was sie bestätigt.‹ Was wir gerade getan haben, ist meines Erachtens ein historischer Akt des Glaubens an die Möglichkeit, die hasserfüllten Lehren von Rassismus und Krieg, welche man für immer mit den Nationalsozialisten in Verbindung bringen wird, wegzuspülen, und an die Möglichkeit, das Genie der Deutschen als Künstler, als Denker, als Mitwirkende an der Zivilisation zu bestätigen.« Zum Abschluss sagte Maud: »Es sind der Geist und die Stimme von Leibniz und Goethe und [...] auch die Musik Beethovens, die wir in unserer Familie haben, nun da Deutschland Mitglied der UNESCO ist.« Selten wurden ein derartiger internationaler Segen und der Balsam der selektiven Erinnerung so offen gefeiert. Hallstein, der bei der Zeremonie anwesend war, sah in diesem Moment mit Recht einen grundlegenden »Schritt zur Wiederherstellung normaler Beziehungen zwischen uns und der übrigen Welt«.[16]

Die Politik des wohlwollenden Vergessens gegenüber dem Faschismus ließ sich nicht ganz so leicht mit weiteren Antragstellern in Einklang bringen. Ehemalige faschistische Länder waren eine Sache, gegenwärtige eine ganz andere. Während sich die Diskussion über Japan und die Bundesrepublik meist auf interne Erörterungen mit diffuser Presseberichterstattung beschränkte, löste der Antrag Spaniens 1952 eine heftige internationale Debatte aus. Zeitungen aus aller Welt – vor allem aus Südamerika – verspotteten die von der UNESCO erhoffte moralische Rehabilitierung des faschistischen Spanien, während Persönlichkeiten wie der französische Schriftsteller Albert Camus und der spanische Cellist und Dirigent Pablo Casals die Organisation anflehten, ihre Einladung zurückzuziehen. In einem Artikel der *New York Times* kam man zu dem Schluss, dass »der Wert der UNESCO als einer ›symbolischen und moralischen‹ Kraft gefährdet wäre, wenn sie die Mitgliedschaft einer berüchtigten Diktatur zuließe«. Es war nicht hilfreich, dass der spanische Diktator Francisco Franco während der Debatte Todesurteile gegen mehrere spanische Gewerkschafter verhängt hatte, was internationale Gewerkschaftsführer in Aufruhr versetzte. Dennoch konnte Spanien im selben Jahr, teils dank der konsequenten Unterstützung des Antrags durch die internationale katholische Gemeinschaft, ohne große Umstände beitreten, womit die universalistische Haltung und das Ethos der UNESCO gewahrt wurden. Franco vergeudete wenig Zeit, bevor er aus diesem neuen toleranten Geist Kapital schlug: Im folgenden Jahr unterzeichnete er ein Konkordat mit dem Vatikan und einen Verteidigungspakt mit den USA, wonach sein Land 1955 in die Vereinten Nationen aufgenommen wurde. Die UNESCO war jedoch nicht immer so sanftmütig gegenüber illiberalen Regimen, da sie wenig Vergessen oder Vergebung hinsichtlich kommunistischer Länder pflegte. In der Debatte von 1952 über den Beitritt Rumäniens und

Bulgariens setzte sich die US-Delegation an die Spitze der Attacken gegen beide Länder, indem sie auf deren jüngste Menschenrechtsbilanz verwies. Die tschechische und die polnische Delegation erwiderten, der amerikanische Angriff richte sich »nicht nur gegen das rumänische Volk«, sondern – viel schlimmer – »gegen die Universalität der UNESCO«. So nahm sie in ihrem Bemühen, dem ideologischen Konflikt fernzubleiben und ihren universalistischen Auftrag zu erfüllen, 1956 Bulgarien und 1962 Rumänien widerwillig auf.[17]

Die Geschichte der Menschheit – ein UNESCO-Projekt

Darüber hinaus hatte die UNESCO ein viel grandioseres Projekt angepeilt, um ihrer Philosophie des Universalismus gerecht zu werden. Anfang der Fünfzigerjahre machte sie sich daran, die globale Geschichte für eine Welt umzuschreiben, die aus dem Tod und der Zerstörung des Zweiten Weltkriegs hervorgegangen war. Sie gab eine öffentlichkeitswirksame, inzwischen allerdings fast vergessene sechsbändige Buchreihe mit zahlreichen Autoren heraus: *History of Mankind*, deren Erscheinen sich von den Fünfzigern bis in die Siebziger erstreckte. Das Projekt verfügte über Hunderte von Mitwirkenden und Beratern aus zahlreichen Ländern, und nie wieder hat eine weltgeschichtliche Unternehmung so intensives internationales Interesse und so große Medienaufmerksamkeit geweckt.[18]

Das Vorhaben der UNESCO entstand aus der mutmaßlichen Notwendigkeit, nach 1945 ein verlorenes Gefühl der gemeinsamen Menschlichkeit wiederherzustellen und die Beziehung Europas zur übrigen Welt zu überdenken. Das Projekt für eine neue »Geschichte der Menschheit« wurde von UNESCO-Direktor Julian Huxley vorangetrieben, der von einer Naturgeschichte der Weltzivilisation sprach. Laut Huxley sollte die Aufgabe der UNESCO – in Anerkennung von Wendell Willkies amerikanischem Bestseller *One World* (1943) – der

Schaffung »einer einzigen Welt in den Dingen des Verstands und des Geistes« gelten. Seine Fortschrittsidee war die eines Zusammenschlusses aller separaten Traditionen, die in der Vorwärtsbewegung der »Weltzivilisation« vereint sein würden. Er erklärte: »Zivilisation, denn Zivilisation bedeutet Frieden und ist im Wesentlichen die Technik des friedlichen Lebens. Weltzivilisation, weil Frieden global sein muss und weil die Idee der nur einem Teil der Menschheit übertragenen Zivilisation nicht mit der Verfassung der UNESCO vereinbar ist, sondern Gewalt und Krieg provoziert. Fortschritt der Weltzivilisation, weil sie in den Kinderschuhen steckt und weil wir die dynamische Anziehungskraft eines fernen und immer weiter zurückweichenden Ziels brauchen.« Die *History of Mankind* müsse »alles Gewicht auf die kulturellen Leistungen der menschlichen Rasse« legen »und nur insofern auf Kriege und Politik« eingehen, »als sie sich auf den kulturellen und wissenschaftlichen Fortschritt auswirkten«.[19]

Die Idee, Weltgeschichte zu schreiben, ist tief verwurzelt, auch wenn sie sich als neuzeitlicher Forschungsgegenstand wohl erst am Ende des 19. Jahrhunderts und in der Zwischenkriegszeit herausbildete. Der englische Historiker und Politiker Lord Acton beschrieb sie 1898 als »abgehoben von der vereinigten Geschichte aller Nationen«, denn sie widme sich dem »gemeinsamen Schicksal der Menschheit«. In Deutschland setzten sich die Historiker Karl Lamprecht und Hans F. Helmolt gleichzeitig für ähnliche Ideen der Weltgeschichte ein, in denen internationaler Austausch statt Kriegsführung im Vordergrund stehen müsse. H. G. Wells schrieb in den Zwanzigerjahren, Weltgeschichte sei »etwas mehr und etwas weniger als die Summe der Nationalgeschichten«. In *Die Rettung der Zivilisation* (1921) argumentierte er, dass ein spezifisches Buch der Weltgeschichte, die Bibel, die westlichen Völker jahrhundertelang vereint habe und dass nun ein neues Werk benötigt werde, um die Völker der Welt auf ähnliche Art zusammenzuführen. Spengler und Toynbee verliehen der Idee der Weltgeschichte weitere Popularität, insbesondere in einer Zeit zunehmender Internationalisierung und der Betonung des Nationalstaats. Die meisten dieser Werke wurden aus der Sicht des Westens geschrieben; im Fall von Wells und Toynbee waren ihre Narrative eher Geschichten getrennter, unterschiedlicher Zivilisationen. Beachtenswert ist, dass die Idee der universalen Zivilisation – selbst auf der Grundlage eines westlichen Modells – im späten 19. Jahrhundert bei asiatischen Intellektuellen im Osmanischen und Japanischen Reich eine gewisse Resonanz fand, auch wenn diese Ansichten erst nach dem Ersten Weltkrieg intensiver diskutiert wurden, als sich der Nachdruck auf den möglichen Vorrang unterschiedlicher Zivilisationen verschob.[20]

Eine offenkundige Vorläuferin des UNESCO-Projekts ist H. G. Wells' 1100 Seiten umfassende *Weltgeschichte* von 1920. Dieses Buch war das populärste Geschichtswerk der ersten Hälfte des 20. Jahrhunderts und soll sich bis 1931 über eine Million Mal verkauft haben. Es baute sein Narrativ um Fragen von Evolution, Ökologie und Sozialdarwinismus auf. Julian Huxley kannte Wells und arbeitete sogar mit ihm am Begleitwerk des Bandes, *The Science of Life*, zusammen. Es ist nicht schwierig, mehrere Merkmale zu erkennen, die ihren Weg in die *Mankind*-Unternehmung der UNESCO fanden: das Bestreben, für ein breites Publikum eine lesbare Weltgeschichte vom Beginn der Zeit bis zur Gegenwart zu schreiben; die Konzentration auf die Vorgeschichte der Erde; den Ehrenplatz für nicht westliche alte Zivilisationen wie die Indiens, Ägyptens und Chinas; sowie den roten Faden in Form der Wissenschaft. Wells' Aussagen, dass die Gefahr des Nationalismus in der Entzivilisierung des menschlichen Geistes liege und dass »unsere wahre Nationalität die ganze Menschheit« sei, wurden zu geschätzten Grundsätzen der UNESCO.[21]

Das weltgeschichtliche Projekt erhielt zusätzlichen Glanz durch die Mitwirkung einiger international renommierter Historiker. Arnold Toynbee fungierte als Berater und unterstützte den Plan, eine

Weltgeschichte aus der Perspektive von Wissenschaft und Technik zu schreiben. Nicht minder prominent war der große französische Historiker Lucien Febvre. Er hatte 1929 die angesehene Zeitschrift *Annales d'histoire économique et sociale* gegründet und war in den Dreißigerjahren Vorsitzender des Komitees, das eine Neuausgabe der *Encyclopédie française* betreute. Febvre hatte 1946 als einer der Delegierten Frankreichs in der UNESCO-Vorbereitungskommission in London mitgearbeitet, und mehrere französische Kommentatoren halten ihn für den Urheber der *History-of-Mankind*-Initiative. In einem Bericht von 1949 bezeichnete Febvre es als Ziel des Projekts, »auf den Verstand der Menschen einzuwirken, um das tödliche Virus des Kriegs auszurotten«. 1953 gründete er das *Journal of World History* und erklärte im Vorwort zur ersten Ausgabe, dass die Weltgeschichte der UNESCO »nicht aus jenen sogenannten Helden, jenen ›Geißeln Gottes‹ [bestehen werde], die seit Tausenden von Jahren anscheinend nur in die Welt gebracht werden, um ihren Begierden zu folgen, zu töten, zu plündern und zu verbrennen«. Dagegen »erzeugt [diese Geschichte] keinen Hass. Sie neigt nicht dazu, die ›kleinen Nationen‹ mit dem Gewicht der großen zu zermalmen, sondern sie betrachtet alle als gleichwertige Teilnehmer an einem großen gemeinsamen Unterfangen [...] Und um die Losung jenes Möchtegern-Cäsars zu parodieren, der in Sedan im Schlamm endete, können wir sagen und wiederholen: ›Geschichte ist Frieden.‹« Dies war eine direkte Herausforderung an die Standardnarrative von den großen Männern der Geschichte, denn nun sollte die Beschreibung kriegerischer Eliten durch Chroniken des friedlichen Austauschs zwischen Kulturen ersetzt werden – durch Schriften über die Menschlichkeit auf dem Vormarsch.[22]

Die sechs Bände der *History of Mankind* reichten von der Vorgeschichte bis in die erste Hälfte des 20. Jahrhunderts. Febvre gab den Ton mit den Worten an, dass »keine unbedeutenden Völker existieren, keine armen oder mittellosen Zivilisationen, welche nicht irgendwie zum Aufbau unserer großen und vermessenen Gesellschaften beigetragen haben, die in Wirklichkeit durch Kulturtransfers überleben«. Die zentrale Aufgabe bestand also nicht nur darin, über den Frieden zu schreiben, sondern auch darin, die Weltgeschichte als Bilanz kultureller Interaktion und gegenseitiger Befruchtung darzustellen. Dies mag zunächst etwas banal klingen, vor allem angesichts der heutigen Begeisterung von Berufshistorikern für Netzwerke und Verbindungen als Basis neuer transnationaler Darstellungen. In den späten Vierzigerjahren jedoch war die Auffassung der UNESCO recht originell, nicht zuletzt deshalb, weil jüngere Zivilisationsgeschichten (etwa die Spenglers und Toynbees) ihre Forschungsobjekte weitgehend als geografisch und kulturell getrennte Blöcke mit eigener innerer Logik, eigenem Lebenszyklus und eigenen Errungenschaften konzipiert hatten. Dagegen sollte die Betonung nun auf Handel, Reisen, Migration, der Übertragung von Ideen und sogar auf Krieg liegen, aber nur insofern, als er Einfluss auf Austausch und Interaktion im Bereich der Kultur ausübte. Ein weiteres umstrittenes Merkmal war die klare Abkehr vom Eurozentrismus. Febvres *Journal of World History* vertrat einen entschieden anti-eurozentrischen Standpunkt, und die Berufung des namhaften indischen Historikers und Diplomaten K. M. Panikkar zu einem der Herausgeber von Band 6 der *History of Mankind,* welcher dem 20. Jahrhundert gewidmet war, verlieh diesem internationalistischen Ansatz zusätzliche Glaubwürdigkeit. Dieser wurde auch durch andere Personalien gestützt: Neben Lévi-Strauss und dem libanesischen Philosophen und Menschenrechtsanwalt Charles Malik diente Senghor als Mitglied der Internationalen UNESCO-Kommission für die Geschichte der Menschheit.[23]

Aus all diesen Gründen herrschte große Aufregung über die neue Weltgeschichte. Indische Wissenschaftler billigten das Vorhaben als Mittel, »die Kurzsichtigkeit westlicher Gelehrter zu korrigieren, von denen so viele, die nicht über Griechenland hinausblicken können, dem Osten und insbesondere Indien das Attribut der kulturellen Blüte abgesprochen« hätten. Die Entkolonialisierung lieferte den Ausgangspunkt und den Rahmen für das Projekt. Im letzten Band, der sich mit der Weltgeschichte des 20. Jahrhunderts bis 1960 befasst, wird Gandhi mehr Aufmerksamkeit geschenkt als Hitler, während Kwame Nkrumah und Jomo Kenyatta mehr Beachtung erhalten als Josef Stalin oder Benito Mussolini. Die UNESCO sah Zivilisation und Frieden als Synonyme an, und die neue Geschichte war als Aufzeichnung der zivilen Leistungen der Menschheit gedacht, das heißt als Alternative zu einer gespaltenen und aggressiven Welt des Kalten Kriegs.

Daneben organisierte die UNESCO begleitende Konferenzen, zu denen Lehrer aus Gebieten mit endemischen historischen Konflikten zusammenkamen: aus Deutschland und Frankreich, Japan und China, Mexiko und den Vereinigten Staaten. Sie sollten neue Lehrbücher verfassen, die den militanten Nationalismus infrage stellten und im Namen des politischen Friedens historische Gemeinsamkeiten betonten. Nicht zufällig begrüßte die *New York Times* dieses Vorhaben als »großes und beispielloses Verlagsprojekt«.[24] In Deutschland und Frankreich beispielsweise entstanden unter anderem aus dieser Initiative heraus seit 1951 immer wieder gemeinsame Schulbuchempfehlungen, eine Zusammenarbeit, die sich bis heute fortsetzt und seit 2006 auch zu einem gemeinsamen Lehrwerk für den Geschichtsunterricht führte.

Noch bevor man die Bände der *History of Mankind* Mitte der Sechzigerjahre veröffentlichte, wurde das Unterfangen in die Konflikte des Kalten Kriegs hineingezogen. Einerseits meinten die Sowjetunion und ihre kommunistischen Verbündeten, dass die Geschichte der Arbeiterklasse in den Entwurfsbänden unterbewertet worden sei, insbesondere in der letzten Ausgabe über das 20. Jahrhundert. Der sowjetische Delegierte in der Kommission, Alexander Sworikin, brachte dementsprechend über 500 Seiten mit Einwänden gegen die

Charakterisierung des Kommunismus, der technologischen Entwicklungen in der UdSSR, ihrer Wirtschaft und ihres politischen Systems zu Papier. Andererseits äußerten auch Religionsführer – seien es Katholiken, Protestanten oder Juden – Unzufriedenheit mit dem Projekt; die Gründe reichten von seiner angeblich atheistischen Orientierung bis zur Verharmlosung der jüdischen Geschichte. Die schärfsten Vorwürfe stammten aus einer überraschenden Quelle: der katholischen Kirche. Schon früh hatte man versucht, sie gewogen zu stimmen: 1949 wurde ein ständiger päpstlicher Botschafter bei der UNESCO ernannt, und der Nuntius in Frankreich, Angelo Giuseppe Roncalli (der spätere Papst Johannes XXIII.), wurde eingeladen, im Juli 1951 eine Rede vor der UNESCO-Weltkonferenz zu halten. Anfang der Fünfzigerjahre hatte der Vatikan ausgiebige Kritik an den ersten Textentwürfen der Weltgeschichte geübt. Die christliche Skepsis gegenüber dem UNESCO-Projekt vertiefte sich im Anschluss an die oben besprochene Wanderausstellung mit dem Titel »The Human Rights Album«, in der das Christentum kaum eine Rolle spielte und Jesus unerwähnt blieb. Die christliche Presse aus aller Welt – aus Frankreich, Italien, Spanien, der Schweiz, Kanada, Mexiko, den USA und sogar der Tschechoslowakei – überschüttete die Bände der neuen Weltgeschichte mit Kritik. 16 konservative französische Abgeordnete unterzeichneten ein Schreiben, in dem sie die UNESCO beschuldigten, mit »dem Einfluss einer antichristlichen Ideologie« hausieren zu gehen.[25]

Das *History-of-Mankind*-Projekt mag politische, doch nicht unbedingt fachliche Vorzüge gehabt haben. In der Presse bemängelte man seine Version der Geschichtsschreibung. Es präsentiere eine liberale Schwammigkeit, mit deren Hilfe Vergangenheit und Gegenwart als vereinigend und vernünftig, friedlich und friedfertig geschildert würden – in deutlichem Kontrast zu der gefährlichen Welt des Kalten Kriegs, die den meisten Beobachtern wenige derartige Pluspunkte zu bieten habe. Die Presserezensionen zu Band 6 über das 20. Jahrhundert waren äußerst gemischt. Während einige Verfasser ihn als »wertvolles und faszinierendes Werk« würdigten, waren andere unschlüssig. Ein indischer Rezensent bemerkte, dass das Projekt letztendlich seine eigenen Ziele untergraben habe: »Beabsichtigt war, internationales Verständnis zu fördern. Doch wie ist die Reaktion auf die bereits veröffentlichten Bände? Bei den Völkern verschiedener Länder, insbesondere der kommunistischen sowie der neuen unabhängigen und sich entwickelnden Staaten, wurden einige schlimme Gefühle geweckt.« Das Bemühen, die Welt der zu Gewalt führenden Emotionen aus der Geschichte auszuschließen, missfiel einem Rezensenten des *Guardian:* »Das Ergebnis ist ein gemäßigter, einvernehmlicher Liberalismus mit mehreren Minderheitsberichten«, und weiter: »wenn Archäologen ihn in den Überresten des UNO-Hauptquartiers ausgraben, werden sie wahrscheinlich einen neuen Konsens finden, nämlich den, dass es die Dinge waren, welche diese Geschichte auslässt – die Emotionen und Wutausbrüche der Menschen –, die zur gewaltsamen Zerstörung der Stadt führten, in deren Schichten er entdeckt wurde«. Konservative amerikanische Journalisten wetterten gegen das Weltgeschichtsprojekt, denn es sei eine finstere Verschwörung mit dem Ziel, »die Individualität der Menschen und die Liebe zu ihrem Land zugunsten der miasmatischen Visionen eines Pulks von Bürokraten [auszulöschen], die mit einer Nahrung aus Globalschwachsinn aufgezogen wurden«. In muslimischen Ländern lehnte man die wohlwollende Interpretation der christlichen Kreuzzüge ab, und es gab Klagen über den relativen Mangel an afrikanischen und südamerikanischen Geschichtsdetails.[26]

Ungeachtet des Wirbels und der Investitionen erreichte das zwei Jahrzehnte während, mehrbändige internationale Geschichtsprojekt der UNESCO weder das angestrebte Ziel noch ein breites Publikum. Dies lag zum Teil daran, dass sich die UNESCO und die Welt verändert hatten. Jaime Torres Bodet, der bedeutende mexikanische

Diplomat und Schriftsteller, der Huxley als zweiter Generaldirektor nachfolgte, konzentrierte die Energie der Organisation auf technische Hilfe für ärmere Länder und lenkte die Aufmerksamkeit von der Weltzivilisation hin zu praktischeren konkreten Aufgaben mit greifbaren Resultaten. Außerdem stieg die Zahl der Mitgliedstaaten zwischen 1946 und 1956 von 30 auf 80 – viele dieser nun unabhängigen Länder waren den Ideen der Weltzivilisation gegenüber misstrauisch und zogen es vor, neue Narrative über Nationswerdung und nationalistische Errungenschaften zu schaffen. Sogar der Titel des Vorhabens – *History of Mankind* – wirkte jämmerlich veraltet, da »Mankind« als sexistisches Relikt aus einer unverbesserlichen Vergangenheit angesehen wurde. Das Projekt war ein letztes Aufbäumen der damaligen Sprache und der Zivilisierungsmission selbst, bevor sie stillschweigend durch »Entwicklung« als politisch korrekteres Schlagwort für die Beziehungen zwischen der Ersten und der Dritten Welt ersetzt wurde. Anders ausgedrückt: Was in den Vierzigerjahren fortschrittlich gewesen war – die Herausgabe einer neuen Universalgeschichte der Menschheit –, wurde Mitte der Sechziger als konservativ oder sogar als neokolonial empfunden. Tatsächlich ließ der Algerienkrieg einige der integrationistischen politischen Maßnahmen der UNESCO als eher rückwärtsgewandt und imperial erscheinen, besonders infolge der Aussagen der Organisation, dass inländischer Rassismus (und nicht Kolonialismus) das eigentliche aktuelle Problem sei. Nichtsdestoweniger verzeichnete die Weltzivilisierungsmission der UNESCO in anderen Bereichen große Erfolge.[27]

Die Rettung und Bewahrung von Kulturgütern

Der bei Weitem spektakulärste Einsatz der Organisation war die Rettung nubischer Denkmäler aus den Gewässern des Nassersees zwischen Südägypten und Nordsudan. Kein Ereignis war beispielhafter für den beständigen Auftrag der UNESCO, die Weltzivilisation zu erbauen und ihre Relikte zu schützen, und als solches lieferte es eine lehrreiche Veranschaulichung des Internationalismus im Kalten Krieg. Nach 1945 war die Internationalisierung der Pflege des Kulturerbes eng mit dem Staatenbau und der Schaffung neuer nationaler Identitäten verbunden, wie die Rückgewinnung von Denkmälern, religiösen Stätten und Naturparks auf der ganzen Welt zeigte. Die UNESCO stellte sich diesen Tendenzen entgegen und machte große Fortschritte bei der Zusammenführung von Völkerrecht, historischer Konservierung und interkultureller Bewusstseinsbildung über das materielle Erbe der Weltzivilisation. Das nubische Denkmalschutzprojekt spielte eine besondere Rolle in diesem Kulturkreuzzug und wurde als Beweis dafür begrüßt, dass ein globales Bewusstsein hinsichtlich des Welterbes trotz geopolitischer Gegensätze und ideologischer Unterschiede bestehen konnte und auch bestand. Infolge der Bemühungen Gamal Abdel Nassers, den Bau des ägyptischen Assuan-Hochdamms in den frühen Sechzigerjahren zu beschleunigen, wurde das uralte Land Nubien Schauplatz eines Zusammenpralls zwischen Fortschritt und Bewahrung, der ein weltweites Medienecho hervorrief. Die Internationale UNESCO-Kampagne zur Rettung der Denkmäler von Nubien sprach eine in der Nachkriegszeit typische Sensibilität für das gemeinsame, doch gefährdete kulturelle Erbe der Menschheit an. Wie ein zeitgenössischer Kommentator ironisch schrieb: »So weckte Nubien, das arme, vergessene und nun dem Untergang geweihte Nubien, in seinen letzten Tagen das Interesse der Menschheit.«[28]

Nassers Assuan-Hochdamm-Projekt begann 1960, und bis zur Fertigstellung vergingen zehn Jahre. Während die ersten Pläne zur Zähmung des Nils bis in pharaonische Zeiten zurückgehen, nahmen die neuzeitlichen Versuche, ein Reservoir zu konstruieren, um überschüssiges Wasser aus den großen Überschwemmungen des Nils zu speichern, ihren Anfang mit dem Bau des ersten Assuan-Staudamms zwischen 1898 und 1902. Er wurde von britischen Ingenieuren entworfen und war hauptsächlich für den Baumwollanbau bestimmt. 1912 und dann 1933 erhöhte man den Damm, um den wachsenden Wasserbedarf Ägyptens zu decken. Vor dem Abschluss des ersten Baus wuchs die Besorgnis bei Ägyptologen und anderen über das Schicksal unternubischer Völker und der Ruinen der jahrtausendealten nubischen Kultur, sobald das Gebiet hinter dem Damm überflutet sein würde. Man schloss hastige Kompromisse – der berühmte Tempel von Philae zum Beispiel durfte fünf Monate im Jahr halb unter Wasser stehen. In diesem Fall wurden die Denkmal- und Umweltschützer weitgehend von den Technokraten überrollt, welche die Unterwerfung des Nils für landwirtschaftliche und wirtschaftliche Zwecke forcierten.[29]

Der Konflikt zwischen Alt und Neu spitzte sich 1952 nach dem Militärputsch zum Sturz der Monarchie noch stärker zu. Die Regulierung des Nils diente als politischer Eckpfeiler der jungen Vereinigten Arabischen Republik, und der Damm wurde wegen seiner zentralen Symbolik als Nassers Pyramide der Neuzeit bezeichnet. Im Juli 1956 kündigte er seine Absicht an, den Suezkanal zu verstaatlichen, um mit den daraus erzielten Einnahmen den Bau des Staudamms und die Schaffung des 550 Kilometer langen künstlichen Nassersees zu ermöglichen. Infolge des Kriegsausbruchs im selben Jahr war Ägypten dringend auf Unterstützung angewiesen, und 1958 bot die Sowjetunion finanzielle Hilfe für das Vorhaben sowie die erforderlichen Techniker und schweren Maschinen an. Der gemeinsame Staudammbau löste erhebliche Kalte-Kriegs-Dramatik aus, denn er diente als Inbegriff einer neuen sowjetisch-afrikanischen Achse sowie als Vorzeigeobjekt sowjetischer Ingenieurskunst (obwohl Moskau lediglich einen früheren westdeutschen Entwurf modifizierte).

Die internationale Bewahrung von Kulturgütern war etwa ein Jahrhundert zuvor angedacht worden, oftmals als Reaktion auf die zerstörerischen Kräfte des Kriegs. So wurden Plünderungen im Gefolge der Napoleonischen Kriege zu einer moralischen Schlüsselfrage, und internationale Verträge (beginnend mit der Brüsseler »Deklaration über die Gesetze und Gebräuche des Krieges« von 1874) waren ausdrücklich der Wiedergutmachung von Schäden und Zerstörungen an Staatseigentum aller Art in Kriegszeiten gewidmet. Nach dem Ersten Weltkrieg wurde dem Thema wiederum internationale Aufmerksamkeit zuteil. Der Völkerbund und seine neue Internationale Kommission für historische Denkmäler bemühten sich um die Schaffung neuer rechtlicher Instrumente zum Schutz von Kulturgütern und um zwischenstaatliche Zusammenarbeit. Der erste Versuch des Völkerbunds, eine Initiative zur Erhaltung des kulturellen Erbes einzuleiten, fand 1922 inmitten der internationalen Begeisterung statt, die mit dem Fund des Grabes von König Tutanchamun Anfang des Jahres verbunden war. Das Internationale Museumsbüro des Völkerbunds wurde 1926 gegründet, um die Mission fortzusetzen, und im Abschlussbericht seiner hochrangig besetzten Konferenz in Athen 1931 hieß es, dass »die Frage der Erhaltung des künstlerischen und archäologischen Erbes der Menschheit von Interesse für die Gemeinschaft der Staaten ist, die als Hüter der Zivilisation fungieren«.[30]

Nach 1945 unternahm man Schritte, diesen Traum der Zwischenkriegszeit wiederzubeleben und auszuweiten, sogar in dem Maße, dass kulturelle Verheerungen im internationalen Rahmen als Straftaten zu gelten hätten. Im Nürnberger Prozess wurde die Vernichtung von Kulturgütern zu einem Verbrechen gegen die Menschlichkeit erklärt. So sah sich Alfred Rosenberg, der berüchtigte Beauftragte Hitlers für die ideologische Erziehung im Dritten Reich, wegen der unrechtmäßigen Inbesitznahme von Kulturschätzen durch seine Dienststelle angeprangert. Der Auftrag der UNESCO zum Schutz des Kulturerbes begann im Lauf des folgenden Jahrzehnts Gestalt anzunehmen. Das schwere Erdbeben in Cuzco, Peru, im Jahr 1950, bei dem rund 30 000 Menschen obdachlos wurden, war der Auslöser für ihre erste Mission zur Rettung archäologischer Stätten. Die Organisation entsandte Teams, gebildet aus internationalen Archäologen, Kunsthistorikern und technischen Experten, die mit peruanischen Einheimischen zusammenarbeiteten, um die Inka-Ruinen zu retten, und allem Anschein nach handelte es sich um eine sehr erfolgreiche Initiative. Die neue globale Sicht der UNESCO fand zudem Ausdruck in der Haager Konvention von 1954 über den »Schutz von Kulturgut bei bewaffneten Konflikten«, einer aktualisierten und gestärkten Fassung der gleichnamigen Konventionen von 1899 und 1907. Darin hieß es: »Kulturgut, das irgendeinem Volk gehört, ist zugleich das kulturelle Erbe der ganzen Menschheit.«[31]

Die UNESCO benötigte ein großes Projekt, um ihre neue Rolle als Hüterin der Weltzivilisation herauszustellen, und der Zeitpunkt der Bedrohung nubischer Denkmäler hätte nicht günstiger sein können. Seit dem Moment, als sich Ägypten vom 70 Jahre währenden Einfluss der britischen Streitkräfte befreit hatte, betrachtete Nasser die UNESCO als unparteiische überstaatliche Alternative zu westlichen Institutionen. In den frühen Fünfzigerjahren wuchs das Interesse an den Nubiern bei *National-Geographic*-Fotografen, und die Kampagne zur Rettung der Denkmäler von Nubien sollte auf dieser internationalen Publizität aufbauen. Die Experten holten Vorschläge aus verschiedenen Teilen Europas ein und entschieden sich schließlich für einen schwedischen Plan, die Tempelfassaden und -mauern in große Blöcke zu zerlegen, sie an einen sicheren Ort zu transportieren und dann auf höherem Gelände wiederzuerrichten. Felsentempel sollten aus den Klippen gemeißelt und in Teilstücken befördert werden, während man frei stehende Tempel zerlegen, abtransportieren und neu errichten wollte (Bild 30). Um sich Unterstützung zu verschaffen, organisierte Kairo die Ausstellung »5000 Jahre ägyptische Kunst«, die ihre Welttournee 1960 in Brüssel begann.[32]

Im März 1960 gab der Generaldirektor der UNESCO, Vittorio Veronese, den Startschuss zum internationalen Appell. Er plädierte für

Die Rettung und Bewahrung von Kulturgütern   395

30 Rettung nubischer
Denkmäler, Abu Simbel,
UNESCO, Ägypten, 1965.

die erhabene Sache der universalen Zivilisation: »Diese Denkmäler, deren Verlust tragischerweise nahe bevorstehen könnte, gehören nicht nur den Ländern, die sie treuhänderisch verwalten«, denn sie seien »Teil eines gemeinsamen Erbes, das die Botschaft des Sokrates und die Fresken von Ajanta, die Mauern von Uxmal und Beethovens Sinfonien umfasst«. Die Sprache der Rechte und des juristischen Schutzes rückte in den Mittelpunkt der Kulturerbe-Kampagne. Während die Rettungsaktion für die berühmten nubischen Denkmäler am Anfang des 20. Jahrhunderts von Ägyptologen mit der Erforschung biblischer Narrative und mit »Rassenmischungstheorien« gerechtfertigt worden war, stützten sich die Maßnahmen der Sechziger auf das entschieden säkulare Ideal der universalen Zivilisation, welche das Altertum durch die Konzepte von Wissenschaft, Kultur und Frieden mit der Gegenwart verbinde. Diese Initiative stellte die staatliche Souveränität auf subtile Art infrage. Bis dahin hatten alle Denkmäler innerhalb eines Staats ausschließlich nationale Bedeutung gehabt und sollten von den individuellen Regierungen gepflegt werden, doch nun hatten sich die Umstände geändert. Wie Ali Vrioni, der Direktor des Dienstes für die Denkmäler Nubiens bei der UNESCO, bemerkte: »Zum ersten Mal hat die Welt eine organisierte internationale Aktion zur Rettung von archäologisch wertvollen Monumenten erlebt, die rechtlich gesehen allein den beiden Ländern gehören, in denen sie sich befinden.«[33]

Die Medienkampagne lief mittlerweile auf Hochtouren, und die UNESCO unterstrich ihre Dringlichkeit in einer Reihe von Publikationen. 1961 zog eine Ausstellung der Tutanchamun-Schätze durch die USA und trug dazu bei, das Interesse an den gefährdeten nubischen Denkmälern zu wecken. Im selben Jahr richtete Präsident John F. Kennedy eine leidenschaftliche Bitte an den Kongress, amerikanische Hilfe bereitzustellen, und begründete dies mit dem Ziel der Zivilisation: »Die Vereinigten Staaten, eine der jüngsten Zivilisationen, haben seit Langem eine tiefe Achtung vor dem Studium vergangener Kulturen und tragen Sorge um die Erhaltung der großen Errungenschaften der Menschheit im Bereich der Kunst und des Denkens«, denn »dadurch, dass wir an der Bewahrung vergangener Zivilisationen mitwirken, werden wir unsere eigene stärken und bereichern«. Die USA versuchten, ihr mangelndes Engagement für das Assuan-Staudamm-Projekt wettzumachen, und folgten dem Aufruf zur Rettung der antiken Denkmäler, indem sie dem finanziellen Engagement Ägyptens in Höhe von zehn Millionen Dollar gleichkamen. Daneben fanden Ausstellungen sowohl in den USA als auch in Europa statt, und mehrere Länder (beispielsweise Ägypten und Libyen) gaben Gedenkmarken heraus, damit die Thematik im Blickpunkt der Öffentlichkeit blieb (Bild 31).

Die europäische Dimension war ebenfalls bedeutsam. Den Vorsitz des ursprünglichen Ehrenkomitees von Schirmherren der nubischen Kampagne hatte König Gustav VI. Adolf von Schweden inne; ihm standen Königin Elisabeth von Belgien, Königin Friederike von Griechenland, Prinz Mikasa von Japan, UNO-Generalsekretär Dag Hammarskjöld, Julian Huxley und Frankreichs Kulturminister André Malraux zur Seite. Letzterer schwärmte von der erhabenen Aufgabe der UNESCO, die Verdorbenheit der Vergangenheit ungeschehen zu

  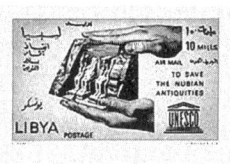

31 Gedenkmarken für die »Save-the-Monuments-of Nubia«-Kampagne der UNESCO, Ägypten und Libyen.

machen und die Weltgeschichte, gestaltet von einer dem Frieden und der Eintracht verpflichteten »Menschenfamilie«, neu zu begreifen. Er drückte es folgendermaßen aus: »In dem Moment, da unsere Zivilisation eine geheimnisvolle Transzendenz in der Kunst und eine der noch undurchsichtigen Quellen ihrer Einheit erahnt, in dem Moment, da wir die Meisterwerke so vieler Zivilisationen, die nichts voneinander wussten oder sich sogar hassten, in eine einzige Familienbeziehung integrieren, zielen wir auf eine Aktion ab, die alle Menschen zusammenführt, um den Kräften der Auflösung zu trotzen.«[34]

Auf den ersten Blick scheint Malraux' Befürwortung des Projekts völlig im Einklang mit dem umfassenderen Auftrag der UNESCO zu stehen. Sie hatte ihren Sitz in Paris und galt als spezifisch französische Einrichtung, was ihren Kampf für Definition und Verteidigung der Weltzivilisationsidee betraf. Allerdings sollte daran erinnert werden, dass Malraux in den Zwanzigerjahren schwerlich eine Gestalt gewesen war, die man mit progressiver Kultur in Verbindung bringen konnte. 1924 wurde er skandalöserweise angeklagt, während einer Expedition zur Erforschung antiker Denkmäler der Khmer-Architektur mehrere Steinstatuen und Basreliefs aus dem Tempel von Banteay Srei in Kambodscha gestohlen zu haben. Angeblich war er darauf hingewiesen worden, dass es illegal sei, die Skulpturen zu entfernen, doch rechtfertigte er seine archäologische »Bergung« letzten Endes damit, dass sich der Tempel in einem Zustand völliger Vernachlässigung und Verwahrlosung befunden habe. Folglich sei das Gebäude unter die Kategorie »verlassenes Eigentum« *(res derelicta)* gefallen und habe niemandem gehört, zumal es bis dahin von keiner anerkannten Behörde klassifiziert worden sei. Malraux und sein Begleiter wurden festgenommen, als sie versuchten, eine Tonne Material über Saigon nach Paris zu befördern, und sein Prozess in Phnom Penh wuchs sich zu einer *cause célèbre* aus (der sogenannten Angkor-Affäre), bei der es um das internationale Eigentum an Kulturgütern ging, von den französisch-indochinesischen Beziehungen ganz zu schweigen. Die gestohlenen Stücke wurden schließlich zur Tempelmauer zurückgebracht (wo sie noch heute zu finden sind), und das Eigentumsrecht fiel dem Staat zu. Es mag heuchlerisch erscheinen, wenn solch eine Person für die Bedeutung des Welterbes eintritt, doch man kann dem entgegenhalten, dass die Bekehrung von Malraux zur universalistischen Sache kennzeichnend für eine veränderte globale Sensibilität nach 1945 gewesen ist. Sein Gesinnungswandel zeigte deutlich, dass das Projekt der UNESCO im Wesentlichen ein Versuch war, die Archäologie (und die Zivilisation selbst) ein für alle Mal aus der Sphäre des Imperialismus und Nationalismus hinauszuführen. In Malraux' Augen beruhte die gesamte Rettungsaktion auf »einer Art Tennessee Valley Authority der Archäologie«, also auf einem körperschaftlichen Unterfangen und damit auf der »Antithese zu der gigantischen Angeberei, mit dem große neuzeitliche Staaten versuchen, sich gegenseitig zu überbieten«.[35]

Ägypten und Sudan beharrten auf ihren nationalen Ansprüchen auch dann noch, als sie bereits mit der UNESCO zusammenarbeiteten. Die ägyptische Regierung finanzierte etwa ein Drittel des Projekts, wobei ihre Vorstellungen subtil von denen der UNESCO abwichen. Ihr Kulturminister Tharwat Okasha erklärte, dass die nubischen Monumente an erster Stelle Ägypten gehörten. Nasser, der ein paar Jahre zuvor kein Interesse an dem Thema gezeigt hatte, änderte plötzlich seinen Standpunkt hinsichtlich des Eigentums an den Ruinen: »Wir setzen unsere Hoffnung auf die Bewahrung der nubischen Schätze, um Denkmäler am Leben zu erhalten, welche nicht nur uns als ihren Hütern am Herzen liegen, sondern der ganzen Welt, die glaubt, dass die alten und neuen Bestandteile der menschlichen Kultur zu einem harmonischen Ganzen verschmelzen sollten.« Das nationale Element dieser internationalen Rettungsmission wurde auch von sudanesischen Amtsträgern unterstrichen, die das Projekt lobten, weil es »bei den Sudanesen Interesse an ihrer eigenen Vergangenheit und ihrem kulturellen Erbe geweckt« habe.[36]

Im Wettlauf gegen die Zeit schickten rund 25 Länder hastig Archäologenteams nach Nubien, um die Denkmäler zu erfassen, zu bergen und zu verlegen, bevor sie vom Nil überflutet wurden. Die Teams arbeiteten in Tag- und Nachtschichten und wandelten die Tempel zu Forschungs- und Dokumentationszwecken in Filmstudios um. In Abu Simbel konnte man Arabisch, Englisch, Deutsch, Französisch, Spanisch, Italienisch, Schwedisch und Polnisch hören, während Archäologen und Techniker offenbar harmonisch und freundschaftlich zusammenarbeiteten. Zu Archäologenteams aus Spanien, Skandinavien, Ghana, den Vereinigten Staaten und einer gemeinsamen französisch-argentinischen Mission kamen wichtige Experten aus Großbritannien, der Bundesrepublik Deutschland und Italien hinzu. Unterstützung wurde von beiden Blöcken des Kalten Kriegs geleistet, und man sah Mitarbeiter aus der UdSSR, der DDR, Ungarn, der Tschechoslowakei, Polen und Jugoslawien. Die Expedition der Polnischen Akademie der Wissenschaften und des Nationalmuseums in Warschau machte einige der bedeutendsten Entdeckungen: Sie stieß auf eine Kathedrale aus dem achten Jahrhundert, die am Standort einer alten Kirche errichtet worden war und bei deren Ausgrabung über 100 zwischen dem achten und elften Jahrhundert entstandene Fresken zum Vorschein kamen. Jugoslawische Zeitungen berichteten gründlich über das Projekt, wobei sie sich besonders auf die Experten ihres eigenen Landes im sudanesischen Nubien konzentrierten. Die osteuropäischen Teams brüsteten sich in zahlreichen Publikationen mit ihren Leistungen. Zusätzlichen Glanz verbreitete Kronprinzessin Margrethe von Dänemark, die 1962 als Mitglied der skandinavischen Mission eintraf. Berichten zufolge beeindruckte sie alle Anwesenden dadurch, dass sie den luxuriösen Aufenthalt im Nile Hotel zugunsten der Unterbringung mit den Angehörigen ihres Teams ablehnte, um in die »nubische Lebensweise« hineinzuschnuppern.[37]

Aber es war weniger der Glamour als der einzigartige, für den Kalten Krieg untypische Geist der internationalen Kooperation, der den Journalisten damals auffiel. Ein Reporter der *New York Times* zeigte sich 1961 erstaunt darüber, wie das Projekt Länder zusammenführte, die einander offiziell nicht anerkannten (etwa Spanien und die UdSSR) oder die in einen politischen Konflikt verwickelt waren (Indien und Pakistan): »Es schien keinen Kalten Krieg im Land von Kusch [Bezeichnung eines Reichs im antiken Nubien] zu geben«, da Moskau und Washington, »die so fieberhaft um die Zukunft ganz Afrikas ringen, Hand in Hand arbeiten, um seine Vergangenheit zu schützen«. UNESCO-Direktor Vittorio Veronese konnte sich nicht enthalten, seine Organisation dafür zu rühmen, dass »aus einem Land, welches im Lauf der Jahrhunderte Schauplatz – oder Objekt – so vieler begehrlicher Dispute war, ein überzeugender Beweis internationaler Solidarität hervorgeht«.[38]

Am 10. März 1980 fand die lang erwartete Zeremonie zur Rettung von zwei Dutzend der berühmtesten nubischen Statuen, die aus dem Nassersee gerettet worden waren, mit feierlichem Prunk statt; sie krönte eine beispiellose 20-jährige internationale Kampagne zur Rettung der Denkmäler. Am Ende wurde das Projekt durch Dutzende von Ländern und Nichtregierungsorganisationen im Verein mit Tausenden von Archäologen, Technikern und Freiwilligen in einem gemeinsamen Unterfangen realisiert. Es war gekennzeichnet von Spendensammlungen, politischem Willen und technischer Virtuosität, welche die Spaltungen des Kalten Kriegs überwanden. Die UNESCO-Kampagne kann in archäologischer Hinsicht unzweifelhaft als großer Erfolg eingestuft werden, schon weil sie allgemeinere Ideen und Praktiken des internationalen Denkmalschutzes in Gang setzte. Die globale Rückgewinnung antiker Ruinen als Eigentum der Menschheit (verwaltet von der UNESCO) fand 1964 in der Internationalen »Charta über die Konservierung und Restaurierung von Denkmälern und Ensembles«, der sogenannten Charta von Venedig, ihren formellen Ausdruck. Ende der Sechzigerjahre wurde das neue Konzept der Welterbestätten, das eine gemeinsame Sprache schuf, durch den wachsenden Glauben untermauert, dass die Verteidigung des Weltkulturerbes zur Förderung von Toleranz und internationalem Frieden beitragen würde. Die Ideale der Weltzivilisation erlangten 1972 mit der formellen Verabschiedung des »Übereinkommens zum Schutz des Kultur- und Naturerbes der Welt« zusätzliche Glaubwürdigkeit. Darin wurde hoffnungsvoll verkündet, dass die internationale Gemeinschaft verpflichtet sei, jede Nation bei der Erfüllung dieser Aufgabe zu unterstützen, wenn deren eigene Mittel nicht ausreichten. Während 1978 nur 12 Stätten auf der ersten Liste des UNESCO-Welterbes standen, findet man dort heute über 900 Einträge.[39]

Der Erfolg des Projekts lieferte den Anlass zu Bergungsaktionen in anderen Ländern. Florenz und Venedig erholten sich von den Überschwemmungen des Jahrs 1966 weitgehend dank der internationalen UNESCO-Spendensammlung. Die buddhistische Tempelanlage Borobudur in Indonesien wurde zwischen 1970 und 1983 unter der Ägide der UNESCO gereinigt und restauriert. Die ägyptische Regierung übergab vier Tempel zum Zeichen der Wertschätzung an andere Länder – Debod an Spanien, Taffa an die Niederlande, Dendur an die USA, Ellesija an Italien –, damit sie dem weltweit ausstrahlenden nubischen »Freilichtmuseum« angegliedert wurden. Infolge des Projekts erbaute die Regierung auch das Nubische Museum in Assuan und das Nationalmuseum der Ägyptischen Zivilisation in Kairo.

In einem sehr konkreten Sinne veränderte die nubische Rettungsmission die globale Praxis der Archäologie für alle Zeiten. Es handelte sich – laut einem Artikel des *Guardian* von 1966 – in der Tat um die »spektakulärste archäologische Rettung, die die Welt je gesehen hat«, und sie prägt seither die Verwaltung von Kulturerbestätten auf der ganzen Welt.[40]

Brückenbauerin UNESCO

Die UNESCO-Mission war in mehrfacher Hinsicht bedeutsam. Beispielsweise bieten die frühen Debatten einen außerordentlichen Einblick in die Aufrufe zum »Vergeben und Vergessen« auf überstaatlicher Ebene, während man die Eine-Welt-Sicht der Zivilisation verstärkte, die auf der Integration ehemaliger faschistischer Feinde in die internationale Gemeinschaft beruhte. Im Fall der Bundesrepublik und Japans spielte die UNESCO eine unterstützende Rolle, indem sie den einstigen faschistischen Kriegsteilnehmern half, ihre neue Identität als »Zivilregime« und Musterexemplare einer veränderten Weltordnung zu gestalten. Die Beitrittsdebatten offenbarten den Moment, in dem ein internationales System dafür sorgte, dass ein anderes still und leise beerdigt wurde, hier das Gespenst des Faschismus. So verzahnten sich die heilenden Kräfte des Internationalismus exakt mit einer Politik des nationalen Wiederaufbaus, betrieben von den Verlierern des Zweiten Weltkriegs.

Durch ihre diversen Initiativen knüpfte die Organisation Kontakte zur Zusammenarbeit über die Gräben des Kalten Kriegs hinweg. Seit den Vierzigerjahren war sie eine geschätzte Vermittlerin ungewöhnlicher Gedanken über das Weltgeschehen und des Kulturaustauschs zwischen ideologischen Lagern. Auch trug sie nach dem Krieg dazu bei, die Beziehungen zwischen Europa und der übrigen Welt neu zu konzipieren. Westlichen Führungsschichten diente die UNESCO als globale Plattform, um von der Idee der kulturellen und »rassischen« Vorherrschaft des Westens abzurücken, da die Organisation sich für ein Modell der Einheit in der Vielfalt der Weltzivilisationen starkmachte. Ihre weltweiten auf Archäologie und Entwicklung ausgerichteten Projekte sowie ihre Erklärungen zum Thema »Rasse« brachten ihr das Vertrauen der neuen afrikanischen und asiatischen Eliten ein, die sich zunehmend an die UNESCO wandten, um kulturelle und materielle Hilfe beim Aufbau der Infrastruktur ihrer nun unabhängigen Nationalstaaten zu erhalten. Die Organisation sponserte in den Sechzigern in mehreren afrikanischen Ländern zudem eine Reihe internationaler Konferenzen über die Frühgeschichte des Kontinents und ließ Senghors (im letzten Kapitel behandelten) sensationellem Festival of Black Arts von 1966 beträchtliche Mittel zukommen.

Wie wir im nächsten Kapitel erfahren werden, wurde die UNESCO zu einer wichtigen Anlaufstelle für führende Vertreter Osteuropas und der Entwicklungsländer, die Wissen und Fachkenntnis in den Sozialwissenschaften im Geist antiwestlicher politischer Kooperation und sozialistischer Solidarität austauschen wollten. Die anfängliche Skepsis der Osteuropäer gegenüber der UNESCO verflüchtigte sich rasch, nicht zuletzt weil diese westlichen Imperialismus, Rassismus und Apartheid mittlerweile scharf kritisierte. In diesem Sinne trug die Organisation erheblich dazu bei, den alten europäischen Zivilisationsbegriff im globalen Süden für die ökumenische Sprache des Antikolonialismus, der gegenseitigen Anerkennung und der regionalen Identitäten zu rehabilitieren.

Die Mission der UNESCO hatte jedoch ihre Grenzen, wofür die Rivalitäten des Kalten Kriegs und die chronische Unterfinanzierung gewiss mitverantwortlich waren. Während man auf internationaler Ebene erfolgreich zusammenarbeitete, um archäologische Stätten und materielle Objekte im Namen des Welterbes zu bewahren, bröckelte diese Kooperation, wenn es darum ging, eine gemeinsame Geschichte der Vergangenheit zu schreiben, was am auffälligsten durch das gescheiterte *History-of-Mankind*-Unternehmen demonstriert wird. Und selbst einige der viel gepriesenen Bergungsaktionen hatten ernsthafte Schattenseiten. So verdeckte der Lärm um die Rettung der nubischen Denkmäler einen äußerst heiklen Punkt: die Evakuierung der nubischen Völker. Rund 100 000 Nubier wurden, beginnend im Oktober 1963, über einen quälend langen Zeitraum von neun Monaten aus ihrer Heimat entfernt. Vor der Umsiedlung von 1963 hatte man sie bereits dreimal zwangsevakuiert: 1902, 1912 und 1933. Diesmal wurden sie von Unternubien im Sudan nordwärts nach Kom Ombo in Ägypten verlagert, wobei sie ihr Stammesland und damit ihr soziales Gefüge verloren. Im Sudan brachen nach der Bekanntgabe der Evakuierung Unruhen aus, und in einem Fall wurden sogar Vertreter der örtlichen Behörden als Geiseln genommen. Obwohl einige Nubier, vorwiegend junge Männer, die Umsiedlung befürworteten, herrschten bei der Allgemeinheit Verwirrung und Wut. In einem Brief von 1955 schrieb Jean Vercoutter, Leiter des sudanesischen Antikendienstes, kurz vor der nubischen Restaurierungskampagne: »Die Einstellung der Nubier selbst war bitter. ›Man würde sich besser um uns kümmern, wenn wir Statuen wären‹, lautete eine oft gehörte Klage.« Der negative Aspekt des Assuan-Hochdamm-Baus wurde von einem *National-Geographic*-Fotografen eingefangen, der über die Rettungsaktion berichtete: »Die neue Betriebsamkeit fiel mir besonders stark auf, da sie einen Kontrast zu dem sterbenden Land um uns herum bildete. Es war immer eine größtenteils leere Fläche gewesen, und die Nubier hatten sich stets als Bewohner des Horizonts gefühlt. Aber nachdem man die heutigen Nubier umgesiedelt hatte, um sie vor der steigenden Flut zu retten, verlor das Gebiet seine letzte Spur von Leben. Keine Seele mehr und kein Segel.«[41]

    Trotzdem war die UNESCO einzigartig darin, Vergangenheit und Gegenwart gleichermaßen zu berücksichtigen und eine Sicht der Weltzivilisation zu liefern, die ebenso viel mit der vorsätzlichen Verdrängung gewalterfüllter nationaler Historien zu tun hatte wie mit dem Aufbau einer internationalen Gemeinschaft von Mitgliedstaaten. Sie wollte den Völkern zeigen, dass Europa Lehren aus dem Zweiten Weltkrieg gezogen hatte und das brutale Erbe des Rassismus und des Kriegs zugunsten von Frieden, internationaler Zusammenarbeit und gegenseitigem Respekt zurückwies. Darüber hinaus akzeptierte die UNESCO den geringeren Stellenwert des Kontinents und erkannte ausdrücklich an, dass Europa nur eine Zivilisation unter vielen repräsentiere. Solche Ansichten hatte man schon seit der Aufklärung diskutiert, doch die UNESCO war die erste internationale Vereinigung, die ihnen institutionellen Ausdruck und globale Kraft verlieh. Ihre Erneuerung der Ruinen war von der moralischen Erneuerung des zerstörten Europa selbst nicht zu trennen. Das soll nicht heißen, dass Nationalismus und Eurozentrismus jemals völlig aus der Organisation verbannt worden wären, wie die Politik rund um die Kennzeichnung von Welterbestätten seit den frühen Siebzigerjahren beweist. Wir sollten jedoch das hehre Ziel der UNESCO nicht aus den Augen verlieren: die langjährige Gleichsetzung von Europa und Zivilisation zu überwinden und die Geschichte der Letzteren von ihrem martialischen, imperialen und »rassischen« Ballast zu befreien. Frieden und Zivilisation wurden als einheitlich und synonym betrachtet, wobei man den Frieden selbst als überaus kostbare Ruine identifizierte, die dringend der Pflege und Erhaltung bedürfe.

Das Interesse sowohl an der Modernisierung als auch an der Frühgeschichte der sich entwickelnden Welt war nicht beschränkt auf westliche Regierungen, Wirtschaftsvertreter und internationale Organisationen. Im folgenden Kapitel wird aufgezeigt, wie Osteuropäer in den Sechzigerjahren ebenfalls danach strebten, Beziehungen zum sich entkolonialisierenden Afrika aufzunehmen, und zu diesem Zweck ein ausgeklügeltes Netzwerk kultureller Kontakte mit verschiedenen afrikanischen Ländern unter dem Banner der sozialistischen Zivilisation knüpften.

Achtes Kapitel

DIE ZIVILISIERUNGSMISSION DES SOZIALISMUS IN AFRIKA

Am 6. Januar 1961 hielt Nikita Chruschtschow im Moskauer Institut für Marxismus-Leninismus eine bahnbrechende Rede mit dem Titel »Für neue Siege der kommunistischen Weltbewegung«, in der er das »Erwachen der Völker Afrikas« begrüßte. Der sowjetische Regierungschef verkündete, es sei die »historische Mission« des Weltkommunismus, »Befreiungskriege« überall auf dem Globus zu unterstützen, um der Ungerechtigkeit des Kolonialismus entgegenzuwirken. Dies sei sowohl angebracht als auch zeitgemäß, denn »Kommunisten sind Revolutionäre, und es wäre schlecht, wenn wir neue Gelegenheiten nicht nutzten« oder nicht »nach neuen Methoden und Formen suchten, mit denen sich die angestrebten Ziele am besten erreichen lassen«. Die Rede signalisierte das Ende der relativen sowjetischen Isolation seit dem Zweiten Weltkrieg, in der sich das angeschlagene Land in erster Linie bemüht hatte, die Verwüstungen des Kriegs zu überwinden und sich vor neuen zu schützen. Unter Chruschtschow zielte die Sowjetunion darauf ab, ihren globalen Einfluss im Vergleich mit den USA, deren westlichen Verbündeten und dem zunehmend aggressiven China zu vergrößern. Diesmal konzentrierte sie sich nicht wie in der Endphase des Kriegs auf den Westen, sondern auf den Süden. Aufgrund ihrer außenpolitischen Wende in den Sechzigerjahren stellte sich die UdSSR als Vorbild des Antikolonialismus, der nicht westlichen Entwicklung und der zügigen Modernisierung dar. Die Tatsache, dass Moskau den Amerikanern 1957 mit seinem Sputnik im Weltraum zuvorgekommen war, lieferte einen weiteren Beweis dafür, dass es den Sowjets gelang, die Grenzen des Kommunismus zu Lande und in der Luft auszuweiten.[1]

Die Entkolonialisierung brachte die Öffnung neuer geografischer und ideeller Horizonte mit sich, und internationale Beobachter waren sich der seismischen Verschiebung der Weltgeschichte bewusst. »Neue Grenzen«, ein beliebter Modebegriff jener Zeit, wurde vor allem mit dem amerikanischen Präsidenten John F. Kennedy in Verbindung gebracht. Seine Rede zur Lage der Nation im Jahr 1961 widmete sich explizit diesem Thema, insbesondere im Zusammenhang mit der Notwendigkeit, dem als beunruhigend empfundenen Vordringen der Sowjetunion in ein neues Afrika Einhalt zu gebieten. Kennedy hatte den Begriff wiederholt in seinen Wahlkampfreden und später in seinen Präsidentschaftsansprachen verwandt, um das amerikanische Engagement in der entkolonialisierten Welt anzuspornen. »Ihre Revolution ist die größte in der Geschichte der Menschheit«, schrieb er und fügte hinzu, dass »die gesamte südliche Hälfte des Globus heute das bedeutendste Schlachtfeld für die Verteidigung und Ausweitung der Freiheit ist«. Mit seiner Vorstellung von einer amerikanischen »New Frontier« in Afrika reagierte Kennedy direkt auf Chruschtschows plötzlichen Blick nach Süden. Er untersuchte dessen Rede im Institut für Marxismus-Leninismus sehr genau und las offenbar mehrere Abschnitte daraus während der ersten Sitzung des Nationalen Sicherheitsrats nach seinem Amtsantritt Ende Januar 1961 laut vor. Seine gefeierte Peace-Corps-Initiative sollte vorwiegend der vermehrten Anwesenheit osteuropäischer Ärzte, Ingenieure, Lehrer und Sozialarbeiter in Afrika – Kennedy bezeichnete sie als »Missionare des Ostblocks für den internationalen Kommunismus« – entgegenwirken. Der frischgebackene Präsident plante, von Eisenhowers Gleichgültigkeit gegenüber Afrika abzurücken. Deshalb hofierte er führende Vertreter des Kontinents und empfing in seiner verkürzten Amtszeit nicht weniger als 28 afrikanische Staatschefs im Weißen Haus. Nicht umsonst waren die Mitglieder von Kennedys außenpolitischem Team als »New Frontiersmen« bekannt. Doch nicht nur die Supermächte hatten das unabhängige Afrika im Auge, auch Briten, Franzosen und zunehmend Westdeutsche versuchten, ihren Einfluss geltend zu machen. Kein Wunder, dass der tansanische Präsident Julius Nyerere zynisch vom »zweiten Wettlauf um Afrika« sprach.[2]

Der zweite Wettlauf um Afrika

Ebenso energisch betätigten sich kommunistische Neuankömmlinge auf dem Kontinent. Ihre wachsende Präsenz war hauptsächlich darauf zurückzuführen, dass die internationale kommunistische Welt in jenem Zeitraum sowohl expandierte als auch auseinanderbrach. Die unerwartete Chinesische Revolution von 1949 schien zu bestätigen, dass die Geschichte auf ihrer Seite war, da der »Weltkommunismus« seit 1945 830 Millionen neue Mitglieder gewonnen hatte, darunter 80 Millionen in Osteuropa.[3] Andererseits wies die kommunistische Welt Risse auf, wie der Bruch zwischen Jugoslawien und der Sowjetunion von 1948 und die sich von 1956 bis 1966 verschlechternden Beziehungen zwischen der Volksrepublik China und Moskau zeigten. Dies bedeutete, dass die UdSSR, China, Jugoslawien, Kuba und Osteuropa sowohl mit dem Westen als auch untereinander um Herz und Hirn der Eliten jüngst unabhängiger Länder kämpften. Eine auf neue Grenzen gerichtete Denkweise erfasste auch die kommunistische Welt. In der ersten Hälfte des 20. Jahrhunderts war die kommunistische Sicht der Grenzen eng mit dem wechselnden Schicksal der Sowjetunion verbunden gewesen. Nun jedoch änderten sich die Umstände, da nahezu alle kommunistischen Mächte, einschließlich der UdSSR, Chinas und Jugoslawiens sowie kleinerer osteuropäischer

Staaten, darauf erpicht waren, über ihre Grenzlinien hinauszublicken. Dies traf in so hohem Maße zu, dass man von einer sozialistischen Version der »Frontier Thesis« (Grenzland-These) im Bereich der politischen Entwicklung und ideologischen Erneuerung sprechen könnte. Ursprünglich wurde die These von dem amerikanischen Historiker Frederick Jackson Turner in seiner klassischen Schrift *Die Grenze. Ihre Bedeutung in der amerikanischen Geschichte* (1893) aufgestellt, in der er die dynamische Beziehung zwischen Politik und Geografie als Antriebskraft der amerikanischen Geschichte neu interpretierte. Er führte aus, dass die Amerikaner nicht durch Institutionen, Schulen oder staatsbürgerliche Ideologie gelernt hätten, Demokraten zu werden, sondern durch ihre Erfahrungen an den Grenzen des amerikanischen Westens. Seiner Ansicht nach war es das Grenzland, das Siedler zu Amerikanern und Amerikaner zu Demokraten machte. Für Turner hatte die Frontier durch Expansion und Erkundung eine »ewige Wiedergeburt« zu bieten. Im Lauf der Sechzigerjahre wurde Afrika zu einer dynamischen Drehscheibe globaler Begegnungen, und seine Grenzen eröffneten beispiellose Möglichkeiten der kulturellen Interaktion zwischen Ost und Süd.[4]

Die Osteuropäer ihrerseits verwandten einen erheblichen Teil ihrer Öffentlichkeitsarbeit auf Beteuerungen, dass sie als die »anderen Europäer«, unschuldig am Schandfleck des Imperialismus, nach Afrika gekommen seien. Die beiden Weltregionen mochten einige historische Verbindungen gehabt haben, aber es war der Kalte Krieg, der zum ersten Mal, sowohl physisch als auch virtuell, einen tief greifenden Kontakt zwischen ihnen herstellte. Die Kommunisten lehnten das gesamte ideologische Projekt der Zivilisierungsmission entschieden ab und beschrieben ihr Engagement in Afrika nie in diesem Sinne. Sie verspotteten den aus ihrer Sicht abträglichen Rahmen von Zivilisation und Barbarei als unrettbares Relikt aus dem intellektuellen Arsenal des westlichen Imperialismus und Rassismus. Der Westen änderte sein Vokabular des Engagements ebenfalls und tendierte dazu, seine wiedererstandene Mission in die leichter genießbare Sprache von Entwicklung und Menschenrechten zu kleiden. Die Kommunisten taten weitgehend das Gleiche, doch sie beriefen sich daneben auf den Antiimperialismus und eine sozialistische Version der Moderne als Grundlage für weitgespannte Verbrüderung. Der Nachdruck lag auf industrieller Modernisierung, Unabhängigkeit und Solidarität, die gemeinsame Ziele osteuropäischer und afrikanischer Eliten seien. Derartige reale und imaginäre Verflechtungen dienten nicht immer einer glänzenden technischen Zukunft; wesentlich waren auch Bemühungen, einer transkontinentalen, postimperialen Zivilisation aus sozialistischer Perspektive Form zu verleihen. In der Ära der Entkolonialisierung entstand eine Mischung aus Moderne und afrikanischem Altertum, die einen überraschenden Berührungspunkt für die Kulturdiplomatie bildete.

Unter diesen Umständen entwickelten osteuropäische Führungsschichten Beziehungen zu ihren afrikanischen Ansprechpartnern mit Blick auf die Politik des Fortschritts und der Denkmalpflege und arbeiteten mit der UNESCO und anderen internationalen Organisationen zusammen, um engere Bande zu den Entwicklungsländern zu knüpfen. Das Ergebnis war seit den Sechzigerjahren ein bedeutender Wandel des Ranges und der Präsenz Osteuropas auf dem Kontinent.

Sowjetische Kulturdiplomatie

Im Jahr 1967 veröffentlichte die Sowjetunion eine eindrucksvolle Broschüre in englischer Sprache mit dem Titel *To Know Each Other*. Damit versuchte man, Vorteile aus einer sich rasch verändernden politischen Welt zu ziehen und die sowjetischen kulturellen Netzwerke mit dem Ausland weiter auszubauen. Die erklärte Aufgabe der Union sowjetischer Freundschaftsgesellschaften bestand darin, die

412 Achtes Kapitel: Die Zivilisierungsmission des Sozialismus in Afrika

32 Das Bolschoi-Ballett bei einem Auftritt in Kairo; Musiker aus Kabul spielen in Moskau.

»Freundschaft zwischen allen Nationen der Welt« im Namen von »Frieden und Menschlichkeit« zu fördern. Bereits in den Fünfzigerjahren hatte die UdSSR zahlreiche Kunstausstellungen mit Werken aus anderen osteuropäischen Ländern und sozialistischen Staaten wie China, Nordkorea, Vietnam und der Mongolei veranstaltet. Solche Ereignisse wurden ab Mitte der Fünfziger zu häufigen Beispielen der sowjetischen Kulturdiplomatie – ein Trend, den westliche Beobachter mit Sorge zur Kenntnis nahmen. Bis 1967 hatte die Union sowjetischer Freundschaftsgesellschaften Kontakte zu nicht weniger als 32 afrikanischen, 14 lateinamerikanischen sowie 17 südostasiatischen und nahöstlichen Ländern aufgenommen. In *To Know Each Other* hob man eine Reihe von Veranstaltungen in den Bereichen Literatur, Kunst, Tanz, Fotografie und Volkskunsthandwerk hervor und veröffentlichte Fotografien von Begegnungen – etwa vom Auftritt des renommierten Bolschoi-Balletts in Kairo oder dem Konzert von Kabuler Musikern in Moskau (Bild 32). *To Know Each Other* dokumentierte jedoch nicht nur sowjetische kulturelle Aktivitäten und wechselseitige internationale Ereignisse, sondern es hatte auch den Zweck, einheimische Kulturen in aller Welt zu fördern.[5]

Chruschtschows Kulturdiplomatie schloss sich an frühe sowjetische Initiativen an. Die Koppelung von Außenpolitik und Kultur begann offiziell im Jahr 1925, als man die Allunionsgesellschaft für kulturelle Beziehungen mit dem Ausland (WOKS) gründete. Die WOKS wurde als Dachorganisation geschaffen, um dem Westen ein positives Bild des großen sozialistischen Experiments zu vermitteln, und man lud sogar Ausländer (vor allem Amerikaner) ein, um ihnen den Staat und seine Errungenschaften vorzuführen. Diese Tradition der Kulturdiplomatie wurde nach Stalins Tod im Zuge der friedenszeitlichen Rivalität mit dem Westen und China wiederaufgenommen. Die Kulturoffensive in den Entwicklungsländern war darauf angelegt, sich mit Moskaus intensiverer Weiche-Macht-Kampagne der Fünfziger- und Sechzigerjahre in Osteuropa zusammenzufügen.

Zudem verlieh man durch die Öffnung der UdSSR für die Welt dem Glauben Ausdruck, dass die Zukunft dem Sozialismus gehöre und der Sowjetstaat der Vorbote einer fortschrittlichen Kultur sei.[6] Die Sowjetunion war seit ihren revolutionären Anfängen weltweit eine lautstarke Verfechterin des Antiimperialismus gewesen und hatte sich die Dreißigerjahre hindurch für die Sache der Befreiung eingesetzt. Gleichgesinnte in den Entwicklungsländern lobten 1935 während der Abessinienkrise die sowjetische Verurteilung des italienischen Imperialismus vor dem Völkerbund. Zur osteuropäischen Solidarität Äthiopien gegenüber bekannten sich Völkerbundsmitglieder der Kleinen Entente (Rumänien, Jugoslawien und Tschechoslowakei) und des Balkanpakts (Jugoslawien, Griechenland, Rumänien und Türkei), welche die Unabhängigkeit und Souveränität Äthiopiens im Sinne der Charta der Organisation leidenschaftlich verteidigten. Der italienische Angriff auf Äthiopien nahm eine andere, drei Jahre später eintretende internationale Krise vorweg – die Besetzung des tschechoslowakischen Sudetenlands durch die Nationalsozialisten (der trinidadische Intellektuelle George Padmore sprach von einem »neuen Abessinien«) –, welche das Schicksal Osteuropas und Afrikas im Kampf gegen den europäischen faschistischen Imperialismus gewissermaßen weltweit miteinander verband. 1945 verkündete Moskau auf der Gründungsversammlung der Vereinten Nationen in San Francisco angesichts des erstarkten europäischen Kolonialsystems seine Unterstützung für antikoloniale Bewegungen in Afrika.[7]

Um dieses Engagement auf andere Entwicklungsländer auszuweiten, reiste Chruschtschow 1955 nach Indien, Burma, Afghanistan, Ägypten und Indonesien sowie insgesamt in rund 30 weitere Länder. Die diplomatischen Beziehungen zu Staatsoberhäuptern aus Afrika wurden durch die Verleihung von Kulturpreisen formalisiert. 1961 zeichnete Moskau den guineischen Präsidenten Sékou Touré, 1962 den ghanaischen Präsidenten Kwame Nkrumah und

1963 den malischen Präsidenten Modibo Keïta mit dem Lenin-Preis aus. In den frühen Sechzigerjahren trat die Sowjetunion über 200 internationalen Organisationen bei, von der UNO über die UNESCO bis zum Internationalen Olympischen Komitee. Sowjetverlage produzierten jährlich etwa 100 Millionen Bücher zur Verteilung in der Dritten Welt. Zwischen 1955 und 1958 wurden über 20 000 sowjetische Künstler in 60 Länder entsandt, mehr als die Hälfte in nicht sozialistische Staaten; von 1961 bis 1965 stieg die Zahl auf 80 000, und ebenso viele ausländische Kunstschaffende reisten im selben Zeitraum in die UdSSR. 1960 benannte man die populäre Monatszeitschrift *Sowremenny wostok* (Zeitgenössischer Osten) des Moskauer Instituts für Orientalistik in *Asija i Afrika segodnja* (Asien und Afrika heute) um, womit sie sich der neuen Sprache afroasiatischer Solidaritätsorganisationen bediente, die nun von sowjetischen Politikern umworben wurden. Die Zeitschrift sollte das einheimische Interesse an für die meisten Sowjetbürger unzugänglichen überseeischen Kulturen wecken und die anhaltende Faszination der Jugend für die westliche Gesellschaft dämpfen. Bilder von kulturübergreifenden Freundschaften zwischen Kindern und Jugendlichen wurden als Symbole des Friedens dargeboten, oft kontrastiert mit Fotos von »Rassenkonflikten« im amerikanischen Süden. Außerdem veranstaltete man in Moskau große Jugendfestivals. So kamen im Sommer 1957 etwa 30 000 Teilnehmer zu den VI. Weltfestspielen der Jugend und Studenten in die russische Hauptstadt. Zwei Wochen lang war Moskau ein Zentrum der internationalen Jugend, des Friedens, der Modernität und Solidarität; der Eintritt zu allen Kinos, Zirkussen, Ausstellungen, Sportveranstaltungen und öffentlichen Verkehrsmitteln war kostenlos, und Radio Moskau lieferte eine umfassende Berichterstattung. In den frühen Sechzigerjahren schickte man sowjetische Filmemacher nach Afrika, um die wachsende Freundschaft der UdSSR mit den unabhängig gewordenen Ländern im Geist der Revolutionsromantik zu feiern, wie durch Filme wie *Hello, Africa!* (1961) und *We Are With You, Africa!* (1963) belegt wird.[8]

Das Goldene Zeitalter der Kulturabkommen

Auch andere osteuropäische Führer wie Jugoslawiens Marschall Josip Broz Tito, DDR-Ministerpräsident Otto Grotewohl und Rumäniens Nicolae Ceaușescu bereisten Afrika in den Sechziger- und Siebzigerjahren; andererseits waren der äthiopische Kaiser Haile Selassie, Touré und Nkrumah häufig in osteuropäischen Hauptstädten zu sehen. Die dortigen Staatsoberhäupter nutzten solche Besuche nicht nur, um die guten Kontakte zwischen ihren Ländern und den neuen afrikanischen Nationen zu verdeutlichen, sondern auch, um ein Gefühl des gemeinsamen Interesses und der politischen Verbundenheit zwischen Gebieten aufzubauen, die sonst kaum historische Beziehungen zueinander hatten. Titos Staatsbesuche in Afrika waren besonders bemerkenswert, denn die visuelle Dokumentation seiner Zusammenkünfte ging weit über Händeschütteln, brüderliche Umarmungen und diplomatische Reden hinaus. Die Presse berichtete ausführlich über andere Aspekte dieser kulturellen Begegnungen, nämlich über den Austausch von Geschenken, die Inspektion von Ernten, die Unterzeichnung von Handelsabkommen, den Besuch historischer Stätten, die Betrachtung traditioneller Tänze und sogar die Teilnahme an Safaris, die Tito mit großer Begeisterung absolvierte (Bild 33). Bereits 1954 begann sein Land die kulturelle Zusammenarbeit mit Ägypten, indem es eine Folkloretruppe und eine Kunstausstellung entsandte, während eine Delegation ägyptischer Professoren im selben Sommer Jugoslawien besuchte. Derartige Initiativen wiederholten sich in ganz Osteuropa. Seit den frühen Sechzigerjahren arrangierte die tschechoslowakische Regierung einen Wirtschaft-für-Kultur-Austausch mit Ghana, bei dem ökonomische Hilfe

Das Goldene Zeitalter der Kulturabkommen 417

33 Marschall Tito und der äthiopische Präsident Haile Selassie an der Stätte der 1896 ausgetragenen Schlacht von Adua, 1955; Tito und der ägyptische Präsident Gamal Abdel Nasser beim Besuch des Assuan-Damms, Ägypten, 1968.

im Gegenzug für die Übersendung von Druckerzeugnissen und ethnografischen Objekten zum Studium durch einheimische Afrikanisten geleistet wurde. 1964 spielten rund 15 tschechoslowakische Musiker im Kairoer Sinfonieorchester, während Prag im selben Jahr eine indische Kindertruppe, das Königliche Ballett von Kambodscha, eine guineische Volkstanzgruppe und eine nigerianische Jazzband empfing.[9]

Solche Avancen sozialistischer Länder wurden von linksgerichteten afrikanischen Oberschichten in der Regel wohlwollend aufgenommen. Der Marxismus übte zwischen den Dreißiger- und Fünfzigerjahren großen Einfluss auf das intellektuelle Gedankengut Afrikas aus: Césaires Schrift *Über den Kolonialismus* war von marxistischem Gedankengut durchdrungen, ebenso wie Frantz Fanons *Die Verdammten dieser Erde*. Nkrumah bezeichnete sich selbst als Sozialisten und pflegte herzliche Beziehungen zur Sowjetunion und anderen Ostblockstaaten. Sein 1960 erschienenes Buch *Consciencism* reflektierte das breitere Bestreben, Marxismus und Entkolonialisierung miteinander zu kombinieren, und diente als Leitstern des postkolonialen Denkens. Touré veröffentlichte drei Bücher über den afrikanischen Sozialismus und die nationale Entwicklung Guineas, während Senghor den marxistischen Humanismus als wichtigen Faktor zur Entwicklung der Négritude und zur Neupositionierung der »negro-african civilization« als »kommunitär und sozialistisch« heranzog. Nicht zuletzt ist Nyerere zu nennen, dessen Idee des afrikanischen Sozialismus – insbesondere den Ujamaa-Begriff eines familiengestützten Gemeinwesens – man in ganz Afrika und jenseits seiner Grenzen gut kannte.[10]

Gelegentlich sahen sich die Sowjetunion und ihre osteuropäischen Verbündeten dem Argwohn antikolonialer Oberschichten ausgesetzt. Die Delegierten der berühmten Konferenz von Bandung im Jahr 1955 machten kein Hehl aus ihrem Eindruck, dass die Sowjetunion ebenso eine Imperialmacht sei. Der irakische Außenminister Muhammad

Fadhel al-Jamali vertrat den Standpunkt: »[D]ie kommunistische Welt [hat] die Rassen in Asien und Osteuropa heute in einem viel stärkeren Maße unterworfen als jede alte Kolonialmacht.« Der ceylonesische Premierminister John Kotelawala fügte hinzu: »Wenn wir in unserer Opposition gegen den Kolonialismus vereint sind, sollte es dann nicht unsere Pflicht sein, unsere Opposition gegen den sowjetischen Kolonialismus ebenso deutlich zu erklären wie gegen den westlichen Imperialismus?« Der afroamerikanische Schriftsteller Richard Wright äußerte 1956 sogar: »Schwarze Menschen betrachten russische Kommunisten in erster Linie als weiße Männer. Schwarze Menschen betrachten amerikanische, britische und französische Antikommunisten in erster Linie als weiße Menschen.« Die Sowjetunion und ihre Verbündeten gingen zudem ungeschickt vor, da sie die afrikanischen Befreiungskämpfe heranzogen, um den Westen zu kritisieren, weshalb Touré den Ostblock anflehte, die Entkolonialisierung nicht für seine eigenen politischen Zwecke auszuschlachten.[11]

Der Ungarn-Aufstand von 1956 vertiefte die Feindseligkeit gegenüber dem sowjetischen Imperialismus. Obwohl die Sowjetunion und Ungarn darauf beharrten, dass die Krise eine bilaterale Angelegenheit und folglich für die internationale Gemeinschaft irrelevant sei, ließen sich die meisten Beobachter nicht überzeugen. Auch lehnten sie die offizielle Interpretation des ungarischen Regimes ab, dass sich sein scharfes Vorgehen gegen westliche Imperialisten und einheimische »Konterrevolutionäre« gerichtet habe, die in Osteuropa erneut reaktionären Kapitalismus hätten verbreiten wollen. Damit nicht genug, das Regime beanspruchte sogar eine natürliche Solidarität mit Algerien, die den französischen Staat bekämpften. Durch den Einmarsch in Ungarn wurden der Sowjetunion 1956 die Hände gebunden, was internationale Entkolonialisierungskrisen anging. Chruschtschows legendärer Schlag mit seinem Schuh auf den Tisch in der UN-Vollversammlung vom Oktober 1960 war eine wütende Reaktion auf die Worte eines philippinischen Delegierten, der die

Sowjetunion beschuldigt hatte, in Osteuropa als Imperialmacht zu agieren. Andererseits hatten afrikanische und asiatische Delegierte wenig Interesse daran, die Amerikaner zu unterstützen, wenn diese die Sowjetpolitiker als »rote Kolonialisten« brandmarkten. Das lag nicht zuletzt daran, dass sich die USA in Indochina auf die Seite Frankreichs gestellt hatten, dass sie ihre Loyalität der NATO gegenüber beständig höher einstuften als das Wohl Afrikas (am deutlichsten bei der Verteidigung dortiger portugiesischer Territorien) und dass sie die Kontakte zum südafrikanischen Apartheidregime nicht abgebrochen hatten. Afrikanische UN-Delegierte wurden daher zunehmend misstrauisch gegenüber den Motiven Moskaus ebenso wie Washingtons, was kleineren osteuropäischen Ländern einen gewissen Spielraum verschaffte, jenseits des überwältigenden Dramas der Supermachtkonflikte Bündnisse mit ihren Pendants in der Dritten Welt zu schließen.[12]

Die Beziehungen zwischen einigen der kleineren osteuropäischen Länder und den neuen afrikanischen Nationen wurden indirekt durch Chinas aggressiven Anti-Europäismus auf dem Kontinent gestärkt. China hatte versucht, die aufkeimenden Kontakte zwischen Osteuropa und der Dritten Welt zu ersticken, indem es auf das gemeinsame Schicksal der Nichteuropäer verwies. 1961 teilte Mao einem kenianischen Reporter angeblich mit, dass »die Europäer alle gleich sind« und dass »wir Nichtweißen zusammenhalten müssen«. Wiederholt ließ er afrikanische Führer wissen, Sowjetbürger, Osteuropäer und Jugoslawen seien weiße Europäer, denen man nicht trauen könne – eine Ansicht, die in der gesamten Bewegung der blockfreien Staaten Bestürzung auslöste. Bei einem Treffen mit dem algerischen Präsidenten Ahmed Ben Bella 1964 in Belgrad empörte sich Marschall Tito über die Unterstellungen Chinas, dass »alle Schwarzen gut und alle Weißen schlecht sind«. Ben Bella stimmte Tito zu, gewiss auch wegen der Hilfe, welche die FLN während ihres langen Kolonialkriegs gegen Frankreich von Jugoslawien empfangen hatte, und fuhr fort, dass »Ideen über Kontinente und Hautfarbe überwunden werden müssen, denn fortschrittliche Kräfte existieren überall auf der Welt«. Bei einer anderen Gelegenheit soll Ben Bella Tito gegenüber geäußert haben: »Wir sind weiß wie ihr, nur vielleicht ein wenig brauner.« Chinas Versuche, die Dritte-Welt-Politik zu einem »Rassenkrieg« zu machen, scheiterten kläglich, da Maos Bemühungen, Sowjetbürger, Jugoslawen und Osteuropäer nach der Konferenz von Bandung als finstere weiße Missionare der Modernisierung – ähnlich wie ihre westlichen Gegenspieler – hinzustellen, wirkungslos blieben. Die Sowjetunion und ihre Verbündeten hielten dagegen, dass sie als Kolonialismusfeinde ohne imperiale Vergangenheit nach Afrika gekommen seien. Kulturvermittler aus Osteuropa – vor allem jene, die aus den Ländern des ehemaligen Habsburgerreichs stammten –, erklärten sogar, dass auch sie zuerst von den Habsburgern und dann von den Nationalsozialisten kolonialer Kontrolle unterworfen worden seien, was bedeute, dass sie sich den Afrikanern als gleichberechtigte Partner in einer globalen antiimperialen Front anschließen könnten. Seit Beginn der Sechzigerjahre trug die Bewegung der blockfreien Staaten dazu bei, dass die Dritte Welt nicht als Ausdrucksform einer nicht westlichen, nicht weißen Identität betrachtet, sondern zu einem politischen Projekt mit uneingeschränkter Mitgliedschaft umgestaltet wurde.[13]

Mithilfe der Kultur sollte ein sanfterer Aspekt der sozialistischen Regime betont werden, der sich ausdrücklich der Mission des Friedens und des Antiimperialismus widmete. Man lud afrikanische Studierende, politische Führer und Wirtschaftsexperten nach Osteuropa ein, damit sie in den Partnerländern studieren, sich mit ihren Kollegen beraten und mit ihnen Ideen austauschen konnten. Gemäß dem klassischen Modell der Interaktion zwischen Zweiter und Dritter Welt entsandte man osteuropäische Fachkräfte (beispielsweise Ärzte und Ingenieure), während Studierende (und später Arbeitskräfte) aus dem globalen Süden eingeladen wurden. Hingegen bot der Bereich der Kultur die Möglichkeit zu echtem Austausch und internationalen Kontakten in einem entschieden postimperialen Rahmen. Die Tatsache, dass osteuropäische Kulturemissäre (Archäologen, Kuratoren, Reiseschriftsteller, Filmemacher und Fotografen) als antiwestliche Internationalisten eintrafen, ermöglichte die Abgabe des Versprechens, Netzwerke »freundschaftlicher Beziehungen« aufzubauen. Diese Kulturdiplomatie hatte auch den Zweck, die Legitimität sozialistischer Staaten zu untermauern und junge Osteuropäer für die globale Sache des Sozialismus zu mobilisieren. Daneben befähigte sie einige jener Länder, ihre internationale Ausgrenzung zu überwinden. Das galt vor allem für Jugoslawien nach dem Bruch mit Moskau im Jahr 1948 und für Ungarn nach dem Aufstand von 1956 sowie für die DDR, die unter der strikten, auf ihre Isolation gerichteten Außenpolitik der Bundesrepublik litt.[14]

Kairo nahm einen Vorzugsplatz am Firmament der kulturellen Beziehungen zwischen Zweiter und Dritter Welt ein und fungierte als Bühne für internationale Rivalitäten. Die ägyptische Hauptstadt galt als kulturelles Zentrum sowohl der arabischen als auch der afrikanischen Welt, und die USA, Großbritannien, die Bundesrepublik Deutschland, die Sowjetunion, Osteuropa und China rangen dort um Einfluss. In den Fünfziger- und Sechzigerjahren bestand die sowjetische und osteuropäische Kulturdiplomatie zumeist aus dem Export von Hochkultur in die übrige Welt. Internationale Tourneen des Bolschoi-Balletts dienten dazu, ein anspruchsvolles Bild der sowjetischen Kultur zu präsentieren, weshalb das mit Stars gespickte klassische Ensemble zu jener Zeit regelmäßig in den Vereinigten Staaten auftrat. Obwohl die USA ihre eigenen modernen Tanztruppen und Jazzmusiker als Kulturbotschafter in die UdSSR entsandten, fand die sowjetische Hinwendung nach Süden größere Beachtung. Die Presse berichtete ausführlich über die Ägypten-Tourneen des Bolschoi-Balletts im Jahr 1961, und sowjetische Komponisten, Geiger, Pianisten und Opernsänger gaben Hunderte von Konzerten in so fernen Ländern wie Argentinien, Chile, Mexiko, Kuba und Uruguay. Andere osteuropäische Regime folgten diesem Beispiel und ließen ihre Staatsorchester nach Afrika, Asien und Lateinamerika reisen. Beispielsweise wurde den Aufführungen der Belgrader Oper in Kairo zur Zeit von Titos dortigem Besuch im Jahr 1959 viel Medienaufmerksamkeit gewidmet, sowohl um auf die jugoslawische Hochkultur hinzuweisen als auch um die Vorherrschaft ihrer französischen und italienischen Rivalen infrage zu stellen. Tschechische und polnische Orchester traten ebenfalls in der ägyptischen Hauptstadt auf, doch Ende der Sechzigerjahre hatte die DDR die führende Rolle bei der Entwicklung des sozialistischen Opernbetriebs in Ägypten übernommen. Die klassische Musik wurde für Osteuropäer zu einem Mittel, sich mit dem Westen und untereinander als Träger des kontinentalen musikalischen Erbes zu messen.[15]

Die Aufmerksamkeit richtete sich nicht zufällig auf Kairo, sondern sie spiegelte alte europäische Ansichten über die kulturelle Geografie des Kontinents wider. Bezeichnenderweise schickte Moskau seine Orchester und Ballette nie ins subsaharische Afrika, womit es langjährige europäische Vorurteile über die kulturellen Unterschiede zwischen Nordafrika und den Ländern südlich der Sahara bestätigte. Solche Einschätzungen hatten nicht nur europäische Wurzeln, denn entsprechende zivilisatorische Hierarchien wurden zuweilen auch von afrikanischen Staatsmännern festgelegt. In seiner 1954, zwei Jahre nach dem ägyptischen Umsturz, erschienenen Abhandlung *Die Philosophie der Revolution* schrieb Gamal Abdel Nasser: »Wir können unter gar keiner Bedingung unsere Verantwortlichkeit, auf jedem nur möglichen Wege zur Verbreitung des Lichts der Zivilisation auch in den entferntesten Teilen dieses jungfräulichen Urwaldes beizutragen, [...] aufgeben.« Und der algerische FLN-Führer Ahmed Ben Bella malte sich 1961 in seiner Gefängniszelle in Frankreich aus, dass »arabische Zivilisation und Sprache in zwei oder drei Generationen zum *point commun* aller Länder Afrikas werden könnten«. Die Rede von der Zivilisation barg eine Mischung von Elementen des Imperialismus, Antiimperialismus und Postimperialismus – alle zugleich – in sich.[16]

Die Einstellung zum afrikanischen Kulturleben südlich der Sahara war eine Quelle von Meinungsverschiedenheiten zwischen der Sowjetunion und anderen osteuropäischen Ländern, insbesondere Jugoslawien. Die kleineren kommunistischen Länder Europas schenkten Afrika jenseits des Maghreb mehr Beachtung und knüpften allerlei kulturelle Beziehungen zu Ghana, Mali, Senegal, Guinea und Tansania. Zudem trugen sie Sorge, dass sich diese neuen Kontakte nicht einseitig gestalteten, weshalb sie häufig afrikanische Schriftsteller und Künstler als Kulturbotschafter nach Osteuropa einluden. Die osteuropäische Kulturbegegnung mit Afrika wich damit von der gängigen Methode der Sowjetunion ab, die ihre Hochkultur in die übrige Welt exportierte, während ausländische Künstler für ihre Gegenbesuche in der Sowjetunion »folklorisiert« wurden. Im Unterschied dazu waren osteuropäische Staaten im Allgemeinen eher daran interessiert, wechselseitige Kontakte zu ihren Partnern in der Dritten Welt zu pflegen und zahlreiche Gemeinschaftsprojekte durchzuführen. So entsandte das Ghanaische Institut für Kunst und Kultur 1965 Schauspielstudenten in die DDR, Theatertechniker in die Tschechoslowakei und eine Tanztruppe auf Tournee nach Rumänien.[17]

Die Sechzigerjahre waren das goldene Zeitalter von Kulturabkommen, die als Sinnbilder für gegenseitiges Verständnis und gute Beziehungen zwischen Osteuropa und Afrika dienten. Solche Abkommen markierten oftmals den ersten Schritt zu wirtschaftlicher, diplomatischer und sogar militärischer Zusammenarbeit. Typisch sozialistisch wurden sie dadurch, dass man sie überwiegend im Rahmen offizieller, zwischenstaatlicher Top-down-Beziehungen gestaltete, ohne zivilgesellschaftlichen Gruppen oder Nichtregierungsorganisationen eine Rolle einzuräumen. Sie waren zumeist streng bilateral, da jedes Land dazu neigte, seine beste und erhabenste Kulturform einzubringen. Osteuropäische Länder hatten großes Interesse daran, solche Kontakte zu initiieren, da sie ihr internationales Profil als Vorkämpfer für die Solidarität unter kleinen Staaten untermauern wollten. Darüber hinaus erweiterten diese sprießenden Netzwerke die kulturelle Geografie des osteuropäischen Sozialismus zu einer Variante, die bei der Entwicklung vielfältiger transkontinentaler Verbindungen nicht ausschließlich Moskau-zentriert war. Manchmal belastete der osteuropäische Enthusiasmus für den Kulturaustausch die Empfängerländer übermäßig, vor allem weil sie häufig nicht die Mittel für eine dauerhafte Teilnahme besaßen. In einem internen ghanaischen Regierungsbericht hieß es, dass »der Austausch von Künstlertruppen mit sozialistischen Ländern« wünschenswert sein möge, doch dass »unser Wirtschaftstyp uns nicht erlaubt, die von solchen Ländern angebotenen Leistungen zu erwidern«. Dennoch sahen westliche Beobachter die osteuropäischen Aktivitäten in der Dritten Welt als bedrohlich an. In einem geheimen CIA-Bericht von 1966, welcher sich der Verbreitung von Büchern, der Presse, dem Rundfunk, Filmfestivals, Ausstellungen, binationalen Freundschaftsgesellschaften sowie der Wirtschaftshilfe in Afrika, Asien und Lateinamerika widmete, gelangte man zu dem Schluss, dass die Kommunisten »antiwestliche Vorurteile« erfolgreich nutzten und von sich selbst »einen Eindruck der Fürsorge« vermittelten, »um politische Indoktrination unter einem kulturellen Deckmantel zu verbergen«.[18]

Kooperationen im Zeichen des Sozialismus

Außerdem war die kommunistische Welt bestrebt, ihr internationales Profil durch Hightech-Kooperationen und Entwicklungshilfe zu betonen, etwa durch das ägyptisch-sowjetische Projekt zur Erhöhung des

Assuan-Staudamms Anfang der Sechzigerjahre. Diese Unternehmungen dienten dazu, Moskaus bevorzugtes Selbstbild als Hauptstadt der sozialistischen Moderne und als enger Freund der Entwicklungsländer zu festigen. Der spektakuläre Sputnik-Flug von 1957 verstärkte die Wahrnehmung, dass die Sowjetunion bahnbrechend am weltweiten technischen Fortschritt mitwirke. Wertvolle Geschenke an neue Partnerländer auf der Grundlage von bargeldlosen Zuschüssen, Krediten oder Tauschgeschäften – beispielsweise in Form von großen Technologie- und Entwicklungsprojekten – halfen, Wohlwollen bei den Empfängern zu erzeugen. In den frühen Sechzigern sponserte das Afro-Asiatische Solidaritätskomitee der Sowjetunion Besuche ausländischer Führer, damit sie sich von der Entwicklung der transkaukasischen und zentralasiatischen Republiken überzeugen konnten. Derartige Besuche – und die damit verbundene Publicity – polierten den Ruf der UdSSR als Vorkämpferin der zentralasiatischen Entwicklung und Kultur auf und demonstrierten der nicht europäischen Welt ihre Glaubwürdigkeit als fortschrittliche »asiatische Macht«. Zu diesem Zweck wurden auch zentralasiatische Stimmen zitiert, die bezeugten, dass es den Sowjetführern mit der Förderung lokaler Sprachen, den wirtschaftlichen Investitionen in die dortigen Randgebiete und den Schutzmaßnahmen für die Kultur und das Erbe Zentralasiens ernst sei.[19]

Ostblockländer nahmen in den Sechzigerjahren aktiven Anteil an dem Modernisierungsschub in Afrika, oft im Wettbewerb mit der Sowjetunion, China, Jugoslawien und untereinander. Sozialistische Hilfe konnte alles Mögliche umfassen: von Waffen über Milchpulver bis hin zu gesponserten Filmfestivals. Interaktionen erstreckten sich auf Wissenschaft, Medizin, Technologietransfer, Militärhilfe, Handel, Kulturaustausch und Studentenprogramme. Die Unterstützung Afrikas war ein beliebtes Anliegen in Osteuropa, was sich auch im Alltag niederschlug, häufig in Form von Reiseliteratur, Berichterstattung in den Massenmedien und Solidaritätsaktionen in Fabriken und Schulen. In diesem Zusammenhang hob man den Gegensatz zwischen dem räuberischen westlichen Neoimperialismus und der Hilfsbereitschaft, Solidarität und Aufgeschlossenheit sozialistischer Staaten hervor.[20]

Einer der bedeutendsten Kooperationsbereiche war die moderne Architektur, insbesondere was die Neugestaltung afrikanischer Städte nach der Entkolonialisierung anging. Wie in Kapitel 6 ausgeführt, galt die avantgardistische Architektur als wesentlich für die Nationsbildung, in deren Verlauf neue afrikanische Regierungen die Rückständigkeit ihrer Gemeinwesen durch staatlich geleitete Industrieplanung überwinden wollten, wozu osteuropäische Länder bereitwillig ihre Hilfe anboten. Polnische Architekten errichteten Bauwerke in Ghana, ungarische taten das Gleiche in Nigeria, ostdeutsche in Nordkorea, Sansibar und Syrien, rumänische im Sudan und Libyen, jugoslawische in Libyen und Ägypten und chinesische in Guinea. Jugoslawische Architekten und Techniker waren besonders rege und innovativ, denn Titos Republik spielte eine richtungsweisende Rolle bei der Verbreitung des sozialistischen architektonischen Modernismus in den neuerdings unabhängigen Staaten. Die Zunahme kommunistischer Leitsterne (Moskau, Peking, Havanna) erwies sich für afrikanische Führer als vorteilhaft, da sie befähigt wurden, ihre eigenen Versionen der Moderne als Mischung aus Altem und Neuem, Internationalem und Inländischem herzustellen. Ghana ist ein gutes Beispiel für diese Entwicklungen, denn Nkrumah war bemüht, den osteuropäischen sozialistischen Modernismus zur Stilisierung seines neuen Staats zu nutzen. Im Jahr 1961 besuchte er im Verlauf einer achtwöchigen Reise durch die Sowjetunion, Osteuropa und China die sozialistischen »neuen Städte« Dunaújváros in Ungarn und Nowa Huta in Polen, und eine Reihe führender ghanaischer Architekten (wie A. W. Charaway und E. G. A. Don Arthur) wurde in Moskau ausgebildet. Accras 1967 eröffnetes Internationales Messezentrum (Bild 34) wurde von dem polnischen Architekten Chyrosz entworfen,

34 Jacek Chyrosz, Internationales Messezentrum, Accra, Ghana, 1967.

und der ungarische Architekt Károly Polónyi konzipierte 1964 Ghanas Regierungssitz Flagstaff House. Nach seiner Osteuropareise lenkte Nkrumah das Land in eine zunehmend sozialistische Richtung, was sich am deutlichsten in seinen sowjetisch inspirierten Parteiprogrammen »Für Arbeit und Glück« (1962) und dem »Sieben-Jahres-Entwicklungsplan« (1964) niederschlug. Die Verquickung von westlichem, sozialistischem und afrikanischem Modernismus im Stadtbild von Accra versinnbildlichte die Vielfalt der postkolonialen Architektur in Ghana und anderswo in Afrika.[21]

Architektur wurde als Sprache der Solidarität eingesetzt, um die unterschiedlichen historischen Erfahrungen Osteuropas und Afrikas zu überbrücken. Mitteleuropäische Modernisten hatten die Architektur nach dem Zusammenbruch des Habsburgerreichs als visuelle Ausdrucksform der nationalen Ankunft benutzt, wobei vor allem polnische und tschechische Architekten den Modernismus internationalen Stils nach dem Ersten Weltkrieg mit einheimischem Nationalismus verschmolzen, um neue kulturelle Identitäten zu erschaffen. In den Sechzigerjahren führten osteuropäische Architekten aus, dass ihr eigener postimperialer Hintergrund ihnen helfe, die historische Situation Afrikas zu verstehen. So schrieb Polónyi, Ostmitteleuropa teile eine gemeinsame »Kolonialerfahrung« mit Afrika; da er aus der Karpatenregion gebürtig sei, habe auch er die Kolonialisierung durch externe Mächte erlebt. Der große polnische Reiseschriftsteller Ryszard Kapuściński brachte in seinen Büchern ähnliche Ansichten zum Ausdruck, insbesondere in *Afrikanisches Fieber*, in dem er eine Parallele zwischen den postkolonialen Ländern Afrikas und seinem Heranwachsen im »kolonialisierten« Ostpolen zog (viele seiner anderen Werke, etwa das 1978 erschienene Porträt des äthiopischen Diktators Haile Selassie, *König der Könige*, wurden als Parabeln über den polnischen Staat unter sowjetischer Imperialherrschaft gelesen). Derartige Äußerungen waren auch in der polnischen Boulevardpresse zu finden, beispielsweise in der polnischen Jugendzeitschrift *Dookoła Świata* (Rund um die Welt). In einem Artikel von 1963, welcher der langen romantischen Tradition folgte, Polens historisches Schicksal als eine Abfolge von Martyrien darzustellen, wurde es mit afrikanischen Ländern verglichen; es sei »eine europäische Nation, welche historisch »die Rolle eines ›weißen Negers‹, nicht die eines Kolonialisten gespielt hat«. Solche kulturellen Verwandtschaften gingen nicht nur auf europäische Erfindungen zurück. Ghanaische Journalisten, die in den frühen Sechzigerjahren über die Eröffnung in Osteuropa entworfener Vorzeigebauten in ihrer Heimat berichteten, sahen Ähnlichkeiten der kolonialen Vergangenheit Ghanas mit der Geschichte preußischer, russischer und habsburgischer Vorherrschaft in Osteuropa. Gleichermaßen betonten die afrikanischen Medien aus Anlass von Titos aufsehenerregenden Reisen durch den Kontinent 1961 und 1970 die Parallelen zwischen der antiimperialen und antisowjetischen Identität Jugoslawiens und ihren eigenen Geschichten des afrikanischen Freiheitskampfs und der Blockfreiheit. Bei Titos Besuch in Äthiopien etwa hoben dortige Journalisten die geteilte Erfahrung Jugoslawiens und Äthiopiens hervor, dass beide Opfer italienisch-faschistischer Aggression gewesen seien. In diesen Fällen ließ die neuzeitliche Architektur nicht nur die Entwicklung sichtbar werden, sondern sie lieferte auch ein gemeinsames osteuropäisch-afrikanisches visuelles Vokabular der Modernisierung.[22]

Die Wendung Osteuropas nach Süden ergänzte seine Versuche, Kontakte zum Westen aufzubauen. In jenem Zeitraum widmeten die Sowjetunion und ihre Verbündeten der Idee des »sozialistischen Humanismus« als Basis poststalinistischer gesellschaftlicher Werte große Aufmerksamkeit, während sich eine Reihe westlicher Theoretiker für den Humanismus als Konvergenzpunkt zwischen den Blöcken interessierte. *Sozialistischer Humanismus. Ein internationales Symposium* war 1965 ein Meilenstein für diese europaweite Denkweise. Der deutschstämmige amerikanische Sozialpsychologe und humanistische Intellektuelle Erich Fromm versammelte etliche Forscher aus West- und Osteuropa sowie einige Teilnehmer, darunter Senghor, aus Asien und Afrika. Den Anlass zu der Veranstaltung gab das wachsende Interesse der Öffentlichkeit an Marx' erst um 1940 erschienenen, lange verschollenen Frühschriften, den *Grundrissen der Kritik der politischen Ökonomie*, welche die Beschäftigung des jungen Marx mit den Ursachen und Folgen der Entfremdung als Symptom des modernen industriellen Lebens offenbarten. Der Symposiumsband von 1965 spiegelte eine gemeinsame »Opposition gegen die Entmenschlichung« wider. Ausgangspunkt der Diskussion war das, was Fromm als »Renaissance des Humanismus in verschiedenen ideologischen Systemen« bezeichnete. Man behandelte den blockübergreifenden »Glauben an die Einheit der menschlichen Rasse« als Reaktion auf die Furcht vor der »Versklavung des Menschen durch die Maschine und durch wirtschaftliche Interessen« sowie die »völlig neue Bedrohung der physischen Existenz der Menschheit durch Kernwaffen«. Der sozialistische Humanismus wurde nicht direkt als ideologischer Begriff zum Brückenschlag zwischen Osteuropa und Afrika herangezogen, obwohl man ihn in sowjetischen Publikationen im Zusammenhang mit der internationalen Kampagne für Frieden und Antikolonialismus benutzte. Stattdessen diente der weiter gefasste Begriff der sozialistischen Humanität zur bevorzugten Beschreibung neuer Bande geopolitischer Eintracht.[23]

Die Sorge um die Zukunft wurde auch zu einem unerwarteten Rahmen, in dem Ost- und Westeuropäer ihre ideologischen Differenzen zugunsten des Verständnisses einer gemeinsamen »wissenschaftlich-technischen Zivilisation« zurückstellten. Das Aufkommen der »postindustriellen Gesellschaft« führte zu einem neuen Fokus auf den Charakter und die Bedeutung sozialer Prognosen und das Management einer geteilten technologischen Zukunft. Solche Gedanken waren jahrzehntelang Gegenstand von Spekulationen und Science-Fiction gewesen, doch in den Sechzigern entfaltete sich die Ansicht, dass die rationale Kontrolle der Zukunft durch sorgfältige Planung sowohl möglich sei als auch unmittelbar bevorstehe. Eine Heimindustrie für futuristische Prognostiker über das Schicksal des Individuums, der Gemeinschaft und der Zivilisation selbst bildete sich heraus; sie wird im Allgemeinen mit Persönlichkeiten wie Norbert Wiener, Daniel Bell, Jacques Ellul und anderen assoziiert, die sich der Futurologie widmeten. Auch die UNESCO spielte eine Rolle bei der Zusammenführung dieser Denker, von denen etliche mit ihrem Europäischen Sozialwissenschaftlichen Koordinations- und Dokumentationszentrum in Wien unter Leitung des marxistischen Philosophen Adam Schaff verbunden waren. Wie erwähnt, beteiligte sich die sozialistische Welt an den internationalen Debatten über die Planung der Industriegesellschaft, was die Gründung neuer Zeitschriften sowie zahlreiche Konferenzen und vielfachen transnationalen Austausch nach sich zog.[24]

Eine Pionierarbeit war Radovan Richtas Buch *Zivilisation am Scheideweg. Soziale und menschliche Zusammenhänge der wissenschaftlich-technischen Revolution*, das 1969 in der Tschechoslowakei erschien. Es war das Ergebnis der Forschungen von Richtas Team in

Prag und erregte großes internationales Aufsehen, als es im darauffolgenden Jahr ins Englische übersetzt wurde. Der Schwerpunkt lag darauf, dass die aktuellen technologischen Veränderungen die »Grundlagen der Zivilisation« und »den Platz des Menschen in der Welt« bedrohen könnten. Erstaunlicherweise schenkte Richtas Team den Unterschieden zwischen Sozialismus und Kapitalismus wenig Aufmerksamkeit; im Gegenteil, es ging bei seiner Untersuchung von »Kybernetisierung«, Entfremdung und einer von elitären Technokraten beherrschten Welt sogar noch weiter und erklärte, dass sich der Sozialismus »auf seiner eigenen Zivilisationsbasis entwickeln« müsse. Das Buch enthielt eine Mischung aus Systemtheorie und frühmarxistischen Darlegungen, und seine Hypothese von der neuen »sozialistischen Persönlichkeit«, die durch die aktuellen technologischen Anforderungen geformt werde, wich nicht allzu sehr von den Vorstellungen des »technologischen Menschen« ab, die damals im Westen populär waren. Auch wenn diese revisionistisch-sozialistischen Ideen über pluralistische Zukunftsformen – ganz zu schweigen vom Schicksal von Richtas Forschungsprojekt – durch Moskaus militärische Niederschlagung des Prager Frühlings im Herbst 1968 zurückgedrängt wurden, so bleibt doch die Tatsache bestehen, dass die Vorstellung einer technischen Zivilisation als konzeptionelle Brücke zwischen Ost und West gedient hatte. Ideen von Modernität und historischer Zeit verbanden Osteuropa und Afrika unzweifelhaft im Kontext einer sozialistischen Entwicklungsgeschichte, was allerdings nicht für die Terminologie einer sozialistischen technischen Zivilisation galt. Vielmehr orientierten sich osteuropäische Auffassungen von einer gemeinsamen sozialistischen Zivilisation mit Afrika oftmals am Erbe seiner fernen Vergangenheit.[25]

Sozialistische Afrikastudien

Die osteuropäisch-afrikanische Zusammenarbeit beschränkte sich nicht darauf, Infrastrukturen zu entwickeln und avantgardistische modernistische Architektur zur Schau zu stellen. In Wirklichkeit lag der Fokus der kommunistischen Welt nicht immer auf der Zukunft und auch nicht ständig auf der Modernisierung. Diese Beziehung hatte eine andere Seite, die in der kargen Literatur zum Thema weitgehend unbeachtet bleibt: die sozialistische Haltung gegenüber dem afrikanischen Erbe. Hier tauchte der Zivilisationsbegriff überraschend wieder auf.

Die Entkolonialisierung diente in der Sowjetunion und im Ostblock als Urknall für ein frisches Interesse an der Geschichte und dem Erbe Afrikas. Dies war jedoch kein einfacher Prozess, da Marx und Engels, ähnlich wie später Lenin, so gut wie nichts über den Kontinent zu sagen hatten. Moskaus Standpunkt Afrika gegenüber wurde hauptsächlich von den Empfehlungen der 1922 bei der Kommunistischen Internationale eingesetzten »Negerkommission« bestimmt, die auf die Schaffung einer einzigartigen schwarzen Solidaritätsbewegung auf allen Kontinenten hinarbeitete. Bis in die späten Fünfzigerjahre hinein verfügte weder das Außenministerium der Sowjetunion noch der KGB über eine Abteilung für afrikanische Angelegenheiten; überhaupt fanden sich im gesamten Kreml kaum Experten für Afrika oder Asien.

Ähnlich verhielt es sich mit wissenschaftlichen Zugängen: Während eine lange Tradition deutscher und russischer Gelehrsamkeit über Afrika vom späten 19. Jahrhundert bis in die Fünfzigerjahre reicht, besaß man in anderen osteuropäischen Ländern vergleichsweise wenig Spezialwissen über diese Region. Sogar die Staaten mit dem reichsten Wissensfundus – Russland und Deutschland – mussten bei der Herstellung eines sozialistischen Ansatzes für Afrikastudien neu beginnen. Auf einer Konferenz sowjetischer Orientalisten im Jahr 1958 schlug der Journalist Georgi Schukow Alarm: »Das Leben hat uns hinter sich gelassen, und wir sind nicht darauf vorbereitet, eine Theorie für den Umgang mit asiatischen und afrikanischen Ländern auszuarbeiten.« Er fügte hinzu, dass »wir unsere sowjetischen Missionare, unsere sowjetischen Doktor Schweitzers brauchen«.[26]

Osteuropäische Afrikanisten lehnten den »bourgeoisen Orientalismus« nicht gänzlich ab. Anthropologie, Archäologie und Alte Geschichte waren in jenem Zeitraum vergleichsweise offen für den Austausch mit dem Westen, und man veranstaltete viele gemeinsame Konferenzen über die Grenzen des Kalten Kriegs hinweg. Eine Reihe britischer marxistischer Afrikanisten wie Gordon Childe, Basil Davidson und Peter Shinnie wurde in osteuropäischen Publikationen beifällig zitiert, und der weltberühmte, in England lebende polnische Anthropologe Bronisław Malinowski blieb auch nach 1945 maßgeblich für die Ethnografie Polens. Wie im letzten Kapitel erwähnt, spielte die UNESCO im Namen der Weltzivilisation eine zentrale Rolle bei der Zusammenführung von Experten aus Afrika sowie West- und Osteuropa, und durch ihre Antirassismus-Position gewann sie afrikanische und osteuropäische Führungsschichten für ihre Sache. Experten aus ganz Osteuropa unterstützten Mitte der Fünfziger das UNESCO-Projekt »Für gegenseitige Wertschätzung von östlichen und westlichen Kulturwerten«. Andererseits wollte die kommunistische Welt ihren eigenen unverwechselbaren Beitrag zur Erforschung Afrikas leisten.

Neue Ansichten begannen in den Fünfzigerjahren zu zirkulieren. In der *Großen Sowjet-Enzyklopädie* von 1951 wurde behauptet, die sowjetische Auffassung vom Orient als einer gleichberechtigten Zivilisation hebe sich scharf von den in Westeuropa und Nordamerika vertretenen Meinungen ab. Die »bourgeoise Orientologie«, hieß es in dem Eintrag, stelle den Zivilisationen des sogenannten Westens jene des »Ostens« diametral gegenüber und erkläre verleumderisch, dass asiatische Völker rassisch minderwertig und seit ihrem Ursprung irgendwie unfähig seien, ihr eigenes Schicksal zu bestimmen. Deshalb erschienen sie nur als Objekt, nicht als Subjekt der Geschichte. Die Sowjetunion verwandte den Begriff der sozialistischen Zivilisation nach und nach als Alternative zu dem der westlichen Zivilisation, womit sie auf ihre Begegnung mit der Dritten Welt reagierte. In einem Bericht der *Prawda* über eine Konferenz asiatischer und afrikanischer Schriftsteller 1958 in Taschkent nutzte man die Gelegenheit, zu verkünden, dass die kapitalistische »Zivilisation« zur »wirtschaftlichen Kolonialisierung der Völker Asiens und Afrikas führt und ihre Kunstformen erstickt«, während die »Zivilisation des Sozialismus die Entwicklung der künstlerischen Werte unterschiedlicher Nationalitäten fördert«. Eine solche Sprache wurde nun zunehmend auch auf die kulturellen Beziehungen innerhalb des Ostblocks angewandt. So bemerkte Chruschtschow im Oktober 1958 in einer Rede über die russisch-polnischen Bindungen: »Die Völker der Sowjetunion und das polnische Volk bauen wie Brüder Hand in Hand eine große sozialistische Zivilisation auf.«[27]

In den Sechzigern durchliefen die Sowjetunion und Osteuropa einen Schnellkurs, um sich Wissen über Afrika anzueignen, was zum Aufblühen neuer Abteilungen für Afrikastudien an Universitäten in der gesamten sozialistischen Welt führte. Man gründete eine Reihe archäologischer und anthropologischer Institutionen neben Zeitschriften zur Erforschung von Afrikanern und Asiaten, oftmals im Verein mit der Feier eines sozialistischen Humanismus, der in einer gemeinsamen vormodernen Vergangenheit und einer modernisierenden Gegenwart wurzele. Betrachten wir etwa die polnische Zeitschrift *Africana Bulletin*, die seit 1964 an der Universität Warschau auf Französisch und Englisch erschien. In der ersten Ausgabe wurde deutlich gemacht, warum dies wichtig sei: Die afrikanische Geschichte »muss von den Verfälschungen der kolonialistischen Ära befreit werden«. Spezielles Interesse galt der Ägyptologie und archäologischen Projekten in Ägypten und im Sudan. Die Zeitschrift berichtete über Funde polnischer Teams im Nildelta sowie über gemeinsame afrikanisch-polnische anthropologische Expeditionen überall auf dem Kontinent.[28]

Ein weiteres Beispiel war die tschechische Zeitschrift *New Orient. Journal for the Modern and Ancient Cultures of Asia and Africa*, die erstmals 1960 veröffentlicht wurde. Sie erschien in englischer Sprache und behandelte Geschichte, Archäologie, Geisteswissenschaften, Musik und Theater, Literatur und Volksmärchen. Ihr Schwerpunkt lag auf der Würdigung der antiken Vergangenheit, des sogenannten Alten Orients; das Wort »neu« im Titel »sollte unser Bestreben ausdrücken, uns dem Orient ohne veraltete Vorurteile, ohne einen exotischen, romantischen oder geheimnisvollen Schleier zu nähern«. Die Verfasser behandelten verschiedene Aspekte der Weltkultur: chinesische Archäologie, altindische Medizin, vietnamesisches Theater, die Masken des Kongo und die Rettung der nubischen Denkmäler durch die UNESCO. 1960 enthielt eine Ausgabe kurze Statements von internationalen Experten für »Oststudien«, womit oft sowohl Asien als auch Afrika gemeint waren. Alle unterstrichen die Notwendigkeit, andere Zivilisationen besser zu verstehen und die Weltzivilisation zu fördern, um stereotype Vorstellungen von alten Kulturen als Erzeugnissen »geschichtsloser Völker« zu bekämpfen. Polnische Orientalisten argumentierten, dass es ihnen aufgrund ihrer eigenen angeblich nicht imperialen Vergangenheit leichter falle, die Idee einer gemeinsamen Weltzivilisation zu würdigen. Ananiasz Zajączkowski, Direktor des Instituts für Orientalische Studien an der Warschauer Universität, behauptete stolz: »Da die Polen – und die Tschechen – keine Spur einer kolonialen Psyche in sich tragen und andererseits den Völkern Asiens und Afrikas viel Sympathie entgegenbringen, können sie mühelos eine gemeinsame Sprache der Verständigung und eine gemeinsame Zivilisation mit dem Osten finden.«[29]

Die Sowjetunion und ihre Verbündeten verwandten beträchtliche Energie darauf, den Afrikanern zu zeigen, dass die kommunistische Welt zutiefst an ihrer reichhaltigen Vergangenheit und ihren kulturellen Errungenschaften interessiert sei. Bereits 1954 gaben die führenden sowjetischen Afrikanisten Iwan Isossimowitsch Potechin und D. A. Olderogge das Buch *Die Völker Afrikas. Ihre Vergangenheit und Gegenwart* heraus, die erste Studie des Kontinents aus einer marxistisch-leninistischen Perspektive. 1961 benannten sich die maßgeblichen sowjetischen Fachzeitschriften, wie erwähnt, bezeichnenderweise von *Zeitgenössischer Osten* und *Sowjetische Orientalistik* in *Asien und Afrika heute* beziehungsweise *Völker Asiens und Afrikas* um, wodurch sie sich den Wind des Wandels zunutze machten. Sie griffen zum Wort Zivilisation, um Brücken zu ihren afrikanischen Partnern zu bauen, und beteuerten, dass Afrika »vor der Einmischung des Kolonialismus eine blühende Zivilisation war«. In den Sechzigern widmeten sich zahlreiche Konferenzen und Publikationen der alten Geschichte Afrikas, nachdrücklich thematisierten sie Klassenstruktur, Sklaverei und das Leben der einfachen Leute. Zum Teil geschah dies, um die Haltung der kommunistischen Welt gegenüber Afrika und Asien vom rassistischen Rahmen des westeuropäischen Imperialismus alten Stils oder von dessen neuer Gewandung in Form der amerikanischen Modernisierungstheorie abzugrenzen. In seiner Broschüre *Afrika blickt in die Zukunft* (1960) plädierte Potechin dafür, akademische Fachgebiete wie das der afrikanischen Geschichte und des afrikanischen Erbes auszubauen, um die pseudowissenschaftlichen Aussagen der imperialistischen westlichen Rivalen zu widerlegen. Potechins Vorstellung, dass osteuropäische Archäologen den Afrikanern ermöglichen sollten, ihre eigene Vergangenheit wiederzuentdecken, war noch eindringlicher in einer Rundfunksendung Ende der Fünfzigerjahre zum Ausdruck gebracht worden. Er behauptete darin, postkoloniale afrikanische Intellektuelle, »unterstützt von fortschrittlichen Gelehrten« aus Osteuropa, würden nun »die Lüge der imperialistischen Propaganda entlarven«, dass die Afrikaner »keine eigene Geschichte hätten. Es ist die Pflicht marxistischer Historiker, an der Wiederherstellung der historischen Wahrheit mitzuwirken.« Für Potechin drehte sich die Wahrheit darum, dass die afrikanische Zivilisation explizit anerkannt wurde.[30]

Die Anthropologie trug zur Vermittlung dieser Solidarität bei. Im Gegensatz zur Kampagne des Westens, ländliche afrikanische Staaten gemäß amerikanischen Modernisierungsideen zu entwickeln, versuchten osteuropäische Anthropologen, mit der sozialistischen Sache sympathisierende Afrikaner für sich zu gewinnen. Zu diesem Zweck verteidigten sie das traditionelle antikapitalistische Dorfleben, mit dessen Hilfe man den allmählichen Übergang zur vollen Entwicklung bewältigen könne. Allein der Sozialismus biete die Möglichkeit, der zerstörerischen kulturellen Macht der Moderne amerikanischen Stils entgegenzuwirken, indem man Humanismus, Internationalismus und Revolution vereine. Sowjetische Afrikanisten rühmten die Rolle der Folklore als neuer, hybrider Kulturform, welche die Afrikaner befähigen werde, den Wechsel zur Moderne zu meistern. Wie es in einem Konferenzbericht von 1965 hieß: »Wir sowjetischen Afrikanisten [sehen unsere Aufgabe darin], die Traditionen des Humanismus und des proletarischen Internationalismus bezüglich der Völker Afrikas zu bewahren und zu entwickeln – Traditionen, die der russischen revolutionären Demokratie und dem Marxismus-Leninismus stets innewohnten.« Klaus Ernsts viel zitiertes Buch von 1973, *Tradition und Fortschritt im afrikanischen Dorf*, war emblematisch für diese Art sozialistischen Denkens, in der das vormoderne traditionelle Dorfleben – in diesem Fall in Mali – als Baustein für Afrikas künftige »nichtkapitalistische Entwicklung« angesehen wurde.[31]

Die osteuropäische Förderung des volkstümlichen Erbes richtete sich nicht nur auf die außereuropäische Welt. Nach dem Zweiten

Weltkrieg bemühte man sich zunehmend um die Wiederbelebung der Volkskunst in der Sowjetunion und in Osteuropa, denn sie sollte als Grundlage der internationalen sozialistischen Kultur dienen und durch diese mit der kommunistischen Ideologie der Zwischenkriegszeit verbunden werden. Kommunistische Revolutionäre behandelten die russische Volkskultur zunächst als unerwünschtes Überbleibsel der Antimoderne und der bäuerlichen Reaktion gegen den neuen bolschewistischen Staat, doch Stalin erkannte bald, welch ideologische Kraft von der Unterstützung der Volkskultur ausging, wenn man das Regime politisch legitimieren wollte. In den Fünfzigerjahren wurde in der Sowjetunion und im Ostblock eine romantisierte folkloristische Arbeiterkultur des 19. Jahrhunderts in Form von Musikveranstaltungen, Tanzaufführungen und Theaterfestivals sowie durch Keramik und dekorative Kunst zum Leben erweckt. In solchen Traditionen vereinten sich Nationalismus und Sozialismus, bäuerliche Kultur und multiethnische Moderne. Die ostdeutsche Zeitschrift *Volkskunst* beispielsweise äußerte sich immer wieder lobend über traditionelle Kunsthandwerke und zeigte Volkstänzer in Trachten aus aller Welt, um sowohl die Vielfalt als auch die Einheit der Kulturen sozialistischer Völker zu feiern (Bilder 35 und 36).

Durch die Befürwortung der internationalen sozialistischen Volkskultur wurde die Moderne nicht abgelehnt, sondern vielmehr kraftvoll bestätigt, da sich die sozialistischen Staaten zu einer neuen Nationenfamilie zusammenschlossen, die Vergangenheit und Gegenwart über geopolitische Grenzen hinweg verknüpfte. In den frühen Sechzigerjahren sahen diejenigen, die sich für die Modernisierung des Kulturlebens engagierten, die beflissene Unterstützung der traditionellen Kultur durch das sozialistische Europa als provinziell, altmodisch und sogar peinlich an. Die Volkskulturbewegung hingegen erhielt durch die Entkolonialisierung Aufschwung, da man sie als nützliche Brücke zur Dritten Welt identifizierte. Tanztruppen aus dem Senegal, Mali, Guinea und anderen Ländern wurden regelmäßig

440 Achtes Kapitel: Die Zivilisierungsmission des Sozialismus in Afrika

35 *Ostdeutsche Volkstänzer,
Einband von* Volkskunst.
Monatsschrift für das
künstlerische Volksschaffen
(DDR), Juni 1952.

im Namen der internationalen Verbrüderung mit einheimischen Künstlern zu Tourneen durch Osteuropa eingeladen.[32]

In diesem Zusammenhang war Kultur für osteuropäische Gesellschaften häufig ein relevanterer Begriff als Zivilisation. Kultur bezog sich nach 1945 auf den Aufbau einer fortschrittlichen nationalen Identität, welche die moralische und ideologische Mission der sozialistischen Staatsbildung hervorhob und osteuropäische Gesellschaften durch eine Mischung aus Tradition und Moderne miteinander in Einklang brachte. Zudem spornte die Begegnung der Sowjetunion mit der sich entwickelnden Welt das ideologische Interesse an einer sozialistischen Zivilisation als Brücke zum globalen Süden an. Während die Hinwendung zur indigenen Kultur Afrikas in Osteuropa um sich griff, wurde die Idee einer fortschrittlichen, gemeinsamen Zivilisation mit der kolonialen und postkolonialen Welt zu einer neuen

36 IV. Weltfestspiele der Jugend und Studenten, Einband von Volkskunst. Monatsschrift für das künstlerische Volksschaffen (DDR), Sommer 1953.

ideologischen Säule der osteuropäischen Außenpolitik und der Weiche-Macht-Beziehungen zu unabhängigen afrikanischen Ländern.[33]

Die Archäologie war in dieser Hinsicht nicht minder wichtig, weshalb seit den Sechzigerjahren eine Reihe osteuropäischer Ausgrabungen in Tansania, Kenia und dem Sudan durchgeführt wurde. So wandelte sich die Archäologie zu einer sozialistischen politischen Wissenschaft, und zwar auf zweierlei Art. Erstens wurde sie benutzt, um die langjährige Unterdrückung Afrikas durch Fremde zu dokumentieren und um deutlich zu machen, dass die gleichen Gefahren weiterhin vorhanden seien. Zweitens diente sie dazu, neue Narrative für die Gegenwart zu untermauern. Nachdem Julius Nyerere in den frühen Siebzigerjahren sein Projekt zum Aufbau eines »afrikanischen Sozialismus« angekündigt hatte, bemühten sich ostdeutsche

Archäologen nachzuweisen, dass Tansanias erhoffte nicht kapitalistische Entwicklung auf seinen eigenen jahrhundertealten egalitären Traditionen errichtet werden könne. Man findet hier Anklänge an den vorrevolutionären russischen Populismus, als Intellektuelle im späten 19. Jahrhundert in die Dörfer zogen, um die Bauern über die Tugenden des ländlichen Sozialismus zu unterrichten. Diese alte europäische sozialistische Tradition hatte einen gewissen Einfluss auf das Denken von Nyerere, vom bissau-guineischen Revolutionär Amílcar Lopes Cabral und sogar von Frantz Fanon. Die Betonung der fernen Vergangenheit brachte eine andere Wahrnehmung der historischen Zeit mit sich, denn die osteuropäischen Archäologen regten nicht nur zu dem Gedanken an, dass die Afrikaner während der Modernisierung auf alte vorkoloniale Vergangenheiten zurückgreifen könnten, sondern auch zu der Überlegung, dass die traumatische Welle kolonialer Gewalt vom 19. Jahrhundert bis zur Entkolonialisierung nach dem Zweiten Weltkrieg nur eine Ausnahmephase der afrikanischen Geschichte gewesen sei. Eine vormoderne afrikanische Vergangenheit und eine nicht westliche Gegenwart könnten dann zum Zweck der sozialistischen Solidarität zueinanderfinden.[34]

Zahlreiche gemeinsame archäologische Ausgrabungen wurden von afrikanischen und europäischen Teams durchgeführt. Sie erforschten alte afrikanische Zivilisationen wie 1961 die in Kapitel 6 bereits erörterte Ausgrabung der Aoudaghost-Stätte aus dem elften Jahrhundert in Mauretanien. Peter Shinnie, ein schottischer Kommunist, der in den Fünfziger- und Sechzigerjahren Dutzende von Arbeiten archäologischer Teams der Universität Ghana leitete, trug erheblich dazu bei, den prähistorischen Sudan und die alte Stadt Meroe am Nil als Teile einheimischer afrikanischer Zivilisationen bekannt zu machen. In seinem Buch *Meroe. A Civilization of the Sudan* kam Shinnie 1967 zu dem Schluss, dass »Meroe eine afrikanische Zivilisation war, die fest auf afrikanischem Boden stand und von einer afrikanischen Bevölkerung entwickelt wurde. Die Tatsache, dass ein städtischer, zivilisierter und schriftkundiger Staat in den Tiefen des afrikanischen Kontinents existierte und fast tausend Jahre überdauerte, ist an sich schon ein Erfolg von außerordentlicher Bedeutung.« Von 1960 bis 1966 war Shinnie Direktor der Ausgrabungen der Universität Ghana in Dibeira (West) und beteiligte sich an dem UNESCO-Gemeinschaftsprojekt zur Rettung der Denkmäler Nubiens, wobei er Generationen von afrikanischen Archäologen ausbildete. Jahrzehntelang arbeitete er eng mit dem prominenten ostdeutschen Archäologen Fritz Hintze zusammen, einem weiteren Experten für die antike meroische Zivilisation. Osteuropäische Archäologen, Anthropologen und Sachverständige für afrikanische Kunst arbeiteten an einer alternativen Darstellung der afrikanischen Geschichte und unterstrichen, dass die Kulturen des Kontinents vor der Kolonialzeit eine reiche und lebendige nationale Vergangenheit, gekennzeichnet durch nicht kapitalistische Entwicklung, gehabt hätten. Sie beteiligten sich ebenfalls an internationalen Konservierungsprojekten, bei denen man dem Antagonismus des Kalten Kriegs im Namen der Weltzivilisation auswich.[35]

Andere kommunistische Länder machten sich ebenfalls für die Verteidigung der traditionellen afrikanischen Zivilisation stark. Die rumänische Botschaft in Conakry, Guinea, gab 1963 einen Bericht heraus, in dem behauptet wurde, dass die Kolonialmächte »die afrikanische Zivilisation zerstört haben, ohne sie durch etwas zu ersetzen«, weshalb die Afrikaner zu »Obskurantismus und geistiger Armut« verdammt seien. Dagegen sprach sich die rumänische Regierung entschieden für die Erhaltung des Erbes und der Folklore in Guinea und Mali aus. Constantin Ionescu Gulian, Direktor des Instituts für Philosophie der Rumänischen Akademie der Wissenschaften, prangerte in seinem Werk *Despre cultura spirituală a popoarelor africane* (Über die geistige Kultur der afrikanischen Völker, 1964) die »Verfälschungen« des westlichen Orientalismus an und rühmte die »blühenden Zivilisationen« des alten Afrika, die aus den »starken sozialen und moralischen Traditionen der primitiven Gemeinschaft« erwachsen seien. Die Rede von der Zivilisation wurde sogar von chinesischen Revolutionären verwendet, die der Sowjetunion den Rang ablaufen wollten. 1956 organisierte China eine Konferenz asiatischer Schriftsteller in Neu-Delhi, um sich als Hüter der alten Traditionen darzustellen. Seine Regierungsvertreter erklärten, dass Chinesen, Inder, Araber und Afrikaner Erben großer antiker Zivilisationen seien, die der westliche Imperialismus korrumpiert habe. Deshalb beabsichtigten diese Länder, eine führende Rolle bei der Schaffung »einer neuen Zivilisation für die gesamte Menschheit« zu spielen, die aus den besten Traditionen jeder einzelnen bestehen solle.[36]

Afrikanische Kunst im Fokus

In den Sechzigerjahren folgte das osteuropäische Interesse an der traditionellen Kunst des Kontinents demselben Muster. Die europäische Aufmerksamkeit richtete sich erstmals im späten 19. Jahrhundert auf die afrikanische Kunst. Diese erfreute sich nach dem Ersten Weltkrieg bei französischen Kennern und in weiteren Kreisen großer Beliebtheit und erhielt nach 1945 in Westeuropa erneut Aufschwung, was am besten von der französischen Zeitschrift *Présence Africaine* beschrieben wurde. Weniger bekannt ist, dass sich auch Osteuropa in den Sechzigern der afrikanischen Kunst zuwandte, mit der Sowjetunion, Jugoslawien, der DDR und der Tschechoslowakei an der Spitze. In jenem Zeitraum verwandte die sozialistische Welt große Energie darauf, traditionelle Künste und Kunsthandwerke zu feiern, um eine Verbindung zwischen Osteuropa und Afrika zu knüpfen. Dutzende von Ausstellungen der traditionellen afrikanischen Kultur wurden organisiert; außerdem gründete man Zeitschriften und Museen, um die internationale Solidarität im Hinblick auf vormoderne materielle Artefakte zu vertiefen.[37]

Die DDR ging am energischsten vor. Ostdeutsche Kunstkritiker verurteilten die hinterlistigen Bemühungen des Westens – insbesondere der Bundesrepublik –, die indigene afrikanische Kunst durch die Umarmung des Modernismus und die billige Kommerzialisierung von afrikanischem Touristenschmuck – abfällig als »Flughafenkunst« bezeichnet – zu vernichten. Die Unterstützung traditioneller einheimischer Kulturen auf der ganzen Welt wurde in den frühen Sechzigern zu einem offiziellen Element der DDR-Kulturdiplomatie, weshalb man die Vorzüge traditioneller afrikanischer Kunst in einer Reihe ostdeutscher Ausstellungen hervorhob. Der Kunsthistoriker Burchard Brentjes begann sein 1965 erschienenes Buch *Fels- und Höhlenbilder Afrikas* mit der Klage: »Die transportablen Kunstwerke Afrikas füllten europäische und amerikanische Museen – mit den Kulturwerten der Alten sollten den Unterworfenen ihre Vergangenheit und ihr Geschichtsbewußtsein genommen werden.« Er rief den Sozialismus dazu auf, als Hüter der Tradition zu dienen, und wies die westlichen Bestrebungen zurück, die Afrikaner von ihren Wurzeln abzutrennen und ihr revolutionäres Potenzial zu töten. Ostdeutsche Afrikanisten zweifelten die Auffassung an, dass die Geschichte des Kontinents erst mit der kolonialen Begegnung begonnen habe, und versuchten, einen Sinn für Geschichte und Leistung wiederzuerwecken. In seinem viel gelesenen Buch *Von Schanidar bis Akkad. 7000 Jahre orientalischer Weltgeschichte* (1968) vertrat Brentjes eine radikale Auffassung einer sozialistischen Vorgeschichte Afrikas, wobei er antike Karten und Dokumentationen von Ruinen, Statuen und Masken ins Feld führte. Ihm lag daran, die alte Geschichte in Erinnerung zu rufen, damit man den begrenzten zeitlichen Horizont des Kapitalismus besser verstehen könne. Dann stellte er die kühne Behauptung auf, dass es aus langfristiger historischer Perspektive nur »eine [...] kurze [...] Übergangsepoche zwischen dem Urkommunismus einfacher Prägung und dem Kommunismus auf der Basis höchster Industrieentfaltung« gebe. Ostdeutsche Experten propagierten die antike afrikanische Zivilisation, um für die sozialistische Vergangenheit und die potenziell sozialistische Zukunft des Kontinents jenseits von Nationalstaat und Panafrikanismus einzutreten.[38]

Der afrikanische Lieblingskünstler der DDR war der Ghanaer Kofi Antubam, dem wir in Kapitel 6 als Nkrumahs Repräsentanten der unabhängigen ghanaischen Kultur bereits begegnet sind. Antubam war sowohl Sozialist als auch Traditionalist. In seiner Ansprache zur Eröffnung des neuen ghanaischen Nationalmuseums riet er 1957 dringend, die Kontrolle des »Konservatismus über ghanaische Traditionen und Bräuche« sowie über den Geist »der Häuptlinge und des Volkes von Ghana« zu lockern, denn im »Zeitalter des Sozialismus« sei es »nicht mehr modern oder sozial angebracht, dass die wenigen Privilegierten auf ihrem sogenannten Geburtsrecht beharren, das allein zu genießen, was sie nur treuhänderisch für die vielen verwalten«. 1961 wurde Antubam auf Brentjes' Vorschlag hin nach Ostberlin eingeladen. Dort stellte man sein Werk als beispielhaft für einen afrikanischen Schaffenden aus, der sich mit traditioneller Kunst und Kultur befasse und eine Synthese aus afrikanischem Erbe und europäischen Elementen entwickelt habe. Während des Besuchs begrüßte Antubam die Unterstützung durch die DDR und forderte alle afrikanischen Staaten auf, das kulturelle Erbe »ihrer einheimischen Lebensweise« zu retten. Der Künstler – in Nkrumahs Ghana als »Missionar auf dem Kreuzzug der Wiederentdeckung Afrikas« gepriesen – wurde im gesamten Ostblock umschwärmt. Die DDR-Regierung beauftragte ihn, ein Buch über Ghanas Kulturerbe (mit dem englischen Titel *Ghana's Heritage of Culture*) zusammenzustellen. Im Vorwort bemerkte der Präsident der Deutsch-Afrikanischen Gesellschaft, Gerald Götting, dass afrikanische Kultur und Kunst, die lange von »sogenannten zivilisierten Apologeten der kolonialen oder neokolonialen Politik« als primitiv verunglimpft worden seien, nun »einen neuen [zutiefst] mit der Tradition verbundenen Inhalt« bekommen hätten.[39]

Aber es gab auch Befürchtungen, die teils mit dem Timing zu tun hatten. Denn die kommunistische Welt zeigte Interesse am afrikanischen Erbe genau zu dem Zeitpunkt, als neue Staaten das alte Kulturerbe nutzten, um nationale und panafrikanische Identitäten aufzubauen. Für osteuropäische Afrikanisten bestand das Problem nicht nur im anfänglichen Nationalismus, sondern auch im Rassismus. Der Mann, der besondere Feindseligkeit weckte, war Léopold Sédar Senghor, der Dichter und Präsident Senegals. Auf den ersten Blick hätte er ein natürlicher Verbündeter der Kulturinitiative Osteuropas, mit der man Afrika die Hand reichen wollte, sein müssen. Senghor sprach häufig über die Bedeutung des Sozialismus und war eine inspirierende antiimperialistische Gestalt auf der Weltbühne, die immer wieder auf die Notwendigkeit hinwies, Sozialismus und Négritude zusammenzuführen. Doch sein Sozialismus hatte spezifisch afrikanische Wurzeln, wie er betonte: »Wir hatten den Sozialismus bereits vor der europäischen Präsenz verwirklicht«, und nun »sind wir berufen, ihn zu erneuern, indem wir dazu beitragen, seine geistige Dimension wiederherzustellen«. Senghor rügte den Mangel an religiöser und geistiger Freiheit in der kommunistischen Welt und gelobte, dass sein Land »niemals dem kommunistischen Beispiel folgen« werde. Die spirituellen Dimensionen seines Sozialismus erregten Besorgnis, und seine osteuropäischen Kritiker – vor allem jene in der Sowjetunion und der DDR, ganz zu schweigen von seinen kommunistischen Gegnern im Senegal selbst – waren der Meinung, dass sich seine Idee der Négritude zu sehr auf ethnische Kriterien stütze. Die Ironie besteht darin, dass Senghors Négritude allem Anschein nach eine afrikanische Version des Panslawismus war, den man nach 1945 (vor allem in Archäologenkreisen) wiederbelebte, um multiethnische Gemeinschaften in ganz Osteuropa in einer kulturellen Ausdrucksform regionaler sozialistischer Einheit zusammenzuschließen. Jedenfalls verwarfen die osteuropäischen Kultureliten Senghors Panafrikanismus als rassistisch und exklusiv, nicht zuletzt weil sie selbst als Außenseiter abgelehnt wurden. »Rasse« übertrumpfte Klasse als Hauptsprache einer geteilten postkolonialen afrikanischen Geschichte und diasporischen Identität und diente dazu, das Erbe des Kontinents von der geopolitischen Agenda Osteuropas abzugrenzen.[40]

Osteuropäische Afrikanisten standen Senghors internationalem Kunstfestival von 1966 besonders zwiespältig gegenüber. Einerseits produzierte Moskau einen Dokumentarfilm – den einzigen in Farbe – mit dem Titel *African Rhythms* zur Feier des Ereignisses. Auch half es der senegalesischen Regierung, ihr Unterkunftsproblem während des Festivals zu lindern, indem es eines seiner vor Anker liegenden Kreuzfahrtschiffe zur Aufnahme von Gästen anbot. Die Teilnehmer, die auf dem Schiff übernachteten, wurden an Bord mit einer Ausstellung über die »Russisch-negrische Bruderschaft« unterhalten. Außerdem zeigte man afrikanische Masken in Belgrad, Zagreb und Ljubljana, um die Veranstaltung von Dakar zu ergänzen und um in Jugoslawien für die afrikanische Kultur im Allgemeinen zu werben. Andererseits verurteilten sowjetische und ostdeutsche Kunstkritiker Senghors Négritude als hoffnungslos westlich, bourgeois und rassistisch. Auch wenn die Sowjetpresse das Festival als »bedeutendes Ereignis in der Geschichte der Weltkultur« bezeichnete, das »eine große Rolle für die kulturelle Wiederbelebung Afrikas spielen wird«, blieb Senghors Name in der Berichterstattung der *Prawda* unerwähnt; stattdessen wurde der senegalesische Schriftsteller und Filmemacher Ousmane Sembène als angeblich authentischerer Sozialist mit Aufmerksamkeit überschüttet.[41]

Die Osteuropäer gestalteten das afrikanische Erbe neu, um es ihren politischen Zwecken anzupassen. Beispielsweise hatten die Tschechen ein langjähriges Interesse an afrikanischer Kunst, wie die üppigen Sammlungen des 1862 gegründeten Prager Náprstek-Museums für asiatische, afrikanische und amerikanische Kulturen bezeugen. Das hundertjährige Bestehen des Museums wurde auf den Seiten von *New Orient* gefeiert, wo man es vornehmlich für die Bewahrung »kultureller Werte, die durch den raschen Zivilisationswandel unserer Zeit vom Aussterben bedroht sind«, mit Lob bedachte. Während alte Museen aufgemöbelt wurden, gründete man zudem neue wie 1977 das Museum für afrikanische Kunst in Belgrad. Es war das erste in Jugoslawien, das sich ausschließlich der Kunst Afrikas widmete. Zwar gab es anderswo in den Hauptstädten der ehemaligen Kolonialmächte größere und reichhaltigere Sammlungen, doch war das Belgrader Museum dem Katalog zufolge das »Produkt der Freundschaft« und ein »Symbol der Blockfreiheit«, inspiriert von »einer neuen Wertschätzung für die Errungenschaften der Volkskunst« – eine weihevolle, einzigartige postimperiale Museumsfläche der Nichtausbeutung und zivilisatorischen Gleichheit. Nur in Osteuropa, so die Logik, konnten derart fortschrittliche Museumsräume geschaffen werden.[42]

Wie afrikanische Führer und Intellektuelle solche Annäherungsversuche aus der sozialistischen Welt aufnahmen, ist nicht leicht abzuschätzen. Jedenfalls wurden osteuropäische Experten für alte Geschichte von den Regierungen Ghanas, Senegals und anderer Länder als Projektberater eingeladen, damit sie den Afrikanern bei der Ausgrabung und Erforschung ihrer antiken Vergangenheit halfen. Westliche Spezialisten nahmen in den Sechzigern an verschiedenen afrikanischen Konferenzen und Symposien teil, etwa im Rahmen von Senghors Festival der Schwarzen Künste 1966 in Dakar. Osteuropäische Fachleute wurden in der Regel als Freunde des unabhängigen Afrika empfangen und waren bei solchen Kulturveranstaltungen willkommen. Der Begriff der Zivilisation – mehr noch als jener des Sozialismus – wurde verwendet, um die Kulturen zu verbinden, während die sozialistische Welt weitaus mehr Energie als der Westen dafür aufbrachte, die Errungenschaften des afrikanischen Altertums herauszustellen. Modernität war natürlich der andere bevorzugte Begriff, aber in diesem Fall benutzte man die Rhetorik der Zivilisation, um die zukunftsorientierten Amerikaner als geeignete Kulturpartner auszustechen. Während afrikanische Intellektuelle von Nkrumah bis Nyerere den Ansprüchen der westlichen Zivilisation gegenüber misstrauisch blieben, neigten sie in den Sechzigerjahren dazu, den antiimperialen Ideen des sozialistischen Lagers von gleichberechtigten und miteinander verbundenen Weltzivilisationen Sympathie entgegenzubringen.

Sozialistische Verbrüderung

Die kulturellen Beziehungen zwischen Ost und Süd sind noch heute ein weitgehend vergessenes Kapitel der Geschichte des Kalten Kriegs. Wiewohl in den letzten Jahren ein neues Interesse an den globalen sowie an den sozialistischen Sechzigern zu beobachten ist, liegt der Schwerpunkt im Allgemeinen entweder auf Begegnungen zwischen der Ersten und der Dritten Welt oder auf der sogenannten Süd-Süd-Interaktion. Ost-Süd-Begegnungen dagegen zeigen, wie scheinbar unvereinbare Zonen der Welt auf einer neuen Landkarte der internationalen Beziehungen des Kalten Kriegs zueinanderfanden, wodurch die Handlungsfähigkeit kleinerer Staaten beim Anknüpfen von Partnerschaften über Kontinente hinweg unterstrichen wurde. Diese Kontakte trugen dazu bei, osteuropäische sozialistische Projekte wiederzubeleben, und wurden häufig benutzt, um das Verhältnis Osteuropas zur Sowjetunion im Sinne einer relativen außenpolitischen Autonomie neu zu regeln. Wenngleich solche Aktivitäten eine Ausdehnung des sozialistischen Raums nach sich zogen, repräsentierten sie auch ein alternatives Verständnis der sozialistischen Zeit. Es handelte sich um eine romantisierte Sicht der Zukunft, gegründet auf Technologie und Modernisierung, für deren Aufbau osteuropäische Sozialisten vielfältige Unterstützung leisten wollten. Und doch beruhte sie auch auf einer selektiven Vorstellung von der

»proto-sozialistischen« Antike Afrikas. Eine erweiterte Geografie der sozialistischen Zivilisation wurde zu einem Zeitpunkt verkündet, da afrikanische Eliten ihr eigenes Erbe als Kennzeichen der postkolonialen Ankunft zurückforderten, sei es in Form von Nationalismus, Föderalismus, Négritude oder Panafrikanismus. Osteuropas globale Sichtweise der sozialistischen Zivilisation hatte das Ziel, lokale afrikanische Narrative der Kollektivität zu ergänzen, und bot eine alternative Lesart der afrikanischen Geschichte durch die Linse des sozialistischen Orientalismus an.

Vor allem aber half die Begegnung zwischen Afrika und Osteuropa dem Letzteren, ein neues Selbstbild als besseres und fortschrittlicheres Europa zu entwickeln, das sich für Befreiungskämpfe und die Unterdrückten der Welt einsetze. Aus dieser Perspektive könnte man eine derartige Kulturdiplomatie im Wesentlichen als Öffentlichkeitsarbeit und Bündnisbildung mittels weicher Macht abtun, womit das sozialistische Harte-Macht-Programm der Wirtschafts- und Militärhilfe sowie der geopolitischen Einflussnahme vorangetrieben werden sollte. Aber hier wird außer Acht gelassen, in welcher Weise die Vervielfachung der kulturellen Beziehungen zu den Entwicklungsländern in den Sechzigerjahren auf das Wiederengagement Osteuropas in der weiteren Welt hinauslief und damit auf die ideologische Erneuerung der globalen sozialistischen Mission nach dem Ende der Imperien. Für viele Osteuropäer waren die Begegnungen umwälzend, da sie der sozialistischen Sache, international gesehen, eine neue Bedeutung verliehen, zumal das politische Leben in ihrer Heimat vergleichsweise statisch und reformresistent war. Die Begeisterung für die Solidarität mit Afrika wurde in den Erinnerungen von osteuropäischen Ärzten, Journalisten, Lehrenden, Landwirtschaftsexperten und anderen sozialistischen Missionaren, die Jahre in Afrika und Asien verbrachten, zum Ausdruck gebracht. Das Gleiche galt für die einheimische Medienberichterstattung über Kontakte zwischen Osteuropa und der Dritten Welt. Besuche von

Staatsoberhäuptern und ausländischen Würdenträgern, Reiseliteratur, Kunstausstellungen, Kulturfestivals und Studentenaustausch – all das trug dazu bei, ein reales sozialistisches Bündnis mit Völkern anderer Staaten zu schaffen, und der Begriff der Zivilisation – manches Mal in den Begriff der »Kultur« gewandelt – stand dabei im Mittelpunkt.

Allerdings waren noch andere verborgene Elemente im Spiel. Osteuropäer griffen nicht nur auf die früher verunglimpfte Idee der Zivilisation zurück, um alte europäische Hierarchien und Vorurteile gegenüber dem Rest der Welt im Zeichen von Gleichheit und gegenseitigem Respekt abzulehnen, sondern auch um Ost- und Westeuropa auf eine kulturelle Basis der Ebenbürtigkeit zu stellen, womit man die eigenen Gefühle der Unterentwicklung, der Isolation und des kolonialen Komplexes gegenüber den westeuropäischen Rivalen überwinden wollte. Was den Bereich der Kultur von anderen Formen osteuropäischer Kontakte mit der Dritten Welt unterschied, war der Umstand, dass er diese Begegnungen sichtbar werden ließ. Im Gegensatz zu wirtschaftlichen oder militärischen Beziehungen, die sich oft abseits des grellen Lichts der Medien entwickelten oder bewusst verschleiert wurden, waren die zahlreichen Kulturereignisse stets inszeniert, performativ und eng mit der Berichterstattung verbunden. Sie dienten dazu, Solidarität zu visualisieren sowie die Leistungen, Kämpfe und Anliegen von weit entfernt lebenden Fremden durch eine neue Politik der Nähe zu verdeutlichen. Ihre wechselnden Formen und Inhalte spiegelten das sich herausbildende Verständnis Osteuropas für Identität, Geografie und kulturellen Auftrag der Region in der Welt wider.

Bewusst inklusive Zivilisationskonzepte, die unterschiedliche Nationen, Regionen und Völker einbezogen, waren in den frühen Sechzigern ein starkes Merkmal der progressiven internationalen Politik, aber sie hatten nicht lange Bestand. Während des restlichen Jahrzehnts und darüber hinaus kam es zu Rückschlägen gegen solche integrativen Ideale, denn weiße Minderheitenregime in Afrika sowie ihre konservativen Gegenstücke in Europa forderten den Mantel der Zivilisation als separatistisches Anliegen im Namen von »Rasse«, Religion und Reaktion zurück.

Neuntes Kapitel

Religion, »Rasse« und Multikulturalismus

Eines der berühmtesten Beispiele für die Reaktion auf die Gegenkultur der Sechzigerjahre war die richtungweisende 13-teilige BBC-Fernsehserie *Civilisation*, die 1969 von dem bedeutenden britischen Kunsthistoriker Kenneth Clark präsentiert wurde. Bereits in den Dreißigerjahren stieg Clark zum jüngsten Direktor der Londoner National Gallery auf und leitete seit 1939 den Beratenden Ausschuss der Kriegskünstler (WAAC). Dieses Gremium war für die Archivierung der künstlerischen Produktion Großbritanniens in der Kriegszeit zuständig und beauftragte häufig anerkannte Spezialisten damit, die Auswirkungen des Kriegs auf die Öffentlichkeit zu dokumentieren. Clark betreute kurz nach Kriegsausbruch ein verwandtes Projekt, »Recording Britain«, das Künstler anwarb, um Leben und Geist der Städte und Dörfer des Landes für die Nachwelt festzuhalten, damit diese Charakteristika nicht durch deutsche Bombenangriffe zerstört werden konnten. Kuratierung und Schutz von gefährdeten Kulturgütern war ein zentrales Motiv in Clarks Karriere und inspirierte zum Teil die Sendereihe *Civilisation*. Die Serie spannte behände einen Bogen von der Eroberung des alten Rom durch die Barbaren bis in die turbulenten Sechzigerjahre, wobei die Bedrohungen durch Bilderstürmerei und die Krise der Zivilisation die Hauptthemen lieferten. Clark erzählte von Zerbrechlichkeit und Glücksfällen, davon, wie die Zivilisation, die wir kennen, den Zusammenstoß mit

Krieg, Vandalismus und Verfall nur knapp überlebte. Er sah sie als »etwas, das es sich lohnte zu verteidigen, und etwas, das in Gefahr war«.[1]

Civilisation fand bei Zuschauern auf der ganzen Welt großen Anklang. Die Fernseh- und begleitenden Buchrechte wurden in über sechzig Länder verkauft, und kein BBC-Programm hat es je gleichermaßen erfolgreich geschafft, den Massen die Kunst nahezubringen. Die Serie schloss sich Mortimer Wheelers *The Glory That Was Greece* (1959) und Compton Mackenzies *The Grandeur That Was Rome* (1960) an, doch Clarks Sendungen brachen alle Rekorde. Die Herstellung der Reihe dauerte drei Jahre; ihre zwölfköpfige Crew legte nahezu 130 000 Kilometer zurück und besuchte elf Länder. Clark fasste die Zielsetzung des Programms folgendermaßen zusammen: »Ich war entschlossen, den westlichen Menschen bei dem Versuch seiner Selbstentdeckung zu zeigen«, und »ich war ebenfalls entschlossen, nachzuweisen, dass die Zivilisation an ihrer eigenen inzestuösen Unvollkommenheit sterben könnte«. Zudem wollte er den Glanz der Vergangenheit in einer Ära verdeutlichen, in der die »Führer von Busreisegruppen zu den einzigen überlebenden Vermittlern traditioneller Kultur geworden sind«. Für ihn war Zivilisation hauptsächlich eine mediterrane Familiengeschichte über Frankreich und Italien, in der Deutschland, Großbritannien, die Niederlande und die USA lediglich Nebenrollen spielten. Die Episoden vereinten klassischen und christlichen Humanismus und priesen »große Männer, die große Taten vollbrachten«. Clark präsentierte die Serie souverän und mit Flair (Bild 37).

Ihre Spannweite entsprach dem Zeitgeist der BBC: Afrika, Asien, Islam und Südamerika fehlten, ebenso wie weibliche Künstler. Trotzdem war die Resonanz überwiegend beifällig – J. B. Priestley schrieb, die Serie sei »ihrerseits ein Beitrag zur Zivilisation«, während ein anderer Rezensent Clark als »Gibbon des McLuhan-Zeitalters« bezeichnete. Im Gegensatz dazu verurteilte der linke Kritiker Raymond

37 Der britische Kunsthistoriker Kenneth Clark
bei den Dreharbeiten zu seiner höchst
erfolgreichen Fernsehserie Civilisation, 1969.

Williams Clarks Programm als »Propaganda ›im alten Festtafelstil‹ für eine schändliche Vergangenheit und als Mittel, die heutige Welt abzulehnen«. Immerhin war 1969 der Höhepunkt des Vietnamkriegs sowie des nigerianischen Bürgerkriegs und das Jahr von Woodstock. In der Kunstwelt gab es in den Sechzigerjahren heftige Bestrebungen – von der Pop Art bis zur Arte Povera –, die fromme Heiligkeit der hochgestochenen Kunst zu verspotten. Nichts von alledem beeinträchtigte jedoch Clarks Geschichte, während er zu den großen Momenten der westlichen Kunst vom Spätmittelalter bis in die Moderne zurückkehrte. John Bergers vierteilige BBC-Serie Ways of Seeing von 1972 war eine pointierte marxistische Antwort auf Clarks patrizischen Eurozentrismus und versinnbildlichte die Haltung der Neuen Linken zu dessen traditioneller Auffassung von Kunst, Kennerschaft, Erbe und Zivilisation.[2]

Clarks Rückzugsgefecht für die angegriffene Zivilisation war sowohl in der Welt der Kultur als auch der internationalen Beziehungen ein gängiger Reflex. Während die Idee der Zivilisation in den Fünfzigern und Anfang der Sechziger einen integralen Bestandteil der antikolonialen Sache ausmachte, wurde sie ab Mitte der Sechzigerjahre zunehmend zum Erhalt verschiedener Anciens Régimes und konterrevolutionärer Anliegen mobilisiert. Im gesamten Westen stellten die Teilnehmer an den Studentenrevolten von 1968 die, wie sie meinten, falschen Götzen der Wiederaufbaugeneration infrage und verhöhnten die heroische Verteidigung der Zivilisation als symptomatisch für die repressiven Werte des Establishments. Überall waren Demokratie, Freiheit und Bürgerrechte die Parolen des Wandels. Der Umstand, dass einige der gewalttätigsten Regime der Sechzigerjahre in Südeuropa – Francos Spanien und das Griechenland der Obristen – ihre politische Ordnung mit dem Schutz der christlichen Zivilisation vor den Gefahren des Kommunismus und der Moderne rechtfertigten, kompromittierte die einst fortschrittliche Plattform der Zivilisation in den Augen junger Menschen zusätzlich. In jener Zeit verdrängten die Rechte – sowohl Bürger- als auch Menschenrechte – die Zivilisation als wesentliche Begleiter von Universalismus, Gleichheit und internationaler Solidarität. Wie das Konzept der Zivilisation die Kampagnen des moralischen Wiederaufbaus, des Antikolonialismus und des Antiwestlertums verließ und zur Stützung bedrohter rechter Regime abwanderte, ist Gegenstand dieses Kapitels. Im Lauf der Siebziger- und Achtzigerjahre stand Zivilisation im Mittelpunkt der Diskussionen über die Neuziehung der religiösen und sogar rassischen Grenzen des Kontinents und war eng mit konservativen Anliegen verknüpft, darunter Apartheid, militanter Katholizismus und Ablehnung des Multikulturalismus.

Die Korruption des Zivilisationsbegriffs

Die Verteidigung der zivilisatorischen Tradition war die Thematik, welche das westeuropäische Denken angesichts von Säkularisierung, Konsumerismus und *American Way of Life* in den Sechzigerjahren bestimmte, wie in Kapitel 4 erörtert. Die nunmehrige Besorgnis stand auch in direktem Zusammenhang mit dem Ende der Imperien, da die Entkolonialisierung konservative Ängste vor einer Zivilisationskrise erzeugte. Britische internationalistische Denker echauffierten sich besonders über die »Revolte gegen den Westen«. In den Fünfzigerjahren verteidigte der bekannte Intellektuelle Gilbert Murray das Britische Empire als eine der letzten Hoffnungen der »christlichen Zivilisation« und sagte voraus, dass »viele große Regionen wahrscheinlich wieder barbarisiert werden« würden, und zwar von denen, die sich – unter Führung der muslimischen Welt – gegen den Westen verbündet hätten. Auch der Historiker Hugh Seton-Watson hielt die Entkolonialisierung nicht für »eine glorreiche Ausweitung der Demokratie, sondern für eine tragische Verzögerung der Zivilisation, ähnlich dem Niedergang des Römischen Reichs und mit dem gleichen Ergebnis, dem Rückfall in die Barbarei«. Der renommierte Experte für internationale Beziehungen Martin Wight kritisierte die »Bandung-Mächte« der Dritten Welt, weil sie die Vereinten Nationen in »ein Organ der antikolonialen Bewegung, eine Art umgekehrter Heiliger Allianz« verwandelt hätten. Nach Einschätzung dieser und anderer Beobachter stellte die Entkolonialisierung eine profunde Krise für den Westen dar. Die Sorgen um den Zusammenbruch der alten, auf Europa fixierten »Zivilisationsstandards« in einer ungeordneten internationalen Gemeinschaft setzten sich in den Siebzigerjahren fort, als der Abbau der eurozentrischen Werte die internationale Regierungszusammenarbeit in einer – laut dem Politikwissenschaftler Hedley Bull – postkolonialen »anarchischen Gesellschaft« so gut wie unmöglich zu machen schien.[3]

Solch finstere Prophezeiungen waren kaum auf die Salons der Macht in London und in den Hauptstädten anderer europäischer Mutterländer beschränkt. Die reaktionäre These, dass Barbarei durch Entkolonialisierung entfesselt würde, nahm 1967 in dem umstrittenen italienischen Pseudodokumentarfilm *Africa Addio* unter Regie von Gualtiero Jacopetti und Franco Prosperi grelle Proportionen an. Ihr Film, ursprünglich für das europäische Publikum konzipiert, ist eine Zusammenstellung von Augenzeugenberichten nach einem dreijährigen Aufenthalt des Teams an verschiedenen Brennpunkten des Kontinents. Seine Freigabe führte zu einer skandalumwitterten Sensation, nicht zuletzt weil sein negatives Porträt der gerade unabhängig gewordenen Staaten unverfroren suggerierte, dass Afrika am besten mit europäischer Herrschaft gedient sei. Im Begleitkommentar wurde Bedauern laut: »Das alte Afrika ging während der Massaker und Verwüstungen zugrunde, die wir filmten. [...] Das neue Afrika entsteht über den Gräbern Weißer und Araber zu Tausenden und Schwarzer zu Millionen, und die einstigen Wildreservate sind zu Friedhöfen geworden.« Man zeigte schauerliche Passagen über Mau-Mau-Rebellen, die sich mordend einen Weg durch Kenia bahnten, Massengräber von Arabern in Sansibar und Söldnerexekutionen im Kongo. Filmplakate enthielten Untertitel zu afrikanischen Befreiungskämpfen wie »Verzehrt von Brutalität, gezeugt in Blut!« oder »Wildheit! Grausamkeit! Unmenschlichkeit! Es badete die Welt in Blut!«. Ein weiterer Slogan wies vielsagend und schrill auf die amerikanische Bürgerrechtsbewegung hin: »Dies ist Afrika, wie es wirklich ist! Wo Schwarz schön, Schwarz hässlich, Schwarz brutal ist!« (Anscheinend wurde der ursprüngliche italienische Filmtitel in den USA als nicht marktfähig abgelehnt, weshalb man die amerikanische Version *Africa. Blood and Guts* [Afrika. Blut und Innereien] nannte.) Während einige Kritiker »Mut und Aufrichtigkeit« des Streifens lobten, verurteilten andere *Africa Addio* als »Orgie des Sadismus und faschistischen Rassismus«, die Afrikaner unrettbar »monströs und wild« wirken lasse, oder als rückschrittliche Rechtfertigung des europäischen Kolonialismus. Rund 20 afrikanische Botschaften in Rom reichten eine formelle Beschwerde bei der italienischen Regierung ein, jedoch ohne Erfolg. Wie auch immer, das wehmütige Ende der europäischen »Zivilisierungsmission« in Afrika war maßgeblich für Narrativ und Rezeption des Films.[4]

Anderswo nahm die Verteidigung des alten Imperialregimes militärische Form an, wobei verschiedene rechtsextreme politische Umwälzungen in den Sechzigerjahren durch die Rhetorik der Zivilisation legitimiert wurden. Wir haben bereits erfahren, wie das autoritäre Spanien und Portugal diese Sprache benutzten, um die Ordnung zu wahren und ihren in- und ausländischen Rückhalt zu stärken, ähnlich wie Frankreich während des Algerienkriegs. Eine neue Phase begann mit der sogenannten Griechischen Revolution vom 21. April 1967. Im Mai standen nationale Wahlen an, und viele sagten voraus, dass Linksliberale und Kommunisten an die Macht gelangen und den Staat möglicherweise in eine Verfassungskrise stürzen würden. Als die Wahlen näher rückten, inszenierten rechte Armeeoffiziere eine gewaltsame Machtübernahme, um »die Nation zu retten«, wozu Panzer und Fallschirmjäger durch die Straßen von Athen zogen. Etwa 8000 Menschen wurden allein im ersten Monat des Umsturzes verhaftet. Dieser »Obristen-Putsch« wurde von dem Wunsch getragen, jene Kräfte abzuwehren, die das Land angeblich bedrohten: Kommunismus, Säkularismus, Materialismus, nationale Spaltung und westliche Dekadenz. Als Inspiration diente den Putschisten der autoritäre Nationalismus des griechischen Diktators Ioannis Metaxas, der das Land von 1936 bis 1941 beherrscht hatte. Metaxas befürwortete die Wiedergeburt der »Dritten Hellenischen Zivilisation«, einer Art Pendant zu Hitlers Drittem Reich. Oberst Georgios Papadopoulos, einer der Anführer des Putsches, rechtfertigte die Militärintervention von 1967 mit den Worten: »Wir waren in diesem Land der helleno-christlichen Zivilisation in einer Situation des

Anarchismus angelangt. Wir hatten uns von allen Idealen entfernt, von jeder christlichen Institution, von jedem geschriebenen und ungeschriebenen Gesetz.« Andere Obristen verkündeten, dass die harten Maßnahmen notwendig seien, weil »Griechenland eine Mission hat, und diese Mission besteht aus der Zivilisation«. Nach dem Putsch wurden die Lehrpläne der griechischen Oberschulen im Namen des »helleno-christlichen« Nationalismus »gereinigt«. Auf Plakaten machten die Putschisten ihre Leitprinzipien bekannt: »Ruhe – Fortschritt – Erneuerung« und »Griechenland für die christlichen Griechen«. Noch im August 1971 – nicht weniger als vier Jahre nach dem Putsch – erließ der Staat ein Maulkorbgesetz für die Presse und ermahnte alle Journalisten, einschließlich der Auslandskorrespondenten, helleno-christliche Ideale zu respektieren. Sportveranstaltungen im faschistischen Stil und martialische Aufmärsche aus den Dreißigerjahren wurden unter den Obristen in Form von ultranationalen »Festivals der kämpferischen Tugend der Griechen« wiederbelebt. Der Kreuzzug gegen die Moderne nahm extreme Züge an, denn die Obristen verboten zeitgenössische Musik, langes Haar für Männer und Miniröcke für Frauen, während Palastwachen und Zeremonialbeamte in traditioneller griechischer Tracht herumstolzierten.[5]

Der griechische Militärputsch wurde von der internationalen Gemeinschaft scharf verurteilt. 1969 suspendierte der Europarat die Mitgliedschaft Griechenlands im Anschluss an weitverbreitete Berichte über Folter und andere Menschenrechtsverletzungen. Es war eine dramatische Abkehr von den in Kapitel 5 besprochenen hochheiligen Argumenten des Kalten Kriegs in den Vierzigerjahren, als das Griechenland des Bürgerkriegs im Namen der westlichen Zivilisation zum Vorwand für die militärische Konsolidierung einer von Amerika geführten Koalition wurde. Diesmal beanspruchten die Griechen ihrerseits das Konzept der Zivilisation und definierten die eigenen Traditionen neu, um einen ideologischen Deckmantel für ihren rechtsextremen Militäraufstand zu erhalten. Aber angesichts der strategisch wichtigen geopolitischen Lage Griechenlands unterstützten seine NATO-Partner die Junta bis zu ihrem Sturz im Jahr 1974.

Kein Thema jedoch beschäftigte die internationale Vorstellungskraft hinsichtlich des Zusammenspiels von Zivilisation und Barbarei stärker als die südafrikanische Apartheid. Anfang der Sechzigerjahre wurde Südafrika in der UNO und in anderen internationalen Foren regelmäßig wegen seiner Brutalität und seiner »Rassentrennungspolitik« angeprangert, insbesondere 1960 nach dem Massaker von Sharpeville, bei dem 69 Menschen umkamen. Die Tatsache, dass die Apartheid 1948, im Jahr der Menschenrechtserklärung der Vereinten Nationen, institutionalisiert wurde, ließ die kommende Kollision zwischen Pretoria und der UNO erahnen. Innenpolitisch gab die Apartheid dem Nationalismus der Buren einen Sinn, denn es ließ sie und britische Siedler in einer moralischen Mission und zur gemeinsamen Verteidigung gegen die einheimischen Südafrikaner zusammenfinden. Nach dem Wahlsieg der Nasionale Party im Jahr 1948 wurde die Apartheidpolitik als bestes Mittel präsentiert, die Sicherheit der weißen christlichen Zivilisation zu garantieren. In einem Schreiben an amerikanische Kirchenvertreter im Jahr 1954 behauptete der Chef der Nasionale Party, D. F. Malan, dass die Apartheid »dem tief verwurzelten Farbbewusstsein der weißen Südafrikaner« entspreche und ihrerseits die »physische Manifestation des Gegensatzes zwischen zwei unversöhnlichen Lebensweisen, zwischen Barbarei und Zivilisation, zwischen Heidentum und Christentum« darstelle. Premierminister Hendrik Verwoerd versuchte, die gewaltsamen Begleiterscheinungen der Apartheid zu verharmlosen, indem er ausführte, dass »Rassentrennung« gleichbedeutend mit »guter Nachbarschaft« und einer beiderseits vorteilhaften »separaten Entwicklung« sei.[6]

Der Begriff der weißen Zivilisation knüpfte an die ältere transatlantische Polemik über die sogenannte Bürde des weißen Mannes als Hauptrechtfertigung für den Imperialismus an. Das Buch des ehemaligen amerikanischen Kriegskorrespondenten und Offiziers

E. Alexander Powell, *The Last Frontier. The White Man's War for Civilization in Africa* (1912), war eines von vielen Werken jener Zeit, welche die vermeintlichen Zusammenhänge zwischen »Rasse«, Expansion und Zivilisierungsauftrag behandelten. Solche Ansichten waren jedoch weder die einzigen noch allgemeingültig, denn man hörte auch andere Stimmen zum Verhältnis zwischen Apartheid und Zivilisation. In den Dreißigerjahren befassten sich die Autoren des von Isaac Schapera herausgegebenen Werks *Western Civilisation and the Natives of South Africa* mit der Wechselwirkung zwischen der marktorientierten europäischen Zivilisation und der Stammesstruktur der afrikanischen Gesellschaft und gelangten zu dem Schluss, dass sich beide durch die Interaktion positiv verändert hätten. Eine kritischere Sicht vertrat der Historiker Arthur Keppel-Jones in seiner 1951 erschienenen Schrift *Race or Civilisation? Who Is Destroying Civilisation in South Africa?*. Er zeigte auf, dass »Rasse« und Zivilisation ihrer Bedeutung nach nicht identisch seien, denn die Letztere müsse als höherwertig und umfassender eingestuft werden. Wenn man es ablehne, »Nichtweiße« in einen weiter gefassten Begriff der »Zivilisation« aufzunehmen, werde das »Urteil der Geschichte über die vergängliche europäische Zivilisation im südlichen Afrika« eine »Flamme« beschreiben, »die nur ein paar Generationen lang flackerte und dann zu einem bloßen historischen Zwischenspiel zwischen zwei finsteren Zeitaltern verkam«. In einem Pamphlet von 1952 ging der südafrikanische Philosoph E. E. Harris noch weiter, denn er verurteilte die Idee einer »weißen Zivilisation« als fadenscheinig und unmoralisch und befürwortete allmähliche Integration als Lösung für die »Rassenspannungen« des Landes. Südafrikanische christliche Liberale verpflichteten sich zudem, eine nicht auf rassische Zuordnung gründende Zivilisation auf der Grundlage westlicher kultureller Werte aufzubauen.[7]

Die Legitimität der Apartheid wurde 1960 während des berühmten Besuchs des britischen Premierministers Harold Macmillan in Kapstadt auf die Probe gestellt. Dort hielt er am 3. Februar seine bahnbrechende »Wind-of-Change«-Rede vor beiden Häusern des südafrikanischen Parlaments über den unaufhaltsamen Marsch des afrikanischen Nationalismus. Wenige Tage vor seiner Rede beriet sich Macmillan mit zwei der prominentesten Politiker Südafrikas, Premierminister Hendrik Verwoerd und Außenminister Eric Louw. Im Ergebnis zeigten sich die wachsenden Differenzen zwischen dem imperialen Mutterland und dem bedrängten südafrikanischen Staat. Dessen Politiker beriefen sich auf eine ältere Lesart der europäischen Zivilisation, um Macmillans Unterstützung zu gewinnen. So erklärte Verwoerd: »Wir nennen uns selbst europäisch, doch in Wirklichkeit repräsentieren wir die weißen Männer Afrikas. Sie sind es, nicht nur in der [Südafrikanischen] Union, sondern auch in größeren Teilen Afrikas, welche die Zivilisation hierhergebracht haben.« Er fügte hinzu, »wenn Großbritannien und die Vereinigten Staaten mehr Vertrauen in die Bemühungen der Unionsregierung zur Förderung der westlichen Sache zeigen könnten«, dann werde die Union mehr Druck »auf die anderen afrikanischen Staaten« ausüben, damit sie das Gleiche täten. Verwoerd führte die internationale Unbeliebtheit seines Regimes sogar auf den mangelnden politischen Beistand aus Washington und London zurück und zeigte sich besonders aufgebracht über Präsident Kennedys Versuch, antikoloniale revolutionäre Bewegungen im subsaharischen Afrika mit dem Geist von 1776 zu verbinden. Macmillan gab sich höflich, hörte aber nur mit halbem Ohr zu. Seine »Wind-of-Change«-Rede vergrößerte die Kluft zwischen ihm und seinen Gastgebern. Während der englische Premier sprach, wurde Verwoerd Berichten zufolge »immer blasser und angespannter«, nicht zuletzt weil die Südafrikaner – entgegen dem Protokoll – kein Vorabexemplar der Rede erhalten hatten. Nelson Mandela fand Macmillans Äußerungen »großartig«, und der Führer des Afrikanischen Nationalkongresses (ANC), Albert Luthuli, lobte die Worte des Engländers, weil sie »eine gewisse Inspiration und Hoffnung« vermittelt hätten. Nach der Rede erwiderte Verwoerd hastig, dass zwar verständliche Meinungsverschiedenheiten existierten, aber es müsse »Gerechtigkeit nicht nur für den Schwarzen Mann in Afrika geben, sondern auch für den Weißen Mann«. Man dürfe nicht vergessen, dass das weiße Südafrika ein »Bollwerk gegen den Kommunismus« sei und die »Werte der christlichen Zivilisation« hochhalte. Hier fügte Verwoerd republikanischen Nationalismus und Apartheid-Ideologie erfolgreich zusammen und gewann die südafrikanischen Medien für sich, weshalb Glückwunschtelegramme in die Presseabteilungen flatterten. Dennoch war klar, dass sich Südafrika nun in der Defensive befand, und regierungsnahe Reporter schlugen Alarm wegen des hohen Einsatzes, den der offenkundige Sinneswandel des Westens mit sich bringe. In der kapstädtischen Zeitung *Die Burger* hieß es, dass »der Ausnahmezustand, in den wir durch diese westliche Panik gestürzt worden sind, nur mit vereinten Kräften bekämpft werden kann. Es ist ein Kampf für die Zivilisation.« Die Konfrontation sowie Pretorias dramatischer Rückzug aus dem Commonwealth im folgenden Jahr hatten zur Folge, dass sich Verwoerds Macht festigte und dass trotz wachsenden Widerstands zwei weitere Jahrzehnte »großer Apartheid« eingeleitet wurden.[8]

Gegnerische Aktivisten bedienten sich des Wortes von der Zivilisation, um das Ende der Apartheid zu fordern. Ein gutes Beispiel ist Albert John Luthuli, Häuptling bei den Zulu sowie Präsident des ANC, der 1961 mit dem Friedensnobelpreis ausgezeichnet wurde. In seinen wöchentlichen Kolumnen für die in Soweto beheimatete Boulevardzeitung *Golden City Post* nahm Luthuli in den Sechzigerjahren den Gedanken der weißen Zivilisation direkt ins Visier. Als überzeugter Christ und Verfechter der Gewaltlosigkeit vertrat er eine Zivilisationsidee, die sich mit der Auffassung des senegalesischen Präsidenten Léopold Sédar Senghor deckte. In einer Kolumne von 1961 mit dem Titel »Was ist diese weiße Zivilisation?« unterstrich Luthuli, dass »wahre Zivilisation weder weiß noch schwarz noch braun«, sondern vielmehr eine »Synthese« sei. Er schloss damit, dass es eine weiße

Zivilisation nicht gebe, und befürwortete das von der UNESCO inspirierte Ideal einer »breiten Universalzivilisation«, gegründet auf eine integrierte multirassische Gesellschaft, die selbst eine Art Welterbe sei.

Apartheid – eine Sache der Weltgemeinschaft

Auch ausländische Anti-Apartheid-Aktivisten setzten sich mit dem Begriff der Zivilisation in Südafrika auseinander. Einer von ihnen war der bekannte britische Pfarrer Michael Scott. Er arbeitete zwischen 1946 und 1948 in einer Siedlung von Landbesetzern bei Johannesburg und wirkte an der Produktion eines 24-minütigen Schwarz-Weiß-Films mit dem Titel *Civilization on Trial in South Africa* (Zivilisation vor Gericht in Südafrika) mit, der Anfang der Fünfzigerjahre herauskam. Der Filmtitel war eine Anspielung auf Arnold Toynbees 1948 erschienenes Werk *Civilization on Trial (Kultur am Scheidewege)*, das in der Einleitung angesprochen wurde. Das Produktionsteam versuchte, die Zuschauer zu schockieren. Der Streifen eröffnet mit Szenen der üppigen »nur für Weiße gedachten Zivilisation« in Johannesburg, in scharfem Kontrast zu den nachfolgenden Aufnahmen von heruntergekommenen Townships und verfallenen Sozialwohnungen. Es war der erste Anti-Apartheid-Film, der je in Südafrika gedreht wurde, und er nutzte die Scheinheiligkeit der Zivilisation, um seine moralische Kritik zuzuspitzen.[9]

In den frühen Sechzigern wurde der Widerstand gegen die Apartheid zu einem aufrüttelnden Menschenrechtsthema in den Vereinten Nationen. Indien, Ghana und die Sowjetunion führten die Attacke an und untermauerten damit ihre Glaubwürdigkeit als bedeutende Vertreter des Antikolonialismus auf der Weltbühne. Die rassistische Behandlung indischer Arbeiter in Südafrika hatte bereits 1946 die erste UN-Petition zu Menschenrechtsverletzungen ausgelöst, und der

Druck auf das Regime wuchs. Unterstützung leisteten auch afrikanische Juristen, welche die Apartheid rasch mit Menschenrechten und Rechtsstaatlichkeit in Verbindung brachten. 1961 fühlte sich Südafrika zunehmend isoliert, und sogar Großbritannien war sich in jenem Jahr auf der 16. Sitzung der UN-Generalversammlung mit den übrigen Mitgliedsstaaten einig, dass die Apartheid nun nicht mehr nur »außergewöhnlich, sondern einzig in ihrer Art« sei.[10]

Der Kampf gegen die Apartheid entwickelte sich zu einer der markantesten transnationalen sozialen Bewegungen der zweiten Hälfte des 20. Jahrhunderts. Er führte zu einer neuen moralischen Politik auf internationaler Ebene und zu beispiellosen Koalitionen über Kontinente und die Spaltungen des Kalten Kriegs hinweg. Dies schloss skandinavische, britische, niederländische, amerikanische und japanische Nichtregierungsorganisationen ein, welche die mit Pretoria verbündeten Staaten lautstark kritisierten sowie moralische und finanzielle Unterstützung leisteten. Die Anti-Apartheid-Bewegungen Großbritanniens und Schwedens – zwei der ersten und prominentesten – gingen aus den Kirchen hervor und ähnelten modernisierten Formen der internationalen Kampagnen zur Abschaffung der Sklaverei im 19. Jahrhundert. Mit der Zeit beeinflusste die Ablehnung der Apartheid die Politik der Dritten Welt in einem allgemeineren Sinne, da sie Antikolonialismus und Antirassismus miteinander verschränkte. Afroamerikanische Bürgerrechtler trugen zum Beispiel 1964 auf den Märschen von Selma die UN-Flagge zusammen mit dem Sternenbanner, um ihre Ablehnung der Konföderierten-Flagge zu demonstrieren.[11]

Auch in der kommunistischen Welt fand die Zusammenführung von Anti-Apartheid und »Rassengleichheit« allseitige Beachtung. Die Sowjetunion unterhielt von Beginn an enge Beziehungen zum African National Congress, und China nutzte das Thema, um Netzwerke mit Radikalen in der Dritten Welt zu knüpfen. Doch am radikalsten wurde der Kampf gegen die Apartheid in den Satellitenstaaten der

Sowjetunion im Ostblock aufgenommen. Die Länder organisierten Dutzende von Hochschulkonferenzen, Austauschprogrammen und kulturellen Solidaritätsbekundungen mit Freiheitskämpfern in Südafrika, bei denen der Zusammenhang von »Rasse« und Rechten hervorgehoben wurde. Gerade sozialistische Länder, die wegen politischer Krisen oder Nichtanerkennung durch die UNO unter internationaler Isolation litten – wie Ungarn nach den Umwälzungen von 1956 und die diplomatisch abgesonderte DDR –, identifizierten die Apartheid-Frage rasch als Mittel, ihr Ansehen und ihre Einflussnahme zu verbessern. Ost-Süd- und Ost-West-Solidarität entstanden häufig durch Vermittlung der Vereinten Nationen, und die Einstufung der Apartheid als Verbrechen gegen die Menschlichkeit in der 1973 von der UN-Generalversammlung verabschiedeten »Internationalen Konvention über die Unterdrückung und Bestrafung des Verbrechens der Apartheid« wurde von überwältigend vielen osteuropäischen Delegierten unterstützt. UNESCO-Publikationen wie die 1967 erschienene Schrift *Apartheid. Its Effects on Education, Science, Culture, and Information* (Apartheid. Ihre Auswirkungen auf Erziehung, Wissenschaft, Kultur und Information) fanden in Osteuropa starke Verbreitung.[12]

Ostdeutschland war ein besonderer Fall in der Anti-Apartheid-Kampagne. Einerseits wollte es deutlich machen, dass es mit der »Rassenpolitik« des Nationalsozialismus ganz und gar gebrochen hatte. Andererseits bot das Anti-Apartheid-Thema eine Möglichkeit, die Legitimität des westdeutschen Staats zu untergraben. In Publikationen wie *Das Bündnis Bonn – Pretoria* bezichtigte man »westdeutsche Revanchisten, Militaristen und Neokolonialisten« des Versuchs, »das mit wirtschaftlichen, diplomatischen und militärischen Mitteln wiederzugewinnen, was sie unter Hitler verloren haben«. Die DDR befürwortete das gewaltsame Vorgehen des ANC, unterstützte dessen Kämpfer finanziell, organisierte internationale Konferenzen, veröffentlichte zahlreiche ANC-Zeitschriften und -Pamphlete wie *Sechaba* und *ANC Speaks* und flog sogar verwundete ANC-Soldaten zur Rekonvaleszenz nach Ostberlin. Die Anti-Apartheid-Sache wurde in populären ostdeutschen Zeitschriften vorgestellt und in Klassenzimmern thematisiert. Solche Verknüpfungen waren auch bei der Rezeption des berühmten deutschen Dramatikers Bertolt Brecht in Südafrika zu beobachten. Dort führten in den frühen Siebzigerjahren rein schwarze Theatertruppen (wie die Serpent Players) Brechts Stücke auf und festigten damit die Verbindung zwischen ihm und dem Kampf gegen die Apartheid. Der südafrikanische Dramatiker Athol Fugard inszenierte im Rahmen der internationalen Solidarität der DDR mit Südafrika ein Werk in Ostberlin, und Fana Kekana machte sich 1976 in seinem Anti-Apartheid-Stück *Survival* (Überleben) Brechts epische Theatertechniken zunutze. Thabo Mbeki, ein langjähriger ANC-Aktivist und später, von 1999 bis 2008, zweiter südafrikanischer Präsident nach der Apartheid, hatte Berichten zufolge eine Vorliebe für Brechts allegorische Satire auf Hitlers »Machtergreifung«, *Der aufhaltsame Aufstieg des Arturo Ui*, deren Aufführung durch das Berliner Ensemble er sich 1970 in London ansah.[13]

Während die Anti-Apartheid-Kampagne dazu beitrug, eine transnationale Zivilgesellschaft zu schaffen, welche die Spaltung des Kalten Kriegs überbrückte, konsolidierte sich die Apartheid in Südafrika weiterhin als Bollwerk der christlichen Zivilisation, des Antikommunismus und des ökonomischen Liberalismus. Diese konservative Identitätspolitik wirkte sich sogar auf Pretorias Verständnis der alten Geschichte und der Archäologie aus. Das hauptstädtische Transvaal-Museum geriet unter politischen Druck, als es 1952 und erneut 1963 Ausstellungen zur Entwicklungsgeschichte des Menschen in Südafrika veranstaltete. Durch das archäologische Interesse an der Bantu-Eisenzeit, das seit den Sechzigerjahren an liberalen englischsprachigen Universitäten gedieh, wurden weiße nationalistische Narrative infrage gestellt, welche die Ausbreitung der christlichen Zivilisation und des Fortschritts direkt auf die weiße Besiedlung und die Unterdrückung der feindseligen einheimischen

Afrikaner zurückführten. An der Universität Pretoria ging man so weit, die eigenen archäologischen Forschungen über das mittelalterliche Mapungubwe, ein ausgedehntes und wohlhabendes vorkoloniales Königreich in Limpopo, beiseitezulegen, da weiße Rassisten nicht akzeptieren konnten, dass dieses kulturell vielfältige Reich auf einer einheimischen Grundlage erwachsen war. Afrikanische Ruinen, die man in den Sechzigerjahren im Zusammenhang mit postkolonialem Nationalismus, afrikanischer Zivilisation und Proto-Kommunismus gefeiert hatte, wurden nun entweder ignoriert oder von Apologeten der Apartheid neu eingestuft, um die Herrschaft weißer Siedler zu legitimieren.[14]

Rhodesien sah sich ähnlicher Kritik durch die internationale Gemeinschaft ausgesetzt, und auch dort wurde Zivilisation ins Feld geführt, um die Privilegien der Weißen zu verteidigen. Ian Smith, der 1964 Premierminister von Südrhodesien wurde und 1965 die Unabhängigkeit des Landes ausrief, war bis zur Einführung des allgemeinen Wahlrechts im Jahr 1979 der letzte Regierungschef des weißen Rhodesien; er erklärte häufig, dass sein Land »eine Zivilisation höchsten Grades« aufgebaut habe. In seiner Ansprache an die Nation zum Zeitpunkt der Souveränität gab Smith 1965 feierlich bekannt, dass »wir einen Schlag für die Bewahrung von Gerechtigkeit, Zivilisation und Christentum geführt haben«. In seiner Autobiografie *The Great Betrayal* (Der große Verrat, 1997) beschrieb er die Tugenden der rhodesischen Siedlergesellschaft in unverfälscht kolonialen Tönen (»unsere Schwarzen« seien »die glücklichsten Seelen auf Erden« gewesen). Für ihn waren der britische Krieg gegen das nationalsozialistische Deutschland und der Kampf um die weiße Vorherrschaft in Südrhodesien Bestandteile derselben Zivilisierungsmission, ganz zu schweigen von seiner unabänderlichen Bewunderung für die Gewalttaktiken und die Kolonialpolitik des portugiesischen Präsidenten António de Oliveira Salazar. Nach Smiths Meinung verkörperte Südrhodesien das wahre Großbritannien vor dem Zerfall seines Imperiums. Diese Überzeugung war so ausgeprägt, dass er 1966 in einem Interview mit dem *Rhodesia Herald* mutmaßte: »Wenn Churchill heute am Leben wäre, würde er wahrscheinlich nach Rhodesien auswandern, denn ich denke, dass all die bewundernswerten Eigenschaften der Briten, an die wir geglaubt, die wir geliebt und unseren Kindern ans Herz gelegt haben, in Großbritannien nicht mehr existieren«; solche Werte gebe es in Südrhodesien »in einem größeren Ausmaß als jemals im Mutterland«. Der Aufstieg der antikolonialen Widerstandsbewegung von Robert Mugabe löste eine umfassende internationale Diskussion aus, obwohl viele Menschen weiterhin Smiths Pariastaat in Afrika unterstützten. 1977 bat ein britischer anglikanischer Geistlicher die internationale Gemeinschaft flehentlich, sich zu erheben, um die »christliche Zivilisation« angesichts der ungerechtfertigten »Forderungen schwarzer Terroristenführer« zu verteidigen.[15]

Die Regime in Griechenland, Südafrika und Südrhodesien setzten die Rhetorik der Zivilisation gegen die Kräfte von Demokratie, Gleichheit und Menschenrechten ein. Dadurch leitete der fortschrittliche, pluralistische und säkulare Charakter der Zivilisation an der Peripherie und in den früheren Kolonien Europas nach 1945 zu einem Diskurs der Reaktion, des Antikommunismus und der weißen Privilegien über. Es handelte sich nicht einfach um eine Rückkehr zu den alten imperialen Wurzeln des 19. Jahrhunderts, denn diesmal diente Zivilisation weniger zur Rechtfertigung von Expansion und Social Engineering als zur Verteidigung des Status quo und konservativer europäischer Interessen. Unter solchen Umständen wurde Zivilisation zum letzten Aufgebot für den Schutz rechtsextremer und segregationistischer Pariastaaten.[16]

Europa statt Zivilisation

Die beiden internationalen Schlüsselereignisse des Jahres 1975 – die Unterzeichnung der Helsinki-Schlussakte und der Tod Francos – kennzeichneten eine neue Ära der europäischen Politik, in der die Kräfte der liberalen Zivilisation (motiviert durch die Verbreitung der Menschenrechte, das Ende des Faschismus und wirtschaftliche Lockerungen) die internationalen Beziehungen im Geist der Ost-West-Entspannung und der Reformen umwandelten. Im Mittelmeerraum vollzog sich der Untergang des Autoritarismus in Griechenland, Portugal und Spanien, die jeweils auf bemerkenswert unblutige Weise von Diktatur zu Demokratie überwechselten. Die Siebzigerjahre brachten das Ende der langlebigsten Diktaturen in Europa mit sich – Salazar hatte Portugal von 1932 bis 1968 regiert, während Franco Spanien von 1936 bis zu seinem Tod im Jahr 1975 beherrschte. Zum Teil vollzogen sich die Übergänge friedlich, weil diese Länder zur Zeit des Kalten Kriegs Mitglieder der NATO und des von den USA angeführten Westens waren. Die Nichtteilnahme Spaniens und Portugals am Zweiten Weltkrieg und ihre strategische Bedeutung im Kalten Krieg hatten den dortigen rechtsgerichteten Regimen erlaubt, jahrzehntelang unbehelligt von äußeren Mächten bestehen zu bleiben. Zudem hatten sie in den späten Fünfzigerjahren den Gedanken der ökonomischen Autarkie zugunsten einer raschen Modernisierung aufgegeben, um ihre relativ abgeschlossenen Volkswirtschaften für den westeuropäischen Handel zu öffnen.

Die Parolen, die Mitte der Siebzigerjahre in den Anrainerstaaten des Mittelmeers Reformen vorantrieben, waren Demokratie und Freiheit, nicht Zivilisation. Das ist keine Überraschung, wenn man bedenkt, dass sämtliche konterrevolutionären südeuropäischen Regime ihre Identität im Kalten Krieg als Verteidiger der christlichen Zivilisation aufgebaut hatten. Die Rufe nach Regimewechseln richteten sich auf dieses sklerotische mediterrane Erbe aus Autoritarismus, internationaler Isolation, wirtschaftlicher Unterentwicklung und religiösem Konservatismus. Die Tatsache, dass Portugals Revolution mit der Unabhängigkeit seiner letzten noch verbliebenen Kolonien in Angola und Mosambik zusammenfiel, verstärkte das Band zwischen Liberalisierung und Antikolonialismus. Während Portugal kurz und bündig von der Diktatur zur Demokratie überging, musste Spaniens Transformation langsamer ausgehandelt werden. Nicht dass die dramatischen Veränderungen der Siebziger den Sieg der Zivilgesellschaft signalisiert hätten, denn in den meisten dieser Länder – vor allem in Portugal – fand die Mobilisierung des Volkes erst *nach* der Revolution statt. Die unerwartet friedlichen Übergänge in Spanien, Portugal und Griechenland jedenfalls veranlassten Beobachter, von einem neuen »südlichen Paradigma« zu sprechen, was eine Vielzahl von Kommentaren hervorbrachte, welche den demokratischen Wandel in verschiedenen Gebieten Europas als Teil einer größeren liberalen Erfolgsgeschichte bezeichneten.[17]

Die Liberalisierung Südeuropas setzte dem alten Vorurteil ein Ende, dass »Europa an den Pyrenäen beginnt«, woraufhin diese Mittelmeer-Anrainerstaaten wirtschaftlich und kulturell besser ins übrige Westeuropa integriert wurden. Der viel beachtete Beitritt Griechenlands zur Europäischen Union im Jahr 1981, gefolgt 1986 von dem Spaniens und Portugals, sollte den politischen Platz dieser Staaten in der Familie der liberalen europäischen Nationen festigen. Das wohl krönende kulturelle Ereignis im Zusammenhang mit der Wiederaufnahme Spaniens in die internationale Gemeinschaft war die Rückführung von Picassos *Guernica*, dem ikonischen Gemälde über die Schrecken des Spanischen Bürgerkriegs, nach Spanien. Es hatte auf Wunsch des Künstlers die Zeit seit 1939 im Exil des New Yorker Museum of Modern Art verbracht. Seine Anweisungen besagten, dass das Meisterwerk nicht vor der Beseitigung des Faschismus nach Madrid befördert werden dürfe. Am 10. September 1981 wurde *Guernica* als Teil des »nationalen Erbes« ins Spanien der Nach-Franco-Ära entsandt, und dies galt laut einem Journalisten der *New York Times* weithin als »moralische Bekräftigung der jungen Demokratie des Landes«. Kein Ereignis hätte die Ausdehnung des »zivilisierten Europa« nach Süden besser symbolisieren können.[18]

Durch die Integration der genannten Mittelmeerländer veränderte sich die kulturelle Landkarte. Der Süden des Kontinents wurde nicht mehr wie im Kalten Krieg als Grenzgebiet des christlichen Europa verstanden, sondern er spielte nun eine zentrale Rolle in der kulturellen Geografie Westeuropas. Bereits ein Jahrzehnt zuvor hatte sich eine Bewegung dieser Art abgezeichnet. Mitte der Sechziger begann man in Spanien, Charterflüge und Pauschalreisen für Amerikaner und Westeuropäer anzubieten, wobei Tourismus mit Modernisierung, politischem Frieden und Kulturdiplomatie verbunden wurde. Am Ende des Jahrzehnts wurden die Verbraucherboykotte gegen Francos Spanien zurückgenommen, da das Land zu einem beliebten Reiseziel für die »Massenfreizeitkultur« geworden war. Die Intensivierung des dortigen Tourismus in den Sechzigerjahren sowie die große Zahl südeuropäischer Migranten in Frankreich, der Bundesrepublik Deutschland und anderswo deuteten auf die wachsende kulturelle Präsenz der südlichen Randstaaten in einem pluralistischeren Europa hin.[19]

Doch wenn das Jahr 1975 dazu beitrug, die alten ideologischen Grenzen zwischen Süd- und Nordeuropa aufzulösen, so waren an den physischen Grenzen zwischen West- und Osteuropa noch spektakulärere Veränderungen im Gange. Das Helsinki-Abkommen von 1975 entsprach einem politischen Erdbeben in den Ost-West-Beziehungen, obwohl seine Kraft zu jenem Zeitpunkt noch nicht wahrgenommen wurde. Die Schlussakte war das Ergebnis einer großen internationalen Konferenz in der finnischen Hauptstadt, auf der fast alle europäischen Länder (außer Andorra und Albanien) sowie die USA und Kanada vertreten waren. Die 35 Teilnehmerstaaten sollten 30 Jahre nach dem Krieg die politischen Grenzfragen Europas klären. Anders als nach dem Ersten Weltkrieg hatte nach 1945 keine Friedenskonferenz stattgefunden, um die Grenzen festzulegen und zu kodifizieren, und diese Zusammenkunft sollte die offenen Fragen auf diplomatischem Wege regeln. Moskau strebte in erster Linie danach, die faktische Besetzung Osteuropas durch die Rote Armee international absegnen zu lassen. Grenzen waren der erste Punkt (genannt Korb I) auf der Tagesordnung und das erste Thema, über das man sich einigte. Dies wurde als großer diplomatischer Erfolg für die Sowjetunion gefeiert – zum Entsetzen amerikanischer Konservativer, die der Ansicht waren, dass Präsident Gerald Ford die Freiheit vieler Millionen gefangener Osteuropäer leichtfertig auf dem Altar der Realpolitik geopfert habe. Mittelfristig spielten die sogenannten Korb-II- und Korb-III-Vereinbarungen jedoch eine größere Rolle. Korb II erlaubte mehr Kontakte und Zusammenarbeit zwischen Ost- und Westeuropa in Form des Austauschs von wissenschaftlichen und akademischen Erkenntnissen, der Zunahme von Ost-West-Kulturveranstaltungen und der Erweiterung der Besucherrechte für Familien, die durch die Schranken des Kalten Kriegs getrennt waren. Während der Eiserne Vorhang im ersten Teil der Abkommen nun als internationales militärisches *fait accompli* akzeptiert wurde, machten die Korb-II-Vereinbarungen die Berliner Mauer in der Praxis durchlässiger, da sie Verkehr und Austausch über die Ost-West-Grenzen hinweg förderten. In diesem Sinne knüpfte das Abkommen an die Ostpolitik von Bundeskanzler Willy Brandt an, die paradoxerweise darauf abzielte, den Status quo zu überwinden, indem sie ihn offiziell anerkannte.

Die Korb-III-Vereinbarungen über Menschenrechte waren der vielleicht wichtigste Faktor für weitere Entwicklungen. Das formelle Bekenntnis der Sowjetunion und des Ostblocks zu den Menschenrechten – das die osteuropäischen Unterzeichner als bedeutungsloses Zugeständnis an den Westen erachteten, zumal die Anerkennung der Unverletzlichkeit nationaler Souveränität alles andere übertrumpfte – inspirierte osteuropäische Bürger, Veränderungen zu fordern. Sobald die kommunistischen Staaten das Dokument unterzeichnet und die Vereinbarungen in den Zeitungen veröffentlicht hatten, schnitten Reformer in ganz Osteuropa die Texte aus und zitierten sie, um ihre Regierungen zu beschämen und zur Einhaltung des Abkommens zu zwingen. Kurz darauf schossen Menschenrechtsgruppen in der Region wie Pilze aus dem Boden und knüpften Kontakte zu anderen osteuropäischen Dissidenten sowie zu westeuropäischen Aktivisten. Beispiele reichten von der Charta 77 in der Tschechoslowakei bis zur Gründung verschiedener Helsinki-Watch-Gruppen im Ostblock. Wie bei den Regimewechseln Mitte der Siebzigerjahre in Südeuropa beruhte die Sprache der Reform von Helsinki auf Demokratie und Menschenrechten, nicht auf Zivilisation. Dagegen verschwand die gemeinsame, Mitte der Sechzigerjahre verwendete Sprache von Ost und West über die Probleme der wissenschaftlich-technischen Zivilisation, die im vorherigen Kapitel erörtert wurden, aus dem Blickfeld.[20]

Nicht dass das Zivilisationsthema der Sechziger unter osteuropäischen Intellektuellen völlig verblasst wäre. Der Dissident und Dramatiker sowie spätere Präsident der postkommunistischen Tschechoslowakei Václav Havel beschwor es oft, meist im Zusammenhang mit der neuzeitlichen Geißel der Entfremdung und den gefährlichen Nebenwirkungen dessen, was er »technische Zivilisation« nannte. Havel leitete den Begriff aus seiner langjährigen Vorliebe für die deutsche Philosophie her, insbesondere für Martin Heidegger. Dessen Gedanken über die »Krise der Zivilisation« durchzogen Havels berühmten Essay »Versuch, in der Wahrheit zu leben. Von der Macht der Ohnmächtigen« aus dem Jahr 1978, in dem er schrieb, dass der »moderne Mensch« – aus welchem ideologischen Lager auch immer – nicht in der Lage sei, sich gegen den Ansturm der »technischen Zivilisation« und der »Industrie- und Konsumgesellschaft« zu wehren. 1984 wurde Havel die Ehrendoktorwürde der Universität Toulouse verliehen, und in seiner Vorlesung (die er nicht persönlich halten konnte) ging er auf die tragische Rolle des in einem »totalitären Land« lebenden Intellektuellen ein, wobei er nicht zögerte, darauf hinzuweisen, dass die Gefahren in beiden Hälften Europas die gleichen seien. Osteuropas totalitäre Systeme der modernen technisch-industriellen Gesellschaft seien lediglich die sichtbarsten Beispiele einer viel tiefer gehenden Malaise. Wie er vielsagend formulierte, diene Osteuropa als »Vorhut der globalen Krise dieser (ursprünglich europäischen, dann euro-amerikanischen und schließlich planetarischen) Zivilisation«.[21]

Havel und andere osteuropäische Dissidenten wählten als neues Schlagwort für Ost-West-Solidarität ein sehr altes: *Europa*. Dadurch wurden die lang gehegten Werte der europäischen Zivilisation – Rechtsstaatlichkeit, Demokratie, kulturelles Engagement und die Führungsrolle von Intellektuellen – in eine imaginierte Kulturgeografie verwandelt, die den Aktivisten ermöglichte, über die Grenzen des Nationalstaats und der Blöcke des Kalten Kriegs hinauszudenken. Osteuropäern kam dies erstaunlich vor. Schließlich waren europäische Intellektuelle des 19. Jahrhunderts gemeinhin Verfechter des romantischen Nationalismus und der Nationsbildung gewesen; in Mitteleuropa hatten sie von Nationen geträumt, lange bevor ihre Nationalstaaten in der Realität entstanden. Die Russische Revolution hatte die Intellektuellen des Kontinents »europäisiert« und viele von ihnen zu Internationalisten unterschiedlicher Couleur werden lassen. Die Spaltung des Kalten Kriegs und die sowjetische Besatzung machten die meisten osteuropäischen Intelligenzler wieder zu Wortführern ihrer gefangenen Nationen. Doch nach Helsinki nahmen internationaler Austausch und den Eisernen Vorhang überschreitendes Denken zu, da die alten ideologischen Gegensätze vor der Erforschung der europäischen Gemeinsamkeiten zurückwichen. Diese Denkweise erreichte ihren Höhepunkt 1984 in einem Essay des tschechischen Schriftstellers Milan Kundera. Er stellte in der *New*

York Review of Books die berühmte These auf, dass die wahre Tragödie Mitteleuropas in seinem vergessenen Status als »entführter Westen« bestehe, der unter der Brutalität und dem kulturellen Imperialismus der unerwünschten »sowjetischen Zivilisation« leide. »Der tiefe Sinn« des Widerstands der Mitteleuropäer gegen die sowjetische Hegemonie »ist der Kampf um die Bewahrung ihrer Identität – oder, anders ausgedrückt, um die Bewahrung ihrer Westlichkeit«. Deshalb war seiner Ansicht nach das »Verschwinden der kulturellen Heimat Mitteleuropas unzweifelhaft eines der folgenreichsten Ereignisse des Jahrhunderts für die gesamte westliche Zivilisation«. Der Kampf der Kulturen spielte sich also innerhalb Osteuropas selbst ab.[22]

Säkularisierung vs. christliche Zivilisation

Die Ausbreitung der Menschenrechte und des Europäismus in den frühen Siebzigerjahren ging teils mit einer Ära wachsender Entspannung und Säkularisierung auf dem Kontinent einher. Überall in Europa und Amerika leerten sich die Kirchenbänke, da sich immer mehr Menschen – vor allem die jungen – vom religiösen Leben abwandten. Der augenscheinliche Niedergang des Christentums in den USA veranlasste das *Time Magazine,* im April 1966 eine Titelgeschichte zu der Frage »Ist Gott tot?« zu bringen, und eine Ende der Sechziger in Frankreich durchgeführte Umfrage ergab, dass nur 15 Prozent der einheimischen Erwachsenen wöchentlich zur Kommunion gingen. Mittlerweile geriet das Ideal der jüdisch-christlichen Zivilisation als geistiger Grundlage des amerikanischen Liberalismus unter Beschuss. Während mehrere jüdische Theologen in den Fünfzigerjahren befürchtet hatten, dass die zu Beginn des Kalten Kriegs lautstark gepriesene jüdisch-christliche Freundschaft das Überleben des Judentums bedrohe, wurde die Hohlheit dieser »gemeinsamen Tradition« in den späten Sechzigern scharf kritisiert. Arthur Cohen konterte 1969 in seiner Polemik *The Myth of the Judeo-Christian Tradition*, dass die jüdisch-christlichen Beziehungen als lange und schmerzliche Geschichte des kulturellen Antagonismus und nicht als die einer gemeinsamen Zielsetzung verstanden werden müssten. In den Siebzigerjahren ließ der Wandel hin zur Betonung des ethnischen Partikularismus die Konsenspolitik der Fünfziger noch hinfälliger werden. Auf ähnliche Weise wurde der Begriff der jüdisch-christlichen Zivilisation während des Vietnamkriegs und danach von linken Denkern zunehmend als Bestandteil einer rassistischen Ideologie abgekanzelt, welche die Misshandlung nicht westlicher Völker weltweit legitimiere.[23]

Der Niedergang des christlichen Europa war eine der auffälligsten, wenn auch stillen Revolutionen der Sechzigerjahre. Auf institutioneller Ebene spielten das Papsttum und die Kirchen in Helsinki keine Rolle, und im Zeitalter der Entspannung schwächte sich die christliche Militanz ab, besonders innerhalb der katholischen Kirche. Das Zweite Vatikanische Konzil stand für Frieden und Entgegenkommen, und die lange währende Distanzierung zwischen Katholizismus und Kommunismus erreichte einen überraschenden Punkt der Nichtaggression. Die Enzyklika *Pacem in terris* von Papst Johannes XXIII. verhieß 1963 eine mögliche Gemeinschaft mit dem Kommunismus und setzte eine neue vatikanische Ostpolitik in Gang, die das baldige politische Tauwetter vorwegnahm. Kirchen und kommunistische Staaten gelangten zu einer Übereinkunft: Der Staat schützte die Rechte der Kirche unter der Bedingung, dass die Letztere die staatliche säkulare Autorität anerkannte, was den Bruch mit Partnerkirchen im Ausland einschloss. Dies fand Widerhall im Westen, denn die christlichen Kirchen in den USA und in Westeuropa befassten sich nun zumeist weniger mit internationalen Angelegenheiten und konzentrierten sich zunehmend auf nationale Themen wie Schullehrpläne, Abtreibungsfragen und »Familienwerte«.[24]

Ehemalige Teilnehmer am Kalten Krieg wie der ungarische Kardinal József Mindszenty wurden zu peinlich wirkenden Relikten aus einer vergangenen Zeit. In den frühen Siebzigerjahren kam die US-Regierung zu dem Schluss, dass Mindszentys 15-jähriges Exil in der amerikanischen Botschaft in Budapest ein Hemmnis für die Erwärmung der sowjetisch-amerikanischen Beziehungen sei. Daher wurde er 1971 in aller Stille in sein »zweites Exil« im ungarischen Collegium Pazmanianum in Wien verlegt. Seine alten Anhänger waren über die demütigende Wendung der Ereignisse zutiefst verärgert. Ein Biograf rügte die Kirche, weil sie ihren Kampfgeist aus den Anfangstagen des Kalten Kriegs verloren habe. Während »die Frühchristen von Ehrfurcht für ihre Brüder erfüllt waren, die um Christi willen Verfolgung erlitten hatten«, würde »der dekadente Westen« heutzutage »lieber mit Heiden und Mördern in Frieden leben als mit Gott selbst«, denn »Tränen und Blut der Verfolgten sind beschämend und ein Hindernis für die Abmachungen der Geschäftsleute und die Verhandlungen der Diplomaten«. Gleichwohl geriet Mindszentys Ableben nicht in Vergessenheit, sondern es löste 1975 eine ausführliche Berichterstattung und Gedenkfeiern katholischer Gläubiger aus. In Cleveland, Ohio, benannte man einen Stadtplatz nach ihm, und in New Brunswick, New Jersey, der Heimat Zehntausender von Ungarn, die nach dem Aufstand von 1956 aus dem Land geflohen waren, wurde auf dem Mindszenty Square eine über drei Meter hohe Statue mit seinem Namen enthüllt; ein weiteres Denkmal für ihn errichtete man in Santiago de Chile.[25]

Ein paar Jahre später, im Oktober 1978, veränderte sich das internationale Profil des Katholizismus drastisch durch die überraschende Wahl des relativ unbekannten Krakauer Kardinals Karol Józef Wojtyła zum Papst Johannes Paul II. Wojtyła war der erste nicht italienische Papst seit mehr als 450 Jahren und der erste slawische Pontifex sowie mit 58 Jahren auch der jüngste Amtsträger seit über einem Jahrhundert. Der von ihm gewählte Name wies auf die Kontinuität mit den Reformpäpsten des Zweiten Vatikanischen Konzils – Johannes XXIII. und Paul VI. – hin. Er war bestrebt, die Mission der Kirche in der Welt wiederzubeleben, wobei er explizit einen erstarkten Katholizismus, Humanismus und das, was er mehrfach als »christliche Zivilisation« bezeichnete, miteinander verband. Mindszentys alter Kreuzzug, in dem man den Kampf der Kirche gegen den Kommunismus mit Begriffen wie Menschenrechten, christlicher Moral und christlicher Zivilisation beschrieb, wurde in den späten Siebziger- und in den Achtzigerjahren von einer neuen Generation osteuropäischer katholischer Akteure aufgegriffen. In den Fünfzigern hatte Mindszentys Schicksal dazu beigetragen, dass sich ein neues politisches Gewissen in Westeuropa herausbildete, und nun tauchte sein Vermächtnis als Teil eines nie da gewesenen Gewissens des Ostens wieder auf. Der Schwerpunkt des katholischen Aktivismus hatte sich von Ungarn und Italien nach Polen und zum polnischen Papst verschoben.[26]

Die einwöchige Pilgerreise Johannes Pauls II. nach Polen im Juni 1979 war ein umwälzendes Ereignis, das weit über das Land hinaus nachhallte. Er hielt 32 Predigten in 6 Städten vor schätzungsweise 13 Millionen Zuhörern (Bild 38).

Während seines Besuchs trafen alle paar Minuten Sonderzüge am Warschauer Bahnhof ein, viele übervoll von Pilgern und Verehrern aus ganz Osteuropa. Fenster und Veranden in Wohnblocks an der Route der Autokolonne wurden in provisorische Schreine und Altäre verwandelt und mit Blumen, Fahnen und Fotos des Papstes geschmückt; zahlreiche Polen knieten am Straßenrand nieder, um Respekt und Dankbarkeit zu bekunden. Wie sich versteht, war Wojtyłas spektakuläre Rückkehr nach Polen den kommunistischen Behörden ein Dorn im Auge. Fast unmittelbar nach seiner Wahl hatten polnische Katholikenführer ihn eingeladen, im Mai 1979 zum 900. Jahrestag des Martyriums des heiligen Stanislaus – des katholischen Schutzpatrons Polens, der 1079 wegen seines Widerstands gegen die

Säkularisierung vs. christliche Zivilisation 483

38 Papst Johannes Paul II., Wadowice, Polen, 7. Juni 1977.

Politik König Bolesławs des Kühnen hingerichtet worden war – in sein Heimatland zurückzukehren. Die Staatsführung war besorgt über den Zeitpunkt des Ereignisses, und es kam zu einem Kompromiss, durch den der Besuch auf den folgenden Monat verschoben wurde. Als der Papst schließlich eintraf, veränderte sich das ganze Land. Wie der britische Journalist Timothy Garton Ash schrieb: »Für neun Tage hörte der Staat praktisch auf, zu existieren«, denn »jeder begriff, dass Polen kein kommunistisches Land ist – nur ein kommunistischer Staat«. Radio Free Europe berichtete, die Papstwahl habe eine »mächtige Aufwallung von Nationalstolz und Hochgefühl« erzeugt, da die gesamte Nation »plötzlich Ruhm und Prestige erlangt hatte«. Der berühmte polnische Journalist Adam Michnik bemerkte, auch wenn sich die Polen »kein Ambrosia vom Himmel und keine militärische Intervention wünschen«, auch wenn sie nicht »erwarten, dass das Abkommen von Jalta über Nacht außer Kraft gesetzt wird«, sei die Erhöhung des Kardinals eine Art »Wunder« gewesen.[27]

Für seine erste große Rede auf dem Platz des Sieges in Warschau am 2. Juni 1979 wurde ein 15 Meter hohes Kreuz in der Mitte der Fläche errichtet, sodass der neue Papst eine Freiluftmesse mit über einer Million Gläubigen abhalten konnte. Bei dieser Gelegenheit fügte Johannes Paul II. die Geschichte Polens direkt mit jener Christi zusammen und erklärte, dass »man ohne Christus den Beitrag der polnischen Nation zur Entwicklung des Menschen und der Menschlichkeit nicht verstehen und werten [kann] – nicht für die Vergangenheit und nicht für die Gegenwart«. Und in einer Predigt am folgenden Tag in der alten Domstadt Gniezno stellte er die rhetorische Frage nach der wahren Identität Europas: »Will nicht Christus vielleicht, fügt es nicht der Heilige Geist, daß dieser polnische, dieser slawische Papst gerade jetzt die geistige Einheit des christlichen Europas sichtbar macht [...]?« In einer weiteren Ansprache an junge Leute der Erzdiözese Gniezno am selben Tag betonte er: »Die polnische Kultur zeigt ständig einen breiten Strom von Inspirationen, die ihre Quelle im Evangelium haben.« Auch zitierte er zustimmend die Worte des großen polnischen Dichters Adam Mickiewicz: »Eine des Menschen wahrhaft würdige Zivilisation muß christlich sein.«[28]

In seinen Predigten, Enzykliken und Unterweisungen verlagerte Johannes Paul II. die katholische Lehre auf ein neues Terrain, wobei er sich häufig ein vormals seit Langem säkulares Vokabular aneignete. Er stützte sich auf das Konzept des Zweiten Vatikanischen Konzils vom »Recht auf Kultur« und machte es zum Inbegriff von Identität, Geschichte und Spiritualität, zum Synonym für eine christliche Zivilisation, die über materielle Belange und politische Grenzen hinausging. Das Gleiche galt für seine Einstellung zu den Menschenrechten und zu deren weltlichem internationalem Beschützer, den Vereinten Nationen. Während Pius XII. der UNO mit tiefem Misstrauen gegenüberstand, sah schon Johannes XXIII. in ihr ein positives Modell, da die UN-Menschenrechtserklärung von 1948 ein »Schritt in die richtige Richtung« zu einer »juristischen und politischen Ordnung der Weltgemeinschaft« sei. Für Johannes Paul II. begannen die

Menschenrechte mit der Würde der Person und der Religionsfreiheit, das heißt mit einer personalistischen Doktrin, die mit der progressiven katholischen Theologie der Vierziger- und frühen Fünfzigerjahre in Einklang stand, obwohl seine antikommunistische Haltung viel weniger militant und aggressiv war. Er wollte die Diskussion zurück in die Kirche holen, um die Menschenrechte für ein neues Zeitalter erneut aus der Taufe zu heben. Die Botschaft entging niemandem: Laut einem Kommentator war es »nicht der Kommunismus, sondern die Kirche, die nun fest an der Seite des Menschen stand«. Der Pontifex drückte auch seine wachsende Besorgnis über die geistige Entfremdung und psychische Desorientierung aus, welche aus dem resultierten, was er technologische Zivilisation nannte – ein Nachhall auf Havel und andere osteuropäische Intellektuelle. In seiner ersten Enzyklika *Redemptor hominis* (Erlöser des Menschen), die am 4. März 1979 verkündet wurde, erklärte der Pontifex, dass der Mensch »nicht Sklave der Dinge, Sklave der Wirtschaftssysteme« sein dürfe, denn »eine Zivilisation von rein materialistischem Charakter verurteilt den Menschen zu solcher Sklaverei, wenn dies auch mitunter zweifellos gegen die Absichten und Programme ihrer maßgeblichen Führer geschieht«.[29]

Die osteuropäische Presseberichterstattung über Johannes Pauls Besuch wurde auf ein Minimum beschränkt, um die Dimensionen der Reise herunterzuspielen. Jedoch hatten Rundfunk und Fernsehen Polens angesichts der Welle der Begeisterung eine schwierigere Aufgabe zu bewältigen. Die polnischen Fernsehteams versuchten, den Medieneffekt zu mindern, indem sie sich bei seinen Auftritten ausschließlich auf den Papst konzentrierten. Sie vermieden Schwenks auf die riesigen Menschenmengen, und die Kameraführung vermittelte mühevoll den Eindruck, dass er hauptsächlich bei Älteren, Nonnen und Geistlichen Anklang fand. Ein französischer Journalist kommentierte, dass die groteske Medienberichterstattung des polnischen Staats mit der Übertragung eines Fußballspiels vergleichbar sei, bei dem die Kameras nichts als den Ball zeigten. Dennoch übertraf das Ausmaß der Geschehnisse alle Erwartungen.[30]

Weniger Beachtung fand, dass Johannes Paul die kulturelle Geografie des christlichen Europa umgestaltete. Einerseits arbeitete er daran, eine Entspannung zwischen dem westlichen und dem östlichen Zweig des Christentums herbeizuführen. Zu diesem Zweck griff der Papst auf das Ökumenismusdekret *Unitatis redintegratio* (Wiedererlangung der Einheit) des Zweiten Vatikanischen Konzils vom 21. November 1964 zurück, welches das reiche Erbe der östlichen orthodoxen Kirchen und die Schuld des Katholizismus ihnen gegenüber im Hinblick auf Liturgie und Lehre anerkannte. Im Jahr 1980 wurden die östlichen Heiligen Kyrill und Method gemeinsam mit dem heiligen Benedikt zu Patronen des Kontinents erklärt. Andererseits nahm der Papst seine Botschaft von der Wiederbelebung des christlichen Europa Anfang der Achtzigerjahre mit auf den Weg nach Westen. Während seiner Pilgerreise 1982 nach Santiago de Compostela in Spanien rief Johannes Paul »dir, Altes Europa, von Santiago voll Liebe zu: Besinne dich auf deinen Ursprung! Belebe deine Wurzeln! ... Noch immer kannst du Leuchtturm der Zivilisation und Anreiz zum Fortschritt für die Welt sein.« Die europäische Identität, fuhr er fort, sei ohne Christentum unbegreiflich, da es die Zivilisation des Kontinents und alles, was seinen Ruhm ausmache, zur Reife gebracht habe. Das war kein geringer rhetorischer Schachzug, gerade weil die umfassenderen Begriffe der Gemeinschaft – Humanität, Zivilisation und Menschenrechte – ursprünglich als explizit säkulare Konzepte der universalen Gemeinschaft entwickelt worden waren. Doch nun unternahm Johannes Paul eine energische Anstrengung, um sie in die Sprache der christlichen Mission einzubringen.[31]

Der Papst war nicht der Einzige, der in jener Zeit über die europäische Zivilisation und Identität nachdachte. Eine weitere überragende – wenn auch unerwartete – Gestalt war kein anderer als der Generalsekretär der Kommunistischen Partei der Sowjetunion,

Michail Gorbatschow. Johannes Paul und Gorbatschow standen an der Spitze zweier großer antinationaler Ideologien der modernen Welt in Form des Katholizismus und des Kommunismus, und beide zielten darauf ab, ihre Idee des Internationalismus mit der einer europäischen Identität zu vereinen. Seit seiner Machtübernahme im Frühjahr 1985 plante Gorbatschow eine radikale Reform der kränkelnden Sowjetunion. Seine zweigleisige Reformkampagne der Glasnost (Offenheit) und Perestroika (Umstrukturierung) fand im In- und Ausland große Beachtung, während der neue Sowjetführer seinen eigenen Sturm des Wandels in der UdSSR entfesselte. Weniger Aufsehen erregten die kulturellen Begleiterscheinungen von Gorbatschows »Neuem Denken«, insbesondere seine These eines »gemeinsamen europäischen Hauses« und der Notwendigkeit, die Sowjetunion wieder in die »kollektive europäische Zivilisation« einzugliedern. Zwar war die Rhetorik des »gemeinsamen europäischen Hauses« zuerst vom damaligen Generalsekretär Leonid Breschnew 1981 bei seinem Besuch in Bonn aufgeworfen worden, doch machte Gorbatschow es zu einem zentralen Element seiner kulturellen Reformpolitik, sich eine gemeinsame europäische Identität und ein ebensolches Erbe jenseits der geopolitischen Teilung auszumalen. Wie er in seinem Buch *Umgestaltung und neues Denken* schrieb: »Wenn ich [...] über die gemeinsamen Wurzeln dieser so mannigfaltigen, aber im Grunde einheitlichen europäischen Zivilisation nachsann, spürte ich immer deutlicher die Bedingtheit und Zeitweiligkeit der Zerreißung in Blöcke, den Archaismus des ›eisernen Vorhangs‹.« Gorbatschow bewunderte den tschechischen kommunistischen Reformer und Parteichef Alexander Dubček der späten Sechziger- sowie die sich liberaler gebärdenden westlichen Eurokommunisten der Siebzigerjahre. Er fühlte sich besonders angezogen von »den politischen Potenzen [...], die der gesamteuropäische Prozeß, der berühmte ›Geist von Helsinki‹ in sich barg«. Obwohl Gorbatschow in erster Linie vorhatte, die Spannungen zwischen Ost und West im Geiste einer neuen Détente abzubauen, standen seine Ansichten auch für einen Wandel der sowjetischen Haltung. Während die Sechziger- und Siebzigerjahre den kommunistischen Vorstoß nach Süden im Zuge der Entkolonialisierung erlebten, kam es in den Achtzigern – politisch, wirtschaftlich und kulturell – zu einer deutlichen Verschiebung nach Westen.[32]

Dass Gorbatschow mit dem Papst auf dem Gebiet der Zivilisation konkurrierte, mag auf den ersten Blick überraschen, wenn man bedenkt, dass die Sowjetunion den Zivilisationsgedanken seit Langem als Element des Imperialismus und Rassismus ablehnte. Doch wie im letzten Kapitel erwähnt, war die Adaption des Begriffs durch die kommunistischen Länder – einschließlich der Idee einer sozialistischen Zivilisation – weitgehend das Ergebnis ihrer Begegnung mit der Dritten Welt. Wie im Fall Johannes Pauls II. war auch Gorbatschows Beschwörung der Zivilisation nicht militant oder ausgrenzend, sondern sie wurde eher als Ideologie der Solidarität verstanden, die eine Brücke zwischen Ost und West und in geringerem Maße zwischen Nord und Süd schlug. Eine solche Sprache spiegelte den Aufbau neuer Bündnisse und kontinentaler Identitäten wider. Im letzten Jahrzehnt des Kalten Kriegs standen Johannes Paul und Gorbatschow als die beiden Verfechter eines reformierten und friedlicheren Europa da.

Die Zersplitterung alter transkontinentaler Solidaritäten

Das Tauwetter in den Ost-West-Beziehungen am Ende des Kalten Kriegs veränderte die kulturelle Geografie des Kontinents, allerdings auf Kosten anderer Kontakte. Beispielsweise war nicht jeder erfreut über Gorbatschows Hinwendung zum Westen. Verschiedene afrikanische Beobachter sahen in seinem »gemeinsamen europäischen Haus« eine Rückkehr des Eurozentrismus und die Abkehr der sozialistischen Welt von langjährigen Verpflichtungen gegenüber ihrem Kontinent.[33] Die militante Dritte-Welt-Bewegung der frühen Siebzigerjahre war zum Teil als Reaktion auf die sich erwärmenden Ost-West-Beziehungen und die zunehmende Preisgabe antikolonialer Kämpfe durch die Sowjetunion entstanden. Die kommunistischen Fraktionen in Angola, Äthiopien und Afghanistan hatten die Détente auf die Probe gestellt, indem sie der Sowjetunion flehentlich mitteilten, dass sie wahre Marxisten-Leninisten seien, die Hilfe benötigten, und in diesem Sinne trugen sie zur Reaktivierung der Antagonismen des Kalten Kriegs bei. In den späten Siebzigerjahren verlangsamte sich der osteuropäisch-afrikanische Austausch. Infolge zunehmender Wirtschaftsprobleme in der UdSSR wuchs der Glaube, dass Ressourcen im Ausland verschwendet würden, und Ende der Achtziger schränkte Gorbatschow die sowjetische Unterstützung für lateinamerikanische kommunistische Parteien und linke Bewegungen auf der ganzen Welt ein. Das soll nicht heißen, dass der Austausch völlig verkümmert wäre, denn Jugoslawien und die DDR blieben den Solidaritätsinitiativen verpflichtet. Insgesamt jedoch war der missionarische Eifer des sozialistischen Internationalismus der Sechzigerjahre verblasst.[34]

Die europäische Ost-West-Entspannung brachte neue kulturelle Identitäten hervor. Im Anschluss an das Helsinki-Abkommen wurde 1977 in Bukarest ein Europäisches Festival der Freundschaft organisiert, bei dem Künstler aus ganz Europa eine Mischung aus klassischer Musik und Volksmusik vorführten. Die aufwendigen Feierlichkeiten zum 2050. Jahrestag des ersten zentralisierten dakischen Staats in Rumänien 1980 und zum 1300. Jahrestag des ersten mittelalterlichen bulgarischen Staates im darauffolgenden Jahr sowie die sagenumwobenen Überreste jener Zeiten betonten die zentrale Stellung Rumäniens und Bulgariens innerhalb der europäischen Zivilisation. Während die Hinwendung zur antiken nationalen (und im Fall Rumäniens sogar antirömischen) Vergangenheit Teil des Versuchs der sozialistischen Staaten war, während einer Wirtschaftsflaute Patriotismus zu mobilisieren, machte sie auch eine Abkehr von der Solidarität mit dem globalen Süden deutlich. Osteuropäische Archäologen nutzten ihre Funde, um die islamische und türkische Zivilisation als völlig separat von ihren europäischen Entsprechungen darzustellen. Ein bezeichnendes Beispiel für die osteuropäische Distanzierung von Afrika war der berühmte »Brief der Sechs«, der im Frühjahr 1989 von einem halben Dutzend ehemaliger Angehöriger des rumänischen Politbüros geschrieben wurde. Darin kritisierten sie die Wirtschaftspolitik, das administrative Missmanagement und den Niedergang des internationalen Ansehens ihres Landes unter dem Diktator Nicolae Ceaușescu. Insbesondere warfen sie ihm vor, ihr Land »aus Europa hinausgeführt« zu haben, da er nicht dem reformistischen Kurs gefolgt sei, den die anderen Ostblocknachbarn im Rahmen des Helsinki-Prozesses eingeschlagen hätten. Am aufschlussreichsten war, dass die Sechs die Annäherung des Landes an Afrika in den Siebzigerjahren ausdrücklich ablehnten. Sie erinnerten Ceaușescu daran, dass Rumänien ein europäisches Land »ist und bleibt« und dass er es nicht »nach Afrika versetzen« könne.[35]

Die gleiche Einstellung nahm auch aus afrikanischer Perspektive Gestalt an. Man denke an das Second World Black and African Festival of Arts and Culture, kurz FESTAC 77, von 1977 in Lagos. Damit wurde Nigeria zum Zentrum eines globalen »schwarzen Imperiums«, das seine wachsende wirtschaftliche und kulturelle Macht, verglichen mit seinem langjährigen Rivalen Senegal, illustrierte. Mehrere Dutzend afrikanische Länder kamen zusammen, um überall auf der Welt »die Wiederbelebung und den neuerlichen Aufschwung schwarzer und afrikanischer kultureller Werte und Zivilisationen zu gewährleisten«. Bei der Eröffnungszeremonie stellten die Landesdelegationen ihre traditionelle Kleidung zur Schau, wobei die Vertreter Guineas Transparente mit den Aufschriften »Keine Whititude, keine Négritude« und »Jedem Volk seine eigene Kultur« trugen. FESTAC 77 war die Umkehrung von Senghors Black Arts Festival 1966 in Dakar, das in Kapitel 6 behandelt wurde, nicht zuletzt, weil man dort Nordafrika und die arabische Welt bewusst ausgeschlossen hatte. Anders als bei Senghors Veranstaltung erschienen weder geladene westliche Experten noch gab es eine merkliche UNESCO-Präsenz. Im Gegenteil, leidenschaftliche Rufe zur Rückführung alter afrikanischer Kunstwerke, die sich in ausländischen Museen und Privatsammlungen befanden, wurden laut. 1977 strebte man zudem nach einer inklusiveren gesamtafrikanischen Vision als auf dem 1969 in Algier abgehaltenen Panafrikanischen Kulturfestival, das ein radikaleres Programm feilgeboten hatte, um sich auf arabische Kultur und antikoloniale Revolution zu konzentrieren. 1969 waren Delegierte radikaler Bewegungen und Kunstgruppen aus Brasilien, Indien und Vietnam angereist, ebenso wie Vertreter der amerikanischen Black Panther. Auch Sowjetbürger und Osteuropäer waren nach Algier eingeladen worden, und die UdSSR eröffnete in ihrem Kulturzentrum die Ausstellung »Afrika mit den Augen sowjetischer Künstler«. Bei der FESTAC 77 hingegen waren Sowjetunion und Ostblockländer abwesend, womit sich die Rolle der sozialistischen Welt auf die kaum hörbarer Gratulanten reduzierte.[36]

Die sich verändernde Haltung gegenüber den Menschenrechten in den Siebziger- und Achtzigerjahren spiegelte diese neue Zersplitterung alter transkontinentaler Solidaritäten wider. Wie in Kapitel 3 ausgeführt, zeigte die westeuropäische Menschenrechtskonvention von 1950 bereits eine Regionalisierung der Rechte im Kalten Krieg an, doch dieser Trend verstärkte sich international in den Achtzigerjahren. Eine separate Afrikanische Charta der Menschenrechte und Rechte der Völker wurde 1981 von der Organisation für Afrikanische Einheit entworfen, und im selben Jahr verfassten die Islamischen Räte in London und Paris eine eigene Erklärung der Menschenrechte. Auch im Warschauer Pakt arbeitete man daran, eine Sozialistische Erklärung der Menschenrechte als kollektive Initiative zusammenzustellen, die sich auf sozialistische Erfolge im Hinblick auf Gleichheit, Wohlfahrt, Beschäftigung und antiimperialistische Solidarität konzentrierte. Dieses osteuropäische länderübergreifende Projekt scheiterte jedoch rasch an zwischenstaatlichen Differenzen, was die Grenzen des sozialistischen Internationalismus bestätigte. Andere kritisierten den einstmals gepriesenen Universalismus der Menschenrechte, weil er nichts als getarnte westliche Ideologie sei. Der saudische Intellektuelle und UN-Delegierte Jamil Baroody führte die Attacke in den Siebzigern an, indem er den Universalismus als aufgewärmten Kulturimperialismus bezeichnete. Für ihn war die Allgemeine Erklärung der Menschenrechte von 1948 nichts anderes als ein Komplott westlicher Länder, »um ein Verständnis dieser Rechte durchzusetzen, das ihren eigenen Zivilisationsnormen entspricht«; der Maßstab solle stattdessen »Relativität in der kulturellen, sozialen und wirtschaftlichen Sphäre, genauso wie in der politischen Sphäre« sein. Die neue defensive Parole war Kulturrelativismus, und sie gewann in den Neunzigerjahren in der gesamten nicht westlichen Welt an Kraft.[37]

Die Gegenreaktion auf das Solidaritätsparadigma war zum Teil auf die Anwesenheit ausländischer Studenten und Arbeiter in Europa zurückzuführen. In West- wie in Osteuropa bezog sich die Mission, bei der Modernisierung der Wirtschaft und der materiellen Infrastrukturen im globalen Süden zu helfen, auch auf die Förderung neuer technischer Eliten. So wurde Bildung seit den Sechzigerjahren zu einem der wichtigsten Mittel des kulturellen Austauschs und des Brückenbaus zwischen der Ersten, Zweiten und Dritten Welt. Obwohl sich mehr Studenten aus Afrika in Westeuropa als in Osteuropa aufhielten, erregten die osteuropäischen Austauschprogramme als Embleme sozialistischer Einheit viel öffentliches Interesse. Bis Mitte der Sechzigerjahre hatten rund 10 000 junge Menschen aus der Dritten Welt in Osteuropa studiert. Die UdSSR eröffnete 1960 ihre publikumswirksame Patrice-Lumumba-Universität der Völkerfreundschaft in Moskau. Danach wurden ähnliche Bildungseinrichtungen in der Tschechoslowakei, der DDR und in Bulgarien gegründet.[38]

Die meisten Ankömmlinge aus der Dritten Welt machten in der Sowjetunion und in Osteuropa positive Erfahrungen und zeigten sich oft zutiefst dankbar für die Möglichkeit, kostenlos studieren und von industriell fortgeschrittenen Ländern lernen zu können. Noch heute herrscht erhebliche Nostalgie unter Ausländern, die in jenem frühen Zeitraum in Osteuropa studierten oder arbeiteten. Doch es gab auch andere, die sich über leidvolle Erfahrungen beklagten und damit Aufmerksamkeit erregten. Bereits im März 1960 schrieben afrikanische Studenten in Moskau einen öffentlichen Beschwerdebrief an die Sowjetregierung, weil sie rassistisch behandelt würden. Erwartungen, was Lebensstil und Anpassung an die neuen Umstände betraf, sorgten für Konflikte. Zum Beispiel drückten nigerianische Studenten ihren Verdruss über das Leben in Moskau aus: »Keine Autos, keine Cafés, keine gute Kleidung und kein gutes Essen, nichts in den Geschäften, was man kaufen oder sich ansehen könnte, kein Farbtupfer, um Moskaus feuchtes Grau aufzulockern«, und »keine Spur der zivilisierten Vergnügungen von Paris – oder auch nur Dakar«. Die Kontroversen hatten teils damit zu tun, dass viele der afrikanischen Studenten aus relativ begüterten Verhältnissen stammten und schockiert über die Anzeichen von Armut und Rassismus in Osteuropa waren. Im Mai 1963 wurden afrikanische Studenten in Prag in aller Öffentlichkeit verprügelt, offenbar weil man ihnen ihren angeblich privilegierten Status übel nahm. Sowjetische und osteuropäische Behörden gaben den Ausländern häufig die Schuld an deren eigener Unzufriedenheit, die auf ihre soziale Vorzugsstellung und ihre bürgerliche Moral zurückzuführen sei. Die Ankunft Zehntausender von Industriearbeitern aus Asien in den Achtzigerjahren (etwa von Vietnamesen in der Tschechoslowakei) verschärfte die »Rassenspannungen« in osteuropäischen Gesellschaften zusätzlich. Wir sollten diese Berichte jedoch nicht unbedingt für bare Münze nehmen, da die Geschichten über unzufriedene ausländische Studenten in der Sowjetunion und anderswo im Ostblock aus einer punktuellen westlichen

Berichterstattung entstammten, die den Zweck hatte, politische Punkte zu sammeln und osteuropäische Staaten zu beschämen. Wichtig waren diese Austausche jedenfalls deshalb, weil sie frühe Tests des Multikulturalismus in ehemals multiethnischen Nationalstaaten darstellten, in denen Hitler wie Stalin Juden und andere Minderheiten brutal ausgelöscht hatten.[39]

Die Idee einer islamischen Zivilisation

Durch den Aufschwung des Panislamismus wurden die Beziehungen Osteuropas in den Süden noch komplizierter. Im Lauf der Siebzigerjahre diente der Traum von der islamischen Zivilisation als Leitideal einer vermeintlichen Verwandtschaft von Muslimen, die geopolitische Gegensätze überwand. Bereits Anfang der Siebziger erhöhte sich das Interesse an Betrachtungen über den islamischen Humanismus sowie über die regenerative Rolle der Tradition im islamischen Denken. Erhellend war die wachsende Rezeption des britischen Weltzivilisations-Historikers Arnold Toynbee in muslimischen Ländern. Toynbee sah die islamische als eine der letzten Zivilisationen, welche die Verwestlichung überlebt hatten, und seine Ideen über die Macht des Panislamismus stießen weithin auf Respekt. In den Fünfziger- und Sechzigerjahren wurde Toynbee zu Vorlesungen nach Kairo, Beirut, Kabul, Istanbul und Islamabad eingeladen, und seine Vortragsreisen fanden starken Zuspruch in der Regionalpresse, wonach man viele seiner Werke ins Arabische übersetzte. Jahrzehnte zuvor hatte Oswald Spenglers klassisches Werk *Der Untergang des Abendlandes* (1918) ebenfalls asiatische, afrikanische und lateinamerikanische Intellektuelle beeinflusst, nicht zuletzt weil sein Buch ihre eigene kulturelle Emanzipation anzukündigen schien. Dessen Text wurde in den Zwanziger- und Dreißigerjahren enthusiastisch von chinesischen Nationalisten und Négritude-Autoren begrüßt. Viele fühlten sich von seiner Auffassung angezogen (entlehnt bei Johann Gottfried Herders Begriff des Volksgeistes aus dem 18. Jahrhundert), dass jedes Volk einen unverwechselbaren individuellen Geist oder eine ebensolche Zivilisation besitze. Doch es waren Toynbees Kritik am westlichen Materialismus und seine Forderung, über das internationale System der Nationalstaaten hinauszudenken, die bei jenen Anklang fanden, die auf der Suche nach einer neuen, länderübergreifenden islamischen Identität waren.[40]

Der Panislamismus entstand als defensive Reaktion auf den westlichen Imperialismus des späten 19. Jahrhunderts und die ihn begleitende Weltsicht kultureller Überlegenheit und wurde in den Zwanzigerjahren nach dem Ende des osmanischen Kalifats und der Aufteilung des Nahen Ostens durch die Alliierten im Anschluss an den Ersten Weltkrieg zu einer aktiven Ideologie. Anfang der Zwanzigerjahre versuchte die Sowjetunion, Muslimen die Botschaft zu vermitteln, dass Kommunismus und Islam vereinbar seien. Und nach 1945 waren Muslime im Gefolge der Entkolonialisierung jahrelang recht gut in die sozialistischen Staaten und die internationale sozialistische Ideologie integriert. Die freundschaftliche Sowjetpolitik gegenüber dem Islam intensivierte sich in den Fünfziger- und Sechzigerjahren, wobei man die Religionsfreiheit und institutionelle Unterstützung herausstellte, die muslimische Bürger der UdSSR angeblich genossen. Beispielsweise waren sowohl im sowjetischen Zentralasien als auch in Jugoslawien zahlreiche neue Moscheen gebaut worden, und hochrangige kommunistische Muslime galten als entscheidend für die Propagierung des antiimperialistischen oder blockfreien Internationalismus. Doch während der Panislamismus in der ersten Hälfte des Kalten Kriegs ein unbedeutender Faktor geblieben war, kam es nun zu einem Umschwung. Die Zweite Islamische Gipfelkonferenz von 1974 in Lahore, Pakistan, brachte eine auffällige Entwicklung des Panislamismus mit sich. Sie kennzeichnete einen entscheidenden Moment der wachsenden Ernüchterung bei muslimischen Eliten gegenüber Liberalismus und Kommunismus als internationalen Anliegen, weshalb praktikable Alternativen notwendig wurden.[41]

Zunehmende Kulturkritik richtete sich nun gegen den Westen. Die negative Einschätzung der Achtzigerjahre, dass er eine mechanistische, seelenlose Zivilisation verkörpere, die einen unmäßig zersetzenden Einfluss auf die sich entwickelnde Welt ausübe, wurde bekannt durch den iranischen Schriftsteller und Intellektuellen Jalal al-e Ahmad, dessen einschlägiges Buch im Englischen den Titel *Occidentosis. A Plague from the West* (Okzidentose. Eine Seuche aus dem Westen) trägt. Teile dieses Werks wurden 1962 heimlich gedruckt, bevor man es 1978 posthum in Teheran vollständig veröffentlichte. Al-e Ahmads Polemik war als Diagnose der dekadenten Verliebtheit des Iran in den Westen aufgebaut, und sie verspottete die verweichlichte prowestliche (»okzidentotische«) Führungsschicht als Musterbeispiel kultureller Verzweiflung. Al-e Ahmad definierte Okzidentose als Kulturkrankheit und Bruch mit der traditionellen Vergangenheit oder, genauer gesagt, als »Ansammlung von Ereignissen in Leben, Kultur, Zivilisation und Denkweise eines Volkes, das keine stützende Tradition, keine historische Kontinuität, keinen Hang zur Umwandlung besitzt, sondern nur das, was die Maschine ihm bringt«. Die vollständige Version des Buches erschien nur ein Jahr vor dem Sturz des Schahs durch die Islamische Revolution Ajatollah Chomeinis, doch sie wurde nach der Gründung der Islamischen Republik bald zu einem zentralen Bezugspunkt im persischen Kulturleben. Al-e Ahmad war auch Übersetzer westlicher Literatur, und er zitierte im Text häufig Ionesco, Picasso und Camus, dessen Roman *Die Pest* als Inspiration für den Titel diente. Chomeinis Regime stilisierte sich zum mächtigen Verteidiger des Islam gegen die schleichende Geißel der westlichen Zivilisation, und Al-e Ahmads Forderung nach der »Rückkehr zum Islam« charakterisierte seine Generation.[42]

Die Iranische Revolution von 1979 vertiefte die Entfremdung zwischen Europa und dem Islam, obwohl ihre Auswirkungen zuerst in Osteuropa zu spüren waren. Anfangs unterstützten die osteuropäischen Führungsschichten, insbesondere in der Sowjetunion, Chomeini und wiesen die kommunistische Tudeh-Partei des Iran an, das Gleiche zu tun. Die Osteuropäer glaubten, dass das antikapitalistische Wirtschaftsprogramm der islamistischen Regierung die nächste – gegen Amerika gerichtete – Stufe der säkularen Revolution einleiten werde. Albaniens Diktator Enver Hodscha zum Beispiel meinte, in den Anfangsjahren der iranischen Republik die Aussicht auf ein längerfristiges antiimperialistisches und marxistisches Potenzial zu erkennen. Die Besetzung der US-Botschaft durch das Regime, die Gefangennahme amerikanischer Geiseln und die Verurteilung der USA als »Großen Satan« stießen in Osteuropa auf Sympathie, wiewohl die Republik Iran mit dem Credo »Weder Ost noch West« ausdrücklich eine strikte Blockfreiheit vertrat. Die Revolution wurde auch deshalb von sozialistischen Staaten befürwortet, weil sie die Tür zu neuen Wirtschaftsverbindungen und zum Ölhandel mit der kommunistischen Welt öffnete. Dennoch waren osteuropäische Beobachter bald besorgt über den Mangel an Wirtschaftsreformen, die Angriffe auf linke Bewegungen und den freizügigen Gebrauch politischer Gewalt durch das Regime. Kommunistische Behörden betrachteten arabische Studenten an osteuropäischen Universitäten zunehmend als potenziell bedrohliche Agenten einer konservativen Ideologie innerhalb sozialistischer Gesellschaften. Nach 1979 zeigten sich die Sicherheitsdienste Osteuropas wachsamer gegenüber muslimischen Bürgern und tauschten Informationen miteinander aus, um die nach ihrer Einschätzung steigende Gefahr zu bekämpfen.[43]

Mit dem Einmarsch in Afghanistan 1979 wurde die Sowjetunion noch weniger glaubwürdig bei der muslimischen Öffentlichkeit. Durch diese Intervention verspielte sie die guten Beziehungen zur arabischen Welt, die ihre Experten seit den frühen Sechzigerjahren geknüpft hatten. Obwohl Moskau seine Bemühungen verdoppelte, den Schaden zu reparieren, oft in Form von verstärktem Engagement und diplomatischen Gesprächen mit muslimischen Führern, machten sich Misstrauen und Desillusionierung breit. Das Gespenst des Pan-Islam verängstigte sozialistische Regime mit großen muslimischen Minderheiten wie Bulgarien, Jugoslawien und sogar bestimmte Republiken der Sowjetunion selbst. Sozialistische Sicherheitsdienste (angeführt vom KGB) glaubten, dass die internationale terroristische Bedrohung größtenteils aus dem Nahen Osten und dem Aufstieg radikaler islamischer Bewegungen herrührte, und der arabische Nationalismus wurde als beunruhigendstes Element dieser Bewegungen angesehen. Bis Mitte der Siebzigerjahre hatten osteuropäische Regime den Nationalismus als notwendige und positive Dimension des antikolonialen Kampfes der Fünfziger und Sechziger identifiziert, doch der religiöse Charakter der außereuropäischen Nationalismen in den Siebzigern untergrub ihren ehemals progressiven Inhalt und ließ sie in den Augen kommunistischer Amtsträger reaktionär und rückschrittlich wirken.[44]

Osteuropäische Experten begannen ihrerseits, die Unterschiede zwischen ihrer eigenen Region und dem Nahen Osten hervorzuheben, und gelangten zu dem Schluss, dass Letzterer von fortschrittsfeindlichen islamischen Vorstellungen motiviert werde. Sie stuften die Regime in Libyen, Ägypten und Iran zunehmend als gewalttätig, intolerant, vormodern und unterentwickelt ein. Osteuropäische Orientalisten – ehemals dem Brückenbau zwischen der Zweiten und der Dritten Welt verpflichtet – identifizierten nun eine sich herausbildende zivilisatorische Kluft zwischen dem traditionalistischen Islam und dem modernen, aufgeklärten Europa und Nordamerika, wodurch der politische Islam im Gegensatz zur sozialistischen Entwicklung stehe. Mit der Bezichtigung, dass Muslime einer fünften Kolonne – also subversiven Gruppierungen – angehörten, verordnete Bulgarien der türkischen Gemeinschaft innerhalb seiner Grenzen Umerziehungsmaßnahmen. Ab 1985 zwang Todor Schiwkows

Regierung alle türkischen Muslime, ihre Namen dem bulgarischen Alphabet anzupassen, verbot ihnen, ihre Kinder in ihrer eigenen Sprache zu erziehen, und nötigte sie sogar, zur bulgarisch-orthodoxen Kirche überzutreten. Dieses rigorose Vorgehen führte im Sommer 1989 schließlich zur staatlich forcierten Auswanderung von 300 000 Türken. Ende der Achtzigerjahre versuchte die Regierung, die Ursprünge des christlichen Bulgarien anhand von antiken Ruinen in Gebieten mit überwiegend muslimischer Bevölkerung nachzuweisen. Damit sollte die Behauptung unterstützt werden, dass die Region lange vor dem Eintreffen der Muslime aus dem Osmanischen Reich christlich gewesen sei. Dies war Teil eines größeren Trends, das christliche Erbe Osteuropas zu bekräftigen, und wieder einmal zog man die Archäologie zur Erzählung neuer politischer Geschichten heran. Im Juni 1987 besuchte der spanische König Juan Carlos Budapest und wurde zu den Stätten geführt, an denen spanische Truppen 1686 für die Befreiung Budas von den Türken gekämpft hatten. Durch diese Zeremonie sollten eine gemeinsame Vergangenheit sowie eine geteilte Verantwortung zwischen zwei europäischen Grenznationen heraufbeschworen werden, die das christliche Erbe des Kontinents vor der islamischen Gefahr zu schützen hätten. Die Idee der Verteidigung Europas gegen eine muslimische Bedrohung wurde somit in der sozialistischen Welt während der letzten Jahrzehnte des Kalten Kriegs wiederbelebt, lange vor den bekannteren osteuropäischen Neuorientierungen und der gegen muslimische Bürger gerichteten Identitätspolitik in der postkommunistischen Ära.[45]

Solch ominöse Ansichten fanden auch in Westeuropa ein Echo, obwohl die Entwicklung dort schleppender verlief. Doch in den Achtzigerjahren verstärkte sich die Angst vor dem Multikulturalismus im gesamten Westen. Typischerweise wurden die Hauptströmungen des europäischen Lebens in den Siebzigern als wirtschaftliche Abschwächung, Wachstum neuer sozialer Bewegungen mit Betonung von

Feminismus, Umweltschutz und Homosexuellenrechten sowie als Aufstieg des Neoliberalismus charakterisiert. Die Ablehnung des Multikulturalismus durch die Rechte in den Siebzigerjahren war entscheidend daran beteiligt, viele Träume der Sechziger von Integration und Pluralismus zunichtezumachen.

Zivilisation in Zeiten des Multikulturalismus

Natürlich wird Europa seit Langem in Bezug auf äußere Bedrohungen definiert, etwa die Kreuzzüge, das Osmanische Reich oder die Bolschewiki. Im 19. Jahrhundert verursachte auch die Anwesenheit fremder Bevölkerungsgruppen innerhalb neu entstandener Nationalstaaten große Besorgnis, seien es Basken in Spanien, Deutsche oder Bretonen im Frankreich der Dritten Republik oder Dänen, Franzosen und Polen im deutschen Kaiserreich. Für Großbritannien und Frankreich jedoch ist die Geschichte der Einwanderung großteils eine Folge der Entkolonialisierung, was durch den Zuzug von Menschen aus dem gesamten Empire ins Vereinigte Königreich in den späten Vierzigerjahren oder von drei Generationen Algeriern in Frankreich bezeugt wird. Aber natürlich waren sie nicht die einzigen Neuankömmlinge. Nach 1945 machten die Iren die größten Einwanderergruppe in Großbritannien aus, gefolgt von den Polen, die im Verein mit den Briten gegen die Nationalsozialisten gekämpft hatten, deutschen und italienischen Kriegsgefangenen sowie weiteren Flüchtlingen aus Osteuropa. In der öffentlichen Vorstellung wurde die Geschichte der Einwanderung allerdings direkt mit farbigen Menschen in Verbindung gebracht, die im imperialen Mutterland eintrafen. Zwischen 1953 und 1961 kamen rund 240 000 Menschen aus der Karibik nach Großbritannien, was eine steigende Beunruhigung über ihren Einfluss auf die einheimische Gesellschaft auslöste. Solche Ängste wurden 1968 in der berüchtigten »Ströme-von-Blut«-Rede des konservativen Abgeordneten Enoch Powell geschürt, in der er voraussagte, dass »der schwarze Mann in 15 oder 20 Jahren die Oberhand über den weißen Mann haben wird«. Obwohl der spätere Premierminister Edward Heath ihn ohne viel Federlesens mit der Begründung aus dem Schattenkabinett entließ, dass seine Worte »die Rassenspannungen verschärfen könnten«, wurde Powell von vielen in der Bevölkerung unterstützt. In den Siebzigerjahren setzte sich das Gemurre über Einwanderergemeinschaften bei der Rechten fort, doch in den Achtzigern kam es zu ausgewachsenen nationalen Debatten über die sozialen Folgen von Immigration und ethnischer Vielfalt.[46]

Ähnliche Entwicklungen spielten sich in Frankreich ab, wo antimuslimische Vorurteile bekanntlich nichts Neues waren. Im Anschluss an seine erste Reise nach Algerien schrieb Alexis de Tocqueville 1843, dass es »auf der ganzen Welt nur wenige Religionen mit so morbiden Auswirkungen gibt wie die Mohammeds. Für mich ist sie die Hauptursache der nun sichtbaren Dekadenz der islamischen Welt.« Während solche Haltungen in französischen Kolonialkreisen bereits vor dem Zweiten Weltkrieg und darüber hinaus geläufig waren, spitzte sich die Feindseligkeit während des Algerienkriegs heftig zu. Nachdem die FLN den Krieg in den späten Fünfzigerjahren in Form von Sabotageakten und Polizistenmorden in die Hauptstadt getragen hatte, ergingen sich französische Medien in Stereotypen von »arabischer Kriminalität« und algerischer Barbarei. Solche Meinungen verhärteten sich angesichts der großen Zahl von Algeriern, die nach Kriegsende nach Frankreich auswanderten. Zwischen 1962 und 1965 zogen über 111 000 Algerier dorthin, weit mehr als die durchschnittlich 11 000 Emigranten pro Jahr während des Algerienkriegs. Als der konservative Präsident Valéry Giscard d'Estaing 1974 an die Macht gelangte, betrachtete man diese Zahlen als unkontrollierbar, woraufhin seine Regierung danach strebte, die Einwanderung radikal einzuschränken. Giscard d'Estaing organisierte 1979 sogar eine massive Kampagne zur Zwangsrückführung von rund

500 000 Algeriern, die jedoch nach Protesten von Oppositionsparteien, Gewerkschaften und Kirchen eingestellt wurde.[47]

Bezeichnend für die wachsende Unruhe über Algerier in Frankreich war 1972 die Gründung von Jean-Marie Le Pens Front National. Le Pen hatte als Fallschirmjäger im Algerienkrieg gedient und in den späten Fünfzigerjahren eine Veteranenorganisation, den Front national des combattants, geleitet. Ihm wurde seit Langem vorgeworfen, während des Kriegs algerische Opfer gefoltert zu haben. Mit seiner politischen Bewegung versuchte er, das zu bewahren, was er als Frankreichs heiligen ethnischen Monokulturalismus ansah. Anfang der Achtzigerjahre rückte das Thema Einwanderung in den Mittelpunkt der politischen Diskussion des Landes. Dieser Punkt war im nationalen politischen Leben so brisant, dass der sozialistische Präsidentschaftskandidat François Mitterrand und Giscard d'Estaing sich einigten, ihn während ihrer Fernsehdebatte im Mai 1981 nicht anzusprechen. Zugleich verdrehte Le Pen Mitterrands Formulierung vom »Recht auf Unterschied«, womit dieser für größere regionale Autonomie und ethnische Vielfalt eintrat, zu einer »Rechtfertigung der französischen kulturellen Souveränität«. Seine Leitidee eines »Frankreichs für die Franzosen«, mit der er einer neuen Stimme der radikalen Rechten Ausdruck verlieh, erlangte nach dem Sieg des Sozialisten Mitterrand 1981 weiteren Rückhalt. Laut Le Pen beeinträchtigten die Ansprüche von Einwanderern auf Staatsbürgerschaft die Rechte »einheimischer« Franzosen in einem Nullsummenspiel der Identität, und er empörte sich wiederholt über den zersetzenden Einfluss der arabischen und islamischen Kultur auf die Seele der französischen Nation.

Mit seiner konservativen Rhetorik zielte er auf die Verteidigung der westlichen Zivilisation gegen die Dekadenz des Multikulturalismus ab. Der Front National schlug Alarm im Namen der »gefährdeten westlichen Zivilisation« und stellte die bedrohliche Frage: »Wenn die weiße Rasse Risiko läuft, von der Dritten Welt überflutet zu werden, sollte sie sich dann nicht wehren?« Die französische Mainstream-Presse erlag der Versuchung. So widmete die konservative Zeitung *Le Figaro* im Oktober 1985 eine Ausgabe der Zukunft Frankreichs; darin hieß es: »Werden wir in 30 Jahren noch Franzosen sein?« Sie versprach sogar, die »geheimen Zahlen« hinter den aktuellen demografischen Trends zu enthüllen, die »unsere nationale Identität gefährden und das Schicksal unserer Zivilisation« in den kommenden Jahren »bestimmen werden«.[48]

Ende der Achtzigerjahre wuchs sich die Skepsis gegenüber den Vorteilen des Multikulturalismus zu einer ausführlichen Debatte über das Thema Zivilisation in der Krise aus. Während der Begriff Multikulturalismus in den Siebzigern erstmals in den USA als positive Bezeichnung für pluralistische Gesellschaften auftauchte, fand in den Achtzigern im gesamten Westen ein eindeutiger Rückzug von diesem Ideal statt. Nach und nach diente die Nichtintegration von Ausländern als Zwischenstadium auf dem Weg zu einer neuen Identitätspolitik in Großbritannien, Frankreich und der Bundesrepublik Deutschland.[49] Man betrachtete den Islam zunehmend als hinderlich für westliche Werte und europäische Freiheiten – mit dem Ergebnis, dass Stellung und Verhalten von Muslimen einen Lackmustest für die Lebensfähigkeit des Multikulturalismus abgaben. In Großbritannien wurden die Dinge 1989 durch die berüchtigte Salman-Rushdie-Affäre auf die Spitze getrieben. Rushdies pikaresker Roman *Die satanischen Verse* löste bei seinem Erscheinen Ende 1988 eine mächtige internationale Kontroverse aus. Am 14. Januar 1989 zogen etwa 2000 wütende muslimische Einwohner der Stadt Bradford in West Yorkshire durch die Straßen und verbrannten das Buch öffentlich, wie in Bild 39 dargestellt. Es folgten ähnliche Bücherverbrennungen in Bombay, Kaschmir, Dhaka und Islamabad. Einen Monat später erließ der iranische Führer Ajatollah Chomeini eine Fatwa gegen Rushdie und forderte Muslime auf, den Autor und seine Verleger wegen Blasphemie gegen den Propheten Mohammed zu töten. Nach

39 Verbrennung von Salman Rushdies Buch Die satanischen Verse, *Bradford, England, 1989.*

dem Todesurteil tauchte Rushdie ein Jahrzehnt lang unter, doch andere, die mit dem Buch in Verbindung standen, hatten weniger Glück: Eine Londoner Buchhandlung wurde mit einer Brandbombe angegriffen, während man Rushdies japanischen Übersetzer erstach und seinen norwegischen Verleger erschoss. Diese Ereignisse schockierten und polarisierten die britische Öffentlichkeit, und die muslimische Empörung wurde in den dortigen Medien als Beweis für die Gewalttätigkeit und Aggressivität des Islam dargestellt. Deshalb erscheine es als unmöglich, muslimische Bürger jemals in westliche »offene Gesellschaften« zu integrieren. Der konservative britische Journalist Charles Moore heizte die Debatte an, indem er in einem Leitartikel verkündete, dass »Großbritannien im Wesentlichen englischsprachig, christlich und weiß ist«. Er schloss mit der provozierenden Bemerkung, dass, wenn sich die Situation nicht ändere, die »vermummten Horden siegen werden«.[50]

Im selben Jahr wurde Frankreich ebenfalls in eine Kontroverse rund um den Islam und die Probleme des Multikulturalismus verwickelt. Mehrere Monate nach der Rushdie-Affäre schickte man die Schwestern Leila und Fatima Achaboun aus einer Schule in Creil bei Paris nach Hause, weil sie sich geweigert hatten, ihre Kopftücher im Unterricht abzulegen. Ihr religiös begründetes Verhalten wurde als Herausforderung gegenüber der französischen republikanischen *laïcité* (Säkularismus) interpretiert, da alle Schulen und Bürgerinstitutionen neutrale Räume seien, die nicht von religiösen Werten oder von Ikonografie berührt werden sollten. Für viele französische Kritiker waren die traditionellen Kopftücher unheilvolle Symbole des islamischen Patriarchats, anti-aufklärerischer Werte und der Weigerung, sich zu integrieren. Rettung und Befreiung muslimischer Frauen wurden nun zur Begründung für staatliches Eingreifen. In britischen und französischen Reaktionen formulierte man die Besorgnis über den Multikulturalismus häufig so, als stelle er einen Angriff auf die nationale Identität dar. Andere dehnten die Rhetorik noch weiter aus und bezeichneten die Entwicklungen als Krise der gesamten westlichen Zivilisation. In diesem Sinne kehrte die defensive Sprache einer weißen Minderheitenkultur, die in den Exkolonien Südafrika und Südrhodesien bedroht worden war, nun heim in die Mutterländer mit dem Zweck, den Monokulturalismus für die religiöse und ethnische Mehrheit zu bewahren.[51]

Auf unterschiedliche Art waren auch die Vereinigten Staaten Ende der Achtzigerjahre in eine Zivilisationskrise verstrickt. In diesem Fall wurde der Angriff auf den Multikulturalismus nicht durch Terrorismus oder die Gefahren des Islam motiviert. Vielmehr spiegelten die Ängste den neuen Konservatismus der Reagan-Jahre wider, der bemüht war, die »Exzesse« der progressiven Erziehung zurückzudrängen und eine von linken Pädagogen bedrohte amerikanische Identität abzustützen. Der Schwerpunkt lag dabei auf den Universitäten. Bildungsminister William Bennett gab den Ton an, indem er gegen den seiner Ansicht nach militanten Charakter linker Eingriffe in Universitätslehrpläne wetterte, durch welche die Werte der westlichen Zivilisation als Eckpfeiler der Hochschulausbildung und der guten Staatsbürgerschaft untergraben würden. Diese Empfindung stand dem Geist von Clarks Fernsehserie *Civilisation* nahe, und Bennett hatte eine Reihe von gleichgesinnten konservativen Mitkämpfern. Allan Blooms *Der Niedergang des amerikanischen Geistes. Ein Plädoyer für die Erneuerung der westlichen Kultur* und E. D. Hirschs *Cultural Literacy. What Every American Needs to Know* (Kulturelle Bildung. Was jeder Amerikaner wissen muss), beide 1987 erschienen, waren nationale Bestseller, in denen der Verfall der amerikanischen »kulturellen Bildung« und die Verachtung für die Vergangenheit beklagt wurden. Laut Bloom war der in Mode geratene moralische Relativismus, welcher auf der »Nietzscheanisierung der Linken oder vice versa« basiere, ein Beweis dafür, »wie die höhere Bildung die Demokratie im Stich gelassen und die Seelen heutiger Studenten in die Verarmung getrieben hat«, was zu einem intellektuellen »Nihilismus auf Amerikanisch« geführt habe. Bennett, Hirsch und Bloom störten sich besonders daran, dass der lange unantastbare universitäre Grundkurs über westliche Zivilisation durch postkoloniale Studien, feministische Theorie und Minderheitenliteratur verwässert oder ersetzt werde – Voltaire war out, Frantz Fanon und Toni Morrison waren in. Wie in Kapitel 4 erörtert, war der »Western-Civilization«-Kurs seit den Zwanzigerjahren ein fester Bestandteil des amerikanischen Universitätslehrplans gewesen und sollte Studierenden die weltweite Rolle ihrer Nation als Hüterin der westlichen Kultur verdeutlichen. In den Achtzigerjahren schritten Studierende an verschiedenen Eliteuniversitäten, vor allem in Stanford und Duke, zur Gegenwehr im Namen des Multikulturalismus und der progressiven Bildung. Sie argumentierten, dass sich das Land, der Planet und die Universität seit den Fünfzigerjahren drastisch verändert hätten und dass Leselisten die Welt jenseits des erhabenen Kanons »toter weißer europäischer Männer« widerspiegeln und zu ihrer Erforschung dienen sollten. Die

Zivilisation in Zeiten des Multikulturalismus 507

40 Reverend Jesse Jackson auf einem Protestmarsch gegen den
»Western-Civilization«-Kurs, Stanford University, 1987.

Landespresse berichtete über die Kontroverse mit überzogener Polemik; ein Artikel in Newsweek trug die Überschrift: »Sag gute Nacht, Sokrates. Die Stanford University setzt der westlichen Zivilisation ein Ende«. Universitäten im ganzen Land schlossen sich den Protesten an, namentlich mithilfe des amerikanischen Bürgerrechtlers Reverend Jesse Jackson, der 1987 bei einer Versammlung von etwa 500 Studenten in Stanford einen Sprechchor mit dem Slogan »Hey hey, ho ho, Western Civ has got to go« anführte (Bild 40). Die geisteswissenschaftlichen Fakultäten wehrten die rechte Kampagne mit dem Hinweis auf Unabhängigkeit und Gedankenfreiheit ab, doch die Debatte war gekennzeichnet durch einen neuen konservativen Angriff auf die Welt von Bildung und Kultur. Zumindest machte sie deutlich, dass die Vereinigten Staaten ihre eigene Flanke in den Debatten europäischer Staaten um die Beziehung zwischen westlicher Zivilisation und Multikulturalismus verteidigten.[52]

Zivilisation und Identität

Anders als in der ersten Hälfte des Jahrhunderts ereigneten sich in der Zeit nach 1945 keine wirklichen territorialen Veränderungen im europäischen Staatensystem, und die Helsinki-Schlussakte bestätigte die faktische Landkarte Nachkriegseuropas für die internationale Gemeinschaft. Osteuropa blieb ein ausgedehnter Bereich sowjetischer Vasallenstaaten, während die Karte Westeuropas annähernd zu den geografischen Linien des Reichs von Karl dem Großen zurückkehrte. Doch obwohl sich die geopolitischen Grenzen Europas nicht verändert hatten, machte die kulturelle Geografie des Kontinents in den Siebziger- und Achtzigerjahren einen bedeutenden Wandel durch. Infolge der Ostpolitik und des Helsinki-Abkommens wurde die Berliner Mauer durchlässiger, da Menschen, Güter und Ideen die Grenzen nun leichter überqueren konnten. Die internen Unterschiede zwischen Süd- und Nordeuropa lösten sich gleichfalls auf, denn Griechenland, Portugal und Spanien wurden in Westeuropa integriert. Die bahnbrechenden Schengener Abkommen, durch deren erstes Frankreich, die Bundesrepublik Deutschland und die Benelux-Staaten ihre gemeinsamen Grenzen im Juni 1985 abbauten, um ihren Bürgern volle Freizügigkeit zu gewähren, schwächte die Binnengrenzen zusätzlich und verhieß die Rückkehr des passfreien Europa aus der Zeit vor dem Ersten Weltkrieg. Doch auch hier wurden mit dem Wegfall der Binnengrenzen neue Außengrenzen errichtet, an denen Europa durch verschärfte Sicherheitskontrollen und Überwachung von Ausländern vor Fremden geschützt werden sollte. Der Historiker Tony Judt kommentierte: »So konnten zivilisierte Europäer die Grenzen mühelos überschreiten – aber die ›Barbaren‹ wurden entschlossen draußen gehalten.« Durch gute Zäune entstehen schließlich gute Zivilisationen.[53]

Die Achtzigerjahre erlebten also eine Wiederkehr des konservativen Europa, und der Zivilisationsdiskurs brachte weitverbreitete

Gefühle der Unsicherheit und der Identitätskrise mit sich. Die Rechtswende vollzog sich als Reaktion auf die Träume der Entspannung und die liberale Kultur der Siebzigerjahre, die eng mit der Lockerung nicht nur nationaler Grenzen, sondern auch sozialer Hierarchien, kultureller Normen und sexueller Sitten verbunden war. Die Kräfte des Wandels in Europa und in seinen einstigen Herrschaftsgebieten – wiederauflebender Katholizismus und Islamismus, Ablehnung des Multikulturalismus und Verteidigung der Privilegien von Weißen – resultierten in Wirklichkeit aus der Rache alter Ideologien, die dem Ausdruck verlieh, was manchmal als revolutionärer Traditionalismus bezeichnet wird. Marxismus und säkularer Nationalismus besaßen nicht mehr die frühere ideologische Anziehungskraft, da neuerlich ersonnene kulturelle Identitäten jenseits nationaler und regionaler Grenzen stärker hervortraten.

In den Siebziger- und Achtzigerjahren wurden die physischen und geistigen Grenzen Europas neu gezogen, und Stimmen aus beiden Hälften des Kontinents äußerten Besorgnis über die Verletzlichkeit gegenüber fremden Ideen und Menschen aus Entwicklungsländern. Ängste vor einer neuen Zivilisationskrise spiegelten die wachsende Unruhe der Rechten über kulturellen Niedergang und Identitätsdiebstahl wider. Dazu schürten Rufe nach dem Schutz des religiösen und rassischen Erbes der bedrohten europäischen Zivilisation die Befürchtungen und Fantasien des europäischen Konservatismus in den letzten beiden Jahrzehnten des Kalten Kriegs und darüber hinaus.

Schluss

Neue eiserne Vorhänge

Am 24. August 2015 gab Irina Bokowa, die bulgarische Generaldirektorin der UNESCO, ein Statement zur anhaltenden Zerstörung der antiken syrischen Stadt Palmyra durch den Islamischen Staat ab (Bild 41). Darin ersuchte sie die internationale Gemeinschaft, »vereint gegen die fortwährende kulturelle Säuberung« aufzutreten, von der »Vielfalt und Reichtum« der syrischen Geschichte und Identität bedroht seien. Bokowa war die erste Frau und Osteuropäerin, die das Generaldirektorenamt der UNESCO innehatte, und mithilfe ihrer Organisation verurteilte sie den Vandalismus des IS im Hinblick auf Kulturschätze im Irak und in Syrien, insbesondere auch den Umlauf von Videos, in denen sich die Täter mit der Dezimierung der antiken Stadt Nimrud und der Welterbestätte Hatra brüsteten. Die Zerstörung des Baaltempels in Palmyra erfolgte eine Woche nach der Enthauptung des betagten Archäologen Khaled al-Asaad, der die Ruinen vierzig Jahre lang betreut hatte, und nur wenige Tage nach dem Niederreißen des Klosters Mar Elian in der syrischen Stadt Al-Qaryatain. Im März 2015 startete Bokowa die Initiative Unite4Heritage im Rahmen einer konzertierten globalen Kampagne gegen »die Zerstörung und Plünderung des kulturellen Erbes in Konfliktgebieten, zuletzt im Irak«. Mehr als 20 Millionen Menschen verfolgen die Google-Blogbeiträge der UNESCO, und #Unite4Heritage fungiert als einflussreiche Medienkampagne, um das Bewusstsein für den Vandalismus des IS im Nahen Osten zu schärfen. Wie bei vielen Gelegenheiten seit den späten Vierzigerjahren präsentierte sich die UNESCO

512 Schluss: Neue eiserne Vorhänge

41 Die Zerstörung von Palmyra durch den IS, August 2015.

als Hüterin der Weltzivilisation und ihrer gefährdeten Kulturerbestätten überall auf der Welt.[1]

Bokowa beschrieb das Ausmaß dieser Untaten mit klassischen UNESCO-Begriffen. In einer Rede an der Yale University im Jahr 2016 stellte sie fest: »Wir wissen, dass Palmyra allen Syrern gehört, aber ich würde sagen, es gehört auch der ganzen Menschheit. Und deshalb ist es wichtig, dass wir die internationale Gemeinschaft zusammenführen.« In Edinburgh einige Monate später verschärfte Bokowa ihre Sprache: Wir hätten es heute »mit gewalttätigen Extremisten zu tun, die versuchen, unser Erbe zu zerstören und ganze Zivilisationsschichten auszulöschen«. Es handle sich nicht um »einen Kampf der Kulturen, doch es gibt eine Kluft zwischen denen, die das ›Zusammenleben‹ ablehnen, und denen, die an die Menschheit als einzige Gemeinschaft glauben«. Bemerkenswert war auch die Art, wie sie Menschenrechte und Kulturschändung miteinander verknüpfte, indem sie die Sprengung von Palmyra als »Verbrechen gegen die Zivilisation« bezeichnete. Dies waren keine isolierten oder hohlen

Phrasen, denn weltweite Rufe nach Gerechtigkeit führten 2016 zum ersten Verfahren wegen Zerstörung von Kulturerbe als Kriegsverbrechen vor dem Internationalen Strafgerichtshof in Den Haag. Der Angeklagte, Ahmad al-Faqi al-Mahdi, Mitglied einer mit al-Qaida liierten Dschihadistengruppe, der an der Zerstörung einer Reihe wertvoller antiker Monumente in Timbuktu, Mali, beteiligt war, bat am Ende des Prozesses um Vergebung und hoffte, dass die Menschen von Timbuktu »mein Bedauern akzeptieren«.[2]

Die schockierenden Bilder des erneuten Vandalismus von ISIS in Palmyra im Dezember 2016 lösten eine weitere Runde weltweiter Verurteilungen aus, doch zu diesem Zeitpunkt verschwamm die Grenze zwischen Terrorismus und Zivilisation bereits. Am 5. Mai 2016 hatten die Ruinen eines antiken römischen Amphitheaters in der Weltkulturerbestätte Palmyra als dramatischer Hintergrund für ein klassisches Musikkonzert des russischen Mariinsky-Orchesters gedient. Das Konzert trug den Titel »Beten für Palmyra – Musik belebt antike Ruinen« und brachte Werke von Johann Sebastian Bach sowie von zwei russischen Komponisten, Sergei Prokofjew und Rodion Schtschedrin (Bild 42). Der russische Dirigent Waleri Gergijew beschrieb die Veranstaltung als »unseren Appell für Frieden und Eintracht. Wir protestieren gegen Barbaren, die wunderbare Denkmäler der Weltkultur zerstören.« Aber wie die Archäologin Lynn Meskell einwandte, war das Konzert gleichzeitig eine unverhohlene Feier des russischen Militärsiegs über ISIS, in der klassische Musik verwendet wurde, um die »Opfer von Extremisten« zu ehren und um im Namen des russischen Präsidenten Wladimir Putin den Triumph der Zivilisation über die Barbarei zu präsentieren. Das Ereignis hatte vor allem den Zweck, von der internationalen Kritik an Russlands massiven Luftangriffen in Syrien zur Unterstützung des syrischen Präsidenten Baschar al-Assad und seines Regimes abzulenken. In einer Live-Übertragung aus seinem Urlaubsdomizil am Schwarzen Meer verkündete Putin, wie dringend notwendig es sei, »die moderne Zivilisation vor dieser

42 Mariinsky Orchester bei einem Konzert in Palmyra, Syrien, 2016.

schrecklichen Bedrohung, dem internationalen Terrorismus, zu retten«. Konstantin Dolgow, der Menschenrechtsbeauftragte des russischen Außenministeriums, bekräftigte danach in einem Tweet, dass das Konzert »eine geistige Antwort auf diejenigen ist, die Syrien zerstören« und »das Land seiner christlichen Prinzipien berauben wollen«.[3]

Die Feiern waren jedoch verfrüht, denn Ende 2016 wurde Palmyra vom IS zurückerobert. Um die Demütigung durch die russischen Streitkräfte sechs Monate zuvor ungeschehen zu machen, riss der IS einen Teil des antiken Theaters ab, in dem die russischen Musiker aufgetreten waren. Außerdem übte er Vergeltung dafür, dass die UNESCO ihre Vernichtung von Welterbestätten als Kriegsverbrechen verurteilt hatte, indem sie ein unheilverkündendes Video produzierte. Darin hieß es: »Wir werden eure Artefakte und Götzen überall zerstören, und der Islamische Staat wird über eure Länder herrschen.« Dieses Quidproquo zwischen den Russen und ISIS macht deutlich, wie beide Seiten Schauspiele von Zivilisation und Barbarei zum Zweck militärischer Aussagen inszenierten. Als verkomplizierender Faktor kam hinzu, dass sich in Syrien der lukrative Schwarzmarkt für Objekte aus Raubgrabungen ausweitete. Wie Bokowa in ihrer Rede in Edinburgh zugab, wurden in einer Reihe von Ländern, darunter Finnland, Türkei, Frankreich, die Vereinigten Staaten und Großbritannien, immer noch alarmierende Mengen an Antiquitäten aus Syrien und dem Irak beschlagnahmt. Das Plünderungsgeschäft war so rege, dass britische Zollbeamte am Flughafen Heathrow beispielsweise zwischen 2007 und 2009 rund 3,4 Tonnen gestohlener Gegenstände konfiszierten. Militarisierung und Kommerzialisierung der Zivilisation gingen also Hand in Hand. Immerhin verstärkte die internationale Gemeinschaft ihre Rufe nach Repressalien und Wiedergutmachung. Vorwürfe der Barbarei waren an der Tagesordnung und erinnerten an die Beobachtungen von Ausländern im zerstörten Deutschland von 1945. Diesmal lag der Schauplatz der Verwüstung außerhalb Europas, doch die internationale Gemeinschaft sah die bedrohten Ruinen als Teil des Welterbes an.[4]

Die Spannung zwischen Barbarei und Zivilisation hatte 2018 wesentlichen Einfluss auf die achtteilige BBC-Fernsehserie *Civilisations*, die von den britischen Historikern Simon Schama, Mary Beard und David Olusoga gemeinsam präsentiert wurde. Dies war eine bewusste Aktualisierung von Kenneth Clarks bahnbrechender Serie *Civilisation* aus dem Jahr 1969. Der Plural *Civilisations* wies ausdrücklich auf den doppelten Bruch mit Clarks singulärer Benennung und seinem eurozentrischen Rahmen hin, denn die Historiker erzählten eine globale Geschichte der Zivilisation von der Urzeit bis zur Gegenwart, welche die bunte Vielfalt der Weltkultur wiedergab. Schama, Beard und Olusoga lösten sich von Clarks patrizischer kuratorischer Betrachtungsweise zugunsten mannigfaltiger thematischer und geografischer Perspektiven und beleuchteten Fragen von Geschlecht, Klasse, »Rasse« und der Politik des Sehens. Gleichwohl gab es auch

Kontinuitäten zu Clarks ursprünglicher Serie. Der Umstand, dass die erste Episode – »Der zweite Moment der Schöpfung«, erzählt von Schama – mit dramatischen Aufnahmen der Sprengung von Palmyra durch den IS begann, ließ an Clarks Ausgangspunkt der gefährdeten Zivilisation denken. Weniger explizit, doch genauso eindrücklich war die Art, mit der für eine UNESCO-Agenda des Universalismus, des Friedens, der Inklusivität und des kulturübergreifenden Einflusses geworben wurde. Schamas Begleitkommentar zu den Aufnahmen des Vandalismus schärfte den Zuschauern ein, dass dies ein Angriff auf jeden Einzelnen von uns sei, denn »wir alle sind Erben einer endlosen Kette von Erinnerungen«.

Palmyra war bei Weitem nicht das einzige internationale Geschehnis der jüngeren Zeit, das die Idee einer Zivilisationskrise heraufbeschwor. Nehmen wir das Beispiel Frankreichs nach den Pariser Terroranschlägen vom 13. November 2015, zu denen sich ebenfalls der IS bekannte. Der Schock und die Verwirrung, die von den Ereignissen ausgelöst wurden, lenkten die Gedanken des erschütterten Gemeinwesens rasch auf die Themen Zivilisation und Barbarei. Premierminister Manuel Valls schlug Alarm, indem er dem Konflikt epische Dimensionen gab – »C'est un combat de valeurs, c'est un combat de civilisations« (»Das ist ein Kampf um Werte, ein Zivilisationskrieg.«. Um die emotionale Rhetorik zu dämpfen, versicherte der sozialistische Präsident François Hollande der französischen Öffentlichkeit und der internationalen Gemeinschaft, dass »wir uns nicht in einem Krieg der Zivilisationen befinden, denn diese Attentäter repräsentieren keine Zivilisation«; er stellte klar, dass »wir uns in einem Krieg gegen den dschihadistischen Terrorismus befinden, der die ganze Welt bedroht«. In seiner Ansprache bei der UNESCO zwei Tage später – er war eingeladen worden, die Grundsatzrede zum siebzigjährigen Bestehen der Organisation zu halten – versuchte Hollande, die Kulturschändung durch den IS in einen breiteren Kontext zu rücken: »Die UNESCO ist das moralische Gewissen der Menschheit«, und was

»ihre Gründung untermauerte, war die Förderung der Vielfalt der Kulturen«, einer »Vielfalt, die in der Anerkennung der gleichberechtigten Würde der Kulturen verankert ist, da jedes Volk der Welt eine besondere Botschaft überbringt«. Deshalb war der koordinierte Terroranschlag für Hollande und seine Landsleute ein Attentat zugleich auf die Zivilisation Frankreichs (und deren Werte der *laïcité*) und die der Welt.[5]

Andere europäische Staatsoberhäupter bemühen ein ähnliches Vokabular der bedrohten Zivilisation, allerdings in unterschiedlichen Kontexten. Seit der Auflösung der Sowjetunion 1991 lassen russische Präsidenten von Boris Jelzin bis Wladimir Putin die Idee des Eurasianismus auf der Grundlage einer unverkennbar eurasischen Zivilisation als Hauptprinzip der russischen Außenpolitik wiederaufleben, insbesondere im Anschluss an die NATO-Osterweiterung. 2015 machte der ungarische Ministerpräsident Viktor Orbán von sich reden, indem er einen harten Kurs gegen die Flüchtlingsströme aus Syrien, Afghanistan und anderswo verfolgte und Stacheldrahtzäune errichten ließ, um sie vom Land fernzuhalten. Orbán behauptete, diesen Schritt im Namen der christlichen Zivilisation unternommen zu haben. Während der angespannten EU-Debatte über die Mittelmeerkrise erklärte er, dass diese »Einwanderer« die »Zivilisation Europas« für immer verändern würden. In einer Rede vom September 2015 verschloss er sich internationalen Rufen, dass Ungarn seinen Anteil an syrischen Flüchtlingen aufnehmen solle, denn die Ankömmlinge »sind in einer anderen Religion aufgewachsen und gehören einer radikal anderen Kultur an«. Er fuhr fort: »Europa und die europäische Kultur haben christliche Wurzeln«, und man müsse die Grenzen ebendeshalb sichern, weil »die christliche Kultur Europas kaum in der Lage ist, ihre eigenen christlichen Werte aufrechtzuerhalten«. In einer noch heftigeren Brandrede beim Bürgerpicknick von Kötcse am 17. September 2017 gab Orbán bekannt, die Zeit des heuchlerischen »liberalen Geschwätzes« sei vorbei. In einer

Sprache, die stark an Enoch Powell erinnert, erklärte er, dass »wir von unzähligen Einwanderern überschwemmt werden. Eine Invasion findet statt, sie reißen Zäune nieder«; dagegen müssten Ungarns »Grenzen geschützt werden, ebenso wie [seine] ethnische und kulturelle Zusammensetzung«. Hier – wie anderswo in Osteuropa – benutzen rechte Eliten den Mythos einer ethnisch homogenen, vom Kolonialismus unbelasteten Region, um jegliche Verantwortung für die Aufnahme außereuropäischer, nicht christlicher Flüchtlinge zurückzuweisen.[6]

Offene Grenzen, welche die Anhänger der sagenumwobenen Revolutionen von 1989 lange als Ausdruck von Freiheit und Menschenrechten feierten, werden nun als eigentliche Ursachen der Unsicherheit identifiziert. Die weitverbreitete Auffassung, dass der Zustrom von Migranten die nationale Identität schwäche, ist eng verbunden mit einer demografischen Zangenbewegung: der massenhaften Abwanderung »einheimischer« Osteuropäer zu Arbeitszwecken in Richtung Frankreich, Deutschland und vor allem Großbritannien, gekoppelt mit der Zuwanderung von Menschen aus dem Nahen Osten und Nordafrika, obwohl ihre Zahl in Ländern wie Polen, Ungarn und Serbien gering ist. Dies hat eine aggressive Renationalisierung der Politik über die alte Ost-West-Grenze hinweg bewirkt sowie eine, wie manche meinen, »Braunfärbung« der europäischen Gesellschaft – sowohl im Hinblick auf die Hautfarbe der Einwanderer als auch auf neofaschistische Sympathien. Der Fokus des Liberalismus auf die Rechte von Minderheiten wird durch populistische Forderungen nach den Rechten der Mehrheit verdrängt. Orbán, der Vorsitzende der polnischen Partei Recht und Gerechtigkeit (PiS) Jarosław Kaczyński und andere Führer in Mitteleuropa greifen die westlichen Sirenengesänge von Säkularismus, Freizügigkeit und Multikulturalismus an und kanzeln den lange propagierten Universalismus des Westens als Partikularinteresse der Reichen ab. Einige polnische Konservative verurteilen den kosmopolitischen westlichen Liberalismus wegen seiner Befürwortung von Homosexuellenrechten und Abtreibung sogar als »Zivilisation des Todes«. Mit dem Ruf nach Zivilisation meinen diese Menschen nun die Verteidigung der weißen christlichen Identität und die Schließung der Grenzen für Einwanderer. Nach Auffassung dieser neuen Nativisten ist Mitteleuropa das »wahre Europa« und dessen letztes Bollwerk. Während die Rede von der Zivilisation seit dem 19. Jahrhundert bis zur Entkolonialisierung und darüber hinaus große historische Schwankungen durchmachte, wurde ihre Hauptbedeutung seit der sogenannten Flüchtlingskrise 2015 von den Konservativen als ethnisch begründete Ausdrucksform von Reinheit und Verschmutzung vereinnahmt. Hingegen wird der Liberalismus, wie der Kommunismus vor ihm, als weiterer gescheiterter Götze verworfen.[7]

Man könnte versucht sein, anzunehmen, diese konservative Drift in der osteuropäischen Politik sei hauptsächlich auf den Fall des Kommunismus zurückzuführen. Gewiss trug das Jahr 1989 beträchtlich dazu bei, die politische Landschaft der Region umzugestalten, doch es ist erwähnenswert, dass die Rede von der Zivilisation im Lauf der Umwälzungen kaum herangezogen wurde. Das war einige Monate zuvor noch nicht der Fall gewesen. Anfang 1989 konzedierte der polnische Regierungssprecher Jerzy Urban, dass die »Überlegenheit der westlichen Zivilisation für jedermann offensichtlich geworden« sei, und im März desselben Jahres bemerkte Gyula Horn, der letzte kommunistische Außenminister Ungarns, die Nation habe die Wahl, »zu den zivilisierten Ländern aufzuschließen oder unwiderruflich an die Peripherie der Weltentwicklung verbannt zu werden«. Doch während der Aufstände in jenem Sommer und Herbst forderte man bei Kundgebungen zuallererst Freiheit, Rechte und Unabhängigkeit der lange unterdrückten Nationen. Hin und wieder erklärten Tschechen und Slowaken im Herbst 1989, sie seien dabei, eine »neue Zivilisation« zu erschaffen, aber sie waren fast die Einzigen, die sich einer solchen Sprache bedienten. Andere Entwicklungen im selben Jahr untermalten die sich verändernde Bedeutung der europäischen Zivilisation. Beispielsweise kehrte die schmerzliche Geschichte Kardinal Mindszentys ins Bewusstsein der ungarischen Öffentlichkeit zurück. 1989 rollte man seinen Fall wieder auf und sprach den berühmten Kardinal in allen von der kommunistischen Regierung erhobenen Anklagepunkten frei. Mindszentys Gebeine wurden im Dom von Esztergom, dem Sitz des Primas von Ungarn, etwa 80 Kilometer nordwestlich von Budapest, beigesetzt, und seine letzte Ruhestätte ist zu einem Wallfahrtsort geworden. 2010 erschienen in Ungarn zwei Filme über Mindszenty in den Kinos: *The White Martyr* (Der weiße Märtyrer) von Gábor Koltay und *I love you, Faust* (Ich liebe dich, Faust) von Zsolt Pozsgai; beide zeigen den Kardinal als Opfer sowohl der deutschen Nationalsozialisten als auch der ungarischen Kommunisten. Die anhaltende Faszination der Bevölkerung für den inhaftierten Kardinal wird von Orbáns Regime genutzt, um die ungarische Geschichte als eine des christlichen Märtyrertums und der nationalen Regeneration umzuschreiben.[8]

Die vielleicht dramatischste Episode, die auf den Wandel der europäischen Politik hindeutete, war das Treffen zwischen Papst Johannes Paul II. und Michail Gorbatschow am 1. Dezember 1989 im Apostolischen Palast des Vatikans. Hier standen sich zwei überragende Gestalten des Kalten Kriegs gegenüber: Pole und Russe, Papst und Generalsekretär, Christ und Marxist. Es war die allererste diplomatische Begegnung zwischen dem Führer des ersten kommunistischen Staats der Welt und dem Oberhaupt der katholischen Kirche. Beide repräsentierten große Teile der Weltbevölkerung, obwohl Gorbatschows Imperium damals bereits zusehends zerfiel, vornehmlich in Osteuropa. Ein Reporter schrieb, dass die beiden Slawen, die »mehr als alle anderen dazu beigetragen hatten, eine neue Ordnung in Europa aufzubauen«, nun im stillen Gespräch zusammensäßen. Gorbatschow überraschte seine Zuhörer, indem er sich von sieben Jahrzehnten des militanten Atheismus und der Religionsverfolgung distanzierte und das Recht aller sowjetischen Gläubigen unterstrich, »ihre spirituellen Bedürfnisse zu befriedigen«. Im selben Jahr hatte Gorbatschow sogar gestanden, dass er als Kind getauft worden sei. Bei dieser Gelegenheit verpflichteten der Papst und er sich zur Unterstützung des Helsinki-Prozesses und bekräftigten, dass es ein Nebeneinander für die katholische und die kommunistische Weltanschauung im Bereich kultureller und humanitärer Fragen gebe. Die längst vergessene Begegnung war Teil von Gorbatschows größerer Mission, »die Sowjetunion zum vollwertigen Partner in einer gemeinsamen europäischen Zivilisation zu machen«. Ein Jahrzehnt zuvor wäre ein solches Treffen undenkbar gewesen. Damals, 1979, verglich der sowjetische Außenminister Andrej Gromyko die Heimkehr Johannes Pauls II. nach Polen satirisch mit der triumphalen Rückkehr Chomeinis in den Iran im selben Jahr. Doch Gromyko war prophetischer, als er hätte ahnen können, was die Rolle des Glaubens für die Ereignisse in Polen – und in der gesamten Region – nur zehn Jahre später anging.[9]

Die Umwälzungen des Jahres 1989 offenbarten nicht nur die anhaltende Macht von Religion und Nationalismus in Osteuropa, sondern signalisierten auch den Niedergang des Internationalismus. Dies mag auf den ersten Blick wenig plausibel erscheinen, nicht zuletzt weil einer der stärksten damaligen Mythen besagte, dass 1989 die Re-Internationalisierung der lange abgeschirmten Industriegebiete Osteuropas mit sich gebracht habe. In den Neunzigerjahren hielten dort viele Symbole des Westens energisch Einzug, von Harvard-MBAs bis McDonald's, von NATO bis Pizza Hut. Doch Amerikanisierung ist schwerlich identisch mit Globalisierung. Seit Mitte der Fünfzigerjahre war Osteuropa auf vielfache Art mit dem globalen Süden verbunden gewesen, was sich in Handel, Berufsausbildung, Militärhilfe, Bildung, Kulturförderung und humanitärer Hilfe niederschlug. Manche meinen sogar, dass die sozialistische Welt in Bezug auf internationalen Handel und Interaktion über lange Strecken des

Kalten Kriegs offener gewesen sei als der Westen, und zwar in so hohem Maße, dass man die wahren Wurzeln des späteren Neoliberalismus wohl im sozialistischen Osteuropa suchen müsse. Was wir heute erleben, sind die Folgen der durch den Fall des Kommunismus bewirkten Abtrennung ökologischer und politischer Verflechtungen mit dem globalen Süden sowie der neuartigen Retribalisierung der osteuropäischen Politik.[10]

Gorbatschows Rhetorik der Achtzigerjahre von einem »gemeinsamen europäischen Haus« spielte eine Schlüsselrolle bei der Untersuchung der europäischen Identität über die Grenzen des Kalten Kriegs hinaus. Das wachsende Gefühl europäischer Solidarität über die ehemaligen Grenzlinien des Kalten Krieges hinweg ging oft auf Kosten einer über lange Jahre erkämpften Beziehung zum globalen Süden, und wie im letzten Kapitel ausgeführt, hatte Gorbatschow Ende der Achtziger die sowjetische Unterstützung für lateinamerikanische kommunistische Parteien und linke Bewegungen auf der ganzen Welt eingeschränkt. Manche afrikanische Beobachter interpretierten seine Idee des »gemeinsamen europäischen Hauses« als neue Verteidigung des Eurozentrismus und als Marginalisierung ihres Kontinents. Die Aufstände von 1989 in Osteuropa beschleunigten diese Tendenzen zur Distanzierung noch. Schließlich wurden viele Migranten aus Asien und Afrika, die jahrelang in Osteuropa studiert und gearbeitet hatten, 1989 plötzlich als Vertreter eines unerwünschten sozialistischen Internationalismus heimgeschickt. Bis zu 80 000 Vertragsarbeiter aus Vietnam, Angola, Mosambik und Kuba mussten während des Zusammenbruchs des DDR-Regimes ausreisen, da Bonn nicht wollte, dass sie in Deutschland sesshaft wurden. Auch die tschechoslowakische Regierung wies Ende 1989 etwa 37 000 vietnamesische Arbeitsmigranten aus. Solche Aktionen standen im Kontext erheblicher internationaler Neuausrichtungen. Der nigerianische Generalmajor Joseph Garba, der von 1989 bis 1990 als Präsident der UN-Generalversammlung amtierte, äußerte in einer

Reihe von Reden bei den Vereinten Nationen die Sorge, dass das Jahr 1989 negative Folgen für Afrika haben werde, da sich die Europäer, die zuvor durch die Kluft des Kalten Kriegs getrennt gewesen seien, nun auf Kosten des globalen Südens einander zuwandten. Er wies darauf hin, dass sich die Ereignisse in Osteuropa bereits auf die Geschicke seiner langjährigen Partner in der südlichen Hemisphäre auswirkten; hinzu komme, dass westliche Hilfs- und Lebensmittellieferungen zügig von Afrika in »die neu entstehenden (weißen) Demokratien in Osteuropa« umgeleitet würden. Garbas Meinung lautete: »Der Kalte Krieg ist vorbei, aber Japan hat gesiegt, die osteuropäischen Staaten haben profitiert, und Afrika hat verloren.«[11]

Die Identität Europas wurde auch auf andere Weise infrage gestellt. Der Bosnienkrieg Anfang der Neunzigerjahre löste eine neue Identitätskrise für den Kontinent aus, nicht zuletzt weil der Krieg die grauenvolle Rückkehr von »ethnischer Säuberung« und Völkermord in Europa erstmals seit dem Zweiten Weltkrieg – und damit ein verändertes moralisches Verständnis von Menschenrechten und Zivilisation – mit sich brachte. Vor allem ließ der Konflikt die Verletzung der Menschenrechte zu einem triftigen Grund für Militärschläge gegen Serbien in den späten Neunzigerjahren werden. Menschenrechte waren jetzt also nicht mehr universal geltende Friedensstifter, sondern, wie manche meinen, unheilvoll kompromittiert. Nach den NATO-Bombardements verurteilten internationale Kritiker solche Reden über Menschenrechte zunehmend als westliche Kriegsführung mit anderen Mitteln. Die Militarisierung der Rechte wurde zudem mit der Verteidigung der Zivilisation verknüpft, was die pazifistische Neuausrichtung des ursprünglich aus den Sechzigerjahren stammenden Konzepts weiter aushöhlte. Französische Intellektuelle, angeführt von Bernard-Henri Lévy und André Glucksmann, beeilten sich, den Ernst des Kriegs zu einer Krise der Zivilisation umzudefinieren. 1992 verkündete Lévy, das belagerte Sarajevo sei ein Symbol für das Schicksal der europäischen Werte des Friedens und des Zusammenlebens. Für ihn war es »eine zivilisierte Stadt, eine europäische Stadt. Wenn Europa für Offenheit, Toleranz und Kosmopolitismus steht, dann ist Sarajevo ohne Zweifel eine der größten Hauptstädte nicht nur des Balkans, sondern Europas selbst.« Glucksmann charakterisierte die Bombardierung der kroatischen Städte Vukovar und Dubrovnik durch die jugoslawische Volksarmee Ende 1991 als »Kreuzigung der Zivilisation Europas« und als »moralisches Pearl Harbor«. Doch es war das genozidale Massaker von Srebrenica im Juli 1995 – serbische Truppen unter General Ratko Mladić überrannten ein kleines Kontingent niederländischer Blauhelme, die das von der UNO als »Schutzzone« ausgewiesene Gebiet bewachten, und ermordeten anschließend brutal über 8000 bosnische Muslime –, das als grausamer Beweis für eine Zivilisationskrise internationale Aufmerksamkeit erregte. Die erschütternden Geschichten und Fotos bosnischer Opfer ließen viele Menschen Parallelen zum Holocaust ziehen. Der polnische Politiker und Sonderberichterstatter der UN-Menschenrechtskommission für das ehemalige Jugoslawien Tadeusz Mazowiecki war schockiert über die Untätigkeit und Inkompetenz der UNO während des Kriegs; in seinem Rücktrittsschreiben an den Vorsitzenden der Kommission vom 27. Juli 1995 verwies er auf die größere Dimension der Tragödie mit den Worten, dass die »Stabilität der internationalen Ordnung und das Prinzip der Zivilisation in der Bosnienfrage auf dem Spiel stehen«.[12]

Durch den Terroranschlag auf die Vereinigten Staaten am 11. September 2001 wurde die Rhetorik der Zivilisationskrise verschärft und das amerikanische Engagement in der Welt grundlegend verändert. Die Mission der Neunzigerjahre zur Verbreitung der Demokratie wich emotionalen Rufen nach der Verteidigung der Zivilisation, die allerdings auch den Diskurs des Regimewechsels in Irak und Afghanistan einbezogen. Präsident George W. Bush setzte sich mit zahlreichen Reden über den »Krieg gegen den Terror« an die Spitze der Bewegung. Eine Woche nach dem Anschlag betonte er, dass dies

»nicht nur Amerikas Kampf ist. Und es ist nicht nur Amerikas Freiheit, die bedroht wird. Dies ist der Kampf der Welt. Dies ist der Kampf der Zivilisation.« Im November desselben Jahres verschärfte er die aggressive Rhetorik mit der Erklärung, dass »wir einen Krieg zur Rettung der Zivilisation führen«. Am Ende des Monats zeichnete Bush ein klares Bild der neuen Ära: »Es gibt eine große Kluft in unserer Zeit – nicht zwischen Religionen oder Kulturen, sondern zwischen Zivilisation und Barbarei.« Vom 11. September 2001 bis Mai 2004 benutzte Bush die Begriffe »Zivilisation« oder »zivilisiert« 62-mal in Reden, Interviews und Vorträgen.[13]

Das nach dem Kalten Krieg erwachte Interesse an der Zivilisierungsmission hing mit konservativen Diskussionen über den Anbruch einer Pax Americana zusammen. Nach dem 11. September 2001 verlagerte sich der Diskurs hin zur Rechtfertigung eines neuen amerikanischen Unilateralismus, mit dem die USA die Rolle des Weltpolizisten und moralischen Vollstreckers der internationalen Politik übernahmen. Der amerikanische Konservative Robert Kagan begründete in seinem 2003 erschienenen Buch *Macht und Ohnmacht. Amerika und Europa in der neuen Weltordnung* die amerikanische Intervention im Irak mit den wachsenden kulturellen Unterschieden zwischen Europa und Amerika. Deshalb »entwickeln sich Amerikaner und Europäer in zentralen strategischen Fragen auseinander: Sie sind nur noch in wenigen Punkten einig und verstehen sich gegenseitig immer weniger.« Das umgeschriebene Lexikon internationaler Beziehungen mit dem Motto »Zivilisation gegen Barbarei« lieferte eine gerne verwendete Linse, durch die man Amerikas Verhältnis zur übrigen Welt betrachten konnte. Neuere Bücher, wie Niall Fergusons *Civilization. The Six Killer Apps of Western Power* (2011), beklagen unverändert den Niedergang der westlichen Zivilisation und fordern den Westen auf, seine globale Führungsstellung und seine »Killer-Apps« – Wettbewerb, Wissenschaft, Eigentum, Medizin, Konsum und Arbeitsethik – zurückzuerobern.[14]

Die aggressive amerikanische Außenpolitik nach dem 11. September stieß in Europa auf Widerstand. Prominente europäische Intellektuelle wie Jacques Derrida und Jürgen Habermas bemühten sich, den Antiamerikanismus zu einer neuen kontinentalen Tugend zu machen. Die beiden Philosophen behaupteten in einem gemeinsamen Brief, der am 31. Mai 2003 in der *Frankfurter Allgemeinen Zeitung* veröffentlicht wurde, dass die vielköpfigen Demonstrationen in Paris, London, Rom, Madrid und Berlin gegen die amerikanische Irak-Invasion – die größte Massenmobilisierung seit dem Zweiten Weltkrieg – den Anbruch eines neuen Europa und die Entstehung einer gemeinsamen Öffentlichkeit auf dem Kontinent markierten. Sie riefen die Europäer dazu auf, den hegemonialen Unilateralismus der Vereinigten Staaten auf der internationalen Bühne und innerhalb der UNO zu kompensieren. Für Habermas und Derrida war Europa eine Ansammlung von zivil geprägten Staaten, die durch Respekt vor Gesetzen und Menschenrechten untermauert würden. In Wirklichkeit bildeten sich jedoch neue Risse zwischen West- und Osteuropa heraus. Ein gutes Beispiel dafür lieferte der sogenannte Brief der Acht vom Januar 2003, in dem die Invasion des Irak befürwortet wurde. Zu den Unterzeichnern gehörten der tschechoslowakische Präsident Václav Havel sowie die Ministerpräsidenten Leszek Miller aus Polen und Péter Medgyessy aus Ungarn, die sich auf die Verteidigung gemeinsamer Werte wie »Demokratie, individuelle Freiheit, Menschenrechte und Rechtsstaatlichkeit« beriefen. Nach einem sich anschließenden Unterstützungsschreiben der sogenannten Vilnius-Gruppe von mehr als zehn osteuropäischen Ländern blaffte der französische Präsident Jacques Chirac, die neuen Mitglieder Europas hätten eine »gute Gelegenheit« verpasst, »den Mund zu halten«. Das alte und das neue Europa schienen zerstritten zu sein. Der polnische Journalist Adam Krzemiński ereiferte sich über Habermas' und Derridas westeuropäische Arroganz und erinnerte sie daran, dass die osteuropäische Zivilgesellschaft einst den Kommunismus zu Fall gebracht habe;

er fügte säuerlich hinzu, dass »niemand im Westen nach dem ostmitteleuropäischen ›Herbst des Volkes‹ jubelte«. In Paris und London herrschte tatsächlich verlegenes Unbehagen über die deutsche Wiedervereinigung und den drohenden Zustrom der Armen in den Westen. Noch heute ist in »Kerneuropa« offensichtlich keine Freude über die EU-Osterweiterung zu spüren. Das Gezänk mag die tiefen regionalen Unterschiede auf dem Kontinent enthüllt haben, aber es zeigte auch, dass die Idee der Zivilisation weder für die europäischen Befürworter noch für die Kritiker des Irakkriegs eine nennenswerte Rolle spielte.[15]

Stattdessen tauchte Zivilisation im Zusammenhang mit der Krise des Multikulturalismus wieder auf, die aus den wachsenden Sicherheitsbedenken nach 9/11 hervorging. Im Zug der zunehmenden kontinentalen Spannungen betrachteten verschiedene westeuropäische Politiker den Multikulturalismus als Misserfolg. Beim Deutschlandtag der Jungen Union am 16. Oktober 2010 sagte Bundeskanzlerin Angela Merkel über die Bemühungen um den Aufbau einer multikulturellen Gesellschaft: »Dieser Ansatz ist gescheitert, absolut gescheitert.« Ein paar Monate später schloss sich der französische Präsident Nicolas Sarkozy dieser Einschätzung an und führte aus: »In allen Demokratien hat man sich zu sehr mit der Identität desjenigen beschäftigt, der zu uns kam, und nicht genug mit der Identität des Landes, das ihn aufgenommen hat.« Kurz zuvor, am 5. Februar 2011, hatte auch der britische Premierminister David Cameron den Wertewandel bestätigt: »Unter der Doktrin des staatlichen Multikulturalismus haben wir verschiedene Kulturen dazu ermutigt, getrennte Leben zu führen, getrennt voneinander und abseits vom Mainstream [...]. Wir haben sogar ein Verhalten solch abgetrennter Gesellschaften toleriert, das unseren Werten zuwiderläuft.« Ein wachsender Chor von Kommentatoren verurteilte die europäische Politik des Multikulturalismus, weil sie die Entwicklung separatistischer ethnischer Identitäten fördere und einheimische Extremisten hervorbringe.

Es fehlte durchaus nicht an abweichenden Meinungen, denn Persönlichkeiten wie der britisch-pakistanische Intellektuelle Tariq Modood setzten sich für den Multikulturalismus ein und unterstrichen, dass die Ängste vor islamischem Terrorismus zu einem ernsthaften Testfall für den demokratischen Bürgersinn geworden seien. Doch die Stimmungslage in Westeuropa war eindeutig, denn der Islam wurde zunehmend als unvereinbar mit den »britischen Werten«, dem deutschen Liberalismus und dem französischen Republikanismus empfunden. Auch die Rede von der jüdisch-christlichen Zivilisation feierte ein Comeback. Wie in Kapitel 3 erwähnt, diente dieser Begriff des frühen Kalten Kriegs dazu, im Namen der liberalen Demokratie und des Antikommunismus eine Brücke zwischen Judentum und Christentum zu schlagen. In neueren Debatten über die islamische Bedrohung forderte der rechtsextreme niederländische Politiker Geert Wilders Europa auf, die »jüdisch-christliche Kultur« gegen die islamische Invasion zu verteidigen. Michel Houellebecqs Roman *Unterwerfung* (2015), der dystopisch von den möglichen Auswirkungen des Siegs einer radikalen muslimischen Partei in den französischen Präsidentschaftswahlen von 2022 handelt, ist eine Art Aktualisierung von Jean Raspails Bestseller *Das Heerlager der Heiligen* (1973). Raspails Geschichte drehte sich um eine imaginäre Invasion aus der Dritten Welt, bei der eine Million Einwanderer auf hundert Schiffen aus Kalkutta an der südfranzösischen Küste eintreffen, das Land besetzen und unverzüglich »den Tod der weißen Rasse« herbeiführen. Raspails Roman dient seit Langem als Maßstab für Rechtsextremisten in ganz Europa und Nordamerika.[16]

Die Furcht vor dem Islam und dem Multikulturalismus war ein Thema nicht nur innerhalb einzelner Nationalstaaten, sondern auch in den Debatten über die Erweiterung der Europäischen Union, insbesondere was die Mitgliedschaft der Türkei betraf. Die Terroranschläge vom 11. September 2001 überschatteten die vier Jahre später eingeleiteten Gespräche über den türkischen Beitritt. Liberale sahen in der Türkei eine potenzielle Brücke zwischen dem Westen und der muslimischen Welt, das heißt ein mögliches Mittel zur Überwindung der sich verhärtenden Kulturkampf-Mentalität. Konservative hielten dagegen, dass die Türkei und der muslimische Glaube zu fremdartig seien, was die inhärente Unvereinbarkeit von EU, Demokratie und Islam beweise. Hier verwendete man wiederum die Rede von der Zivilisation, um die kulturelle Grenzziehung Europas zu festigen. Die antimuslimische Stimmung bot osteuropäischen Ländern sogar Gelegenheit, ihre nationalen Identitäten und militärischen Leistungen neu zu erfinden. Einige serbische Intellektuelle nutzten beispielsweise die Kontroverse um die dänische Veröffentlichung von Karikaturen des Propheten Mohammed im Jahr 2005, um Gewalttaten gegen bosnische und kosovarische Muslime in den Neunzigerjahren nachträglich zu rechtfertigen, indem sie Serbien als einen der großen Verteidiger der westlichen Zivilisation bezeichneten.[17]

Genauso alarmierend sind die Umstände, unter denen die Paranoia über die Krise der »weißen Zivilisation« in »Alt-Right«-Kreisen etlicher Länder Wurzeln geschlagen hat. Wie im letzten Kapitel erwähnt, bildete sich eine derartige Rhetorik in den Sechzigerjahren heraus, wo sie sich vom griechischen Obristenputsch bis hin zu Enoch Powells »Ströme-von-Blut«-Rede zeigte. 1968 gründeten mehrere Dutzend rechtsextremer Franzosen in Nizza die Forschungs- und Studiengruppe für die europäische Zivilisation, die gewöhnlich mit ihrem französischen Akronym GRECE bezeichnet wird. Die Gruppe propagierte ihre Ideen unter dem Namen Nouvelle Droite (Neue Rechte) und betonte vehement die Überlegenheit und Verteidigung der westlichen Zivilisation. Einer ihrer Gründer, Alain de Benoist, tat 1977 kund, dass »die allmähliche Vereinheitlichung der Welt, die von dem 2000 Jahre alten Diskurs egalitärer Ideologie befürwortet und verwirklicht wird, als Übel anzusehen ist«. Die kriegerischere Rhetorik der weißen Zivilisation in jüngerer Zeit kann auf die Schriften eines anderen rechtsextremen französischen Denkers, Renaud Camus, insbesondere auf seine berüchtigte Theorie vom *grand remplacement* zurückgeführt werden. Camus (nicht verwandt mit dem französischen Literaturnobelpreisträger) ist Präsident und Mitbegründer des Nationalrats des Europäischen Widerstands, der sich dem Kampf gegen »die Invasion und die Vernichtung der Europäer in Europa« verschrieben hat, und *Le grand remplacement* (Der große Austausch) ist der Titel seines 2011 erschienenen Buches. Es ist ein Ruf zu den Waffen und soll der angeblichen Entwicklung entgegenwirken, mit der einheimische »weiße« Europäer durch schwarze und braune, »den Kontinent überschwemmende Einwanderer umgekehrt kolonialisiert« worden seien, was die weiße Zivilisation an den Rand der Auslöschung bringe. Das Hauptproblem für ihn und seine Anhänger ist das apokalyptische Gespenst des »ethnischen und zivilisatorischen Austausches«. Camus' reaktionäre Ideen haben in den letzten Jahren eine große Gefolgschaft in der internationalen »identitären« Alt-Right-Gemeinschaft gewonnen.[18]

Eine solche Sprache geistert durch die Reden rechter Denker und Aktivisten. Die Vorsitzende der französischen Partei Rassemblement National (Nationale Sammlungsbewegung), Marine Le Pen, zögerte nicht, ihre Anhänger vor den Parlamentswahlen 2017 – als die Partei noch Front National hieß – zu warnen, dass die einheimische Zivilisation durch Einwanderung bedroht sei und dass sich Franzosen bald »als Fremde in ihrem eigenen Land fühlen« könnten. Camus schickte Ende April 2018 sogar einen offenen Brief an Orbán, um diesem zu seinem Wiederwahlsieg zu gratulieren und Ungarn als »lebende Festung des europäischen Widerstands« zu loben, deren Anführer verstünden, dass »Invasion, Kolonialisierung und ethnischer Austausch« eine »Frage von Leben und Tod für die europäische Zivilisation« seien. Seine Ideen inspirierten die Teilnehmer an der rechtsradikalen »Unite-the-Right«-Kundgebung in Charlottesville, Virginia, am 11. August 2017, die den Sprechchor anstimmten: »Juden werden uns nicht ersetzen!« Und vor den Terrorakten in zwei Moscheen in Christchurch, Neuseeland, am 15. März 2019, bei denen 51 Menschen erschossen wurden, behauptete der White-Supremacy-Anhänger und Mörder in einem Facebook-Manifest, dass er mit seinen Handlungen beabsichtige, den »weißen Genozid« zu stoppen und die bedrohte »weiße Zivilisation« zu schützen.

Auch andere rechtsgerichtete Parteien machen die Wiederbelebung der Zivilisation zu ihrer Parole. Als der Historiker Thierry Baudet 2015 die rechtsextreme niederländische Partei Forum für Demokratie gründete, sprach er davon, dass sich sein Land »au milieu des ruines d'une belle civilisation« (inmitten der Ruinen einer schönen Zivilisation) befinde. Am 18. Mai 2019 wurde der stellvertretende italienische Ministerpräsident Matteo Salvini auf einer Kundgebung in Mailand von führenden rechten Persönlichkeiten wie Marine Le Pen, Geert Wilders von der niederländischen Partei für die Freiheit und Jörg Meuthen von der Alternative für Deutschland flankiert. Ihre Einstellungen überschnitten sich in dem Eintreten für die Bekämpfung der Einwanderung und für den Schutz der europäischen Zivilisation. Das starke Gebräu aus Nationalismus, religiösem Konservatismus und Rassismus in Europa wurde durch den Ansturm des Neoliberalismus und die Sparpolitik in Vorbereitung der Euro-Einführung in den Neunzigerjahren erzeugt, und rechte Parteien in West- wie Osteuropa machten sich weitverbreitete Gefühle der Entfremdung und Frustration sowie der Vernachlässigung durch konventionelle Parteien zunutze. So lässt die sogenannte Verteidigung sowohl der belagerten Nation als auch der europäischen Zivilisation weiterhin neue und populäre rechtsradikale Gruppierungen entstehen.[19]

Auch in den Vereinigten Staaten wurde während der Präsidentschaft Donald Trumps der Zivilisationsbegriff häufig gebraucht. In Präsident Trumps berüchtigter Rede auf dem Warschauer Krasiński-Platz am 6. Juli 2017 bezog er sich fünfmal auf die Verteidigung der Zivilisation und forderte Europa und die USA auf, ihre

Kräfte zur Bekämpfung des Terrorismus und der »neuen Barbaren« an den fragilen Grenzen des Westens zu vereinen. Er erwähnte weder das harte Vorgehen der rechten polnischen Regierung gegen Richter und Journalisten noch die Weigerung Warschaus, mehr Migranten aufzunehmen – die beiden Hauptprobleme, die Polens EU-Partner damals umtrieben. Vielmehr nahm Trump das Thema des Kampfes der Kulturen wieder auf, das Präsident Barack Obama sorgsam vermieden hatte, um radikalen Extremisten nicht dadurch in die Hände zu spielen, dass der Konflikt als Kampf des Westens gegen den Islam und nicht nur gegen Dschihadisten dargestellt wurde. Trumps Worte dagegen lauteten: »Ich erkläre der Welt hier und heute, dass der Westen niemals, niemals zerstört werden wird«, und: »Unsere Werte werden sich durchsetzen. Unser Volk wird gedeihen. Und unsere Zivilisation wird triumphieren.« Am beunruhigendsten für manche Zuhörer war sein Statement, es sei »die fundamentale Frage unserer Zeit, ob der Westen den Willen hat, zu überleben«. Dies erweckte den Eindruck, er wolle durch seine Rede die militärische Entschlossenheit vor einer möglichen Schlacht stählen. Es war nicht verwunderlich, dass ein Reporter der *Washington Post* Trump als »obersten Kreuzritter« bezeichnete. Auffällig erschien auch, wie Zivilisation andere, vertrautere Begriffe verdrängte. Während Präsident George W. Bush in seiner Warschauer Rede 2003 13-mal auf Demokratie Bezug nahm, erwähnte Trump sie nur ein einziges Mal, die Menschenrechte blieben völlig unerwähnt. In Trumps Sprachgebrauch ersetzte Zivilisation die Begriffe Demokratie und Menschenrechte als Quellen von Zugehörigkeit und Identität. Bereits in seiner Antrittsrede am 20. Januar 2017 hatte er gelobt, die »zivilisierte Welt« gegen den Terrorismus zu verteidigen. Verschwunden war das Konzept der »Freien Welt«, das seit Truman in den Reden der Präsidenten zum Standard gehört hatte. Dieser linguistische Unterschied mag unbedeutend erscheinen, doch er spiegelte einen sich verändernden Tenor der Identitätspolitik wider, die konservative Führer in Europa und Amerika miteinander verband. Am Tag nach Trumps überraschendem Wahlsieg im November 2016 jubelte Orbán in einem Interview mit der britischen *Daily Mail*, dass »dies der zweite Tag eines historischen Ereignisses ist, durch das sich die westliche Zivilisation erfolgreich von den Begrenzungen einer Ideologie loszureißen scheint«.[20]

Die Übernahme des Begriffs durch die Rechte ist relativ neu und nicht unumstritten. Zwischen 1945 und den späten Sechzigerjahren waren Überlegungen über den Wiederaufbau der Zivilisation weder auf Europa noch auf die Imperialmächte beschränkt und koppelten sich an Anliegen aus dem gesamten politischen Spektrum. Das erneuerte Konzept diente in der Ära der Entkolonialisierung unter verschiedenen Gesichtspunkten als Stütze des progressiven politischen Denkens. Nach 1945 wurde der Begriff von seiner Nemesis – der Barbarei – überschattet, und aus diesem Grund war Zivilisation eng mit dem größeren Problem verbunden, inwieweit Ideologie Ausgrenzung und Gewalt rechtfertigen kann. Daraufhin nahm ein zentraler Strang des neuen Zivilisationsauftrags universalistische und inklusive Form an und wurde oft mit internationalen Organisationen assoziiert, die sich Frieden, Kosmopolitismus und interkulturellem Dialog widmen, wie die Vereinten Nationen und die UNESCO. Sie mögen nicht mehr über ihre frühere Autorität verfügen, doch sie haben immer noch eine kraftvolle alternative Vision von Ruin und Erneuerung zu bieten.

Bemerkenswert sind auch die Repräsentationsmuster. Beispielsweise kam es in der unmittelbaren Nachkriegszeit zu Versuchen, Zerstörung und Wiederaufbau der europäischen Zivilisation zu visualisieren, was sich in den Fotos von Trümmern und den karitativen Aktivitäten humanitärer Helfer zeigte, die bedürftigen Überlebenden auf dem ganzen Kontinent beistanden. Der visuelle Fokus der Zivilisation verlagerte sich dann auf politische Einflussnahme für den

Frieden und auf die Embleme des Wohlstands: von Anti-Atomkraft-Märschen in Großbritannien und der Bundesrepublik Deutschland bis hin zu neuen Wohngebäuden und glänzenden Konsumobjekten als Symbolen der Erholung und der Ankunft. Die visuelle Anbindung von Zivilisation an Krieg und Eroberung – die vom Zeitalter des Imperialismus bis zum Zweiten Weltkrieg üblich war – trat im Europa des Kalten Kriegs nur selten in Erscheinung. Die offensichtliche Ausnahme waren die Kolonialkriege, insbesondere der Algerienkrieg, in dem beide Seiten Bilder von Gräueltaten nutzten, um die Unterstützung der internationalen Gemeinschaft für ihre jeweiligen Anliegen zu erringen. Erschütternde Bilder von Gewalt und Entzivilisierung kehrten im Bosnienkrieg Anfang der Neunzigerjahre – und in jüngerer Zeit durch die Terroranschläge in Paris und anderswo – nach Europa zurück. Doch von den Sechziger- bis zu den frühen Neunzigerjahren war der visuelle Ausdruck der bedrohten Zivilisation fast völlig verschwunden, da sich der Schwerpunkt der Debatte und der Darstellung auf andere Bereiche verlagert hatte.

Dies ist einer der Gründe, weshalb das vorliegende Buch mit der Zerstörung Europas am Ende des Zweiten Weltkriegs beginnt und mit der Sprengung von Palmyra schließt. In beiden Fällen trafen Ausländer ein, um zur Rettung einer in Trümmern liegenden Zivilisation beizutragen – 1945 waren es britische, amerikanische und französische humanitäre Helfer in Zusammenarbeit mit alliierten Militärbehörden in Deutschland und im gesamten kriegsgeschundenen Europa, während die Hilfskräfte 2016 von auf dem Kontinent ansässigen internationalen Agenturen und von Freiwilligengruppen gestellt wurden. Zwischen diesen beiden Katastrophen hörte man eine Vielzahl von Aufrufen dazu, das zerstörte kulturelle Erbe für eine neue Nachkriegswelt zurückzufordern.

Nicht weniger auffällig ist die geschlechtsspezifische Vertretung der Zivilisation in der Krise. Wie in Kapitel 1 erörtert, spielten humanitäre Helferinnen nach dem Krieg eine bedeutende Rolle in der frühen Wiederaufbauphase und gehörten zu den ersten Erbauerinnen und Erzählerinnen des befreiten Europa. Frauen waren auch an der Umgestaltung des Kontinents in Friedenszeiten direkt und auf vielerlei Art beteiligt, von Wohnungsbau und Planung bis hin zu öffentlichem Gesundheitswesen, Arbeitsleben und Alltagskultur auf beiden Seiten des Eisernen Vorhangs. Intellektuelle wie Simone de Beauvoir und Hannah Arendt brachten scharfe Kritik an Europas Wohlstandskultur zu Papier, vor allem mit Blick auf die Gefahren der amerikanischen Zivilisation. Doch mit der Stabilisierung Europas in den Fünfzigerjahren gingen die verschiedenen Zivilisationsdiskurse vorwiegend auf männliche Machteliten über, seien es Führer von Staaten, Verwaltungen, Kirchen oder sozialen Organisationen. Bezeichnenderweise ging der wachsende Druck für die Gleichberechtigung der Frauen mit der Sprache der Rechte und Freiheiten, nicht mit jener der Zivilisation einher. Die westeuropäische Emanzipationskampagne der Neunzigerjahre – zusammen mit ihren leiseren Pendants in Osteuropa – konzentrierte sich auf die Überwindung sozialer und politischer Schranken; im Gegensatz dazu wurde Zivilisation (zumindest nach Mitte der Sechziger) nach und nach zu einem konservativen Alibi für die Errichtung von Grenzen und sozialen Kontrollen, um eine Mehrheitskultur zu schützen, die angeblich durch Einwanderer und Asylbewerber gefährdet war.

Der sich verändernde Tenor über die Zivilisation war zum Teil geschlechtsspezifisch, aber er hatte auch – wenn auch kaum intersektional – mit »Rasse« zu tun. Aus diesem Grund ist die Diskussion über Europas ehemalige Kolonien so wichtig. Die Kooptierung der europäischen Zivilisationsidee in Ghana, Algerien und Senegal zeigt, wie das ideologische Erbe Europas am Ende seiner Vorherrschaft in der Weltgeschichte außerhalb des Kontinents neu konfiguriert wurde. Die Verschmelzung von Zivilisation und rassisch begründeter Gewalt war maßgebend für das Verhältnis zwischen Europa und der übrigen Welt vom Zeitalter des Imperialismus bis zum Faschismus und zum

Zweiten Weltkrieg. Die brutalen Vertreibungen von Deutschen aus der Tschechoslowakei und aus Polen 1945 sowie die französische und niederländische Wiederherstellung von Imperien in den Vierzigerjahren (ganz zu schweigen vom Fortbestand der britischen, belgischen und portugiesischen Überseereiche zur selben Zeit) machen deutlich, dass dieses Gewalterbe keineswegs mit dem Waffenstillstand von 1945 endete. Mit der Zeit gelang es afrikanischen Führungsschichten, die Rhetorik der europäischen Zivilisation gegen die Europäer zu kehren, während sie gleichzeitig neue Ideen von afrozentrischen Zivilisationen zur Bekräftigung politischer Souveränität, Nationsbildung und kultureller Ankunft verkündeten.

In den Sechzigerjahren machten die alten europäischen Auffassungen über eine feste Hierarchie der »Rassen« und Zivilisationen neuen Ansichten über Frieden und Brückenschlägen Platz, was sich an den Bemühungen von afrikanischen Nationalisten, UNESCO-Konservatoren und osteuropäischen Afrikanisten nachvollziehen lässt. Doch dieser integrative Moment war nicht von Dauer und wurde nicht überall gleich verstanden. Europäische Kolonien in Afrika, etwa in Südafrika und Rhodesien, reklamierten die Rede von der Zivilisation für ihre eigenen Zwecke, nämlich zur Verteidigung der Apartheid und der Herrschaft der weißen Minderheit. Der Versuch der Sechzigerjahre, die im 19. Jahrhundert übliche Gleichsetzung von Zivilisation mit Privilegien und Ausgrenzung zu überwinden, wurde am Ende des Jahrzehnts eingestellt, da die Ideologen in jenen europäischen Außenposten im südlichen Afrika die Idee der Zivilisation auf ihre imperialen und rassistischen Anfänge zurückführten. Aber dann geschah etwas Unerwartetes: Das koloniale Bemühen, die Rhetorik der Zivilisation wiederzubeleben, um die weiße Minderheitenherrschaft im südlichen Afrika zu stützen, prallte in den Siebzigerjahren aufs europäische Festland zurück. Nun wurde die Verteidigung der Zivilisation eingesetzt, um die weiße Mehrheitskultur (sowohl in West- als auch in Osteuropa) vor den Gefahren einer »umgekehrten

Kolonialisierung« durch Einwanderer zu warnen, die mindestens ein Jahrzehnt zuvor aus Europas Ex-Kolonien und Handelspartnern eingetroffen waren.

Solch restriktive und rechtsextreme Umdeutungen des Begriffs Zivilisation wurden durch inklusivere Stimmen und Vorstellungen von Europa infrage gestellt. 1999 schrieb Václav Havel zum zehnten Jahrestag des Falls der Berliner Mauer einen Artikel mit dem Titel »The Search for Meaning in a Global Civilization« (Die Sinnsuche in einer globalen Zivilisation). Darin zog er eine Bilanz der Welt nach dem Ende von Kolonialismus und Kommunismus und bescheinigte der Ära einen Verlust an geistigem Kompass und moralischer Orientierung: »Die Welt unserer Erfahrungen wirkt chaotisch, zusammenhanglos, verwirrend. Es scheint keine integrierenden Kräfte zu geben, keine einheitliche Bedeutung, kein wahres inneres Verständnis der Phänomene in unserer Erfahrung der Umgebung. Experten sind in der Lage, uns alles in der objektiven Welt zu erklären, und doch verstehen wir unser eigenes Leben immer weniger.« Dieses Dilemma beschränkte sich keineswegs auf Europa, und Havels Artikel war auch kein Lobgesang auf den Pessimismus. Vielmehr sah er die »zentrale politische Aufgabe der letzten Jahre dieses Jahrhunderts« in »der Schaffung eines neuen Modells des Zusammenlebens zwischen den verschiedenen Kulturen, Völkern, Rassen und religiösen Sphären innerhalb einer einzigen zusammenhängenden Zivilisation«.[21]

Die Neugestaltung der Weltgeschichte als Erzählung über politische Interkonnektivität und gegenseitige Einflussnahme war schon vor langer Zeit in den Schriften afrikanischer und nicht afrikanischer Denker zu finden, wie in Kapitel 6 besprochen. Man sollte jedoch im Gedächtnis behalten, dass diese Autoren damals kühne und kontroverse Ansichten vertraten, die in einem Zeitalter des Nationalismus auf erheblichen Widerstand stießen. Ein bezeichnendes Beispiel liefert ein 2010 entdecktes, unveröffentlichtes Buchmanuskript aus dem Jahr 1950, das von zwei der tonangebenden Historiker Frankreichs verfasst wurde: von Lucien Febvre, Professor am Collège de France und einer der führenden Köpfe der Annales-Schule, und seinem jüngeren Kollegen François Crouzet, einem Experten für Wirtschaftsgeschichte an der Sorbonne. Ihr Manuskript trug den provokanten Titel *Origines internationales d'une civilisation. Eléments d'une histoire de France* und enthielt eine alternative Darstellung der französischen Geschichte als Produkt globaler Einflüsse über Jahrhunderte hinweg. Ihre Hauptthese lautete, dass die Franzosen stets ein Mischvolk gewesen seien, zu dem auch Türken, Araber und Afrikaner zählten. Der entscheidende Punkt für die Autoren war:»Wir alle sind gemischten Blutes.« Außerfranzösische Einflüsse hätten auch Flora, Fauna und Nahrungsmittel des Landes geprägt. Im Einklang mit der später als UNESCO-Ansatz zur Umschreibung der Weltgeschichte bekannten Methodik machten Febvre und Crouzet geltend, dass Frankreichs lange Geschichte zahllose Anleihen aus allen Teilen der Welt enthalte, wodurch die Franzosen »Erben einer vielfältigen Vergangenheit« seien. Tatsächlich gab es in diesem Fall eine direkte Verbindung zur UNESCO, da das Projekt der Historiker von der Organisation in Auftrag gegeben worden war, um die konventionelle nationenzentrierte Geschichtsschreibung in Zweifel zu ziehen. Ihre mutige antinationalistische französische Geschichtsschreibung sollte die internationale Verständigung fördern und helfen, die Geißel des Ethno-Nationalismus und Eurozentrismus aus den Klassenzimmern zu verbannen. Ihre Darstellung war jedoch zu radikal für die UNESCO von 1950, und die Veröffentlichung wurde von Verfechtern der Meinung blockiert, dass Febvre und Crouzet zu weit gegangen seien, da sie die zentrale Rolle sowohl des Nationalstaats als auch der globalen Vormachtstellung Europas ausgelöscht hätten. Die Autoren legten das Manuskript beiseite, und es ruhte jahrzehntelang auf einem Dachboden, bis man es sechzig Jahre später wiederentdeckte. Seine verspätete Publikation mag auf den ersten Blick darauf hindeuten, dass wir in stärker globalisierten Zeiten leben, in denen antinationalistische und nicht eurozentrische Geschichtsdarstellungen regelmäßig erscheinen und in der akademischen Welt geradezu obligatorisch geworden sind. Doch hat man die Rede von der Zivilisation aus heutigen Beschreibungen der globalisierenden Vergangenheit gestrichen. Für die Linke bleibt die Terminologie der Zivilisation eine Quelle des Ärgers und Abscheus, ein unerwünschtes Überbleibsel aus der Ära des Imperialismus. Febvres und Crouzets Text lenkt die Aufmerksamkeit auf das Unbehagen, das antinationale und antieurozentrische Geschichtswerke in der breiten Öffentlichkeit weiterhin auslösen.[22]

Heute wirken diese Betrachtungen Havels, Febvres und Crouzets wie Relikte aus einer anderen Epoche. Die Anschläge vom 11. September 2001 und die sogenannte Flüchtlingskrise 2015 fördern die Rückkehr von rechtem Nationalismus, tribalem Populismus und antimuslimischer Fremdenfeindlichkeit, und die vermeintliche Zivilisationskrise dient dazu, das Hochziehen der Zugbrücke zu rechtfertigen. Es gibt keinen besseren Beweis für den Wandel unserer Welt als den fieberhaften Bau von Mauern – geistigen und tatsächlichen – in Europa und anderswo. In den letzten Jahren wurden in Ost- und Südosteuropa mehr als 1200 Kilometer lange Zäune und neue Grenzen errichtet, meist als Reaktion auf die Fluchtbewegung, die 2015 ihren Anfang nahm. Für viele Osteuropäer ist der elitäre kosmopolitische Wert der Freizügigkeit keine Quelle der Identität, sondern eine Bedrohung. Auf die demokratische Revolution von 1989 folgt eine Konterrevolution gegen die damalige Offenheit. Ein ähnlicher Mauerbau vollzieht sich im Nahen Osten, in Zentralasien, Südostasien, im Fernen Osten und in Nordamerika. Mindestens 65 Länder – ein Drittel der Staaten der Welt – haben in den beiden letzten Jahrzehnten neue Barrieren entlang ihrer Grenzen errichtet, und die Hälfte aller nach dem Zweiten Weltkrieg erbauten Schranken entstand seit dem Jahr 2000. Forderungen nach dem Schutz der gefährdeten Zivilisation begleiten den Bau neuer Eiserner Vorhänge und dienen sowohl als politische Ursache wie als Wirkung zusätzlicher Grenzziehungen.[23]

Ein neues Gespenst geht um in Europa, und es trägt den alten Namen Zivilisation. Die heutige europaweite Verwendung des Begriffs als ideologischer Schutzwall gegen die Ankunft »neuer Barbaren« birgt das Risiko, die jahrzehntelange Arbeit friedensstiftender Organisationen zunichtezumachen, die auf die universalistischeren, postimperialen Ideale gemeinsamer Weltzivilisationen abzielen. Die Verknüpfungen der frühen Fünfzigerjahre von Zivilisation mit Wissenschaft, Wohlstand, Rechten und dem Schutz der Zivilbevölkerung in Kriegsgebieten sind längst dahingeschwunden, ebenso wie die materiellen und mentalen Bezüge zu Wohnraum, Konsumgütern und Knigge-Regeln. Das Gleiche gilt – mit Ausnahme von UNESCO, Amnesty International und verschiedenen NGOs – für die alten Vorstellungen, man könne Kontinente mithilfe von Zivilisation in internationaler Solidarität verbinden. Stattdessen wird sie nun eng umrissen als Geschichte religiöser Identität, kultureller Verteidigung und manchmal militärischer Expansion – eine Rückkehr zu ihrer Erscheinungsform aus dem 19. Jahrhundert. Und wie damals sind diese Ansichten nicht auf den Westen beschränkt, denn autoritäre Führer auf der ganzen Welt – von Ungarn bis zur Türkei, von Russland bis Ägypten, von China bis zu den Vereinigten Staaten – setzen den Begriff ein, um ihre konservativen politischen Standpunkte zu untermauern. Ein erneutes Interesse an »zivilisatorischen Essenzen« breitet sich seit zwei Jahrzehnten als Reaktion auf die Globalisierung und die Nachwirkungen des 11. September 2001 aus. Solch defensive Identitäten kommen in der Verherrlichung »asiatischer Werte«, im Sinozentrismus, in der Afrozentrik, im religiösen Fundamentalismus jeglicher Couleur und sogar in einem wiederbelebten Eurozentrismus zum Ausdruck. Im Gegensatz zu einem Weltverständnis, das auf Interaktion und gegenseitiger Einflussnahme beruht, konzentrieren sich die jüngeren Auffassungen von Zivilisation auf strenge Grenzen, Unterschiede und ethnische Homogenität im Namen kultureller Autonomie und gesteuerter Modernisierung.[24]

Doch die fortwährende Neuformulierung von Zivilisation wird nicht bloß durch Schwarzmalerei, Säbelrasseln und verstärkten Grenzbau geprägt. Zum Beispiel überdenken chinesische Soziologen die Geschichte der »kommunistischen Zivilisation« im Zusammenhang mit dem Verständnis der Beziehung zwischen Staat und Markt aus einer internationalen kommunistischen Perspektive.[25] Die UNESCO und ihre weit verstreuten Nationalkommissionen setzen ihre Bewahrungsarbeit unter dem Banner der Weltzivilisation fort, und eine neue Generation von Umwelthistorikern – und Umweltschützern – hat globale Geschichte und internationale Politik weit über den Nationalstaat hinaus in den Fokus gerückt und ihren Spielraum erweitert, um Entwicklung und Auswirkungen der entgrenzten industriellen Zivilisation zu untersuchen. Während kritische grüne Stimmen erstmals in den Sechziger- und Siebzigerjahren gegen die Kehrseiten der Nachkriegsindustrialisierung protestierten, sind die Befürchtungen in den beiden letzten Jahrzehnten exponentiell gewachsen. Manche – vor allem in China – sprechen nun von einer nachhaltig gelenkten »ökologischen Zivilisation« als Schritt in eine bessere Zukunft. Der Ausbruch der Coronavirus-Pandemie Ende 2019 löste internationale Besorgnis über eine viel tiefer gehende globale Zivilisationskrise aus und wurde von einem erneuerten Eine-Welt-Bewusstsein hinsichtlich der Sterblichkeit der Menschheit und der Zivilisation selbst begleitet. Ob dies zu einer konzertierten Aktion führen wird, die auf universellen Werten zur Erhaltung der Zukunft unserer Spezies basiert, lässt sich gegenwärtig noch nicht absehen. Entscheidend ist, dass die überhitzte Militarisierung und Rassifizierung von Zivilisation in der jüngeren politischen Sprache einerseits unzweifelhaft ernst genommen werden muss, doch andererseits mag sie nicht von Dauer sein, denn es handelt sich keineswegs um die einzige Neubelebung des Konzepts, die heutzutage angeboten wird.[26]

Im Lauf der Jahrhunderte hat sich der Begriff je nach Kontext und Interessengruppe stark verschoben und verändert, und in diesem Buch wird versucht, seine Wandlungen in der Nachkriegszeit auf dem gesamten Kontinent und darüber hinaus zu verfolgen. Wie Toynbee vor vielen Jahren festhielt, ist »›Zivilisation‹, wie wir sie verstehen, [...] eine Bewegung, kein Zustand; eine Reise, kein Hafen«. Es gibt keinen Grund zu erwarten, dass ihre Zukunft weniger zentral oder wechselhaft sein wird, denn sie bleibt bis auf den heutigen Tag ein brisanter Anzeiger von Identität, Möglichkeit, Verlust und Sehnsucht, eben weil sie so politisch ist.[27]

An dieser Stelle mag es sich lohnen, über V. S. Naipauls Worte zur Zivilisation vor 30 Jahren nachzudenken. Am 30. Oktober 1990 hielt der auf Trinidad geborene Literaturnobelpreisträger die Walter B. Wriston Lecture in Public Policy am Manhattan Institute in New York zum Thema »Our Universal Civilization«. Naipaul bemerkte einleitend, dass dies ein »ziemlich großspuriger Titel« sei, »bei dem mir ein wenig unbehaglich ist«. Dennoch verteidigte er die Idee der universalen Zivilisation, weil ich »von der Peripherie ins Zentrum, von Trinidad nach London reisen konnte. [...] Ich ging also praktisch davon aus, dass ich, ungeachtet meiner Herkunft und meines Trinidad-Milieus [...], einer umfassenderen Zivilisation angehörte.« Trotzdem fiel ihm das Leben nicht leicht, denn die universale Zivilisation »war nicht immer so attraktiv wie heute. Die Expansion Europas hatte zumindest drei Jahrhunderte lang eine rassistische Note, die bis heute schmerzt. In Trinidad wuchs ich in der ausklingenden Zeit dieser Art von Rassismus auf. Und vielleicht ist es dieser Umstand, der mich umso mehr würdigen lässt, was für ungeheure Veränderungen seit dem Ende des Krieges stattgefunden haben, was für außerordentliche Anstrengungen diese Zivilisation unternommen hat, [...] die übrige Welt und all ihre gedanklichen Strömungen zu integrieren.« Wiewohl nicht jeder den hier beschriebenen positiven, entgegenkommenden Charakter von Zivilisation bestätigen würde, unterstreicht Naipauls Rede deren vielfältige Interpretationen, Erfahrungen und Bedeutungen nach 1945 für zahlreiche Menschen nicht nur in Europa, sondern auf der ganzen Welt. Ob seine Worte die Vergangenheit oder die Zukunft der »universalen Zivilisation« beschreiben, kann noch nicht entschieden werden, aber beide Möglichkeiten sind denkbar.[28]

Die Rettung der gefährdeten Zivilisation war ein zentrales Element des Bemühens, den kulturellen, sozialen und politischen Wandel Europas nach dem Zweiten Weltkrieg zu verklären, und die Angst um seinen umkämpften Platz in der Welt hat sich heutzutage überall auf dem Kontinent verstärkt. Die Ereignisse des 11. September und das aktuelle Dilemma Europas angesichts der Terrorismus- und Flüchtlingsthematik haben das Thema »Zivilisation in der Krise« so intensiv wie nie seit dem frühen Kalten Krieg reaktiviert und liefern den ideologischen Unterbau für eine emotionale Sprache der Furcht, Unsicherheit und kollektiven Identität. Der Einsatz dieser Sprache zur Unterstützung von Grenzschützern oder Angriffstruppen wird natürlich Friedensstiftung und interkulturelle Verständigung umso mehr erschweren, wenn die geopolitischen Konflikte überwunden sind, wie man bei der Quid-pro-quo-Gewalt um Palmyra feststellen konnte. Letztlich sind potenziell universale Begriffe wie Zivilisation – oder Menschlichkeit, ihre ebenso angeschlagene Verwandte – möglicherweise die einzigen sprachlichen Mittel, die uns bleiben, wenn wir uns die Aussicht auf Frieden und internationale Zusammenarbeit erhalten wollen. Wie Zivilisation verwendet wird, um von politischer Angst und Umgestaltung zu erzählen, ist eine offene Frage, doch sie definiert weiterhin einen Kontinent, der sich bedroht fühlt.

Nachwort und Danksagung

Ich trage dieses Buch seit vielen Jahren in der einen oder anderen Form mit mir herum. Ein Teil davon ist das Ergebnis meiner Ausbildung am Haverford College und an der University of Chicago in den Achtziger- und Neunzigerjahren. Beide Geschichtsfakultäten waren dem Lehrgang über die »Großen Bücher der westlichen Welt« fest verpflichtet. Man hatte ihn nach dem Ersten Weltkrieg an verschiedenen amerikanischen Universitäten eingeführt, um den heimkehrenden GIs zu helfen, den Platz und die Aufgabe der Vereinigten Staaten in einer sich verändernden Welt zu verstehen. Die University of Chicago (zusammen mit der Columbia University) leitete diese Initiative, und die dazu erforderlichen »Western-Civ«-Kurse wurden ab Mitte der Fünfzigerjahre an den meisten amerikanischen Colleges und Universitäten angeboten. Als ich Mitte der Achtziger meinen Abschluss in Haverford machte und ein paar Jahre später zum Graduiertenstudium nach Chicago überwechselte, stand der Kanon im Rahmen der Kulturkriege der Reagan-Ära um Identität und historischen Zweck Amerikas landesweit unter Beschuss. Die Hoffnungen, blinden Flecken und Kontroversen, die diesen Grundkurs kennzeichneten, haben dieses Buch auf mancherlei Art geprägt. Ähnliches gilt für den Ansatz eines meiner Professoren in Chicago, Reinhart Koselleck, dessen Pionierarbeit zur Begriffsgeschichte mich dazu brachte, über Begriffe als eigenständige politische Kräfte nachzudenken.

Das Wort »Zivilisation« hörte ich zum ersten Mal in meiner Grundschule in Phoenix, Arizona, Anfang der Siebzigerjahre, höchstwahrscheinlich im Zusammenhang mit den vervielfältigten violetten Hausaufgabenblättern über die großen Errungenschaften der aztekischen, ägyptischen, chinesischen und europäischen Zivilisation. Es war vermutlich das längste Wort, das ich damals kannte, und zweifellos das schwerste. Der vielleicht tiefer gehende und weniger offensichtliche Ursprung dieses Projekts hat mit meiner deutlichen Erinnerung an den Englischunterricht von Mrs. K. in der sechsten Klasse zu tun. Mrs. K. war eine altmodische und sehr geschätzte Grundschullehrerin, die ihre Aufgabe als Vermittlerin von Wissen und Tradition ernst nahm. Wie all ihre Kolleginnen und Kollegen unterrichtete sie sämtliche Hauptfächer, doch Grammatik war ein Thema, das sie mit missionarischem Eifer verfolgte. Mit penibler Aufmerksamkeit legte sie die Tiefenstruktur der Sprache in ausgefeilten Diagrammen frei, in denen es von Subjekten, Verben, Prädikaten, Attributen und Hilfswörtern nur so wimmelte. Auf die waghalsige Frage eines Klassenkameraden, warum sich jemand dafür interessieren solle, antwortete sie gelassen, korrektes Englisch stelle den schmalen Grat dar, der Zivilisation von Barbarei trenne. Der Schulunterricht war in ihren Augen ein Evangelium der Erhebung und Verfeinerung, und der korrekte Sprachgebrauch in den ehemaligen mexikanischen Territorien verband uns ihrer Ansicht nach mit den anderen Landesteilen und sogar mit England selbst in einem gemeinsamen Erbe der westlichen Zivilisation. Diese hehre Bedeutung entging mir damals natürlich ganz und gar, doch ihre Worte klangen nach. Meine Grundschule in West Phoenix enthielt eine bunte Mischung aus hispanischen, indianischen und angloamerikanischen Kindern, und ich fragte mich schon zu jenem Zeitpunkt, ob das Eintreten der Lehrerin für den korrekten englischen Sprachgebrauch an uns alle gerichtet war oder nur an einige. Noch etwas anderes fiel mir auf, und ich habe es nie vergessen: Während sie, Kreide in den Fingern, vor der Tafel stand, hing rechts von ihr, neben der Klassenzimmertür, an einem Fleischerhaken ein großes abgenutztes Holzpaddel – eine Erinnerung an die Lehrerautorität, die nicht selten zum Einsatz kam. Es war die krasse visuelle Gegenüberstellung von Grammatikunterricht und körperlicher Züchtigung, die mir im Gedächtnis blieb. Mrs. K.s Bild, eingerahmt von den Regeln der korrekten Sprachpraxis und dem drohenden Paddel, zeigte die beiden Gesichter der Zivilisation, die diesen Text prägen: Bildung und Befriedung, Herrschaft und Gewalt.

Ich möchte meinen Dank jenen Institutionen und Personen aussprechen, die das vorliegende Buch möglich machten. An erster Stelle bin ich überaus dankbar für die Verleihung eines Leverhulme-Senior-Research-Stipendiums 2018–2019, das mir die Zeit verschaffte, meine Forschungen und die Niederschrift des Textes abzuschließen. Außerdem war ich mitverantwortlich für ein großes kollaboratives Arts and Humanities Research Council/UK-Förderprojekt (2014–2017) zum Thema »Socialism Goes Global. Cold War Connections Between the ›Second‹ and ›Third Worlds‹«, und ein Teil des Materials (insbesondere in den Kapiteln 8 und 9) wurde im Rahmen jener großzügigen Förderung recherchiert. Auch die Geschichtsfakultät in Oxford und das St Antony's College unterstützten mich erheblich. Die Mitarbeiter des National Archive in London, des Public Records and Archives Administration Department in Accra, Ghana, des Imperial War Museum in London, der Special Collections der Cambridge University Library, der Staatsbibliothek in Berlin und der Bodleian Library in Oxford waren überaus hilfsbereit. Teile von Kapitel 2 wurden veröffentlicht in »The Polemics of Pity. British Photographs of Berlin, 1945–1947«, in *Humanitarianism and Media. 1900 to the Present*, herausgegeben von Johannes Paulmann (Oxford/New York, Berghahn, 2018), S. 126–150; Teile von Kapitel 3 erschienen in »Religion, Science and Cold War Anti-Communism. The 1949 Cardinal Mindszenty Show Trial«, in *Science, Religion and Communism in Cold War Europe*, herausgegeben von Paul Betts und Stephen A. Smith (London, Palgrave, 2016), S. 275–307. Ein Abschnitt von Kapitel 4 wurde publiziert in »Manners, Morality and Civilization. Reflections on Postwar German Etiquette Books«, in *Histories of the Aftermath. The Legacies of the Second World War in Europe*, herausgegeben von

Frank Biess und Robert Moeller (Oxford/New York, Berghahn, 2010), S. 196–214; Teile von Kapitel 7 wurden veröffentlicht in »Humanity's New Heritage. UNESCO and the Rewriting of World History«, in *Past & Present* 228, Nr. 1 (August 2015), S. 249–285, und »The Warden of World Civilization. UNESCO and the Rescue of the Nubian Monuments«, in *Heritage in the Modern World*, herausgegeben von Paul Betts und Corey Ross, in *Past & Present* 226, Beilage 10 (2015), S. 100–125. Ich danke den Verlegern für die Erlaubnis, diese Texte zu reproduzieren.

Ich bin einer Reihe von Freunden und Kollegen für ihre wertvolle Zeit, ihr Feedback und ihre Unterstützung zu Dank verpflichtet. Im Juli 2019 hielt ich einen Manuskript-Workshop ab, um einen ersten vollständigen Entwurf durchzugehen, und ich bin dankbar für die konstruktive Kritik der Teilnehmer: Patricia Clavin, Anne Deighton, Martin Conway, Steve Smith und Saul Dubow. Saul las im Lauf der Jahre zahlreiche Kapitel, und das Manuskript wurde viel besser durch die Schärfe seiner redaktionellen Beobachtung. Anne Deighton lieferte großzügige Kommentare zu mehreren frühen Kapitelentwürfen; Steve Smith las einige Versionen der Einleitung, und ich bin dankbar für seinen Rat und seine Ermutigung. Corey Ross, Lynn Meskell, Nick Stargardt, Jane Caplan, Martin Geyer, Monica Black, Kate Skinner, Ruth Harris, Alon Confino und Stefan-Ludwig Hoffmann lasen freundlicherweise Teile des Manuskripts, was mir sehr zugutekam. Bob Moeller verdient besondere Erwähnung, da er jedes Kapitel (mehrere zweimal) durchsah und auf lange Dauer ein bemerkenswert aufmerksamer Leser und Freund war. David Priestland, Faisal Devji, Dace Dzenovska und Yaacov Yadgar halfen mir, die Einleitung zu durchdenken. Giovanni Cadioli schulde ich Dank für seine Recherchehilfe zu verschiedenen Themen, speziell zu den russischen und italienischen Quellen. Das Projekt profitierte zudem von anregenden Gesprächen mit Margaret MacMillan, Eugene Michail, Radina Vučetić und Johannes Paulmann. Dankbar bin ich auch all meinen Kollegen am European Studies Centre, St Antony's College, für ihre Unterstützung und Solidarität. Meine Agentin Felicity Bryan und mein Sub-Agent George Lucas waren fortwährend bereit, mir zu helfen und mich zu ermutigen, und ich empfand es als Ehre, mit beiden zu arbeiten. Leider verstarb Felicity vor der Veröffentlichung des Buches, und wir werden ihre Energie, ihren Witz und ihre Professionalität schmerzlich vermissen. Mein Dank gilt Andrew Franklin von Profile und Lara Heimert von Basic, die das Projekt übernahmen, und ich bin meinen Lektoren – Connor Guy von Basic und Cecily Gayford von Profile – zutiefst verpflichtet für ihr geschicktes editorisches Engagement und ihre Anleitung zum Schreiben für ein breiteres Publikum. Herzlichen Dank sage ich den Herstellerteams bei Basic und Profile. Calah Singleton klärte die Illustrationen rasch und gescheit ab; während der Herstellung des Buches erwiesen sich Roger Labrie und Susan VanHecke als fachkundige Korrektoren, und ich danke beiden für ihre akribische Arbeit. Bei Ullstein danke ich herzlich Kristin Rotter und Heike Wolter für ihre Unterstützung und die gute Zusammenarbeit, und Jan Martin Ogiermann und Bernd Rullkötter für die Übersetzung.

Den größten Dank schulde ich meiner Familie. Meine Töchter Lucie und Anna hörten wahrscheinlich mehr über das Projekt, als ihnen lieb war, und sie lieferten mir gute Hinweise, willkommene Ablenkung und neue Perspektiven. Meine Schwester Sharon Stella Betts und mein Schwager David Leven waren stets zugegen und ließen mich an ihren scharfsichtigen Eindrücken von einem frühen Entwurf der Einleitung teilhaben. Meine Mutter Petra Betts interessierte sich schon zu Beginn für das Projekt, ebenso wie mein Vater Charles Betts, der leider verstarb, bevor es fertiggestellt war. Meine Frau Sylvie stand mir bei jedem Schritt mit Ideen, Ratschlägen, Beruhigung, einer erweiterten Sicht der Dinge und noch viel mehr zur Seite. Ihr, Lucie und Anna ist dieses Buch gewidmet.

ANMERKUNGEN

EINLEITUNG: DIE ERNEUERUNG DER ALTEN WELT
1 Hannah Arendt, »Nightmare and Flight«, in Hannah Arendt, *Essays in Understanding, 1930–1954,* hg. v. Jerome Kohn (New York. Harcourt, Brace & Co., 1993), S. 134, dt. zit. bei Judt, *Geschichte Europas,* S. 933; Dan Diner, »Den Zivilisationsbruch erinnern: Über die Entstehung und Geltung eines Begriffs«, in *Zivilisationsbruch und Gedächtniskultur. Das 20. Jahrhundert in der Erinnerung des beginnenden 21. Jahrhunderts,* hg. v. Heidemarie Uhl (Innsbruck, Studien Verlag, 2003), S. 17–34.
2 Vera Micheles Dean, *The Four Cornerstones of Peace* (London, McGraw-Hill, 1946), S. 54; »*We the People* ...«. *United Nations Conference on International Organisation. The Story of the Conference in San Francisco* (London, UN Information Organisation, 1946), S. 6–13; Clyde Eagleton, »The Charter Adopted at San Francisco«, *American Political Science Review* 39 (Oktober 1945), S. 935; Virginia Crocheron Gildersleeve, *Many a Good Crusade* (New York, Macmillan, 1954), S. 316; Glenda Sluga, *Internationalism in the Age of Nationalism* (Philadelphia, University of Pennsylvania Press, 2013), S. 88.
3 Irving Norman Smith, »San Francisco First Steps to Peace«, *Behind the Headlines* 5, Nr. 6 (September 1945), S. 1, 31.
4 Edward Keene, *Beyond the Anarchical Society. Grotius, Colonialism and World Politics* (Cambridge, Cambridge University Press, 2002), S. 136–140; »Peace Terms for Italy: A Letter from Benedetto Croce«, *Manchester Guardian,* 10. September 1945, S. 4; *The San Francisco Conference and the Colonial Issue: Statement by the Council on African Affairs,* April 1945 (New York, Council on African Affairs, Inc., 1945), S. 4 f.; Paul Gordon Lauren, »First Principles of Racial Equality. History and the Politics and Diplomacy of Human Rights Provisions in the United Nations Charter«, *Human Rights Quarterly* 5, Nr. 1 (1983), S. 21; Sluga, *Internationalism in the Age of Nationalism,* S. 91.
5 *Women's Share in Implementing the Peace. United Women's Conference,* San Francisco, 19. Mai 1945 (San Francisco, United Women's Conference, 1945); Johannes Morsink, »Women's Rights and the Universal Declaration«, *Human Rights Quarterly* 13 (1991), S. 229–256; Marika Sherwood,

»›There Is No New Deal for the Blackman in San Francisco‹. African Attempts to Influence the Founding Conference of the United Nations, April-July 1945«, *International Journal of African Historical Studies* 29, Nr. 1 (1996), S. 93; Mark Mazower, *No Enchanted Palace. The End of Empire and the Ideological Origins of the United Nations* (Princeton, Princeton University Press, 2009), S. 7–62, Zitat S. 63.

6 Samuel P. Huntington, *Der Kampf der Kulturen. The Clash of Civilizations. Die Neugestaltung der Weltpolitik im 21. Jahrhundert* (München, Wien, Europaverlag, 1996), S. 24; Stig Jarle Hansen, Atle Mesoy, Tucany Kardas (Hg.), *The Borders of Islam. Exploring Samuel Huntington's Faultlines, from Al-Andalus to the Virtual Ummah* (New York, Columbia University Press, 2009).

7 Arnold J. Toynbee, »Post-War Paganism Versus Christianity«, *The Listener*, 20. Januar 1937, S. 124; Toynbee, *A Study of History*, von D. C. Somervell gekürzte Fassung der Bände I–VI (New York: Oxford University Press, 1947), S. 1–11, 35–42, 567–578; Toynbee, Der Gang der Weltgeschichte, Bd. 1, übers. v. Jürgen von Kempski, München, dtv, 1970), S. 46; Toynbee, *Christianity and Civilisation* (London, Student Christian Movement Press, 1940); Toynbee, *Kultur am Scheidewege* (Wien, Zürich, Europa-Verlag, 1949), S. 30; William H. McNeill, *Arnold J. Toynbee. A Life* (Oxford, Oxford University Press, 1989), S. 205–234.

8 Kenneth Clark, *Zivilisation. Von den Gedanken, Bauten, Büchern, Kunstwerken und Genies, die den Glanz des Abendlandes schufen*, übers. v. Thomas Monrad (Reinbek bei Hamburg, Rowohlt, 1970), S. 13; Reinhold Niebuhr, »Culture and Civilization«, *Confluence: An International Forum* 1, Nr. 1 (März 1952), S. 67; Claude Lévi-Strauss, *Traurige Tropen*, übers. v. Eva Moldenhauer (Frankfurt am Main, Suhrkamp, 1978), S. 389.

9 Jürgen Osterhammel, *Die Verwandlung der Welt. Eine Geschichte des 19. Jahrhunderts* (München, Beck, 2009), S. 1173–1238; Tony Judt, *Die Geschichte Europas von 1945 bis zur Gegenwart* (München, Wien, Hanser, 2006), S. 19.

10 Walter Benjamin, *Zur Kritik der Gewalt und andere Aufsätze* (Frankfurt am Main, Suhrkamp, 1965), S. 83.

11 Mary Beard, *Civilisations. How Do We Look? The Eye of Faith* (London, Profile, 2018), S. 203.

12 Lucien Febvre, »Civilisation. Évolution d'un mot et d'un groupe d'idées«, in *Civilisation. Le mot et l'idee*, hg. v. Lucien Febvre et al. (Paris, Renaissance du Louvre, 1930), S. 1–55; Fernand Braudel, *A History of Civilizations*, übers. v. Richard Mayne (London, Penguin, 1993 [1987]), S. 3–23, und Raymond Williams, »Civilisation«, in *Keywords. A Vocabulary of Culture and Society* (London, Fontana, 1988), S. 57–60; Norbert Elias, *Über den Prozess*

der Zivilisation. Soziogenetische und psychogenetische Untersuchungen, Band 1: Wandlungen des Verhaltens in den weltlichen Oberschichten des Abendlandes (Basel, Verlag Haus zum Falken, 1939).
13 Philippe Bénéton, *Histoire de mots. Culture et civilisation* (Paris, Presses de la fondation nationale des sciences politiques, 1975), S. 40 f., 81 f., 104 f.; Stuart Woolf, »French Civilization and Ethnicity in the Napoleonic Empire«, *Past & Present* Nr. 124 (August 1989), S. 105 f.; Jörg Fisch, »Zivilisation, Kultur«, in *Geschichtliche Grundbegriffe. Historisches Lexikon zur politisch-sozialen Sprache in Deutschland*, hg. v. Otto Brunner, Werner Conze und Reinhart Kosellecк, Bd. 7.
14 John Horne, Alan Kramer, *Deutsche Kriegsgreuel 1914. Die umstrittene Wahrheit* (Hamburg, Hamburger Edition, 2004 [2001]), S. 317–320; Barbara Besslich, *Wege in den »Kulturkrieg«. Zivilisationskritik in Deutschland, 1890–1914* (Darmstadt, Wissenschaftliche Buchgesellschaft, 2000); Thomas Mann, *Betrachtungen eines Unpolitischen* (Frankfurt, Fischer Taschenbuch Verlag, 2009 [1918]), S. 60; Vejas Gabriel Liulevicius, *The German Myth of the East. 1800 to the Present* (Oxford, Oxford University Press, 2009), S. 131–147.
15 Paul Valéry, *Die Krise des Geistes. Drei Essays* (Frankfurt am Main, Insel, 1956 [1924]), S. 6.
16 Prasenjit Duara, »The Discourse of Civilization and Decolonization«, *Journal of World History* 15, Nr. 1 (März 2004), S. 1–5; C. E. M. Joad, *For Civilization* (London, Macmillan & Co., 1940); James McMillan, »War«, in *Political Violence in Twentieth-Century Europe*, hg. v. Donald Bloxham und Robert Gerwarth (Cambridge, Cambridge University Press, 2011), S. 50–54, 68 f.
17 Albert Einstein, Sigmund Freud, *Warum Krieg? Mit einem Essay von Isaac Asimov* (Zürich, Diogenes, 1972), S. 18; Richard Overy, *The Morbid Age. Britain and the Crisis of Civilization, 1919–1939* (London, Penguin, 2009), S. 42 ff., 182 f.
18 Margrit Pernau, Helge Jordheim et al. (Hg.), *Civilizing Emotions: Concepts in Nineteenth-Century Asia and Europe* (Oxford, Oxford University Press, 2015).
19 Martti Koskenniemi, *The Gentle Civilizer of Nations. The Rise and Fall of International Law, 1870–1960* (Cambridge, Cambridge University Press, 2009); Gerrit W. Gong, *The Standard of »Civilization« in International Society* (Oxford, Clarendon Press, 1984); Mark Mazower, »The End of Civilization and the Rise of Human Rights«, in *Human Rights in the Twentieth Century*, hg. v. Stefan-Ludwig Hoffmann (Cambridge, Cambridge University Press, 2010), S. 29–44; Judt, *Geschichte Europas*; Mark Mazower, *Der dunkle Kontinent. Europa im 20. Jahrhundert* (Berlin, Fest, 2000 [1998]);

Konrad Jarausch, *Aus der Asche. Eine neue Geschichte Europas im 20. Jahrhundert* (Stuttgart, Reclam, 2018 [2015]); Ian Kershaw, *Achterbahn. Europa 1950 bis heute*, übers. v. Klaus-Dieter Schmidt (München, DVA, 2019 [2018]).

20 Tanja Collet, »Civilization and Civilized in Post-9/11 US Presidential Speeches«, *Discourse and Society* 20, Nr. 4 (2009) S. 455–475; www.whitehouse.gov/briefings-statements/remarks-president-trump-people-poland; www.lemonde.fr/politique/article/2015/06/29/la-guerre-de-civilisation-de-valls-rejouit-la-droite_4663488_823448.html; »Refugees Threaten Christian Roots, Says Hungary's Orban«, Reuters, 3. September 2015; Andrew Rettman, »Orban Says Migrants Will Change European Civilization«, *EU Observer*, 2. Juni 2015; Constantine Pleshakov, *The Crimean Nexus: Putin's War and the Clash of Civilizations* (New Haven, Yale University Press, 2017); Habib Afram, Präsident der Assyrischen Liga im Libanon, stellte fest, dass der IS »nicht unser heutiges Leben zerstört oder nur die Dörfer, Kirchen und Häuser wegnimmt oder unsere Zukunft auslöscht – sie wollen unsere Kultur, Vergangenheit und Zivilisation auslöschen«, und stellte eine Parallele zur mongolischen Invasion des Nahen Ostens her, in: Kareem Shaheen, »Outcry Over Isis Destruction of Ancient Assyrian Site of Nimrud«, *Guardian*, 6. März 2015.

ERSTES KAPITEL: SPENDEN STATT WAFFEN

1 Stephen Spender, *Deutschland in Ruinen*, übers. v. Joachim Utz (Heidelberg, Mattes, 1995 [1946]), S. 19, 36 ff.

2 Ebd. S. 39, 92 f.

3 William Shirer, *Berliner Tagebuch. Das Ende. 1944–45*, übers. v. Jürgen Schebera, (Leipzig, Gustav Kiepenheuer, 1994), S. 162; William Peters, *In Germany Now. The Diary of a Soldier* (London, Progress Publishing Company, 1945), S. 8; B. Gorbatov, M. Merzhanov, »We Talk to Berlin's Cave Dwellers«, 2. Mai 1945, in: *What We Saw in Germany with the Red Army to Berlin, by Thirteen Leading Soviet War Correspondents* (Moskau, Soviet War News, 1945), S. 55.

4 William Shirer, *Berliner Tagebuch*, S. 160; Janet Flanner, *Paris, Germany … Reportagen aus Europa 1931–1950*, übers. v. Angelika Felenda (»Köln, 19. März 1945«, übers. v. Rüdiger Hentschel), (München, Antje Kunstmann, 1992), S. 101 f.; William I. Hitchcock, *Liberation. The Bitter Road to Freedom, Europe, 1944–1945* (London, Faber & Faber, 2008), S. 192.

5 Klaus Mann, *Auf verlorenem Posten. Aufsätze, Reden, Kritiken 1942–1949* (Reinbek bei Hamburg, Rowohlt, 1994), S. 227; Theodor Plievier, *Berlin*. Roman, E-Book (Köln, KiWi, 2018 [1954]); Arnold Zweig, *Essays*, Zweiter

Band, Aufsätze zu Krieg und Frieden (Berlin und Weimar, Aufbau Verlag, 1967), S. 377.
6 Spender, *Deutschland in Ruinen*, S. 281; Isaac Deutscher, *Reportagen aus Nachkriegsdeutschland* (Hamburg 1980), S. 114, zit. bei Reinhard Rürup (Hg.), *Berlin 1945. Eine Dokumentation* (Berlin, Willmuth Arenhövel, 2001), S. 62.
7 Letter of 9 August, 1945, in: Grigor McClelland, *Embers of War. Letters from a Quaker Relief Worker in War-Torn Germany* (London, I. B. Tauris, 1997), S. 49; ebd., Letter of 25 May, 1946, S. 173–177; Walter Kempowski, *Das Echolot. Abgesang '45. Ein kollektives Tagebuch* (München, Albrecht Knaus, 2005), S. 323; ebd. S. 348; ebd. S. 429.
8 Dwight D. Eisenhower, *Kreuzzug in Europa* (Amsterdam, Bermann-Fischer, 1948), S. 469 f.; *Atrocities and Other Conditions in Concentration Camps in Germany* (Washington, DC, United States Government Printing Office, 1945), S. 15; Mavis Tate: »More on Buchenwald«, *Spectator*, 4. Mai 1945, S. 402 f.
9 *The Relief of Belsen, April 1945: Eyewitness Accounts* (London, Imperial War Museum, 1991), S. 11; Douglas Botting, *From the Ruins of the Reich, Germany, 1945–1949* (New York, Meridian, 1985), S. 45 f.; Ben Shephard, *After Daybreak. The Liberation of Belsen, 1945* (London, Jonathan Cape, 2005), S. 72.
10 *The Relief of Belsen, April 1945: Eyewitness Accounts* (London, Imperial War Museum, 1991), S. 11; Douglas Botting, *From the Ruins of the Reich, Germany, 1945–1949* (New York, Meridian, 1985), S. 45 f.; Ben Shephard, *After Daybreak*, S. 72; Nach einer Fotografie, »www.cellesche-zeitung.de/Celler-Land/Bergen-und-Lohheide/Bergen-Stadt/CZ-Serie-zum-Abzug-der-Briten« (abgerufen am 15. 10. 2020).
11 Stig Dagerman, *Deutscher Herbst '46*, übers. v. Günter Barudio (Köln, Hohenheim Verlag, 1981 [1947]), S. 6.
12 Sharif Gemie, Fiona Reid, Laure Humbert, *Outcast Europe. Refugee and Relief Workers in an Era of Total War, 1936–1948*, (London, Continuum, 2012), S. 234; Zorach Wahrhaftig, *Relief and Rehabilitation. Implications of the UNRRA Program for Jewish Needs* (New York, Institute of Jewish Affairs of the American Jewish Congress and World Jewish Congress, 1944), S. 90; Alice Bailey, *The Problems of the Children in the World Today* (New York 1946), S. 9 f.
13 Szabolcs Szita, *Trading in Lives? Operations of the Jewish Relief and Rescue Committee in Budapest, 1944–1945* (Budapest, Central European University Press, 2005); *Aiding Jews Overseas* (New York, American Jewish Joint Distribution Committee, 1942), S. 13; Amy Zahl Gottlieb, *Men of Vision*.

Anglo-Jewry's Aid to Victims of the Nazi Regime, 1933–1945 (London, Weidenfeld & Nicolson, 1998), S. 178–182.

14 Paul Weindling, »"For the Love of Christ«. Strategies of International Catholic Relief and the Allied Occupation of Germany, 1945–1948«, *Journal of Contemporary History* 43, Nr. 3 (Juli 2008), S. 481, 477–492.

15 John W. Bachman, *Together in Hope. 50 Years of Lutheran World Relief* (Minneapolis, Kirk House, 1995), S. 13–35; Lyn Smith, *Pacifists in Action. The Experience of the Friends Ambulance Unit in the Second World War* (York, UK, William Sessions Ltd, 1998).

16 Robert Collis, Hans Hogerzeil, *Straight On* (London, Methuen, 1947), S. 28; Gemie et al., *Outcast Europa*, S. 170; Rhoda Dawson, *The Stagnant Pool. Work among Displaced Persons in Germany, 1945–1947*, Typoskript, Aktenzeichen: Mrs R. N. Bickerdale 95/26/1, Imperial War Museum, London, S. 19.

17 Eryl Hall Williams, *A Page of History in Relief: London – Antwerp – Belsen – Brunswick. Quaker Relief: 1944–1946* (York, UK, Sessions Book Trust, 1993), S. 45, 51.

18 Clifford Barnard, *Binding the Wounds of War. A Young Relief Worker's Letters Home, 1943–1947* (London, Pronoun Press, 2010), S. 69; [1]Roger C. Wilson, *Quaker Relief. An Account of the Relief Work of the Society of Friends, 1940–1948* (London, George Allen & Unwin, 1952), S. 322.

19 Gemie et al., *Outcast Europe*, S. 200; Margaret McNeill, *An den Wassern von Babylon. Erfahrungen mit Displaced Persons in Goslar zwischen 1945 und 1948* (Bielefeld, Verlag für Regionalgeschichte, 1995), S. 87 f.; Juliane Wetzel, »An Uneasy Existence. Jewish Survivors in Germany After 1945«, in: *The Miracle Years. A Cultural History of West Germany, 1949–1968*, hg. v. Hanna Schissler (Princeton, Princeton University Press, 2001), S. 137; Hannah Arendt, *Zur Zeit. Politische Essays*, übers. v. Eike Geisel (Berlin, Rotbuch, 1986), S. 44 f.; Robert Moeller, *War Stories. The Search for a Usable Past in the Federal Republic of Germany* (Berkeley, University of California Press, 2001).

20 Jenny Carson, »The Quaker Internationalist Tradition in Displaced Persons Camps, 1945–1948«, in: Peter Gatrell, Nick Baron, *Warlands. Population Resettlement and State Reconstruction in the Soviet-East European Borderlands, 1945–1950* (Basingstoke, Palgrave, 2009), S. 68.; Margaret McNeill, *An den Wassern von Babylon*, S. 167 f., 170.

21 Grace Fox, »The Origins of UNRRA«, *Political Science Quarterly* 65, Nr. 4 (Dezember 1950), S. 561–584; Rana Mitter, »Imperialism, Transnationalism, and the Reconstruction of Post-war China 1944–7«, in: *Transnationalism and Contemporary Global History*, hg. v. Matthew Hilton, Rana Mitter, *Past & Present* 218, Zusatzband 8 (2013), S. 51–70; *Helping the People to*

Help Themselves. The Story of the United Nations Relief and Rehabilitation Administration (London, United Nations Information Organisation, 1944), S. 2.

22 Philip Noel-Baker, »Foreword«, in: Julian Huxley et al., *When Hostilities Cease. Papers on Relief and Reconstruction Prepared for the Fabian Society* (London, Victor Gollancz, 1943), S. vii; Leonard Woolf, »Introduction«, in: ebd. S. 11 ff.; Julian Huxley, »Relief and Reconstruction«, in: ebd. S. 17, 21; H. J. Laski, »The Machinery of International Relief«, in: ebd. S. 33, 39; vgl. Eugene M. Kulischer, *The Displacement of Population in Europe* (Montreal, International Labour Office, 1943).

23 Jessica Reinisch: »Internationalism in Relief: The Birth (and Death) of UNRRA«, in: Mark Mazower, Jessica Reinisch, David Feldman, *Postwar Reconstruction in Europe. International Perspectives, 1945–1949, Past & Present* 210, Begleitband 6 (2011), S. 269.

24 Gary J. Bass, *Freedom's Battle. The Origins of Humanitarian Intervention* (New York, Knopf, 2008), S. 273.

25 Laure Humbert, »French Politics of Relief and International Aid. France, UNRRA and the Rescue of European Displaced Persons in Postwar Germany, 1945–1947«, *Journal of Contemporary History* 51, Nr. 3 (2016), S. 606–634.

26 Jessica Reinisch, »›Auntie UNRRA‹ at the Crossroads«, in: *Transnationalism and Contemporary Global History*, hg. v. Matthew Hilton, Rana Mitter, *Past & Present* 218, Zusatzband 8 (2013), S. 92; Marshall MacDuffie, *The Red Carpet. 10,000 Miles Through Russia on a Visa from Khrushchev* (London, Cassell & Co., 1955), S. 197–214; Andrew Harder, »The Politics of Impartiality. The United Nations Relief and Rehabilitation Administration in the Soviet Union, 1946–7«, *Journal of Contemporary History* 47, Nr. 2 (2012), S. 358.

27 Times (London), 21. Januar 1944; Hitchcock, *Liberation*, S. 220; Harder, »The Politics of Impartiality«, S. 366; Reinisch, »›Auntie UNRRA‹«, S. 87, 97.

28 *The Story of UNRRA* (Washington, DC, Office of Public Information, UNRRA, 1948), S. 30 f.

29 Susan Armstrong-Reid, David Murray, *Armies of Peace. Canada and the UNRRA Years* (Toronto, University of Toronto Press, 2008); Hitchcock, *Liberation*, S. 222; Francesca M. Wilson, *Aftermath. France, Germany, Austria, Yugoslavia, 1945 and 1946* (London, Penguin, 1947), S. 28; Ben Shephard, *The Long Road Home. The Aftermath of the Second World War* (London, Bodley Head, 2010), S. 59.

30 Margaret McNeill, *An den Wassern von Babylon*, S. 249; Paul Weindling, »›Belsenitis‹. Liberating Belsen, Its Hospitals, UNRRA, and Selection for Re-emigration, 1945–1948«, *Science in Context* 19, Nr. 3 (2006), S. 401–418;

Tara Zahra, *The Lost Children. Reconstructing Europe's Families After World War II* (Cambridge, Harvard University Press, 2011), S. 71, 91.
31 Wilson, *Aftermath*, S. 10, 41, 51, 253.
32 Kathryn Hulme, *The Wild Place* (Boston, Little, Brown, 1953), S. x-xi, 107; Gemie et al., *Outcast Europa*, S. 201.
33 Susan T. Pettiss mit Lynne Taylor, *After the Shooting Stopped. The Story of an UNRRA Welfare Worker in Germany, 1945-1947* (Victoria, Canada, Trafford, 2004), S. 74, 7 f., 50.
34 Heide Fehrenbach, Davide Rodogno (Hg.), *Humanitarian Photography. A History* (Cambridge, Cambridge University Press, 2015), S. 1-21.
35 Silvia Salvatici, »Sights of Benevolence: UNRRA's Recipients Portrayed«, in Fehrenbach, Rodogno, S. 200-210.
36 McNeill, *An den Wassern von Babylon*, S. 146.
37 Ann Vachon (Hg.), *Poland, 1946: The Photographs and Letters of John Vachon* (Washington, DC, London, Smithsonian, 1995), S. 53; Anna Holian, *Between National Socialism and Soviet Communism. Displaced Persons in Postwar Germany,* (Ann Arbor, University of Michigan Press, 2011), S. 48 ff.
38 Dawson, *The Stagnant Pool*, S. 63; Gemie et al., *Outcast Europa*, S. 195.
39 Margaret McNeill, *An den Wassern von Babylon*, S. 121; Shephard, *Long Road*, S. 146.
40 Lorna Hay, »Can UNRRA Relieve the Chaos in Europe?«, *Picture Post*, 15. September 1945; Hitchcock, *Liberation*, S. 226; Shephard, *Long Road*, S. 177.
41 Peter Gatrell, *The Making of the Modern Refugee* (Oxford, Oxford University Press, 2013), S. 90.
42 G. Daniel Cohen, *In War's Wake. Europe's Displaced Persons in the Postwar Order* (Oxford, Oxford University Press, 2011), S. 2; Hulme, *Wild Place*, S. 44; Bessel, *Germany 1945*, S. 256 f.
43 Dawson, *The Stagnant Pool*, S. 229; Eleanor Roosevelt, *On My Own* (New York, Harper, 1958), S. 50.
44 Warhaftig, *Relief and Rehabilitation*, S. 21; Cohen, *In War's Wake*, S. 11, 127 ff.; Bartley Cavanaugh Crum, *Behind the Silken Curtain. A Personal Account of Anglo-American Diplomacy in Palestine and the Middle East* (New York, Simon & Schuster, 1947), S. 145; Pettiss, *After the Shooting Stopped*, S. 62.
45 W. Arnold-Forster, »UNRRA's Work for Displaced Persons in Germany«, *International Affairs* 22, Nr. 1 (Januar 1946), S. 1-13; Wilson, *Quaker Relief*, S. 118-126; Martha Branscombe, »The Children of the United Nations. UNRRA's Responsibility for Social Welfare«, *Social Service Review* 19, Nr. 3 (September 1945), S. 310, 316, 323.
46 Aloisius Kardinal Muench, »Über die Einwelt der Liebe« (Französische

Zone 1947), abgedruckt in: Suzanne Brown-Fleming, *The Holocaust and Catholic Conscience. Cardinal Aloisius Muench and the Guilt Question in Germany* (Notre Dame, University of Notre Dame Press, 2006), S. 158–164, 160 f. (Nicht alle zitierten Stellen sind in der gekürzten deutschen Fassung enthalten.)

47 *Investigation of Starvation Conditions in Europe and the Report of the Emergency Economic Committee for Europe, January 29, February 1 and 7, 1946* (Washington, DC, US Government Printing Office, 1946), S. 8, 12 f., 22 ff., 29.

48 Lucius D. Clay, *Entscheidung in Deutschland* (Frankfurt am Main, Verlag der Frankfurter Hefte, o. J. [1950]), S. 295.

49 Cohen, *In War's Wake*, S. 67. Die UNRRA half insgesamt sieben Millionen zivilen und militärischen sowjetischen DPs, 1,6 Millionen Polen, 1,8 Millionen Franzosen, 696 000 Italienern, 389 000 Jugoslawen, 348 000 Tschechen und 285 000 Ungarn. Zahra, *The Lost Children*, S. 7, 19.

50 *The Story of UNRRA*, S. 47; Harder, »The Politics of Impartiality«, S. 363; Hitchcock, *Liberation*, S. 247; Reinisch, »›Auntie UNRRA‹«, S. 87 ff.

51 »Trümmerfrauen: Contested Memories of Germany's ›Rubble Women‹«, *OpenLearn*, 4. September 2017, www.open.edu/openlearn/history-the-arts /history/trummerfrauen-contested-memories-germanys-rubble-women; Elizabeth Heineman, »The Hour of the Woman. Memories of Germany's ›Crisis Years‹ and West German National Identity«, *American Historical Review* 101, Nr. 2 (April 1996), S. 354–395.

52 Edmund Wilson, *Europe Without Baedeker. Sketches Among the Ruins of Italy, Greece and England* (London, Secker & Warburg, 1948), S. 86 f., 120.

ZWEITES KAPITEL: BESTRAFUNG UND ERBARMEN

1 Mary Fulbrook, *Reckonings. Legacies of Nazi Persecution and the Quest for Justice* (Oxford, Oxford University Press, 2018), S. 213; Bradley F. Smith, *The American Road to Nuremberg* (Stanford, CA, Hoover Institution Press, 1982), S. 199.

2 Lawrence Douglas, *The Memory of Judgment. Making Law and History in the Trials of the Holocaust* (New Haven, Yale University Press, 2001), S. 13; deutsche Fassung der Eröffnungsrede: www.zeno.org/Geschichte/M/Der+N%C3%BCrnberger+Proze%C3%9F/Hauptverhandlungen/Zweiter+Tag.+Mittwoch,+21.+November+1945/Vormittagssitzung (abgerufen am 26. 11. 2020); Brief Jacksons an Roosevelt, 7. 10. 1945, avalon.law. yale.edu/imt/jack63.asp (abgerufen am 26. 11. 2020); Philippe Sands, *Rückkehr nach Lemberg. Über die Ursprünge von Genozid und Verbrechen gegen die Menschlichkeit. Eine persönliche Geschichte*, übers. v. Reinhild Böhnke (Frankfurt am Main, S. Fischer, 2018 [2017]), S. 372.

3 Deutsche Fassung der Verhandlungen: www.zeno.org/Geschichte/M/Der+ N%C3%BCrnberger+Proze%C3%9F/Hauptverhandlungen/Zweiter+ Tag.+Mittwoch,+21.+November+1945/Vormittagssitzung www.zeno.org/ Geschichte/M/Der+N %C3%BCrnberger+Proze %C3%9 F/Hauptverhandlungen/Zweiter+Tag.+Mittwoch,+21.+November+1945/Nachmittagssitzung/3.+Verbrechen+gegen+die+Juden %3 A www.zeno.org/Geschichte/ M/Der+N%C3%BCrnberger+Proze%C3%9F/Hauptverhandlungen/ Sechsunddrei%C3%9Figster+Tag.+Donnerstag,+17.+Januar+1946/ Nachmittagssitzungwww.zeno.org/Geschichte/M/Der+N%C3%BC rnberger+ Proze %C3 %9F/ Hauptverhandlungen/ Einhundertsiebenundachtzigster+Tag.+Freitag,+26.+Juli+1946/ Nachmittagssitzung (abgerufen am 26. 11. 2020).

4 Christiane Wilke, »Reconsecrating the Temple of Justice. Invocations of Civilization and Humanity in the Nuremberg Justice Case«, *Canadian Journal of Law and Society* 24, Nr. 2 (2009), S. 181−201; H. G. Wells, *The Rights of Man, or What Are We Fighting For?* (London, Penguin, 1940), S. 101; Charles de Gaulle, *War Memoirs, Bd. 1, The Call to Honor 1940−1942, Documents* (New York, Viking, 1955), S. 313, 320; Michaela Hoenicke Moore, *Know Your Enemy. The American Debate on Nazism, 1933−1945* (Cambridge, Cambridge University Press, 2010), S. 298; Frank Ninkovich, *Modernity and Power. A History of the Domino Theory in the Twentieth Century* (Chicago, University of Chicago Press, 1994), S. 2−8, 120 ff.; Konrad H. Jarausch, *Die Umkehr. Deutsche Wandlungen, 1945−1995* (München, DVA, 2004), S. 65.

5 W. I. Lenin, »Rede im Namen der SDAPR bei der Beisetzung von Paul und Laura Lafargue«, 20. 11.(3. 12.)1911, in: *Werke, Bd. 17, Dezember 1910 April 1912* (Berlin, Dietz, 1962), S. 293; J. W. Stalin, »Über Engels' Artikel ›Die auswärtige Politik des russischen Zarentums, 19. Juli 1934‹«, in: *Werke*, Bd. 14 (Hamburg, Roter Morgen, 1971), S. 8; ders., »Der internationale Charakter der Oktoberrevolution«, in: *Werke*, Bd. 10 (Berlin, Dietz, 1953), S. 211; Die komplette Rede Trotzkis ist zu finden unter: www.marxists.org/ deutsch/archiv/trotzki/1932/11/koprede.htm Ich danke Steve Smith für diesen Verweis.

6 V. Kemenov, »In Defence of Civilization Against Fascist Barbarism«, Hewlett Johnson, »The Soviet Peoples Are Carrying Civilization's Banner«, in: *In Defence of Civilization Against Fascist Barbarism. Statements, Letters and Telegrams from Prominent People* (Moskau, VOKS, 1941), S. 5−9, 102.

7 »Avantyura fashisma neset emu gibel«, *Prawda*, 24. Juni 1941, S. 4; »Krasnaya armiya zashchishchaet mirovuyu zivilizaziyu«, *Prawda*, 30. August 1941, S. 3; »Znamya pobedi vodruzheno pod Berlinom!«, *Prawda*,

3. Mai 1945, S. 1; »Velikoe torzhestvo sovetskoi kulturi«, *Prawda*, 16. Juni 1945, S. 1. Ich danke Giovanni Cadioli für diese und weitere folgende russischsprachige Quellen.
8 James Brown Scott (Hg.), *The Proceedings of the Hague Peace Conferences. The Conference of 1899* (Buffalo, William S. Hein, 2000), S. 15, 461, 714, zit. bei Marco Duranti, *The Conservative Human Rights Revolution. European Identity, Transnational Politics, and the Origins of the European Convention* (Oxford, Oxford University Press, 2017), S. 23; Arthur Eyffinger, *The 1907 Hague Peace Conference. »The Conscience of the Civilized World«* (The Hague, Judicap, 2007).
9 Ilja Ehrenburg, *We Come as Judges* (Moscow, Soviet War News, 1945); Ian Buruma, *'45. Die Welt am Wendepunkt*, übers. v. Barbara Schaden (München, Hanser, 2013), S. 261 f.
10 Ilja Ehrenburg, *We Will Not Forget* (Washington, DC, Embassy of the USSR, 1944); Keith Lowe, *Der wilde Kontinent. Europa in den Jahren der Anarchie 1943–1950*, übers. v. Stephan Gebauer und Thorsten Schmidt (Stuttgart, Klett-Cotta, 2015 [2012]), S. 80 f.; Miriam Gebhardt, *Als die Soldaten kamen. Die Vergewaltigung deutscher Frauen am Ende des Zweiten Weltkriegs* (München, DVA, 2015), S. 23–37.
11 Lowe, *Der wilde Kontinent*, S. 307 f.; István Deák, Jan T. Gross, Tony Just (Hg.), *The Politics of Retribution in Europe. World War II and Its Aftermath* (Princeton, Princeton University Press, 2000), S. 134 f.; Fabrice Virgili, *Shorn Women. Gender and Punishment in Liberation France* (Oxford/New York, Berghahn, 2002), S. 173–189.
12 www.zeno.org/Geschichte/M/Der+N%C3%BCrnberger+Proze%C3%9F/ Hauptverhandlungen/Zweiter+Tag.+Mittwoch,+21.+November+1945/ Vormittagssitzung (abgerufen am 2. 12. 2020); Francine Hirsch, »The Soviets at Nuremberg: International Law, Propaganda, and the Making of the Postwar Order«, *American Historical Review*, S. 113 Nr. 3 (Juni 2008), S. 701–730; Kim Christian Priemel, *The Betrayal. The Nuremberg Trials and German Divergence* (Oxford, Oxford University Press, 2016), S. 109; »Protsess glavnykh nemetskikh voyennykh prestupnikov v Nyurnberge«, *Prawda*, 9. Januar 1946, S. 9; A. Leontev, »Proiskhozhdeniye i kharakter vtoroy mirovoy voyny«, *Prawda*, 1. Apri 1946, S. 3; »Nemetsko-fashistskim prestupnikam net poshchady!«, *Prawda*, 2. August 1946, S. 1.
13 Wilke, »Reconsecrating the Temple of Justice«, S. 199.
14 Douglas, *The Memory of Judgment*, S. 83, 85.
15 Ulrike Weckel, *Beschämende Bilder. Deutsche Reaktionen auf alliierte Dokumentarfilme über befreite Konzentrationslager* (Stuttgart, Franz Steiner, 2012), S. 52; Dan Stone, *The Liberation of the Camps. The End of the Holocaust and*

Its Aftermath (New Haven, Yale University Press, 2015), S. 29–39; Douglas, The Memory of Judgment, S. 23–30, 69. Die enge Beziehung des Films zu Hollywood zeigte sich darin, dass der Film über die Lager als Seitenstück in Stanley Kramers Film »Das Urteil von Nürnberg« von 1961 geschnitten wurde.

16 Kevin Reynolds, »That Justice Be Seen. The American Prosecution's Use of Film at the Nuremberg International Military Tribunal« (PhD thesis, University of Sussex, 2011), S. 115–154; Janet Flanner, Paris, Germany ..., S. 112; Ulrike Weckel, »Watching the Accused Watch the Nazi Crimes. Observers' Reports on the Atrocity Film Screening in the Belsen, Nuremberg and Eichmann Trials«, London Review of International Law 6, Nr. 1 (März 2018), S. 45–73.

17 Richard Bessel, Germany 1945. From War to Peace (London, HarperCollins, 2009), S. 209; Priemel, The Betrayal, S. 149; Richard Overy, »Interwar, War, Postwar. Was There a Zero Hour in 1945?«, in: The Oxford Handbook of Postwar European History, hg. v. Dan Stone (Oxford, Oxford University Press, 2012), S. 62; Werner Sollors, Die Versuchung, zu verzweifeln. Geschichten aus den 1940er-Jahren (Heidelberg, Universitätsverlag Winter, 2017 [2014]), S. 190.

18 Hirsch, »The Soviets at Nuremberg«, S. 720, 725 f., 730.

19 Carl Schmitt, Der Nomos der Erde im Völkerrecht des Jus Publicum Europaeum (Berlin, Duncker & Humblot, 1997 [1950]), S. 201.

20 Herbert Kraus, Kurt Heinze (Hg.), Völkerrechtliche Urkunden zur europäischen Friedensordnung seit 1945 (Bonn, 1953), Dokument Nr. 1; Lowe, Der wilde Kontinent, S. 160; A. J. P. Taylor, The Course of German History (London, H. Hamilton, 1968 [1945]), S. 21; James Jay Carafano, Waltzing into the Cold War. The Struggle for Occupied Austria (College Station, Texas A&M University Press, 2002), S. 63.

21 James F. Tent, Mission on the Rhine. Reeducation and Denazification in American-Occupied Germany (Chicago, University of Chicago Press, 1982), S. 46, 254–311; Maria Höhn, Amis, Cadillacs und »Negerliebchen«. GIs im Nachkriegsdeutschland, übers. v. Karolina May-Chu (Berlin, vbb, 2008 [2002]), S. 107–119.

22 Douglas Botting, From the Ruins of the Reich, Germany, 1945–1949 (New York, Meridian, 1985), S. 161; Patricia Meehan, A Strange Enemy People. Germans Under the British, 1945–1950 (London, Peter Owen, 2001), S. 161, 165; Gabriele Clemens, Britische Kulturpolitik in Deutschland, 1945–1949 (Stuttgart, Franz Steiner, 1997).

23 Manifest des Kulturbundes, ghdi.ghi-dc.org/sub_document.cfm ?document_id = 4491 (abgerufen am 4. 12. 2020); Timothy R. Vogt, Denazification in Soviet-Occupied Germany. Brandenburg, 1945–1948 (Cambridge,

Harvard University Press, 2000); Norman M. Naimark, *Die Russen in Deutschland. Die sowjetische Besatzungszone 1945–1949*, übers. v. Hans-Ulrich Seebohm und Hans-Joachim Maass (Berlin, Propyläen, 1997 [1995]), S. 52 ff., 501–582.

24 F. Roy Willis, *The French in Germany, 1945–1949* (Stanford, CA, Stanford University Press, 1962), S. 16.

25 Willis, *The French in Germany*, S. 75, 78, 148–151, 179, 247; Alan Milward, *The European Rescue of the Nation-State* (London, Routledge, 2000), S. 335; F. Roy Willis, *France, Germany, and the New Europe, 1945–1963* (Stanford, CA, Stanford University Press, 1965), S. 35; Tent, *Mission on the Rhine*, S. 313.

26 Atina Grossmann, *Juden, Deutsche, Alliierte. Begegnungen im besetzten Deutschland*, übers. v. Ulrike Bischoff (Göttingen, Wallstein, 2012 [2007]), S. 37–44.

27 Lisa Haushofer, »The ›Contaminating Agent‹. UNRRA, Displaced Persons, and Venereal Disease in Germany, 1945–1947«, *American Journal of Public Health* 100, Nr. 6 (Juni 2010), S. 993–1003; Carafano, *Waltzing into the Cold War*, S. 65; Meehan, *A Strange Enemy People*, S. 150 f.

28 Hitchcock, *Liberation*, S. 179 ff.

29 Meehan, *A Strange Enemy People*, S. 40, 89.

30 *Handbuch für amerikanische Soldaten 1944*, übers. v. Gene Zbikowski u. Petra Dubilski (München, Riva, 2015), S. 21, 30; *Leitfaden für britische Soldaten in Deutschland 1944*, übers. v. Klaus Modick (Köln, Kiepenheuer & Witsch, 2014), S. 6 ff., 45.

31 Percy Knauth, »Fraternization. The Word Takes on a Brand-New Meaning in Germany«, *Life*, 2. Juli 1945; Buruma, *'45*, S. 37, 43.

32 Bessel, *Germany 1945*, S. 177–181; Willis, *The French in Germany*, S. 248 f.; Naimark, *Die Russen in Deutschland*, S. 43; Jessica Reinisch, *The Perils of Peace. The Public Health Crisis in Occupied Germany* (Oxford, Oxford University Press, 2013), S. 293.

33 Leonard Mosley, *Report from Germany* (London, Victor Gollancz, 1945), S. 114 f., 122 ff.; »British Wives in Germany«, *Times* (London), 10. Oktober 1946, S. 5.

34 Petra Goedde, »From Villains to Victims. Fraternization and the Feminization of Germany, 1945–1947«, *Diplomatic History* 23, Nr. 1 (Winter 1999), S. 1–20; John Willoughby, »The Sexual Behavior of American GIs during the Early Years of the Occupation of Germany«, *Journal of Military History* 62, Nr. 1 (Januar 1998), S. 166 f.; Ann Elizabeth Pfau, *Miss Yourlovin. GIs, Gender, and Domesticity During World War II* (New York, Columbia University Press, 2013), S. 157–164.

35 Carafano, *Waltzing into the Cold War*, S. 125–129; Heide Fehrenbach, *Race*

After Hitler. Black Occupation Children in Postwar Germany and America (Princeton, Princeton University Press, 2005), S. 17–45; Höhn, *Amis, Cadillacs und »Negerliebchen«*, S. 152; Robert Knight, »National Construction Work and Hierarchies of Empathy in Postwar Austria«, *Journal of Contemporary History* 49, Nr. 3 (Juli 2014), S. 491–513.
36 Perry Biddiscombe, »Dangerous Liaisons. The Anti-Fraternization Movement in the US Occupation Zones of Germany and Austria, 1945–1948«, *Journal of Social History* 34, Nr. 3 (Frühjahr 2001), S. 611–647.
37 Bessel, *Germany 1945*, S. 205.
38 Ira A. Hirschmann, *The Embers Still Burn. An Eye-Witness View of the Postwar Ferment in Europe and the Middle East and Our Disastrous Get-Soft-with-Germany Policy* (New York, Simon & Schuster, 1949), S. 94 f.
39 Phillip Knightley, *The First Casualty* (London, 1978), S. 322, zit. bei Martin Caiger-Smith, *The Face of the Enemy. British Photographers in Germany, 1944–1952* (London, Dirk Nishen, 1988), S. 9; Ludger Derenthal, *Bilder der Trümmer- und Aufbaujahre. Fotografie im sich teilenden Deutschland* (Marburg, Jonas, 1999), S. 44 f.; Stefan-Ludwig Hoffmann, »Gazing at Ruins. German Defeat as Visual Experience«, *Journal of Modern European History* 9, Nr. 3 (2011), S. 340 f.; Tom Allbeson, »Ruins, Reconstruction and Representation. Photography and the City in Postwar Western Europe, 1945–1958« (PhD thesis, University of Durham, 2012).
40 David Shneer, *Through Soviet Jewish Eyes. Photography, War, and the Holocaust* (New Brunswick, NJ, Rutgers University Press, 2011); Dagmar Barnouw, *Ansichten von Deutschland (1945). Krieg und Gewalt in der zeitgenössischen Photographie*, übers. v. d. Autorin (Basel, Frankfurt am Main, Stroemfeld, 1997), S. 96 f. und darauf bezogene Bilder S. 74, 86, 98, 101.
41 Margaret Bourke-White, *Deutschland, April 1945*, übers. v. Ulrike von Puttkamer (München, Schirmer/Mosel, 1979[1946]); Lee Miller, »Germans Are Like This«, *Vogue*, Juni 1945, S. 192, zit. bei Sollors, *Die Versuchung, zu verzweifeln*, S. 65; Charles E. Egan, »All Reich to See Camp Atrocities. Allies Want Billboard in Each Community to Teach Germans They Have Guilt«, *New York Times*, 24. April 1945, S. 6; Richard Bessel, *Lee Miller. Deutschland 1945* (Köln, Greven Verlag, 2018), S. 1–29.
42 *Illustrated*, 15. Oktober 1945, S. 107–115; Kevin Jackson, *Humphrey Jennings* (London, Picador, 2004), S. 310–313.
43 Caiger-Smith, *The Face of the Enemy*, S. 7; Norman Clark, »25,000 Seek Food Every Day at the Gates of Berlin«, *News Chronicle*, 24. August 1945, S. 1, 4.
44 Lorna Hay, Haywood Magee, »Report on Chaos«, *Picture Post*, 8. September 1945, S. 9; Lorna Hay, Haywood Magee, »Can UNRRA Relieve the Chaos in Europe?«, *Picture Post*, 15. September 1945, S. 16–19, 26.

45 Charles Bray, »Retribution ... It Falls on Women and Children«, *Daily Herald*, 24. August 1945, S. 2.
46 *Picture Post*, 1. Dezember 1945, zit. bei Barnouw, *Ansichten von Deutschland*, S. 311; »Conway Hall Speech«, 8. Oktober 1945, MS Bonham Carter 355, fos. 88–101, Bodleian Library, Oxford.
47 Andrew Chandler, *The Church and Humanity. The Life and Work of George Bell, 1883–1958* (Farnham, UK, Ashgate, 2012); George Bell, *Kirche in der Welt. Reden und Aufsätze*, übers. v. Rudolf Weckerling (Berlin, Wichern-Verlag, 1948), S. 26, 31; A. C. Grayling, *Die toten Städte. Waren die alliierten Bombenangriffe Kriegsverbrechen?*, übers. v. Thorsten Schmidt (München, C. Bertelsmann, 2007 [2006]), S. 205 f.; A. Chandler, »The Church of England and the Obliteration Bombing of Germany in the Second World War«, *English Historical Review* 108, Nr. 429 (Oktober 1993), S. 920–946; Bishop of Chichester, *If Thine Enemy Hunger* (London, Victor Gollancz, 1946), S. 3 f., 8.
48 Benjamin Frommer, *National Cleansing. Retribution Against Nazi Collaborators in Postwar Czechoslovakia* (Cambridge, Cambridge University Press, 2005), bes. S. 33–62, 95–267, Zitat auf S. 42; Norman M. Naimark, *Flammender Haß. Ethnische Säuberung im 20. Jahrhundert*, übers. v. Martin Richter (München, C. H. Beck, 2004 [2001]), S. 139–174; Peter Gatrell, *The Unsettling of Europe. The Great Migration, 1945 to the Present* (London, Penguin, 2019), S. 23 ff., 92.
49 *New York Times*, 13. November 1946, S. 26; »The Sudetenland«, *Manchester Guardian*, 15. Juni 1945; »The Watch Tower«, *Record*, 21. September 1945, zit. bei Matthew Frank, *Expelling the Germans. British Opinion and Post-1945 Population Transfer in Context* (Oxford, Oxford University Press, 2008), S. 179; »Church Council Warns Against Vengeful Peace. Victors Urged to Alter Their Outlook«, *Chicago Daily Tribune*, 26. Februar 1946, S. 9, zit. bei Sollors, *Die Versuchung zu verzweifeln*, S. 127.
50 *The Land of the Dead. Study of the Deportations from Eastern Germany* (New York, Committee Against Mass Expulsion, 1947), S. 3 ff., 32; Lora Wildenthal, *The Language of Human Rights in West Germany* (Philadelphia, University of Pennsylvania Press, 2013).
51 Julian Hochfeld, »An Open Letter from a Polish Socialist to a Friend in the Labour Party«, zit. bei Frank, *Expelling*, S. 95, 223, 241.
52 George Bilainkin, *Second Diary of a Diplomatic Correspondent* (London, Sampson Low, Marston & Co., 1947), Tagebucheintrag vom 14. August 1945, S. 181.
53 Victor Gollancz, *What Buchenwald Really Means* (London, V. Gollancz, 1945), S. 16; Ruth Dudley Edwards, *Victor Gollancz. A Biography* (London, Victor Gollancz, 1987), S. 404 f.

54 Matthew Frank, »The New Morality – Victor Gollancz, ›Save Europe Now‹ and the German Refugee Crisis, 1945–1946«, *Twentieth-Century British History* 17, Nr. 2 (2006), S. 238; Victor Gollancz, *Leaving Them to Their Fate. The Ethics of Starvation* (London, Victor Gollancz, 1946), S. 34, 43; ebd., S. 1, 21, 30 ff.
55 Victor Gollancz, *Unser bedrohtes Erbe* (Zürich, Atlantis, 1947), S. 11.
56 Victor Gollancz, *Is It Nothing to You?* (London, Victor Gollancz, 1945), S. 2 f.
57 Shephard, *Long Road*, S. 253; Reinisch, *Perils*, S. 153.
58 Frank, *Expelling*, S. 147 ff.; Winston Churchill, *Reden 1938–1940. Ins Gefecht* (Zürich, Europa-Verlag, 1946), S. 391; UNRRA, *Gateway to Recovery* (Washington, DC, National Planning Association, 1944), S. 9; *New York Times*, 22. November 1943.
59 Gollancz, *Leaving*, S. 11; *Save Europe Now, 1945–1948. Three Years' Work* (London, Victor Gollancz, 1948), S. 5, 9.
60 Peters, *In Germany Now*, S. 105; Franz Burger, *Gollancz's Buchenwald Never Existed* (London, Hutchinson, 1945), S. 3; Edwards, *Victor Gollancz*, S. 548, 623; Frank, »New Morality«, S. 254.
61 Konrad Adenauer, *Erinnerungen 1945–1953* (Stuttgart, DVA, 1965), S. 72; Edwards, *Victor Gollancz*, S. 458–462.
62 Lynn Hunt, *Inventing Human Rights. A History* (London, W. W. Norton, 2007); *The Book of Needs* (Paris, UNESCO, 1947); Heide Fehrenbach, »Children and Other Civilians: Photography and the Politics of Humanitarian Image-Making«, in: Heide Fehrenbach, Davide Rodogno (Hg.), *Humanitarian Photography. A History* (New York, Cambridge University Press, 2015), S. 167–187; *Children of Europe, photos by David Seymour* (Paris, UNESCO, 1949); Edward Steichen (Hg.), *The Family of Man* (New York, Museum of Modern Art, 1955), S. 4.

DRITTES KAPITEL: GLAUBE UND GRENZEN

1 István Rév, »The Suggestion«, *Representations* 80, Nr. 1 (Herbst 2002), S. 64.
2 Paul A. Hanebrink, *In Defense of Christian Hungary. Religion, Nationalism, and Antisemitism, 1890–1944* (Ithaca, Cornell University Press, 2006), S. 228; Hansjakob Stehle, *Die Ostpolitik des Vatikans, 1917-1975* (München, Zürich, Piper, 1975), S. 286.
3 »A Cardinal on Trial. Charges against the Hungarian Primate«, *Times* (London), 3. Februar 1949, S. 5; Jonathan Luxmoore, Jolanta Babiuch, *The Vatican and the Red Flag. The Struggle for the Soul of Eastern Europe* (London, Geoffrey Chapman, 1999), S. 43; József Kardinal Mindszenty, *Erinnerungen*, übers. v. József Vecsey und Felix Eisenring (Frankfurt a. M., Berlin, Wien, Propyläen, 1974), S. 166 ff.

4 Nicholas Perry, Loreto Echeverría, *Under the Heel of Mary* (London, Routledge, 1988), S. 231-257; James Baaden, »Post-War Saints, 1945-1960«, *History of European Ideas* 40 (2014), S. 1-20; Ruth Harris, *Lourdes. Body and Spirit in the Secular Age* (London, Allen Lane, 1999), S. 249-255.
5 Perry, Echeverría, *Under the Heel of Mary*, S. 238; Damian van Melis, »Strengthened and Purified Through Ordeal by Fire«: Ecclesiastical Triumphalism in the Ruins of Europe«, in: *Life After Death. Approaches to a Cultural and Social History of Europe During the 1940s and 1950s*, hg. v. Richard Bessel und Dirk Schumann (New York, Cambridge University Press, 2003), S. 231-242.
6 Nicholas Boér, *Cardinal Mindszenty and the Implacable War of Communism Against Religion and the Spirit* (London, BUE Limited, 1949), S. 215 f.
7 *Documents on the Mindszenty Case* (Budapest, Atheneum, 1949), S. 7-11.
8 Mindszenty, *Erinnerungen*, S. 224 ff.; Jószef Mindszenty, *Four Years Struggle of the Church in Hungary. Facts and Evidence Published by Order of Josef, Cardinal Mindszenty*, übers. v. Walter C. Breitenfeld (London, Longmans, 1949), S. xiff.; Boér, *Cardinal Mindszenty*, S. 287; *New York Times*, 17. Februar 1949.
9 Charles Gallagher, »The United States and the Vatican in Yugoslavia, 1945-1950«, in: *Religion and the Cold War*, hg. v. Dianne Kirby (London, Palgrave, 2002), S. 118-144.
10 Peter C. Kent, *The Lonely Cold War of Pope Pius XII. The Roman Catholic Church and the Division of Europe, 1943-1950* (Montreal, McGill-Queen's University Press, 2002), S. 156-170; Jonathan P. Herzog, *The Spiritual-Industrial Complex. America's Religious Battle Against Communism in the Early Cold War* (New York, Oxford University Press, 2011), S. 64; Stephen D. Kertesz, »Human Rights in the Peace Treaties«, *Law and Contemporary Problems* 14, Nr. 4 (Herbst 1949), S. 627-646.
11 Melissa Feinberg, *Curtain of Lies. The Battle over Truth in Stalinist Eastern Europe* (New York, Oxford University Press, 2017), S. 3-12.
12 Die medialen Bilder waren so allgegenwärtig, dass der Märtyrer-Erzbischof seine Memoiren von 1974 damit begann, dass er die Ungenauigkeiten und irreführenden Szenen des Films »The Prisoner« korrigierte, die von fälschlich gezeigter »luxuriöser« Ausstattung in seiner Gefängniszelle bis zur Höflichkeit der Wachen, dem guten Essen im Gefängnis und der angeblich »durchaus gemütlichen und heiteren Gespräche« mit dem Personal dort reichten. Mindszenty, *Erinnerungen*, S. 7.
13 Dianne Kirby, »Harry Truman's Religious Legacy. The Holy Alliance, Containment and the Cold War«, in: Kirby, *Religion and the Cold War*, S. 77-102; Myron C. Taylor (Hg.), Correspondence Between President Truman and Pope Pius XII (New York, 1953), S. 9 f.; Herzog, *The Spiritual-Industrial Com-*

plex, S. 78, 99 f.; Kent, *The Lonely Cold War of Pope Pius XII*, S. 192; William Inboden, *Religion and American Foreign Policy, 1945–1960. The Soul of Containment* (Cambridge, Cambridge University Press, 2008), S. 257.

14 Patrick Thaddeus Jackson, *Civilizing the Enemy. German Reconstruction and the Invention of the West* (Ann Arbor, University of Michigan, 2006); Konrad Adenauer, »Ansprache vor den Nouvelles Equipes Internationales in Bad Ems«, 14. September 1951, www.konrad-adenauer.de/quellen/reden/1951-09-14-rede-nouvelles-equipes-internationales (abgerufen am 18. 12. 2020).

15 Kent, *The Lonely Cold War of Pope Pius XII*, S. 228 f.; »Roman Catholics' Strong Protest. Denial of Human Rights Denounced«, *Manchester Guardian*, 8. Februar 1949, S. 5; Enda Delaney, »Anti-Communism in Mid-Twentieth Century Ireland«, *English Historical Review* 126, Nr. 521 (August 2011), S. 892; Boér, *Cardinal Mindszenty*, S. 9 f.; »Atlantic Pact and Western Union«, in: *Round Table. The Commonwealth Journal of International Affairs* (1948), S. 105–110; Luxmoore, Babiuch, *The Vatican and the Red Flag*, S. 95; »Communists Make Martyr of Cardinal«, *Life*, 21. Februar 1949, S. 27; Francois Honti, *Le Drame Hongrois. Une Grande Bataille de la Civilisation Chrétienne* (Paris, Editions du Triolet, 1949), bes. S. 118–184.

16 Zoltán K. J. Csáky, *Ich schwöre, dass Kardinal Mindszenty unschuldig ist* (Zürich, Thomas Verlag, 1949); R. P. Jérôme Szalay, *Le Cardinal Mindszenty. Confesseur de la Foi, Defenseur de la Cité* (Paris, Mission Catholique Hongroise, 1950); *The Trial of József Mindszenty* (Budapest, Hungarian State Publishing House, 1949), S. 4 f., 11.

17 J. Fred MacDonald, »The Cold War as Entertainment in Fifties Television«, *Journal of Popular Film* 7, Nr. 1 (1978), S. 1–27; Tony Shaw, »Martyrs, Miracles, and Martians. Religion and Cold War Cinematic Propaganda in the 1950s«, *Journal of Cold War Studies* 4, Nr. 2 (Frühling 2002), S. 15 ff.

18 Feinberg, *Curtain of Lies*, S. 83 ff.

19 Wolfram Kaiser, *Christian Democracy and the Origins of European Union* (Cambridge, Cambridge University Press, 2007), S. 181; Stehle, *Die Ostpolitik des Vatikans*, S. 300; John Pollard, »The Vatican, Italy and the Cold War«, in: Kirby, *Religion and the Cold War*, S. 103–117.

20 »Plot to Drug Mindszenty Revealed«, *Washington Post*, 23. Januar 1949, M3.

21 Der Satz wurde Bela Fábián zugeschrieben, dem früheren Anführer der Unabhängigen Ungarischen Demokratischen Partei, siehe »Mindszenty Trial Held Soviet Farce«, *New York Times*, 10. Februar 1949, S. 5; »Spellman Warns U. S. to Halt Reds, Lauds Mindszenty«, *New York Times*, 7. Februar 1949, S. 1 f.; Boér, *Cardinal Mindszenty*, S. 287.

22 Edward Hunter, *Brain-Washing in Red China. The Calculated Destruction of Men's Minds* (New York, Vanguard, 1951), S. 12, 233. Das britische Vertei-

digungsministerium veröffentlichte einen eigenen Bericht über die Gehirnwäsche an britischen Kriegsgefangenen im Koreakrieg, doch wurde er von der britischen Presse veralbert und nicht ernst genommen. Ministry of Defence, *The Treatment of British POWs in Korea* (1954), zit. bei Cyril Cunningham, »Brainwashing«, *RUSI Journal* 118, Nr. 3 (1973), S. 39–43.

23 Robert A. Heinlein, *The Puppet Masters* (New York, Doubleday, 1951), deutsch *Weltraummollusken erobern die Erde*, übers. v. Margaret Auer (Berlin, Weiss, 1958), *Die Marionettenspieler* (Bergisch Gladbach, Lübbe, 1994), *Die Invasion* (München, Heyne, 2017); Jack Finney, *The Body Snatchers* (New York, Dell Books, 1955), deutsch *Unsichtbare Parasiten*, übers. v. Fritz Moeglich (München, Heyne, 1962), *Die Körperfresser kommen*, übers. v. Tony Westermayr (München, Goldmann, 1979); A. E. van Vogt, *The Mind Cage* (New York, Simon & Schuster, 1957), deutsch *Das andere Gesicht*, übers. v. Jesco von Puttkamer (Düsseldorf, Dörnersche Verlagsgesellschaft, 1959*)*, *Die Denkmaschine*, übers. v. Tony Westermayr (München, Goldmann, 1963); Richard Condon, *The Manchurian Candidate* (New York, McGraw-Hill, 1959), deutsch *Botschafter der Angst*, übers. v. Werner Barzel (München, Pavillon-Verlag, 2006); Susan L. Carruthers, »Redeeming the Captives. Hollywood and the Brainwashing of America's Prisoners of War in Korea«, *Film History* 10, Nr. 3 (1998), S. 275–294.

24 »›Truth Serum‹ Ban Is Dropped in UN«, *New York Times*, 1. April 1950, S. 3.

25 John M. Crewson, »Files Show Tests for Truth Drug Began in OSS«, *New York Times*, 5. September 1977, S. 1; John Marks, *The Search for the »Manchurian Candidate«. The CIA and Mind Control* (New York, W. W. Norton, 1979), S. 11, 24 f.

26 »Mind-Control Studies Had Origins in Trial of Mindszenty«, *New York Times*, 2. August 1977, S. 16; Marks, *The Search for the »Manchurian Candidate«*, S. 25, 31; »Assistant Director, Scientific Intelligence to Deputy Director for Central Intelligence, Memo: Project Artichoke, #144689«, 4. Februar 1952, S. 1, 5, MKULTRA; Crewson, »Files Show Tests for Truth Drug Began in OSS«, S. 1; »Out of Soviet Laboratories – Brainwashing, #146095«, 1955, 3, MKULTRA; Martin A. Lee, Bruce Shlain, *Acid Dreams. The CIA, LSD, and the Sixties Rebellion* (New York, Grove, 1985); Giles Scott-Smith, »Interdoc and West European Psychological Warfare. The American Connection«, *Intelligence and National Security* 26, Nr. 2–3 (April-Juni 2011), S. 355–376; Jens Gieseke, *Mielke-Konzern. Die Geschichte der Stasi, 1945–1990* (Stuttgart, Deutsche Verlags-Anstalt, 2001).

27 Timothy Melley, *The Covert Sphere. Secrecy, Fiction, and the National Security State* (Ithaca, Cornell University Press, 2012), S. 44–72; W. H. Lawrence, »Why Do They Confess? A Communist Enigma«, *New York Times*, 8. Mai 1949; David Seed, »Brainwashing and Cold War Demonology«, *Pros-*

pects 22 (Oktober 1997), S. 535–573; J. Edgar Hoover, *Masters of Deceit* (New York, Pocket, 1958), S. 75.

28 Mary Dudziak, *Cold War Civil Rights* (Princeton, Princeton University Press, 2000), S. 19–46.

29 Christopher Dawson, *The Judgment of the Nations* (New York, Catholic University of America, 1942), S. 185 f.; Inboden, *Religion and American Foreign Policy*, S. 39; Samuel Moyn, *Christian Human Rights* (Philadelphia, University of Pennsylvania Press, 2015).

30 Jacques Maritain, *Christlicher Humanismus. Politische und geistige Fragen einer neuen Christenheit* (Heidelberg, Carl Pfeffer, 1950 [1936]); S. 2; Jacques Maritain, *The Twilight of Civilization*, übers. v. Lionel Landry (London, Sheed & Ward, 1946), S. 11, 15 f., 45 f.

31 »Roman Catholics' Strong Protest. ›Denial of Human Rights‹ Denounced«, *Manchester Guardian*, 8. Februar 1949, S. 5; Pius XII., »The Mindszenty Trial«, in: *Vital Speeches of the Day*, 15. Februar 1949, S. 265 f.; John Epstein, *Defend These Human Rights. Each Man's Stake in the United Nations. A Catholic View* (New York, The America Press, 1947), S. 47–53; Canon John Nurser, »The ›Ecumenical Movement‹. Churches, ›Global Order‹, and Human Rights, 1938–1948«, *Human Rights Quarterly* 25, Nr. 4 (November 2003), S. 841–881.

32 »Loss of Human Rights in East Europe. Sir Hartley Shawcross's Plain Speaking at the UN«, *Times* (London), 7. Oktober 1949, S. 4; »May Cardinal Mindszenty's Martyrdom Not Be in Vain Says Sir David Maxwell Fyfe«, *Catholic Herald*, 29. April 1949, S. 1.

33 Trial, S. 15; »The Cardinal's Sentence«, *Times* (London), 10. Februar 1949, S. 4; Kertesz, »Human Rights in the Peace Treaties«, S. 627–646.

34 Inboden, *Religion and American Foreign Policy*, S. 157, 186; Samuel Moyn, *Christian Human Rights* (Philadelphia, University of Pennsylvania Press, 2015). Diese Regionalisierung der Menschenrechte löste andernorts ähnliche Bemühungen aus, wie die lateinamerikanische Menschenrechtskonvention von 1970 und die Afrikanische Charta der Menschenrechte und der Rechte der Völker von 1971 belegen.

35 James Chappel, *Catholic Modern. The Challenge of Totalitarianism and the Remaking of the Church* (Cambridge, Harvard University Press, 2018), bes. S. 22–107; Giuliana Chamedes, »The Vatican, Nazi-Fascism, and the Making of Transnational Anti-Communism in the 1930s«, *Journal of Contemporary History* 51 (April 2016), S. 261–290; www.vatican.va/offices/papal_docs_list_it.html; Udi Greenberg, »Catholics, Protestants, and the Violent Birth of European Religious Pluralism«, *American Historical Review* 124, Nr. 2 (April 2019), S. 519.

36 Mindszenty, *Four Years Struggle*, S. 178.

37 Paul Hanebrink, »Islam, Anti-Communism and Christian Civilization. The Ottoman Menace in Interwar Hungary«, *Austria History Yearbook* 40 (2009), S. 114–124; Rosario Forlenza, »The Enemy Within. Catholic Anti-Communism in Cold War Italy«, *Past & Present* 235, Nr. 1 (Mai 2017), S. 227.
38 Hanebrink, *A Specter Haunting Europe. The Myth of Judeo-Bolshevism* (Cambridge, Harvard University Press, 2018), S. 224 f.; Mark Silk, »Notes on the Judeo-Christian Tradition in America«, *American Quarterly* 36, Nr. 1 (Frühjahr 1984), S. 65; Herzog, *The Spiritual-Industrial Complex*, S. 66, 69.
39 Kevin M. Schultz, *Tri-Faith America. How Catholics and Jews Held Postwar America to its Protestant Promise* (New York, Oxford University Press, 2011), S. 15–42, 68–96.
40 Waldemar Gurian, »In the Face of the World's Crisis. A Manifesto by European Catholics Sojourning in America«, *Commonweal*, 21. August 1942, S. 415–418; Carl J. Friedrich, »Anti-Semitism: Challenge to Christian Culture«, in: *Jews in a Gentile World. The Problem of Anti-Semitism*, hg. v. Isacque Graeber und Britt Steuert (New York, Macmillan, 1942), S. 1–18; zur Diskussion siehe Udi Greenberg, *The Weimar Century. German Émigrés and the Ideological Foundations of the Cold War* (Princeton, Princeton University Press, 2014), S. 1–75, 120–165.
41 Elena Aga Rossi, Victor Zaslavsky, *Stalin and Togliatti. Italy and the Origins of the Cold War* (Stanford, Stanford University Press, 2011), S. 131–157; Rosario Forlenza, »The Politics of the Abendland. Christian Democracy and the Idea of Europe After the Second World War«, *Contemporary European History* 26, Nr. 2 (2017), S. 230–240.
42 Judith Keene, *Fighting for Franco. International Volunteers in Nationalist Spain During the Spanish Civil War, 1936–1939* (London, Continuum, 2004), S. vii; Giuliana Chamedes, *A Twentieth-Century Crusade. The Vatican's Battle to Remake Christian Europe* (Cambridge, Harvard University Press, 2019), S. 182 f.; David Brydan, *Franco's Internationalists. Social Experts and Spain's Search for Legitimacy* (Oxford, Oxford University Press, 2019), Kapitel 5.
43 Michael Lang, »Globalization and Global History in Toynbee«, *Journal of World History* 22, Nr. 4 (Dezember 2011), S 747–783; Richard Overy, *The Morbid Age. Britain and the Crisis of Civilisation, 1919–1939* (London, Penguin, 2009), S. 271–275, 294; Herzog, *The Spiritual-Industrial Complex*, S. 15 f.
44 Winston S. Churchill, *Reden*, Bd. 4: *Vorwärts zum Sieg* (Zürich, Europa-Verlag, 1948), S. 74; zitiert und einsichtsvoll besprochen in Marco Duranti, *The Conservative Human Rights Revolution*, S. 133, 147.
45 Winston Churchill, Winston Churchill, Universität Zürich, 19. September 1946   www.churchill-in-zurich.ch/site/assets/files/1807/rede_

winston_churchill_deutsch.pdf (abgerufen am 20. 2. 2021); Duranti, *The Conservative Human Rights Revolution*, S. 43; E. H. Carr, »A Voice from Zürich«, *Times* (London), S. 20. September 1946, in: Duranti, *The Conservative Human Rights Revolution*, S. 146.

46 Greenberg, »Catholics, Protestants, and the Violent Birth of European Religious Pluralism«, S. 511–536.

47 Kent, *The Lonely Cold War of Pope Pius XII.*, S. 157; Philippe Chenaux, *De la chrétienté à l'Europe. Les catholiques et l'idee européenne au XXe siècle* (Tours, Éditions CLD, 2007) S. 9; Paul-Henri Spaak, »The Integration of Europe. Dreams and Realities«, *Foreign Affairs* 29, Nr. 1 (Oktober 1950), S. 94–100; ders., »The West in Disarray«, *Foreign Affairs* 35, Nr. 2 (Januar 1957), S. 184–190; A. W. Brian Simpson, *Human Rights and the End of Empire. Britain and the Genesis of the European Convention* (Oxford, Oxford University Press, 2001), S. 569.

48 Vanessa Conze, *Das Europa der Deutschen. Ideen von Europa in Deutschland zwischen Reichstradition und Westorientierung (1920–1970)* (München, Oldenbourg, 2005), S. 27–56; Forlenza, »The Politics of the Abendland«, S. 261–286.

49 Robert Schuman, »L'Europe est une communauté spirituelle et culturelle«, *L'Annuaire européen* (1955), S. 17–23; Forlenza, »The Politics of the Abendland«, S. 269; Maria Mitchell, »Materialism and Secularism. CDU Politicians and National Socialism, 1945–1949«, *Journal of Modern History* 67, Nr. 2 (Juni 1995), S. 278–308; Richard Coudenhove-Kalergi, *An Idea Conquers the World, with a preface by Winston Churchill* (London, Hutchinson, 1953), S. 310, zit. bei Forlenza, *Politics*, S. 268; Jean Monnet, *Mémoires* (Paris, Fayard, 1976), S. 339.

50 Parteiprogramm von Neheim-Hüsten, 1. 3. 1946, www.kas.de/c/document_library/get_file?uuid=92d2d6b3-0d61-7a15-f7d5-6b52151aae05&groupId=252038 (abgerufen am 4. 1. 2021); Christoph Hendrik Müller, *West Germans Against the West. Anti-Americanism in Media and Public Opinion in the Federal Republic of Germany, 1949-1968* (New York, Palgrave, 2010); Greenberg, *The Weimar Century*, S. 158; Jackson, *Civilizing the Enemy*, S. ix, 93, 126.

51 Hermann Claasen, *Gesang im Feuerofen* (Düsseldorf, L. Schwann, 1949); K. H. Schmolz, *Der Dom zu Köln, 1248–1948* (Düsseldorf, L. Schwann, 1948); Hermann Schnitzler, *Der Dom zu Aachen* (Düsseldorf, L. Schwann, 1950); Tom Allbeson, »Visualising Wartime Destruction and Postwar Reconstruction. Herbert Mason's photograph of St Paul's Re-Evaluated«, *Journal of Modern History* 87, Nr. 3 (September 2015), S. 532–578; Michael Meng, *Shattered Spaces. Encountering Jewish Ruins in Postwar Germany and Poland* (Cambridge, Harvard University Press, 2011).

52 William McNeill, *Arnold J. Toynbee. A Life* (New York, Oxford University Press, 1989), S. 213–217; Duranti, *The Conservative Human Rights Revolution*, S. 100, 108, 114, 17; Kulturelle Resolution des Kongresses von Den Haag, 7.–10. Mai 1948, www.cvce.eu/de/obj/kulturelle_resolution_des_kongresses_von_den_haag_7_10_mai_1948-de-f9f90696-a4b2-43fd-9e85-86dee9fb57a5.html (abgerufen am 6. 1. 2021)
53 Marco Duranti, »›A Blessed Act of Oblivion‹: Human Rights, European Unity and Postwar Reconciliation«, in: *Reconciliation, Civil Society, and the Politics of Memory*, hg. v. B. Schwelling (Bielefeld, Transcript, 2012), S. 115–139; James Sloan Allen, *The Romance of Commerce and Culture. Capitalism, Modernism, and the Chicago-Aspen Crusade for Cultural Reform* (Chicago, University of Chicago Press 1983), S. 147–200; Duranti, *The Conservative Human Rights Revolution*, S. 193.
54 Duranti, *The Conservative Human Rights Revolution*, S. 301; Der Nordatlantikvertrag, Washington, DC, 4. April 1949, www.nato.int/cps/en/natolive/official_texts_17120.htm?blnSublanguage = true&selectedLocale = de (abgerufen am 6. 1. 2021).
55 Paul-Henri Spaak, *Memoiren eines Europäers* (Hamburg, Hoffmann und Campe, 1969), S. 120.
56 »Mindszenty Urges UN to Assist Hungarians«, *Milwaukee Journal*, 12. November 1956, S. 1; Victor Conzemius, »Protestants and Catholics in the German Democratic Republic, 1945–90: A Comparison«, *Religion, State and Society* 26, Nr. 1 (1998), S. 56.; *Herder-Korrespondenz* (11. Jahrgang, Oktober 1956), S. 188.
57 Letter from Mindszenty to John Foster Dulles, 8. November 1957, in: *His Eminence Files. American Embassy Budapest*, hg. v. Árpád Ádám Somorjai (Budapest, Magyar Egyháztörténeti Enciklopédia Munkaközössége, 2008), S. 30.
58 Mindszenty, *Erinnerungen*, S. 398; József Közi Horvath, *Kardinal Mindszenty. Ein Bekenner und Märtyrer unserer Zeit* (Königstein im Taunus, Kirche in Not – Ostpriesterhilfe, 1977), S. 98–104.

VIERTES KAPITEL: WISSENSCHAFT, ZUFLUCHT UND HÖFLICHKEIT

1 Ivor Montagu, *What Happened at Wrocław. An Account of the World Conference of Intellectuals for Peace, 1948* (London, British Cultural Committee for Peace, 1949), S. 15, 26.
2 Feliks Topolski, *Confessions of a Congress Delegate* (London, Gallery Editions, 1949), S. 10, 14, 17; Vladimir Dobrenko, »Conspiracy of Peace. The Cold War, the International Peace Movement, and the Soviet Peace Campaign, 1946–1956« (PhD thesis, London School of Economics, 2016), S. 65 f.; *Six Hundred Millions for Peace. A Report on the World Congress for*

Peace, Paris, April 20th to 25th, 1949 (London, British Cultural Committee for Peace, 1949), S. 3, 12.
3 Lawrence S. Wittner, *The Struggle Against the Bomb*, Bd. 1, *One World or None. A History of the World Nuclear Disarmament Movement Through 1953* (Stanford, Stanford University Press, 1993), S. 58; Paul Boyer, *By the Bomb's Early Light. American Thought and Culture at the Dawn of the Atomic Age* (New York Pantheon, 1985), S. 179–240; Jussi Hanhimäki, Odd Arne Westad (Hg.), *The Cold War. A History in Documents and Eyewitness Accounts* (Oxford/New York, Oxford University Press, 2003), S. 142; Gerhard Krebs, »Die Kapitulation Japans und der Abwurf der Atombomben«, *Periplus* Nr. 5. (1995), S. 34–52.
4 Zit. bei Barton Bernstein (Hg.), *The Atomic Bomb. The Critical Issues* (Boston, Little, Brown, 1975), S. viii; *Times* (London), 20. November 1945; Wittner, *The Struggle Against the Bomb*, S. 109; Boyer, *By the Bomb's Early Light*, S. 37.
5 Joseph Preston Baratta, *The Politics of World Federation* (Westport, Praeger, 2004), S. 304 f.; Wittner, *The Struggle Against the Bomb*, S. 161; Mark Mazower, *Die Welt regieren. Eine Idee und ihre Geschichte von 1815 bis heute*, übers. v. Karin Wördemann und Ulla Höber (München, C. H. Beck, 2013 [2012]), S. 240–253.
6 Wittner, *The Struggle Against the Bomb*, S. 59; Larry G. Gerber, »The Baruch Plan and the Origins of the Cold War«, *Diplomatic History* 6, Nr. 1 (Januar 1982), S. 69–96; Dexter Masters, Katharine Way (Hg.), *One World or None, a Report to the Public on the Full Meaning of the Atomic Bomb* (New York, McGraw-Hill, 1946).
7 Christoph Lauch, »Atoms for the People. The Atomic Scientists' Association, the British State and Nuclear Education in the Atom Train Exhibition, 1947–1948«, *British Journal for the History of Science* 45, Nr. 4 (Dezember 2012), S. 591–608; Kenneth Osgood, *Total Cold War. Eisenhower's Secret Propaganda Battle at Home and Abroad* (Lawrence, University of Kansas Press, 2006), S. 161, 179.
8 Joseph Rotblat, *Science and World Affairs. History of the Pugwash Conferences* (London, Dawsons of Pall Mall, 1962), S. 6; David Holloway, »Nuclear Weapons and the Escalation of the Cold War, 1945–1962«, in: *The Cambridge History of the Cold War*, Bd. 1, hg. v. M. P. Leffler, O. A. Westad (Cambridge, Cambridge University Press, 2010), S. 383; »Plamennii Priziv. Prishlo Vremya Deistvovat!«, *Prawda*, 12. Juli 1962, S. 1; Albert Einstein, *Über den Frieden. Weltordnung oder Weltuntergang*, hg. v. Otto Nathan und Heinz Norden, übers. v. Willi Schaber (Neu Isenburg, Melzer, 2004), S. 630.
9 »Vashnaya i pochetnaya rol uchenih v borbe za mir«, *Prawda*, 4. September 1962, S. 1; Yale Richmond, *Cultural Exchange and the Cold War: Raising*

the Iron Curtain (University Park, Penn State University Press, 2003), S. 96–101.
10 Jean S. Pictet, *Commentary. The Geneva Conventions of 1949* (Geneva, International Committee of the Red Cross, 1952), S. 8, 16; Erklärung betreffend Nichtanwendung der Sprenggeschosse im Kriege, www.fedlex.admin.ch/eli/cc/IX/597_543_597/de (abgerufen 21.1.2021); Helen M. Kinsella, *Image Before the Weapon. A Critical History of the Distinction between Combatant and Civilian* (Ithaca, NY, Cornell University Press, 2011), S. 112, n48.
11 Kinsella, *Image before the Weapon*, S. 57; Jean S. Pictet, »The New Geneva Conventions for the Protection of War Victims«, *American Journal of International Law* 45, Nr. 3 (Juli 1951), S. 464, 475.
12 P. H. Vigor, *The Soviet View of War. Peace and Neutrality* (London/Boston, Routledge & Kegan Paul, 1975), S. 174 f.
13 *Final Record of the Diplomatic Conference of Geneva of 1949*, Bd. 2, Sektion B, 495–509; Boyd van Dijk, »›The Great Humanitarian‹: The Soviet Union, the International Committee of the Red Cross, and the Geneva Conventions of 1949«, *Law and History Review* 37, Nr. 1 (Februar 2019), S. 209–235.
14 Timothy Johnston, »The Soviet Struggle for Peace, 1948–54«, *The Slavonic and East European Review* 86 (April 2008), S. 259–282.
15 Young-Sun Hong, *Cold War Germany, the Third World, and the Global Humanitarian Regime* (Cambridge, Cambridge University Press, 2017); Péter Apor, »War and Peace«, in: *When Socialism Went Global. Connecting the Second and Third Worlds*, hg. v. James Mark und Paul Betts (angekündigt).
16 Michael Howard, *Die Erfindung des Friedens. Über den Krieg und die Ordnung in der Welt*, übers. v. Michael Haupt (Lüneburg, Klampen, 2001 [2000]), S. 99; Paul Betts, »When Cold Warriors Die. The State Funerals of Konrad Adenauer and Walter Ulbricht«, in: *Between Mass Death and Individual Loss. The Place of the Dead in Twentieth-Century Germany*, hg. v. Alon Confino, Paul Betts, Dirk Schumann (New York/Oxford, Berghahn, 2008), S. 151–176.
17 Christopher Driver, *The Disarmers. A Study in Protest* (London, Hodder & Stoughton, 1964), S. 58; Bertrand Russell, »A Fifty-Six Year Friendship«, in: *Gilbert Murray. An Unfinished Autobiography* (London, Allen & Unwin, 1960), S. 209; Holger Nehring, *The Politics of Security. British and West German Protest Movements and the Early Cold War, 1945–1970* (Oxford, Oxford University Press, 2013), S. 28 ff., 160 f.; Andrew Oppenheimer, »West German Pacifism and the Politics of Solidarity, 1945–1974«, in: *Peace Movements in Western Europe, Japan and the USA During the Cold War*, hg. v. Benjamin Ziemann (Essen, Klartext, 2008), S. 41–60.
18 Ian Kershaw, *Achterbahn*, S. 56; Celia Donert, »From Communist Interna-

tionalism to Human Rights. Gender, Violence and International Law in the Women's International Democratic Federation Mission to North Korea, 1951«, *Contemporary European History* 25, Nr. 2 (Mai 2016), S. 320; *We Accuse! Korea. Report of the Commission of the Women's International Democratic Federation in Korea, May 16 to 27, 1951* (Berlin, WIDF, 1951); Katharine McGregor, »Opposing Colonialism. The Women's International Democratic Federation and Decolonisation Struggles in Vietnam and Algeria, 1945–1965«, *Women's History Review* 25, Nr. 6 (2016), S. 1–20.
19 Zit. bei Richard Kuisel, *Seducing the French. The Dilemma of Americanization* (Berkeley, University of California Press, 1993), S. 37 f.
20 Sarah Fishman, *From Vichy to the Sexual Revolution. Gender and Family Life in Postwar France* (Oxford: Oxford University Press, 2017), S. 130; Frank Trentman, *Empire of Things. How We Became a World of Consumers, from the 15th Century to the 21st* (London, Penguin, 2016), S. 301; *When the War Was Over: Women, War and Peace in Europe, 1940–1956,* hg. v. Claire Duchen und Irene Bandhauer-Schöffmann (London, Leicester University Press, 2000).
21 *Design and Cultural Politics in Postwar Britain. The Britain Can Make It Exhibition of 1946,* hg. v. Patrick J. Maguire and Jonathan M. Woodham (London, University of Leicester Press, 1998), S. 3–66; Nicole Rudolph, *At Home in Postwar France. Modern Mass Housing and the Right to Comfort* (New York/Oxford, Berghahn, 2015), S. 53–86; Rebecca J. Pulju, *Women and Mass Consumer Society in Postwar France* (Cambridge, Cambridge University Press, 2011), S. 95–142; Katarzyna Jezowska, »Imagined Poland. Representations of the Nation State at the Exhibitions of Industry, Craft and Design, 1948–1974« (PhD thesis, University of Oxford, 2018).
22 Paolo Scrivano, »Signs of Americanization in Italian Domestic Life. Italy's Postwar Conversion to Consumerism«, *Journal of Contemporary History* 40, Nr. 2 (2005), S. 317–340; Greg Castillo, *Cold War on the Home Front. The Soft Power of Midcentury Design* (Minneapolis, University of Minnesota Press, 2010), S. 67 ff.; Paul Betts, *The Authority of Everyday Objects. A Cultural History of West German Industrial Design* (Berkeley, University of California Press, 2004), S. 197 f.; Michael Meng, *Shattered Spaces. Encountering Jewish Ruins in Postwar Germany and Poland* (Cambridge, Harvard University Press, 2011), S. 2, 124 ff.; Herbert Nicolaus, Alexander Obeth, *Die Stalinallee. Geschichte einer deutschen Straße* (Berlin, Verlag für Bauwesen, 1997), S. 171–220.
23 Christina Varga-Harris, *Stories of House and Home. Soviet Apartment Life during the Khrushchev Years* (Ithaca, NY, Cornell University Press, 2015), S. 24–52; Katherine Lebow, *Unfinished Utopia. Nowa Huta, Stalinism, and Polish Society, 1949–1956* (Ithaca, NY, Cornell University Press, 2013).

24 Karal Ann Marling, *As Seen on TV. The Visual Culture of Everyday Life in the 1950s* (Cambridge, Harvard University Press, 1994), S. 278; Mary Nolan, »Consuming America, Producing Gender«, in: *The American Century in Europe*, hg. v. Laurence Moore und Maurizio Vaudagna (Ithaca, NY, Cornell University Press, 2003), S. 251.

25 Erica Carter, *How German Is She? Postwar West German Reconstruction and the Consuming Woman* (Ann Arbor, University of Michigan Press, 1997); M. L. Roberts, *Civilization Without Sexes. Reconstructing Gender in Postwar France, 1917–1927* (Chicago, University of Chicago Press, 1994); Victoria de Grazia, *How Fascism Ruled Women. Italy, 1922–1945* (Berkeley, University of California Press, 1992), S. 41–115; Elizabeth D. Heineman, *What Difference Does a Husband Make? Women and Marital Status in Nazi and Postwar Germany* (Berkeley, University of California Press, 1999), S. 17–74; Fishman, *From Vichy to the Sexual Revolution*, S. 15, 72 f.; Till van Rahden, »Fatherhood, Rechristianization, and the Quest for Democracy in Postwar West Germany«, in: *Raising Citizens in the »Century of the Child«. The United States and German Central Europe in Comparative Perspective*, hg. v. Dirk Schumann (New York/ Oxford, Berghahn Books, 2010), S. 141–164.

26 Robert G. Moeller, *Geschützte Mütter. Frauen und Familien in der westdeutschen Nachkriegspolitik* (München, dtv, 1997 [1993]), S. 176–226; R. H. S. Crossman, *Socialist Values in a Changing Civilisation* (London, Fabian Publications, 1950), S. 5, 16.

27 Ina Merkel, *... und Du, Frau an der Werkbank. Die DDR in den 50er Jahren* (Berlin, Elefanten Press, 1990), S. 76–105.

28 Barbara Einhorn, *Cinderella Goes to Market. Citizenship, Gender, and Women's Movements in East Central Europe* (London, Verso, 1993); Donna Harsch, *Revenge of the Domestic. Women, the Family, and Communism in the German Democratic Republic* (Princeton, Princeton University Press, 2006).

29 Nina Witoszek, »Moral Community and the Crisis of the Enlightenment. Sweden and Germany in the 1920s and 1930s«, in: *Culture and Crisis. The Case of Germany and Sweden*, hg. v. Nina Witoszek und Lars Trägardh (New York/Oxford, Berghahn, 2002), S. 58; Thomas Etzemüller, *Die Romantik der Rationalität. Alva & Gunnar Myrdal – Social Engineering in Schweden* (Bielefeld, Transcript, 2010); Francis Sejersted, *The Age of Social Democracy. Norway and Sweden in the Twentieth Century* (Princeton, Princeton University Press, 2011), S. 241–332.

30 James Sheehan, *Kontinent der Gewalt. Europas langer Weg zum Frieden*, übers. v. Martin Richter (München, Beck, 2008), S. 213–240; Ronald Inglehart, *The Silent Revolution. Changing Values and Political Styles Among Western Publics* (Princeton, Princeton University Press, 1977).

31 Jeffrey Herf, *Reactionary Modernism. Technology, Culture, and Politics in Weimar and the Third Reich* (New York, Cambridge University Press, 1984); Betty Friedan, *Der Weiblichkeitswahn oder die Selbstbefreiung der Frau. Ein Emanzipationskonzept* (Reinbek bei Hamburg, Rowohlt, 1966 [1963]), S. 27, der Vergleich mit NS-Konzentrationslagern ist nicht in die deutsche Ausgabe übernommen worden; Mary Nolan, *Visions of Modernity. American Business and the Modernization of Germany* (Oxford, Oxford University Press, 1994); Judt, *Geschichte Europas*, S. 391.

32 Victoria de Grazia, *Das unwiderstehliche Imperium. Amerikas Siegeszug im Europa des 20. Jahrhunderts* (Stuttgart, Steiner, 2010 [2005]), S. 21 f.; Helmut Klages, *Technischer Humanismus. Philosophie und Soziologie der Arbeit bei Karl Marx* (Stuttgart, Ferdinand Enke, 1964).

33 Jean Améry, *Geburt der Gegenwart. Gestalten und Gestaltungen der westlichen Zivilisation seit Kriegsende* (Olten/Freiburg im Breisgau, Walter-Verlag, 1961), S. 298; Simone de Beauvoir, *Die Welt der schönen Bilder*, übers. v. Hermann Stiehl (Reinbek bei Hamburg, Rowohlt, 1971 [1966]), S. 59; De Grazia, *Das unwiderstehliche Imperium*, S. 384–428.

34 Jean-Jacques Servan-Schreiber, *Die amerikanische Herausforderung*, übers. v. Friedrich A. Kloth und Anjuta Dünnwald (Hamburg, Hoffmann und Campe, 1968 [1967]), S. 49.

35 Günther Anders, *Die Antiquiertheit des Menschen, Bd. 1, Über die Seele im Zeitalter der zweiten industriellen Revolution* (München, Beck, 2002 [1956]), S. 23 f.

36 A. Dirk Moses, »*Das römische Gespräch* in a New Key. Hannah Arendt, Genocide, and the Defense of Republican Civilization«, *Journal of Modern History* 85, Nr. 4 (Dezember 2013), S. 867–913; Hannah Arendt, *Vita activa oder Vom tätigen Leben* (München, Piper, 1981 [1958]), S. 58, 125.

37 De Grazia, *Das unwiderstehliche Imperium*, S. 22.

38 Arthur M. Schlesinger, *Learning How to Behave. A Historical Study of American Etiquette Books* (New York, Macmillan, 1946); Harold Nicolson, *Good Behavior. Being a Study of Certain Types of Civility* (New York, Constable, 1955).

39 Horst-Volker Krumrey, *Entwicklungsstrukturen von Verhaltensstandarden. Eine soziologische Prozessanalyse auf der Grundlage deutscher Anstands- und Manierenbücher von 1870–1970* (Frankfurt, Suhrkamp, 1984), S. 27; Catriona Kelly, *Refining Russia. Advice Literature, Polite Culture, and Gender from Catherine to Yeltsin* (Oxford, Oxford University Press, 2001), S. 403.

40 Hans-Otto Meissner, Isabella Burkhard, *Gute Manieren stets gefragt. Takt, Benehmen, Etiquette* (München, Verlag Mensch und Arbeit, 1962), S. 44–51; Wilhelm von Ginök, *Lebenskunst. Das Buch vom guten Benehmen für jedermann* (Krefeld, Verlag Lebenskunst, 1950), S. 21.

41 W. A. Nennstiel, *Richtiges Benehmen, beruflich und privat. Eine nützliche Anleitung für junge Menschen* (Mannheim, Max Rein, 1949), S. 3, 5.
42 Gertraud von Hilgendorff, *Gutes Benehmen, dein Erfolg* (Wien, Humboldt Taschenbuch, 1953), S. 160 f.; Cas Wouters, *Informalization. Manners and Emotions Since 1890* (London, Sage, 2007), S. 64−69.
43 Cas Wouters, *Sex and Manners. Female Emancipation in the West, 1890−2000* (London, Sage, 2004), S. 43−46; Nennstiel, *Richtiges Benehmen*, S. 17, 25, 33, 37, 46.
44 Kevin M. Schultz, *Tri-Faith America*, S. 84; George Mikes, *England für Anfänger oder »How to be an Alien«* (Zürich, Diogenes, 1964 [1946]).
45 Amelia H. Lyons, *The Civilizing Mission in the Metropole. Algerian Families and the French Welfare State During Decolonization* (Stanford, Stanford University Press, 2013), S. 104 f.; Elizabeth Buettner, *Europe After Empire. Decolonization, Society, and Culture* (Cambridge, Cambridge University Press, 2016), S. 216−221.
46 Varga-Harris, *Stories of House and Home*, S. 132; Kelly, *Refining Russia*, S. 315, 318−321, 342, 347, 403.
47 Günter Agde (Hg.), *Kahlschlag. Das 11. Plenum des ZK der SED 1965. Studien und Dokumente* (Berlin, Aufbau Verlag, 2000), S. 241; Deborah A. Field, *Private Life and Communist Morality in Khrushchev's Russia* (New York, Peter Lang, 2007); Anna-Sabine Ernst, »The Politics of Culture and the Culture of Everyday Life in the DDR in the 1950s«, in: *Between Reform and Revolution. German Socialism and Communism from 1840 to 1990*, hg. v. David E. Barclay und Eric Weitz (New York/Oxford, Berghahn, 1998), S. 489−506.
48 Ernst, *The Politics of Culture and the Culture of Everyday Life in the DDR*, S. 503, Fn. 7.
49 Hans Martin, *Darf ich mir erlauben ...? Das Buch der guten Lebensart* (Stuttgart, Hädecke, 1949 [1935]), S. 9; Karl Smolka, *Gutes Benehmen von A-Z* (Berlin, Verlag Neues Leben, 1957), S. 16, 7 f.
50 Smolka, *Gutes Benehmen*, S. 7 f.; Karl Kleinschmidt, *Keine Angst vor guten Sitten. Ein Buch über die Art, miteinander umzugehen* (Berlin, Verlag Das Neue Berlin, 1957) S. 233.
51 Karl Smolka, *Junger Mann von heute* (Berlin, Verlag Neues Leben, 1964), S. 8; Dagmar Herzog, *Die Politisierung der Lust. Sexualität in der deutschen Geschichte des 20. Jahrhunderts* (München, Siedler, 2005), S. 223−238; Josie McLellan, *Liebe, Sex & Sozialismus. Vom intimen Leben in der DDR*, übers. v. Johannes Seiffert (Berlin, edition berolina, 2019 [2011]); W. K. Schweickert, Bert Hold, *Guten Tag, Herr von Knigge. Ein heiteres Lesebuch für alle Jahrgänge über alles, was »anständig« ist* (Leipzig, Friedrich Hofmeister, 1959), S. 8, auf Englisch zit. bei Anna-Sabine Ernst, »The Politics of Culture and the Culture of Everyday Life in the DDR in the 1950s,«

in: David Barclay, Eric Weitz (Hg.), *Between Reform and Revolution. German Socialism and Communism from 1840 to 1990* (New York, Berghahn, 1998), S. 496.

52 Andrew St George, *The Descent of Manners. Etiquette, Rules and the Victorians* (London, Chatto & Windus, 1993), S. xi.

FÜNFTES KAPITEL: DIE RESTAURATION DER IMPERIEN

1 Jean-Louis Planche, *Sétif 1945. Histoire d'un massacre annoncé* (Paris, Perrin, 2006); Jean-Pierre Peyroulou, *Guelma, 1945. Une subversion française dans l'Algérie coloniale* (Paris, Éditions la Découverte, 2009), S. 103–141; James McDougall, *A History of Algeria* (Cambridge, Cambridge University Press, 2017), S. 179 f.; Martin Evans und John Phillips, *Algeria. Anger of the Dispossessed* (New Haven, Yale University Press, 2007), S. 52.
2 Niall Ferguson, *Krieg der Welt. Was ging schief im 20. Jahrhundert?*, übers. v. Klaus-Dieter Schmidt und Klaus Binder (Berlin, Propyläen, 2006), S. 758.
3 Walter Lipgens, *Die Anfänge der europäischen Einigungspolitik, 1945–1950*, Bd. 1: 1945–1947 (Stuttgart, Ernst Klett, 1977), S. 45; Hans Poeschel: *Die Kolonialfrage im Frieden von Versailles; Dokumente zu ihrer Behandlung* (Berlin, Leopold Verlag, 1920), S. 22
4 https://eur-lex.europa.eu/legal-content/DE/TXT/PDF/?uri=CELEX:11957E/TXT&from=en; Peo Hansen und Stefan Jonsson, *Eurafrica. The Untold History of European Integration and Colonialism* (London, Bloomsbury, 2014), S. 1–7.
5 Britta Schilling, *Postcolonial Germany. Memories of Empire in a Decolonized Nation* (Oxford, Oxford University Press, 2014), und Jared Poley, *Decolonization in Germany. Weimar Narratives of Colonial Loss and Foreign Occupation* (Bern, Peter Lang, 2005); Susan Pedersen, *The Guardians. The League of Nations and the Crisis of Empire* (Oxford, Oxford University Press, 2015), S. 32, 115, 196, 330.
6 www.mussolinibenito.net/discorso-di-trieste/; www.mussolinibenito.net/secondo-discorso-di-trieste/; Mussolini führte dieses »Überträger-der-Weltzivilisation«-Thema in seiner Mailänder Rede fort, Piazza del Duomo, 25. Oktober 1932, www.mussolinibenito.net/discorso-di-milano-1932/; Benito Mussolini, »The Birth of a New Civilization«, in: *Fascism*, hg. v. Roger Griffin (Oxford, Oxford University, 1995), S. 72 f.; Amalia Ribi Forclaz, *Humanitarian Imperialism. The Politics of Anti-Slavery Activism, 1880–1940* (Oxford, Oxford University Press, 2015), insbes. Kapitel 4 und 5.
7 www.lorien.it/x_inni/pg_canzoni-d/Disc_BM/Discorso_BM_1936-05-05.html; Davide Rodogno, *Fascism's European Empire. Italian Occupation During the Second World War* (Cambridge, Cambridge University Press, 2006 [italienisches Or. 2003]), insbes. S. 44–53, 145–157; www.mussolinibenito.

net/lultimo-discorso-del-dvce-dal-teatro-lirico-di-milano/. Ich danke Giovanni Cadioli für diese italienischen Quellen.
8 Christopher Duggan, *Fascist Voices. An Intimate History of Mussolini's Italy* (London, Vintage, 2013), S. 253, 267, 275.
9 Christian Helfer, »Humanitätsduselei − zur Geschichte eines Schlagworts«, *Zeitschrift für Religions- und Geistesgeschichte* 16, Nr. 2 (1964). S. 179−182; Lorna Waddington, *Hitler's Crusade. Bolshevism and the Myth of the International Jewish Conspiracy* (London, I. B. Tauris, 2008); Philip Gassert, »No Place for ›the West‹. National Socialism and the ›Defence of Europe‹«, in: *Germany and »The West«. The History of a Modern Concept,* hg. v. Riccardo Bavaj und Martina Steber (New York/Oxford, Berghahn, 2015), S. 216−229; David B. Dennis, *Inhumanities. Nazi Interpretations of Western Culture* (Cambridge, Cambridge University Press, 2012), insbes. S. 359−451.
10 Benjamin G. Martin, *The Nazi-Fascist New Order for European Culture* (Cambridge, Harvard University Press, 2016), insbes. S. 1−4, 16, 74, 80, 119, 151, 186 f., 246−255; https://docplayer.org/173622342-Die-sowjetunion-in-der-propaganda-des-dritten-reiches-das-beispiel-der-wochenschau.html; Nicola Lambourne, *War Damage in Western Europe. The Destruction of Historic Monuments During the Second World War* (Edinburgh, Edinburgh University Press, 2001), S. 102 f.
11 Philippe Sands, *East West Street. On the Origins of Genocide and Crimes Against Humanity* (London, Weidenfeld & Nicolson, 2016), S. 216, 222 und 238; Elizabeth Harvey, »Documenting *Heimkehr*. Photography, Displacement and ›Homecoming‹ in the Nazi Resettlement of Ethnic Germans, 1939−1940«, und Julie Torrie, »Visible Trophies of War. German Occupiers' Photographic Perceptions of France, 1940−44«, beide in: *The Ethics of Seeing. Photography and Twentieth-Century German History,* hg. v. Jennifer Evans, Paul Betts und Stefan-Ludwig Hoffmann (New York/Oxford, Berghahn Books, 2018), S. 79−107 bzw. S. 108−137; Jane Caplan, *»Jetzt Judenfrei«. Writing Tourism in Nazi-Occupied Poland* (London, GHIL, 2013); Mark Mazower, *Hitlers Imperium. Europa unter der Herrschaft des Nationalsozialismus,* übers. v. Martin Richter (München, C. H. Beck, 2009 [2009], S. 171; Edwin Erich Dwinger, *Der Tod in Polen. Die volksdeutsche Passion* (Jena, Diederichs, 1940), S. 123.
12 Ewa Manikowska, *Photography and Cultural Heritage in the Age of Nationalisms. Europe's Eastern Borderlands (1867−1945)* (London, Bloomsbury, 2019), S. 165−191; *The German Invasion of Poland. Polish Black Book* (London, Hutchinson & Co., 1939), S. 75, 125; *The German New Order in Poland* (London, Hutchinson & Co., 1941), S. 17 f.; Wacław Borowy, *General Observations on the Problem of Reparations with Regard to Art and Culture* (Warschau, Ministerium für Kultur und Kunst, 1945); Michael Meng, *Shattered*

Spaces. Encountering Jewish Ruins in Postwar Germany and Poland (Cambridge, Harvard University Press, 2011), S. 69 f.
13 Loring M. Danforth und Riki Van Boeschoten, *Children of the Greek Civil War. Refugees and the Politics of Memory* (Chicago, University of Chicago Press, 2012); Mark Mazower (Hg.), *After the War Was Over. Reconstructing the Family, Nation, and State in Greece, 1943–1960* (Princeton, Princeton University Press, 2000).
14 André Gerolymatos, *An International Civil War. Greece, 1943–1949* (New Haven, Yale University Press, 2016), S. 258 f.
15 Daniel Chomsky, »Advance Agent of the Truman Doctrine. The United States, the *New York Times*, and the Greek Civil War«, *Political Communication* 17, Nr. 4 (2000), S. 415–432; Anne O'Hare McCormick, »The British Retreat in the Mediterranean«, *New York Times*, 3. März 1947, S. 20; Hanson W. Baldwin, »Survival of Western Civilization Is Held to Depend on Our Action«, *New York Times*, 2. März 1947, S. 4.
16 Patrick Thaddeus Jackson, *Civilizing the Enemy. German Reconstruction and the Invention of the West* (Ann Arbor, University of Michigan Press, 2006), S. 150, 153 ff., 160, 164 f.
17 »Confession of Imperialism«, *Manchester Guardian*, 15. März 1947, S. 6; Alexander Werth, »Moscow Starts Attack on Truman«, *Manchester Guardian*, 15. März 1947, S. 5; Alistair Cook, »Mr Gromyko Wins Support on Greece«, *Manchester Guardian*, 9. April 1947, S. 6; C. P. Trussell, »Congress Is Solemn. Prepares to Consider Bills After Hearing the President Gravely«, *New York Times*, 13. März 1947, S. 1.
18 Igor Lukes, »The Czech Road to Communism«, in: *The Establishment of Communist Regimes in Eastern Europe, 1944–1949*, hg. v. Norman Naimark und Leonid Gibianskii (New York, Routledge, 2018), S. 265, Anm. 70.
19 *Foreign Relations of the United States, 1947*, Bd. 1 (Washington, DC, US Department of State, 1947), S. 76–79.
20 Daniel A. Segal, »›Western Civ‹ and the Staging of History in American Higher Education«, *American Historical Review* 105, Nr. 3 (Juni 2000), S. 770–805; Gilbert Allardyce, »Toward World History. American Historians and the Coming of the World History Course«, *Journal of World History* 1, Nr. 1 (1990), S. 23–75, und Katja Naumann, »Teaching the World. Globalization, Geopolitics, and History Education at US Universities«, *German Historical Institute Bulletin Supplement* 5 (2008), S. 123–144.
21 Serge Guilbaut, *How New York Stole the Idea of Modern Art. Abstract Expressionism, Freedom, and the Cold War* (Cambridge, MA, MIT Press, 1990), und Penny M. Von Eschen, *Satchmo Blows Up the World. Jazz Ambassadors Play the Cold War* (Cambridge, Harvard University Press, 2004); Benjamin Martin, 274; Mazower, *Hitlers Imperium*, S. 519.

22 Norman Stone, *The Atlantic and Its Enemies. A Personal History of the Cold War* (London, Allen Lane, 2010), S. 17; Geir Lundestad, »Empire by Invitation? The United States and Western Europe, 1945-1952«, *Journal of Peace Research* 23, Nr. 3 (September 1986), S. 267; Georgette Elgey, *La république des illusions, 1945-1951* (Paris, Fayard, 1965), S. 382.

23 Gilbert Rist, *The History of Development. From Western Origins to Global Faith* (London, Zed Books, 2008), S. 47-79.

24 Sven Beckert, »American Danger. United States Empire, Eurafrica, and the Territorialization of Industrial Capitalism, 1870-1950«, *American Historical Review* 122, Nr. 4 (Oktober 2017), S. 1161 f.; Dina Gusejnova, *European Elites and Ideas of Empire, 1917-1957* (Cambridge, Cambridge University Press, 2016), insbes. S. 69-97; Richard N. Coudenhove-Kalergi, *Pan-Europa* (Leipzig, Pan-Europa-Verlag, 1924), S. 34; ders., *Kommen die Vereinigten Staaten von Europa?* (Glarus, Pan-Europa Verlag, 1938), S. 6; Julia Nordblad, »The Un-European Idea. Vichy and Eurafrica in the Historiography of Europeanism«, *European Legacy* 19, Nr. 6 (September 2014), S. 711-729; Hansen und Jonsson, S. 26 f., 31, 41.

25 Beckert, S. 1168; Arnold Rivkin, *Africa and the European Common Market* (Denver, University of Denver, 1964), und P. N. C. Okigbo, *Africa and the Common Market* (London, Longmans, 1967).

26 Anne Deighton, »Entente Neo-Coloniale? Ernest Bevin and the Proposals for an Anglo-French Third World Power«, *Diplomacy and Statecraft* 17, Nr. 4 (2006), S. 835-852; Anton Zischka, *Afrika. Europas Gemeinschaftsaufgabe Nr. 1* (Oldenburg, Gerhard Stilling, 1951), S. 9-59; Gustav-Adolf Gedat, *Europas Zukunft liegt in Afrika* (Stuttgart, Steinkopf, 1954), und Pierre Nord, *L'Eurafrique, notre dernière chance* (Paris, Arthème Fayard, 1955); Robert Skidelsky, *Oswald Mosley* (London, Macmillan, 1975), S. 485 f.

27 Irving Wall, *France, the United States, and the Algerian War* (Berkeley, University of California Press, 2001), S. 21; Alfred Grosser, »France and Germany in the Atlantic Community«, *International Organisation* 17, Nr. 3 (Sommer 1963), S. 558; U. W. Kitzinger, »Europe. The Six and the Seven«, *International Organization* 14, Nr. 1 (1960), S. 31; Hansen und Jonsson, S. 238.

28 Elizabeth Buettner, *Europe After Empire. Decolonization, Society, and Culture* (Cambridge, Cambridge University Press, 2016), S. 91, 94; Carl Romme, Catholic People's Party, *Handelingen der Staten-Generaal. 1946-1947, II, 29ste Vergadering*, 16. Dezember 1946, S. 860. Siehe auch die Kommentare von Johann Logemann (Minister der Unabhängigen Sozialistischen Partei) in *Handelingen der Staten-Generaal. Tijdelijke zitting 1945, II, 5de Vergadering*, 16. Oktober 1945, S. 860, und Hendrik Tilanus (CHU), *Handelingen der Staten-Generaal. 1946-1947, II, 29ste Vergadering*, 16. Dezem-

ber 1946, S. 893. Ich danke Pieter-Jan Sterenborg für seine Forschungshilfe zu dieser Thematik. H. L. Wesseling, »Post-Imperial Holland«, *Journal of Contemporary History* 15, Nr. 1 (Januar 1980), S. 125–142.

29 R. W. Heywood, »West European Community and the Eurafrica Concept in the 1950s«, *Journal of European Integration* 4, Nr. 2 (1981), S. 199–210, Zitat S. 207.

30 Jakov Etinger, *Bonn greift nach Afrika* (Berlin, Dietz Verlag, 1961), S. 72, 99 f.

31 W. R. Louis und R. Robinson, »The Imperialism of Decolonization«, *Journal of Imperial and Commonwealth History* 22, Nr. 3 (1994), S. 462–511; Guy Mollet, *Bilan et perspectives socialistes* (Paris, Plon, 1958), S. 35, 45 f.; Talbot C. Imlay, »International Socialism and Decolonization During the 1950s. Competing Rights and the Postcolonial Order«, *American Historical Review* 118, Nr. 4 (Oktober 2013), S. 1124, und Anne-Isabelle Richard, »The Limits of Solidarity. Europeanism, Anti-Colonialism and Socialism at the Congress of the Peoples of Europe, Asia and Africa in Puteaux, 1948«, *European Review of History* 21, Nr. 4 (Juli 2014), S. 519–537.

32 Zitate aus Hansen und Jonsson, S. 270 f.

33 Frederick Cooper, »French Africa, 1947–1948. Reform, Violence, and Uncertainty in a Colonial Situation«, *Critical Inquiry* 40, Nr. 4 (Sommer 2014), S. 476; Guiliano Garavini, *After Empires. European Integration, Decolonization, and the Challenge from the Global South, 1957–1986* (Oxford, Oxford University Press, 2012), S. 22; L. S. Senghor, *Liberté*, Bd. 2 (Paris, Sevil, 1977), 91; Gary Wilder, *Freedom Time. Negritude, Decolonization, and the Future of the World* (Durham, NC, Duke University Press, 2015), S. 7.

34 Hansen und Jonsson, S. 158–166, 182; Frederick Cooper, *Citizenship between Empire and Nation. Remaking France and French Africa, 1945–1960* (Princeton, Princeton University Press, 2014), Kapitel 4.

35 Mazower, *No Enchanted Palace*.

36 Mr Altman (Poland), »General Assembly, Third Committee, Summary Records«, General Assembly document A/C.3/SR.295, 1950, S. 158, in: Roger Normand und Sarah Zaidi, *Human Rights at the UN. The Political History of Universal Justice* (Bloomington, Indiana University Press, 2008), S. 231 f.; Evan Luard, *A History of the United Nations*, Bd. 2, *The Age of Decolonization, 1955–1965* (Basingstoke, Palgrave, 1989), S. 78 f.

37 Vgl. Dwight D. Eisenhower, *Wagnis für den Frieden, 1956–1961*, übers. v. Otto Kolberg (Düsseldorf/Wien, Econ, 1966 [1965]); Philip E. Muehlenbeck, *Betting on the Africans. John F. Kennedy's Courting of African Nationalist Leaders* (Oxford, Oxford University Press, 2012), S. 8.

38 Zitiert in Jessica Lynne Pearson, »Defending Empire at the United Nations. The Politics of International Colonial Oversight in the Era of Decolonisa-

tion«, *Journal of Imperial and Commonwealth History* 45, Nr. 3 (2017), S. 530 f.
39 William Roger Louis, »Public Enemy Number One. The British Empire in the Dock at the United Nations, 1957–1971«, in: *The British Empire in the 1950s. Retreat or Revival?*, hg. v. Martin Lynn (London, Palgrave, 2006), S. 186–213.
40 Sir Alan Burns, *In Defence of Colonies* (London, George Allen & Unwin, 1957), S. 5, 17 ff.; die Idee des »Salzwasser-Trugschlusses« stammt aus Sir Hilton Poyntons Rede im Vierten Ausschuss der UN-Generalversammlung, 3. Oktober 1947, wie von Burns angemerkt.
41 Buettner, S. 171; »The Belgian Congo. From Wilderness to Civilization«, Sonderausgabe von *Les Beaux-Arts*, 1955.
42 *The Sacred Mission of Civilization. To Which People Should the Benefits Be Extended? The Belgian Thesis* (New York, Informationszentrum der belgischen Regierung, 1953), S. 7, 16 f., 28.
43 Fernand van Langenhove, *The Question of the Aborigines Before the United Nations. The Belgian Thesis* (Brüssel, Königliches Kolonialinstitut, 1954), S. 44, 94; Pierre Ryckmans, *Report from Belgium* (Brüssel, Belgisches Ministerium für Auswärtige Angelegenheiten und Außenhandel, 1955), S. 4, 7; Guy Vanthemsche, *Belgium and the Congo, 1885–1980* (Cambridge, Cambridge University Press, 2012), S. 121–142, 203 f.
44 Buettner, 198; Miguel Bandeira Jerónimo und António Costa Pinto, »A Modernizing Empire? Politics, Culture, and Economy in Portuguese Late Colonialism«, in dem von beiden herausgegebenen *The Ends of European Colonial Empires* (London, Palgrave Macmillan, 2015), S. 51–80.
45 Patricia Wohlgemuth, *The Portuguese Territories and the United Nations* (New York, Carnegie Endowment for International Peace, 1963), S. 7–12, 24–25; Luís Nuno Rodrigues, »The International Dimensions of Portuguese Colonial Crisis«, in: Bandeira Jerónimo und Costa Pinto, S. 243–267.
46 Alberto Franco Nogueira, *The United Nations and Portugal. A Study of Anti-Colonialism* (London, Tandem Books Limited, 1964), S. 50, 57, 178; George Martelli, »Portugal and the United Nations«, *International Affair*, 40, Nr. 3 (Juli 1964), S. 453–465.
47 Wohlgemuth, S. 26 f.; Adriano Moreira, *Provocation and Portugal's Reply* (Lissabon, Bertrand, 1961).
48 Gilberto Freyre, *Portuguese Integration in the Tropics* (Lissabon, Realizacao Grafica, 1961), S. 12 f., 23, 31, 74 f. Zur Erörterung siehe Buettner, S. 194 f.
49 In diesem Absatz werden zusammengefasst: Udi Greenberg, »Protestants, Decolonization, and European Integration, 1885–1961«, *Journal of Modern History* 89 (Juni 2017), S. 314–354, und ders., »Catholics, Protestants, and the Violent Birth of European Religious Pluralism«, *American Historical Re-*

view 124, Nr. 2 (April 2019), S. 519; Denis de Rougemont, *Die Chancen Europas. Berufung und Hoffnung*, übers. v. Lisa Eberan und Hanna Wulf (Wien/Köln/Stuttgart/Zürich, Europa Verlag, 1964 [1963]), S. 72.
50 Wohlgemuth, S. 32 ff.
51 Zitate in Gerolymatos, S. 295 f.

SECHSTES KAPITEL: ENTKOLONIALISIERUNG UND AFRIKANISCHE ZIVILISATION

1 June Milne, *Kwame Nkrumah. A Biography* (London, Panaf, 1999), S. 57–74; Kwame Nkrumah, *Towards Colonial Freedom. Africa in the Struggle Against World Imperialism* (London, Heinemann, 1962), S. 42.
2 Kwame Nkrumah, *Sprung über zwei Jahrtausende. Unser Weg in die Freiheit*, übers. v. Walther Schwerdtfeger (Düsseldorf/Wien, Econ, 1963 [1961]), S. 113 f.
3 »How Britain Saluted Our New Nation«, *Daily Graphic*, 7. März 1957, S. 10; Kevin K. Gaines, *American Africans in Ghana. Black Expatriates and the Civil Rights Era* (Chapel Hill, University of North Carolina Press, 2006), S. 81; Jeffrey S. Ahlman, *Living with Nkrumahism. Nation, State, and Pan-Africanism in Ghana* (Athens, OH, Ohio University Press, 2017), S. 3, 11, 14.
4 Kwame Nkrumah, *Afrika muß eins werden*, übers. v. Ernst Adler und Hans Ramstetter (Leipzig, Koehler & Amelang, 1965[1963]) S. 15, 19; Philip E. Muehlenbeck, *Betting on the Africans. John F. Kennedy's Courting of African Nationalist Leaders* (Oxford, Oxford University Press, 2012), S. 25; Ed Naylor, Einleitung zu dem von ihm herausgegebenen Werk *France's Modernising Mission. Citizenship, Welfare, and the Ends of Empire* (London, Palgrave, 2018), S. xix; Todd Shepard, »›Of Sovereignty‹. Disputed Archives, ›Wholly Modern‹ Archives, and the Post-Decolonization French and Algerian Republics, 1962–2012«, *American Historical Review* 120, Nr. 3 (Juni 2015), S. 869–883.
5 Briefe von Nkrumah an S. G. Ikoku, 2. März 1964, und an Kodwo Addison, 9. März 1964, RG 17/1/380, Public Records and Archives Administrative Department (fortan zitiert als PRAAD), Accra, Ghana.
6 Nkrumah, *Afrika muß eins werden*, S. 93 f.; Osagyefo Dr. Kwame Nkrumah, »The African Genius«, Rede bei der Eröffnung des Institute of African Studies, 25. Oktober 1963, Bodleian Library, Oxford University; Takyiwaa Manuh, »Building Institutions for the New Africa. The Institute of African Studies at the University of Ghana«, in: *Modernization as Spectacle in Africa*, hg. v. Peter Jason Bloom, Stephen Miescher und Takyiwaa Manuh (Bloomington, Indiana University Press, 2009), S. 270–279.
7 Harcourt Fuller, *Building the Ghanaian Nation-State. Kwame Nkrumah's Symbolic Nationalism* (London, Palgrave, 2014), S. 74–79; Nkrumah, *Afrika muß eins werden*; Paul Schauert, *Staging Ghana. Artistry and Nationalism in*

State Dance Ensembles (Bloomington, Indiana University Press, 2007), S. 39-77.
8 G. A. Stevens, »The Future of African Art. With Special Reference to Problems Arising in the Gold Coast Colony«, *Africa. Journal of the International African Institute* 3, Nr. 22 (1930), S. 150-160; Shoko Yamada, »›Traditions‹ and Cultural Production. Character Training at the Achimota School in Colonial Ghana«, *History of Education* 38, Nr. 1 (Januar 2009), S. 29-59; Rhoda Woets, »The Recreation of Modern and African Art at Achimota School in the Gold Coast, 1927-52«, *Journal of African History* 55, Nr. 3 (2014), S. 445-465.
9 H. Nii Abbey, *Kofi Antubam and the Myth Around Ghana's Presidential Seat* (Accra, Studio Brian Communications, 2008), S. 44 f.; Kofi Antubam, *Ghana's Heritage of Culture* (Leipzig, Koehler & Amelang, 1963), S. 20 f.; Jean Marie Allman, *The Quills of the Porcupine. Asante Nationalism in an Emergent Ghana* (Madison, University of Wisconsin Press, 1993), S. 9 ff., 45-49; Fuller, S. 69 ff.; in seinem Nachruf in der *Ghanaian Times* vom 6. April 1964 wurde Antubam beschrieben als »Missionar auf dem Kreuzzug der afrikanischen Wiederentdeckung« sowie als »großer Schüler des nkrumahistischen Sozialismus«, dessen Werke »eine Reflexion der afrikanischen Renaissance waren«, wie angemerkt in Nii Abbey, S. 44 f.
10 Kwame Botwe-Asamoah, *Kwame Nkrumah's Politico-Cultural Thought and Policies. An African-Centered Paradigm for the Second Phase of the African Revolution* (London, Routledge, 2005), S. 149-176; Janet Hess, »Exhibiting Ghana. Display, Documentary, and ›National‹ Art in the Nkrumah Era«, *African Studies Review* 44, Nr. 1 (April 2001), S. 59-77, sowie Peter J. Bloom und Kate Skinner, »Modernity and Danger. *The Boy Kumasenu* and the Work of the Gold Coast Film Unit«, *Ghana Studies* 12 (2009), S. 121-153; Cati Cole, *Dilemmas of Culture in African Schools. Youth, Nationalism, and the Transformation of Knowledge* (Chicago, University of Chicago Press, 2005), S. 53-86.
11 Magnus J. Sampson, Vorwort zu D. A. Sutherland, *State Emblems of the Gold Coast* (Accra, Government Printing Department, 1954), S. 3; Nkrumah, *Sprung über zwei Jahrtausende*, S. 136.
12 Alex Quaison-Sackey, *Afrika ohne Fesseln. Gedanken eines afrikanischen Politikers*, übers. v. Eva Schröder und Heidrun Warnecke (Hamburg, Hamburger Gesellschaft für Völkerrecht und Auswärtige Politik, 1965 [1963]), S. 38 f.; V. Y. Mudimbe, *The Invention of Africa. Gnosis, Philosophy, and the Order of Knowledge* (Bloomington, Indiana University Press, 1988), S. 88 f.; Basil Davidson, »Historical Inheritance of Ghana«, *United Asia. International Magazine of Asian Affairs*, Sonderausgabe über »Ghana and African Nationalism«, 9, Nr. 1 (1957), S. 14.

13 Ghanaische Behörde für Museen und Denkmäler, Memorandum zur Renovierung des Old Castle, an Bildungsministerium, 9. Januar 1959, Aktenseite 55, RG 11/1/245, PRAAD; Brief des Direktors der Ghanaischen Behörde für Museen und Denkmäler (unleserliche Unterschrift) an Bildungsminister, Accra, 6. Dezember 1960, Aktendokument-Nr. 248, RG 11/1/245, PRAAD, Accra.

14 Maxwell Fry und Jane Drew, *Tropical Architecture in the Humid Zone* (London, Batsford Ltd, 1956), S. 20; Iain Jackson und Jessica Holland, *The Architecture of Edwin Maxwell Fry and Jane Drew. Twentieth Century Architecture. Pioneer Modernism and the Tropics* (London, Ashgate, 2014), S. 147–182; Manuel Herz, »The New Domain. Architecture at the Time of Liberation«, in: *African Modernism. The Architecture of Indepenence*, hg. v. Manuel Herz, mit Ingrid Schröder, Hans Focketyn und Julia Jamrozik (Zürich, Park Books, 2015), S. 4–15.

15 »National Museum for Ghana«, *Times* (London), 11. März 1957, S. 8; Agbenyega Adedze, »Museums as a Tool for Nationalism in Africa«, *Museum Anthropology* 19, Nr. 2 (1995), S. 58–64, und Arianna Fogelman, »Colonial Legacy in African Museology. The Case of the Ghana National Museum«, *Museum Anthropology* 31, Nr. 1 (2008), S. 19–26.

16 Richard Rathbone, *Nkrumah and the Chiefs. The Politics of Chieftaincy in Ghana, 1951–1960* (Oxford, James Currey, 2000), S. 89–149; Fuller, S. 89–90; Mark Crinson, »Nation-Building, Collecting and the Politics of Display. The National Museum, Ghana«, *Journal of the History of Collections* 13, Nr. 2 (2001), S. 231–250.

17 Jeffrey James Byrne, *Mecca of Revolution. Algeria, Decolonization, and the Third World Order* (Oxford, Oxford University Press, 2016), S. 3; Jeffrey S. Ahlman, »The Algerian Question in Nkrumah's Ghana, 1958–1960. Debating ›Violence‹ and ›Nonviolence‹ in African Decolonization«, *Africa Today* 57, Nr. 2 (Winter 2010), S. 66–84.

18 James McDougall, *A History of Algeria* (Cambridge, Cambridge University Press, 2017), S. 232 f.; Marnia Lazreg, *Torture and the Twilight of Empire. From Algiers to Baghdad* (Princeton, Princeton University Press, 2008), S. 53 f.; Martin Thomas, *Fight or Flight. Britain, France, and Their Roads from Empire* (Oxford, Oxford University Press, 2014), S. 289.

19 Lazreg, 191; Cheryl B. Welch, »Colonial Violence and the Rhetoric of Evasion. Tocqueville on Algeria«, *Political Theory* 31, Nr. 2 (April 2003), S. 235–264, Zitat S. 248.

20 Aimé Césaire, *Über den Kolonialismus*, übers. v. Heribert Becker (Berlin, Alexander, 2017 [1955]), S. 23, 27, 84.

21 Alice L. Conklin, *A Mission to Civilize. The Republican Idea of Empire in France and West Africa, 1895–1930* (Stanford, CA, Stanford University

Press, 1997); Muriam Haleh Davis, »›The Transformation of Man‹« in French Algeria. Economic Planning and the Postwar Social Sciences, 1958–62«, *Journal of Contemporary History* 52, Nr. 1 (Januar 2017), S. 73–94; James McDougall, »The Impossible Republic. The Reconquest of Algeria and the Decolonization of France, 1945–1962«, *Journal of Modern History* 89, Nr. 4 (Dezember 2017), S. 807; Amelia H. Lyons, *The Civilizing Mission in the Metropole. Algerian Families and the French Welfare State During Decolonization* (Stanford, CA, Stanford University Press, 2013).

22 Matthew Connelly, »Taking Off the Cold War Lens. Visions of North-South Conflict During the Algerian War for Independence«, *American Historical Review* 105, Nr. 3 (Juni 2000), S. 757; McDougall, »Impossible«, S. 792 f.; Daniel Just, »The War of Writing. French Literary Politics and the Decolonization of Algeria«, *Journal of European Studies* 43, Nr. 3 (2013), S. 227–243; Robert Gildea, *Empires of the Mind. The Colonial Past and the Politics of the Present* (Cambridge, Cambridge University Press, 2019), S. 92.

23 Arnold Fraleigh, »The Algerian Revolution as a Case Study in International Law«, in: *The International Law of Civil War*, hg. v. Richard Falk (Baltimore, Johns Hopkins, 1971), S. 226; Mohamed Alwan, *Algeria Before the United Nations* (New York, Robert Speller & Sons, 1959).

24 Matthew Connelly, *A Diplomatic Revolution. Algeria's Fight for Independence and the Origins of the Post-Cold War Era* (Oxford, Oxford University Press, 2002), S. 107, 127–134.

25 Lazreg, S. 5; James D. Le Sueur, *Uncivil War. Intellectuals and Identity Politics During the Decolonization of Algeria* (Philadelphia, University of Pennsylvania Press, 2001), S. 98 f.; David Carroll, »Camus's Algeria. Birthrights, Colonial Injustice, and the Fiction of a French-Algerian People«, *Modern Language Notes* 112 (1997), S. 517–549.

26 Emma Kuby, »A War of Words over an Image of War. The Fox Movietone Scandal and the Portrayal of French Violence in Algeria, 1955–1956«, *French Politics, Culture & Society* 30, Nr. 1 (Frühjahr 2012), S. 46–67; *Documents on the Crimes and Outrages Commited [sic] by the Terrorists in Algeria* (Algier, Societé d'Editions et de Regie Publicitaire, 1956), S. 5 f., 88; McDougall, »Impossible«, S. 791; Connelly, *Diplomatic Revolution*, S. 127 f.

27 Fabian Klose, *Human Rights in the Shadow of Colonial Violence. The Wars of Independence in Kenya and Algeria* (Philadelphia, University of Pennsylvania Press, 2013), S. 212 ff.; *Genocide in Algeria*, FLN-Broschüre, Juni 1958, nicht paginiert; Mohammed Bedjaoui, *Law and the Algerian Revolution* (Brüssel, International Association of Democratic Lawyers, 1961), S. 211.

28 Pierre-Henri Simon, *Contre la torture* (Paris, Editions du Seuil, 1957), S. 24; Alastair Horne, *A Savage War of Peace. Algeria 1954–1962* (London, Mac-

millan, 1996 [1977]), S. 196, 485-489; Klose, S. 100, 124; Byrne, *Mecca of Revolution*, S. 50.
29 François Méjean, *Le Vatican contre la France d'Outre Mer* (Paris, Librarie Fischbacher, 1957); Lazreg, S. 194 f.; Darcie Fontaine, *Decolonizing Christianity. Religion and the End of Empire in France and Algeria* (Cambridge, Cambridge University Press, 2016), S. 106-145.
30 Lazreg, S. 117. Das Zitat hier ist die freie deutsche Übersetzung von Jean-Paul Sartre, Geleitwort zu Henri Alleg, The Question, übers. v. John Calder (London, John Calder, 1958), S. 12-13 f. Es handelte sich dabei um die englische Übersetzung von Sartres Artikel in *L'Express*, der zwei Wochen nach Erscheinen des Buches herauskam.
31 Neil McMaster, *Burning the Veil. The Algerian War and the »Emancipation« of Muslim Women, 1954-62* (Manchester, Manchester University Press, 2009), S. 209-216; Simone de Beauvoir und Gisèle Halimi, *Djamila Boupacha. The Story of the Torture of a Young Algerian Girl Which Shocked Liberal French Opinion*, übers. v. Peter Green (London, Andre Deutsch, 1962), S. 12-21, 246.
32 *White Paper on the Application of the Geneva Conventions of 1949 to the French-Algerian Conflict* (New York, Algerian Office, 1960), S. 12, 15, 58; Jennifer Johnson, *The Battle for Algeria. Sovereignty, Health Care, and Humanitarianism* (Philadelphia, University of Pennsylvania Press, 2016), S. 104, 110, 115 f., 124-157.
33 Bedjaoui, S. 215; *Le Monde*, 5. Januar 1960, S. 1; Evan Luard, *History of the United Nations*, Bd. 2, *The Age of Decolonization, 1955-1965* (Basingstoke, Macmillan, 1989), S. 75-103; Johnson, S. 157-191.
34 Diese beiden Absätze stützen sich auf den ausgezeichneten Artikel von Andrew Bellisari, »The Art of Decolonization. The Battle for Algeria's French Art, 1962-1970, *Journal of Contemporary History* 52, Nr. 3 (2017), S. 625-645; Paul-Albert Février, *Art de l'Algérie antique* (Paris, E. de Boccard, 1971).
35 Daniel Herwitz, *Heritage, Culture, and Politics in the Postcolony* (New York, Columbia University Press, 2012), S. 1-25.
36 L. S. Senghor, *Liberté I. Négritude et humanisme* (Paris, Seuil, 1964), S. 124; Gary Wilder, *Freedom Time. Negritude, Decolonization, and the Future of the World* (Durham, Duke University Press, 2015), S. 49-73, 143, 206-240.
37 Senghor, »La Négritude«, S. 108, zitiert in Wilder, S. 52; Janet G. Vaillant, *Black, French, and African. A Life of Léopold Sédar Senghor* (Cambridge, MA, Harvard University Press, 1990), S. 243-271; Nancy Jachec, »Léopold Sédar Senghor and the Cultures de l'Afrique Noire et de l'Occident (1960). Eurafricanism, Négritude and the Civilisation of the Universal«, *Third Text*

24, Nr. 2 (März 2010), S. 201; Kahuidi C. Mabana, »Léopold Sédar Senghor and the Civilization of the Universal«, *Diogenes* (Juli 2013), S. 1–9.
38 Michael J. C. Echeruo, »Negritude and History. Senghor's Argument with Frobenius«, *Research in African Literatures* 24, Nr. 4 (Winter 1993), S. 1–13; Marcel Mauss, »Civilisations. Their Elements and Forms (1929/1930)«, in: ders., *Techniques, Technology and Civilisation*, hg. v. Nathan Schlanger (New York/ Oxford, Berghahn, 2006), S. 61 f.; Keith Thomas, *In Pursuit of Civility. Manners and Civilization in Early Modern England* (New Haven, Yale University Press, 2018), S. 267; Léopold Sédar Senghor, »The Lessons of Leo Frobenius«, in: *Leo Frobenius. An Anthology*, hg. v. Eike Haberland, übers. v. Patricia Crampton (Wiesbaden, Franz Steiner, 1973), S. vii; Césaire, *Über den Kolonialismus*, S. 50.
39 Tareq Y. Ismael, *The U. A. R. in Africa. Egypt's Policy Under Nasser* (Evanston, IL, Northwestern University Press, 1971), S. 36, 103; Cheikh Anta Diop, *Nations nègres et culture. De l'antiquité nègre-égyptienne aux problèmes culturels de l'Afrique noire d'aujourd'hui* (Paris, Éditions Africaines, 1955); Cheikh Anta Diop, *L'Afrique noire précoloniale. Étude comparée des systèmes politiques et sociaux de l'Europe et de l'Afrique noire, de l'antiquité à la formation des états modernes* (Paris, Présence Africaine, 1960); Mudimbe, S. 89–97; Manuh, S. 27.
40 Vijay Prashad, *The Darker Nations. A People's History of the Third World* (New York, New Press, 2007), S. 45; Sarah van Beurden, »The Art of (Re) Possession. Heritage and the Cultural Politics of Congo's Decolonization«, *Journal of African History* 56, Nr. 1 (März 2015), S. 143–164, und Cynthia Scott, »Renewing the ›Special Relationship‹ and Rethinking the Return of Cultural Property. The Netherlands and Indonesia, 1949–79«, *Journal of Contemporary History* 52, Nr. 3 (Juli 2017), S. 646–668; Robert Ardrey, *Adam kam aus Afrika. Auf der Suche nach unseren Vorfahren* (München, Herbig, 1961); Richard E. Leakey, *Die Suche nach dem Menschen. Wie wir wurden, was wir sind* (Frankfurt am Main, Umschau, 1981), S. 13–18; Saul Dubow, »Henri Breuil and the Imagination of Prehistory. Mixing Up Rubble, Trouble and Stratification««, *South African Archaeological Society* 12 (2018), S. 1–13; *Congrès panafricain de préhistoire, Dakar 1967*, hg. v. Henri J. Hugot (Dakar, Les Imprimeries Réunies de Chambéry, 1967), S. 18 f.
41 Senghor, »La Négritude comme culture des peuples noirs, ne saurait être dépassé«, in: ders., *Liberté* 5, S. 95; Tracy D. Snipe, *Arts and Politics in Senegal, 1960-1966* (Trenton, NJ, Africa World Press, 1998), S. 43–49; Senghor, »Socialisme et culture«, *Liberté II*, zitiert in Wilder, S. 216; Sékou Touré, »Le Leader politique considéré comme le représentant d'une culture«, *Présence Africaine* 24–25 (Februar-Mai 1959), S. 115; Senghor, »Éléments const-

ructifs d'une civilisation d'inspiration négro-africaine«, *Présence Africaine* 24–25 (Februar-Mai 1959), S. 279.
42 Augustin F. C. Holl, »Worldviews, Mind-Sets, and Trajectories in West African Archaeology«, in: *Postcolonial Archaeologies in Africa*, hg. v. Peter Schmidt (Santa Fe, NM, School for Advanced Research Press, 2009), 135–139.
43 *Premier festival mondial des arts nègres* Ausstellungskatalog (Dakar, 1966), nicht paginiert; Engelbert Mveng, »Signification africaine de l'art«, in: *Colloque. Fonction et signification de l'art nègre dans la vie du peuple et pour le peuple, 30 mars–8 avril, 1966* (Paris, Présence Africaine, 1967), S. 8; L. S. Senghor, »Fonction et signification du Festival mondial des Arts nègres«, in: *Liberté III*, S. 58–63; David Murphy, »Introduction. The Performance of Pan-Africanism«, in: *The First World Festival of Negro Arts, Dakar 1966. Contexts and Legacies*, hg. v. David Murphy (Liverpool, Liverpool University Press, 2016), S. 1–40.
44 L. S. Senghor, Vorwort, Georges-Henri Riviere, Geleitwort, Engelbert M'Veng, Einleitung zu *L'art nègre. Sources, evolution, expansion (*Dakar/ Paris, Réunion des Musées Nationaux Français, 1966), S. xiv bzw. xxxviii, xxiv-xxxi; Herbert Pepper, »La notion d'unité, notion clé de l'expression négro-africaine«, in: *Colloque*, S. 231–241; Ekpo Eyo, »La préservation des œuvres d'art et d'artisanat, in: *Colloque*, S. 624 und 632.
45 Frantz Fanon, *Die Verdammten dieser Erde*, übers. v. Traugott König (Reinbek bei Hamburg, Rowohlt, 1969 [1961]), S. 35–39, 163 ff., 180.; Elizabeth Harney, *In Senghor's Shadow. Art, Politics, and the Avant-Garde in Senegal, 1960–1995* (Durham, Duke University Press, 2004), S. 9, 45; Jacques Louis Hymans, *Léopold Sédar Senghor. An Intellectual Biography* (Edinburg, Edinburgh University Press, 1971), S. 129; R. Depestre, *Bonjour et adieu à la négritude* (Paris, Laffont, 1980), S. 198.
46 Vaillant, S. 275–279, 289, 291 f.
47 Frederick Cooper, *Citizenship Between Empire and Nation. Remaking France and French Africa, 1945–1960* (Princeton, Princeton University Press, 2014), S. 434.
48 W. Brian Simpson, *Human Rights and the End of Empire* (Oxford, Oxford University Press, 2004), S. 739; Talbot C. Imlay, »International Socialism and Decolonization During the 1950s. Competing Rights and the Postcolonial Order«, *American Historical Review* 118, Nr. 4 (Oktober 2013), S. 1105–1132; Roland Burke, *Decolonization and the Evolution of International Human Rights* (Philadelphia, University of Pennsylvania Press, 2010), S. 94–108.

SIEBTES KAPITEL: WELTZIVILISATION
1 Max Frisch, *Homo faber. Ein Bericht* (Frankfurt am Main, Suhrkamp, 1977 [1957]), S. 50.
2 James Sewell, *Unesco and World Politics. Engaging in International Relations* (Princeton, Princeton University Press, 1975), S. 119, 135; Marian Neal, »United Nations Technical Assistance Programs in Haiti«, *International Conciliation* 468 (Februar 1951), S. 102–111, und Glenda Sluga, *Internationalism in the Age of Nationalism* (Philadelphia, University of Pennsylvania Press, 2013), S. 108–111.
3 Akira Iriye, *Cultural Internationalism and World Order* (Baltimore, Johns Hopkins Press, 1997), S. 131–176; UNESCO, Preparatory Commission, *Conference for the Establishment of the United Nations Educational, Scientific and Cultural Organization, Held at the Institute of Civil Engineers, London, from the 1st to the 16th November, 1945* (London, Preparatory Commission UNESCO, 1946), S. 87.
4 Chloé Maurel, »L'Histoire de l'humanité de l'UNESCO (1945–2000)«, *Revue d'histoire des sciences humaines* 22 (2010), S. 165; Iriye, S. 93; Walter H. C. Laves, »Can UNESCO Be of Aid in World Crisis?«, *Foreign Policy Bulletin* 38, Nr. 4 (1. November 1958), S. 29 ff.
5 Julian Huxley, *Ein Leben für die Zukunft. Erinnerungen,* übers. v. W. Höck (München, List, 1974 [1973]), S. 271; Luther Evans, Françoise Choay, und Lucien Hervé, *Unesco Headquarters in Paris. A Symbol of the Twentieth Century* (Paris, Vincent Fréal, 1958), und Christopher Pearson, *Designing UNESCO. Art, Architecture and International Politics at Mid-Century* (Burlington, VT, Ashgate, 2010).
6 Julian Huxley, *UNESCO. Its Purpose and Its Philosophy* (Washington, DC, Public Affairs Press, 1947), S. 17, 61.
7 Joseph Needham, *Chinese Science* (London, Pilot Press, 1945); Brief von Needham an Huxley, 13. Oktober 1948, NCUAC 54.3.95, D161, Joseph Needham Papers, University of Cambridge (fortan zitiert als JNP); Patrick Petitjean, »Giving Science for Peace a Chance«, in: *Sixty Years of Science at UNESCO, 1945–2005* (Paris, UNESCO, 2006), S. 55; *Science Liaison. The Story of UNESCO's Science Co-Operation Offices* (Paris, UNESCO, 1954), S. 9 f.; C. P. Snow, *Die zwei Kulturen. Literarische und naturwissenschaftliche Intelligenz,* aus dem Englischen übers. v. Grete und Karl Eberhardt Felten (Stuttgart, Klett, 1967).
8 Céline Giton, »Weapons of Mass Distribution. UNESCO and the Impact of Books«, in: *A History of UNESCO. Global Actions and Impacts,* hg. v. Poul Duedahl (London, Palgrave, 2016), S. 51 ff., 57; Josué Mikobi Dikay, »Education for Independence. UNESCO in the Post-Colonial Democratic Republic of Congo«, in: Duedahl, S. 171.

9 *Allied Plan for Education. The Story of the Conference of Allied Ministers of Education* (London, UN Information Organisation, 1945), S. 29, 33; *Report of the Director General on the Activities of the Organisation in 1947. Presented to the Second Session of the General Conference at Mexico City, November–December 1947* (Paris, UNESCO, 1947), S. 6 f.

10 Jacques Maritain, Einleitung zu *Human Rights. Comments and Interpretations* (London, Wingate, 1949), S. 10; Mary Ann Glendon, *A World Made New. Eleanor Roosevelt and the Universal Declaration of Human Rights* (New York, Random House, 2001), S. 73–78.

11 Menschenrechtsausstellung, Übersicht, April 1949, S. 1 f., 342.7 (100) A066 »54«, UNESCO-Archiv, Paris (fortan zitiert als AUP).

12 Julian S. Huxley und A. C. Haddon, *We Europeans. A Survey of »Racial« Problems* (London, Jonathan Cape, 1935), S. 107; Glenda Sluga, »UNESCO and the (One) World of Julian Huxley«, *Journal of World History* 21, Nr. 3 (2010), S. 397–414; »Statement on Race«, in: UNESCO, *The Race Concept. Results of an Inquiry* (Paris, UNESCO, 1952), S. 496–501; Michelle Brattain, »Race, Racism, and Antiracism. UNESCO and the Politics of Presenting Science to the Postwar Public«, *American Historical Review* 112, Nr. 5 (Dezember 2007), S. 1386–1413; Claude Lévi-Strauss, *Tristes Tropiques* (London, Jonathan Cape, 1973 [1955]), S. 436–448; ders., »The Crisis of Anthropology«, *Unesco Courier*, November 1961, S. 12–17.

13 Anthony Q. Hazard Jr., *Postwar Anti-Racism. The United States, UNESCO and »Race«, 1945–1968* (London, Palgrave, 2012), S. 63–84; Paul Duedahl, »Out of the House. On the Global History of UNESCO, 1945–2015«, in: ders., S. 5 f.; Penny Von Eschen, *Race Against Empire. Black Americans and Anticolonialism, 1937–1957* (Ithaca, NY, Cornell University Press, 1997), S. 69–95.

14 John A. Armstrong, »The Soviet Attitude Toward UNESCO«, *International Organization* 8, Nr. 2 (Mai 1954), S. 217–233.

15 Takashi Saikawa, »Returning to the International Community. UNESCO and Post-War Japan, 1945–1951«, in: Duedahl, S. 117–121. Siehe auch Liang Pan, *The United Nations in Japan's Foreign and Security Policymaking, 1945–1962* (Cambridge, MA, Harvard University Press, 2005).

16 Achte Vollversammlung, 21. Juni 1951, *Records of the General Conference, 6th Session, Paris 1951. Proceedings* (Paris, UNESCO, 1951), S. 112–116.

17 E1/164 Pressespiegel, 1947–1953, 27. Juni 1952, 17. Oktober 1952, UAP; Sewell, 151; *Records of the General Conference, 7th Session, Paris 1952. Proceedings* (Paris, UNESCO, 1953), S. 46–53.

18 Sluga, »UNESCO«, S. 393–417, und Poul Duedahl, »Selling Mankind. UNESCO and the Invention of Global History, 1945–1976«, *Journal of World History* 22, Nr. 1 (2011), S. 101–133.

19 T. V. Sathyamurthy, *The Politics of International Cooperation. Contrasting Conceptions of UNESCO* (Genf, Librairie Droz, 1964), S. 98; Julian Huxley, »The Advance of World Civilization«, *Unesco Courier* 1, Nr. 10 (November 1948), S. 1−6; Huxley, *Ein Leben für die Zukunft*, S. 313.
20 Cemil Aydin, »Beyond Civilization. Pan-Islamism, Pan-Asianism and the Revolt Against the West«, und Dominic Sachsenmeier, »Searching for Alternatives to Western Modernity. Cross-Cultural Approaches in the Aftermath of the Great War«, *Journal of Modern European History* 4, Nr. 2 (2006), S. 204−223 bzw. 241−260; Michael Adas, »Contested Hegemony. The Great War and the Afro-Asian Assault on the Civilizing Mission Ideology«, *Journal of World History* 15, Nr. 1 (März 2004), S. 31−63.
21 H. G. Wells, *Die Weltgeschichte*, Bd. 3, übers. v. Otto Mandl, Helene M. Reiff, Erna Redtenbacher (Wien, P. Zsolnay, 1928), S. 454.
22 Arnold Toynbee, Persönlicher Vortrag vor Gemeinsamem Sonderausschuss zum UNESCO-Projekt für eine Wissenschafts- und Kulturgeschichte der Menschheit, 20. Februar 1950, ED 157/30, National Archives, London (fortan zitiert als NAL); Charles Morazé, »Obituary of Lucien Febvre«, *Cahiers d'histoire mondiale/Journal of World History* 3 (1956), S. 553−557; UNESCO General Conference, 4th Session, »Present Position of the Project Concerning the ›Scientific and Cultural History of Mankind‹«, Paris, 30. August 1949, 4. NCUAC 54.3.95, D163, JNP; Lucien Febvre, Vorwort zu *Cahiers d'histoire mondiale/Journal of World History* 1, Nr. 1 (Juli 1953), S. 7 ff.
23 Patrick Petitjean, »The Ultimate Odyssey«, in: *Sixty Years*, S. 86; Michael Lang, »Globalization and Global History in Toynbee«, *Journal of World History* 22, Nr. 4 (2011), S. 747−783.
24 Walter H. C. Laves und Charles A. Thomson, *UNESCO. Purpose, Progress, Prospects* (Bloomington, Indiana University Press, 1957), S. 400.
25 »A World History for World Peace«, *The Reconstructionist* 17, Nr. 20 (8. Februar 1952), S. 5 f.; Brief von UNESCO-Generalsekretär Guy Métraux an Gottschalk, 20. Juni 1956, Box 17, Folder 9, Louis Gottschalk Papers, University of Chicago; *Gazette* (Montreal), 18. Januar 1950, sowie »L'Unesco raye-t-elle Christ?«, *La France Catholique*, 5. April 1951; Duranti, *The Conservative*, S. 318, 320.
26 M. K. Haldar, »History Under UNESCO«, *Thought* (Indien), 25. Februar 1967; Alex Comfort, »All Those in Favour?«, *Guardian*, 25. November 1966; »UN Goes into the History Business«, *Chicago Daily Tribune*, 24. Dezember 1951; Duedahl, »Selling«, S. 123−125.
27 Duedahl, »Selling«, S. 130; Todd Shepard, »Algeria, France, Mexico, UNESCO. A Transnational History of Anti-Racism and Decolonization, 1932−1962«, *Journal of Global History* 6, Nr. 2 (2011), S. 273−297.
28 Philip L. Kohl und Clare Fawcett, *Nationalism, Politics, and the Practice of*

Archaeology (Cambridge, Cambridge University Press, 1995); Tom Little, *High Dam at Aswan. The Subjugation of the Nile* (London, Methuen, 1965), S. 157.

29 Hussein M. Fahim, *Dams, People and Development. The Aswan High Dam Case* (New York, Pergamon Press, 1981), S. 7-15; David Gange, »Unholy Water. Archaeology, the Bible, and the First Aswan Dam«, in: *From Plunder to Preservation. Britain and the Heritage of Empire, c. 1800-1940*, hg. v. Astrid Swenson und Peter Mandler (London, British Academy, 2013), S. 93-114.

30 Michael Elliott und Vaughn Schmutz, »World Heritage. Constructing a Universal Cultural Order«, *Poetics* 40, Nr. 3 (Juni 2012), S. 262 f.; Sarah M. Titchen, »On the Construction of Outstanding Universal Value. UNESCO's World Heritage Convention (Convention Concerning the Protection of the World Cultural and Natural Heritage, 1972) and the Identification and Assessment of Cultural Places for Inclusion in the World Heritage List« (Doktorarbeit, Australian National University, April 1995), S. 15-35.

31 Elliott und Schmutz, S. 265; *Cuzco. Reconstruction of the Town and Restoration of Its Monuments* (Paris, UNESCO, 1952). Zu einer Erörterung siehe Lynn Meskell, *A Future in Ruins. UNESCO, World Heritage, and the Dream of Peace* (Oxford, Oxford University Press, 2018), S. 18.

32 Fekri A. Hassan, »The Aswan High Dam and the International Rescue Nubia Campaign«, *African Archaeological Review* 24, Nr. 3 (Januar 2007), S. 79; George Rodger, *The Village of the Nubas* (London, Phaidon, 1955); zu alternativen Entwürfen siehe Lucia Allais, *Designs of Destruction. The Making of Monuments in the Twentieth Century* (Chicago, University of Chicago Press, 2018), S. 219-254.

33 »March 8 Appeal by Vittorio Veronese, Director-General of Unesco«, *Unesco Courier* 13 (Mai 1960), S. 7; Gange, S. 112 ff.; Ali Vrioni, »Victory in Nubia«, *Unesco Courier* 17 (Dezember 1964), S. 5.

34 Botschaft von Mr. John F. Kennedy, Präsident der Vereinigten Staaten von Amerika, vom 7. April 1961 an den US-Kongress über die Teilnahme der USA an der internationalen Kampagne zur Rettung der Denkmäler Nubiens, CUA/107/ Annex II. CLT/CIH/MCO Box 28, UAP; André Malraux, »TVA of Archaeology«, *Unesco Courier* 13 (Mai 1960), S. 10.

35 Walter G. Langlois, *André Malraux. The Indochina Adventure* (London, Pall Mall Press, 1966), S. 3-51, und Herman Lebovics, *Mona Lisa's Escort. André Malraux and the Reinvention of French Culture* (Ithaca, NY, Cornell University Press, 1999); André Malraux, »TVA«, S. 10.

36 Statement von Präsident Gamal Abdel Nasser über die Sicherung der nubischen Denkmäler, 5. Juni 1961, CUA/107/ Annex 1. CLT/CIH/MCO Box 28, UAP; Negm-el-Din Mohammed Sherif, »Victory in Nubia. The Su-

dan«, *Unesco Courier*, Sonderausgabe zu »Victory in Nubia«, Februar-März 1980, S. 19, und Meskell, S. 55.
37 Torgny Säve-Söderbergh (Hg.), *Temples and Tombs of Ancient Nubia. The International Rescue Campaign at Abu Simbel, Philae and Other Sites* (Paris, Thames & Hudson und UNESCO, 1987), S. 68; Little, S. 164; 17. März 1964, 4, E1/168, 1947-1966, UAP; Friedrich W. Hinkel, *Auszug aus Nubien* (Berlin, Akademie-Verlag, 1978); Hassan, S. 320.
38 C. L. Sulzberger, »No Cold War in the Land of Kush«, *New York Times*, 20. März 1961, S. 28; »March 8 Appeal by Vittorio Veronese, Director-General of UNESCO«, *Unesco Courier* 13 (Mai 1960), S. 7; Zbynek Žába, »Ancient Nubia Calls for Help«, *New Orient* 1, Nr. 3 (Juni 1960), S. 9.
39 Sewell, S. 246; Kemal Baslar, *The Concept of the Common Heritage of Mankind in International Law* (Den Haag, Martinus Nijhoff, 1998), S. xix-38.
40 John A. Larson, *Lost Nubia. A Centennial Exhibit of Photographs from the 1905-1907 Egyptian Expedition of the University of Chicago* (Chicago, Oriental Institute, 2006), S. x; Fred Wendorf (Hg.), *The Prehistory of Nubia*, Bde. 1 und 2 (Dallas, Southern Methodist University Press, 1968); Hassan, »High Dam«, S. 81; 11. Februar 1966, S. 3, E1/168, 1947-1966, UAP.
41 Little, S. 135-139; Hussein M. Fahim, *Egyptian Nubians. Resettlement and Years of Coping* (Salt Lake City, University of Utah Press, 1983), S. 40f.; Säve-Söderbergh, *Temples*, S. 73; Georg Gerster, »Saving the Ancient Temples at Abu Simbel«, *National Geographic Magazine* 129, Nr. 5 (Mai 1966), S. 709.

Achtes Kapitel: Die Zivilisierung des Sozialismus in Afrika

1 *Analysis of the Khrushchev Speech of January 6, 1961. Hearing Before the Subcommittee to Investigate the Administration of the Internal Security Act and Internal Security Laws of the Committee on the Judiciary United States Senate, 87th Congress, First Session* (Washington, DC, US Government Printing Office, 1961), Appendix, S. 52-73, Zitate 69 und 71; Philip E. Muehlenbeck, *John F. Kennedy's Courting of African Nationalist Leaders* (Oxford, Oxford University Press, 2012), S. xii; Jeremy Friedman, »Soviet Policy in the Developing World and the Chinese Challenge in the 1960s«, *Cold War History* 10, Nr. 2 (2010), S. 247-272.
2 Thomas J. Noer, »New Frontiers and Old Priorities in Africa«, in: *Kennedy's Quest for Victory. American Foreign Policy, 1961-1963*, hg. v. Thomas Paterson (Oxford, Oxford University Press, 1989), S. 253-283; Muehlenbeck, S. xi-xv, 48, und Odd Arne Westad, *Der Kalte Krieg. Eine Weltgeschichte*, übers. v. Helmut Dierlamm und Hans Freundl, (Stuttgart, J. G. Cotta'sche Buchhandlung, 2019 [2017]), S. 237-292.

3 Zbigniew Brzeziński, Einleitung zu dem von ihm herausgegebenen *Africa and the Communist World* (London, Oxford University Press, 1964), S. 5.
4 Frederick Jackson Turner, *The Significance of the Frontier in American History* (London, Penguin, 2008 [1893]), S. 2.
5 Frederick C. Barghoorn, *The Soviet Cultural Offensive. The Role of Cultural Diplomacy in Soviet Foreign Policy* (Princeton, Princeton University Press, 1960); Yale Richmond, *Cultural Exchange and the Cold War. Raising the Iron Curtain* (University Park, Pennsylvania State University Press, 2003); B. Smirnov, *To Know Each Other* (Moskau, Novosti Press Agency Publishing House, 1967), S. 1–8.
6 Michael David-Fox, *Showcasing the Great Experiment. Cultural Diplomacy and Western Visitors to the Soviet Union, 1921–1941* (Oxford, Oxford University Press, 2012); Patryk Babiracki, *Soviet Soft Power in Poland. Culture and the Making of Stalin's Empire, 1943–1957* (Chapel Hill, University of North Carolina Press, 2015); Alvin Z. Rubinstein, *The Soviets in International Organizations. Changing Policy Toward Developing Countries, 1953–1963* (Princeton, Princeton University Press, 1964), S. 36.
7 Chanakya Sen, *Against the Cold War. A Study of Asian-African Policies Since World War II* (London, Asia Publishing House, 1962), S. 125 f.
8 Tobias Rupprecht, *Soviet Internationalism After Stalin. Interaction and Exchange Between the USSR and Latin America During the Cold War* (Cambridge, Cambridge University Press, 2015), S. 5, und Anne E. Gorsuch, *All This Is Your World. Soviet Tourism at Home and Abroad After Stalin* (Oxford, Oxford University Press, 2011); Pia Koivunen, »The 1957 Moscow Youth Festival. Propagating a New, Peaceful Image of the Soviet Union«, in: *Soviet State and Society Under Nikita Khrushchev*, hg. v. Melanie Ilic und Jeremy Smith (London, Routledge, 2009), S. 46–65.
9 Radina Vučetić, »Tito's Africa. Representation of Power During Tito's African Journeys«, in: *Picturing Solidarity. Tito in Africa*, hg. v. Radina Vučetić und Paul Betts (Belgrad, Museum der jugoslawischen Geschichte, 2017), S. 12–45; 1959 Report, Teritoriální odbory – obyčejné, Guinea, 1945–1959, karton 1, Archiv des Außenministeriums, Prag (fortan zitiert als AMZV); Teritoriální odbory – obyčejné, Etiopie, 1945–1959, karton 1, AMZV; Report 19, April 1963, Fond 02/1, sv. 17, ar. j. 18, 14, Bod, Tschechisches Nationalarchiv, Prag (fortan zitiert als CNA); Report 15, April 1965, Fond 02/1, sv. 107, ar. j. 110, 6, Bod, CNA. Ich danke Alena Alamgir für diese tschechischen Verweise.
10 L. S. Senghor, »Éléments constructifs d'une civilisation d'inspiration négro-africaine«, *Présence Africaine* 24–25 (Februar–Mai 1959), S. 277; V. Y. Mudimbe, *The Invention of Africa. Gnosis, Philosophy, and the Order of Knowledge* (Bloomington, Indiana University Press, 1988), S. 91–95.

11 Roland Burke, *Decolonization and the Evolution of International Human Rights* (Philadelphia, University of Pennsylvania Press, 2010), S. 28; John Kotelawala, *An Asian Prime Minister's Story* (London, Harrap, 1956), S. 186 f.; Richard Wright, Vorwort zu George Padmore, *Pan-Africanism or Communism? The Coming Struggle for Africa* (London, Dennis Dobson, 1956), S. 12; A. G. Mezerik (Hg.), *Colonialism and the United Nations* (New York, International Review Service, 1964), S. 9.

12 James Mark und Quinn Slobodian, »Eastern Europe«, *The Oxford Handbook of the Ends of Empire*, hg. v. Martin Thomas und Andrew S. Thompson (Oxford, Oxford University Press, 2018), S. 351–373; D. N. Sharma, *Afro-Asian Group in the U. N.* (Allahabad, Chaitnya Publishing House, 1969), S. 74–81, 106; Byrne, *Mecca of Revolution*, S. 93; Mary Ann Heiss, »Exposing ›Red Colonialism‹. Propaganda at the United Nations, 1953–1963«, *Journal of Cold War Studies* 17, Nr. 3 (Sommer 2015), S. 82–115.

13 W. A. C. Adie, »China, Russia and the Third World«, *China Quarterly* 11 (1962), S. 200–213; Jeffrey James Byrne, »Beyond Continents, Colours, and the Cold War. Yugoslavia, Algeria, and the Struggle for Non-Alignment«, *International History Review* 37, Nr. 5 (2015), S. 924; Jeffrey James Byrne, *Mecca of Revolution*, S. 268.

14 William Glenn Gray, *Germany's Cold War. The Global Campaign to Isolate East Germany, 1949–1969* (Chapel Hill, University of North Carolina Press, 2003).

15 Richmond, S. 124 f.; Cadra Peterson McDaniel, *American-Soviet Cultural Diplomacy. The Bolshoi Ballet's American Premiere* (Lanham, MD, Lexington Books, 2015); Clare Croft, *Dancers as Diplomats. American Choreography in Cultural Exchange* (New York, Oxford University Press, 2015); Penny M. Von Eschen, *Satchmo Blows Up the World. Jazz Ambassadors Play the Cold War* (Cambridge, Harvard University Press, 2006); Ilya Prizel, *Latin America Through Soviet Eyes. The Evolution of Soviet Perceptions During the Brezhnev Era, 1964–1982* (Cambridge, Cambridge University Press, 1990).

16 Beide zitiert in Byrne, *Mecca of Revolution*, S. 214 f.; siehe auch Gamal Abdel Nasser, *Die Philosophie der Revolution* (Kairo, Mondiale Press, 1957), S. 71.

17 »Tour of Rumania by the Ghana Workers Brigade Band No. 2«, Pressemitteilung von J. Benibengor Blay, Esq. MP, Kunst- und Kulturminister, 7. Juni 1965, RG 3/7/13, PRAAD; »Marionetten und Pantomimen. Kairoer Puppenspieler auf der Reise durch die sozialistischen Staaten Europas«, *Märkische Union* (Potsdam), 24. Dezember 1964, in: DR1/24025, Bundesarchiv, Berlin (fortan zitiert als BAB). Ich danke Radina Vučetić für die Verweise auf Jugoslawien.

18 Morisseau-Leroy, Nationaler Organisator für Drama & Literatur, Protokoll-

vorschläge, 27. Januar 1965, Akten 269-271, RG 3/7/13, PRAAD; https://cia.gov/library/readingroom/docs/DOC_0000313542.pdf

19 Artemy M. Kalinovsky, »Writing the Soviet South into the History of the Cold War and Decolonization«, in: *Alternative Globalizations. Eastern Europe and the Postcolonial World*, hg. v. James Mark, Artemy M. Kalinovsky und Steffi Marung (Bloomington, Indiana University Press, 2020); Eren Tasar, »Islamically Informed Soviet Patriotism in Postwar Kyrgyzstan«, *Cahiers du monde russe* 52, Nr. 2-3 (2011), S. 387-404.

20 David Caute, *The Dancer Defects. The Struggle for Cultural Supremacy During the Cold War* (Oxford, Oxford University Press, 2003).

21 Siehe die Sonderausgabe über »Cold War Transfer. Architecture and Planning from Socialist Countries in the ›Third World‹«, hg. v. Łukasz Stanek, in: *Journal of Architecture* 17, Nr. 3 (2012); Cole Roskam, »Non-Aligned Architecture. China's Designs on and in Ghana and Guinea, 1955-1992«, *Architectural History* 58 (2015), S. 261-291; Martino Stierli, »Networks and Crossroads. The Architecture of Socialist Yugoslavia as a Laboratory of Globalization in the Cold War«, in: *Toward a Concrete Utopia. Architecture in Yugoslavia 1948-1980* (New York, Museum of Modern Art, 2018), S. 11-26; Łukasz Stanek, *Architecture in Global Socialism. Eastern Europe, West Africa, and the Middle East in the Cold War* (Princeton, Princeton University Press, 2020), S. 35-96.

22 Ákos Moravánszky, »Peripheral Modernism. Charles Polónyi and the Lessons of the Village«, *Journal of Architecture* 17, Nr. 3 (2012), S. 333-359; Ryszard Kapuściński, *Afrikanisches Fieber. Erfahrungen aus vierzig Jahren*, 7. Aufl. (München [u. a.], Piper, 2005); *Dookoła Swiata* 44 (1963), S. 3 f., 10. Ich danke Hubert Czyzewski für diesen Verweis. Stanek, *Architecture*, S. 56-62; Paul Betts, »A Red Wind of Change. African Media Coverage of Tito's Tours of Decolonizing Africa«, in: Vučetić und Betts, S. 47-77.

23 Ju. P. Franzew, *Istoritscheski materialism i sozialnaja filossofija sowremennoi burschuasii* (Moskau, Nauka, 1960), S. 13-25; W. M. Tschchikwadse, *Sozialistitscheski gumanism i prawa tscheloweka. Leninskije idei i sowremennost* (Moskau, 1978), S. 110-115, 150-162, 260-265; »Strana Oktjabrja - werny drug narodow Asii i Afriki«, *Prawda*, 4. November 1960, S. 1. Ich danke Giovanni Cadioli für die russischen Verweise in diesem Abschnitt. Erich Fromm (Hg.), *Socialist Humanism. An International Symposium* (London, Allen Lane, 1967), S. ix-xiv.

24 Jenny Andersson, *The Future of the World. Futurology, Futurists, and the Struggle for the Post-Cold War Imagination* (Oxford, Oxford University, 2018), S. 131, 138 f.

25 Radovan Richta, *Zivilisation am Scheideweg. Soziale und menschliche Zusammenhänge der wissenschaftlich-technischen Revolution*, Richta-Report

(Freiburg im Breisgau, Verlag an der Basis [1970]); Andersson, S. 123-129.

26 Von 1955 bis 1957 schickte die UdSSR über die Vereinten Nationen 48 Experten in unterentwickelte Länder; dem stehen 924 aus den USA, 683 aus Frankreich und 1143 aus Großbritannien entsandte Experten gegenüber. »From the History of Studies of African Problems in the Soviet Union«, in: *Africa in Soviet Studies. 1968 Annual* (Moskau, »Nauka« Publishing House, 1969), S. 145-152; Sergey Mazov, *A Distant Front in the Cold War. The USSR in West Africa and the Congo, 1956-1964* (Stanford, CA, Stanford University Press, 2010), S. 18.

27 Siehe *Große Sowjet-Enzyklopädie* (Moskau, Akademie der Wissenschaften der UdSSR, 1951); »Bogatstwo kultury sozialistitscheskich nazi«, *Prawda*, 14. Oktober 1958, S. 1.

28 Editorial Board, »Presentation«, *Africana Bulletin* 1 (1964), S. 7; Elzbieta Dabrowska-Smektala, »Polish Excavations in Egypt and Sudan«, *Africana Bulletin* 2 (1965), S. 102-112; Tadeusz Dzierzykray-Rogalski, »The Joint Arabic-Polish Anthropological Expedition in 1958-1962«, *Africana Bulletin* 4 (1966), S. 105 ff.

29 Zbynek Žába, »Ancient Nubia Calls for Help«, *New Orient* 1, Nr. 3 (1960), S. 5-9; »Eastern Studies Today«, *New Orient* 1, Nr. 4 (1960), S. 1.

30 Alexander Dallin, *The Soviet Union at the United Nations* (London, Methuen, 1962), S. 21; Pieter Lessing, *Africa's Red Harvest* (London, Michael Joseph, 1962), S. 33 f., 126; I. I. Potechin, *Afrika blickt in die Zukunft*, übers. v. Heinz Deutschland (Berlin (Ost), Tribüne, 1961), S. 99-109.

31 Kirill Chistov, »Folklore, ›Folklorism‹ and the Culture of an Ethnos«, in: *Ethnocultural Development of African Countries* (Moskau, Akademie der Wissenschaften der UdSSR, 1984), S. 119-139; V. S. Solodovnikov, »Opening Address at the Conference on the Historical Relations of the Peoples of the Soviet Union and Africa, May 19, 1965«, in: *Russia and Africa* (Moskau, Akademie der Wissenschaften der UdSSR, 1966), S. 7-15; Klaus Ernst, *Tradition und Fortschritt im afrikanischen Dorf. Soziologische Probleme der nichtkapitalistischen Umgestaltung der Dorfgemeinde in Mali* (Berlin, Akademie-Verlag, 1973).

32 Teresa Brinkel, *Volkskundliche Wissensproduktion in der DDR* (Wien, LIT, 2010), S. 39-76.

33 Frank J. Miller, *Folklore for Stalin. Russian Folklore and Pseudofolklore of the Stalin Era* (Armonk, NY, M. E. Sharpe, 1990); Yitzhak M. Brudny, *Reinventing Russia. Russian Nationalism and the Soviet State, 1953-1991* (Cambridge, Harvard University Press, 1998), und Christine Varga-Harris, *Stories of House and Home. Soviet Apartment Life During the Khrushchev Years* (Ithaca, NY, Cornell University Press, 2015), S. 43.

34 Mikhail Miller, *Archaeology in the USSR* (London, Atlantic Press, 1956), S. 132–168; G. S. P. Freeman-Grenville, *The Medieval History of the Coast of Tanganyika, with Special Reference to Recent Archaeological Discoveries* (Oxford, Oxford University Press, 1962); Dieter Graf, *Produktivkräfte in der Landwirtschaft und der nichtkapitalistische Weg Tansanias* (Berlin, Akademie Verlag, 1973); P. L. E. Idahosa, *The Populist Dimension to African Political Thought* (Trenton, NJ, African World Press, 2004).
35 P. L. Shinnie, *Meroe. A Civilization of the Sudan* (London, Thames & Hudson, 1967), S. 168 f.; Fritz und Ursula Hintze, *Alte Kulturen im Sudan* (Leipzig, Leipzig Verlag, 1966); *Nichtkapitalistischer Entwicklungsweg. Aktuelle Probleme in Theorie und Praxis* (Berlin, Akademie Verlag, 1973).
36 Work Plan of the Romanian Embassy, Conakry, 7. Februar 1963, MFA, 70/1962, Guinea; Constantin I. Gulian, *Despre cultura spirituală a popoarelor africane* (Bukarest, Editura Științifică, 1964), S. 8, 81. Ich danke Bogdan Cristian Iacob für die rumänischen Verweise und die übersetzten Passagen. Richard Lowenthal, »China«, in: *Africa and the Communist World*, hg. v. Zbigniew Brzeziński (London, Oxford University Press, 1964), S. 157; John Cooley, *East Wind over Africa. Red China's African Offensive* (New York, Walker, 1965), S. 16.
37 Tibor Bodrogi, *Afrikanische Kunst* (Leipzig, VEB E. A. Seemann, 1967); W. und B. Forman, *Kunst ferner Länder* (Ostberlin, Artia Verlag, 1956); Ferdinand Herrmann, »Die afrikanische Negerplastik als Forschungsgegenstand«, in: *Beiträge zur Afrikanischen Kunst, Veröffentlichungen des Museums für Völkerkunde zu Leipzig*, Heft 9 (Berlin, Akademie Verlag, 1958), S. 3–29.
38 Christian Saehrendt, *Kunst im Kampf für das »Sozialistische Weltsystem«. Auswärtige Kulturpolitik der DDR in Afrika und Nahost* (Göttingen, Franz Steiner, 2017), S. 40, 75; Burchard Brentjes, *Fels- und Höhlenbilder Afrikas* (Leipzig, Koehler & Amelang, 1965), S. 7; ders., *Von Schanidar bis Akkad. Sieben Jahrtausende orientalischer Weltgeschichte* (Leipzig, Jena, Berlin, Urania-Verlag, 1968), S. 6; *Der Beitrag der Völker Afrikas zur Weltkultur*, hg. v. Burchard Brentjes (Halle, Martin-Luther-Universität Halle-Wittenberg. Wissenschaftliche Beiträge, 1977).
39 Kofi Antubam, *Ghana's Heritage of Culture* (Leipzig, Koehler & Amelang, 1963), S. 24, 207; Brentjes sah Verbindungen zwischen seinen Skulpturen und denen der gefeierten deutschen Künstlerin Käthe Kollwitz, wahrscheinlich aufgrund der Tatsache, dass der deutsche Antifaschist Herbert Vladimir Meyerowitz Lehrer sowohl von Kollwitz als auch von Antubam gewesen war; Nii Abbey, S. 44 f.; Roselene Decho (Hg.), *Kofi Antubam. Ein ghanesischer Künstler* (Berlin, Deutsche Akademie der Künste, 1961), S. 10.; Gerald Götting, Vorwort zu Antubam, *Heritage of Culture*, S. 11.

40 L. S. Senghor, *On African Socialism* (New York, Frederick A. Praeger, 1964); ders., *Rapport sur la doctrine et le programme du parti. Congrès Constitutif du Parti de la Féderation Africaine (Dakar, 1–3 juillet 1959)* (Paris, Présence Africaine, 1959), sowie »Éléments constructifs d'une civilisation d'inspiration négro-africaine«, *Présence Africaine* 24–25 (Februar–Mai 1959); Mazov, S. 149; Wilbert J. LeMelle, »A Return to Senghor's Theme on African Socialism«, *Phylon* 26, Nr. 4 (1965), S. 330–343; Ludomir R. Lozny, *Archaeology of the 20th Century* (Berlin, Springer, 2016), und Bruce Trigger, *A History of Archaeological Thought* (Cambridge, Cambridge University Press, 2006), S. 207–242.

41 Murphy, Einleitung zu *First World Festival*, 8, S. 31–32; G. Abramow und P. Kaminski, »Isskustwo derewneje – wetschno schiwoje«, *Prawda*, 20. April 1966, S. 5.

42 Erich Herold, »The Centenary of the Naprstek Museum«, *New Orient* 3, Nr. 6 (Dezember 1962), S. 177; Živorad Kovačević, »The Opening of the Museum of African Art – a Significant Cultural and Political Event«, in: *Museum of African Art. The Veda and Zdravko Pěar Collection* (Belgrad, Museum der afrikanischen Kunst, 1977), S. 1 f.

Neuntes Kapitel: Religion, »Rasse« und Multikulturalismus

1 Clark, *Civilisation*, S. 1; Chris Stephens und John-Paul Stonard (Hg.), *Kenneth Clark. Looking for Civilisation* (London, Tate Britain, 2014), S. 13–29, 101–114, 123–131.

2 James Stourton, *Kenneth Clark. Life, Art and Civilisation* (London, HarperCollins, 2016), S. 326, 341 f., 345 f.; Clark, *Civilisation*, S. 2.

3 Ian Hall, »The Revolt Against the West. Decolonisation and Its Repercussions in British International Thought, 1945–1975«, *International History Review* 33, Nr. 1 (März 2011), S. 43–64; Hedley Bull, *The Anarchical Society. A Study of Order in World Politics* (London, Macmillan, 1977).

4 John Cohen, *Africa Addio. Der einzigartige Dokumentarfilm von Gualtiero Jacopetti und Franco Prosperi, den weltbekannten Filmreportern von Mondo Cane* (München, Heyne, 1966), S. 7; Marie-Aude Fouéré, »Film as Archive. Africa Addio and the Ambiguities of Remembrance in Contemporary Zanzibar«, *Social Anthropology* 24, Nr. 1 (Februar 2016), S. 82–96.

5 James Becket, *Barbarism in Greece. A Young American Lawyer's Inquiry into the Use of Torture in Contemporary Greece, with Case Histories and Documents* (New York, Walker and Company, 1970); Gonda Van Steen, »Rallying the Nation. Sport and Spectacle Serving the Greek Dictatorships«, *International Journal of the History of Sport* 27, Nr. 12 (August 2010), S. 2121–2154; Richard Clogg, »The Ideology of the ›Revolution of 21 April 1967‹«, und Helen Vlachos, »The Colonels and the Press«, beide in *Greece Under Mili-*

tary Rule, hg. v. Richard Clogg und George Yannopoulos (London, Secker & Warburg, 1972), S. 36–58 bzw. 73; Judt, *Die Geschichte Europas seit dem Zweiten Weltkrieg*, S. 576.

6 Zitate und Erörterung in Saul Dubow, *Apartheid, 1948–1994* (Oxford, Oxford University Press, 2014), S. 13, 30, 279.

7 E. Alexander Powell, *The Last Frontier. The White Man's War for Civilization in Africa* (London, Longmans, Green and Co., 1912); Isaac Schapera (Hg.), *Western Civilisation and the Natives of South Africa* (London, Routledge & Kegan Paul, 1967 [1934]), S. ix; Arthur Keppel-Jones, *Race or Civilisation? Who Is Destroying Civilisation in South Africa?* (Johannesburg, South African Institute of Race Relations, 1951), S. 12; E. E. Harris, »*White« Civilization. How It Is Threatened and How It Can Be Preserved in South Africa* (Johannesburg, South African Institute of Race Relations, 1952).

8 Saul Dubow, »Macmillan, Verwoerd, and the 1960 ›Wind of Change‹ Speech«, *Historical Journal* 54, Nr. 4 (Dezember 2011), S. 1087–1114; Ryan M. Irwin, *Gordian Knot. Apartheid and the Unmaking of the Liberal World Order* (Oxford, Oxford University Press, 2012), S. 18 f.; Philip E. Muehlenbeck, *Betting on the Africans. John F. Kennedy's Courting of African Nationalist Leaders* (Oxford, Oxford University Press, 2012), S. 179 f.

9 A. Luthuli, »What Is This White Civilization?«, *Golden City Post*, 5. März 1961, zitiert und erörtert in Scott Everett Couper, »Chief Albert Luthuli's Conceptualisation of Civilisation«, *African Studies* 70, Nr. 1 (April 2011), S. 55 ff.; Rob Gordon, »Not Quite Cricket. ›Civilization on Trial in South Africa‹. A Note on the First Protest Film Made in South Africa«, *History in Africa* 32 (2005), S. 457–466; Christabel Gurney, »›A Great Cause‹. The Origins of the Anti-Apartheid Movement, June 1959–March 1960«, *Journal of Southern African Studies* 26, Nr. 1 (März 2000), S. 213–244.

10 *The United Nations and Apartheid, 1948–1994* (New York, United Nations, 1994), S. 10–16; Internationale Juristenkommission, *African Conference on the Rule of Law, Lagos, Nigeria, January 3–7, 1961. A Report on the Proceedings of the Conference* (Genf, Internationale Juristenkommission, 1961).

11 Håkan Thörn, *Anti-Apartheid and the Emergence of a Global Civil Society* (Basingstoke, Palgrave, 2006); *A Global History of Anti-Apartheid*, hg. v. Rob Skinner und Anna Konieczna (London, Palgrave, 2019); Thomas Borstelmann, *The Cold War and the Color Line* (Cambridge, Harvard University Press, 2001), S. 189.

12 I. I. Filatova und A. B. Davidson, *The Hidden Thread. Russia and South Africa in the Soviet Era* (Johannesburg, Jonathan Ball, 2013); V. G. Shubin, *ANC. A View from Moscow* (Johannesburg, Jacana Media, 2008); Ian Taylor, »The Ambiguous Commitment – The People's Republic of China and the Anti-

Apartheid Struggle in South Africa«, *Journal of Contemporary African Studies* 18, Nr. 1 (2000), S. 91-106.
13 *The Bonn-Pretoria Alliance. Memorandum of the Afro-Asian Solidarity Committee of the German Democratic Republic* (Dresden, Zeit im Bild, 1967), S. 3 f.; Loren Kruger, *Post-Imperial Brecht. Politics and Performance, East and South* (Cambridge, Cambridge University Press, 1994), S. 236, 238, 286 f.
14 Saul Dubow, »Global Science, National Horizons. South Africa in Deep Time and Space«, *Historical Journal* (März 2020), S. 1-28.
15 Bill Schwarz, *The White Man's World* (Oxford, Oxford University Press, 2011), S. 396 f., 414, 421; die Rolle der »›weißen Kultur‹« als stillschweigender ideologischer Rechtfertigung, durch die Weiße lernten, sich auf »das Leben mit der Rassenschranke in all ihren Nuancen und Folgen« einzustellen, wird direkt angesprochen in Doris Lessings erstem Roman *Afrikanische Tragödie*, übers. v. Barbara Christ (Hamburg, Hoffmann und Campe, 2008 [1950]), S. 29; *Rhodesia's Finest Hour. The Prime Minister of Rhodesia Addresses the Nation* (Salisbury, Südrhodesien, Government Printer, 1965); Elizabeth Buettner, *Europe After Empire. Decolonization, Society, and Culture* (Cambridge, Cambridge University Press, 2016), S. 67 f.; Ian Douglas Smith, *The Great Betrayal* (London, Blake, 1997), S. 25, 72 f.; Brian David Williams, *What Rhodesia Must Do Now. The Threat to Christian Civilization in Africa* (Glastonbury, Abbey Press, 1977).
16 Talbot C. Imlay, »International Socialism and Decolonization During the 1950s. Competing Rights and the Postcolonial Order«, *American Historical Review* 118, Nr. 4 (Oktober 2013), S. 1105-1132.
17 Nikos Poulantzas, *The Crisis of the Dictatorships. Portugal, Greece, Spain*, übers. v. David Fernbach (London, NLB, 1976); Samuel P. Huntington, *The Third Wave. Democratization in the Late Twentieth Century* (Norman, University of Oklahoma Press, 1991), S. 3-30; Richard Gunther, Nikoforos Diamandouros und Hans-Jürgen Puhle (Hg.), *The Politics of Democratic Consolidation. Southern Europe in Comparative Perspective* (Baltimore, Johns Hopkins University Press, 1995), sowie Juan J. Linz und Alfred Stepan, *Problems of Democratic Transition and Consolidation. Southern Europe, South America, and Post-Communist Europe* (Baltimore, Johns Hopkins University Press, 1996).
18 Grace Glueck, »Picasso's Antiwar ›Guernica‹ Quietly Leaves U.S. for Spain«, *New York Times*, 10. September 1981, und James M. Markham, »Spain Says Bienvenida to Picasso's ›Guernica‹«, *New York Times*, 11. September 1981.
19 Sasha D. Pack, *Tourism and Dictatorship. Europe's Peaceful Invasion of Franco's Spain* (London, Palgrave, 2006), S. 83-135.

20 Daniel C. Thomas, *The Helsinki Effect. International Norms, Human Rights, and the Demise of Communism* (Princeton, Princeton University Press, 2001).
21 Václav Havel, *Versuch, in der Wahrheit zu leben. Von der Macht der Ohnmächtigen*, übers. v. Gabriel Laub (Reinbek bei Hamburg, Rowohlt, 1980[1978]), S. 84 f.; ders., *Gewissen und Politik. Reden und Ansprachen 1984–1990* (München, Institutum Bohemicum, 1990), S. 29, 21.
22 Tony Judt, »Nineteen Eighty-Nine. The End of Which European Era?«, *Daedalus* 123, Nr. 3 (Sommer 1994), S. 1–19; Milan Kundera, »The Tragedy of Central Europe«, *New York Review of Books* 31, Nr. 7 (1984), S. 33–38.
23 Sarah Fishman, *From Vichy to the Sexual Revolution. Gender and Family Life in Postwar France* (Oxford, Oxford University Press, 2017), S. 117; Hugh McLeod, *The Religious Crisis of the 1960s* (Oxford, Oxford University Press, 2007), S. 188–213; Mark Silk, »Notes on the Judeo-Christian Tradition in America«, *American Quarterly* 36, Nr. 1 (Frühjahr 1984), S. 80–83.
24 Andrew Preston, »Universal Nationalism: Christian America's Response to the Years of Upheaval«, in: *The Shock of the Global. The 1970s in Perspective*, hg. v. Niall Ferguson (Cambridge, MA, Harvard University Press, 2011), S. 306–318.
25 József Közi-Horvath, *Cardinal Mindszenty. Confessor and Martyr of Our Time* (Chichester, GB, Aid to the Church in Need, 1979), S. 7, 128 ff.
26 Pedro Ramet, *Cross and Commissar. The Politics of Religion in Eastern Europe and the USSR* (Bloomington, Indiana University Press, 1987), S. 66.
27 George Weigel, *Witness to Hope. The Biography of Pope John Paul II* (London, HarperCollins, 1999), S. 292; Timothy Garton Ash, *The Polish Revolution* (New Haven, Yale University Press, 2002), S. 32; J. B. Weydenthal, »Poland's Politics in the Aftermath of John Paul II's Election«, *The Pope in Poland* (Prag, Radio Free Europe Research, 1979), S. 10; Jonathan Luxmoore und Jolanta Babiuch, *The Vatican and the Red Flag. The Struggle for the Soul of Eastern Europe* (London, Geoffrey Chapman, 1999), S. 205.
28 Johannes Paul II., *Predigten und Ansprachen von Papst Johannes Paul II. bei seiner Pilgerfahrt durch Polen, 2. bis 10. 6. 1979, Verlautbarungen des Apostolischen Stuhls 10* (Bonn, Sekretariat der Deutschen Bischofskonferenz, 1979), S. 14, 25, 29.
29 Luxmoore und Babiuch, S. 119 ff., 211, 215, 235; Samuel Moyn, *Christian Human Rights* (Philadelphia, University of Pennsylvania Press, 2015); Christian Caryl, *Strange Rebels. 1979 and the Birth of the 21st Century* (New York, Basic Books, 2013), S. 344; http://www.vatican.va/content/john-paul-ii/de/encyclicals/documents/hf_jp-ii_enc_04031979_redemptor-hominis.html
30 »How the Eastern European and Soviet Media Viewed the Papal Visit«, *Pope in Poland*, S. 107–128; Weigel, S. 322.

31 Henry Kamm, »Pope, in Spain, Urges Europe to Be ›Beacon of Civilization‹«, *New York Times*, 10. November 1982; https://www.kath.ch/newsd/ich-kann-es-ein-weckruf-fuer-europa-und-fuer-den-jakobsweg/
32 Michail Gorbatschow, *Umgestaltung und neues Denken für unser Land und für die ganze Welt* (Berlin (Ost), Dietz, 1987), S. 250; ders., *Erinnerungen*, übers. v. Igor Petrowitsch Gorodezki (Berlin, Siedler, 1995), S. 633; Marie-Pierre Rey, »›Europe Is Our Common Home‹. A Study of Gorbachev's Diplomatic Concept«, *Cold War History* 4, Nr. 2 (2014), S. 33–65.
33 Charles Quist-Adade, »From Paternalism to Ethnocentrism. Images of Africa in Gorbachev's Russia«, *Race and Class* 46, Nr. 4 (2005), S. 88.
34 Byrne, *Mecca of Revolution*, S. 296; Westad, *Der Kalte Krieg*, S. 407–439.
35 Denis Deletant, »Romania's Return to Europe. Between Politics and Culture«, in: *Europe and the Historical Legacy in the Balkans*, hg. v. Raymond Detrez und Barbara Segaert (Brüssel, Peter Lang, 2008), S. 83–99; Bogdan C. Iacob, »Together but Apart. Balkan Historians, the Global South, and UNESCO's *History of Humanity*, 1978–1989«, *East Central Europe* 45, Nr. 2–3 (2018), S. 270; Vladimir Tismaneanu, *Stalinism for All Seasons. A Political History of Romanian Communism* (Berkeley, CA, University of California Press, 2003), S. 227 ff.
36 Andrew Apter, *The Pan-African Nation. Oil and the Spectacle of Culture in Nigeria* (Chicago, University of Chicago Press, 2005), S. 52–75; Kofi Akumanyi, »The Festival of Arts, Culture«, *Daily Graphic*, 15. Januar 1977, S. 5; Samuel D. Anderson, »›Negritude is Dead‹. Performing the African Revolution at the First Pan-African Cultural Festival (Algiers, 1969)«, in: *The First World Festival of Negro Arts, Dakar 1966. Contexts and Legacies*, hg. v. David Murphy (Liverpool, Liverpool University Press, 2016), S. 133–150; L. Potschiwalow, »Isskustwo sa rubeschom. Prasdnik w Lagosse«, *Prawda*, 24. Februar 1977, S. 5. Ich möchte Giovanni Cadioli für diesen russischen Verweis danken.
37 Ned Richardson-Little, »The Failure of the Socialist Declaration of Human Rights. Ideology, Legitimacy, and Elite Defection at the End of State Socialism«, *East Central Europe* 46, Nr. 2–3 (2019), S. 318–342; Roland Burke, *Decolonization and the Evolution of International Human Rights* (Philadelphia, University of Pennsylvania Press, 2010), S. 137 ff.
38 Abigail Judge Kret, »›We Unite with Knowledge‹. The People's Friendship University and Soviet Education for the Third World«, *Comparative Studies of South Asia, Africa and the Middle East* 33, Nr. 2 (August 2013).
39 Rupprecht, S. 217–218, sowie Thomas Kunze und Thomas Vogel (Hg.), *Ostalgie international. Erinnerungen an die DDR von Nicaragua bis Vietnam* (Berlin, Ch. Links, 2010); Maxim Matusevich, »Probing the Limits of Internationalism. African Students Confront Soviet Ritual«, *Anthropology of East*

Europe Review 27, Nr. 2 (2009); ders., *No Easy Row for a Russian Hoe. Ideology and Pragmatism in Nigerian-Soviet Relations, 1960–1991* (Trenton, NJ, Africa World Press, 2003), S. 84; S. V. Mazov, *A Distant Front in the Cold War. The USSR in West Africa and the Congo, 1956–1964* (Stanford, CA, Stanford University Press, 2010), S. 234.

40 M. Dia, *Essais sur l'Islam*, Bd. 1, *Islam et humanisme*, Bd. 2, *Socio-Anthropologie de l'Islam*, Bd. 3, *Islam et civilisations négro-africaines* (Dakar, Nouvelles éditions africaines, 1977–1981); A. H. Ba, *Aspects de la civilisation africaine* (Paris, Présence Africaine, 1972); Toynbee, *Kultur am Scheidewege*, besonders das Kapitel »Der Islam, der Westen und die Zukunft«; *The Toynbee Lectures on the Middle East and Problems of Underdeveloped Countries* (Kairo, National Publications House, 1962); Michael Goebel, *Anti-Imperial Metropolis. Imperial Paris and the Seeds of Third-World Nationalism* (Cambridge, Cambridge University Press, 2015), S. 258; Cemil Aydin, *The Idea of the Muslim World. A Global Intellectual History* (Cambridge, MA, Harvard University Press, 2017), S. 193–197.

41 John Riddell, *To See the Dawn. Baku, 1920 – First Congress of the Peoples of the East* (New York, Pathfinder, 1993); Alexandre Bennigsen und Chantal Lemercier-Quelquejay, *Islam in the Soviet Union* (New York, Praeger, 1967); Aydin, S. 199–226; Brenna Miller, »Faith and Nation. Politicians, Intellectuals, and the Official Recognition of a Muslim Nation in Tito's Yugoslavia«, in: *Beyond Mosque, Church, and State. Alternative Narratives of the Nation in the Balkans*, hg. v. Theodora Dragostinova und Yana Hashamova (Budapest, CEU Press, 2016), S. 129–150.

42 Al-i Ahmad, *Occidentosis. A Plague from the West*, übers. v. R. Campbell (Berkeley, CA, Mizan Press, 1984), S. 34.

43 Maryam Panah, *The Islamic Republic and the World. Global Dimensions of the Iranian Revolution* (London, Pluto Press, 2007), S. 65–69; Jeremy Friedman, »The Enemy of My Enemy. The Soviet Union, East Germany, and the Iranian Tudeh Party's Support for Ayatollah Khomeini«, *Journal of Cold War Studies* 20, Nr. 2 (Frühjahr 2018), S. 3–25; Jordan Baev, »Infiltration of Non-European Terrorist Groups in Europe and Antiterrorist Responses in Western and Eastern Europe (1969–1991)«, in: *Counter Terrorism in Diverse Communities*, hg. v. Siddik Ekici (Amsterdam, IOS Press, 2011), S. 60.

44 Baev, S. 58–74.

45 Zachary T. Irwin, »The Fate of Islam in the Balkans. A Comparison of Four State Policies«, in: *Religion and Nationalism in Soviet and East European Politics*, hg. v. Pedro Ramet (Durham, Duke University Press, 1989), S. 378–407; Lolita Nikolova und Diana Gergova, »Contemporary Bulgarian Archaeology as a Social Practice in the Later Twentieth to Early Twenty-First Century«, in: *Archaeology of the Communist Era. A Political History of*

Archaeology of the 20th Century, hg. v. Ludomir R. Lozny (Berlin, Springer, 2016), S. 177-188.
46 Robert Gildea, *Empires of the Mind. The Colonial Past and the Politics of the Present* (Cambridge, Cambridge University Press, 2019), S. 123; Rita Chin, *The Crisis of Multiculturalism in Europe. A History* (Princeton, Princeton University Press, 2017), S. 92.
47 Joan Wallach Scott, *The Politics of the Veil* (Princeton, Princeton University Press, 2007), S. 46; Neil MacMaster, *Colonial Migrants and Racism. Algerians in France, 1900-62* (London, Macmillan, 1997), S. 198; Chin, S. 66, 75, 120.
48 Miriam Feldblum, *Reconstructing Citizenship. The Politics of Nationality Reform and Immigration in Contemporary France* (Albany, State University of New York Press, 1999), S. 36-39, 42.
49 Chin, S. 7-17.
50 Talal Asad, »Multiculturalism and British Identity in the Wake of the Rushdie Affair«, *Politics and Society* 18, Nr. 4 (1990), S. 455-480; Gildea, S. 165, 167.
51 Chin, S. 192-236; Francis Depuis-Déri, »L'Affaire Salman Rushdie. Symptôme d'un ›Clash of Civilizations‹?«, *Études Internationales* 28, Nr. 1 (1997), S. 27-45.
52 Allan Bloom, *Der Niedergang des amerikanischen Geistes. Ein Plädoyer für die Erneuerung der westlichen Kultur*, übers. v. Richard Giese (Hamburg, Hoffmann & Campe, 1988 [1987]), S. 179, 282; Richard Bernstein, »In Dispute on Bias, Stanford Is Likely to Alter Western Culture Program«, *New York Times*, 19. Januar 1988.
53 Judt, *Geschichte Europas*, S. 609.

SCHLUSS: NEUE EISERNE VORHÄNGE

1 »The Right Head for UNESCO«, *New York Times*, 28. September 2009; http://whc.unesco.org/en/news/1254.
2 Irina Bokova, »Preservation of Cultural Heritage. Challenges and Strategies« (Ansprache, Global Colloquium of University Presidents, veranstaltet von der Yale University, New Haven, CT, 11. April, 2016), http://unesdoc.unesco.org/images/0024/002448/244824e.pdf; Irina Bokova, »Cultural Cleansing – the Imperative of Protecting Cultural Heritage and Diversity« (Ansprache, Royal Society of Edinburgh, UK, 20. November 2016), http://unesdoc.unesco.org/images/0024/002466/246668E.pdf; www.loc.gov/law/foreign-news/article/unesco-palmyra-temple-bombing-deemed-a-war-crime/; Marlise Simons, »Extremist Pleads Guilty in Hague Court to Destroying Cultural Sites in Timbuktu«, *New York Times*, 22. August 2016.
3 www.youtube.com/watch?v = 9b0hFIf4Zaw; Lynn Meskell, *A Future in Ru-*

ins. *UNESCO, World Heritage, and the Dream of Peace* (Oxford, Oxford University Press, 2018), S. 176–194; »Praying for Palmyra. Russian Maestro Leads Orchestra in Ruins of Ancient City«, *RT*, 5. Mai 2016; www.rt.com/news/341983-russia-gergiev-orchestra-palmyra/.
4 Meskell, S. 176–182, 296, Anm. 22; Bokova, »Cultural Cleansing«, S. 10; Benjamin Isakhan und Lynn Meskell, »UNESCO's Project to ›Revive the Spirit of Mosul‹. Iraqi and Syrian Opinion on Heritage Reconstruction After the Islamic State«, *International Journal of Heritage Studies* 25, Nr. 11 (2019), S. 1–16.
5 www.lemonde.fr/politique/article/2015/06/29/la-guerre-de-civilisation-de-valls-rejouit-la-droite_4663488_823448.html; www.nytimes.com/live/paris-attacks-live-updates/hollande-says-france-is-at-war/; https://en.unesco.org/news/french-president-francois-hollande-invokes-unity-all-cultures-unesco-s-leaders-forum.
6 Andrei P. Tsygankov, »Finding a Civilizational Idea. ›West‹, ›Eurasia‹, and the ›Euro-East‹ in Russia's Foreign Policy«, *Geopolitics* 12, Nr. 3 (2007), S. 375–399; Peter J. Katzenstein und Nicole Weygandt, »Mapping Eurasia in an Open World. How the Insularity of Russia's Geopolitical and Civilizational Approaches Limits Its Foreign Policies«, *Perspectives on Politics* 15, Nr. 2 (2017), S. 428–441; Andrew Rettman, »Orbán Says Migrants Will Change European Civilisation«, *EU Observer*, 2. Juni 2015; Ian Traynor, »Migration Crisis. Hungarian PM Says Europe in Grip of Madness«, *Guardian*, 3. September 2015; »Refugees Threaten Europe's Christian Roots, Says Hungary's Orbán«, Reuters, 3. September 2015; www.kormany.hu/en/the-prime-minister-s-speeches/viktor-orban-s-speech-at-the-14th-kotcse-civil-picnic.
7 Ivan Krastev, *Europadämmerung*, übers. v. Michael Bischoff (Berlin, Suhrkamp, 2017), S. 25, 47–85; ders. und Stephen Holmes, *The Light That Failed. A Reckoning* (London, Allen Lane, 2019), S. 46, 52, 57, 68; James Mark, Bogdan C. Iacob, Tobias Rupprecht und Ljubica Spaskovska, *1989. A Global History* (Cambridge, Cambridge University Press, 2019), S. 284; Rogers Brubraker, »Between Nationalism and Civilizationism. The European Populist Moment in Comparative Perspective«, *Ethnic and Race Studies* 40, Nr. 8 (2017), S. 1191–1226.
8 Beide zitiert in Mark, Iacob, Rupprecht und Spaskovska, S. 126; James Krapfl, *Revolution with a Human Face. Politics, Culture, and Community in Czechoslovakia, 1989–1992* (Ithaca, NY, Cornell University Press, 2013), S. 17; Attila Leitner, »Mindszenty Cleared Posthumously«, *Budapest Times*, 30. März 2012.
9 Michael Dobbs, »Gorbachev, Pope Meet, Agree on Diplomatic Relations«, *Washington Post*, 2. Dezember 1989; Felix Corley, »Soviet Reaction to the

Election of Pope John Paul II«, *Religion, State and Society* 22, Nr. 1 (1994), S. 40–43.
10 Johanna Bockman, *Markets in the Name of Socialism. The Left-Wing Origins of Neoliberalism* (Palo Alto, CA, Stanford University Press, 2011), S. 189–214; Zsuzsa Gille, »Is There a Global Postsocialist Condition?«, *Global Society* 24, Nr. 1 (Januar 2010), S. 9–30.
11 Odd Arne Westad, *The Global Cold War. Third World Interventions and the Making of Our Times* (Cambridge, Cambridge University Press, 2007), S. 370; Charles Quist-Adade, »From Paternalism to Ethnocentrism. Images of Africa in Gorbachev's Russia«, *Race and Class* 46, Nr. 4 (2005), S. 88; Mark, Iacob, Rupprecht und Spaskovska, S. 165; Fatima Nduka-Eze (Hg.), *Joe Garba's Legacy. Thirty-Two Selected Speeches and Lectures* (New York, Xlibris, 2012), S. 288–292, 310, 330 f.; »Communism Collapses in Eastern Europe; the West Cheers, Africa Despairs«, *The Economist*, 7. April 1990, S. 15.
12 George P. Fletcher und Jens David Ohlin, *Defending Humanity. When Force Is Justified and Why* (Oxford, Oxford University Press, 2008); Michael Barrett, *Empire of Humanity. A History of Humanitarianism* (Ithaca, NY, Cornell University Press, 2011), S. 186; Nadège Ragaru, »Missed Encounters. Engaged French Intellectuals and the Yugoslav Wars«, *Südosteuropa* 61 (2013), S. 498–521; Naimark, *Flammender Hass*, S. 175–229; »The Fall of Srebrenica and the Failure of UN Peacekeeping«, *Human Rights Watch*, 15. Oktober 1995, nicht paginiert.
13 Tanja Collet, »*Civilization* and *Civilized* in Post-9/11 US Presidential Speeches«, *Discourse and Society* 20, Nr. 4 (2009), S. 455–475.
14 Cullen Murphy, *Are We Rome? The Fall of an Empire and the Fate of America* (Boston, Houghton Mifflin, 2007); Ali Parchami, *Hegemonic Peace and Empire. The Pax Romana, Britannica and Americana* (Abingdon, UK, Routledge, 2009); Robert Kagan, *Macht und Ohnmacht. Amerika und Europa in der neuen Weltordnung*, übers. v. Thorsten Schmidt (Berlin, Siedler, 2003), S. 7 f.; Mark B. Salter, *Barbarians and Civilization in International Relations* (London, Pluto, 2002); Niall Ferguson, *Civilization. The Six Killer Apps of Western Power* (London, Penguin, 2011), S, 324.
15 »United We Stand«, *Wall Street Journal*, 30 Januar 2003, S. 10 f.; Padraic Kenney, *The Burdens of Freedom: Eastern Europe Since 1989* (London, Zed, 2006), S. 154; Jacques Derrida und Jürgen Habermas, »February 15, or, What Binds Europeans Together: Pleas for a Common Foreign Policy, Beginning in the Core Europe«, und Adam Krzeminski, »First Kant, Now Habermas. A Polish Perspective on ›Core Europe‹«, in: *Old Europe, New Europe, Core Europe. Transatlantic Relations After the Iraq War*, hg. v. Levy, M. Pensky und J. Torpey (London, Verso, 2005), S. 4, 146 f.

16 Tom Henegan, »Sarkozy Joins Allies Burying Multiculturalism«, Reuters, 11. Februar 2011; Robert Gildea, *Empires of the Mind. The Colonial Past and the Politics of the Present* (Cambridge, Cambridge University Press, 2019), S. 133, 215, 220; https://www.freitag.de/autoren/justrecently/david-cameron-und-das-kollektive-bewusstsein; Tariq Modood, Multiculturalism – A Civic Idea (London, Polity, 2007); Arun Kundnani, *The Muslims Are Coming! Islamophobia, Extremism, and the Domestic War on Terror* (London, Verso, 2014); Paul Hanebrink, *A Specter Haunting Europe. The Myth of Judeo-Bolshevism* (Cambridge, MA, Harvard University Press, 2018), S. 281.

17 Selcen Öner, »Turkey's Membership to the EU in Terms of ›Clash of Civilizations‹«, *Journal of Interdisciplinary Economics* 20, Nr. 3 (2009), S. 245–261, und Catherine MacMillan, »One Civilisation or Many? The Concept of Civilisation in Discourse for and Against Turkish EU Accession«, *Balkan Journal of Philosophy* 4, Nr. 2 (2012), S. 215 ff.; Karmen Erjavec und Zala Volçič, »›We Defend Western Civilization‹ Serbian Representations of a Cartoon Conflict«, *Islam and Christian-Muslim Relations* 19, Nr. 3 (Juli 2008), S. 305–321.

18 Tom McCulloch, »The Nouvelle Droite in the 1980s and 1990s. Ideology and Entryism, the Relationship with the Front National«, *French Politics* 4 (2006), S. 158–178.

19 Harriet Agnew und Anne-Sylvaine Chassany, »Le Pen Steps Up Anti-Immigration Rhetoric Ahead of French Election«, *Financial Times*, 18. April 2017; Renaud Camus, »An Open Letter to Viktor Orbán«, Nationalrat des Europäischen Widerstands, 20. April 2018, www.cnre.eu/en/open-letter-viktor-orban; Thomas Chatterton Williams, »The French Origins of ›You Will Not Replace Us‹«, *New Yorker*, 4. Dezember 2017; Nafeez Ahmed, »›White Genocide‹ Theorists Worm Their Way into the West's Mainstream«, *Monde Diplomatique*, 25. März 2019; Jean-Pierre Stroobants, »Aux Pays-Bas, percée inattendue d'un nouveau parti de droite nationaliste«, *Le Monde*, 22. März 2019, S. 3; Angela Giuffrida, »Far-Right Leaders Unite in Milan with a Vow to ›Change History‹«, *Guardian*, 19. Mai 2019, S. 30 f.

20 Michael Hirsh, »Team Trump's Message. The Clash of Civilizations Is Back«, *Politico*, 20. November 2016; www.whitehouse.gov/briefings-statements/remarks-president-trump-people-poland/; Eugene Robinson, »Trump's Dangerous Thirst for a Clash of Civilizations«, *Washington Post*, 6. Juli 2017; Gideon Rachman, »Trump, Islam and the Clash of Civilizations«, *Financial Times*, 13. Februar 2017; »Donald Trump's Election Victory Marks the ›End of Liberal Non-Democracy‹, Declares Hungary's Prime Minister«, *Daily Mail*, 10. November 2016.

21 Václav Havel, »The Search for Meaning in a Global Civilization«, *English*

Academy Review 16, Nr. 1 (Dezember 1999), S. 3–7; siehe ders., *Gewissen und Politik*, S. 29, 21.
22 Lucien Febvre und François Crouzet, *Nous sommes des sang-mêlés. Manuel d'histoire de la civilisation française* (Paris, Albin Michel, 2012); David Motadel, »Globalizing Europe. European History After the Global Turn«, unveröffentlichtes Manuskript.
23 Krastev, *Europadämmerung*, S. 25, 47–85; Tim Marshall, *The Age of Walls. How Barriers Between Nations Are Changing Our World* (New York, Scribner, 2018), S. 2 f.; Peter Andreas und Timothy Snyder (Hg.), *The Wall Around the West. State Borders and Immigration Controls in North America and Europe* (Lanham, MD, Rowman & Littlefield, 2000), insbes. S. 153–228.
24 Sebastian Conrad, *What Is Global History?* (Princeton, Princeton University Press, 2016), S. 174–184; Stephen Hopgood, *The Endtimes of Human Rights* (Ithaca, NY, Cornell University Press, 2013), S. 53 f.
25 Aurore Merle, »Towards a Chinese Sociology for ›Communist Civilisation‹«, *Chinese Perspectives* 52 (März–April 2004), S. 1–16.
26 Eileen Crist, *Abundant Earth. Toward an Ecological Civilization* (Chicago, University of Chicago Press, 2019); Arran Gare, *The Philosophical Foundations of Ecological Civilization. A Manifesto for the Future* (London, Routledge, 2016); Jiahua Pan, *China's Environmental Governing and Ecological Civilization* (Heidelberg, Springer, 2016); Kim Stanley Robinson, »The Coronovirus Is Rewriting Our Imaginations«, *New Yorker*, 1. Mai 2020.
27 Toynbee, *Kultur am Scheidewege*, S. 62.
28 V. S. Naipaul, »Unsere universale Zivilisation«, in: *Amerika. Lektionen einer neuen Welt*, übers. v. Monika Noll und Ulrich Enderwitz (München, Claassen, 2003 [2002]), S. 296, 302, 319.

Bildnachweis

Abb. 1: Eileen Egan, Catholic Relief Services: *Beginning Years: For the Life of the World* (New York: Catholic Relief Services, 1988)
Abb. 2: Eileen Egan, Catholic Relief Services: *Beginning Years: For the Life of the World* (New York: Catholic Relief Services, 1988)
Abb. 3: UNRRA/4459, Foto: John Vachon, United Nations Archives and Record Management
Abb. 4: United Nations Archives
Abb. 5: Getty Images
Abb. 6: United Nations Archives
Abb. 7: United States Holocaust Memorial Museum, mit freundlicher Genehmigung der National Archives and Records Administration, College Park, MD, 111-SC-234939
Abb. 8: Fred Ramage, Getty Images
Abb. 9: Odhams Press, London
Abb. 10: Orion Books, London
Abb. 11: Orion Books, London
Abb. 12: Orion Books, London
Abb. 13: BU8610, Imperial War Museum, London
Abb. 14: Magnum Photographers, New York
Abb. 15: Getty Images
Abb. 16: L. Schwann Verlag, Düsseldorf
Abb. 17: L. Schwann Verlag, Düsseldorf
Abb. 18: Getty Images
Abb. 19: Churchill Archive, London
Abb. 20: Alfons Leitl, *Die Wohnung der westlichen Völker*, in: Baukunst und Werkform 4, Nr. 12 (1952), S. 39
Abb. 21: Ruhr Museum, Essen

Abb. 22: Karl Smolka, *Gutes Benehmen von A bis Z*, Berlin: Verlag Neues Leben, 1957

Abb. 23: AFP, Getty Images

Abb. 24: Architectural Review, May 1953

Abb. 25: *Works in the Tropics by Drake & Lasdun*, in: Architectural Design, February 1958, S. 78–79

Abb. 26: Augustin F. C. Holl

Abb. 27: Ibou Diouf, Collection PANAFEST Archive, Musee du Quai Branly, Paris

Abb. 28: Bridgeman Images

Abb. 29: Associated Press

Abb. 30: UNESCO Archive

Abb. 31: UNESCO Archive

Abb. 32: *To Know Each Other* (Moskau: Novosti Press Agency Publishing House, 1967)

Abb. 33: Museum für die Geschichte Jugoslawiens, Belgrad

Abb. 34: Jacek Chyrosz Archiv, Warschau

Abb. 35: *Volkskunst.* Monatsschrift für das künstlerische Volksschaffen (DDR), Juni 1952.

Abb. 36: *Volkskunst.* Monatsschrift für das künstlerische Volksschaffen (DDR), Sommer 1953.

Abb. 37: Radio Times, Getty Images

Abb. 38: Associated Press

Abb. 39: Getty Images

Abb. 40: Stanford University Libraries, Department of Special Collections and University Archives

Abb. 41: Pictures from History/Bridgeman Images

Abb. 42: VASILY MAXIMOV/AFP (via Getty Images)

Personenregister

Achaboun, Fatima 505
Achaboun, Leila 505
Acheson, Dean 49, 62, 174
Addo, John Owusu 328
Adenauer, Konrad 142, 159, 190 f., 220, 286, 378
Ailey, Alvin 355
al-Asaad, Khaled 511
al-Assad, Baschar 513
al-e Ahmad, Jalal 496
al-Jamali, Fadhel 419
Alleg, Henri 341, 363
al-Mahdi, Ahmad al-Faqi 513
Améry, Jean 238
Anders, Günther 239
Antubam, Kofi 320–322, 446
Aragon, Louis 223 f., 242
Arendt, Hannah 8, 57, 76, 240–242, 535
Armstrong, Louis 281
Ash, Timothy Garton 483
Attlee, Clement 114, 141, 207 f., 211, 368
Bach, Johann Sebastian 513
Baker, Josephine 355
Balandier, Georges 324
Barclay, W.J. 46
Baroody, Jamil 492
Barsowa, Valeria 97
Baudet, Thierry 531
Beard, Mary 29, 515
Becher, Johannes R. 110
Beethoven, Ludwig van 112, 380, 395
Begtrup, Bodil 12
Bell, Daniel 431
Bell, George 128 f., 131
Ben Bella, Ahmed 360, 420 f., 423
Beneš, Edvard 129, 131 f.
Ben-Gurion, David 78
Benjamin, Walter 17
Bennett, William 505 f.
Bentham, Jeremy 215
Beran, Josef 155
Berger, John 457
Berkman, Paul 161
Bernhard (Prinz) 116
Beveridge, William 141
Bevin, Ernest 141, 159, 174, 189, 291
Bidault, Georges 189, 283
Bilainkin, George 133
Blomjous, Joseph 307
Bloom, Allan 506
Boas, Franz 306
Bodet, Jaime Torres 389
Bohr, Niels 209
Bokowa, Irina 511 f., 515
Boland, Bridget 161
Bonham Carter, Violet 128, 139
Bonney, Thérèse 136
Boupacha, Djamila 342
Bourdet, Claude 341
Bourguiba, Habib 293
Bourke-White, Margaret 124
Bowen, Elizabeth 109
Brandt, Willy 476
Brecht, Bertolt 112, 203, 470
Brentjes, Burchard 445 f.
Breuer, Marcel 369
Briand, Aristide 286

Brzeziński, Zbigniew 182
Bugeaud, Thomas Robert 331
Burger, Franz 141
Burns, Alan Cuthbert 298 f., 301
Bush, George W. 36, 312, 524 f., 532
Byron, Lord 275
Cabral, Amílcar Lopes 442
Calder, Alexander 369
Callaghan, James 196
Cameron, David 527
Camus, Albert 207 f., 337 f., 381, 496, 530
Camus, Renaud 530
Canetti, Elias 48
Carr, E.H. 187
Casals, Pablo 381
Ceaușescu, Nicolae 416, 490
Césaire, Aimé 332, 350 f., 353, 355, 418
Chamberlain, Neville 114, 272
Charaway, A.W. 427
Childe, Gordon 434
Chirac, Jacques 526
Chomeini, Ajatollah 496 f., 503, 521
Chruschtschow, Nikita 63, 213, 228, 230, 407, 414, 435
Churchill, Winston 11, 98, 105-107, 130, 138, 175, 186 f., 220, 279, 281, 286, 296, 379, 472
Claasen, Hermann 193
Clark, Kenneth 15, 455-457, 506, 515 f.
Claudel, Paul 184
Clay, Lucius D. 81, 182
Cohen, Arthur 480
Collis, Robert 53
Condon, Richard 166
Condorcet 20
Coudenhove-Kalergi, Richard 285-287
Counts, George S. 169
Coward, Noël 141
Cranborne, Viscount 12

Croce, Benedetto 373
Crossman, Richard S. 232
Crouzet, François 538 f.
Cyrankiewicz, Józef 277
Dagerman, Stig 49
Danquah, J.B. 323 f.
Darwin, Charles 370
Davidson, Basil 325, 434
Davis, Miles 281
Dawson, Rhoda 76
de Beauvoir, Simone 238, 337 f., 342, 535
de Benoist, Alain 529
Debray, Régis 28
Degas, Edgar 345
De Gasperi, Alcide 159, 190
de Gaulle, Charles 62, 94, 191, 220, 316, 333
de Graft-Johnson, John C. 324
de Grazia, Victoria 243
Delacroix, Eugène 345
de Menthon, François 92
de Rougemont, Denis 308
Derrida, Jacques 526
d'Estaing, Valéry Giscard 501 f.
de Tocqueville, Alexis 257, 331, 501
Deutscher, Isaac 44
Devisse, Jean 354
Dewey, John 132
Dimbleby, Richard 46
Diop, Cheikh Anta 352
Disney, Walt 211
Dolgow, Konstantin 514
Don Arthur, E.G.A. 427
Dorochow, A. 251
Dreiser, Theodore 97
Drew, Jane 326-329
Dubček, Alexander 487
Du Bois, W.E.B. 12 f., 352
Dulles, John Foster 157, 161, 199, 278
Dunant, Henry 214
Dunham, Katherine 355

Durão Barroso, José Manuel 262
Duras, Marguerite 337
Duverger, Maurice 236
Dwinger, Edwin Erich 271
Eaton, Cyrus 213
Edelman, Maurice 128
Ehrenburg, Ilja 99
Einstein, Albert 25, 208, 213, 286
Eisenhower, Dwight D. 45, 114, 126, 157f., 180f., 211, 213, 249, 296f., 408
Eisenstein, Sergei 97
Elias, Norbert 21, 25
Eliot, T.S. 204
Ellington, Duke 355f., 358
Ellul, Jacques 431
Éluard, Paul 203
Engels, Friedrich 433
Ernst, Klaus 438
Eugen, Prinz 178
Fadejew, Alexander 204
Fanon, Frantz 330, 332, 358, 418, 442, 506
Febvre, Lucien 25, 385f., 538f.
Feist, Felix 161
Ferguson, Niall 525
Finney, Jack 166
Flanner, Janet 42, 104
Flaubert, Gustave 380
Ford, Gerald 476
Fowler, Gene 70
Franco, Francisco 183f., 220, 381, 473–475
Frankenheimer, John 166
Frank, Hans 89, 270
Freud, Sigmund 25
Freyre, Gilberto 306
Friedrich, Carl J. 182
Frisch, Max 365
Frobenius, Leo 350f.
Fromm, Erich 430
Fry, Maxwell 326–329
Fry, Varian 131

Fugard, Athol 470
Galbraith, John Kenneth 236
Gallico, Paul 164
Gandhi, Mahatma 17, 24, 373, 387
Garba, Joseph 522
Gascoyne-Cecil, Robert Arthur James 12
Gatrell, Peter 75
Gergijew, Waleri 513
Gildersleeve, Virginia C. 10f.
Gillam, Cornelia Stabler 42
Gladstone, William Ewart 61, 187
Glenville, Peter 161
Glucksmann, André 523f.
Goebbels, Joseph 43, 47, 89, 153, 269, 271
Goethe, Johann Wolfgang 110
Goldsmith, Hyman H. 209
Gollancz, Victor 93, 133–143, 146
Gorbatschow, Michail 487–489, 520–522
Göring, Hermann 89
Götting, Gerald 446
Greene, Graham 109, 203
Gregor der Große 189
Gromyko, Andrej 521
Grosser, Alfred 289
Grotewohl, Otto 416
Guinness, Alec 161
Guizot, François 30
Gurian, Waldemar 181
Habermas, Jürgen 526
Habsburg, Otto von 152
Halimi, Gisèle 342
Hallstein, Walter 378–380
Hammarskjöld, Dag 396
Hardman, Leslie 46
Harris, E.E. 464
Havel, Václav 477f., 485, 526, 537, 539
Hay, Lorna 74, 127
Heath, Edward 501
Heidegger, Martin 477

Heinlein, Robert   165
Helmolt, Hans F.   383
Herder, Johann Gottfried   495
Hilgendorff, Gertraud von   248
Himmler, Heinrich   89, 153
Hintze, Fritz   443
Hirohito   207
Hirsch, E.D.   506
Hirschmann, Ira   121
Hitler, Adolf   10, 26, 40, 43, 47, 62, 89, 97–99, 128, 130 f., 156, 259, 267–269, 278, 348, 387, 393, 461, 469 f., 494
Hodscha, Enver   497
Hold, Bert   252
Hollande, François   516 f.
Honecker, Erich   252
Hoover, J. Edgar   169
Hopkins, Harry   44
Horn, Gyula   519
Houellebecq, Michel   528
Hughes, Langston   355
Hull, Cordell   98
Hulme, Kathryn   67, 76
Hume, David   20
Hunter, Edward   164 f.
Huntington, Samuel   13 f.
Huxley, Aldous   203, 370, 373
Huxley, Julian   59 f., 369–371, 374 f., 382, 384, 390, 396
Huxley, Thomas   370
Inglehart, Ronald   235
Ionescu Gulian, Constantin   443
Jackson, Jesse   376, 507
Jackson, Robert H.   89, 91, 100, 105
Jacopetti, Gualtiero   460
Jarausch, Konrad   27
Jaspers, Karl   281
Jebb, Eglantyne   51, 136, 138
Jelzin, Boris   517
Jennings, Humphrey   124
Johannes Paul II.   198, 481–488, 520 f.
Johannes XXIII.   388, 480, 482, 484
Johnson, Hewlett   97
Joliot-Curie, Irène   203
Juan Carlos (König)   499
Judt, Tony   17, 27, 508
Juliana (Prinzessin)   116
Kaczyński, Jarosław   518
Kagan, Robert   525
Kant, Immanuel   112
Kapuściński, Ryszard   429
Keenan, Joseph B.   92
Keïta, Modibo   361, 415
Kekana, Fana   470
Kennan, George F.   277
Kennedy, John F.   311, 396, 408 f., 465
Kenyatta, Jomo   324, 387
Keppel Jones, Arthur   464
Kershaw, Ian   27
King, Martin Luther Jr.   314
Kissinger, Henry   182
Kleinschmidt, Karl   254
Kœnig, Pierre   111
Koestler, Arthur   281
Kofi, Vincent   320
Koltay, Gábor   520
Kostow, Trajtscho   156
Kotei, Amon   320
Kotelawala, John   419
Kracauer, Siegfried   161
Kraus, Karl   23
Krzemiński, Adam   526
Kundera, Milan   478
Lacheroy, Charles   340
Lacoste, Robert   334, 339
Lalande, André   334
Lamprecht, Karl   383
Langenhove, Fernand van   301 f.
Lartéguy, Jean   335
Laski, Harold   59 f.
Lattre de Tassigny, Jean de   110 f.
Lauterpacht, Hersch   91
Lawrence, D.H.   109

Leakey, Louis 353
Léger, Fernand 203
Leibniz, Gottfried Wilhelm 380
Lenin, Wladimir Iljitsch 95, 433
Le Pen, Jean-Marie 502
Le Pen, Marine 530 f.
Lettow-Vorbeck, Paul von 264
Lévi-Strauss, Claude 351
Lévy, Bernard-Henri 523
Lifton, Robert Jay 169
Lipgens, Walter 261
Lodge, Henry Cabot 311
Lodge, Nucia 169
Louw, Eric 465
Luce, Henry R. 69, 185
Lundestad, Geir 283
Luns, Joseph 289
Luther, Martin 189
Luthuli, Albert John 465 f.
MacDuffie, Marshall 82
Mackenzie, Compton 456
Macmillan, Harold 464 f.
Magee, Haywood 127
Malan, D.F. 463
Malenkow, Georgi 213
Malik, Charles 172, 386
Malinowski, Bronisław 434
Malraux, André 204, 396
Mandela, Nelson 465
Mann, Heinrich 97
Mann, Klaus 43
Mann, Thomas 22, 110, 208
Manstein, Erich von 187
Marcuse, Herbert 236
Margrethe (Prinzessin) 400
Maritain, Jacques 171 f., 180, 208, 373
Marks, John 167
Marshall, George 189, 278
Martin, Hans 253
Marx, Karl 110, 237, 257, 430, 433
Masaryk, Jan 132
Mason, Herbert 195

Massis, Henri 184
Maud, John 380
Mauny, Raymond 354
Mauriac, François 341
Mauss, Marcel 350
Maxwell Fyfe, David 173, 175
Mayer, Daniel 343
Mazower, Mark 27, 295
Mbeki, Thabo 470
McCloy, John 90
McCombe, Leonard 124 f.
McCormick, Anne O'Hare 131
McDougall, James 334
McNeill, Margaret 56 f.
Medgyessy, Péter 526
Meerloo, Joost 169
Merkel, Angela 527
Meskell, Lynn 513
Metaxas, Ioannis 461
Meuthen, Jörg 531
Michelet, Raymond 324
Michnik, Adam 483
Mickiewicz, Adam 484
Mikes, George 249 f.
Miller, Arthur 204
Miller, Lee 124
Miller, Leszek 526
Millikin, Eugene 80
Miłosz, Czesław 142
Mindszenty, Jószef 147–150, 152–154, 156, 159–166, 168 f., 172–175, 177–179, 182, 197–200, 481 f., 520, 547
Mirabeau 20
Miró, Joan 369
Mitterrand, François 288, 502
Modigliani, Amedeo 356
Modood, Tariq 528
Mollet, Guy 292
Monet, Claude 345
Monnet, Jean 111
Montagu, Ivor 203
Montgomery, Bernard Law 114, 135

Moore, Charles 504
Moore, Henry 369
Moras, Joachim 35
Morrison, Toni 506
Mosley, Leonard O. 117
Mosley, Oswald 264, 288
Mphahlele, Ezekiel 359
Muench, Aloysius Joseph 79
Mugabe, Robert 472
Murdoch, Iris 65
Murray, Gilbert 459
Murrow, Edward R. 206
Mussolini, Benito 33f., 98, 265f., 269, 387
Myrdal, Alva 234
Needham, Joseph 370f.
Nehru, Jawaharlal 360
Nennstiel, W.A. 248
Nervi, Pier Luigi 369
Newbigin, Lesslie 307
Nicolson, Harold 244
Niebuhr, Reinhold 26, 180
Niemöller, Martin 131
Nieswandt, Wilhelm 228
Nkrumah, Kwame 293f., 313–316, 318–330, 347, 352, 359f., 363, 387, 414, 416, 418, 427f., 446, 450
Noel-Baker, Philip 59
Noguchi, Isamo 369
Nogueira, Alberto Franco 304f.
Nyerere, Julius 409, 418, 441f., 450
Obama, Barack 532
Ofori Atta, Nana Sir 323
Olderogge, D.A. 437
Olusoga, David 515
Orbán, Viktor 35, 517f., 520, 530, 533
Ordass, Louis 155
Ortega y Gasset, José 196
Pacelli, Eugenio (später Pius XII.) 178f.
Packard, Vance 236
Padmore, George 314, 414

Panikkar, K.M. 386
Papadopoulos, Georgios 461
Papon, Maurice 337
Paul VI. 200, 482
Peter, Richard 123
Pettiss, Susan T. 67f., 78
Picasso, Pablo 203, 369, 496
Pictet, Jean S. 214, 216
Pissarro, Camille 345
Pius XI. 177
Pius XII. 16, 148, 151, 157, 159, 162, 178f., 188, 200, 272, 484
Platz, Hermann 190
Plievier, Theodor 43
Pollock, Jackson 281
Potechin, Iwan Isossimowitsch 437f.
Powell, E. Alexander 464
Powell, Enoch 501, 518, 529
Pozsgai, Zsolt 520
Priestley, J.B. 139, 456
Prokofjew, Sergei 97, 513
Prosperi, Franco 460
Putin, Wladimir 35, 513, 517
Qichao, Liang 24
Rabinowitch, Eugene 209
Rajk, Lászlo 156
Rákosi, Mátyás 149, 173f.
Raspail, Jean 528
Reagan, Ronald 505
Regnault, Abbé 52
Reinisch, Jessica 61
Renoir, Pierre-Auguste 345
Richta, Radovan 431f.
Riesman, David 236
Romains, Jules 97
Rompuy, Herman van 262
Roosevelt, Eleanor 77
Roosevelt, Franklin D. 44, 58, 95, 107, 121, 157, 272, 368
Roosevelt, Theodore 95
Rosenberg, Alfred 393
Rossellini, Roberto 208
Rotblat, Joseph 212

Rothko, Mark 281
Rothstein, Arthur 69
Rudenko, Roman 101
Rumsfeld, Donald 312
Runowa, I.S. 252
Rushdie, Salman 503–505
Russell, Bertrand 212 f., 221, 281
Russell, Dora 222
Ryckmans, Pierre 301 f.
Saeger, Willi 123
Sagan, Françoise 343
Salan, Raoul 340 f.
Salazar, Oliveira 297, 303 f., 306, 309, 471, 473
Salvini, Matteo 531
Sander, August 123
Sarkozy, Nicolas 527
Sartre, Jean-Paul 204, 281 f., 337 f., 340, 342
Schaff, Adam 431
Schama, Simon 515 f.
Schapera, Isaac 464
Schiwkow, Todor 498
Schlesinger, Arthur 244
Schmitt, Carl 106
Schneider, Alfred 54
Schostakowitsch, Dmitri 97
Schtschedrin, Rodion 513
Schukow, Georgi 434
Schumacher, Kurt 111
Schuman, Robert 111, 159, 190, 379
Schweickert, W.K. 252
Schweitzer, Albert 196, 434
Scott, Michael 467
Seghers, Anna 110, 203
Seidenstücker, Friedrich 123
Seiler, Lewis 166
Selassie, Haile 416 f., 429
Sembène, Ousmane 448
Senghor, Léopold Sédar 208, 293 f., 347–351, 353–361, 363, 375, 386, 403, 418, 430, 447–449, 466, 490 f.

Servan-Schreiber, Jean-Jacques 238
Seton-Watson, Hugh 459
Seymour, David 144 f.
Seyrig, Henri 346
Shawcross, Hartley 92, 173
Sheen, Fulton 161
Shinnie, Peter 434, 442 f.
Shirer, William 42
Sinclair, Upton 97
Slánský, Rudolf 156
Smith, Adam 30
Smith, Ben 135
Smith, Ian 471 f.
Smolka, Karl 252–256
Smuts, Jan Christiaan 11 ff.
Snow, C.P. 372
Soyinka, Wole 355
Spaak, Paul-Henri 189, 196, 291
Speer, Albert 44, 89, 104
Speers, Albert 44
Spellman, Francis 154 f., 159, 163
Spender, Stephen 39 f., 43, 84, 86
Spengler, Oswald 14, 24, 190, 383, 386, 494
Stalin, Joseph 95 f., 98 f., 101, 107, 130, 153 f., 164, 196, 208, 220, 232, 251 f., 268, 274 f., 282, 387, 413, 439, 494
Starzynski, Stefan 272
Steichen, Edward 144
Steinbeck, John 208
Stepinac, Aloysius 154 f.
Stimson, Henry 206 f.
Sukarno 360
Sworikin, Alexander 387
Tagore, Rabindranath 24
Tate, Mavis 46
Tawney, R.H. 350
Taylor, Alan J.P. 107, 204
Tenshin, Okakura 24
Thomas, Norman 132
Thompson, Dorothy 132, 207
Tillich, Paul 180

Tito, Josip Broz 154, 220, 330, 416 f., 420 f., 423, 427, 429
Togliatti, Palmiro 183
Tolstoi, Alexei 97
Topolski, Feliks 204
Touré, Sékou 293, 316, 361, 414, 416, 418 f.
Toynbee, Arnold J. 14 f., 24 f., 184 f., 383 f., 386, 467, 494 f., 542
Trotzki, Leo 96
Truman, Harry S. 41, 80, 120, 157, 160, 275–279, 282 f., 311, 369, 532
Trump, Donald 21, 531–533
Turner, Frederick Jackson 410
Tutanchamun 393, 396
Urban, Jerzy 519
Vachon, John 69, 72
Valéry, Paul 33, 501
Valls, Manuel 516
Vanderbilt, Amy 249
van Langenhove, Fernand 301
Vansittart, Robert 98, 133 f.
Vercoutter, Jean 404
Veronese, Vittorio 394, 400
Verwoerd, Hendrik 463, 465 f.
Vogeler, Robert 164 f.
Vogt, A.E. van 166
Voltaire 20, 506
Wallace, Edgar 161

Wallace, Henry 278
Weckel, Ulrike 104
Weisenborn, Günther 110
Wells, H.G. 22, 94, 97, 383 f.
Werfel, Franz 151
Wheeler, Mortimer 456
Wherry, Kenneth S. 80
Wiener, Norbert 431
Wight, Martin 459
Wilders, Geert 528, 531
Wilkinson, Ellen 139
Willkie, Wendell 382
Wilson, Edmund 86 f.
Wilson, Francesca M. 66
Wilson, Robert 55
Wilson, Woodrow 264
Woolf, Leonard 59
Woolf, Virginia 109
Wright, Richard 314, 419
Wriston, Walter B. 542
Wyschinski, Andrej 101, 279
Wyszyński, Stefan 155
Yacine, Kateb 260
Zachariadis, Nikolaos 277
Zeeland, Paul van 301
Zehrfuss, Bernard 369
Zischka, Anton 287
Zweig, Arnold 43